CHINA CONTEMPORÂNEA

Sob a direção de
THIERRY SANJUAN

Coordenação temática de
ÉLISABET ALLÈS, JEAN-PIERRE CABESTAN,
YVES CITOLEUX, BÉATRICE DAVID, FRANÇOISE KREISSLER,
FRANÇOISE LEMOINE, FRÉDÉRIC OBRINGER,
THIERRY SANJUAN, ISABELLE THIREAU

CHINA CONTEMPORÂNEA

Título original:
Dictionnaire de la Chine contemporaine

© Armand Colin, 2006

Tradução de Walter Sagardoy

Revisão de Eliel Silveira da Cunha

Capa de FBA
Ilustrações de capa: © Corbis /VMI

Dados Internacionais de Catalogação na Publicação (CIP)
(Câmara Brasileira do Livro, SP, Brasil)

China contemporânea / [direção de Thierry Sanjuan ; tradução Walter Sagardoy]. -- São Paulo : Edições 70, 2009.

Título original: Dictionnaire de la China contemporaine.
Vários colaboradores.
ISBN 978-85-62938-01-6

1. China - Civilização 2. China - Enciclopédias 3. China - História I. Sanjuan, Thierry.

09-10957   CDD-951.03

Índices para catálogo sistemático:

1. China : Dicionários 951.03

Diagramação:
LINEA EDITORA LTDA.

Impressão e acabamento:
EDIÇÕES LOYOLA

para
ALMEDINA BRASIL
Janeiro de 2010

ISBN: 978-85-62938-01-6

Direitos reservados para o Brasil
por Almedina Brasil

Edições 70 é uma editora pertencente ao Grupo Almedina
EDIÇÕES 70 LDA/ALMEDINA BRASIL
Alameda Lorena, 670 , Jardim Paulista – São Paulo – SP - Brasil
Tel./Fax.: + 55 11 3885-6624
e-mail: brasil@almedina.com.br

www.almedina.com.br

Todos os direitos reservados. Nenhuma parte deste livro, protegido por copyright, pode ser reproduzida, armazenada ou transmitida de alguma forma ou por algum meio, seja eletrônico ou mecânico, inclusive fotocópia, gravação ou qualquer sistema de armazenagem de informações, sem a permissão expressa e por escrito da editora.

Sumário

Lista de colaboradores 7

Prefácio: A China Contemporânea 9

Cronologia 17

Artigos 21

Índice remissivo 501

Bibliografia e sites da internet 512

Índice 523

Mapas 529

LISTA DE COLABORADORES

Élisabeth ALLÈS, antropóloga, CNRS.
Viviane ALLETON, linguista, EHESS.
Rigas ARVANITIS, economista, IRD.
Claude AUBERT, engenheiro agrônomo, INRA.
Estelle AUGUIN, socióloga, Universidade de Paris 5.
Stéphanie BALME, politicóloga, CERI.
Marianne BASTID-BRUGUIÈRE, historiadora, CNRS.
Patricia BATTO, politicóloga, CEFC (Hong Kong).
Lucien BIANCO, historiador, EHESS.
Pascal BOUCHERY, antropólogo, Universidade de Poitiers.
Jean-Pierre CABESTAN, jurista e politicólogo, CNRS.
Bruno CABRILLAC, economista, Ministério da Economia, das Finanças e da Indústria.
Catherine CAPDEVILLE-ZENG, antropóloga.
Michel CARTIER, historiador, EHESS.
Rémy CASTETS, politicólogo, IEP de Paris.
Anne CHENG, historiadora das ideias, INALCO.
Dora CHESNE, politicóloga.
Leila CHOUKROUNE, jurista, HEC.
Yves CITOLEUX, economista, Universidade de Paris 1.
Sébastien COLIN, geógrafo, Universidade de Paris 8.
Béatrice DAVID, antropóloga, Universidade de Paris 8.
Sylvie DÉMURGER, economista, CNRS.
Yves DOLAIS, jurista, Universidade de Angers.
Jean-François DOULET, geógrafo, Universidade de Aix-en-Provence.

Marie-Dominique EVEN, antropóloga, CNRS.
Guilherm FABRE, sociólogo, Universidade de Havre.
Chloé FROISSART, politicóloga, IEP de Paris.
Luca GABBIANI, historiador, IEP de Estrasburgo.
Laurent GALY, historiador, INALCO.
François GIPOULOUX, economista, CNRS.
François GODEMENT, politicólogo, IEP de Paris.
Isabelle GOI, economista, Universidade do Auvergne.
Vincent GOOSSAERT, historiador, CNRS.
Florence GRAEZER-BIDEAU, antropóloga, Universidade de Lausanne.
Stéphane GROS, antropóloga, Universidade Paris 10.
Karine GUÉRIN, socióloga, EHESS.
Samuel GUÉRINEAU, economista, Universidade do Auvergne.
Gilles GUIHEUX, sociólogo, Universidade de Paris 7.
Adeline HERROU, antropóloga, CNRS.
Diana HOCHRAICH, economista, Ministério da Economia, das Finanças e da Indústria.
Nathalie HOFFMANN, socióloga, Universidade de Paris 7.
Jean-François HUCHET, economista, CEFC (Hong Kong).
Ji ZHE, sociólogo, EHESS.
Antonie KERNEN, politicólogo, Universidade de Lausanne.
André KNEIB, calígrafo, INALCO.
Françoise KEISSLER, historiadora, INALCO.
Christian LAMOUROUX, historiador, EHESS.
Françoise LEMOINE, economista, CEPII.

Nina LEVIN-JALLADEAU, coordenadora, Festival des Trois Continents.
LIVE Yu-sion, sociólogo, Universidade da Reunião.
Emmanuel MA MUNG, geógrafo, CNRS.
Jean-Marie MARTIN-AMOUROUX, economista, CNRS.
Pascal MAZODIER, estatístico, INSEE.
Michal MEIDAN, politicólogo, CERI.
Françoise MENGIN, politicóloga, INALCO.
Aurore MERLE, socióloga, Universidade de Berkeley.
Évelyne MICOLLIER, antropóloga, IRD.
Pierre MIÈGE, sociólogo, Universidade de Lyon 2.
Valérie NIQUET, politicóloga, IFRI.
Jacqueline NIVARD, historiadora, EHESS.
Frédéric OBRINGER, historiador, CNRS.
David A. PALMER, sociólogo, EFEO.
Élisabeth PAPINEAU, antropóloga, Institut National de Santé Publique du Québec.
Sandra PONCET, economista, Universidade de Paris 1.
Caroline PUEL, jornalista, *Le Point*.
Mary-Françoise RENARD, economista, Universidade do Auvergne.
Jean-Louis ROCCA, politicólogo, CERI.
Alain ROUX, historiador, INALCO.
Françoise SABBAN, historiadora, EHESS.
Thierry SANJUAN, geógrafo, Universidade de Paris 1.
Éric SAUTEDÉ, politicólogo, Institut Ricci (Macau).
Alain SÉPULCHRE, engenheiro, CEFC (Hong Kong).
Stéphanie SOUCHE, economista, Universidade de Clermont-Ferrand 2.
Isabelle THIREAU, socióloga, CNRS.
Alain THOTE, arqueólogo, EPHE.
Nicolas TOURNADRE, linguista, Universidade de Paris 8.
Émilie TRAN, socióloga, EHESS.
Sabine TRÉBINJAC, antropóloga, CNRS.
Justine WHITE, economista, World Bank Institute.
Jean-Paul WIEST, politicólogo, Universidade de Hong Kong.
Pierre-Étienne WILL, historiador, Collège de France.
Wu Junyu, paisagista, EHESS.
Michèle ZEDDE, marionetista.
ZHANG Ning, historiadora, Universidade de Genève.
ZHANG Yinde, professor de literatura comparada, Universidade de Paris 3.
ZHANG Aiqing, jurista, Universidade do Povo (Pequim).
ZHUO Jian, arquiteto urbanista, Universidade Tongji (Xangai).

A CHINA CONTEMPORÂNEA

As reformas em que a China se lançou após a Revolução Cultural, há cerca de 30 anos, se aceleraram e radicalizaram a partir de 1992. A sociedade chinesa, que promoveu uma liberalização da economia em todos os seus aspectos, colhe hoje os frutos da abertura e se confronta com questões profundas sobre os valores que a impulsionaram durante mais de meio século.

A emergência da China como nova grande potência econômica mundial tem também os seus reveses. O crescimento é acompanhado de novas dependências energéticas e comerciais em relação à economia mundial, e as disparidades internas, sociais e comerciais agravam-se. Poderá a sociedade de consumo satisfazer durante muito tempo uma classe média urbana que se tornou proprietária de sua habitação, descobriu os prazeres do tempo livre e aspira agora a um nível de vida equivalente ao dos países desenvolvidos?

A China contemporânea não é, evidentemente, a mesma do final dos anos 70, onde prevaleciam o coletivismo e a pobreza, mas também já não é a do início dos anos 90, que ainda se interrogava sobre a especificidade da via chinesa e pela possibilidade de aliar com eficácia o regime comunista e a economia de mercado. O início do século XX viu emergir uma sociedade chinesa contrastada, mas nova, dominada pelas transformações urbanas, pela implantação das empresas privadas e pelas comunicações via internet.

Este dicionário tem dois objetivos: dar a perceber a complexidade da transição chinesa atual e esboçar o perfil, quer no plano interno, quer no das suas ações externas, de um país que é já um dos polos mais importantes do espaço mundial deste novo século.

A China não é suscetível de ser banalizada. Regime ontem totalitário, hoje ainda autoritário, mantém forte o papel do Estado. É manifestamente impossível cotejar as reformas chinesas com o calendário e as modalidades das transições dos antigos países comunistas em direção à economia de mercado. A China não é a Rússia pós-soviética, tampouco, aliás, outra América liberal em perspectiva.

É claro que a escolha dos dirigentes chineses foi modernizar as estruturas econômicas, os instrumentos de comunicação e os mecanismos de gestão administrativa, seguindo as regras que se vão impondo progressivamente a todos os países. Mas a China adotou antes de mais nada uma lógica de transição, e não de ruptura com o passado, ou, melhor ainda, com os passados, o do tempo da "tradição", depois o da modernização republicana e, por último, o da revolução socialista.

A China de Deng Xiaoping reformou progressivamente essas heranças. Os princípios de autoridade que fundiam a política, a administração e a economia e que resultaram em larga medida da implantação de uma sociedade socialista nos anos 1950 não foram de imediato postos em dúvida, mas foram progressivamente atenuados. Aliás, mantêm, muitas vezes, um peso importante nos mecanismos do desenvolvimento. Prova disso são a ajuda dos bancos às empresas públicas ligadas às autoridades locais e a criação de grandes grupos que permanecem vinculados ao Estado para desenvolver as suas atividades estratégicas, como sucede com as firmas petrolíferas.

Num primeiro momento, os reformadores efetuaram uma descentralização dos poderes de iniciativa econômica e protegeram sistemas socioeconômicos internos com uma delimitação tanto geográfica como setorial das experiências das reformas, que tomaram como modelo os pequenos dragões asiáticos, o Japão e o Ocidente. Essa foi a fase das zonas econômicas especiais.

Apenas nos anos 1990 a sociedade chinesa foi profundamente renovada pela planificação menos estrita, pelo recuo do setor estatal na indústria e no comércio, pelo desenvolvimento das empresas privadas, pela implantação rápida dos grandes grupos internacionais nesses domínios, pela emergência dos mercados de trabalho e da habitação e, finalmente, pela desagregação progressiva das estruturas de enquadramento e de proteção social dos indivíduos.

Essas transformações não ocorreram, aliás, sem fazer reaparecer ou agravar as arbitrariedades locais e a corrupção, tampouco sem criar novos fossos entre as gerações, entre os empregados das empresas privadas ou estrangeiras e os operários das antigas empresas públicas e entre o mundo urbano e as zonas rurais.

Além do Partido Comunista, que continua no poder sem que possa haver atualmente qualquer alternativa para ultrapassá-lo, há aspectos permanentes da identidade chinesa que continuam a estruturá-los no presente e que, portanto, também continuarão a fazê-lo no futuro.

O nacionalismo chinês se articula, na maior parte das vezes, com o desejo de vingança contra as agressões ocidentais e japonesas da época contemporânea, bem como com a capacidade chinesa, que remonta ao século XVIII, de dar solução aos seus próprios desafios internos. Deve igualmente ser entendido como resposta à imensidão do país e à diversidade de suas populações, sejam os subgrupos han ou as nacionalidades minoritárias. Além desses fatores de fragmentação, esse nacionalismo é também, por outro lado, expressão da continuidade de uma aspiração multissecular de unidade do mundo chinês, eficazmente instrumentalizada desde a época imperial.

Os desafios do território chinês seguem a sua escala. Levantam a difícil questão da continuidade do desenvolvimento do litoral em direção ao interior e ao oeste. Desde os anos 1990, o Estado central tentou dar-lhe resposta com o planejamento do Yang-Tsé, cujos principais projetos são a construção da barragem das Três Gargantas, com a transferência de uma parte das águas do rio em direção à China do Norte e o desenvolvimento do oeste para desencravar a China Central e as regiões fronteiriças.

No território chinês assiste-se também à imbricação complexa de redes econômicas de dimensões e interesses variados, em que têm lugar proeminente os localismos regionais, ainda que os protecionismos estejam sendo gradualmente atenuados e os polos de difusão nacional e internacional surjam de forma proeminente, como é o caso da metrópole de Xangai.

O desenvolvimento chinês tem forte componente local. É um desenvolvimento que prolonga as compartimentações que resultam de três fatores: dos obstáculos topográficos de um espaço de dimensões continentais; das fragmentações regionais em que a história local é fonte de identidade contra o anonimato de um país superpovoado e em que, desde os anos 1950, os agentes locais concentraram os poderes nas próprias mãos, apesar de uma pretendida centralização nacional; e de um mercado fragmentado entre o norte e o sul, entre a China dos han e as periferias exteriores, entre regiões litorâneas, interiores e fronteiriças.

O desenvolvimento econômico concentrou-se logo de início nas zonas abertas e nas zonas rurais dinâmicas da costa chinesa. A industrialização rural obteve êxito no rio das Pérolas, no delta do Yang-Tsé e nas províncias de Zhejiang e de Jiangsu, desde cedo inseridas na economia mundial. A partir de 1990, data simbólica da criação da Nova Zona de Pudong, em Xangai, as cidades asseguraram a continuidade do processo e se transformaram, por sua vez, nos agentes, nos líderes e nos modelos do desenvolvimento contemporâneo.

As profundas transformações se traduzem, evidentemente, na renovação da área construída, no seu aumento e nas novas articulações policêntricas: a criação de centros de negócios nas torres, que vão sendo sempre mais altas, é acompanhada pela redistribuição para a periferia das populações menos adaptadas, das atividades industriais e dos grandes equipamentos urbanos. As cidades chinesas estão mudando para uma lógica de redes, participando também, as maiores delas, na rede das grandes metrópoles mundiais e asiáticas e em áreas de influência regionais e nacionais que integram, na medida do possível, as suas zonas interiores.

As cidades são, sobretudo, lugares privilegiados de recomposição da sociedade chinesa e de novas estratificações sociais. Ao desmantelamento das comunas populares nas zonas rurais sucedeu a descoletivização urbana. A transformação da maior parte das unidades de trabalho obriga as populações a enfrentar os riscos do desemprego, da doença e da velhice, e os governos locais tentam como resultados diversos e de formas diferentes novas soluções coletivas para atenuar as desigualdades e as injustiças.

Os homens das cidades têm ainda *status* diferentes conforme seus registros de residência e o consequente direito, ou não, de ter acesso aos serviços urbanos. Enquanto as populações urbanas mais desenvoltas descobrem o prazer da residência secundária de fim de semana, os imigrantes, vindos das regiões do interior, trabalham com insegurança e comem e dormem nos estrados de construção em troca de um modesto salário.

No entanto, as mudanças operadas na China são fascinantes. As cidades evidenciam novas formas de organização e têm, por vezes, níveis de vida que se assemelham plenamente aos dos países desenvolvidos. Até mesmo nas capitais provinciais do centro da China as possibilidades de consumo, a elevação do nível de instrução das populações mais jovens e os conhecimentos acumulados em relação ao estrangeiro constituem prova cabal de uma verdadeira abertura do país ao exterior.

Em matéria de educação, e num contexto de privatização, a China fez escolhas determinantes. Nos últimos dez anos, as universidades chinesas multiplicaram consideravelmente o número de seus estudantes, melhoraram em muito as condições fornecidas aos professores e agruparam-se para formar grandes polos de ensino e de pesquisa, prontos a enfrentar os desafios internacionais.

As zonas rurais não têm o mesmo destino. Idealizadas no passado pelo discurso maoísta, eram locais de forte densidade populacional, terras das experiências decisivas da via chinesa e onde se jogava, aparentemente, o destino do país. De fato, os moradores das cidades que para lá foram enviados durante a Revolução Cultural regressaram com a certeza de que era necessário fazer a China sair do subdesenvolvimento e da miséria, de que o mundo rural chinês era a maior expressão.

Apesar de as primeiras reformas do final dos anos 1970 terem tido por objeto o campesinato, com a descoletivização das terras agrícolas, o desenvolvimento econômico das cidades abre atualmente um fosso cada vez maior entre os habitantes das zonas rurais e os das zonas urbanas. Os campos tornaram-se espaços desvalorizados, tendo os mais próximos das cidades sido absorvidos pelo crescimento delas.

Na verdade, o mundo rural foi não só profundamente alterado mas sobretudo desintegrado, há cerca de 30 anos. Os espaços periurbanos, por seu lado, podem valorizar-se ao ser renovados de formas diferenciadas, ao se integrarem na economia urbana: industrialização por descontração urbana ou desenvolvimento endógeno, aumento de vastos perímetros residenciais, multiplicação das zonas de lazer e manutenção de produções agrícolas agora especializadas. Esses espaços em mudança possuem ligações cada vez melhores com as redes das cidades, às quais conferem uma nova dimensão.

As zonas rurais mais afastadas, mal servidas pelos eixos de transportes e isoladas, dão continuidade a uma produção agrícola de base, tendo sido modernizadas de forma muito desigual. Situadas na periferia das regiões de forte desenvolvimento ou no interior do país, são lugares de emigração em direção a esses polos mais desenvolvdos. Os mais jovens e empreendedores deixam então as aldeias, onde os braços podem faltar e os serviços públicos, como as estruturas de saúde ou as de ensino, tendem a periclitar.

A sociedade chinesa é assim abalada nas suas estruturas de produção, nos seus modos de vida e nas suas representações. Os valores herdados dos primeiros 30 anos do regime são hoje em dia questionados por uma lógica de mercado, de rentabilidade e de sucesso material. As antigas solidariedades desabam frequentemente sob o peso dos egoísmos, do dinheiro e do consumismo. As normas sobre o que é ou não de direito, sobre o justo e o injusto, o legal e o ilegal, estão em permanente redefinição.

Pode-se ver nas mutações atuais uma simples modernização e, por maioria de razão, uma mera ocidentalização da sociedade. A China se refaz, como é evidente, indo buscar modelos ocidentais e, mais ainda, em Hong Kong e no Japão. Contudo, também recupera ritos, costumes e valores que podem sair confusamente da "tradição" pré-moderna das modernizações que pretenderam transformar a China durante o regime republicano, o maoísmo ou a era das reformas do século XX. As escolas de pensamento – como o confucionismo –, ou os ritos

– como o culto dos antepassados –, devem, por isso, ser abordados segundo as formas que assumiram na contemporaneidade.

Devem também ser sublinhadas as continuidades que subsistem. O primado da família, ainda que remodelado, devido à queda da fecundidade chinesa, continua fortemente presente na mente dos chineses. Por outro lado, o crescimento atual do individualismo não pode ser confundido com o lugar que ocupa nas sociedades ocidentais. As lógicas do face a face, das relações interpessoais privilegiadas e das redes continuam a ser sinais de identificação dos indivíduos, instrumentos para a ação e proteções contra a adversidade.

A modernização chinesa afeta também as instituições. As reformas do Partido Comunista fizeram dele um partido nacional, que procura com eficácia assimilar as forças que emergem na sociedade, de acordo com o princípio das "três representações". Surgiram formas de democratização local em algumas zonas rurais, bem como em alguns bairros urbanos. Continuam ativos os dispositivos de expressão popular, como os gabinetes das cartas e das visitas, e os descontentamentos expressam-se mais facilmente nos domínios da vida cotidiana. Embora continue a ser controlada, a internet permitiu um desenvolvimento extraordinário dos blogs.

A China já não é um mundo reprimido, controlado e comprimido pelo jugo da ideologia, da vigilância contínua de todos por todos e das arbitrariedades políticas e policiais. No entanto, o totalitarismo não deu lugar senão a uma tolerância de ordem exclusivamente apolítica. Os meios de comunicação social continuam a ser censurados. As questões nacionais, de democracia, dos direitos humanos e de autodeterminação das nacionalidades minoritárias continuam a ser domínios reservados ao Partido-Estado.

Apesar das reformas institucionais e jurídicas, o Estado chinês continua a ser dirigido em todos os níveis pelo Partido Comunista. Os equilíbrios entre o poder central e os governos locais, por seu lado, mudaram profundamente devido às reformas, às transformações econômicas muito diversificadas e, portanto, a novas relações de força. As províncias litorâneas e, gradualmente, as grandes cidades chinesas adquiriram uma independência financeira que lhes permite adquirir uma verdadeira liberdade de decisão perante o Centro. Sem riscos graves de desintegração do país, as instâncias do poder subestatal chinês relacionam-se entre si às vezes como concorrentes, até mesmo como adversárias, e em outros momentos como simples cooperadores, e seu reconhecimento mútuo está em contínua negociação.

Em suma, a China surge no mundo atual como uma potência não só política mas também econômica.

Desde o início das reformas, foram resolvidos os principais litígios fronteiriços, a que se seguiram frequentemente cooperações transfronteiriças, como a que vigora entre o nordeste chinês e o extremo oriente russo, entre o Xinjiang e os países limítrofes da Ásia Central e entre o sudoeste e os países da península indochinesa. A China se beneficia de uma economia dinâmica, que foi um polo de estabilidade na região quando da crise asiática de 1997-1998.

Dando continuidade ao seu antigo esquema imperial, a China parecia reativar então o posicionamento de "grande" no mundo, na medida em que era uma "grande" da região da Ásia. Com esse objetivo foram utilizados três instrumentos importantes: a associação com a Asean (Associação das Nações do Sudeste Asiático) e a vontade chinesa de aparecer como potência que traz tranquilidade; a iniciativa de um reagrupamento das nações da Ásia Oriental, Central e Meridional na Organização de Cooperação de Xangai; e o papel da placa giratória regional nas negociações relativas à questão da Coreia do Norte.

A China tirou partido da globalização. Acolheu investimentos estrangeiros maciços, que contribuíram poderosamente para a modernização de sua indústria. Seu rápido crescimento econômico, que é um imperativo para o regime, tornou-se assim dependente dos mercados mundiais, que lhe asseguram o escoamento dos produtos e o aprovisionamento em petróleo e matérias-primas. Após ter tido êxito em sua ascensão a potência econômica, a China dá agora início ao seu novo papel político na cena internacional.

Este *Dicionário* pretende dar a compreender a China atual com base nas ciências sociais e graças às pesquisas de um grande número de especialistas. Pareceu-nos importante propor verbetes/chaves que permitam compreender a China dos pontos de vista das relações internacionais, da história recente, da política, do direito, da economia, da geografia, da sociologia, da antropologia, das ciências e da tecnologia e da cultura.

As ideias que originaram os artigos correspondem às categorias estudadas pelas ciências sociais, mas levam igualmente em consideração as especificidades chinesas, propondo prioritariamente uma tradução ocidental dos termos chineses, como, por exemplo, "registro de residências" para "*hukou*". Assim sendo, esta abordagem constitui o meio de conduzir o leitor desde suas expectativas imediatas até níveis de compreensão que nem sempre esperaria encontrar. Por exemplo, se o verbete "religião" é indispensável, nossa tarefa era também a de lhe dizer que essa ideia ocidental é problemática na China e indicar-lhe outros verbetes pertinentes.

    A lista de remissões no fim de cada artigo permite, portanto, prolongar a análise do conceito em questão. No fim do livro pode-se encontrar também a lista completa dos artigos e um índice das ideias e termos chineses que neles são considerados.

Thierry Sanjuan

CRONOLOGIA

Período Moderno: 1839-1949

1839-1842 – Primeira guerra do ópio e tratado de Nanquim.
1850-1864 – Revolta dos Taiping.
1858-1860 – Segunda guerra do ópio e pilhagem de Pequim pelos franco-ingleses.
1894-1895 – Guerra sino-japonesa e tratado de Shimonoseki.
    1900 – Insurreição dos boxers e cerco das legações ocidentais em Pequim.
1912, 1º de janeiro – Proclamação da república por Sun Yat-sen, em Nanquim.
1916-1927 – Período dos "senhores da guerra".
    1919 – Movimento nacional e modernizador de 4 de maio.
    1921 – Criação do Partido Comunista Chinês, em Xangai.
    1927 – Chiang Kai-shek volta-se contra os seus aliados comunistas em Xangai.
1927-1937 – Governo nacionalista de Nanquim.
    1931 – Os japoneses invadem a Manchúria.
1934-1935 – A Longa Marcha.
    1937 – Ofensiva geral dos japoneses e, em dezembro, massacre de Nanquim.
    1945 – Capitulação do Japão.
1945-1949 – Guerra civil entre nacionalistas e comunistas.

República Popular da China: a partir de 1949

1949, 1º de outubro – Proclamação da República Popular da China por Mao Tsé-tung na Praça de Tiananmen.
1950-1953 – Guerra da Coreia.

1956-1957 – Campanha das Cem Flores.
1958-1961 – Grande Salto Adiante e fome.
1959 – Repressão do levantamento de Lhassa e fuga do Dalai-Lama.
1960 – Ruptura sino-soviética.
1962 – Conflito sino-indiano.
1964 – Primeiro ensaio nuclear.
1966-1976 – Revolução Cultural.
1967-1968 – Caos social e político, guerra civil, seguida de repressão contra os guardas vermelhos.
1969 – Incidentes sino-soviéticos sobre o Ussuri.
1971 – Entrada da República Popular na Organização das Nações Unidas; morte de Lin Biao.
1972 – Viagem de Nixon a Pequim.
1976 – Morte de Zhou Enlai em janeiro e de Mao Tsé-tung em setembro; prisão do "Bando dos Quatro".

Período das Reformas e da Abertura: a partir de 1978

1978 – Chegada de Deng Xiaoping ao poder; lançamento das "reformas e da abertura"; início da descoletivização das terras agrícolas; fim dos movimentos de massa.
1979 – Movimento democrático da Primavera de Pequim; reconhecimento da República Popular da China pelos Estados Unidos; incursão militar chinesa no Vietnã; autorização dos investimentos diretos estrangeiros.
1980 – Hu Yaobang torna-se secretário-geral do Partido Comunista; criação de quatro zonas econômicas especiais (Zhuhai, Shenzhen, Shantou e Xiamen).
1980-1981 – Processo do "Bando dos Quatro".
1982 – Promulgação de uma nova Constituição.
1983 – Descoberta em Cantão do túmulo de Nan Zhao, rei do Nan Yue, no século II a.C.
1984 – Lançamento da reforma econômica urbana; abertura de 14 cidades costeiras (Beihai, Zhanjiang, Cantão, Fuzhou, Wenzhou, Ningbo, Xangai, Nantong, Lianyungang, Qingdao, Yantai, Tianjin,

Qinhuangdao e Dalian); restabelecimento das relações sino-soviéticas; assinatura do acordo sino-britânico para a retrocessão de Hong Kong em 1997.
1985 – Abertura dos três deltas (rio das Pérolas, Fujian meridional e Yang-Tsé).
1986 – Descoberta de uma civilização do bronze em Sichuan.
1987 – Queda de Hu Yaobang, substituído por Zhao Ziyang; restabelecimento das trocas e dos contatos indiretos com Taiwan.
1987-1988 – Tumultos no Tibete.
1988 – Criação da Zona Econômica Especial de Hainan, abertura das penínsulas Shandong e de Liaodong e de todas as cidades costeiras.
1989 – Movimento estudantil e repressão de Tiananmen em 4 de junho; Jiang Zemin substitui Zhao Ziyang como secretário-geral do Partido Comunista.

Período Contemporâneo: a partir de 1990

1990 – Criação da Nova Zona de Pudong, em Xangai.
1992 – Relançamento em janeiro/fevereiro das reformas por Deng Xiaoping; definição em dezembro de uma "economia socialista de mercado"; abertura dos portos fluviais, bem como das capitais provinciais e de algumas cidades ao longo das fronteiras terrestres; decisão de construir a barragem das Três Gargantas.
1993 – Jiang Zemin torna-se presidente da República.
1994 – Conversibilidade parcial do yuan; novas taxas de câmbio; reforma fiscal que redistribui os impostos entre o governo central e os poderes locais.
1995-1996 – Disparos de mísseis continentais sobre Taiwan após a viagem do presidente Lee Teng-hui aos Estados Unidos e antes da sua reeleição por sufrágio universal.
1997 – Morte de Deng Xiaoping; retrocessão de Hong Kong.
1998 – Inundações catastróficas no vale do Yang-Tsé e no nordeste.
1999 – Retrocessão de Macau.
2000 – Lançamento da política de desenvolvimento do oeste Chinês.
2001 – Entrada na Organização Mundial do Comércio.

2002 – Inscrição da teoria das "três representações" (forças produtivas, mundo cultural moderno e povo) nos estatutos do Partido Comunista; Hu Jintao torna-se secretário-geral do Partido Comunista.
2003 – Hu Jintao torna-se presidente da República; entrada em funcionamento da barragem das Três Gargantas e subida do nível das águas no reservatório a montante; primeiro homem chinês no espaço.
2004 – Hu Jintao torna-se presidente da Comissão Militar Central.
2005 – Lei antissecessão relativa a Taiwan; conflitos comerciais sobre os têxteis com os Estados Unidos e a União Europeia; manifestações antijaponesas; taxa de câmbio do yuan fixada em relação a uma cesta de moedas (dólar, euro, iene, won sul-coreano).

ABERTURA (LUGARES DE)

O território chinês conheceu períodos sucessivos de abertura e de fechamento à influência estrangeira.

Quando as reformas foram lançadas em 1978, o que estava em discussão com a nova abertura oferecia múltiplos aspectos.

Tratava-se de abrir à economia mundial territórios claramente delimitados em obediência ao modelo das zonas francas dos novos países industriais asiáticos, sem com isso permitir o acesso ao conjunto da China, nem, dessa forma, colocar em perigo seu equilíbrio econômico e social interno.

Os lugares de abertura deveriam tornar-se centros de experimentação das reformas, sob o controle continuado do regime comunista.

Por fim, a recordação da abertura forçada pelas potências ocidentais e japonesas no século XIX reforçou o desejo dos chineses de terem um processo de integração ao sistema mundial sob seu controle e que beneficiasse uma nova visibilidade nacional da China.

O governo central favoreceu inicialmente as províncias meridionais do Guangdong e do Fujian. São historicamente terras de emigração e de comércio com os estrangeiros. Além disso, há territórios chineses desenvolvidos que fazem fronteira com eles.

Em 1980, foram abertas quatro zonas econômicas especiais: Shenzhen, ao norte de Hong Kong; Zhuhai, ao norte e a oeste de Macau, ambas na embocadura do delta do rio das Pérolas, no centro da província de Guangdong; Shantou, igualmente situada nessa província fortemente ligada à diáspora com origem em Chaozhou; e, finalmente, Xiamen, em Fujian, no paralelo do estreito de Taiwan.

Em 1984, foram abertas e providas de zonas de desenvolvimento econômico e técnico 14 cidades litorâneas, entre as quais pelo menos 11 eram portos abertos ou colônias estrangeiras no final do século XIX.

Foram Beihai, em Guangxi; Zhanjiang e Cantão, em Guangdong; Fuzhou, em Fujian; Wenzhou e Ningbo, em Zhejiang; Xangai; Nantong e Lianyungang, em Jiangsu; Qingdao e Yantai, em Shandong; Tianjin; Qinhuangdao, em Hebei; e Dalian, em Liaoning.

Em 1985, três regiões abertas incluíam não só cidades mas também espaços rurais: o delta do rio das Pérolas, a região meridional do Fujian e o delta do Yang-Tsé.

Em 1988, Pequim oficializou sua "estratégia de desenvolvimento econômico das zonas costeiras". A província de Guangdong foi declarada laboratório das reformas chinesas. Hainan tornou-se uma província de pleno direito e a quinta zona econômica especial.

A abertura se generalizou a todo o litoral e chegou, no norte, ao golfo de Bohai e às penínsulas do Shandong e do Liaodong.

Em 1990, foi criada em Xangai a Nova Zona do Pudong.

Em 1992, foram abertos à maioria das capitais provinciais os portos fluviais ao longo do Yang-Tsé e muitas cidades fronteiriças ligadas às dinâmicas comerciais que se instalaram entre o Heilongjiang e o extremo oriente russo, entre o Xinjiang e os estados da Ásia Central, e entre o sudoeste e os países vizinhos da península indochinesa.

Em 1992, estava aberto o conjunto do território chinês. Todavia, dez anos mais tarde as disparidades continuavam a ser grandes: o litoral chinês continuava a acolher 87% dos investimentos diretos estrangeiros e efetuava 92% das exportações do país em 2003.

Thierry Sanjuan

➤ ÁSIA CENTRAL (CHINA E A), DISPARIDADES REGIONAIS, HONG KONG, MACAU, NORDESTE, REFORMAS E ABERTURA, RIO DAS PÉROLAS (DELTA DO), TAIWAN, XANGAI, XINJIANG, ZONAS ECONÔMICAS ESPECIAIS

ACUPUNTURA

A acupuntura (*zhenjiu*) é um procedimento terapêutico que consiste em inserir agulhas metálicas finas, que eram classicamente de nove tipos, em determinados pontos rigorosamente localizados no corpo, para tratar perturbações previamente diagnosticadas.

Os pontos da acupuntura se encontram em canais "fictícios", que não correspondem nem aos vasos sanguíneos nem aos nervos, e aos quais os seus praticantes ocidentais chamam "meridianos", nos quais se propaga o *qi*, ou seja, para falar de modo simplificado, o sopro vital. Esses canais – 12 principais e oito considerados "extraordinários" – estão relacionados, segundo a teoria médica chinesa, com as vísceras e certo número de ideias de ordem cosmológica.

Assim sendo, o médico considera que se pode agir no interior do organismo intervindo em sua superfície. Graças a determinadas manipulações das agulhas, procura-se regularizar a propagação do *qi* nas suas diferentes modalidades e tratar os desequilíbrios que são considerados pelo médico como causa das doenças.

Ao contrário do que por vezes se afirma, não há nenhum documento que ateste a existência da acupuntura, enquanto sistema terapêutico coerente, antes do século II ou I a.C. Os primeiros manuscritos que nos chegaram, dos séculos III e II a.C., e que descrevem o trajeto dos "canais" em que os médicos intervêm, dizem respeito à moxibustão, técnica de cura conceitualmente semelhante à acupuntura e mediante a qual os pontos são aquecidos com cones ou varinhas de pó de artemísia.

A acupuntura foi se desenvolvendo a partir desse período no seio do sistema médico. O número de pontos foi aumentando até ser da ordem das centenas. As suas indicações terapêuticas se tornaram mais precisas e as transmissões do seu conhecimento foram organizadas graças sobretudo a mapas ou estátuas de bronze que representavam o trajeto dos canais e os respectivos pontos. Conservam-se cerca de 180 obras da época do Império.

A acupuntura foi avaliada diversamente ao longo das épocas, sendo por vezes valorizada e outras vezes desprezada e mesmo oficialmente rejeitada, tal como sucedeu no início do século XIX.

Atualmente, pelo contrário, sua notoriedade ultrapassa largamente as fronteiras da China, tendo desempenhado em certos momentos papel simbólico e ideológico. Foi o que aconteceu em relação à anestesia pela acupuntura, durante os anos da Revolução Cultural, que fez dela um instrumento diplomático.

Na China, a acupuntura continua a ser um dos instrumentos terapêuticos mais importantes e está inserida na nebulosa da chamada "medicina tradicional chinesa", neste caso sob a forma de eletropuntura. Procura-se provar e explicar sua ação, isto é, provar sua eficácia, segundo critérios bioquímicos.

Paralelamente, a acupuntura conseguiu se impor no Ocidente sob uma forma ligeiramente modificada. Ela representa a medicina chinesa no cortejo das medicinas complementares ou alternativas.

Frédéric Obringer

➢ FARMACOPEIA, MEDICINA, MEDICINA TRADICIONAL, SAÚDE

ADIVINHAÇÃO

Na China, a prática da adivinhação não é tanto um conhecimento do futuro, mas, sobretudo, um meio de agir sobre o destino que se anuncia, não como um dado incontornável, mas como um fenômeno dinâmico sobre o qual é possível intervir, em primeiro lugar, revelando-o, e, depois, em função do diagnóstico, modificando seu curso.

Recorrer à adivinhação não é de forma alguma uma prática marginal na sociedade chinesa atual. Pelo contrário, essa forma de adivinhação ativa, totalmente dedicada à "busca da sorte e à conjuração do nefasto" (*quji bixiong*), acompanha a busca do sucesso econômico em que estão envolvidos destinos de outra forma entregues aos riscos da economia de mercado.

Há diversas técnicas que tornam possível esse domínio do destino, desde a simples manipulação de objetos e a observação de precauções linguísticas e gestuais, realizadas por qualquer pessoa, até os métodos mais complexos de "cálculo do destino" (*suanming*), que requerem a intervenção de pessoas formadas na interpretação dos sinais divinatórios.

O destino individual pode ser alterado pela atribuição de um nome pessoal, escolhido em função do seu significado ou de sua eufonia, e se sua escolha se revelar infeliz, o nome é ulteriormente modificado.

A consulta do calendário lunissolar ou de um almanaque basta para a escolha de um momento favorável à realização de um ato importante (casamento, inauguração de uma habitação, abertura de uma loja).

As datas oficiais, embora fixadas segundo o calendário gregoriano, tampouco são deixadas ao acaso: a data da proclamação da República Popular da China, por Mao Tsé-tung, no dia 1º de outubro de 1949, teria sido cuidadosamente escolhida de maneira a colocar o destino da "nova China" sob os melhores auspícios.

Mais recentemente, por proposta do presidente da Câmara de Pequim, a data de abertura dos Jogos Olímpicos foi adiada para 8 de agosto para se obter a data auspiciosa de 08/08/2008, em vez do dia do fim do mês, previsto inicialmente para poupar os atletas do calor tórrido do verão pequinês: sua pronúncia aproxima, de fato, o número oito (*ba*) da palavra *fa*, que designa a manifestação da riqueza.

A escolha de um lugar favorável para construir uma casa baseia-se num sistema de leitura dos influxos ou correntes positivas e negativas que se libertam da configuração topográfica de um sítio. A boa localização geomântica de um imóvel contribui para seu valor imobiliário e para o bem-estar dos seus ocupantes. Mas uma construção infeliz na vizinhança pode destruir o equilíbrio dos fluxos positivos dessa geografia simbólica e afetar, assim, o capital de sorte dos interessados.

São muitos os conflitos sobre a proteção do valor geomântico dos sítios importantes, como, por exemplo, os túmulos dos antepassados. Esse motivo é regularmente invocado para justificar a oposição a uma construção suscetível de afetar o valor imobiliário do sítio.

Em 2003, em plena epidemia da síndrome respiratória aguda severa (Sars), promotores imobiliários tentaram interromper a construção de um hospital num pequeno burgo da periferia de Pequim com o argumento de que o local escolhido pelas autoridades prejudicava um lugar sensível da geografia simbólica da capital (a veia do dragão).

A leitura dos sinais não consiste apenas em anunciar ou traduzir a realidade. O ato divinatório, enquanto instrumento de ação sobre o real, tende a suscitar a realidade ou o acontecimento desejado.

O lançamento de blocos divinatórios com forma de meia-lua (mas também de moedas antigas ou de ossículos), uma das técnicas mais comuns e frequentemente usada no final de um rito de oferenda propiciatório, em casa ou num templo, é, por isso, geralmente repetido até que se obtenha satisfação. Trata-se de provocar o que se pretende, de trazer ao ser a realidade que se deseja.

A prática da adivinhação necessita de especialistas, consultados no seu domicílio ou num templo, de mestres taoístas ou de qualquer laico formado em determinado método, que, além de terem conhecimentos técnicos, possuam igualmente qualidades de psicólogo.

A leitura das fichas de bambu tiradas ao acaso ou o lançamento de moedas deixa assim lugar à interpretação do oficiante, cujo diagnóstico não se baseia apenas na exegese que corresponde a cada ficha divinatória ou signo formado pelo lançamento das moedas: combinações de linhas contínuas, ou signos *yang*, e linhas descontínuas, ou signos *yin*, simbolizam as forças cósmicas que estão na base da constituição do universo e cuja combinação traduz as realidades em mutação, de que deriva o nome *Yijing* ("I Ching"), o mais antigo manual de adivinhação por intermédio de hexagramas. Os especialistas de fisionomia (*xiangming*), técnica fundada numa cosmologia do corpo humano, têm de possuir a mesma sutileza.

Embora conhecer a origem de um problema que afeta o destino pessoal seja desde logo trazer-lhe remédio, curar a fonte do desequilíbrio, ao restabelecer a harmonia natural, pode exigir uma intervenção na origem, sob a forma de exorcismo ou de rito de correção do destino.

Abandonamos aqui o campo do racionalismo divinatório para entrar no da adivinhação mediúnica, que se baseia no contato direto com o mundo dos espíritos divinizados e das almas dos mortos.

Os ritos de possessão mediúnica são específicos da ação ritual desses seres de destinos singulares, que não puderam escapar a uma vocação muitas vezes imposta: "crianças de adivinhação" (*tongji*) em Fujian, "mulheres dos espíritos" (*shenpo*) do norte da China e "mulheres que interrogam o arroz" (*manmaipo*) do Guangdong.

Béatrice David

➢ GEOMANCIA

ADMINISTRAÇÃO TERRITORIAL

A República Popular da China é um estado unitário plurinacional. Desde o Império a China foi unificada em um só Estado, tendo recusado uma solução federal para governar seu imenso território. Hoje em dia, é herdeira de divisões provinciais muito antigas, às quais se juntaram as entidades territoriais específicas de suas maiores cidades, de suas principais nacionalidades minoritárias e de suas antigas colônias meridionais.

A primeira subdivisão territorial se dá no nível provincial. Há 23 províncias, (*sheng*) e sua superfície média é equivalente à da Grã-Bretanha. Dezessete delas são originárias da China imperial das "dezoito províncias"; três correspondem aos antigos territórios manchus que permaneceram integrados à China (Liaoning, Jilin e Heilongjiang); o Qinghai e Hainan vêm, respectivamente, do Tibete e do Guangdong; e, finalmente, a 23ª província é, segundo Pequim, a de Taiwan.

Quatro municipalidades de nível provincial (*zhixiashi*) dependem diretamente do poder central (*zhongyang*): as grandes cidades de Pequim, Tianjin, Xangai e Chongqing. Esta última foi separada do Sichuan em 1996 e cobre a maior parte dos distritos banhados pela bacia da barragem das Três Gargantas.

Diante da extensão das terras habitadas por populações de etnias diferentes da han e em obediência à sua política para as nacionalidades, o poder chinês criou territórios a princípio de gestão autônoma. Tais territórios podem ser encontrados em todos os níveis da administração, e se sobrepõem com frequência.

Em nível provincial, a região autônoma (*zizhiqu*) da Mongólia Interior foi fundada em 1947; a do Xinjiang em 1955, tendo como principal nacionalidade minoritária a uigare; a do Ningxia em 1957, destinada à nacionalidade chinesa, embora muçulmana, dos hui; a do Guangxi em 1958, para os zhuang; e a do Tibete em 1965, amputada do Qinghai e de uma parte do território atual do Sichuan.

As duas regiões de administração especial (*tebie xingzhengqu*) Hong Kong, restituída à China em 1997, e Macau, restituída em 1999, revelam, por fim, o princípio "um país, dois sistemas", que foi enunciado nos anos 80.

Têm por objetivo transferir para a soberania chinesa territórios anexados pelas potências britânica e portuguesa no século XIX, permitindo-se, no entanto, que vigore localmente a economia de mercado durante pelos menos 50 anos.

Desde as reformas de 1983-1984, as províncias tendem a se subdividir em municipalidades ao nível de prefeitura (*dijishi*) e de distrito (*xianjishi*). Essas municipalidades abrangem uma cidade de bairros urbanos (*shiqu*) e distritos inicialmente rurais (*xian*).

Nas municipalidades, a cidade central tem os seus bairros subdivididos em quarteirões (*jiedao*) e depois em comitês de residentes (*jumin weiyuanhui*).

Os distritos são espaços mistos, que englobam um ou mais núcleos urbanos e espaços rurais. Uma vila central (*zhen*), governada por comitês de residentes, desempenha o papel de sede administrativa, e os cantões ao seu redor (*xiang*) dividem-se em aldeias administrativas, dirigidas por comitês de aldeões (*cunmin weiyuanhui*).

Todas essas entidades administrativas têm como contraparte uma seção equivalente do Partido Comunista, e é aqui que, muitas vezes, as decisões são verdadeiramente tomadas.

Os comitês de residentes e os comitês de aldeões são territórios administrativos essenciais à vida cotidiana dos chineses, notadamente desde a marginalização das unidades de trabalho nas cidades.

Thierry Sanjuan

➢ ALDEÕES (COMITÊS DE), NACIONALIDADES, RESIDENTES (COMITÊS DE), "UM PAÍS, DOIS SISTEMAS"

ADOÇÃO

As adoções pelas famílias chinesas têm uma longa história. As práticas da doação e da adoção sempre existiram e são resultado de decisões coletivas que mobilizam os pais, os avós, os tios e as tias das crianças em questão. Abandonar, doar, entregar ou adotar uma criança podem ser atos refletidos ou espontâneos da parte das famílias.

A doação e adoção "tradicionais" são a transferência de uma criança no âmbito de uma mesma linhagem. Na dinastia Qing (1644-1911), só era permitida a adoção de um varão, como, por exemplo, a adoção de um filho do irmão primogênito por um irmão mais novo, ao passo que a adoção por estrangeiros era formalmente proibida. No entanto, as práticas de abandono, doação e adoção por estrangeiros eram e continuam a ser frequentes.

Surgiram práticas novas, influenciadas diretamente pelo controle dos nascimentos. Por exemplo, uma mulher pode fingir que sua segunda filha, nascida fora do planejado, foi gerada por uma irmã ou uma prima, para assim conseguir obter o certificado de filho único, as vantagens sociais que daí advêm e, sobretudo, para evitar o pagamento de uma multa.

A frequência de abandonos de bebês do sexo feminino é elevada, porque as famílias, obrigadas a ter apenas um filho, tendem a preferir descendentes masculinos.

Os camponeses imigrantes internos/migrantes praticam com frequência essa forma de abandono: trabalhando na cidade durante um período determinado e pensando em regressar à sua aldeia natal, necessitam de descendentes masculinos para obterem terras. O filho, deixado na aldeia, é a garantia da obtenção de terrenos de cultivo, apesar da ausência mais ou menos prolongada dos pais.

Por outro lado, os aldeões, contrariamente aos moradores das cidades, não se beneficiam de nenhum tipo de proteção social. Não têm rendimentos fixos, nem recebem qualquer aposentadoria. Por isso, ter um só filho equivale a um seguro de vida.

No campo, uma filha não pode ter o mesmo valor que um descendente masculino. A filha não é relevante para o desafio que representa a aquisição de terras. Além disso, é uma força de menor importância no trabalho agrícola e é aos seus (futuros) sogros que vai dever obediência.

A família natural pode abandonar seu bebê em vários locais públicos (nos hospitais, em patamares de residências, à beira das estradas ou em casas de banho) ou dá-lo a uma terceira pessoa, que se encarregará direta ou indiretamente de lhe encontrar uma família adotiva.

A maioria das práticas de abandono, de doação ou de adoção não ocorre nos abrigos nem nos centros de beneficência, mas têm lugar em acordos privados que requerem a intervenção de vários intermediários oficiosos, quer se trate de profissionais da medicina, quer de pais ou de amigos próximos das famílias.

Ao contrário da adoção internacional, que requer a intervenção dos orfanatos, os chineses não se dirigem às instituições públicas para proceder a uma adoção, quer por pudor, porque se trata da fundação de uma família e da fecundidade do casal, quer por prudência, porque os pais adotivos raramente satisfazem os requisitos da adoção legal, principalmente o de não terem um filho.

A maior parte das práticas de doação e de adoção são secretas e não ficam registradas, porque não estão em conformidade com as leis que regulam o casamento, a adoção e o planejamento familiar.

Nos casos em que a criança chega a ser registrada, a família adotiva mobiliza diversas relações pessoais para legalizar tal filiação, mas sem que esta passe, por isso, a ser parte de uma adoção.

Os abandonos e as adoções são mais frequentes do que as estatísticas oficiais poderiam levar a supor, porque são verdadeiramente ocultados. Na China, todos conhecem de perto ou de longe casos de famílias que doaram os filhos ou os adotaram.

Por outro lado, dispomos do total de adoções internacionais: 11 mil das 40 mil crianças adotadas em 2004 por intermédio de organismos internacionais eram originárias da China.

Karine Guérin

➤ CASAMENTO, DIVÓRCIO, FAMÍLIA, FILHO UNICO, PARENTESCO

ADVOGADO

A profissão de advogado, que fora suprimida em 1957, foi reintroduzida em 1979.

Regidos por um regulamento provisório de 1980, os advogados eram então funcionários juristas que dependiam do Ministério da Justiça. Uma lei que entrou em vigor no dia 1º de janeiro de 1997 permitiu uma mudança fundamental no *status* jurídico dos advogados, que passaram a ser definidos como "trabalhadores jurídicos a serviço da sociedade", e o desenvolvimento de escritórios privados de advogados associados, além dos escritórios públicos.

A grande maioria dos advogados tem atualmente *status* privado. Para ter acesso à profissão, desde 2002 os candidatos têm de obter aprovação num concurso nacional comum às profissões jurídicas. O Ministério da Justiça continua, porém, a emitir uma licença anual de exercício da atividade.

Apesar do entusiasmo recente, os advogados continuam a ser pouco numerosos (cerca de 150 mil) e estão mal repartidos pelo território chinês. Uma nova lei em preparação deverá aproximar um pouco mais o *status* do advogado chinês dos padrões internacionais e reforçar os direitos da defesa.

Desde 1992, os escritórios de advogados estrangeiros necessitam obter do Ministério da Justiça uma licença válida por cinco anos para abrirem um escritório de representação na China. Desde 2002, de três em três anos, podem pedir uma licença para abrir um novo escritório. No entanto, os advogados estrangeiros nem sempre podem aplicar o direitos chinês, nem exercer sua atividade nos tribunais chineses.

Yves Dolais

➤ DIREITO, DIREITOS HUMANOS, JUSTIÇA

ÁFRICA (A CHINA E A)

A política da China em relação à África teve início, timidamente, nos anos 60, com o fim da era colonial e o desenvolvimento do movimento afro-asiático. O Marrocos, o Sudão e a Guiné foram os primeiros Estados africanos a estabelecer laços diplomáticos com a China, no final dos anos 1950, mas as relações políticas e comerciais permaneceram modestas.

A partir dos anos 1960, não só a China se opôs à União Soviética, mas sua debilidade no domínio econômico reduziu também sua capacidade de atração nos países africanos. Por outro lado, o início do desenvolvimento econômico de Taiwan e o lugar que seu governo ocupou, até 1971, no Conselho de Segurança das Nações Unidas levaram alguns países africanos a continuar privilegiando esse parceiro.

Durante os anos 1970, uma maior moderação da política externa chinesa e a melhoria do relacionamento com os Estados Unidos permitiram à China estabelecer relações oficiais com a maioria dos países africanos. No entanto, em matéria econômica, a China restringiu seus compromissos a projetos de grande relevância (o comboio Tanzam, que faz a ligação entre Dar-el-Salam e Lusaca) ou preferiu realizá-los num quadro multilateral.

Desde o fim dos anos 1980, o acesso às matérias-primas tornou-se um fator fundamental nas relações da China com o continente africano, como foi o caso do Sudão – onde a China investiu largamente no setor petrolífero –, de Angola e do Gabão.

Por isso, embora as relações comerciais com a maioria dos países africanos continuem limitadas, as trocas com a África do Sul e os países ricos em recursos naturais não cessam de crescer, contribuindo para o aumento da influência da China no continente.

Desde então, estão presentes na África 674 empresas estatais chinesas, que investiram em 2004 mais de 900 milhões de dólares (num total de 15 bilhões de investimentos internacionais na África nesse mesmo ano), não só na exploração de minas mas também na pesca, no tratamento de madeiras e nas telecomunicações.

Em suma: apesar de continuar a utilizar uma retórica terceiro-mundista em relação à África, a China persegue nela objetivos que são simultaneamente pragmáticos e de grande potência.

Michal Meidan

➢ ENERGIA E RECURSOS NATURAIS, PETRÓLEO, POLÍTICA EXTERNA

AGRICULTURA

Representando apenas 15% do PIB e 40% da mão de obra ativa, a agricultura tornou-se um setor minoritário. Devido às dimensões do país, a China continuou, porém, a ser o primeiro produtor mundial de trigo (90 milhões de toneladas), de arroz *paddy* (190 milhões de toneladas) e de carne de porco (cerca de 50 milhões de toneladas).

Em situação de quase autossuficiência, a China garante à população alto nível de consumo alimentar (mais de 2.900 kcal por pessoa por dia) e já iniciou em grande escala a transição para uma alimentação baseada na carne, ao estilo ocidental (mais de 40 kg de carne consumidos por pessoa, por ano).

Desde a descoletivização do início dos anos 80, quando as famílias camponesas passaram a explorar individualmente, como rendeiros, as terras que eram propriedade coletiva das aldeias, a agricultura chinesa passou a ser de minifúndios. Duzentos milhões de explorações familiares cultivam cerca de 100 milhões de hectares, produzindo anualmente 150 milhões de hectares de colheitas.

Os elevados rendimentos por hectare das diferentes culturas (6 toneladas de arroz *paddy*, 5 toneladas de milho, 4 toneladas de trigo etc.) correspondem a uma agricultura intensiva, devido ao forte consumo de adubos químicos (mais de 300 kg de elementos ativos por hectare cultivado) e ao uso da irrigação (55 milhões de hectares cultivados).

A revolução verde dos anos 1970, baseada em variedades cruzadas anãs de trigo e de arroz, continuou com novos avanços tecnológicos, como a popularização de variedades de arroz híbrido em mais de metade dos arrozais, no início da primeira década deste século.

No entanto, essa agricultura é frágil. O déficit hídrico da China do Norte (20% apenas das águas de superfície para 60% da área cultivada) pesa como uma grave hipoteca sobre as colheitas futuras de trigo e de milho. No entanto, foram estas as que no passado registraram os maiores aumentos de rendimento. A esse déficit vem juntar-se a concorrência cada vez maior entre a agricultura, a indústria e o setor urbano no uso dos recursos hídricos e, por outro lado, a poluição das águas, que não cessa de se agravar.

À descoletivização seguiu-se uma liberalização progressiva do comércio interno dos produtos agrícolas. Desde 1985 ela vem se efetivando com êxito no domínio dos produtos animais, das frutas e dos legumes. Em contrapartida, durante cerca de 20 anos, os monopólios continuaram a vigorar no domínio dos cereais, das oleaginosas e do algodão, considerados produtos estratégicos.

Em 1985, a fim de atenuar o monopólio das compras por parte do Estado, foi instituído para os cereais um duplo padrão: preços baixos administrados para as entregas obrigatórias e preços de mercado ou negociados para as entregas acima das cotas obrigatórias. Devido a muitas disfunções, esse sistema foi definitivamente abolido em 2004, ficando o mercado dos cereais totalmente liberalizado e aberto à concorrência. Subsiste o monopólio no caso do algodão, mas desde 1999 os preços que vigoram são os do mercado.

A essa liberalização interna veio juntar-se, em dezembro de 2001, a abertura das fronteiras, devido à adesão da China à Organização Mundial do Comércio. A baixa geral das tarifas no conjunto dos produtos agrícolas foi compensada, no caso dos cereais, por cotas tarifárias, fixadas a um nível muito baixo (9,6 milhões de toneladas para o trigo, 5,3 milhões de toneladas para o arroz), para as quais os direitos aduaneiros são simbólicos, protegendo assim os agricultores das importações maciças.

Essa liberalização influencia fortemente os preços agrícolas, pelo que os camponeses não podem de forma alguma basear-se nas receitas da atividade agrícola para melhorar seus rendimentos. É certo que estes continuam a crescer, mas o fosso entre os rendimentos nas zonas rurais e nas cidades não cessa de aumentar. Estes últimos são o triplo daqueles.

Nos rendimentos dos camponeses, a parte não agrícola (salários dos operários das "empresas das vilas e cantões", remessas de emigrantes etc.) já se tornou majoritária. Sem essas contribuições não agrícolas dos membros que trabalham fora da terra arrendada, as pequenas explorações familiares que caracterizam a China não poderiam subsistir.

Além das diferenças existentes entre os terrenos agrícolas, são precisamente as desigualdades de acesso a essas ocupações não agrícolas que explicam a grande disparidade regional dos rendimentos dos camponeses.

As regiões do centro e sobretudo do oeste, pobres ou muito pobres, opõem-se, desse modo, à costa leste mais próspera, sendo de um para três a proporção entre as províncias mais pobres, no interior, e as mais ricas, situadas na costa.

A essa dualidade some-se a que opõe a economia camponesa das zonas rurais (culturas campestres e explorações pecuárias em terras arrendadas) e a dos subúrbios das grandes cidades, onde as hortas e as explorações pecuárias industriais em estábulos proporcionam altos valores acrescentados às empresas de tipo industrial.

A diferença entre os rendimentos rurais e os rendimentos urbanos está na origem da migração de 150 milhões de camponeses, que vão trabalhar durante todo o ano ou parte dele nas cidades, completando dessa forma os rendimentos das explorações familiares.

As restrições de natureza administrativa (em particular os registros familiares da residência ou *hukou*) têm evitado até hoje que essas migrações temporárias assumam a dimensão de um verdadeiro êxodo. No entanto, o futuro da agricultura chinesa, a estrutura de sua exploração e a produtividade da mão de obra dependerão estritamente das formas que esse êxodo assumirá, inevitavelmente, a longo prazo.

Claude Albert

> ALDEÕES (COMITÊS DE), ALDEIAS ADMINISTRATIVAS, CIDADES E AS ZONAS RURAIS (AS), DESCOLETIVIZAÇÃO, DESIGUALDADE DE RENDIMENTOS, EMPRESA RURAL, MIGRAÇÕES INTERNAS, ORGANIZAÇÃO DOS CAMPONESES, ORGANIZAÇÃO MUNDIAL DO COMÉRCIO (A CHINA E A), POBREZA, REGISTRO DE RESIDÊNCIA

ÁGUA

A China é um país relativamente bem provido de água. A quantidade de água bruta por habitante, que era da ordem dos 2.200 m³ em 2005, não representa, na verdade, senão um terço do nível mundial médio, mas constitui, apesar de tudo, uma dotação estatística muito acima do limiar de estresse hídrico, que se inicia quando uma população utiliza mais de 40% dos recursos renováveis.

Entretanto, esse valor não leva em consideração os grandes contrastes regionais que existem no país e que por si só indiciam a gravidade da questão da água na China.

O sudeste do país, muito irrigado, possui recursos abundantes, que se elevam a 32.000 m³ anuais por pessoa.

Em contraste, as três principais bacias hidrográficas do norte da China, as dos rios Amarelo, Hai e Huai, que cobrem 39% das terras aráveis do país, acolhem 35% da população nacional (cerca de 460 milhões de habitantes) e geram um terço do produto interno bruto chinês, possuem apenas 7,7% dos recursos hídricos nacionais.

Em 2001, o Banco Mundial estimava que aqui o déficit hídrico era de 37 bilhões de m³.

Nessa região, o sinal mais dramático do desaparecimento dos recursos hídricos diz respeito, sem dúvida alguma, ao rio Amarelo, que seca todos os anos antes de atingir o mar. Entre 1985 e 2000 secou todos os anos. O período de seca mais prolongado foi de 226 dias, em 1997.

Essa escassez da água não afeta apenas a planície do norte. O nordeste, em especial a bacia do rio Liao, e a maioria das cidades do país confrontam-se também com ela. Das 600 cidades chinesas, 400 têm escassez de água e uma centena apresenta mesmo um déficit grave.

O déficit hídrico chinês não se resume, no entanto, a uma simples luta pela água. As autoridades chinesas estão também empenhadas numa verdadeira luta *contra* a água: a bacia do Yang-Tsé, o sul da China e o curso inferior do rio Amarelo ainda estão sob a ameaça permanente de inundações.

A isso se somam os crescentes problemas com o desperdício e a poluição, responsáveis, em grande parte, pela escassez que, a continuar nesse ritmo, ameaça se estender a todo o país e poderá, mais cedo ou mais tarde, prejudicar seu crescimento econômico.

Embora alguns desses problemas hídricos da China dependam de dados geográficos, as principais causas são sobretudo humanas e estão relacionadas com o rápido desenvolvimento chinês. O crescimento demográfico e urbano, a industrialização, a irrigação, a intensificação da produção agrícola e as transformações dos modos de consumo pesam cada vez mais sobre os recursos hídricos.

Desse modo, muito mais do que um problema técnico, a água coloca à sociedade chinesa um problema político. Os governantes devem estar atentos à raridade da água, ao seu excesso e à sua salubridade.

As autoridades tentam pôr em prática uma política ativa da água, cujos resultados são, de momento, incipientes, embora encorajadores. A abordagem escolhida baseia-se, por um lado, no desenvolvimento das infraestruturas hidráulicas (elevação dos diques, reabilitação do sistema de distribuição, tratamento das águas poluídas, construção de estações de tratamento, extensão das redes de esgotos nos meios urbanos e desenvolvimento de novos sistemas de irrigação, mormente por aspersão, nos meios rurais), e, por outro lado, no incitamento à mudança dos modos de consumo pelos diversos utilizadores (licenças de captação e de despejo, taxas de poluição e aumento do preço da água).

Foram executados também grandes projetos hidráulicos em escala regional e continental (barragem das Três Gargantas, transferência de águas entre o norte o sul).

Objeto de vivos debates no seio da sociedade chinesa, as motivações que levaram as autoridades centrais a adotar esses projetos não parecem, no entanto, ser apenas hidrológicas e poderiam fazer parte de uma luta política entre os dois polos de crescimento chinês: Pequim e Xangai.

Observemos finalmente que as crescentes necessidades de água levam a China a captar esse recurso e a construir estruturas hidráulicas em alguns cursos de água internacionais (Ili, Ertix, Amur, Ussuri, Mekong, Salouen) com risco de alimentar tensões diplomáticas com os vizinhos cazaques, russos, birmaneses, tailandeses, laosianos e vietnamitas.

Sébastien Colin

➢ AMBIENTE, HIDRÁULICA, POLUIÇÃO, TRÊS GARGANTAS (BARRAGEM DAS), YANG-TSÉ

ÁGUAS TERRITORIAIS

Criado em 1982, durante a Conferência de Montego Bay, o direito do mar definiu três tipos de espaço marítimo, correspondente a três critérios jurídicos diferentes.

Encontramos, em primeiro lugar, o mar territorial. Delimitado por 12 milhas náuticas, depende apenas da soberania do Estado, que deve, no entanto, conceder direito de passagem inofensiva e de colocação de cabos submarinos aos navios de outros países. Encontramos depois a zona contígua. Adjacente ao mar territorial, mede também 12 milhas náuticas e permite ao Estado costeiro exercer o controle preventivo de infrações eventuais que poderiam ser cometidas em seu território.

Há, finalmente, a zona econômica exclusiva (ZEE). Seu limite situa-se a 200 milhas náuticas da costa. Está aberta à navegação, mas o Estado tem o direito exclusivo de gerir os seus recursos haliêuticos e minerais. Podem também assumir a forma de uma zona de pesca em que apenas se exercem os direitos inerentes aos recursos haliêuticos.

Os Estados definiram essas três zonas estabelecendo pontos de linha de base na proximidade das suas costas e atrás das quais se situam as águas interiores. Os espaços marítimos situados para além da ZEE são qualificados como alto-mar.

Vigora no alto-mar o princípio da liberdade de navegação, de pesca, de sobrevoo, de investigação científica e ainda de atividades militares, desde que estas não restrinjam o acesso dos outros Estados ao alto-mar.

A ratificação da Convenção de 1982 pelas autoridades chinesas data de 15 de maio de 1996. Pôs termo à perspectiva negativa que a China até então tivera do direito do mar e a que teve de chegar à sua custa.

Enquanto as noções de "mar territorial" e de "alto-mar" emergiram progressivamente na Europa entre os séculos XV e XVII, o espaço marítimo chinês permaneceu livre de qualquer divisão até meados do século XIX.

Os diversos tratados desiguais assinados a partir de 1842 incluíam muitas vezes cláusulas relativas à jurisdição das águas chinesas. À semelhança do que se praticava na Europa, as águas territoriais da China foram então limitadas a 3 milhas náuticas. Essa extensão, apesar da junção de uma zona aduaneira preventiva com uma largura de 12 milhas náuticas, em 1934, permaneceu em vigor até 9 de setembro de 1958. De fato, foi nessa data que as autoridades comunistas promulgaram um mar territorial de 12 milhas náuticas, contrariando o direito do mar, que apenas o estabelecia em 3 milhas náuticas, direito sempre controlado pelas nações ocidentais.

A abertura e o lançamento das reformas chinesas, bem como a evolução do direito do mar, que se tornou mais receptivo às reivindicações dos países em via de desenvolvimento, permitiram a aproximação das duas partes.

Em 25 de fevereiro de 1992, as autoridades chinesas promulgaram uma lei sobre o mar territorial e a zona contígua, que fixaram então em 12 milhas náuticas cada uma, em total conformidade com o direito do mar de 1982. Quando da ratificação, foi adotado o princípio de uma ZEE de 200 milhas náuticas. Essa importante evolução não deve, contudo, fazer esquecer a política marítima expansionista e de segurança da China.

Ao mesmo tempo que ratificavam o direito do mar, as autoridades chinesas publicaram as coordenadas dos pontos de linha de base do país, ficando alguns deles muitos afastados da costa. Essa escolha visava considerar como águas interiores cinco espaços marítimos importantes: o golfo de Bohai, o estreito de Qiongzhou (entre a ilha de Hainan e o continente), o delta do rio das Pérolas, o estuário do Yang-Tsé, a baía de Hangzhou e as ilhas taiwanesas de Quemoy, Matsu e Wuchiu.

De modo análogo, embora a natureza semifechada dos mares costeiros, cuja largura é por vezes inferior a 400 milhas náuticas, a obrigue a negociar a delimitação das fronteiras marítimas com alguns dos seus vizinhos, estas são bastante complicadas devido à presença de muitos territórios insulares em disputa.

Com a lei de 1992, a China definiu as ilhas Paracels (Xisha), Spratly (Nansha), Pratas (Dongsha), Macclesfield (Zhongsha) e Pescadores (Pengshu), no mar da China Meridional, as ilhas Senkaku (Diaoyutai), no mar da China Oriental, e a ilha de Taiwan como parte integrante do território chinês.

Prevê dotá-las de pontos de linhas de base, a fim de lhes atribuir um mar territorial e uma zona contígua, com 12 milhas náuticas cada uma, e uma ZEE de 200 milhas náuticas.

Além disso, a China reivindica o direito geralmente concedido aos Estados-arquipélagos de ligar essas diferentes ZEEs ao continente, o que transformaria todo o mar da China Meridional em águas chinesas. É o que as autoridades mostram com satisfação nos seus mapas oficiais.

Esses objetivos expansionistas da China nos espaços marítimos resultam de várias razões de ordem estratégica e econômica.

Devem ser relacionados, em primeiro lugar, à modernização da marinha chinesa, em curso desde a década de 1980, e cujo objetivo final é ter capacidade oceânica estratégica, o que lhe permitiria aumentar sua presença no Pacífico para além do arco insular asiático. Motivada, em primeiro lugar, pela ameaça naval soviética, essa estratégia corresponde a ambições de potência regional e mundial. Trata-se, numa perspectiva de prazo mais ou menos longo, de fazer concorrência à potência naval americana e de vigiar, ao mesmo tempo, um possível regresso da potência marítima japonesa.

No plano econômico, o objetivo da China é sobretudo o de proteger os seus interesses, que estão cada vez mais afastados das suas costas.

O grande crescimento da sua marinha mercante, o desenvolvimento da pesca de alto-mar e a exploração crescente dos recursos petrolíferos *offshore* obrigam-na atualmente a dotar-se dos meios que assegurem as grandes vias marítimas por onde transita o grosso de suas trocas comerciais, notadamente grande parte de suas importações de petróleo.

No entanto, devido à preocupação de se apresentar como potência responsável, a China, ao mesmo tempo que mantém as suas reivindicações, pronuncia-se há alguns anos a favor da resolução desses diferentes litígios insulares e marítimos de forma pacífica, pela via da negociação e da cooperação.

Após ter estabelecido zonas de pesca conjunta com a Coreia do Sul e o Japão como sinal de uma futura delimitação da sua ZEE respectiva, a China assinou em 25 de dezembro de 2000 um acordo (ratificado em 30 de junho de 2004) com o Vietnã que demarca os mares territoriais, as ZEEs e a plataforma continental dos dois países no golfo de Tonquim. Em novembro de 2002, um acordo de boa conduta no mar da China Meridional foi igualmente adotado no seio da Asean.

Apesar de tudo, os territórios insulares, devido à sua posição estratégica na proximidade das vias marítimas, e das jazidas *offshore*, bem como a imbricação de alguns deles com a questão de Taiwan, correm o risco de permanecer o principal ponto de discórdia entre a China e seus vizinhos, impedindo a curto e médio prazos qualquer delimitação rigorosa das águas territoriais chinesas.

Sébastian Colin

➢ DEFESA, EXÉRCITO, POLÍTICA EXTERNA, REGIÕES FRONTEIRIÇAS, SUDESTE DA ÁSIA (A CHINA E O), TAIWAN (A REPÚBLICA POPULAR E)

AIDS

A epidemia da Aids tornou-se um preocupante problema de saúde pública.

Embora o número estimado de pessoas que vivem com o HIV seja relativamente pequeno, situando-se entre 650 mil e 1,02 milhão no final de 2003, há zonas de prevalência elevada em determinadas zonas geográficas e em alguns subgrupos da população.

Nos anos 1990, a propagação da epidemia produziu-se devido à partilha de seringas infectadas, utilizadas pelos consumidores de drogas injetáveis, e depois pela via heterossexual, segundo modelos epidêmicos idênticos na Tailândia, Vietnã, Mianmar e sul da China.

Testes realizados desde 2003 revelam o alargamento geográfico da epidemia ao conjunto do país e da população. A maioria das pessoas recenseadas como soropositivas foram infectadas por via sanguínea e por injeção de drogas, mas também por injeção e manipulação de sangue infectado durante o tráfego de sangue e de plasma em grande quantidade na província de Henan.

Nesses últimos anos, o número de infecções por via sexual teve um aumento exponencial: 5,5% do número total de infecções pelo HIV recenseados em 1997, 10,9% em 2002, 19,8% em 2004, contraídos por via heterossexual, a que é necessário acrescentar 11,1% por via homossexual, o que eleva a taxa de infecções por via sexual para 30,9%.

Os homossexuais constituem o terceiro grupo vulnerável à infecção pelo HIV, depois dos consumidores de drogas por via intravenosa e dos trabalhadores e trabalhadoras do sexo.

Os principais fatores sociais de vulnerabilidade são a pobreza, a mobilidade interna e transfronteiriça (incluindo a dos atores/agentes da indústria do sexo), a dificuldade de acesso ao sistema de saúde pública, em via de desmantelamento, em particular o sistema de saúde rural – que se degrada inexoravelmente, apesar da intervenção do Ministério da Saúde, no final dos anos 1980, nas regiões –, e, por fim, a pertença a grupos étnicos minoritários nas regiões fronteiriças da China do Sul, que acumulam a vulnerabilidade social e econômica.

O ano de 2004 foi decisivo em matéria de respostas oficiais ante o risco epidêmico de infecção pelo HIV. Em 2003, a crise gerada pela gestão da Sars favoreceu uma tomada de consciência do governo, que reavalia atualmente os problemas de saúde pública e o impacto epidêmico sobre o desenvolvimento econômico.

O elemento-chave das mudanças recentes em matéria de políticas públicas é a elaboração de um quadro global de intervenção para a prevenção e o controle da Aids com a criação de um novo Comitê Nacional da Aids, colocado sob a tutela do Conselho dos Assuntos de Estado, em fevereiro de 2004.

O acesso aos preservativos, até há pouco tempo controlado pelos serviços de planejamento familiar, é atualmente promovido por diversas organizações oficiais e não oficiais empenhadas na luta contra a Aids.

Têm sido alcançados progressos consideráveis na compreensão da dinâmica epidérmica, na aplicação dos tratamentos e em assumir-se o encargo das pessoas infectadas pelo HIV.

Em dezembro de 2003, o governo anunciou uma política de assunção do encargo dessas pessoas, preconizando notadamente a gratuidade dos antirretrovirais para os doentes com Aids que vivem nos meios rurais e para os que, embora vivam nos meios urbanos, têm dificuldades financeiras, a gratuidade dos medicamentos para as mulheres grávidas soropositivas e uma ajuda econômica e o acompanhamento das famílias das pessoas infectadas pelo HIV.

Porém, em junho de 2005, apenas 20 mil infectados, em 28 províncias e regiões autônomas, teriam recebido tratamento antirretroviral gratuito.

O maior desafio atual é, evidentemente, a aplicação efetiva de todas essas medidas em nível local, tendo em consideração as disparidades regionais, a estratificação administrativa e as modalidades de funcionamento das instituições chinesas e, por último, o estigma associado ao HIV.

Éveline Micollier

> DROGA, EPIDEMIAS, HOMOSSEXUALIDADE, PROSTITUIÇÃO, SAÚDE

ÁLCOOL

Desde a Antiguidade chinesa que as bebidas alcoólicas ocupam um lugar importante nas refeições festivas, como as libações aos antepassados, e no imaginário dos letrados e dos poetas. O caractere *jiu* designa todas as suas espécies, quer fermentadas, quer destiladas: cerveja, vinhos de cereais ou de uvas e aguardente.

Entre as bebidas fermentadas, citemos o *huangjiu* (vinho amarelo), sendo o mais célebre o produzido na província de Shaoxing, no sul da China, que é obtido pela fermentação de um mosto de arroz glutinoso e de teor alcoólico entre 12° e os 17°.

O produto da destilação de diversos vinhos de cereais, que pode atingir graus alcoólicos muito elevados, chama-se *shaojiu* (vinho queimado) na China meridional, *baijiu* (vinho branco) no norte, e, ainda, *maotai*, um álcool de sorgo branco com 53°.

Devemos mencionar igualmente os alcoolatos medicinais, entre os quais o famoso vinho de ginseng.

Se o vinho amarelo é indispensável em qualquer casamento, o consumo de bebidas alcoólicas, sobretudo nos meios urbanos, tende a modificar-se devido à diversificação da oferta, que vai do conhaque ao vinho de uvas – o qual começa a ser produzido na própria China, por vezes com um efetivo sucesso, como ocorre em Shandong e em Xinjiang –, mas onde se destaca sobretudo a cerveja (de Qingdao).

Sinal da modernização em curso, foram realizadas recentemente campanhas que chamam a atenção para os perigos do álcool ao volante e, por outro lado, a venda de bebidas alcoólicas passou a ser proibida aos menores de idade.

Fréderic Obringer

➢ ALIMENTAÇÃO, FESTAS SAZONAIS, GASTRONOMIA

ALDEIAS ADMINISTRATIVAS

O desaparecimento súbito das comunas populares e, por consequência, o das brigadas e equipes de produção, afetou a gestão dos assuntos aldeões no início dos anos 1980.

A autoridade dos responsáveis aldeões perdeu as suas fontes de legitimidade diante dos lares camponeses que ganharam autonomia. Estes últimos viram ser-lhes atribuída a exploração de uma parte das terras coletivas e conquistaram uma nova liberdade na escolha das culturas e dos modos de comercialização.

Para conseguir contrapor o caos ou a paralisia que reinava em muitas localidades, foi então aplicada uma reforma institucional.

A Constituição de 1982 refere a criação de comitês de aldeões, que devem substituir as antigas brigadas de produção. Uma lei provisória, tornada definitiva em 1997, fixara dez anos antes as prerrogativas desses comitês: eles são designados por eleições e, enquanto governos de aldeia, possuem uma esfera de atividade autônoma.

O debate em torno das eleições aldeãs, no entanto, rapidamente se deslocou para as unidades territoriais onde as eleições poderiam ter lugar. Formaram-se dois grupos opostos.

Alguns consideraram que as eleições deviam ser realizadas no nível das aldeias ditas "naturais", que constituíam, durante o período coletivista, uma equipe de produção e, por vezes, várias ou uma brigada.

Outros pensaram que as eleições não podiam ter lugar senão no nível das antigas brigadas de produção, independentemente de sua composição, pois estas eram o último escalão em que o Partido Comunista (PC) estava formalmente representado.

Foram os segundos que ganharam: as eleições dos comitês de aldeões passaram a ter lugar no nível das aldeias ditas "administrativas" (xingzhengcun), ou seja, das antigas brigadas de produção, independentemente de sua composição. As equipes de produção transformaram-se desde então em "pequenos grupos de camponeses".

Uma aldeia administrativa pode atualmente ser constituída, portanto, por uma grande aldeia natural ou agrupar várias aldeias e lugares, mais ou menos distantes entre si, distinção que tem profundas implicações sociais, políticas e econômicas. A aldeia administrativa é dirigida por um comitê de aldeões e por um comitê do PC.

Trata-se de uma entidade administrativa inédita, que simboliza a reorganização do mundo camponês e as novas prerrogativas concedidas às comunidades locais, mas que herdou os conflitos e certas instituições dos primeiros 30 anos do regime comunista. Há hoje em dia cerca de 700 mil aldeias administrativas.

Isabelle Thireau

➤ ADMINISTRAÇÃO TERRITORIAL, ALDEÕES (COMITÊS DE), CAMPONESES, COMUNAS POPULARES, ORGANIZAÇÕES DE CAMPONESES

ALDEÕES (COMITÊS DE)

Os comitês de aldeões (*cunmin weiyuanhui*) constituem, juntamente com os comitês do Partido Comunista (PC), os órgãos de poder oficial nas aldeias chinesas, após o desmantelamento das comunas populares e a redistribuição das terras pelos lares camponeses, sobre as quais estes últimos, contudo, não dispõem senão de direito de usufruto.

A palavra "aldeia" é ambígua: trata-se mais precisamente de "aldeias administrativas", segundo a terminologia chinesa, ou seja, de unidades territoriais que substituíram as brigadas de produção do período coletivista e que podem englobar uma ou várias aldeias "naturais".

Essas unidades são divididas em "pequenos grupos de camponeses", os quais substituíram as equipes de produção anteriores. Possuem um comitê do PC, ausente no nível inferior dos "pequenos grupos de camponeses".

Em novembro de 1987, o comitê permanente da Assembleia Nacional Popular aprovou uma lei provisória sobre a gestão aldeã.

Essa lei retoma a expressão "comitê de aldeões" que aparecera pela primeira vez na constituição de 1982, e designa-o como o órgão principal da gestão das aldeias. Em novembro de 1998, após 11 anos de debates intensos, essa lei foi adotada de forma definitiva.

A lei define os comitês de aldeões como organizações de massa autônomas, graças às quais os aldeões podem gerir os seus próprios assuntos. Concede aos comitês certa independência em matéria econômica, mas também nos domínios da manutenção da segurança, da oferta de benefícios sociais, da resolução das disputas por mediação e na gestão dos bens coletivos.

Contrariamente ao projeto de lei, o texto definitivo insiste no papel dirigente do PC nas aldeias. Indica igualmente que os comitês de aldeões devem apoiar os níveis administrativos superiores do distrito e da municipalidade na aplicação das políticas locais e nacionais.

Os membros dos comitês de aldeões, cujo número pode variar entre três e sete, e sobretudo o chefe do comitê, são eleitos para um mandato de três anos.

Os adultos, isto é, todos os indivíduos com mais de 18 anos de idade, são eleitores e elegíveis. As eleições processam-se por voto secreto. O número de candidatos deve exceder o dos postos a preencher. Uma queixa coletiva que reúna pelo menos 50 habitantes de uma mesma aldeia pode ser fundamento para a demissão de um membro do comitê antes do termo do seu mandato.

É impossível saber quantos comitês de aldeões, entre as 700 mil aldeias administrativas recenseadas, foram instalados após eleições efetivamente concorrenciais, ou seja, durante as quais a lista dos candidatos não foi fixada pelo comitê precedente ou pelo secretário do PC. As estimativas variam entre 10% e 60%.

Apesar dessas incertezas, as reformas políticas conduzidas ao nível das aldeias – na verdade, a realização das eleições para designar os comitês de aldeões goza de certa autonomia – encorajam, sem dúvida, a necessidade de maior transparência na gestão comunal.

As reformas colocaram à disposição dos camponeses novas bases para tornar pública a legitimidade ou, pelo contrário, a ilegitimidade das ações conduzidas pelos aldeões responsáveis.

Por isso, nas localidades onde as eleições se desenrolaram em conformidade com o que está estipulado na lei, o número de queixas coletivas contra os responsáveis aldeões e a administração não diminuiu, mas, pelo contrário, muitas vezes aumentou.

Isabelle Thireau

➤ ADMINISTRAÇÃO TERRITORIAL, ALDEIAS ADMINISTRATIVAS, CAMPONESES, ELEIÇÕES

ALIMENTAÇÃO

A importância da comida na civilização chinesa ultrapassa a mera necessidade de comer para sobreviver.

É claro que, num país cuja história foi marcada por grandes períodos de fome, essa função de subsistência é muitas vezes a mais importante. Por exemplo, a fome que se seguiu ao Grande Salto Adiante, de 1959 a 1961, provocou, segundo as estimativas, entre 30 milhões e 60 milhões de vítimas, principalmente nas províncias centrais do Henen, do Anhui e do Shandong.

No entanto, um saber prático complexo e a ligação cultural à cozinha e aos alimentos confere à arte de se alimentar um lugar eminente na vida dos chineses, desde os aspectos dietéticos à alta gastronomia, passando pelos alimentos rituais e festivos, como os raviólis (*jiaozi*) do Ano-Novo e as bolinhas recheadas de arroz glutinoso da festa das lanternas.

A alimentação chinesa caracteriza-se por uma grande homogeneidade das técnicas culinárias em todo o país, mas também apresenta grande diversidade de tipos de cozinha segundo as regiões.

Basta uma faca para cortar e um *wok* (uma espécie de caçarola de fundo convexo) para cozer, o resto depende da habilidade. Como se utilizam pauzinhos para comer, os alimentos são sempre servidos já cortados. São cozidos porque os alimentos crus são sinal de selvageria.

De modo geral, tomam-se três refeições por dia, todas elas compostas por cereais cozidos em água ou no vapor e por pratos de acompanhamento, legumes, carne ou peixe, sendo extremamente vasta a gama dos ingredientes.

Opõe-se classicamente o sul consumidor de arroz ao norte consumidor de trigo, milho e milho-miúdo. Todavia, o consumo de arroz ampliou-se para todo o país.

A tradição culinária meridional é de grande riqueza. Sua cozinha, de tendência adocicada, utiliza também preparações de sabor intenso à base de alho, pimenta e molho de ostras. O Fujian é célebre pelo seu peixe, por seus caranguejos e pelo molho de soja, ao passo que em Cantão, onde não há nada que não se coma, destacam-se os mariscos cozidos no vapor e o leitão assado.

A cozinha do oeste (Hunan e Sichuan) faz uso generalizado dos primeiros e privilegia a associação dos sabores.

Os pratos do norte são mais simples, constituídos por alimentos salteados na frigideira, pães cozidos no vapor e massa em tiras.

Por último, encontramos tradições diferentes nas regiões fronteiriças, desde os iogurtes e o leite de jumenta fermentado, dos mongóis, até a farinha de cevada misturada com chá e manteiga rançosa de iaque, dos tibetanos.

Embora se conservem as especificidades locais, assiste-se, no entanto, a uma mudança do regime alimentar, em particular nas cidades, mormente a partir de 1990.

O arroz vem perdendo importância, e o consumo de carne, que triplicou entre 1978 e 1994, de óleos vegetais para as frituras, de açúcar e de bebidas alcoólicas aumentou rapidamente. A produção de aves, ovos e sobretudo de porcos está em forte expansão. O consumo de produtos lácteos tem igualmente tendência a aumentar nas grandes cidades, embora se mantenha abaixo do que se observa na Europa e na América do Norte.

Por último, o vegetarianismo, com as suas especificidades chinesas, entre as quais se contam a interdição do uso de plantas aliáceas e do álcool, está em franco desenvolvimento, muitas vezes em relação com o budismo.

Em suma, a evolução da situação alimentar na China é muito rápida. Embora ainda haja zonas de penúria nas áreas rurais, a tendência é de forte aumento no consumo diário de calorias. O consumo médio atual é de cerca de 3 mil kcal/dia, enquanto os europeus e os americanos consomem 3.700 kcal/dia, o que na verdade é excessivo. Nas condições de vida atuais, em que a atividade física tende a desaparecer, tal situação conduz ao surgimento de perturbações alimentares, como o peso excessivo.

Frédéric Obringer

➢ ÁLCOOL, ARROZ, BUDISMO, CEREAIS, GASTRONOMIA, OBESIDADE

ALMANAQUE

A China adotou oficialmente o calendário gregoriano em 1912. No entanto, a vida cotidiana continua a ser ritmada pelo calendário tradicional, que combina o calendário solar com o lunar. Esse sistema de calendário lunissolar esteve em vigor desde o ano 104 a.C. e continua a ser apresentado nos almanaques (*lishu*).

Segundo esse modo de calcular, o ano tem, na maior parte das vezes, 12 luas de 29 ou 30 dias, ou seja, 354 dias. Para corrigir a diferença entre o ano lunar e o solar (365 dias), adiciona-se um mês intercalar sete vezes em cada período de 19 anos (nos anos 1, 4, 7, 10, 12, 15 e 18), com a consequência de alguns anos terem 13 luas (384 dias).

O primeiro dia do ano (o Ano-Novo chinês) corresponde à 12ª lua após o solstício de inverno. Varia de ano para ano, situando-se no mês de janeiro ou fevereiro do calendário gregoriano. As grandes festas pertencem ao tempo lunar.

Combinando duas séries de marcadores, os dez troncos celestes e os 12 ramos terrestres, estabeleceram-se ciclos de 60 anos (5 x 12), sendo cada ano designado por dois signos, um dos troncos e um dos ramos.

Estes últimos estão associados a um animal emblemático (rato, boi, tigre, coelho, dragão, serpente, cavalo, carneiro, macaco, galo, cão e porco), de onde derivam as designações "ano do rato" ou "ano do dragão", por exemplo, que se repetem a cada 12 anos.

Os ramos terrestres servem também para designar as 12 horas duplas de cada dia, indo a primeira das 11 horas da noite até a 1 da manhã.

Há outra divisão do ano que se baseia nos equinócios e nos solstícios, ou seja, no calendário solar. São 24 seções, que correspondem a 24 posições do Sol na eclíptica. O nome das seções evoca a vida campestre.

Os almanaques populares dão indicações precisas a respeito da composição do ano em curso (número de dias de cada mês, fases da lua e horas do nascer e do pôr do sol, indicadas para cada dia e em cada província).

No entanto, a função dos almanaques não se limita ao que ficou indicado. Também fornecem informações astrológicas e indicam os momentos fastos e nefastos para efetuar os atos mais ou menos importantes nos domínios familiar e profissional, como o casamento, a mudança de casa e as viagens.

Frédéric Obringer

➢ ADIVINHAÇÃO, ANO-NOVO, FESTAS SAZONAIS, GEOMANCIA

AMBIENTE

Seria preciso ser muito ingênuo ou ignorante para pensar que o discurso de tendência taoísta de fusão com a natureza ou que a exaltação das belas paisagens pelos poetas e pelos pintores chineses puderam atenuar, por pouco que fosse, a brutalidade exercida sobre o ambiente que, por várias razões, há muito se manifesta na China, com um agravamento particular na segunda metade do século XX.

Recordemos que existe desde a Antiguidade chinesa uma tradição de grandes trabalhos destinados a dominar e a transformar profundamente as condições naturais, frequentemente muito adversas, o que remonta, aliás, aos primeiros mitos da civilização chinesa: segundo se conta, foi Yu, *o Grande*, o mítico fundador da dinastia Xia, quem dividiu o mundo em nove regiões, dominou as águas e disciplinou os rios.

O tipo de desenvolvimento enaltecido pelo regime comunista até o final dos anos 1970 baseava-se, em grande parte, no modelo soviético, que privilegiava a indústria pesada, muito poluente, e a exploração violenta dos recursos naturais. A ideologia voluntarista e, por vezes, autista que prevalecia então também lançou o país, por diversas vezes, em aventuras que pouco se preocuparam com a população e o ambiente.

Após os anos 1980, o desenvolvimento econômico e o crescimento urbano muito rápidos exacerbaram a fragilização do meio natural. Problema recorrente há séculos, devido à necessidade de madeira para aquecimento e para a construção, mas que aumentou ainda mais no século XX, o desmatamento da China é difícil de estancar. Em 1998, a superfície das florestas chinesas era de 134 milhões de hectares, ou seja, 14% do território, metade da média mundial. A taxa de cobertura florestal é ainda mais reduzida (2% a 10%) na bacia do rio Amarelo.

As florestas belíssimas da China meridional, entre as quais se contam as últimas florestas primárias chinesas, de grande biodiversidade e que possuem essências preciosas, são cada vez mais exploradas sem que se conheça exatamente o nível de sua devastação, sobretudo nas zonas fronteiriças do sudoeste.

As florestas do nordeste, em regiões pouco hospitaleiras, são ainda bastante extensas (18 milhões de hectares), mas foram vítimas de um gigantesco incêndio em 1987, que destruiu 1,3 milhão de hectares. Esse fato levou à reorganização dos meios de combate aos incêndios.

A grande riqueza da flora e da fauna está ameaçada pelo desmatamento. Algumas plantas medicinais sofrem de sobre-exploração, o que pode provocar, com o tempo, seu desaparecimento.

Para lutar contra a rápida diminuição dos recursos florestais, foram tomadas medidas importantes de repovoamento florestal com o objetivo de atingir uma cobertura de 23% do país. Essas medidas são ainda mais cruciais por se destinarem também a lutar contra a crescente desertificação do noroeste, pois o deserto cobre atualmente 28% do território chinês, ameaçando inclusive a região de Pequim.

A alteração da cobertura vegetal, devido ao desmatamento e à exploração agrícola de pradarias, provocou também o aumento das tempestades de areia e a erosão dos solos numa área de milhões de quilômetros quadrados, tendo sido acompanhadas de inundações cada vez mais graves, porque as florestas já não funcionam como tampão.

Essas inundações são reveladoras do problema mais inquietante para o futuro, o da escassez dos recursos hídricos. Os recursos de água potável atualmente disponíveis no norte da China são de 501 m^3 por habitante, ou seja, um quinto da média nacional e 1/12 da média mundial.

O rio Amarelo vem secando todos os anos desde 1972, a 300 quilômetros da sua embocadura, durante períodos que atingiram três meses.

A urbanização crescente e a extensão da irrigação nas zonas que não eram antes cultivadas conduzem também ao esgotamento ou a uma baixa dos níveis dos lençóis freáticos, devido a furos.

Para tentar resolver uma parte desses problemas – luta contra as inundações, fornecimento de água para irrigação e, ao mesmo tempo, produção de eletricidade –, as autoridades chinesas promovem diversos projetos e a construção de grandes barragens.

Após a barragem de Sanmenxia, no rio Amarelo, construída em 1957, foi erguida a de Xiaolangdi, um pouco a jusante, entre 1999 e 2001. A turvação muito grande do rio é um obstáculo ao bom funcionamento dessas construções.

Foram iniciados dois outros estaleiros enormes, o da barragem das Três Gargantas, no Yang-Tsé, e o do Triplo Canal, destinado a desviar parte da água desse rio para o rio Amarelo.

A realização de todos esses trabalhos conduziu ao deslocamento de centenas de milhares de habitantes das zonas afetadas.

Além dos problemas da erosão e do abastecimento de água potável, o aumento muito preocupante da poluição do ar e da água conduziu recentemente a uma tomada de consciência dos problemas ambientais e das suas consequências, tanto no plano sanitário como no econômico, por parte das autoridades e da população chinesas. Um relatório do Banco Mundial calculava seu custo econômico entre 3,5% e 8% do produto interno bruto.

No entanto, foi apenas em 1998 que a Agência Nacional para a Proteção do Ambiente viu garantido para a instituição um *status* equivalente ao de ministério, não se sabendo se os meios utilizados serão suficientes para poupar a China da grande crise ecológica que alguns especialistas antecipam.

Frédéric Obringer

➢ ÁGUA, HIDRÁULICA, POLUIÇÃO, SAÚDE, TRÊS GARGANTAS (BARRAGEM DAS)

AMÉRICA LATINA (A CHINA E A)

Até a reaproximação sino-americana de 1972, as relações da República Popular da China (RPC) com a América Latina foram distantes.

Apenas Cuba era exceção à regra, mas, a partir de 1964, as relações entre Pequim e Havana se deterioraram em consequência direta do conflito sino-soviético.

O Chile de Salvador Allende foi o primeiro país da região a estabelecer laços diplomáticos com a China, no início dos anos 1970. Apesar do golpe de Estado do general Pinochet, em 1973, Pequim manteve relações estreitas com Santiago.

Logo após a visita de Richard Nixon a Pequim, em 1972, a China normalizou as relações com os Estados não comunistas, como o Peru, a Argentina, o México, a Venezuela e o Brasil.

A entrada da China na Organização das Nações Unidas, em 1971, favoreceu também o fortalecimento dos laços com a América Latina, um continente afastado que o governo de Pequim conhecia mal e pelo qual manifestava interesse limitado.

A partir dos anos 1980, a vontade das autoridades chinesas de se destacarem das políticas e das ações dos americanos na região, bem como seu apoio a todas as tentativas de associação capazes de aí reduzirem a presença das superpotências, sobretudo da União Soviética, permitiram-lhe construir uma melhor imagem nesses países.

Contudo, as relações econômicas e comerciais entre a China e a América Latina permaneceram modestas durante longo período, tendo a China concentrado sua cooperação a um número limitado de fornecedores de matérias-primas inexistentes em suas terras (cobre).

Suas atividades políticas e econômicas sempre encontram pela frente a ação do governo de Taipé, que ainda mantém relações com uma quinzena de países da América Central, da América Latina e do Caribe.

Apesar do domínio dos Estados Unidos e da influência de Taiwan, que ainda persiste, a presença da RPC na América Latina aumentou nitidamente desde o início deste século.

A China reforçou em particular os laços com os países de que sua economia tem necessidade, como o Brasil, o México, a Argentina e, mais recentemente, a Venezuela. O volume do comércio entre a China e a América Latina passou de 2,29 bilhões de dólares em 1990 para 26,8 bilhões em 2003. E essas trocas deverão registrar um crescimento importante no futuro, devido à riqueza da região em matérias-primas (o Chile no que se refere aos minerais de cobre e de ferro, a Venezuela em relação ao petróleo).

O peso político da China nessa região se viu reforçado, contribuindo para a consolidação do seu *status* de potência mundial.

Michal Meidan

➢ ENERGIA E RECURSOS NATURAIS, ESTADOS UNIDOS (A CHINA E OS), PETRÓLEO, POLÍTICA EXTERNA

ANALFABETISMO

Uma tendência secular levou a China a proporcionar gradualmente, durante o século XX, uma instrução de base ao conjunto da sua enorme população, tal como os países da Europa Ocidental fizeram em relação à sua, um pouco mais cedo e em escala mais reduzida.

Ao elevar de 40% para 90% a escolarização primária das crianças, os 40 primeiros anos do regime comunista diminuíram muito o peso do analfabetismo dos adultos. Campanhas repetidas de alfabetização e aulas especiais tiveram por objetivo que os alunos aprendessem entre 1.500 e 2 mil caracteres, a ler e redigir textos simples, cálculo e algumas noções gerais. Os custos financeiros e a responsabilidade técnica dessas medidas foram sobretudo das comunidades locais.

Após a instituição da escolaridade obrigatória, por uma lei de 1986, desenvolveu-se grande esforço, com ajuda internacional, para se atingir a escolaridade universal e baixar a taxa de abandono escolar, que era então de 34% no ensino primário, a fim de pôr fim à renovação permanente do analfabetismo.

Foram recenseados 180 milhões de analfabetos com mais de 15 anos, em 1990, e 85 milhões, em 2000. A diminuição deveu-se à mortalidade natural de 70 milhões de pessoas e o restante às campanhas de alfabetização.

O analfabetismo persistia em especial nas zonas rurais e entre as minorias nacionais, mas acompanhava também o crescimento urbano das zonas costeiras, devido ao afluxo de trabalhadores rurais incapazes de pagar as mensalidades dos filhos nas escolas das cidades.

A diminuição prosseguiu sobretudo graças à extensão da escolaridade e à redução das taxas de abandono escolar.

O número anual de novos analfabetos, calculado em 3,5 milhões em 2000, diminuiu pela metade em 2005. É, assim, inferior a 2 milhões por ano, que é o efetivo médio de diplomados saídos das aulas de alfabetização dos últimos dez anos.

A introdução progressiva da gratuidade do ensino primário, a partir de 2006, em primeiro lugar nas regiões mais pobres, com subsídios do governo central, visa consolidar uma vitória ainda parcial e frágil e para a qual as autoridades locais de base se mobilizam com empenho desigual.

Marianne Bastid-Bruguière

➤ EDUCAÇÃO, IMIGRANTES

ANO-NOVO

Nenhuma festa rivaliza em importância com o Ano-Novo lunar, celebrado entre 21 de janeiro e 19 de fevereiro, primazia que lhe é reconhecida pelo Estado, porque a "passagem ao novo ano", designada oficialmente como "Festa da Primavera" (*chunjie*) para distingui-la do dia 1º de janeiro, é até hoje a única festa tradicional inscrita no calendário das festas oficiais. Os dois primeiros dias do ano civil são feriados. No entanto, o Ano-Novo ocidental não é ocasião para nenhuma festa familiar.

Com grandes limpezas, troca das decorações rituais sobre papel vermelho enquadrando a porta de entrada e compra de vestuário, essa passagem sazonal manteve sua dimensão de rito de renovação característico das Festas da Primavera.

Festa da família, o Ano-Novo evoca sobretudo os ritos que encenam o ideal da harmonia familiar. O jantar de fim de ano reúne à volta dos avós paternos os filhos, tanto casados como solteiros, e os netos. No dia seguinte de manhã, após as oferendas aos antepassados, a família procede aos ritos de saudação e de troca de votos, durante os quais os avós e os pais distribuem às crianças ofertas de dinheiro em envelopes da sorte vermelhos.

Esse círculo familiar restrito abre-se nos dias seguintes às outras relações familiares e sociais, durante visitas que contribuem para a reativação dos laços que se tornaram frouxos ou se romperam durante o ano.

Fora do cenáculo doméstico, a festa contemporânea nas cidades reencontrou nestas últimas décadas a efervescência das festividades do passado: exibições de danças do leão ou do dragão, danças de *yangge*, no norte, demonstrações de artes marciais, feiras primaveris nos parques ou nos templos públicos, concursos de cânticos modernos e tradicionais e espetáculos folclóricos oficiais, que exaltam a unidade da "grande família multiétnica" formada pelas 56 "nacionalidades".

Sinal das transformações econômicas e sociais em curso, o Ano-Novo desperta uma das mais fantásticas migrações sazonais em escala mundial.

A obrigação de passar o Ano-Novo em família atrai às respectivas regiões de origem as dezenas de milhões de trabalhadores imigrantes de origem rural, instalados nas cidades e regiões industrializadas, provisoriamente ou não. Foram registradas mais de 185 milhões de viagens de trem e ônibus na semana de férias do Ano-Novo de 2004.

Embora o número de viagens revele a importância dessa festa, essas deslocações sazonais devem ser associadas ao desenvolvimento do turismo e do lazer, como decorrência do prolongamento das férias durante as festas oficiais. O

Ano-Novo lunar é, juntamente com o 1º de Maio e a festa nacional do 1º de outubro, uma das três "semanas de ouro" introduzidas em 1999 com o objetivo de promover as despesas de lazer.

Béatrice David

➢ ALMANAQUE, DANÇAS POPULARES, FESTAS SAZONAIS, LAZER, NACIONALIDADE, TURISMO

ANTEPASSADOS (CULTO DOS)

"Quem bebe água deve lembrar-se da fonte." Esse aforismo não perdeu nada da sua força moral numa sociedade em que a ancestralidade continua a ser estruturante na construção da ideia de si.

Garantia da coesão social, os antepassados desempenham igualmente o papel de censores e de autoridade jurídica sobre seus descendentes, cujos direitos legitimam e cujas violações das normas sancionam.

Expressão ritual da organização das relações de parentesco no seio dos grupos familiares formados em obediência ao critério da descendência em linha patrilinear em relação a um ancestral comum, o culto dos antepassados é celebrado em diversos níveis da sociedade.

O culto doméstico dos antepassados congrega os membros da família ampliada, geralmente dispersa por grupos domésticos autônomos e definida a partir de uma linhagem de três ou cinco gerações de ascendentes diretos.

O culto da linhagem associa vários familiares que formam uma linhagem localizada em escala de uma ou mais aldeias, ou então os membros de uma associação voluntária, formada devido ao reconhecimento de uma relação genealógica com um ancestral comum. A ideologia patrilinear inspira igualmente a concepção da nação chinesa (*zhonghua minzu*) como linguagem que reúne os descendentes dos soberanos lendários Huangdi e Yanhdi, cujo culto oficial foi retomado no decurso dos anos 1990.

Durante a Revolução Cultural, a estatueta do presidente Mao Tsé-tung, a única figura divinizada oficialmente habilitada a presidir o destino de milhões de lares chineses, ocupou lugar de honra na habitação familiar das aldeias, na sala comum, de frente para a porta (orientada para leste ou para o sul).

A reinstalação do altar doméstico, no final dos anos 70, foi um dos primeiros sinais anunciadores da recuperação dessas tradições que foram maltratadas no decurso de campanhas sucessivas contra as "superstições".

Os objetos rituais (tabuinhas de madeira, folhas de papel vermelho e fotografias em preto e branco) materializam os antepassados, que recuperam assim seu lugar honorífico na habitação familiar.

Como a orientação das habitações urbanas não obedece a essas regras tradicionais, a colocação mais favorável do altar doméstico pode ser determinada por um especialista de *feng shui* ou obedecer às recomendações dos livrinhos de geomancia.

Os rituais coletivos do culto da linhagem dirigem-se a instâncias sociais que legitimam os direitos dos sobreviventes do grupo. Os antepassados da linhagem formam um corpo frequentemente anônimo, definido por referência a um fundador (*shizu*).

A proibição desses cultos durante a coletivização dos anos 1950 visava, sobretudo, minar as solidariedades de linhagem reafirmadas regularmente durante os ritos coletivos junto ao túmulo de um fundador ou no templo ancestral.

O culto doméstico dos antepassados não tem os mesmos objetivos sociais, territoriais e econômicos. É dirigido a defuntos próximos, que ainda não se juntaram à massa anônima dos ancestrais da linha paterna, recebendo um tratamento ritual individualizado nas datas de nascimento e de falecimento.

As datas importantes do ciclo das festas sazonais (Ano-Novo, meio do verão, meio do outono e solstício de inverno) são assinaladas com ofertas aos antepassados. Numa sociedade majoritariamente rural, em que o consumo de carne está muitas vezes reservado para as refeições festivas, esses ritos são também ocasião para se efetuar um corte com o cotidiano.

Os ritos de oferta, aliás, não desapareceram completamente durante o período da repressão dos cultos. Também se mantiveram as visitas aos túmulos durante as festas do *qingming*, a festa da pura claridade, e do *chongyang*, no início de abril e em outubro. A dupla faceta do culto dos mortos, particularmente dos antepassados, explica em parte essa continuidade ritual.

A atitude do regime oscila, com efeito, entre a repressão e a tolerância, conforme essas práticas são consideradas "superstições feudais" ou racionalizadas como dever de honra à memória dos ascendentes já falecidos.

O Estado comunista exorta à celebração dos ritos seculares, como o depósito de ramos, como sucede durante as comemorações oficiais dos mortos por ocasião do *qingming*.

Oferecer flores aos mortos é considerado um ato mais civilizado do que oferecer alimentos cozidos, incenso e moedas rituais emitidas pelo "banco dos infernos".

Essas práticas rituais, que se relacionam com a ideia de uma vida póstuma dos mortos ao serem considerados da perspectiva desse componente simbólico do ser humano que sobrevive à morte biológica do corpo chamada "alma" (*shen, hun, bo, gui*), são pura e simplesmente rebaixadas ao nível da "superstição".

Essa categoria exclui efetivamente esses cultos, expressão importante da realidade religiosa da China, do campo oficial da religião, que se restringe às cinco religiões instituídas, e nega-lhes qualquer lógica social, cultural ou simbólica.

O culto dos antepassados não é senão um aspecto do culto dos mortos. Nem todos os mortos de um grupo familiar passam a ser antepassados. Somente os "bons mortos", os que falecem numa idade avançada e após terem assegurado sua descendência podem aspirar a esse ritual.

No entanto, é possível modificar os destinos póstumos de condenação a uma vida errante das vítimas de uma morte trágica, transformando-as em antepassados.

Béatrice David

➢ ANO-NOVO, CERIMÔNIAS FÚNEBRES, FESTAS SAZONAIS, GEOMANCIA, LINHAGEM, RELIGIÃO, TEMPLOS

ANTROPOLOGIA

Após mais de 20 anos de proibição como "ciências burguesas", a antropologia e a sociologia foram reabilitadas em 1978.

A Associação Chinesa de Antropologia foi restabelecida em 1980. Pouco tempo depois, foram reabertos dois antigos departamentos de antropologia: na Universidade Sun Yat-sen, em Cantão, 1981, e depois na de Xiamen, em Fujian, em 1984.

Contudo, a formação ainda está centrada na etnologia, reservada na China ao estudo das "nacionalidades" não han e ensinada também nos institutos das nacionalidades, em Yunnan, em Guangxi e em Pequim. Só em 1993 o Instituto de Sociologia da Universidade de Pequim passou a se chamar Instituto de Sociologia e de Antropologia.

O registro dos hábitos e costumes estava institucionalizado no Império, mas apenas no início do século XX desenvolveram-se os estudos sobre o folclore (*minsuxue*), a etnologia (*minzuxue*) e, depois, a antropologia social e cultural (*renleixue*).

A reflexão intelectual sobre essas disciplinas foi sendo realizada em relação às diferentes correntes das ciências sociais do Ocidente e, sobretudo, à escola funcionalista britânica.

Durante a ocupação japonesa do norte e, depois, do sudeste do país, entre 1937 e 1945, diversas instituições universitárias retiraram-se para o sudoeste. Durante seu exílio nessas regiões montanhosas do interior, os etnólogos realizaram pesquisas de campo pioneiras sobre os han e as minorias.

Quando a República Popular foi fundada, algumas das grandes figuras da antropologia, como Lin Chunsheng e Rui Yifu, partiram para Taiwan, onde criaram os departamentos de antropologia e de arqueologia da Universidade Nacional e o Instituto de Etnologia da Academia Sínica.

Na China continental a disciplina adotou o modelo evolucionista da etnologia soviética e teve de contribuir para o projeto político de reconhecimento das nacionalidades. A etnologia concentrou-se desde então unicamente no estudo das minorias, até o movimento das Cem Flores, em 1957-1958, na sequência do qual um grande número de universitários foi preso ou deportado para campos de reeducação.

Nos anos 1980, os pioneiros da disciplina, como Liang Zhaotao, Chen Guoqiang e Fei Xiaotong, apesar de sua idade, estiveram na origem de sua renovação.

A inovação mais importante no decurso dos anos 1990 foi a abertura da antropologia ao conjunto da sociedade chinesa, sobretudo aos han, que não eram objeto de estudo desde os anos 1950. Esses trabalhos conduziram ao reconhecimento da diversidade dos han e das "culturas locais". Os temas privilegiados pelos estudos foram as comunidades aldeãs (linhagens, cultos etc.), a urbanização, as migrações, o consumo, a saúde e o turismo.

Atualmente, a formação dos estudantes tende a diversificar-se, notadamente devido ao acesso às obras teóricas em língua inglesa ou traduzidas para o chinês.

A antropologia continua a defrontar-se, porém, com as limitações que decorrem de ser uma disciplina que tem de dar resposta às necessidades do Estado e de os seus objetos de estudo serem de antropologia aplicada.

Élisabeth Allès e Béatrice David

➢ CEM FLORES, HAN, NACIONALIDADES, SOCIOLOGIA

APOSENTADORIA (SISTEMA DE)

Tal como na maioria das economias planificadas, foi centrado nas empresas que se organizou o sistema social urbano da China, entre 1949 e 1978.

Essas "empresas-previdência" asseguravam elas mesmas aos seus trabalhadores o emprego para toda a vida, a reforma e o acesso aos cuidados de saúde. O processo de reforma das empresas estatais questionou essa organização.

O governo criou progressivamente um sistema de proteção social para a população que tinha registro de residência urbano. Os rurais, mesmo trabalhando nas cidades, estavam dele excluídos.

Após várias experiências, foi criado a partir de 1997 um sistema de aposentadoria unificado para o conjunto dos trabalhadores urbanos. Combina um sistema por repartição e elementos de um sistema por capitalização. Possui vários pilares.

O primeiro é um fundo financiado pelas empresas (17% da massa salarial), que assegura a aposentadoria num montante equivalente a 20% do salário médio local.

O segundo é constituído por contas pessoais, financiadas por cotizações do empregado (8% do salário) e da empresa (3%). Esse pilar foi pensado para garantir, em princípio, uma aposentadoria equivalente a 38% do salário.

Existe um terceiro nível, facultativo, que se baseia numa contribuição voluntária da empresa e do trabalhador.

A aplicação desse sistema enfrenta graves dificuldades.

Os fundos são constituídos em nível local e não há compensação entre os déficits e os excedentes dos sistemas de aposentadoria das várias regiões. Os déficits são financiados pelo orçamento do Estado, mas, em muitos casos, as aposentadorias não são pagas.

O primeiro pilar está globalmente em situação de déficit. Seu equilíbrio é perturbado pelas aposentadorias pagas aos que têm direito segundo o sistema antigo (anterior às reformas de 1978), que assegurava taxas de substituição elevadas, da ordem de 80%.

No ano 2000, foi criado um fundo nacional de segurança social para cobrir o déficit desse primeiro pilar. Atualmente, apenas 60% dos trabalhadores urbanos estão cobertos por esse sistema. Muitas empresas privadas se esforçam para se eximirem ou reduzirem suas cotizações.

Foram vislumbradas várias soluções para assegurar o financiamento das aposentadorias: ampliar o sistema ao conjunto das empresas urbanas; prolongar a idade de aposentadoria, que é atualmente de 55 anos para as mulheres e de 60 anos para os homens; agrupar os fundos de aposentadoria em nível nacional e reduzir as aposentadorias pagas a partir das contas individuais.

O problema do financiamento das aposentadorias exigirá maior acuidade nos próximos anos, à medida que o envelhecimento da população se acentuar, sobretudo após 2010.

Antoine Kernen

➢ EMPRESAS ESTATAIS, POPULAÇÃO, PROTEÇÃO SOCIAL, REGISTRO DE RESIDÊNCIA, UNIDADES DE TRABALHO

ARQUEOLOGIA

A arqueologia chinesa desenvolveu-se em três fases.

Desde o século XI, houve letrados que seguiram uma abordagem que se pode qualificar de científica em relação ao seu passado: compreenderam o interesse de exumar vestígios com a finalidade de completar ou corrigir as informações que as fontes escritas antigas lhes transmitiam em relação à Antiguidade. Mais do que os sítios, foram sobretudo os objetos e suas inscrições que lhes chamaram a atenção. Ao publicar suas descobertas em catálogos, os eruditos defenderam pela primeira vez a ideia de que a epigrafia podia servir para corrigir os erros contidos na literatura herdada.

Dessa fase, que se prolongou até o início do século XX, há duas características que continuam a influenciar atualmente a prática e a problemática da arqueologia: por um lado, o interesse dos arqueólogos continua centrado nos objetos encontrados nos túmulos, em detrimento de questões sobre o *habitat*, as aldeias e as rotas das trocas; por outro, o estudo dos textos encontrados nas escavações predomina sobre o estudo da cultura material.

No início do século XX, a arqueologia tomou um novo rumo com a introdução de métodos de investigação ocidentais. Em 1921, J. Gunnar Anderson (1874-1960) foi o primeiro a identificar sítios neolíticos na China central. Posteriormente, arqueólogos chineses que haviam aprendido os métodos ocidentais realizaram, por sua vez, escavações. Doutorado em antropologia pela Universidade de Harvard, Li Chi (Li Ji, 1895-1979) dirigiu a estação arqueológica da última capital, Shang (ca. 1500-1050 a.C.), perto de Anyang (Henan), escavada pela Academia Sínica entre 1928 e 1937.

O surgimento, em outubro de 1949, da República Popular da China não modificaria as orientações seguidas anteriormente pelos arqueólogos chineses, exceto dos pontos de vista ideológico e organizacional. Com a modernização do país, foram realizadas descobertas notáveis. Sem interrompê-las, a revolução Cultural teve, no entanto, a consequência de fechar a China a toda inovação na investigação arqueológica.

A abertura econômica introduzida pelas reformas de Deng Xiaoping em 1978 materializou-se em inúmeras escavações em todo o território, dando origem a uma quantidade considerável de descobertas importantes. Iniciou-se então uma era de desenvolvimento fértil em inovações.

Os arqueólogos chineses tomaram consciência de seu atraso ao descobrirem como no exterior se aprendiam temas como a reconstituição das técnicas do passado, graças à arqueologia experimental, ou o ambiente das épocas antigas. Em 1991, foi aprovada uma lei que permitiu aos especialistas estrangeiros participar dos trabalhos arqueológicos de qualquer tipo, desde a prospecção de sítios até a restauração de objetos.

Atualmente, apesar da escassez dos meios humanos e financeiros e da impossibilidade de acabar com as escavações clandestinas que alimentam um comércio internacional florescente, a China introduziu a arqueologia preventiva.

Volta-se para novas problemáticas e envia para o exterior os melhores dos seus jovens arqueólogos a fim de completarem a sua formação.

Alain Thote

➤ ARQUEOLOGIA E PODER LOCAL

ARQUEOLOGIA E PODER LOCAL

A abertura econômica da China contribui para modificar a representação que o país, as províncias e as regiões têm de si mesmos, partindo de seu patrimônio arqueológico.

Em particular, a ideia tradicional de que a civilização chinesa teve início num único polo, a planície central, para se expandir até as regiões mais afastadas e assim formar o país que hoje conhecemos, foi refutada pelas descobertas realizadas em províncias como as do Liaoning, no norte, o Zhejiang e o Jiangsu, no sudeste, o Hunan e o Jiangxi, no sul, e o Sichuan, no ocidente.

Desde o Neolítico, culturas ricas e originais se desenvolveram nessas regiões. No segundo milênio, em plena Idade do Bronze, algumas civilizações, como a de Sanxingdui, em Sichuan, rivalizaram com a civilização dos Shang (ca. de 1500-1050 a.C.). No entanto, contrariamente aos Shang, não dispunham de escrita e não puderam deixar outros vestígios além dos materiais descobertos na sequência do desenvolvimento econômico recente.

Desde os anos 1980-1990 a arqueologia tem contribuído para a criação de novas identidades nacionais e locais. Surge atualmente uma identidade nacional fundada na ideia de que a civilização chinesa se formou a partir de diversos núcleos, por vezes muito distantes uns dos outros, mas em certa medida interdependentes. Para reforçar essa identidade, atribui-se-lhes arbitrariamente 5 mil anos, em correspondência com o Oriente Próximo e o Egito.

Formaram-se paralelamente identidades em níveis provincial e local com a descoberta de vestígios, como, por exemplo, os do reino de Chu, em Hubei (mais ou menos entre o século VIII e o século III a.C.).

Isso deu origem a querelas a favor da conservação destes em nível local, e não em nível provincial, e neste, e não em nível nacional, dos objetos encontrados nas escavações, muitas vezes testemunho de um esplendor registrado no passado, mas que se entende serem atualmente fatores de prosperidade.

Alain Thote

➢ ARQUEOLOGIA, LOCAL

ARQUITETURA

A arquitetura é considerada uma arte antiga na China. A tradição associou-se frequentemente a outras formas de arte, como a escultura, a pintura, a caligrafia, a poesia e a literatura.

A longa história da arquitetura chinesa começa pelas práticas dos mestres das construções, formados ao longo de muitos anos de aprendizagem, atentos às tradições orais e às regras dos tratados tradicionais.

Ao contrário dos edifícios antigos do Ocidente, realizados sobretudo com pedra ou tijolos, a estrutura dos edifícios tradicionais chineses é majoritariamente feita de madeira, o que explica a raridade do patrimônio arquitetônico ainda existente.

Dominada pelos carpinteiros, a construção é muito codificada e padronizada. O primeiro manual de construção oficial, o *Yanzhao Fashi*, foi publicado em 1100, na dinastia Song (960-1279). Normaliza o princípio dos módulos, o nome e a composição de cada elemento e define as regras e os procedimentos de uma arte da construção que se reparte por 13 profissões.

Nessa época, as casas eram consideradas reflexo da identidade social de seu proprietário e sua construção era estritamente regulamentada em termos de dimensão, forma, uso das cores e decoração.

Até o início do século XIX, a tradição arquitetônica continuou a ser muito forte e pouco influenciada pelas culturas estrangeiras. A arquitetura ocidentalizada surgiu com as concessões estrangeiras. Especuladores ocidentais, acompanhados pelos seus arquitetos, construíram, então, bairros inteiros. A passagem para essa arquitetura diferente foi brutal.

O início da arquitetura moderna chinesa foi assinalado pela criação por Liang Sicheng (1901-1972), filho do célebre reformista Liang Qichao (1873-1929), dos primeiros departamentos de arquitetura nas universidades, em primeiro lugar na do nordeste, em 1928, e depois na de Qinghua, em 1946.

Depois de três anos de formação clássica, segundo o modelo das belas-artes, na Universidade da Pensilvânia, nos Estados Unidos, Liang Sicheng, em seu regresso à China, introduziu os métodos de concepção e construção e as práticas dos arquitetos ocidentais.

Desde o início, a difusão desses conhecimentos fez parte da busca de integração das técnicas de construção modernas na cultura tradicional chinesa.

Foi nessa perspectiva que Liang Sicheng realizou a primeira investigação sistemática sobre a história da arquitetura chinesa. Nisso foi imitado pela maioria dos grandes arquitetos da época, também eles formados na Europa ou nos Estados Unidos, como foi o caso, por exemplo, de Tang Tingbao, Chen Zhi e Tong Jun. As realizações notáveis dessa geração assinalam, no século XX, o renascimento da arte da arquitetura.

Após 1949, a atividade da construção, interrompida por guerras sucessivas, foi logo retomada. A necessidade de reconstruir rápida e maciçamente proporcionou rara oportunidade aos arquitetos chineses, além de ter representado um grande desafio.

Os princípios arquitetônicos do movimento modernista, os que melhor correspondiam às condições econômicas e sociais da época, tornaram-se então a doutrina predominante.

Em 1952, a Universidade Tongji, em Xangai, criou o seu próprio departamento de arquitetura, dirigido por Huang Zuoshen (1915-1975), o primeiro aluno chinês de Walter Gropius, na Universidade de Harvard. A Escola de Tongji tornou-se rapidamente a principal difusora do pensamento e das técnicas da Bauhaus e o símbolo do novo espírito modernista da arquitetura.

Essas duas grandes correntes, o modelo clássico das belas-artes e o movimento da arquitetura modernista, promovidos respectivamente pelas duas grandes escolas de Qinghua e Tongji, dominaram até recentemente a evolução da arquitetura da China. Razões políticas concederam igualmente um lugar à arquitetura russa durante os anos 1950 e 1960.

Desde os anos 1980, à medida que o país se abria ao exterior e se globalizava, a criação arquitetônica chinesa perdeu-se num pluralismo total. Uma nova geração de arquitetos começou a surgir e questiona-se, hoje em dia, se seria pertinente falar de uma arquitetura contemporânea especificamente chinesa.

Zhuo Jian

➢ ATIVIDADES, EXÉRCITO, PATRIMÔNIO, URBANISMO

ARROZ

A história, a cultura material, a vida cotidiana e o próprio imaginário da China foram e continuam sendo profundamente marcados e modelados pelo arroz, ainda que esse cereal não tenha sido o único a fazer parte do menu cotidiano, em particular no norte, onde predominam o milho-miúdo e o trigo.

Sem que se possa afirmar que a domesticação das espécies de arroz selvagem tivesse ocorrido primeiramente na China, porque se pensa hoje que ocorreu em vários locais do sudeste da Ásia (de Mianmar até o Vietnã), no sopé das montanhas, a cultura desse cereal acompanha há milhares de anos o desenvolvimento da civilização chinesa.

As variedades de arroz cultivadas na China pertencem todas à espécie *Oryza sativa*.

Distinguem-se atualmente cerca de mil variedades, que diferem pela morfologia, pelo período de maturação, pela necessidade de água, resistência às doenças e caráter glutinoso, perfumado ou colorido (branco ou vermelho).

Essas variedades repartem-se por dois grandes grupos: *japonica*, de grão curto e largo, cultivado sobretudo na província de Shandong e em altitude de 500 a 2 mil metros), e *indica*, de grão alongado e que fica mais inteiro depois de cozido.

Esses grupos subdividem-se em arroz glutinoso e não glutinoso. Os arrozes glutinosos, muito apreciados como alimentos de cerimônia e para fabricar vinhos de arroz, devem seu caráter não à presença de glúten, mas à de dextrina e de maltose.

Base da alimentação chinesa, o arroz, contudo, tem sua cultura ameaçada.

Devido à industrialização e à urbanização, a superfície dos arrozais vem diminuindo na China. A salinização e a obstrução dos solos e a diminuição da qualidade e da quantidade de água disponível para a rizicultura provocam a estagnação ou a diminuição da produção.

O necessário aumento da produção não poderá acontecer senão com a melhoria dos procedimentos de armazenagem e de transporte, bem como com a pesquisa agronômica. Esta última está centrada nas variedades híbridas, chamadas de "superarroz", e nas modificações genéticas.

As variedades de superarroz, que surgiram em meados dos anos 1990, permitem ultrapassar em 20% as colheitas tradicionais das variedades de alto rendimento, podendo atingir até 12 toneladas por hectare. Asseguram cerca de dois terços da produção nacional chinesa e ocupam mais de 50% da superfície total dos arrozais.

No entanto, as estratégias de desenvolvimento da rizicultura diferem de região para região. O Anhui, por exemplo, desenvolve o arroz de crescimento rápido, mas o Jiangsu e o Zhejiang já não, pois não o consideram bom.

Quanto ao arroz geneticamente modificado, a pesquisa concentra-se em espécies produtoras de betacaroteno, precursor da vitamina A (é o arroz dourado, que se considera indicado para combater problemas oculares), e nos arrozes tolerantes a herbicidas ou resistentes a certas doenças, domínios em que a China adquiriu efetiva competência.

A China possui, de fato, vantagens técnicas na cultura do arroz híbrido em relação aos países da Asean, e já propôs uma cooperação econômica e tecnológica nesse domínio, instalando, por exemplo, um centro de cultura de arroz híbrido nas Filipinas.

Frédéric Obringer

➢ AGRICULTURA, ÁGUA, ARROZAIS, CEREAIS, HIDRÁULICA, ORGANISMOS GENETICAMENTE MODIFICADOS

ARROZAIS

A China é o primeiro produtor mundial de arroz, que em 2002 representava 44% de sua produção de cereais. As exportações chinesas eram de 2 milhões de toneladas, e as importações, de 240 mil toneladas.

Em 2003, porém, a China só produziu 160,7 milhões de toneladas, o que representou seu nível mais baixo desde 1994, tendo se tornado importadora, em 2004, de um total entre 400 mil e 500 mil toneladas.

De fato, as superfícies de cultura do arroz e, mais em geral, de cereais não param de baixar: 32,090 milhões de hectares em 1992 e 28,202 milhões em 2002, ou seja, uma queda de 12%, enquanto as superfícies cultivadas aumentaram globalmente em 5% no mesmo período.

Essa diminuição se observa principalmente nas regiões litorâneas: 24% em Guangdong e 19% em Jiangsu. Mais para o interior do país, os arrozais perderam 15% de sua superfície em Hunan e 9% em Sichuan e em Chonqing.

Várias razões explicam esse fenômeno.

As produções agrícolas de base são pouco rentáveis e estão integradas no mercado de forma desigual. O autoconsumo nas aldeias continua, na verdade, a ser importante, restando apenas um terço dos cereais para ser vendido fora delas.

Verifica-se também uma queda global do consumo de cereais de base, acompanhada entre os camponeses por uma especialização e uma diversificação para produções mais lucrativas (óleos, bebidas alcoólicas e criação de gado), destinadas aos mercados urbanos.

A concorrência pelo solo nas regiões em desenvolvimento, relacionadas com a industrialização, a urbanização e a multiplicação dos equipamentos, nomeadamente de transportes, é outro fator determinante da redução dos arrozais, a que se acresce com demasiada frequência a poluição das águas e do ar.

As autoridades chinesas, como as do delta do rio das Pérolas, em 1994, se apressaram em aplicar uma política contra a conversão dos espaços da cultura do arroz ou agrícolas de base, a fim de limitar os riscos de dependência inter-regional.

Thierry Sanjuan

➤ AGRICULTURA, ÁGUA, ARROZ, CEREAIS, CIDADES E AS ZONAS RURAIS (AS), HIDRÁULICA, URBANIZAÇÃO

ARTE CONTEMPORÂNEA

A arte contemporânea surgiu muito tardiamente na China, no início de sua abertura.

Em 1979, os jovens estudantes descobriram com grande surpresa, em catálogos que circulavam ainda às escondidas, as múltiplas correntes da arte contemporânea internacional, que se desenvolveram longe deles durante cerca de meio século. Nos limites da tolerância política, um pequeno grupo lançou-se nesse universo e criou o Movimento das Estrelas (*Xingxing*), que deu origem a uma arte contemporânea chinesa muito criativa. Esses artistas de vanguarda absorveram e recriaram, com atraso, o trabalho dos artistas ocidentais. Em 1984, teve lugar uma exposição dadaísta na cidade de Xiamen, em Fujian.

Em abril de 1989, alguns dias após o início do movimento democrático de Tiananmen, teve lugar no Palácio das Belas-Artes, em Pequim, uma primeira grande exposição intitulada "A vanguarda da China", que reuniu mais de cem artistas e que ambicionava fazer um balanço dessa primeira década de arte contemporânea independente. No entanto, a exposição foi proibida algumas horas depois de ter sido inaugurada.

A repressão de 1990-1991 lançou os artistas de vanguarda, que estiveram bastante envolvidos nos acontecimentos de Tiananmen, para o fundo de seus ateliês. Alguns deles exilaram-se na Europa ou nos Estados Unidos.

Foi no Brasil, durante a Bienal de São Paulo de 1993, que o mundo da arte internacional descobriu as criações desses artistas chineses. Adolescente e em busca de sua própria identidade, a arte chinesa de vanguarda questiona-se e suscita ela mesma outras questões.

Na cena internacional, os artistas chineses foram uma lufada de ar fresco. Sua consagração teve lugar em 1999, na Bienal de Veneza, onde estiveram presentes mais de 20 artistas chineses.

Por meio de sua pesquisa pessoal, o resto do mundo descobriu outra face da China, afastada dos clichês convencionais. Os artistas traduziam a complexidade dos sentimentos por que passa a sociedade chinesa atual, como, por exemplo, a nostalgia e a mágoa pelo passado, o orgulho do grande reencontro, a competição do presente, as interrogações relativas ao futuro e a integração da China num mundo moderno e globalizado. Redescobriram o erotismo, a poesia, as cores.

Esse reconhecimento internacional e a autonomia que por fim foi permitida aos ateliês, ainda que esses artistas não tenham nenhum lugar nas exposições realizadas nos espaços públicos da China, permitiram uma imensa criatividade.

De sua formação na escola do realismo soviético, esses artistas chineses conservaram uma mestria perfeita do óleo sobre tela, a precisão do traço e a profundidade perturbadora dos retratos da gente do povo. Herdaram da grande tradição pictórica chinesa a capacidade de traduzir uma emoção simples em poucos traços.

Há várias correntes diferentes, cada uma orientada por um "fundador". Wang Guangyi, à frente do movimento Pop-Político, ridiculariza velhas imagens de propaganda; os realistas cínicos (Fang Lijuan e Yue Minjun) suscitam um riso amargo dirigido aos desvios da sociedade atual; e os realistas surrealistas (Zhang Xiaogang) levantam a questão da memória e do esquecimento.

A escola *Kitsch* (Feng Zhenjie) iniciou a segunda geração (nascida no final dos anos 1960 e nos anos 1970), que se interessa sobretudo pela China atual e futura. Nas outras artes, o videasta Zhang Peili e o escultor Sui Jianguo fizeram igualmente parte dos fundadores, enquanto Gu Dexin abriu a porta às instalações.

Surgiu por fim uma terceira geração de artistas, nascida na China das reformas no final dos anos 1970 e nos anos 1980. A sua visão mais comercial foi encorajada pela subida dos preços da arte contemporânea chinesa no mercado internacional da arte. No entanto, ainda que alguns desses jovens artistas tenham a tentação de se inspirar nos mais velhos, não transmitem para as obras a mesma força.

Caroline Puel

> CINEMA, CULTURA, ROMANCE

ARTES MARCIAIS

As artes marciais chinesas se inscrevem numa longa história e, com as suas implicações, ultrapassaram sempre o quadro estrito dos exercícios físicos. Ainda hoje têm um valor simbólico impregnado de orgulho nacional.

Um dos lugares emblemáticos desse treino do corpo e do espírito, o templo budista de Shaolin, na província de Henan, foi fundado em 495. Em 2005 solicitou-se (sem sucesso até hoje) seu tombamento pelo regime de Pequim como patrimônio mundial da Unesco. A humilhação do movimento dos boxers em 1900 pelas tropas aliadas ocidentais está ainda na memória ferida dos chineses.

Os termos *wushu* (arte marcial) e *kung fu* (mestria virtuosa das artes de combate) referem-se hoje em dia a múltiplas escolas de boxe de mãos livres (*quan fa*), como o boxe do norte e do sul e o *tai chi chuan* (boxe da cumeeira suprema), que tem mais implicações médicas do que belicosas. Há igualmente técnicas de armas, como a espada, a vara ou a alabarda.

A febre das artes marciais nos anos 1980 ocorreu ao mesmo tempo que a do *qi gong*, com forte envolvimento sociológico, ideológico e prático das associações que congregavam os discípulos desses dois movimentos.

Os filmes e os romances de artes marciais, vindos em primeiro lugar de Hong Kong e de Taiwan e cujo exemplo mais célebre é *O Templo de Shaolin*, encontraram um entusiasmo extraordinário na juventude de um país em plena mutação, seduzida pelo caráter espetacular dos exercícios em que a força do espírito parece ser capaz de todas as proezas, enquanto os templos de Shaolin, de Wudang e de Emei assistiram à chegada de numerosos adeptos.

Calcula-se que 60 milhões de chineses praticavam artes marciais no início do novo século.

Frédéric Obringer

➢ BUDISMO, CINEMA, MEDICINA TRADICIONAL, QI GONG

ÁSIA CENTRAL (A CHINA E A)

O nascimento de cinco repúblicas na Ásia Central — o Cazaquistão, o Quirguistão, o Tadjiquistão, o Uzbequistão e o Turcomenistão —, após a derrocada da União Soviética, em dezembro de 1991, permitiu à China recuperar certa influência na região, após várias décadas de ausência.

As relações políticas, comerciais e culturais entre a China e a Ásia Central são, de fato, muito antigas.

As dinastias chinesas sempre procuraram se estender para o Ocidente, muitas vezes com ameaças, a fim de melhor proteger o coração do Império.

Nos períodos de paz, as relações comerciais com a região foram muitas vezes frutuosas, como se prova pelas rotas da seda e pelo esplendor de alguns oásis que ainda se mantêm na atual região autônoma do Xinjiang. Foi também pela Ásia Central que o islamismo fez a sua entrada no mundo chinês.

No entanto, a afirmação da potência russa na segunda metade do século XIX, o nascimento da URSS em 1917 e, depois, a ruptura sino-soviética na virada dos anos 1960 atenuaram progressivamente a influência chinesa na região, até que desaparecesse por completo.

O nascimento das repúblicas da Ásia Central constitui assim uma mudança geopolítica importante para a China, mas teve dois aspectos.

Por um lado, representou o desaparecimento da ameaça soviética e o afastamento do grande vizinho russo das fronteiras ocidentais chinesas, anunciando a reconstrução de uma região onde a China em desenvolvimento podia, por fim, assumir um lugar diplomático e econômico.

Por outro lado, foi também uma fonte de inquietação. Os temores chineses dizem respeito fundamentalmente à segurança da região autônoma do Xinjiang, onde vivem importantes minorias turcófonas (uigures, cazaques) e persófonas (tadjiques), em sua maior parte muçulmanas, e que possuem afinidades étnicas, linguísticas, culturais e religiosas com as populações situadas do outro lado da fronteira.

Para as autoridades chinesas, o novo destino nacional dos povos da Ásia Central era, por isso, suscetível de revigorar o nacionalismo uigure e de encorajar o separatismo regional. Temiam também que surgissem nessas repúblicas nascentes movimentos pan-turcos ou islâmicos radicais, considerados perigosos para a estabilidade regional.

Os receios forçaram a China a reconhecer rapidamente os seus novos vizinhos. Assim, foram encetadas negociações fronteiriças com o Cazaquistão, o Quirguistão e o Tadjiquistão, herdeiros do antigo traçado fronteiriço sino-soviético que estivera em litígio e que os dois inimigos comunistas nunca conseguiram delimitar.

Essas negociações tornaram-se difíceis devido à topografia, principalmente no maciço do Pamir, bem como por algumas contestações no Quirguistão e no Tadjiquistão por parte de populações locais e de alguns oficiais que criticaram as cessões territoriais feitas à China pelos respectivos governos. No entanto, acabaram por ser concluídas: a delimitação da fronteira sino-cazaque foi efetuada em 1988, ao passo que a das fronteiras sino-quirguiz e sino-tadjique estabeleceram-se em 2002.

Paralelamente, a China convidou os três vizinhos para discutirem questões de segurança regional numa estrutura multilateral, a que também foi associada a Rússia. Criada em 1996 para organizar a delimitação das fronteiras comuns, essa estrutura, designada de início como "os Cinco de Xangai", transformou-se na Organização de Cooperação de Xangai (OCX) em junho de 2001. Passou então a ter seis membros, com a entrada do Uzbequistão.

Para a China, os objetivos políticos e estratégicos dessa estrutura consistem em lutar contra o "separatismo nacionalista", o "radicalismo religioso" e o "terrorismo internacional". Em outros termos, a OCX é um instrumento para a China defender a estabilidade da região autônoma do Xianjiang.

Para abandonar essa obsessão com a segurança, que, no entanto, é considerada indispensável pelos diferentes estados e que continuará a ser, sem dúvida, o motor dessa cooperação, a China tenta introduzir nessa estrutura multilateral um objetivo econômico.

Em setembro de 2003, o primeiro-ministro chinês, Wen Jiabao, propôs aos seus parceiros da OCX a criação de uma zona de livre comércio entre os seis países e um banco de desenvolvimento.

Com essa proposta, a China espera, antes de mais nada, criar um ambiente estável e dinâmico que permita o desenvolvimento do Xinjiang, que ela transformou num dos principais beneficiários do seu projeto de desenvolvimento do oeste.

A Ásia Central se apresenta como um novo mercado para as produções chinesas, embora a fraqueza da estrutura econômica dos diferentes Estados não permita, de momento, dar efetivamente início a um processo dinâmico. Em 2003, o comércio da China com a Ásia Central não representava mais que 0,5% do total do seu comércio externo.

Por ora, são sobretudo as ricas jazidas de petróleo do Cazaquistão e as de gás do Turcomenistão que suscitam a cobiça das autoridades chinesas. Com o objetivo de diversificar as fontes de abastecimento, as companhias petrolíferas chinesas são das mais ativas na região. Em 2003, foi assinado o acordo sino-cazaque que prevê a construção de um oleoduto de 3.100 quilômetros entre a jazida de Aktyubinsk e Urumqi.

A Ásia Central é, portanto, uma região eminentemente estratégica para a China. A influência chinesa se encontra, contudo, limitada pela da Rússia, que continua a considerar essa zona como seu próprio feudo, bem como pela dos Estados Unidos, que aumentou muito desde o começo da guerra do Afeganistão no outono de 2001.

Sébastian Collin

> ENERGIA E RECURSOS NATURAIS, ISLAMISMO, NACIONALIDADES, OESTE (PROJETO DE DESENVOLVIMENTO DO), POLÍTICA EXTERNA, REGIÕES FRONTEIRIÇAS, UIGURES, XINJIANG

ASSEMBLEIA NACIONAL POPULAR

A Assembleia Nacional Popular (ANP) e as assembleias populares são oficialmente os "órgãos por meio dos quais o povo exerce o poder do Estado".

Eleitas em princípio de forma direta nos níveis do cantão e do distrito e de forma indireta nos escalões superiores (municipal, provincial e nacional) para um mandato de cinco anos, as assembleias populares são, na verdade, constituídas com base em listas de candidaturas formadas pelo Partido Comunista (PC). Embora tenha sido introduzida alguma incerteza no escalão de base, quanto mais nos aproximamos do centro, maior é o número de deputados que são membros ou fazem parte do quadro do PC.

Da ANP eleita no início de 2003 (2.985 membros), os pertencentes aos quadros (33%) e os "intelectuais" (21%) constituem os principais grupos socioprofissionais, à frente dos operários e dos camponeses (18%). Os militares (9%) e os membros do PC (mais de dois terços) estão nela largamente representados.

Desde os anos 1980, no entanto, a ANP aumentou pouco a pouco seu papel institucional em matéria legislativa e, em menor medida, de controle das atividades do governo central.

Reunindo-se em sessão plenária todos os anos no mês de março, os deputados da ANP não exercem nenhuma influência nos processos de decisão. Utilizam essa tribuna sobretudo como caixa de ressonância nacional dos problemas que enfrentam em nível local. Embora possam expressar seu mau humor ao designar "mais ou menos bem" este ou aquele dirigente do Estado, nunca rejeitaram uma só candidatura oficial (não podem propor outras candidaturas), tampouco um só projeto de lei submetido pelo Conselho dos Assuntos de Estado.

Reunindo-se a cada dois meses, o Comitê Permanente da ANP (175 membros) possui poderes mais amplos. Por isso, essa instância se recusou por vezes a submeter à votação alguns projetos de lei. Por outro lado, trabalham sob sua orientação as comissões especializadas na ANP e certo número de comitês de trabalho, entre os quais o Comitê Legislativo, que, formado por juristas profissionais, desempenha papel notável na elaboração das leis.

Entretanto, os trabalhos da ANP continuam a ser dirigidos no dia a dia pelo Conselho da Presidência, uma instância com 16 membros (um presidente, que é sempre o número dois do Gabinete Político do PC, atualmente Wu Bangguo, e 15 vice-presidentes, um deles secretário-geral), composta por antigos ministros e personalidades não comunistas ou pertencentes às principais minorias étnicas do país. São as cidades mais importantes que nela exercem o poder real.

As prerrogativas das assembleias populares locais continuam a ser muito limitadas. Ao passo que nos domínios legislativo e regulamentar seu papel começa a se afirmar, sobretudo quando os deputados representam grupos de interesse mais profissionais ou privados, suas competências em matéria de nomeação dos responsáveis do mesmo escalão raramente são reconhecidas. Consequentemente, a influência dessas assembleias sobre a tomada de decisão continua a ser desproporcionalmente pequena e, no seu conjunto, modesta.

Jean-Pierre Cabestan

➢ ADMINISTRAÇÃO TERRITORIAL, CONSTITUIÇÃO, ELEIÇÕES, GOVERNO, PARTIDO COMUNISTA, QUADROS E FUNCIONÁRIOS

AUTOMOBILÍSTICO (SETOR)

O crescimento súbito da produção de automóveis constitui um dos aspectos mais impressionantes do aumento do poder da indústria chinesa.

A China, que ultrapassou a Alemanha em 2004, é agora o terceiro construtor mundial (atrás do Japão e dos Estados Unidos), e é razoável que possa pretender atingir o primeiro lugar até o final da próxima década. Em 2004, a produção ultrapassou 5 milhões de veículos, dos quais 50% eram particulares. Após um crescimento recorde de 34% em 2003, a produção abrandou em 2004 e 2005 (aumentos de 10% e 15%, respectivamente).

Enquanto há 20 anos os veículos particulares eram em sua quase totalidade propriedade das administrações e das empresas, hoje os seus maiores clientes são os particulares.

Alguns grandes grupos realizam 90% das vendas: Shanghai Automobile Industry Corp. (SAIC), First Auto Works (FAW) e Dongfeng Motor Corp. (DFM). Esses grupos chineses estabeleceram acordos com parceiros estrangeiros (a SAIC com a Volkswagen e a General Motors; a FAW com a Volkswagen e a Toyota; e a DFM com a Nissan e a PSA). No entanto, os chineses, que pretendem manter seu controle, limitam as cotas de participação estrangeira a 50%.

Não há muito espaço para uma produção propriamente chinesa. A Chery, de que a SAIC detém 20%, copiou um modelo da General Motors (sócia da casa-mãe), que pediu uma indenização. A empresa privada Geely, que firmou um acordo com um grupo de Hong Kong, tem uma cota de 4% do mercado de veículos particulares e cresce rapidamente, porque seu modelo é muito mais acessível que os concorrentes. Produziu 165 mil unidades em 2004 e planejou um total de 1 milhão para 2007. A Geely, que se beneficia da fraca proteção da propriedade intelectual, foi processada pela Toyota por falsificação.

Embora os direitos de importação tenham sido fortemente reduzidos após a entrada na Organização Mundial do Comércio, as importações continuam a ter pouca expressão (5% da procura).

As opiniões se dividem no tocante às perspectivas de futuro. Os mais otimistas acentuam a importância do mercado chinês e o aparecimento de uma classe média que está poupando para adquirir um automóvel. No entanto, há o risco do excesso de capacidade, que se traduziu, a partir de 2004, numa concorrência feroz, que, por sua vez, conduziu à queda dos preços e dos lucros, sobretudo em 2005.

Finalmente, a necessidade de proteger o ambiente e o custo do petróleo (de que um terço é importado) poderá levar a rever para baixo previsões demasiado otimistas.

A China não poderá absorver a totalidade dos veículos que produz. A estratégia do governo é exportar, com o tempo, 40% dos veículos produzidos, ao mesmo tempo que procede ao resgate das empresas estrangeiras (a SAIC, que acabou por renunciar à compra; a Rover, no entanto, adquiriu as suas licenças).

Podemos esperar, nos próximos anos, que surjam na Europa e na América do Norte viaturas chinesas a preços reduzidos, o que provocará muitos conflitos com os parceiros estrangeiros, que são, ao mesmo tempo, associados e concorrentes.

Ives Citoleux

➤ AMBIENTE, CIRCULAÇÃO URBANA, CONSUMO, FALSIFICAÇÃO, EMPRESAS DE CAPITAL ESTRANGEIRO, INVESTIMENTO DIRETO ESTRANGEIRO, PETRÓLEO, POLUIÇÃO, TRANSPORTES

BALANÇA DE PAGAMENTOS

Desde o início dos anos 1990, a China tem uma balança de operações correntes regularmente excedente: o excedente das suas trocas comerciais é superior ao déficit resultante da soma de suas trocas de serviços com o pagamento dos juros de sua dívida externa. Com seus rendimentos correntes superando as despesas correntes, a China registra uma poupança líquida.

A balança financeira, que descreve como o déficit (ou o superávit) das operações correntes é equilibrado pelas entradas (ou as saídas) de capitais, também registra um saldo positivo, quer dizer, tem entradas de capitais superiores às saídas. As entradas de capitais resultam fundamentalmente de investimentos diretos estrangeiros (criação de empresas de capital misto ou totalmente estrangeiro), porque esses foram promovidos pela política chinesa, que, pelo contrário, limitou os investimentos de carteira (compra de títulos na bolsa) e os empréstimos do estrangeiro. As saídas de capitais pelas empresas e particulares são estritamente regulamentadas.

O duplo excedente da conta-corrente e da conta de capital traduz-se pela entrada líquida de divisas no país, o que leva as autoridades chinesas a acumular as respectivas reservas.

Entre 1995 e 2000 a acumulação das reservas abrandou, devido a saídas ilegais de capitais. As fugas de capitais (que transparecem na rubrica "erros e omissões" da balança de pagamentos) realizam-se sobretudo mediante o subfaturamento das exportações, pagando-se a diferença em contas mantidas no exterior. Essas fugas atingiram o máximo em 1997-1998, quando a crise financeira asiática levava a prever a desvalorização do yuan.

Desde 2002, pelo contrário, as antecipações de uma revalorização da moeda chinesa conduziram a entradas maciças de capitais especulativos, o que contribuiu para o aumento das reservas de divisas. Estas passaram de 212 bilhões de dólares em dezembro de 2001 para mais de 800 bilhões no final de 2005. Dois terços são mantidos em dólares, 20% em euros e 5% em ienes. Uma parte das reservas de divisas em dólares é colocada em títulos do tesouro americano, e a China é, por isso, o segundo credor dos Estados Unidos, depois do Japão.

A balança de pagamentos da China após 2002 faz transparecer uma situação paradoxal: a de um país ainda pobre cujo excedente contribui para financiar a economia de um dos países mais ricos do planeta.

Françoise Lemoine

➢ COMÉRCIO EXTERNO, ESTADOS UNIDOS (A CHINA E OS), INVESTIMENTO DIRETO, YUAN

BANCOS

O sistema bancário da China é composto de quatro grandes bancos do Estado (o Banco da China, o Banco Industrial e Comercial, o Banco da Construção e o Banco da Agricultura), bem como de outros bancos de menor envergadura (bancos municipais e locais, bancos estrangeiros), a que se juntam as cooperativas urbanas e rurais de crédito.

Os quatro bancos do Estado detêm ainda mais de metade dos ativos e dos empréstimos do sistema bancário, embora seu peso tenda a se reduzir. Os outros bancos também são controlados pelo governo central ou pelos governos locais, à exceção de um banco privado chinês e dos bancos estrangeiros.

Ainda mais do que na indústria, o governo adiou a privatização do setor bancário, e a quase ausência de bancos privados revela a reticência das autoridades políticas em abandonar esse importante instrumento de poder. O setor bancário privado está, portanto, reduzido aos circuitos informais, que são muitas vezes a única fonte de financiamento das pequenas empresas privadas.

Os bancos estrangeiros foram autorizados a se instalar no país em 2002, quando da entrada da China na Organização Mundial do Comércio, e a maioria das restrições à sua atividade iria desaparecer em janeiro de 2007. Contudo, seu peso é ainda mínimo (1,5% dos ativos em 2003).

O sistema bancário chinês é, ao mesmo tempo, poderoso e frágil. Dispõe, na verdade, de uma enorme massa de liquidez, que provém da elevada poupança das famílias, que não dispõem de alternativa senão depositá-la no banco. Mas os bancos chineses são frágeis, porque os créditos que concederam muitas vezes não são reembolsados ou o são com atraso, e esses "créditos duvidosos" são a praga do sistema bancário.

Os bancos chineses não têm, de fato, a cultura da gestão de riscos de que dispõem os bancos das economias de mercado, porque até 1995 não passavam de meros guichês de distribuição de fundos às ordens do governo. A capacidade de analisar e de selecionar projetos só lentamente se adquire.

A lei bancária de 1995 transformou-os em sociedades, conferindo-lhes a responsabilidade pelos lucros e pelas perdas, mas, na verdade, manteve-se a pressão das autoridades políticas, mormente das locais, sobre a distribuição do crédito.

Desde 1998, as autoridades chinesas tiveram de proceder a operações onerosas de salvamento dos grandes bancos do Estado.

Entre 1998 e 2005, o Ministério das Finanças e o Banco Central aplicaram o equivalente a 430 bilhões de dólares, ou seja, cerca de 30% do produto interno bruto (PIB) do país, na recapitalização desses bancos e na anulação dos créditos de cobrança duvidosa. Levando-se em conta que continua a mesma política, a fatura total deve se aproximar de 600 bilhões de dólares, ou seja, 40% do PIB chinês.

É claro que os grandes bancos tiveram seu balanço grandemente beneficiado e se esforçam por aplicar as normas internacionais à sua gestão. Os créditos duvidosos não representavam mais que 10% dos saldos dos seus empréstimos em junho de 2005, contra 26% ainda em 2002. Mas continua a existir o risco de que essa melhoria seja de curta duração e que os créditos concedidos continuem a fazer aumentar os créditos de cobrança duvidosa. Ora, as finanças já não poderão cobrir os custos de uma nova recapitalização.

Para que os bancos chineses obtenham os capitais, a competência e a formação de que carecem, o governo chinês aposta nos investimentos estrangeiros. Desde 2002, as sociedades estrangeiras têm direito a uma participação direta nos bancos chineses de até 25% do capital (20% por um mesmo acionista), e neles foram investidos mais de 14 bilhões de dólares (valores de meados de 2005).

Os investimentos estrangeiros estão presentes em cerca de 15 bancos, entre os quais três grandes bancos do Estado, e essa lista não cessa de aumentar. Além disso, as autoridades têm um programa destinado a cotar os bancos na bolsa.

Em junho de 2004, o Banco das Comunicações, o quinto banco chinês, passou a ser cotado na Bolsa de Hong Kong, o Banco da Construção passou a sê-lo em outubro de 2005 e o Banco da China em 2006.

Os bancos chineses, tal como os bancos estrangeiros, prepararam-se para a próxima abertura do mercado à concorrência, em janeiro de 2007.

Para os bancos estrangeiros, atraídos pelas enormes reservas e pelo crescimento econômico excepcional do país, investir num banco local é um bilhete de entrada no mercado, o que lhes dá acesso à rede e aos recursos em moeda local.

Já os bancos chineses, que em menos de dois anos serão confrontados com a concorrência dos bancos estrangeiros, têm necessidade desses investidores estratégicos para se prepararem para enfrentá-la. O governo chinês cede, portanto, uma parte do seu controle sobre os bancos para que o setor adquira os mesmos níveis de competência do ponto de vista dos controles do risco e da oferta de produtos.

Entretanto, a falta de transparência das contas dos bancos chineses, das regras de gestão atuais e o caráter minoritário das participações autorizadas fazem dos investimentos dos bancos estrangeiros na China uma verdadeira aposta.

Françoise Lemoine

> BOLSA, COOPERATIVAS RURAIS DE CRÉDITO, EMPRESAS DE CAPITAL ESTRANGEIRO, EMPRESAS DO ESTADO, TONTINAS

BICICLETA

Popularizada quando Mao Tsé-tung detinha o poder, então reservada a uma elite operária, a bicicleta só se generalizou verdadeiramente a partir do final dos anos 1970, sob o efeito combinado do aumento dos rendimentos, da reestruturação da indústria chinesa de velocípedes e da reforma do setor da distribuição.

O produto final evoluiu muito e passou da robustez austera das marcas Fênix e Pombo para uma gama de produtos variada e adaptada a uma procura mais volátil.

Atualmente, a bicicleta é um dos meios de transporte dominantes na China urbana, onde o índice de equipamento das famílias é de 143% e ainda maior nas grandes cidades.

Se esse meio de transporte conheceu seu apogeu nos anos 1980 com a aplicação de um verdadeiro "sistema para bicicletas" (vias reservadas aos ciclistas, parques de estacionamento, reparadores de rua etc.), registra desde então uma diminuição de participação nos transportes em benefício dos meios motorizados.

Jean-François Doulet

➢ AUTOMOBILÍSTICO (SETOR), CIDADES, TRANSPORTES

BLOG

Depois de a população de internautas da China ultrapassar oficialmente os 110 milhões, um inquérito realizado por um dos principais motores de busca do país, o Baidu, indicava que em novembro de 2005 haveria nada menos de 16 milhões de blogueiros chineses, num total de 36,82 milhões de blogs registrados em 658 sites. Os principais sites chineses que os acolhem são o MSN Spaces, o Bokee, o Tianya, o Bogcn, o Blogbus e o Netease.

Blog é uma contração do termo inglês "*weblog*" (literalmente "um caderno na rede") e se apresenta sob a forma de um jornal pessoal semelhante a um site cujas entradas textuais, muitas vezes breves, são datadas e apresentadas na ordem cronológica inversa.

Acompanhando os estados de humor do seu criador, constitui um espaço privilegiado na fronteira do privado e do público, no qual se comunicam ideias e impressões sobre assuntos diversos, enriquecidos com excertos de textos de outros autores e imagens simples, ligações para hipertextos, citações etc. O leitor é em geral convidado a deixar os seus comentários.

A importância do fenômeno na China foi amplamente reconhecida em novembro de 2003 com o sucesso retumbante do blog de Wu Zimei, a jornalista de Cantão que relatava o dia a dia das suas aventuras e fantasias sexuais, tornando-se em poucos dias o site mais visitado do país.

O site deu origem a um livro, imediatamente proibido, que foi publicado em francês no outono de 2005 com o título de *Journal sexuel d'une jeune chinoise sur la Net*.

Alguns veem o blog como o progresso tecnológico definitivo, que vai permitir ao vigiado chinês tornar-se cidadão completo e libertar-se do controle político e da censura.

A simplicidade e a flexibilidade do meio – qualquer internauta é um "multi-blogueiro" potencial –, seu caráter supostamente inatingível – abertura, fechamento e migração eventual do blog quase imediatos – e seu imenso sucesso alimentam muitas fantasias sobre o triunfo do instantâneo, que é em grande medida moderno, senão pós-moderno.

Isso significa esquecer um tanto depressa demais que o *"daily me"* muito raramente se tranforma em um *"daily we"*, para retomar a bela fórmula do jurista americano Cass Sunstein, e que o regime comunista parece, pelo contrário, beneficiar-se amplamente do que se poderia considerar a "atomização do social".

Há sempre alguns blogs que são "mais iguais do que os outros", e é sobre eles que a censura, como sempre, se exerce de forma total.

Por essa razão, a MSN Spaces, e portanto a Microsoft, fechou o blog do jornalista chinês Zhao Jing, em 30 de dezembro de 2005, o qual, sob o pseudônimo de Michel Anti, assinava no seu caderno virtual crônicas políticas frequentemente trocistas e por vezes críticas. Chegou a atrair 15 mil visitantes por dia.

A última dessas crônicas, de maneira irônica e simbólica, protestava contra o afastamento abusivo de Li Datong e Lu Yuegang, o chefe de redação do *Bingdian* (*Ponto de Congelamento*, suplemento semanal do *Diário da Juventude*) e seu adjunto, cuja liberdade de escolha de assuntos e de tratamento da informação se tinham tornado manifestamente inaceitáveis.

Éric Sautedé

➢ CONTROLE POLÍTICO E CENSURA, INTERNET

BOLSA

Os mercados financeiros apareceram na China continental a partir da primeira etapa das reformas lançadas por Deng Xiaoping, porque as primeiras emissões de obrigações datam de 1981.

Porém, seria preciso esperar até 1987 para se iniciar a experiência de um mercado de ações informal na zona econômica especial de Shenzhen. A criação do primeiro mercado financeiro organizado, em Xangai, data do final do ano de 1990, e foi apenas em julho de 1991 que foi inaugurada a Bolsa de Shenzhen.

Pouco sofisticados, quer em termos de produtos oferecidos, quer de sistemas de transações ou de pagamentos, os mercados financeiros da China continental estão longe de ter atingido a maturidade. A regulamentação, a supervisão e a gestão das empresas estão, assim, ainda bastante longe dos padrões internacionais, ainda que se tenham aproximado deles nos últimos 15 anos. Sinal dessa ausência de maturidade é a elevada volatilidade das cotações.

O mercado de obrigações é embrionário, com o valor das obrigações não vencidas abaixo dos 10% do produto interno bruto. O setor público, em particular o Estado, é praticamente o único emissor, e os investidores institucionais públicos internos são os únicos a subscrevê-las. Nesse contexto, o financiamento de obrigações não é uma alternativa confiável ao financiamento bancário.

Aparentemente, o mercado acionista teve um desenvolvimento mais substancial. Em 2004, os valores cotados nas bolsas de Xangai e Shenzhen atingiram o equivalente a 450 bilhões de dólares, ou seja, cerca de 2,7% do total mundial, o que colocava as bolsas chinesas no 12º lugar em todo o mundo, bem atrás, contudo, de Hong Kong, com 680 bilhões de dólares. Esses valores são, porém, enganadores, na medida em que apenas um terço das ações é negociável, conservando o Estado, na maior parte dos casos, a maioria do capital das empresas cotadas.

O montante das transações (517 bilhões de dólares em 2004, correspondente ao 15º lugar mundial) é certamente importante, mas reflete também a imaturidade de um mercado que continua a ser muito especulativo e governado por investidores individuais.

O mercado está compartimentado entre ações de tipo A, consignadas em yuans e reservadas aos residentes da China continental; ações do tipo B, abertas apenas a não residentes e negociáveis em divisas; e ações do tipo C, abertas unicamente às instituições públicas e não negociáveis no mercado.

O mercado das ações de tipo B não se desenvolveu, porque está em concorrência direta com as ações de tipo H (sociedades chinesas cotadas na Bolsa de Hong Kong) e as *red chips* (filiais de Hong Kong das sociedades chinesas). Essa concorrência favoreceu Hong Kong, mais bem aparelhada para dar respostas às necessidades dos investidores internacionais: os valores chineses representam mais de um terço da capitalização e de metade das transações da Bolsa de Hong Kong, que se tornou a praça financeira internacional da China continental.

Pretendido pelas autoridades chinesas, o desenvolvimento dos mercados financeiros da China continental encontra vários obstáculos significativos, não podendo alguns deles ser removidos senão com o termo da transição para a economia de mercado.

Os mercados financeiros chineses não podem ter dimensão internacional enquanto subsistir o controle de câmbio dos movimentos de capitais. Os mercados de ações são entravados pela vontade das autoridades chinesas de manterem o controle do capital das sociedades mais importantes. Finalmente, e mais em geral, os mercados financeiros são prejudicados pelo fato de as autoridades os julgarem mais difíceis de controlar dos que os financiamentos bancários.

Bruno Cabrillac

➢ BANCOS, MERCADO (TRANSIÇÃO PARA A ECONOMIA DE), PRIVATIZAÇÕES

BUDISMO

Durante o século XX, o budismo fez parte das cinco religiões reconhecidas pelo Estado chinês, e os seus grandes mosteiros (que funcionavam como centros de formação e de ordenação) foram relativamente protegidos das vagas de destruição maciça que atingiu os templos. Por outro lado, já não se encontram como outrora monges e monjas a assegurar os serviços religiosos nos inúmeros templos dos cultos locais. O recurso aos monges para os rituais fúnebres também diminuiu.

Embora o processo tenha provocado relativa separação do budismo elitista dos mosteiros em relação à religião das massas, o prestígio social e intelectual do budismo continuou a ser muito grande no conjunto da sociedade. Está hoje florescente na China Popular como, aliás, no conjunto do mundo chinês.

A Associação Nacional do Budismo da China, em estreita ligação com o governo, gere os grandes mosteiros, que formam uma nova geração de monges e monjas. Tenta recuperar, além disso, antigos estabelecimentos confiscados durante o século XX, ao mesmo tempo que procura se distinguir dos grupos "sectários" e dos mestres carismáticos exteriores às instituições monásticas, que se socorrem amplamente da herança budista no seu ensino e nas suas práticas.

Como sempre sucedeu, os esforços das instituições oficiais para controlar o budismo e os seus numerosos rebentos têm tido pouco sucesso.

A liderança do budismo oficial, tanto monástico como laico, entre os intelectuais universitários de tendência budista continua a ser majoritariamente assinalada pela influência do budismo "humanista" (*rejian fojiao*), reformador e contrário aos rituais e às superstições de Taixu (1890-1947). As instituições educativas (universidades e centros de estudos budistas) e caritativas (fundações médicas e humanitárias) ligadas a essa corrente existem sobretudo em Taiwan, mas a sua influência está em crescimento na China Popular. No entanto, a influência budista no seio da sociedade não se limita a essa corrente muito intelectual.

A população recorre amplamente aos serviços litúrgicos oferecidos pelos mosteiros às famílias e aos indivíduos, sobretudo nas cidades, o que revela o impacto limitado do discurso antirritualista dos intelectuais budistas reformadores. De igual modo, os esforços dos monges para "reformar" as práticas religiosas da população têm tido apenas um sucesso mínimo.

Pelo contrário, práticas outrora reservadas em grande medida ao mundo monástico (meditação Chan, vegetarianismo) expandem-se na sociedade por meio de grupos laicos e de redes que se formam à volta de monges carismáticos.

É cada vez mais habitual entre as classes médias haver quem se afirme especificamente "budista" em sua espiritualidade e no seu modo de vida.

Aliás, o interesse pelo budismo tibetano-mongol e pela sua liturgia cresce continuamente nas grandes cidades chinesas.

Vincent Goossaert

➤ MUNDO CHINÊS, PEREGRINAÇÕES, RELIGIÃO, TEMPLOS, TIBETANOS, TIBETE

BUROCRACIA

A ideia "legista" de uma administração hierarquizada, baseada em documentos escritos e confiada a funcionários escolhidos pela sua competência, pagos e passíveis de ser destituídos, impôs-se durante a unificação da China pelo Qin, em 221 a.C. Nunca deixou de informar o sistema imperial, embora com grandes variações em sua aplicação, em especial no primeiro milênio, quando prevaleceram o poder militar e a condição social.

Os exames de concurso datam do século VII, mas foi a partir do século XI, na dinastia Song (960-1279), que se tornaram a via real para ter acesso à função pública e que surgiu uma classe de letrados-burocratas, que dominava a vida política e era legitimada pelo seu domínio dos clássicos e da literatura. Esse domínio foi quase absoluto durante a dinastia Ming (1368-1644).

Em contrapartida, na dinastia Qing (1644-1911), os "licenciados" e os "doutores" tinham de contar com a concorrência dos canais "étnicos", favorecidos pelos conquistadores manchus, e sobretudo com um sistema de venda de graus e de postos que assumiu grande amplitude durante o século XIX.

Embora o recrutamento tenha variado, a burocracia civil continuou sempre hierarquizada num sistema rígido de níveis que correspondiam, mais ou menos, à hierarquia das funções, quer no governo central, quer nas províncias.

Durante as dinastias Ming e Qing, as principais agências metropolitanas foram os Seis Ministérios, cujas responsabilidades se repartiam de acordo com uma grelha que remonta à Antiguidade e que reencontramos na administração territorial: função pública, finanças, ritos, exército, justiça e obras públicas. A elas se devem juntar algumas agências especializadas, bem como os censores, corpos pouco numerosos, mas que dispunham, em princípio, de poderes alargados de fiscalização e de crítica.

A administração central, de onde provinha uma regulamentação proliferante e que troca com as províncias uma massa imensa de documentos, estava sob o controle estrito do imperador e dos seus conselheiros próximos. Estes últimos, com os chefes dos ministérios e da censura, constituíam o que se convencionou designar como corte. Teoricamente, nada podia ser feito sem autorização do imperador.

Desde os Song (960-1279), a centralização passou a ser máxima. O trono nomeava e destituía não só os governadores das províncias, estabilizadas em sua configuração moderna desde a dinastia mongol dos Yuan (1271-1368), mas também os prefeitos e os subprefeitos. Estes últimos constituíam, juntamente com os seus adjuntos, o escalão mais baixo da hierarquia regular.

Notavelmente pouco numerosos, tratando-se de um império tão vasto (cerca de 2 mil no conjunto das províncias), os funcionários da administração territorial eram proibidos por lei de exercer funções nas suas regiões de origem. Estavam à frente de vastas equipes de agentes subalternos, de conselheiros privados e, sobretudo no século XIX, de funcionários estagiários sem funções atribuídas, que executavam o essencial do trabalho administrativo e eram muito menos controlados pelo poder do que os burocratas titulares.

Os regimes pós-imperiais do século XX se esforçaram por integrar mais estritamente esse pessoal no aparelho de Estado e por ampliar o controle do Centro até a administração das aldeias.

A função dos subprefeitos (ou "magistrados"), a mais modesta da hierarquia regular, era considerada também a mais difícil, porque eram eles que estavam em contato com as populações, tinham de cobrar os impostos, fazer justiça, assegurar a ordem e até inculcar no povo os valores aprovados pela ortodoxia, ao mesmo tempo que mantinham sob a sua autoridade um pessoal menos numeroso e indisciplinado.

Essa "ciência da administração", para a qual não recebiam formação nos seus estudos, era exposta em manuais especializados, cujos autores desejavam representar uma elite burocrática que aliava a competência técnica, a integridade e a abnegação ao trabalho com uma dedicação sem falhas ao bem-estar das populações e aos interesses do trono.

Esses valores não desapareceram com o Império e são ainda apresentados como exemplo aos quadros da República Popular.

Pierre-Étienne Will

➢ ESTADO, HISTÓRIA, QUADROS E FUNCIONÁRIOS

C

CALAMIDADES NATURAIS

As calamidades e catástrofes foram sempre tão numerosas e importantes na China que lhes foi reservada uma categoria historiográfica nas histórias dinásticas e nas monografias locais.

Inundações, secas, terremotos, tufões e seu cortejo de fome e epidemias imprimem ritmo, assim, ao tempo chinês, assumindo por vezes tal amplitude, que esses fenômenos foram muitas vezes interpretados como sinais celestes anunciadores de mudanças políticas importantes.

Essa situação se deve, em primeiro lugar, às condições físicas do espaço chinês. Situada na junção das cinturas sísmicas circunterrestres e em redor do oceano Pacífico, a China é uma das regiões do mundo mais sujeitas a terremotos. O de 28 de julho de 1976, que fez desaparecer a cidade mineira de Tabgshan (Hebei), contava então 1 milhão de habitantes, matando centenas de milhares de pessoas, e foi um dos piores terremotos do século XX (magnitude 7,8 da escala Richter).

Do ponto de vista climático, a existência da barreira dos Himalaias, responsável pelo déficit hídrico do oeste da China, e as chuvas de monção, que podem, em determinadas circunstâncias, atingir características de ciclone e provocam, por isso, inundações devastadoras e assassinas, assinalam também o passado e o presente chineses.

Os cursos dos rios são, por vezes, desviados (como ocorre, em particular, com o rio Amarelo), e o esgotamento frequente dos lençóis freáticos faz do problema da água uma das questões econômicas e ecológicas mais importantes da China do século XXI.

Frédéric Obringer

➢ ÁGUA, AMBIENTE

CALIGRAFIA

A arte da escrita (*shufa*) é célebre na China desde há 2 mil anos como ato estético ideal da realização intelectual.

Considerada superior à pintura, que é uma sua emanação, a caligrafia ocupa o espírito e o olhar dos chineses desde o primeiro contato com a escrita, que é sua base semântica e seu repertório de formas.

"Utilização consciente da escrita com objetivos que ultrapassam os da comunicação", de acordo com Pierre Ryckmans, a caligrafia tornou-se uma disciplina autônoma por volta do início da era cristã. Nessa época, elevou-se ao primeiro plano das preocupações da elite culta. Foi então que surgiram os primeiros grandes autores e produziram-se os primeiros textos de recenseamento histórico, de observação crítica e de reflexão teórica (os "tratados de caligrafia").

Depois, à medida que os amadores letrados e os calígrafos profissionais se consagraram à produção artística propriamente dita, todos os "homens do mundo", quer pertencessem à sociedade civil, quer à militar ou à religiosa, se entregaram ao exercício da caligrafia. Isso proporcionava elevação moral, tranquilidade de espírito e consideração entre seus pares.

Foi nas cortes meridionais dos séculos III e IV que a evolução dos estilos de escrita e, dessa forma, dos estilos de caligrafia, atingiu o estágio definitivo. Foi nessa época também que a "tradição clássica", ou seja, o começo das linhagens de mestres de referência, se estabeleceu de uma vez por todas.

Ficaram definidas desde então duas grandes famílias estilísticas, que perdurariam até o final do século XX.

Por um lado, as caligrafias regulares: "grande segilária", "pequena segilária", que correspondem à escrita padronizada do reinado de Qin Shihuang; dos "escribas" ou das "chancelarias"; e finalmente, a "regular", que ainda hoje se utiliza.

Por outro lado, as caligrafias "cursiva corrente" e "cursiva rápida", que nem sempre respeitam os critérios de legibilidade, nomeadamente nas suas formas mais exageradas, como a escrita "cursiva louca".

Uma personalidade única encarna o prestígio raro de que a prática da caligrafia nunca deixou de gozar em todas as épocas: Wang Xizhi (321-379). Modelo de uma perfeição quase sobrenatural, o mestre dos mestres foi apreciado não só pelo seu virtuosismo em todos os estilos mas também pelas suas elevadas qualidades morais e intelectuais.

Sua obra, "em comunhão com o ritmo da criação universal", inspira ainda hoje os inovadores mais audaciosos das jovens gerações, que têm revelado uma extraordinária fecundidade no desejo de criar uma caligrafia nova, mais em harmonia com a China do nosso tempo.

André Kneib

➢ ESCRITA

CAMPONESES

Glorificados em meados do século XX como verdadeira força do movimento revolucionário, os camponeses são hoje em dia alvo de muitos preconceitos e de ostracismo na sociedade chinesa, sobretudo urbana.

Trabalhos sociológicos que dividem a sociedade em dez estratos colocam-nos na penúltima posição, logo acima dos desempregados. Ocupam o 46º lugar numa escala de prestígio estabelecida pelos pesquisadores chineses que lista 50 profissões.

O corte entre os mundos rural e urbano, efetuado durante o período coletivista, e os privilégios concedidos durante mais de duas décadas aos moradores urbanos, precisamente quando ser enviado para as zonas rurais significava uma indignidade política, explicam em parte essa situação.

Essa percepção negativa da figura do camponês contrasta com as dificuldades encontradas atualmente para identificar os membros desse grupo.

Na verdade, é preciso desconfiar das definições institucionais, que tendem a considerar todos os indivíduos detentores de uma caderneta de registro de residência dito agrícola como camponeses.

Os acasos do lugar de nascimento não implicam que o domicílio efetivo e a atividade econômica sejam as tradicionalmente associadas ao estatuto de camponês. É preciso desconfiar também da herança maoísta que tende a estabelecer uma equivalência entre camponês e agricultor.

A política de coletivização posta em prática na China durante os anos 50 não só aboliu a distinção entre os proprietários e não proprietários na sociedade rural. Com estabelecimento do monopólio estatal sobre o comércio, a indústria e o artesanato, as distinções entre os aldeões desapareceram.

Até então, estes se dedicavam, quer aos trabalhos agrícolas, quer, em parte ou na totalidade, a atividades comerciais ou artesanais. Com a criação das cooperativas e, depois, das comunas populares, os habitantes das zonas rurais foram destinados à agricultura e excluídos de qualquer atividade mercantil durante mais de duas décadas.

Desde a descoletivização parcial efetuada no início dos anos 1980, o camponês chinês reencontrou a liberdade de organizar seu trabalho particular, de circular para vender seus produtos e de ser contratado pelas empresas industriais ou comerciais.

Pôde, portanto, retomar duas tradições: as atividades múltiplas e a mobilidade. Mas os trabalhadores do setor agrícola, ou seja, os indivíduos que têm por atividade dominante a agricultura, são hoje apenas 40% da população chinesa.

Embora o governo chinês se esforce por ajudá-los a manter um rendimento mínimo ao diminuir as taxas e os impostos agrícolas, as expropriações abusivas das terras coletivas prosseguem há vários anos: foram responsáveis em 2004 por 66% dos conflitos importantes que eclodiram entre os camponeses e as autoridades locais.

Os lares rurais empenham-se, portanto, quando isso lhes é possível, em atividades ligadas ao artesanato, ao comércio ou à indústria. Hoje em dia, cerca de metade do rendimento camponês provém, assim, de atividades não agrícolas. Alguns camponeses especializaram-se na piscicultura ou na horticultura. Surgem oficinas particulares, dedicadas a uma atividade artesanal tradicional ou, pelo contrário, à confecção de artigos modernos, inspirados, por vezes, em imagens vistas na televisão. Abrem-se lojas junto às habitações ou ao longo das vias de comunicação. Surgem novos espaços comerciais.

Uma parcela de 30% da mão de obra camponesa é empregada por empresas rurais, enquanto uma pequena parcela de camponeses prefere trabalhar nas grandes cidades de sua província ou das zonas costeiras.

É preciso, portanto, desconfiar da interpretação que apresenta o campesinato como um grupo claramente circunscrito e em grande parte homogêneo.

Esse termo abrange, na verdade, uma pluralidade de atividades e de modos de organização do trabalho particular.

Abrange igualmente diversos níveis de vida. Embora nos seis primeiros meses do ano de 2005 o rendimento monetário por camponês se tenha elevado a 1.586 yuans, esse valor oculta diferenças importantes entre as regiões e também no interior de cada região e até da mesma localidade.

A China é um dos países da Ásia onde as disparidades econômicas nos meios rurais são mais acentuadas, disparidades que se explicam pelo desenvolvimento desigual das possibilidades de emprego não agrícola e pelo desaparecimento de recursos e de serviços coletivos.

A palavra "camponês" designa, por isso, um grupo heterogêneo cujos membros possuem acesso muito desigual a bens como a água, a eletricidade, a educação e a saúde e exercem atividades diversificadas.

Isabelle Thireau

➤ AGRICULTURA, ALDEÕES (COMITÊS DE), CIDADES E AS ZONAS RURAIS (AS), COMUNAS POPULARES, EMPRESAS RURAIS, ESTRATIFICAÇÃO SOCIAL, MIGRAÇÕES INTERNAS, ORGANIZAÇÕES DE CAMPONESES, REGISTRO DE RESIDÊNCIA

CAMPOS DE REEDUCAÇÃO PELO TRABALHO

A *laojiao* (*laodong jiaoyang*) ou "reeducação pelo trabalho" é uma sanção administrativa imposta pela Segurança Pública às pessoas com mais de 16 anos que tenham cometido delitos menores, que não suscitam processos penais no sistema jurídico chinês. A detenção num campo de reeducação pelo trabalho não pode exceder a quatro anos.

Desde a criação dos *laojiao*, nos anos 1950, estiveram presos ali 3,5 milhões de pessoas. Atualmente deve haver 300 mil prisioneiros em um dos 300 campos espalhados pelo território chinês.

Um terço deles seria constituído por drogados, prostitutas e seus clientes, e outro terço seria formado por pequenos delinquentes. Muito heterogêneo, o restante da população compreenderia um número importante de adeptos do Falungong, porque 20 mil teriam passado pelo *laojiao*.

Os fundamentos legais dessas medidas de detenção administrativa são dos mais vagos que se possa conceber e não está previsto nenhum controle de sua legalidade. Três textos principais enquadram, no entanto, essa prática.

Uma decisão do Conselho dos Assuntos de Estado, de 1957, dando surgimento a uma diretiva de 1955 do Partido Comunista, define o domínio de aplicação do *laojiao*. Diz respeito a quatro categorias de pessoas: os indivíduos que cometeram delitos menores não sancionados pelo direito penal; os contrarrevolucionários que não são objeto de processos penais, mas são excluídos das unidades de trabalho; os empregados excluídos de sua unidade de trabalho por falta de disciplina; e as pessoas que não aceitam a função que lhes foi atribuída com caráter obrigatório e impedem, assim, o bom funcionamento do Estado.

Durante a campanha contra os "direitistas", em 1957, o *laojiao* foi muitíssimo utilizado para punir os dissidentes políticos e os intelectuais. No final dos anos 1950, estes constituíram mais de 60% da população dos campos de reeducação pelo trabalho, estando neles detidas cerca de 500 mil pessoas.

Durante a Revolução Cultural, o *laojiao* registrou um efetivo declínio. Foi restaurado após as decisões do Conselho dos Assuntos de Estado, de 1979, e do Ministério da Segurança Pública, de 1982.

O domínio de aplicação do sistema dos campos de reeducação pelo trabalho ampliou-se desde então, o mesmo sucedendo com as suas funções. Continua a contribuir para a repressão de qualquer forma de oposição política e para prolongar a duração das detenções para fins de inquérito e interrogatório.

O *laojiao* serve também de punição da pequena delinquência e também, quase exclusivamente em certas regiões, de centro de reeducação dos consumidores de droga (84% da população do *laojiao* de Gansu).

A economia do *laojiao* parece ser, aliás, muito rentável. A principal tarefa da polícia não seria, portanto, reeducar os detidos, mas sim garantir a sua produtividade para maximizar o lucro em uma base contratual.

Embora o poder chinês pondere a reforma do *laojiao* no sentido de um controle judicial independente de sua aplicação (projeto sobre a "retificação das atividades ilegais"), é pouco provável que essa instituição seja suprimida num futuro próximo.

Leila Choukroune

➤ DIREITO, DIREITOS HUMANOS, PRISÕES E LAOGAI

CANTONESES

Embora se deva entender por "cantoneses" o conjunto dos habitantes da província de Guangdong, em português essa transliteração designa de maneira indiferenciada realidades sociais e culturais que não se sobrepõem e que as práticas linguísticas chinesas distinguem com clareza.

Na sua definição mais ampla, designa o grupo linguístico formado pelo conjunto de falantes do dialeto cantonês, ou dialeto *yue,* que perfazem mais de 60 milhões de pessoas na China, essencialmente fixadas nas planícies da rede do rio das Pérolas, desde a região do delta, centrada em Cantão, a capital da província, até o Guangxi ocidental, bem como na costa do mar do Sul.

Essas regiões, sobretudo no delta, são o centro da importante emigração cantonesa que se dirigiu para o sudeste da Ásia e para o continente americano a partir da segunda metade do século XIX.

No delta do rio das Pérolas o termo "cantonês" tem um sentido mais restrito e usa-se comumente como sinônimo do nome chinês "Punti" (Bundeyan), que, em relação aos hakka, vindos a partir do século XVIII do nordeste da província, e à "gente da água" (outrora chamada tanka), designa como "nativos" ou "gente da província" os habitantes das aldeias das planícies fluviais e marítimas.

Embora o caráter étnico continue a ser uma faceta da identidade coletiva e pessoal, bem como um recurso disponível para a ação social (redes econômicas, redes de ajuda mútua, redes matrimoniais), os laços que se baseiam nele não são os únicos e sobretudo a identidade étnica não tem a mesma pertinência social existente no tempo em que essas diferenciações internas do sul da China coincidiam com as clivagens/rupturas sociais.

Assim, a diferenciação entre "gente da província" e "gente da água", outrora fundada na discriminação social e na estigmatização cultural dos tanka, perdeu a relevância, devido às transformações sociais e políticas que sucederam no século passado, principalmente na sequência da relocalização maciça em terra da "gente dos barcos", após os anos 1950.

Atualmente, a diferenciação local faz-se sobretudo mediante a oposição entre, por um lado, os imigrantes vindos do interior da região cantonesa, que alugam à população local, liberta das atividades agrícolas, as terras contratadas do Estado, e, por outro lado, a "gente do Norte", que fornece a maior parte da mão de obra das oficinas e das empresas que se multiplicaram durante as últimas décadas.

A vitalidade econômica dessa região, situada na vanguarda das reformas aplicadas no final dos anos 1970, fez dela, durante os anos 1980 e 1990, um dos principais modelos da modernização econômica da China.

O sucesso de seu modelo de desenvolvimento teve um impacto profundo na imagem da província, identificada com as localidades costeiras e com a região do delta, ao passo que a proximidade geográfica e cultural, principalmente linguística, de Hong Kong, reforçada pelos laços familiares, realçou nessas localidades, de onde provém a grande maioria da população daquela cidade, a aura da metrópole vizinha, que está em pleno surto econômico.

A euforia econômica favorece uma reafirmação identitária com formas culturais diversas. As obras que procuram as múltiplas fontes da singularidade da "cultura do Lingnan" multiplicaram-se nesse período de redescoberta das "culturas locais" na China.

A descoberta oportuna, no início dos anos 1980, do túmulo de um soberano de Nanyue fez ressurgir esse antigo reino autônomo no tempo presente, em pleno centro da capital provincial, Cantão.

O nome Yue é não só o brasão de uma identidade regional e cultural cantonesa mas também o símbolo da breve política dessas terras meridionais das antigas populações yue, anexadas ao império chinês dois séculos antes de Jesus Cristo.

Os discursos identitários insistem igualmente nas múltiplas qualidades dessa cultura regional, que fez delas um vetor da modernização política da China no início do século XX.

Na longa lista de cantoneses que trabalharam para a construção do Estado-nação moderno destacam-se os nomes dos reformadores Kang Youwei e Liang Qichao e do fundador da primeira república chinesa, Sun Yat-sen.

No início do século XXI, o cantonês continua a ser a força serena de uma afirmação identitária que se exprime numa língua que acompanhou a modernização da região.

A aprendizagem do mandarim é mais um fator que favorece o plurilinguismo da população local do que uma ameaça à língua regional em que são ministrados a instrução primária e o primeiro ciclo do ensino secundário nas localidades do delta.

As agências publicitárias a serviço das grandes marcas internacionais estão, aliás, muito atentas ao peso econômico representado por cerca de 60 milhões de consumidores, mais suscetíveis de reagir a campanhas realizadas na língua usada nas várias relações íntimas e comunitárias.

Béatrice David

➢ ARQUEOLOGIA E PODER LOCAL, DIALETO, HAKKA, HONG KONG, REGIÕES DE EMIGRAÇÃO, RIO DAS PÉROLAS (DELTA DO)

CARVÃO

Com mais de 2 milhões de toneladas de carvão extraídos em 2005, a China produziu o dobro dos Estados Unidos e quatro vezes mais do que a Índia.

Tais resultados se baseiam em recursos importantes, em uma longa experiência de produção e utilização do carvão e na certeza de que este último continuará a ser a única fonte fóssil segura – à medida que aumentar a dependência externa do petróleo e do gás natural –, malgrado a existência de obstáculos ambientais consideráveis.

As reservas chinesas de carvão, além dos recursos que se julga serem expressivos, mas que não estão inventariados, situam-se entre 187 e 332 milhões de toneladas, ou seja, volume pouco inferior ao dos Estados Unidos e comparável ao da Rússia.

Essas reservas estão espalhadas por todas as regiões, porém as mais ricas estão concentradas na província de Shanxi e na região autônoma da Mongólia Interior.

Majoritariamente subterrâneas, as jazidas exploradas se situam, em média, a uma profundidade de 600 metros. A produtividade de trabalho é ainda muito baixa (300 toneladas por mineiro ao ano). A parte do carvão lavado (25%) é sempre muito fraca por falta de água. As condições de transportes ferroviário e portuário para as regiões altamente consumidoras (costa oriental) vão melhorando, mas continuam a ser difíceis.

Após vários séculos de produção artesanal para uso estritamente local, a indústria carbonífera da China foi instalada a partir de meados do século XIX por companhias inglesas, russas e sobretudo japonesas (Manchúria).

O verdadeiro arranque data do primeiro Plano Quinquenal e da assistência técnica soviética. De 43 milhões de toneladas em 1950, a produção se elevou para 400 milhões de toneladas em 1960. A persistência da escassez de carvão, sobretudo para o aquecimento dos particulares, obrigou a duplicar a produção das grandes minas do Estado com a das minas aldeãs, a partir de 1980.

As condições anárquicas de sua extração (mortalidade e morbilidade dos mineiros) obrigaram ao encerramento de muitas delas a partir de 1998, antes de se começar uma reestruturação de toda a indústria, centrada em sete ou oito grandes companhias, e de se liberalizarem muito rapidamente os preços do carvão.

Nos próximos decênios, a indústria carbonífera chinesa vai continuar a crescer em resposta à forte expansão do parque de centrais térmicas (de 281 GW em 2003 para 605 GW em 2020), às necessidades de uma siderurgia sempre dinâmica e devido à vontade de conservar uma capacidade mínima de exportação (80 milhões de toneladas em 2004).

Esse crescimento significa também mais poluição local, cujo custo social começa a ser bem conhecido, e mais emissões de CO_2. Daí o interesse crescente da China pelo desenvolvimento das *clean coal technologies* e pelos programas internacionais de investigação e desenvolvimento sobre a captura e sequestro do CO_2.

Jean-Marie Martin-Amouroux

> AMBIENTE, ENERGIA E RECURSOS NATURAIS, INDÚSTRIA E POLÍTICA DE INDUSTRIALIZAÇÃO, POLUIÇÃO

CASAMENTO

A primeira lei sobre o casamento da República Popular da China (RPC) entrou em vigor em 1º de maio de 1950. Foi também a primeira lei promulgada pela RPC após a sua fundação, em 1949, o que é sinal da importância do casamento e da família na sociedade chinesa.

Essa lei aboliu os regimes matrimoniais feudais (casamento arranjado, forçado e comprado), recusou a superioridade do homem sobre a mulher e condenou a indiferença aos interesses dos filhos, favorecendo a liberdade de casamento, a monogamia, a igualdade entre o homem e a mulher e a proteção dos interesses da mulher e dos filhos.

A lei proibia a bigamia, o concubinato, a prática da criança casada e a ingerência no casamento em segundas núpcias das viúvas. Proibia a quem quer que fosse a retirada dos benefícios das questões matrimoniais, extorquindo dinheiro ou bens.

A segunda lei sobre o casamento entrou em vigor em 1º de janeiro de 1981, no contexto da nova política de controle da natalidade, recomendando aos casais terem apenas um filho. Agir em conformidade com a lei era tanto responsabilidade do homem como da mulher.

Em abril de 2001 foi promulgada uma terceira lei sobre o casamento. As alterações ao texto precedente dizem respeito à violência doméstica (os policiais devem intervir para auxiliar as vítimas de tais violências, ainda que não tenha sido feito nenhum pedido nesse sentido), à possibilidade de a vítima obter uma compensação do cônjuge em caso de adultério, bem como a proibição de os filhos se imiscuírem no casamento em segundas núpcias dos seus pais.

Essa lei recorda igualmente a responsabilidade que incumbe a cada um de cuidar das pessoas idosas.

O registro dos casamentos foi facilitado desde de 1º de outubro de 2003. Os que desejarem casar já não têm necessidade de uma carta de apresentação da empresa ou do gabinete de quarteirão de seu domicílio e já não têm de submeter-se a exame prévio, até então obrigatório para iniciar o processo de casamento.

O homem com mais de 22 anos de idade e a mulher com mais de 20 têm agora direito de se casar, bastando para tal a apresentação da carteira de identidade, da caderneta de residência e de um formulário em que se ateste que são celibatários e não pertencem à mesma família.

O casamento tende a tornar-se um assunto pessoal, sendo dada prioridade à felicidade individual e atenção às necessidades psicológicas, sentimentais e sexuais de cada um. As mulheres tomaram consciência de seu lugar na família e não querem ficar na dependência do marido. Exigem um casamento de qualidade, a satisfação de seus sentimentos e o respeito por seus direitos.

No entanto, a fidelidade continua a ser um valor muito importante da sociedade chinesa, e o adultério tornou-se motivo suficiente para a obtenção do divórcio sem a concordância do cônjuge.

Karine Guérin

➢ DIVÓRCIO, FILHO ÚNICO, MULHER, POLÍTICA DEMOGRÁFICA

CATOLICISMO

Os católicos chineses, que perfazem 12 milhões, estão espalhados por 138 dioceses, tendo 126 bispos e mais de 3 mil padres e 5 mil religiosas.

O cristianismo fez a sua primeira aparição na China no século VII, mas só se implantou com a chegada dos jesuítas no século XVI. A assinatura dos "tratados desiguais" de meados do século XIX originou a chegada de muitos missionários e o desenvolvimento do cristianismo em todo o território.

Em 1946, o Vaticano elevou as missões na China ao estatuto de igreja local.

Quando se deu a vitória comunista, em 1949, os católicos eram mais de 3 milhões. Essa igreja sofreu então uma profunda transformação em resultado da expulsão dos missionários e da criação, em 1957, da Associação Patriótica, encarregada de controlar as suas atividades. Os que se opuseram foram encarcerados. No ano seguinte, o papa declarou ilícitas as ordenações episcopais dos padres "patriotas".

A Revolução Cultural trouxe consigo a suspensão das atividades religiosas, a prisão de todos os padres e religiosas e o confisco dos bens da igreja.

Atualmente, a realidade da Igreja na China continua a ser complexa e fluida.

Um dos ramos reúne-se nas igrejas devidamente registradas nas autoridades civis. Continua sob o controle da Associação Patriótica, que os cristãos em nível local transformaram muitas vezes em organismo a serviço da comunidade.

O outro ramo, cimentado por uma fidelidade indefectível ao papa, recusa qualquer controle da Associação Patriótica e se reúne clandestinamente. Considerados fora da lei, seus adeptos são frequentemente importunados pela polícia.

Contrariamente aos comunicados da imprensa ocidental, que afirmam que há duas Igrejas, as duas formas de organização da Igreja Católica são semelhantes. Na verdade, a legitimidade dos bispos reconhecidos pelo governo não é questionada, porque quase 90% foram legitimados pelo papa durante os últimos 20 anos.

Desde finais dos anos 1980, a China e o Vaticano mantêm conversações privadas de caráter semioficial para explorar a possibilidade de retomar as relações diplomáticas interrompidas em 1951.

Jean-Paul Wiest

➢ PROTESTANTISMO, RELIGIÃO

CEM FLORES

Em maio de 1965, o Partido Comunista (PC) sentia-se suficientemente seguro de seu domínio para lançar uma campanha política que apelava à crítica.

A palavra de ordem emblemática era retirada de um poema antigo: "Que cem flores desabrochem, que cem escolas rivalizem". Tratava-se dessa vez de pedir a colaboração dos intelectuais para se avançar na realização do socialismo, para se criticar, com moderação e dentro de limites precisos, a burocracia a fim de melhorar o seu funcionamento e, por fim, para suster as tensões internas que poderiam conduzir a um levantamento do tipo a que se assistiu na Hungria.

Durante cerca de um ano, o movimento não avançou. Escaldados pela brutalidade da repressão contra Hu Feng, os intelectuais abstiveram-se de tomar a palavra ou de expressar a mínima censura. É verdade que a campanha desencadeada no ano anterior contra o discípulo de Lu Xun, escritor incensado pelo poder, conduzira, em clima de terror, à eliminação de todo o espírito crítico. O movimento afrouxou, travado pelos quadros políticos. Mas os dirigentes, cientes do ressentimento da população após sete anos de domínio comunista, temeram ser arrastados pela tormenta.

O movimento disparou no início de maio de 1957. Durante cinco semanas, professores, estudantes, engenheiros e responsáveis dos partidos democráticos expressaram-se com enorme coragem muito além dos limites que lhes tinham sido concedidos. Não só os quadros políticos foram atacados devido a sua gestão pessoal mas o PC em seu conjunto, seu modo de direção e suas relações com a população foram submetidos a uma crítica devastadora.

A legitimidade de o PC dirigir a sociedade foi violentamente contestada. O movimento não se limitou aos intelectuais. Operários e empregados participaram também da contestação: greves, tumultos e incidentes violentos, mais ou menos contidos pelos sindicatos oficiais.

De junho de 1957 e até o outono, a repressão, coordenada por Deng Xiaoping, secretário-geral do PC, e legitimada pela publicação do discurso de Mao Tsé-tung sobre as contradições no seio do povo, foi terrível.

Houve execuções em Wuhan. Mais de 500 mil pessoas foram deportadas para campos de reeducação ou para zonas rurais sob a acusação de direitismo. Só foram reabilitadas em 1979, três anos após a morte de Mao Tsé-tung. O primado da ideologia sobre a competência, vigorosamente reafirmado, constituiria o fundamento ideológico da campanha seguinte, o Grande Salto Adiante.

François Gipouloux

➢ CAMPOS DE REEDUCAÇÃO PELO TRABALHO, DENG XIAOPING, GRANDE SALTO ADIANTE, MAO TSÉ-TUNG

CENTROS COMERCIAIS

Desde o fim dos anos 1980, os centros comerciais desenvolveram-se muito rapidamente nas grandes cidades chinesas.

São símbolos da economia de mercado e transformaram-se nos ícones da modernidade e da urbanidade, ao lado dos edifícios administrativos. Seu desenvolvimento constitui excelente exemplo para avaliar as evoluções atuais do urbanismo e dos modos de vida das cidades.

Uma das particularidades dos centros comerciais da China é sua localização. Encontram-se geralmente no centro das cidades, nas zonas reservadas aos pedestres, mais bem servidas de transportes públicos, ao contrário da Europa e dos Estados Unidos, onde os centros comerciais se situam, em princípio, nas zonas periféricas próximas dos acessos rodoviários.

Quando apareceram nas cidades chinesas, os automóveis particulares eram ainda caros demais e pouco acessíveis ao grande público. Esse contexto permitiu, assim, o desenvolvimento na China de um mesmo conceito, mas segundo lógicas totalmente diferentes.

Enquanto os centros comerciais ocidentais resultam do alargamento das áreas urbanas, induzido pelo crescimento da mobilidade devido ao automóvel, os das cidades chinesas, estão relacionados com a intensiva renovação urbana, submetidos a fortes restrições fundiárias.

Tal como em outros países, os centros comerciais chineses são espaços comerciais de grande dimensão. Reúnem diferentes lojas, que são em sua maior parte alugadas, e nisso se distinguem dos grandes armazéns.

No entanto, a disposição interna dos centros comerciais chineses apresenta características próprias. As lojas sobrepõem-se verticalmente, de cima a baixo, em redor de um grande átrio vazio.

Estão dispostas por setores: o supermercado e a comida rápida situam-se no subsolo, os produtos de luxo no térreo, as lojas de moda, os eletrodomésticos, os produtos para casa e os restaurantes ocupam os andares intermediários, e os espaços de lazer (cinemas, salas de jogos de vídeo, ginásios etc.) ficam nos últimos andares. Constituem uma verdadeira "rua vertical", servida por grande número de escadas rolantes e elevadores.

O desenvolvimento dos centros comerciais se insere numa política de renovação urbana que visa o desenvolvimento do setor terciário e, em particular, a valorização fundiária.

O antigo tecido urbano do centro das cidades, nomeadamente a continuidade do espaço da rua tradicional, tornou-se a primeira vítima dessa urbanização revolucionária.

O espaço público está em via de extinção, em benefício da circulação do automóvel e dos espaços quase privados, no interior de máquinas de consumo que, no entanto, se chamam Plaza, Cidade, Palácio ou Square.

Zhuo Jian

➢ CIDADES, CONSUMO, ESPAÇOS PÚBLICOS, URBANISMO

CEREAIS

Os cereais constituem a base da alimentação chinesa desde a mais alta Antiguidade até os nossos dias.

Uma refeição chinesa precisa ter obrigatoriamente dois elementos: por um lado, cereais cozidos (*fan*), e, por outro lado, os vegetais e a carne ou o peixe (*cai*). Essa divisão se estende aos próprios utensílios de cozinha, alguns dos quais se destinam apenas à cozedura do *fan*, e os outros à cozedura do *cai*.

Ao contrário do que se costuma pensar, durante muito tempo a alimentação dos chineses não era constituída por arroz, mas por papas de milho-miúdo. Ainda hoje o norte da China cultiva e consome, prioritariamente, trigo e milho-miúdo, enquanto o arroz prevalece no sul.

Os chineses da Antiguidade, apaixonados pelas classificações numerológicas, já haviam distinguido cinco espécies de cereais: o milho-miúdo (*Setaria indica*), o milho-alvo (*Panicum miliaceum*), o arroz, o trigo e a cevada, e ainda uma última categoria que inclui leguminosas, como o feijão e a soja.

Além dessas plantas, encontramos também cereais que foram aclimatados durante séculos, como o sorgo, de origem africana, cuja importância foi crescendo desde os yuan (1271-1368), no norte da China, em concorrência com o milho-miúdo e o milho, este levado da América do Sul no século XVI e que só lentamente se impôs, entre os séculos XVIII e XIX.

Num plano mais geral, a predominância dos cereais no regime alimentar necessitou de um trabalho de elaboração e domínio progressivo de diversos procedimentos técnicos que vão da irrigação à transformação dos cereais e que tiveram a sua influência tanto na vida cotidiana como na organização social e política.

A partir de meados dos anos 1990, a China passou a ser autossuficiente em cereais, com importações líquidas que nunca ultrapassaram 5% da produção interna. No entanto, pelo menos em relação ao trigo e ao arroz, a tendência nos últimos anos (até 2003) era de queda da produção, devido sobretudo à diminuição das terras semeadas. A cultura dos cereais foi abandonada em proveito de outras mais rentáveis, como a do legumes, flores, chá e frutas.

A colheita de trigo atingiu, assim, em 2003, 86 milhões de toneladas, ou seja, 5% menos que em 2002 e 15% menos que a média dos cinco últimos anos, sendo o valor mais baixo desde meados dos anos 1980.

Em relação ao milho, a produção da China, em crescimento constante há dez anos, devido em grande parte ao apoio interno aos preços, situa-se no segundo lugar em nível mundial, atrás dos Estados Unidos. Paralelamente, o consumo aumentou regularmente devido ao súbito crescimento dos setores avícola e pecuário.

Assinalemos, finalmente, que a China é o segundo produtor mundial de cerveja e, por isso, o mercado mais importante da cevada dística, parcialmente importada.

Para lutar contra a tendência decrescente da produção de cereais, o Ministério da Agricultura começou a aplicar em um programa que prevê a produção de 455 milhões de toneladas de cereais de 2004, com apoio a nove grandes regiões especializadas.

O Estado também aumentou os investimentos para generalizar a utilização das melhores variedades e financiar a investigação agronômica.

De acordo com estatísticas recentemente publicadas, a produção de cereais na China bateu um recorde histórico em 2004, após uma queda de produção durante cinco anos consecutivos, tendo atingido 469,5 milhões de toneladas de cereais, ou seja, mais 38,8 milhões de toneladas que no ano anterior.

Futuramente, as consequências da entrada da China para a Organização Mundial do Comércio – o país tornou-se importador de cereais – e a atitude de Pequim em relação à cultura de organismos geneticamente modificados condicionarão em parte a produção de cereais.

Frédéric Obringer

➢ AGRICULTURA, ÁLCOOL, ALIMENTAÇÃO, ARROZ, ARROZAIS, ORGANISMOS GENETICAMENTE MODIFICADOS

CERIMÔNIAS FÚNEBRES

A padronização dos ritos, particularmente no domínio dos ritos fúnebres e matrimoniais, foi um importante fator de unificação cultural durante o Império.

A elaboração de novos ritos, inspirados em parte nos ritos ocidentais contemporâneos, acompanhou a experiência chinesa da modernidade desde o início do século XX.

Prosseguindo a "reforma dos costumes" aplicada nos anos 20 pelo governo nacionalista, o Estado comunista empreendeu durante o Grande Salto Adiante uma reforma das práticas funerárias para substituir uma tradição qualificada de "maus costumes feudais" por um "modo funerário e ritos de luto apropriados ao sistema socialista". Os mortos deviam ser incinerados, e não sepultados, e o serviço fúnebre limitar-se a uma cerimônia sóbria de comemoração secular.

Tal como os outros ritos de passagem que assinalam o ciclo da vida, a entrada na morte, apesar da tendência para a simplificação dos ritos mortuários, continua hoje a ser marcadamente ritualizada.

Tanto nas zonas rurais como nas cidades, a repressão exercida sobre os oficiantes taoístas e budistas, levada ao paroxismo durante a Revolução Cultural, levou ao abandono dos serviços meritórios (*gongde*), que são da competência desses especialistas religiosos.

Esses serviços reapareceram a partir de finais dos anos 1970, por vezes celebrados em intenção dos mortos que, nas últimas décadas, não tinham podido receber esses cuidados rituais.

Essas cerimônias mortuárias são realizadas com o objetivo de transformar a alma do defunto em alma de antepassado, caso se trate de um "bom morto", o que ocorre quando alguém morreu de morte natural e assegurou sua descendência, ou então libertar do sofrimento de errar no mundo *yin* dos mortos a alma órfã (*guhun*) de uma vítima de morte trágica.

O ciclo completo desses ritos mortuários prolonga-se por um ano (de sete em sete dias nos 49 dias que seguem ao falecimento, depois ao centésimo dia e, por fim, no termo do luto oficial).

Esses ritos religiosos são cumpridos independentemente das representações relacionadas com o conceito de alma e com seu destino póstumo. Expressão de piedade filial e de afeto para com os familiares, mas também fonte de identidade cultural, tal como sucede com qualquer tradição que estabeleça uma continuidade com o passado, esses ritos acompanham o trabalho de luto e ajudam a enfrentar a dor da separação.

A morte serve igualmente para demonstrar prestígio social, expresso, por vezes, no fausto funerário, sobretudo nas zonas rurais, onde o sepultamento ainda é autorizado.

A revitalização dos ritos da morte não significa, porém, uma flexibilização da regulamentação dos ritos funerários, particularmente da obrigação da incineração, que vigora desde os anos 1950.

Nas necrópoles situadas na periferia das cidades, a forma mais comum é a conservação de urnas cinerárias em nichos alugados por um prazo variável. A dispersão das cinzas, proposta por alguns serviços municipais, como, por exemplo, em Xangai, no término de uma cerimônia a bordo de um navio funerário, é ainda pouco praticada.

As festas dos mortos (*qingming* e *chongyang*), que em abril e outubro reúnem as famílias no cemitério, continuam a ser observadas por muitos.

Num só dia, por ocasião do *qingming* de início de abril, os cemitérios de Pequim podem colher um fluxo de cerca de 500 mil visitantes. Perpetuam-se os ritos de oferta de incenso, alimentos (porco assado), papéis que representam objetos materiais e moedas de papel, enviados por oblação aos mortos. Esses ritos das necrópoles urbanas de forma alguma chegam a ter a mesma dimensão dos ritos aldeões das zonas rurais. As famílias dispersam-se rapidamente após as oferendas.

A urbanização cada vez maior das zonas rurais nos centros econômicos do país submete agora as aldeias a prescrições funerárias que racionalizam a presença dos mortos.

Por exemplo, no início dos anos 1990, a municipalidade de Zuhai, no delta do rio das Pérolas, ordenou a evacuação de todos os sítios de inumação tradicionais aldeões, situados na periferia das terras agrícolas (colinas, terrenos de areia).

Espoliados desse lugar de enraizamento e de coesão social que é o túmulo da família, os habitantes de várias aldeias, com os fundos recolhidos igualmente junto de familiares estabelecidos no exterior, construíram depois na orla das aldeias o seu próprio columbário e trasladaram para lá os restos dos seus mortos, que haviam ficado instalados, num primeiro momento, no columbário público da vila.

São fiéis, desse modo, aos versos célebres segundo os quais "o pássaro no término de sua vida toma o caminho de regresso, a folha que cai se junta às raízes da árvore".

Béatrice David

➤ ADIVINHAÇÃO, ANTEPASSADOS (CULTO DOS), FESTAS SAZONAIS

CHÁ

Embora o chá (as folhas, fermentadas ou não, do arbusto *Camellia sinensis*) tenha surgido, provavelmente, pouco antes dos han, por volta do século III a.C., na província de Sichuan, foi apenas a partir dos tang (618-907) que seu uso foi codificado, como prova a publicação em 760 do *Chajong* ("Clássico do Chá"), de Lu Yu. Seu comércio tomou então tal amplitude que o governo da época criou taxas muito rentáveis.

Há várias formas de chá, segundo o tratamento que lhe é dado: chás brancos de Fujian, chás verdes, cujas folhas são simplesmente secas, semifermentados (*wulong*), cujas folhas são ligeiramente fermentadas antes da secagem, e chás negros (*hong*, vermelhos, em chinês), totalmente fermentados, que são pouco apreciados na China.

As grandes regiões produtoras encontram-se no sudoeste (Yunnan e Sichuan) e no centro-oeste (Hubei, Hunan, Anhui, Jingsu, Zhejiang e Fujian).

A produção atingiu cerca de 800 mil toneladas em 2004, o que representa uma reviravolta nesse país, onde os canais comerciais começam a sentir os efeitos das políticas de promoção da produção e do comércio do chá.

As exportações aumentaram mais de 7%, fixando-se em 282 mil toneladas, e foram dominadas pelo chá verde, que representou mais de 75% do total das exportações.

Tomar chá entre amigos continua a ser um momento sensível de partilha e cristalização furtiva de um saber que é um dos grandes sucessos da cultura material chinesa.

Frédéric Obringer

   ALIMENTAÇÃO

CHIANG KAI-SHEK

Nascido em Zhejiang, filho de um notável, Chiang Kai-shek (ou Jiang Jieshi, 1887-1975) optou por uma carreira militar, impressionado como muitos jovens de seu meio e de sua geração pela vitória do Japão sobre a Rússia (1905), que atribuiu às qualidades marciais dos nipônicos.

Estudou no estabelecimento de formação da Escola de Oficiais de Tóquio (1907-1910), onde se envolveu desde 1907 no movimento revolucionário antimanchu e republicano de Sun Yat-sen.

Ao regressar à China após a insurreição de Wuchang (1911), tomou partido contra o regime de Yuan Shikai (1859-1916). Procurado pela polícia, encontrou refúgio no Bando Verde de Xangai, sociedade secreta de tendência mafiosa.

Sua ascensão política data da aliança entre Sun Yat-sen e a União Soviética (1923). Nomeado diretor da Academia Militar de Whampoa, em 1924, viveiro dos oficiais do Exército Nacional Revolucionário (ENR), de que seria em breve o chefe, Chiang Kai-shek estava em condições de arbitrar as rivalidades dos herdeiros de Sun Yat-sen, desaparecido em 1925.

Contra a opinião dos soviéticos, desencadeou em julho de 1926 a Expedição do Norte (*Beifa*). Ainda antes de a ofensiva do ENR ter acabado por derrubar os senhores da guerra nortistas, Chiang Kai-shek esmagou em abril de 1927 o jovem movimento comunista chinês, aliado do Kuomintang no quadro da Frente Unida, primeiramente em Xangai e depois no restante do país.

Feito isso, impulsionou a revolução iniciada por Sun Yat-sen, num recentramento conservador, e passou a controlar o Exército e o Kuomintang e a dominar o regime nacionalista, que se esforçou por reunificar toda a China entre 1928 e 1949.

Após a invasão da Manchúria pelo Japão (1931), conduziu uma política muito impopular, que combinava um compromisso temporário com o agressor nipônico, busca de alianças externas – de início principalmente com a URSS – e luta contra a dissidência comunista.

A partir de 1938, Chiang Kai-shek dirigiu de Chongqing a resistência da China nacionalista, reduzida às províncias do sudoeste.

Após a capitulação do Japão, em setembro de 1945, o regime do Kuomintang, minado pela corrupção e pela inflação, sucumbiu aos comunistas, apesar da ajuda americana. Contestado no interior do próprio regime, tendo de ceder uma parte do poder, Chiang dirigiu o êxodo do que restara do Exército e da administração nacionalistas para a ilha de Taiwan, em 1949.

Ali manteve durante um quarto de século, até sua morte, em 1975, a esperança de reconquistar o continente, o que a Guerra Fria anulou por completo.

Laurent Galy

➤ COMUNISMO, PARTIDO COMUNISTA, SUN YAT-SEN, TAIWAN

CHINATOWNS

As *chinatowns* são as manifestações espaciais mais visíveis da diáspora chinesa no mundo.

Algumas delas resultam de uma fixação muito antiga, como as de Saigon (*Cholon*) e Nagasaki. Entre as mais importantes ou mais conhecidas contam-se as de Nova York, São Francisco, Toronto, Vancouver, Paris, Londres, Lima, Cingapura, Bangcoc, Kuala Lumpur e ainda Vladivostok e Dubai.

Sua geografia e sua história estão estreitamente relacionadas com as migrações que estão na sua origem, com seu desenvolvimento e com suas vicissitudes, conforme eram toleradas, encorajadas ou combatidas. São também, em graus diversos, o resultado de reagrupamentos voluntários ou a segregação de que eram vítimas os imigrantes em certas sociedades em que se estabeleceram.

Apareceram sob a forma de concentrações residenciais e comerciais, assinalando e simbolizando aos olhos dos outros a presença chinesa neste ou naquele lugar, ainda que não abrangessem senão uma parte reduzida da população.

As *chinatowns* são lugares de acolhimento, de trânsito de imigrantes, de encontros, de informações, de negócios e de investimentos. Nelas se situam lojas, produções e serviços orientados em primeiro lugar para a população residente de origem chinesa e asiática, mas também, e cada vez mais, para o resto da população, a ponto de as *chinatowns* do centro das cidades se terem transformado em lugares de consumo exótico, frequentemente recomendados pelos guias turísticos.

Apresentam-se como lugares de exposição da diáspora por meio das atividades comerciais e das manifestações festivas (Ano-Novo chinês, danças do dragão), abrindo-se assim à sociedade de acolhimento e oferecendo-lhe uma imagem de população laboriosa, dedicada ao comércio e acolhedora, bem diferente da que poderia ter em outras épocas e em outros lugares. Desempenham, portanto, na diáspora um papel essencial de representação de si no exterior.

Emmanuel Ma Mung

➢ CANTONESES, CHINESES DO ESTRANGEIRO, HAKKA, MIGRAÇÕES INTERNACIONAIS E DIÁSPORA, MUNDO CHINÊS, NORDESTE, REGIÕES DE EMIGRAÇÃO, RIO DAS PÉROLAS (DELTA DO)

CHINESES DO ESTRANGEIRO

As comunidades chinesas no mundo formam diásporas que manifestam realidades diferentes de acordo com o país de residência, a nacionalidade, o *status* socioeconômico, a identidade cultural e as gerações dos indivíduos.

Os chineses do estrangeiro são, em sua grande maioria, originários das províncias do sudeste e, desde há poucos anos, das províncias setentrionais. Pertencem aos grupos linguísticos mandarim, yue, hakka, min e wu, subdivididos em muitos dialetos cantoneses, teochiu (*chaozhou*), hokkien (*fujian*), hakka (*kejia*), de Xangai, pequinense, de Hainan, wenzhou, qingtiano etc.

De maneira geral, o cantonês do delta do rio das Pérolas é a língua de comunicação dos chineses da diáspora.

A emigração chinesa para o exterior é antiga, mas, como todas as emigrações, é encarada como temporária. Começou por se dirigir essencialmente para o sudeste da Ásia. Só a partir da segunda metade do século XIX se desencadearam vastos movimentos de saída, tendo-se dispersado por todo o mundo. Suas causas são múltiplas: pressões demográficas, perseguições, insurreições camponesas, agressões de potências estrangeiras e necessidade de mão de obra nas colônias europeias do sudeste da Ásia, nas Américas, na África de Sul, nas ilhas do Caribe e no oceano Índico ocidental.

O número de chineses que abandonou o país entre 1850 e 1900 foi calculado em 2,355 milhões, dos quais 1,5 milhão se dirigiu para o sudeste da Ásia, 410 mil para os Estados Unidos, 400 mil para a América do Sul e o Caribe e 45 mil para a Austrália, as ilhas do oceano Índico e a África do Sul.

Durante a primeira metade do século XX, as saídas continuaram, principalmente quando se deu a invasão japonesa. Depois de uma pausa entre 1950 e 1980, a abertura da China e a liberalização econômica desde os anos 1980 reativaram movimentos a partir das regiões de emigrantes tradicionais (Guangdong, Fujian, Zhejiang). Ao mesmo tempo, observou-se uma nova vaga de emigração das províncias do nordeste (Liaoning, Jilin, Heilongjiang), após a reestruturação industrial que provocou um desemprego maciço.

Nas primeiras décadas após sua chegada a território estrangeiro, durante o século XIX, os recém-chegados foram empregados em minas ou em plantações tropicais do sudeste da Ásia, do Caribe, da Austrália e da Nova Zelândia, ou na construção das estradas de ferro dos Estados Unidos.

Terminado o contrato de trabalho, abandonavam as regiões rurais para se instalar nas cidades e para mudar de *status*, tornando-se merceeiros, proprietários de restaurantes ou de lavanderias, artesãos, vendedores ambulantes ou empregados domésticos. O comércio é um dos setores econômicos mais acessíveis aos novos imigrantes que pretendem integrar-se na sociedade de acolhimento. Essa é uma das razões por que os chineses da diáspora formam essencialmente coletividades artesanais e mercantis.

Por outro lado, desempenharam um papel considerável na história política da China ao apoiar a fundação da República em 1991.

A organização social dos chineses do exterior baseia-se na existência de associações (de clã, econômicas ou culturais), de templos, de escolas, de jornais e de festas tradicionais. Os imigrantes podem encontrar nelas seu equilíbrio e perpetuar seu modo de vida num novo ambiente.

De acordo com os países e as situações em que se encontravam, alguns chineses foram assimilados pelas culturas autóctones, chegando a misturar-se com as populações locais. Outros conservaram as tradições, a língua, a cultura e a nacionalidade, apesar de estarem fixados há várias gerações na sociedade de acolhimento.

Nos países industrializados, sobretudo na América do Norte e na Europa, os descendentes dos imigrantes ascenderam na escala social devido aos estudos, em particular de engenharia, química, medicina, optometria, farmácia e arquitetura. Seu poder econômico baseia-se na articulação das redes de solidariedade familiar e/ou social.

Os chineses que têm o mesmo patronímico, falam o mesmo dialeto ou são originários da mesma região ou do mesmo distrito agrupam-se em associações profissionais para se ajudar mutuamente e monopolizar um setor de atividade.

Atualmente, variando de país para país, controlam a maior parte do comércio e das finanças, da indústria e do artesanato na Tailândia, em Mianmar, nas Filipinas, na Malásia e na Indonésia.

No entanto, o sucesso econômico de uma minoria de chineses não ocorre sem suscitar invejas e ressentimentos da parte das autoridades e das populações autóctones, o que conduz, por vezes, às exações de que são vítimas.

A complexidade das situações nos diversos países dificulta a definição de "chinês no exterior" e, por isso, também, de cálculo do seu número. Usar um ou mais critérios de definição em um caso pode ser contradito em outro.

Por outro lado, muitas pessoas, sobretudo nas gerações nascidas fora da China, não se reconhecem na designação de chineses do exterior, considerando-se cidadãos do país de nascimento e/ou de socialização. Por conseguinte, seria vão antecipar números sobre os seus efetivos, que não passariam de estatísticas aproximadas.

Live Yu-sion

> CANTONESES, CHINATOWN, HAKKA, LINHAGEM, MIGRAÇÕES INTERNACIONAIS E DIÁSPORAS, MUNDO CHINÊS, NORDESTE, REGIÕES DE EMIGRAÇÃO, RIO DAS PÉROLAS (DELTA DO)

CIDADE PROIBIDA

A Cidade Proibida é hoje em dia, com certeza, um dos vestígios mais impressionantes e um dos símbolos mais significativos do que foi a monarquia burocrática chinesa. A sua história confunde-se com a de Pequim, capital do país quase sem descontinuidades desde o início do século XV. Foi edificada nessa época para servir de sede do governo e de residência principal dos imperadores.

Situada exatamente no centro da capital, a Cidade Proibida assinalava o coração do Império. Sua posição também fazia recordar o papel conferido ao soberano pela ideologia imperial. Enquanto laço direto entre a Terra e o Céu, sendo depositário do mandato deste para governar, o imperador simbolizava o eixo em torno do qual o mundo girava.

Ao contrário do que o termo "proibida" possa sugerir, as poucas centenas de hectares do palácio não eram totalmente inacessíveis. Dirigindo o país desse local, os soberanos ali recebiam todos os dias em audiência funcionários metropolitanos e administradores provinciais. Centenas de soldados encarregavam-se da sua segurança e milhares de eunucos e de servas encarregavam-se todos os dias da intendência.

Verdadeira cidade dentro da cidade, a Cidade proibida serviu de residência permanente a 24 imperadores sucessivos, entre 1420 e 1911, e pode-se considerar que acolheu ao longo desse século várias dezenas de milhares de pessoas.

Apesar disso, o acesso a ela era estritamente regulamentado. Os conhecimentos muito parciais de que a população dispunha sobre a Cidade Proibida alimentavam também a aura de mistério que envolvia o soberano, que, dizia a tradição, se mantinha ao abrigo dos olhares.

A Cidade Proibida foi transformada em museu após a queda do regime imperial, no inverno de 1911-1912. No entanto, o último imperador foi autorizado a residir nela até 1924. Os tesouros que continha então sofreram muitas tribulações nas décadas seguintes, como reflexo da história agitada do país. Transferidos de Pequim para Nanquim, em 1937, por causa do avanço do invasor japonês, acompanharam depois o governo nacionalista no seu exílio em Chongqing, terminando seu curso em Taiwan, no final dos anos 1940, após o salve-se quem puder que assinalou a retirada das forças de Chiang Kai-shek diante da vaga comunista.

Lugar mítico e cheio de memórias seculares do poder imperial chinês, a Cidade Proibida continua a exercer seu fascínio sobre as novas gerações de dirigentes.

Quanto aos chefes do regime comunista, liderados por Mao Tsé-tung, foi no recinto fechado do parque imperial que confinava com ela a oeste que eles escolheram, desde o início dos anos 1950, estabelecer o centro nevrálgico do seu novo império, uma espécie de Kremlin chinês, que é comumente designado como Zhongnanhai.

Luca Gabbiani

➢ BUROCRACIA, PEQUIM

CIDADES

As cidades chinesas registraram profundas transformações desde o início dos anos 1990.

Tornaram-se as amostras das reformas e do forte regresso da China a um espaço mundializado. As cidades muito grandes não estão apenas sendo reabilitadas e em via de reestruturação, mas ambicionam tornar-se metrópoles de nível internacional, ambição estimulada pela escolha de Pequim para a realização dos Jogos Olímpicos, em 2008, e pelo projeto de uma exposição universal em Xangai, em 2010.

Ao mesmo tempo, essas cidades se confrontam com os desafios de uma sociedade em rápida mutação, nas quais as diferenças sociais aumentaram, as reformas estruturais das empresas do Estado estão muito avançadas e novas aspirações urbanas deverão suplantar, mais cedo ou mais tarde, a descoberta frenética da sociedade de consumo.

As cidades são o fermento de novas relações com suas zonas rurais, os polos da reorganização global do espaço chinês e os lugares de novos laços a ligar a China com a sua diáspora e com os países da Ásia desenvolvida.

As políticas urbanísticas são resultado de um esforço verdadeiramente notável num prazo muito curto de realização: o de uma racionalização do espaço urbano que também leva em consideração as exigências pós-modernas de valorização e de criação da identidade da cidade.

Os atores urbanos se multiplicam. O encorajamento do acesso à propriedade privada, as reestruturações econômicas e as reorganizações espaciais são acompanhados pela multiplicação das iniciativas das autoridades públicas no bairro urbano e no comitê de quarteirão e pelo peso crescente das sociedades de construção e dos grupos de investimentos chineses e estrangeiros.

As cidades chinesas têm grandes diferenças na intensidade e no modo de reestruturação do seu espaço. No entanto, todas elas são objeto de um zoneamento funcional, que impõe à maioria da população residente no centro a substituição de suas casas por novos imóveis de escritórios, ou habitações de luxo, e a terem de se transferir para os subúrbios próximos.

As cidades chegam, por vezes, a duplicar os seus centros, como sucedeu em Cantão, com o quarteirão oriental de Tianhe, e em Xangai, com o de Lujiazui, no Pudong.

Aparecem novas formas de *habitat*. Os condomínios fechados são entidades urbanas muradas, compostas por imóveis frequentemente em copropriedade, em que a gradação entre os espaços públicos e privados dos antigos *lilong* de Xangai dão lugar a rupturas espaciais nítidas e reveladoras da descoletivização urbana em curso.

As novas práticas urbanas resultam do desenvolvimento de uma sociedade de consumo que faz da frequência aos centros comerciais uma das principais atividades urbanas e também de uma sociedade do automóvel que obriga a cidade a criar novas vias e dar resposta ao tráfego crescente e a velocidades que já não são as das bicicletas da China socialista.

As cidades mudam, sobretudo, de escala. Trata-se agora de criar verdadeiras aglomerações com subúrbios que, embora com melhores ligações aos centros das cidades, se articulam também com centros secundários ricos. Desenha-se uma lógica policêntrica nas cidades muito grandes.

A criação de loteamentos na periferia, formados por imóveis coletivos pouco altos ou vivendas, reforça essa tendência geral. Protegidos também por muros e instalações de guardas, essas ilhotas, muitas vezes luxuosas, são espaços de vida autônoma e fornecem aos seus residentes todos os serviços elementares, comerciais e de lazer de que necessitam.

A modernização urbana em curso levanta, finalmente, as questões difíceis da identidade chinesa das cidades, de suas relações com a modernidade ocidental e das escolhas sobre o que conservar do patrimônio edificado.

As cidades chinesas inserem-se, atualmente, numa tensão extraordinária entre a criação de edifícios com formas arquitetônicas inéditas na China e no exterior, tal como o Grande Teatro Nacional, em Pequim, e a necessidade de mostrar a tradição chinesa sob a forma de *chinatowns* como em Chengdu e na velha cidade chinesa de Xangai.

Thierry Sanjuan

➢ CENTROS COMERCIAIS, CIDADES E AS ZONAS RURAIS (AS), EMPRESAS DO ESTADO, ESPAÇOS PÚBLICOS, HABITAÇÃO, IMOBILIÁRIO (SETOR), PATRIMÔNIO, URBANISMO

CIDADES E AS ZONAS RURAIS (AS)

A China assiste, hoje em dia, ao fim do predomínio numérico de seu mundo rural sobre as cidades.

A mão de obra agrícola não representava mais que 42% da população ativa total e não originava mais que 16% do produto interno bruto chinês em 2002. O quinto recenseamento geral da população, realizado no ano 2000, permitiu concluir por uma taxa de urbanização de 36% no conjunto do país, a qual deverá ser de 50% no final da década de 1920 do século XXI.

Além disso, a diferença muito grande entre os rendimentos urbanos e rurais aumentou novamente após 1997. Em 2002 atingiu uma porcentagem inédita em todo o período das reformas, a favor dos moradores da cidade: o rendimento rural médio não representava mais que 32% do rendimento urbano.

Tal hiato revela um dinamismo que já não se encontra nas atividades agrícolas, nem sequer na produção industrial das empresas das vilas e dos cantões, mas sim na economia das cidades, que se tornaram muito atrativas.

Na origem dessa evolução estão uma grande porosidade entre as cidades e as zonas rurais em termos de complementaridade econômica e mobilidade a polarização do espaço chinês nas grandes cidades.

Nesse aspecto, a inversão fica a dever à descompartimentalização do território chinês e ao abandono, desde o final da época da ideologia maoísta, de um discurso globalmente antiurbano.

Os 30 primeiros anos do regime foram, na verdade, uma época de compartimentação que isolou as cidades, ao mesmo tempo que assegurou aos moradores urbanos vantagens desconhecidas das populações rurais. A caderneta de registro de residência foi instituída em 1958, proibindo na prática o acesso às cidades.

Após 1978, foi mais difícil para o Estado chinês conter as massas rurais, que se foram revelando superabundantes na medida em que a descoletivização das terras e a liberação das produções agrícolas e do seu comércio tornavam evidente o subemprego das antigas comunas populares: o excesso de camponeses é calculado atualmente em nada menos que 150 milhões de pessoas, e o número de imigrantes, em 100 milhões.

Embora o governo chinês tenha tentado inicialmente regular a torrente e só aos camponeses que eram capazes de prover sua subsistência tenha permitido dirigirem-se para as cidades, na verdade grandes vagas de imigrantes tentaram rapidamente invadir os interstícios urbanos abertos pelas reformas, sem possuírem registro e, por vezes, organizados em redes administrativas ou de clã.

Diante dessas ameaças ao equilíbrio social em recomposição e à estabilidade política, o governo chinês, desde o início das reformas, incitou os camponeses a "deixar a terra sem abandonar as zonas rurais" (*litu bu lixiang*), tendo assim legitimado o surto de industrialização das zonas rurais do litoral.

Muitos camponeses reconverteram-se para atividades industriais mais terciárias: as zonas rurais chinesas tinham 23% dos ativos não agrícolas em 2002.

Essa política não impediu a emigração, mas limitou-a num primeiro momento. Desenvolveu-se, desse modo, a mobilidade no seio do mundo rural em escala local – da aldeia para a vila, da vila para a pequena cidade, da pequena cidade para a cidade – e em escala nacional – das regiões pobres das periferias litorâneas ou das províncias do interior para os centros da industrialização rural.

Foi apenas nos anos 1990 que os fluxos de emigrantes parecem ter claramente aumentado e ultrapassado a capacidade de absorção das empresas industriais rurais, tendo passado a orientar-se principalmente para as cidades.

A diferença que vai aumentando entre as cidades e as zonas rurais faz crescer, sobretudo, o rompimento que ocorreu nas próprias zonas rurais chinesas. Deu-se uma fragmentação do mundo rural, provocada por dinamismos internos muito diversos e por uma integração com as cidades e a economia de mercado muito desigual.

Podem assim ser identificados os vários tipos de espaço rural em função das suas articulações com as polaridades urbanas.

As antigas zonas rurais periurbanas foram conquistadas pela industrialização, pelos equipamentos urbanos e, cada vez mais, pelas operações imobiliárias e pelos espaços de lazer.

Tendo as periferias agrícolas reorientado sua produção com base no mercado urbano (aves, legumes, frutos e flores), são continuamente deslocadas para mais longe, devido ao crescimento das cidades.

Plenamente integrados na economia urbana e nos mercados locais, nacionais e até internacionais, os espaços rurais industrializados desenvolveram-se e viram nascer no seu seio os núcleos urbanos e as infraestruturas de produção industrial e de transporte indispensáveis ao desenvolvimento econômico.

As zonas rurais marginais, alimentando com homens os polos do dinamismo econômico, mantiveram com maior facilidade as produções de base e não diversificaram a sua orientação econômica, devido a suas fracas ligações com a economia de mercado.

Finalmente, os espaços rurais afastados, encravados e com problemas de ligação com as cidades e os mercados permanecem como zonas pobres e que não atraem as pessoas.

Thierry Sanjuan

➢ CAMPONESES, CIDADES, EMPRESAS RURAIS, MEGALÓPOLES, MIGRAÇÕES INTERNAS, REGISTRO DE RESIDÊNCIA.

CIÊNCIAS E TÉCNICAS

Desde o século XVII, as elites chinesas, e sobretudo o imperador Kangxi (1654-1722), evidenciaram grande interesse pelas ciências ocidentais, em particular a matemática e a astronomia, junto aos missionários jesuítas.

Para a corrente reformista e teóricos como Feng Guifen (1809- 1874) e Kang Youwei, foi na segunda metade do século XIX que a questão das ciências e das técnicas se tornou crucial na China.

Após as derrotas militares sofridas pelo Império ao enfrentar as potências ocidentais, atribuídas à superioridade técnica das nações inimigas, impôs-se a ideia de que era preciso, como afirma uma fórmula célebre, "o saber ocidental para a prática e o saber chinês como fundamento".

O primeiro presidente da República chinesa, Sun Yat-sen, interessou-se pessoalmente pela questão, porque estudou de 1887 a 1892 em Hong Kong, na Faculdade de Medicina para os Chineses, mantido pela London Missionary Society.

Ainda nos nossos dias, a história "mundial" das ciências e das técnicas tem ressonâncias ideológicas tingidas de "vingança". É importante, para a população chinesa, tentar provar, por vezes à custa de anacronismos lamentáveis, que existiu durante toda a história da China uma forte tradição "científica".

Essa tradição teria, por vezes, colocado o país à frente da "concorrência internacional", e mesmo além de algumas invenções famosas hoje constantemente mencionadas, como a imprensa, a bússola e a pólvora.

Por isso, o historiador inglês Joseph Needham (1900-1995), que organizou em Cambridge a edição da obra monumental *Science and Civilization in China*, em 20 volumes, foi saudado na China como uma espécie de herói nacional.

Desde há alguns anos, o desenvolvimento das ciências e das tecnologias tornou-se uma prioridade para as autoridades chinesas.

Em 2004, as despesas relativas à investigação científica aumentaram 19,7%, tendo atingido 184,3 bilhões de yuans, ou seja, 1,35% do produto interno bruto (PIB), com larga predominância da pesquisa aplicada. A China contava então com 27,16 milhões de pesquisadores, engenheiros e técnicos trabalhando em organismos do Estado.

Em fevereiro de 2006, foi adotado um programa nacional no domínio do desenvolvimento das ciências e das tecnologias, a médio e longo prazo (2006-2020).

Baseando-se numa reorganização da pesquisa que prevê o reagrupamento e a coordenação dos organismos civis e militares, o objetivo é duplicar a percentagem da pesquisa e desenvolvimento no total do PIB.

Outro objetivo é diminuir em 30% a dependência da China em relação às tecnologias estrangeiras e colocar o país entre os cinco primeiros no mundo em registro de patentes de invenção e em publicações científicas de nível internacional.

Os grandes eixos de investigação dizem respeito à energia (incluindo a nuclear), agricultura, informática e comunicações, indústria da reciclagem, economia dos recursos e proteção do ambiente, luta contra as doenças graves e as epidemias, modernização do sistema de saúde, armamento, tecnologias espaciais e oceânicas, nanotecnologias, novos materiais, genética e biotecnologias.

Para realizar tais objetivos, o país terá de fazer um esforço particular na formação dos estudantes e no desenvolvimento da cooperação internacional entre os laboratórios, procurando ao mesmo tempo dominar a propriedade intelectual das inovações.

Frédéric Obringer

➢ FALSIFICAÇÃO, ESPAÇO (CONQUISTA DO), INVESTIGAÇÃO E DESENVOLVIMENTO, NOVAS TECNOLOGIAS

CINEMA

A indústria cinematográfica chinesa fez cem anos em 2005. Seu desenvolvimento histórico refletiu as mudanças da sociedade chinesa no seu conjunto. Mais ainda, o cinema chinês foi sempre marcado por tensões entre a expressão artística e a política de Estado.

Nos anos 1920, realizadores formados na tradição ocidental do teatro e influenciados pelos filmes de Hollywood exploraram com talento as possibilidades da nova arte.

Os anos 1930 ficaram assinalados como a "idade de ouro" do cinema chinês, cuja qualidade dos dramas sociais antecipava o neorrealismo europeu do pós-guerra. Foi também a partir desse período que as pressões políticas se tornaram recorrentes, as quais persistem até hoje; o cinema passou a ser considerado um instrumento privilegiado de propaganda, e é constantemente censurado.

Após a capitulação japonesa, o período da guerra civil e dos conflitos sociais entre 1946 e 1949 forneceu ao cinema um material excepcional e tornou-se um momento de liberdade de expressão para os realizadores chineses, mormente os de Xangai.

Entre os filmes, citemos *Yijiang chunshui xiang dongliu* (*As Lágrimas do Yang-Tsé*), de Cai Chusheng e Zeng Junli, de 1947, *Xiaocheng zhi chun* (*A Primavera de uma Pequena Cidade*), de Fei Um, de 1948, e *Wuya yu maque* (*O Corvo e os Pardais*), de Zhang Junli, de 1949.

Com a República Popular, o governo comunista colocou o cinema sob o duplo controle do Gabinete do Cinema, ele mesmo tutelado pelo Ministério da Cultura, e do Departamento da Propaganda do Comitê Central do Partido Comunista.

Em 1986, o Gabinete foi transferido para o novo Ministério da Rádio, do Cinema e da Televisão, até ser colocado sob a responsabilidade do Gabinete Governamental Independente da Rádio, do Cinema e da Televisão.

A interação entre o cinema e a política na China ocorreu de forma particularmente complexa. Filmes como *Wuxun chuan* (*A Vida de Wuxun*), de 1949, ou a série de televisão *Heshang* (*A Elegia do Rio*), de 1988, deram origem a violentas controvérsias.

A partir de 1949, foi dada prioridade ao "cinema revolucionário". Em 1953, os procedimentos administrativos foram padronizados, e os assuntos abordados pelos filmes severamente controlados. No entanto, a Academia do Cinema de Pequim foi inaugurada em 1956, e cineastas como SunYu, Shui Hua, Sang Hu e Ling Zifeng continuaram a filmar.

Os ataques aos filmes fizeram parte do prelúdio da Revolução Cultural, durante a qual a produção ficou quase parada. A maior parte dos "trabalhadores do cinema" morreu na prisão, e os recursos da indústria cinematográfica foram suspensos. Apenas Xie Jin, anteriormente criticado devido ao seu notável *Wutai jiemei* (*Irmãs de Cena*), de 1964, conseguiu continuar filmando.

Os anos 1984-1989 constituíram um período de expressão mais livre e ficaram assinalados pela emergência de cineastas nascidos nos anos 1950. A Academia do Cinema de Pequim reabriu em 1982, e a primeira produção, com diploma de 1982, é considerada como uma "quinta geração". Wu Tian Ming, diretor dos estúdios de Xi'an, apoiou-a como produtor.

Citemos entre os realizadores Zhang Yimou, Huang Jianxin, Tian Zhuangzhuang e Chem Kaige, cujo filme *Huang tudi* (*Terra Amarela*), de 1984, chamou a atenção.

Antigos "reeducados", enviados para as zonas rurais, expressaram abertamente seu desencantamento, evitando deliberadamente as convenções. Seus filmes exploratórios suscitaram o interesse dos meios de comunicação ocidentais e a inquietação das autoridades chinesas.

Nos anos 1990 do pós-Tiananmen, o cinema oficial voltou-se para os filmes comerciais. A "sexta geração" (produção de 1989) afirmou-se, desafiando a censura e realizando filmes independentes de orçamento reduzido. A profunda transformação das condições sociais voltou a despertar o talento dos cineastas chineses em relação ao realismo, que se manifestou tanto nos longas-metragens

(*Ning Ying*) como em documentários e ficções de qualidade realizados em vídeo (*Jia Zhangke*).

Filmes *underground* sobre assuntos tabu (homossexualidade, alcoolismo) são realizados devido ao seu impacto provocador (Zhang Yuan). Como não se servem dos canais oficiais, não é possível na China nenhuma projeção pública. Tendo projetadas e premiadas várias de suas obras em festivais internacionais, esses cineastas, tal como os que os precederam, tendem a conceber seus projetos em função do público internacional, o que lhes permite obter apoios financeiros privados.

A autocensura é a consequência mais grave da censura oficial. Entretanto, a imaginação amordaçada dos roteiristas é compensada pelo talento dos diretores de fotografia, em estilos variados que vão do registro quase etnográfico a uma grande estilização. Apesar do público limitado, a qualidade dos documentários, como *Tié xi qu* (*A Oeste dos Carris*), de Wang Bing, de 2003, é reconhecida.

Atualmente os maiores problemas são econômicos: custos elevados de produção, crescimento rápido da televisão e queda das audiências. O público prefere ver filmes em DVD em casa e tem nítida preferência pelos filmes estrangeiros, sobretudo pelos americanos.

Os grandes sucessos internacionais assinados por chineses se beneficiam, por vezes, de financiamentos importantes, ao passo que o cinema independente, em geral, luta pela sobrevivência.

A dupla vocação de divertimento e de observação social que o cinema chinês revelou nos primeiros tempos contribuiu para a vitalidade da produção recente, das epopeias espetaculares de Chen Kaige e Zhang Yimou até os sóbrios documentários de Wang Bing.

Nina Levin-Jalladeau

➤ ARTE CONTEMPORÂNEA, CONTROLE POLÍTICO E CENSURA, CULTURA, ROMANCE

CIRCULAÇÃO URBANA

As cidades chinesas registram forte aumento do fluxo de pessoas e de bens. Esse aumento explica-se por um crescimento demográfico rápido e forte, pelo desenvolvimento de funções de troca a partir das reformas urbanas de 1984 e por se ter questionado o modelo da unidade de trabalho, que restringia as deslocações ao espaço mais próximo.

Os fluxos aumentaram enormemente desde meados dos anos 1990, devido ao processo de motorização que se desenvolve sob todas as formas, em sua maior parte coletivas (táxis e veículos das empresas). Esse fato impõe escolhas de infraestruturas que privilegiam a velocidade, marginalizando progressivamente o uso da bicicleta, que se generalizara desde o início dos anos 1980.

Essa motorização das deslocações vai ao encontro das práticas de mobilidade caracterizadas pela diversificação dos motivos das deslocações e das distâncias mais importantes a percorrer e porque as deslocações passaram a fazer parte do espaço metropolitano.

As políticas urbanas em matéria de transportes são dominadas pela preferência atribuída às infraestruturas rodoviárias, influenciada, quer por um modelo de desenvolvimento urbano voluntarista e de facilidades de acesso aos financiamentos, quer pela pressão da indústria de automóveis nacional.

Desde o final dos anos 1990, objetiva-se uma mudança que favoreça uma estratégia mais equilibrada de transportes.

De fato, o atual apoio do governo aos transportes coletivos e a um urbanismo mais desejoso de qualidade de vida nas cidades implica ações mais precisas e divisão das vias rodoviárias pelos diferentes modos de transporte (ruas exclusivas para pedestres), melhor inserção das redes de transportes coletivos na cidade (programas de financiamento mais ambiciosos) e modos de gestão mais limitadores do uso de veículos motorizados, mediante o controle da emissão de poluentes e do acesso de alguns tipos de veículo ao centro das cidades.

Jean-François Doulet

> AUTOMOBILÍSTICO (SETOR), BICICLETA, CIDADES, POLUIÇÃO, TRANSPORTES, URBANISMO

COMÉRCIO EXTERIOR

O comércio exterior da China vem registrando uma expansão muito rápida desde 1980. As exportações e as importações subiram 15% ao ano, em média, nos últimos 25 anos. A partir de 2003, a China se tornou a terceira potência comercial do mundo (atrás dos Estados Unidos e da Alemanha). Seu peso nas trocas internacionais passou de menos de 1% a mais de 7%.

Desde 1979, a China seguiu uma política de abertura econômica ao exterior que começou por ter como prioridade o desenvolvimento de suas exportações, ao mesmo tempo que protegia o mercado interno. Nos anos 1980, desenvolveu as indústrias exportadoras, principalmente com incentivos às empresas estrangeiras para que se instalassem em seu território. E apenas nos anos 1990 passou a reduzir progressivamente as barreiras à importação (direitos de importação e contingenciamento). Sua entrada na Organização Mundial do Comércio, em dezembro de 2001, consagrou essa estratégia de abertura. A tarifa aduaneira média passou de 43% em 1992 para 9% em 2005.

A China tornou-se um parceiro importante dos países asiáticos, que assumiram também um lugar de relevo em suas trocas. Em 2004, a Ásia fornecia dois terços das importações chinesas e recebia metade de suas exportações.

A China realiza com a União Europeia 12% das suas importações e 18% das suas exportações, e com os Estados Unidos 7% e 21%, respectivamente.

O Japão é seu primeiro fornecedor, e os Estados Unidos, seu mercado mais importante. Hong Kong desempenha um papel de intermediário e recebe grande parte das exportações chinesas, de que reexporta a quase totalidade.

A indústria transformadora foi a ponta de lança das exportações chinesas: representou 95% das exportações do país em 2005, contra 50% em 1980. Nessa época, os produtos tradicionais (vestuário, calçados e brinquedos) eram as rubricas mais dinâmicas. Desde os anos 1990, foram os produtos das indústrias elétricas e eletrônicas que mais aumentaram, e ultrapassaram desde então o conjunto dos têxteis e do vestuário. Essas mudanças refletem uma notável adaptação das exportações chinesas à procura internacional.

A China obteve lugar preponderante em alguns mercados mundiais. Em 2004, realizou mais de 20% das exportações mundiais de vestuário, calçados, brinquedos, utilidades domésticas e eletrônica de grande consumo.

Desde o início dos anos 1990, o dinamismo de suas exportações lhe assegura um excedente comercial estrutural. As indústrias exportadoras chinesas conseguiram tomar posição nos setores mais fundamentais, porque fazem parte integrante das redes de produção de empresas multinacionais. As filiais de empresas estrangeiras, implantadas em sua maioria nas províncias costeiras, realizam mais da metade das exportações chinesas. Essa proporção atinge 80% no tocante às exportações de material eletrônico.

As exportações chinesas mais dinâmicas resultam, portanto, da deslocalização de produções anteriormente realizadas em economias avançadas da Ásia (Japão, Hong Kong, Coreia do Sul e Taiwan) e que se deslocaram para a China para tirar partido dos baixos custos da mão de obra local.

Os países asiáticos passaram a fornecer peças e componentes a fábricas de montagem situadas na China. Essas atividades de montagem permitiram à China desenvolver exportações que incorporam forte proporção de produtos de alta tecnologia (importados). Eles fazem com que a China tenha excedentes comerciais com os Estados Unidos e a Europa, mas trocas deficitárias com os países da Ásia que lhe fornecem o essencial dos produtos intermediários (componentes eletrônicos).

Além das importações destinadas às indústrias de montagem, as que são destinadas a satisfazer as necessidades do mercado interno também cresceram rapidamente.

A aceleração do crescimento econômico de 2003 a 2005 fez aumentar as necessidades de importação de produtos agrícolas, matérias-primas e combustíveis. A China tornou-se um comprador de primeiro plano em muitos mercados, onde contribuiu para a alta das cotações (petróleo, níquel, cobre, alumínio, soja, algodão e óleo de palma).

A emergência da China transformou profundamente a economia mundial. É um concorrente direto dos países em desenvolvimento, sobretudo com relação aos têxteis, após as trocas mundiais desses produtos terem sido completamente liberadas em janeiro de 2005 (com o fim do acordo sobre têxteis e sobre o vestuário, que permitia que os importadores impusessem cotas). Suas imensas reservas de mão de obra com baixos salários associadas às tecnologias e ao capital estrangeiro foram o que mais contribuiu para uma vantagem potencial em muitos setores, incluindo aqueles que eram até então privilégio das economias desenvolvidas.

Os baixos custos de produção na China exercem desde o final dos anos 1990 uma pressão para a queda dos preços mundiais dos produtos manufaturados.

Françoise Lemoine

➤ BALANÇA DE PAGAMENTOS, EMPRESAS DE CAPITAL ESTRANGEIRO, ESTADOS UNIDOS (A CHINA E OS), INDÚSTRIA E POLÍTICA DE INDUSTRIALIZAÇÃO, JAPÃO (A CHINA E O), ORGANIZAÇÃO MUNDIAL DO COMÉRCIO (A CHINA E A), UNIÃO EUROPEIA (A CHINA E A)

COMÉRCIO INTERPROVINCIAL

As relações comerciais no território chinês registraram modificações muito profundas desde que as reformas econômicas foram lançadas em 1978. Até essa data, a tônica incidia na autossuficiência de cada província, razão pela qual o comércio entre elas era residual.

Depois, as trocas entre as províncias tiveram rápido desenvolvimento. Esse surto não aconteceu sem problemas. Durante os anos 1980, a descentralização e as distorções de preços entravaram as trocas. Foi uma luta feroz a que ocorreu em 1987-1988 para se abastecerem de matérias-primas (algodão, seda, tabaco, lã, gêneros alimentícios) e, no final dos anos 1980, para venderem nos mercados os produtos manufaturados.

Os governos locais socorriam-se então de todos os meios para proteger seus produtores contra a concorrência "externa": bloqueio de estradas, sequestro de mercadorias, taxas *ad hoc*, taxas de registro, normas técnicas e proibição de venda de determinados produtos "importados". Paralelamente as produções locais se beneficiavam de financiamentos preferenciais.

Há duas razões que permitem explicar esse protecionismo local: por um lado, a preocupação das províncias em fazer aumentar seus rendimentos para fazer face a despesas acrescidas devido à descentralização e, por outro lado, a vontade das regiões menos desenvolvidas de continuarem uma política de industrialização e não dependerem das províncias mais avançadas.

Apesar desses episódios protecionistas, o comércio entre províncias chinesas é relativamente intenso. No início dos anos 1990 as trocas com o resto do país representavam em média 50% do produto interno bruto (PIB) das províncias, um peso três vezes superior ao das trocas entre os países-membros da União Europeia, a 15%.

A importância do comércio entre províncias parece, contudo, ter diminuído no final dos anos 1990, enquanto as trocas com os países estrangeiros se intensificavam: a progressão do comércio internacional da China foi mais rápida que a das suas trocas internas.

A diretiva aprovada em abril de 2001 pelo Conselho dos Assuntos de Estado proíbe o protecionismo local, e os entraves ao comércio são uma prova da persistência desse fenômeno no início do século XXI.

Apesar da melhoria das infraestruturas de transporte e da redução das distorções dos preços, os obstáculos à unificação do mercado interno persistem.

Ficam a dever, sobretudo, as ações das autoridades, que são, ao mesmo tempo, reguladoras e agentes da atividade econômica e perseguem objetivos muitas vezes contraditórios. O protecionismo local incide principalmente nos setores que são fonte de importantes receitas fiscais e que têm uma organização monopolística (tabaco, bebidas alcoólicas).

Sandra Poncet

> DESCENTRALIZAÇÃO, DISPARIDADES REGIONAIS, TRANSPORTES

COMUNAS POPULARES

Mais conhecidas que o Grande Salto Adiante, as comunas populares (*renmim gongshe*) derivaram dele.

Foi para levar a bom termo os trabalhos coletivos iniciados pelo Grande Salto Adiante que as cooperativas de produção começaram por ser fundidas e, mais tarde, na primavera de 1958, foi criada, em Henan, a primeira comuna popular. Honrada no verão com a visita de Mao Tsé-tung, que proclamou que "as comunas populares são o caminho", elas foram oficialmente adotadas em agosto. No final de 1958, mais de 99% das famílias rurais eram membros de comunas populares.

Imensas, as comunas populares agrupavam, em média, cerca de uma dúzia de antigas cooperativas agrícolas e entre 4 mil e 5 mil lares camponeses, ou seja, por volta de 25 mil habitantes. Eram, ao mesmo tempo, circunscrição política e administrativa de base, unidade de produção agrícola e industrial, inteiramente coletivizada e centro médico (com seu hospital), educativo (com suas escolas "geridas pelo povo") e militar (com milícia própria).

Na atmosfera do Grande Salto Adiante, isso implicava possuir todos os meios de produção (terras, gado e fábricas) e tudo decidir: o que, onde, quando e de que forma semear e que brigada ou esquadrão (usavam terminologia militar, como era conveniente) atribuir à tarefa. Como os quadros dirigentes da comuna conheciam mal as suas tropas e o próprio trabalho agrícola, desperdiçavam a mão de obra e não sabiam como remunerá-la.

Pouco importava: de "a cada um, segundo o seu trabalho", passou-se a "a cada um, segundo as suas necessidades". Os salários, proclamou Mao Tsé-tung, eram "uma concessão à burguesia" que se podia dispensar no momento em que a China entrava na era comunista, que os revisionistas soviéticos adiaram para um futuro longínquo.

Apesar de estar subordinada ao Grande Salto Adiante, a comuna era o que melhor encarnava a utopia, pois fazia reinar o igualitarismo e introduzia as inovações sociais.

Antes de 1958, a desigualdade entre as cooperativas de produção era, por vezes, acentuada. Mas depois as brigadas e equipes de produção (subdivisões da comuna) mais desprovidas passaram a ser tão bem (ou tão mal) remuneradas como as "prósperas". As parcelas privadas e os mercados livres foram abolidos e ninguém se tornava mais rico do qualquer outro. A vida comunitária estendeu-se mesmo às refeições, servidas gratuitamente na cantina coletiva. Portanto, já não eram necessários os utensílios de cozinha, requisitados pela comuna para alimentar seus altos-fornos.

Naturalmente, as refeições gratuitas e abundantes (empanturravam-se cinco ou seis vezes por dia no outono de 1958) não duraram muito tempo. A partir da primavera de 1959, muitos aldeões começaram a queixar-se da dieta frugal e monótona, enquanto outros já não conseguiam suportar a fome. A crise impôs a redução da dimensão das comunas, três vezes menores em 1962 do que em 1958, e que se reduzisse a sua unidade de base, primeiramente às brigadas e depois às equipes, ou seja, se atenuasse o igualitarismo e se moderasse o intervencionismo burocrático. Em 1962, a organização da produção agrícola deixou de ser responsabilidade da comuna.

Vinte anos mais tarde, as comunas populares foram definitivamente abolidas. Nos campos, duraram o período de uma geração, de 1958 a 1982; nas cidades, o tempo de uma estação, o verão de 1958.

Lucien Bianco

➢ DESCOLETIVIZAÇÃO, GRANDE SALTO ADIANTE

COMUNISMO

O Partido Comunista Chinês (PC) foi fundado em julho de 1921 por um punhado de intelectuais.

Não passava então de uma das muitas sociedades de eruditos que procuravam um modelo ocidental suscetível de salvar a China. Foi a sua aliança com o Kuomintang de Sun Yat-sen, partido a que os primeiros comunistas aderiram, quando do congresso realizado por este em Cantão, em 1924, que permitiu o primeiro surto de um comunismo que era, àquela altura, quase exclusivamente urbano.

O movimento de 30 de maio de 1925, que mobilizou centenas de milhares de operários e de jovens intelectuais de Xangai e Hong Kong/Cantão contra o imperialismo japonês e britânico, transformou o partido numa força política real, tendo desempenhado plenamente seu papel durante a Expedição do Norte, a partir de julho de 1926.

No entanto, o próprio sucesso dos comunistas na mobilização popular, que explica, em parte, os sucessos militares das forças armadas comandadas por Chiang Kai-shek, gerou uma dinâmica social que destruiu seu quadro político. O Kuomintang recusou a reforma agrária que as uniões camponesas procuraram realizar nas províncias do Sul, dirigidas de forma hesitante por um PC assustado por um movimento que escapava ao seu controle. Entre 12 de abril e 15 de julho de 1927, o Kuomintang consumou de forma sangrenta a sua ruptura com o PC.

O comunismo chinês iniciou então a segunda fase de sua história, que decorreu entre 1927 e 1949, adquirindo características originais. Instalado de início no sul da China, principalmente em Jiangxi, dispunha de uma base exclusivamente camponesa. Controlando territórios onde estabeleceu um governo soviético, em novembro de 1931, formou um exército vermelho de que o PC era o núcleo dirigente e iniciou uma guerra civil prolongada. Tendo deslocado seu centro de gravidade para o noroeste da China, na sequência da Longa Marcha de 1935, foi a partir de então, dirigido por Mao Tsé-tung, que o VII Congresso do PC, realizado em junho de 1945, transformou o congresso em uma adaptação chinesa bem-sucedida do marxismo. Paralelamente, a guerra sino-japonesa permitiu ao PC aumentar consideravelmente suas bases territoriais e suas forças militantes e militares.

De 1949 a 1976, esse comunismo chinês, vencedor da guerra civil, foi cada vez mais influenciado pelas ideias utópicas de Mao Tsé-tung, a quem o culto que lhe era tributado permitiu reforçar o poder tirânico.

Consciente das contradições que minavam o socialismo soviético, Mao Tsé-tung não se satisfez com tal modelo, que substituíra a apropriação privada do excedente das riquezas produzidas pelos trabalhadores pela apropriação pelo Estado e pelos altos quadros do PC. Pretendia realizar de imediato o comunismo, aproveitando a pobreza do país. Pretendia pôr fim à separação entre o trabalho intelectual e o trabalho manual. Pretendia suprimir as desigualdades e o dinheiro.

Depois de ter acelerado a coletivização das terras no verão de 1955, lançou, em maio de 1958, o Grande Salto Adiante, que deveria fazer da China uma vasta federação de "comunas populares" autossuficientes. Foi um fracasso terrível, que haveria de se repetir na Revolução Cultural, iniciada em maio de 1966, que se propunha a destruir a opressão que se considerava ser imposta pelos quadros do PC ao entusiasmo criador das massas populares.

Desde 1978, a reforma econômica lançada por Deng Xiaoping e alargada em seguida pelos seus sucessores, baseia-se no reconhecimento da necessidade prévia de certo desenvolvimento das forças produtivas antes de ser realizada qualquer mudança radical da sociedade.

O período atual, assinalado pela abertura ao mundo e pelo desenvolvimento da economia de mercado, insere-se num "estado primitivo do socialismo" que deve durar um século, até permitir a passagem ao verdadeiro socialismo e ao comunismo. Essa etapa, durante a qual os empresários capitalistas se tornam produtores em pé de igualdade com os trabalhadores, a ponto de serem admitidos no PC, desembocou progressivamente num capitalismo sob o controle do Partido Comunista.

Alain Roux

➢ COMUNAS POPULARES, DENG XIAOPING, ECONOMIA SOCIALISTA DE MERCADO, GRANDE SALTO ADIANTE, MAO TSÉ-TUNG, PARTIDO COMUNISTA, REFORMAS E ABERTURA

CONFUCIONISMO

O termo "confucionismo" foi um neologismo inventado pela sinologia ocidental para se referir à figura de Confúcio (cerca de 551-479 a.C.). Abrange realidades muito diversas, tanto intelectuais como sociais e institucionais, que evoluíram ao longo de 2.500 anos de história chinesa.

Aqui bastará caracterizar sumariamente a doutrina confuciana como um projeto de humanização que se baseia nos laços humanos e sociais, convicta de que o homem é suscetível de se aperfeiçoar indefinidamente e que possui, em si mesmo, tudo o que é preciso para aprofundar essa aprendizagem no sentido de uma cultura civilizadora que se transmite de maneira contínua através dos tempos.

O destino do confucionismo, ou, pelo menos, do que dele resta na era moderna, confunde-se com os sofrimentos intensos e sucessivos que a China conheceu desde meados do século XIX, quando teve de enfrentar a irrupção das potências colonizadoras ocidentais.

A marca do confucionismo, que moldou a sociedade e o homem chineses desde há 25 séculos, tende a desaparecer, mas continua a ser profunda em diversos níveis: mentalidade, comportamentos, valores e instituições.

No entanto, o que se passou a chamar "novo confucionismo contemporâneo", enquanto realidade intelectual, teve de encontrar seu lugar em relação a todos os grandes desafios lançados à China do século XX.

Podemos distinguir três fases sucessivas. A primeira é representada por eminentes intelectuais que estiveram ativos desde os anos 1920 até os anos 1940. Herdeiros do movimento de 4 de maio de 1919, que pretendera fazer tábua rasa do passado e da tradição clássica, fazendo-se eco do *slogan* "Abaixo a espelunca de Confúcio!", preocuparam-se sobretudo em saber se, no caso da China, a modernização significava fatalmente a ocidentalização e, por conseguinte, a rejeição total dos valores próprios da cultura chinesa, entendidos como entraves e à frente dos quais estava, entre outros, o confucionismo. Outros, que se tornaram ainda mais radicais por desejarem restaurar uma "ordem moral" confucionista, em especial sob o poder discricionário de Yuan Shikai e depois do Kuomintang presidido por Chiang Khai-shek, pensaram numa fecundação da tradição chinesa pelas contribuições ocidentais, incluindo o do pensamento marxista.

Formou-se uma segunda vaga precisamente fora da China marxista (instituída como república popular em 1949), em Hong Kong e Taiwan, onde alguns intelectuais tentaram revalorizar a tradição chinesa, sobretudo confucionista, adotando uma atitude crítica em relação aos males da civilização tecnológica ocidental.

Quanto à terceira vaga, a mais recente, surgiu como resultado de dois fenômenos concomitantes. Por um lado, o espetacular desenvolvimento econômico dos "pequenos dragões" da Ásia oriental (Taiwan, Hong Kong, Cingapura e Coreia do Sul), cuja cultura sínica e impregnada de confucionismo acabou por chamar a atenção dos economistas anglo-saxões a partir do final dos anos 1970. Por outro lado, numa perfeita coincidência com a retomada do interesse pela cultura e pela ética confucionistas, relacionadas com um novo tipo de dinamismo econômico, assistiu-se a uma reabilitação dos valores tradicionais na China popular após a chamada Revolução "Cultural" (1966-1976), durante a qual a tradição confucionista e os seus supostos representantes foram postos no pelourinho, sobretudo durante a campanha de "crítica a Confúcio e Lin Biao", em 1971.

As campanhas e os ataques repetidos contra a herança confucionista, que pontuaram todo o século XX chinês, acabaram por conduzir, numa suprema ironia da história, à sua reapropriação ideológica por parte do discurso atual sobre os "valores confucionistas", exigidos como um novo humanismo apropriado ao mundo globalizado do futuro. Esse resultado deveu-se a intelectuais eminentes, não só na China Popular, onde os dirigentes de um regime ainda muito autoritário procuravam legitimação moral, mas também de outras zonas do "mundo sínico".

Cingapura criou por inteiro e para si mesma uma nova ordem moral, a Coreia do Sul apresenta-se como um reservatório vivo das práticas confucionistas e nos Estados Unidos existe mesmo um *confucionismo de Boston,* sob a égide de universitários prestigiosos de Harvard, muito ativos nos diálogos interculturais e inter-religiosos.

É necessário sublinhar que essa leitura culturalista do desenvolvimento atual da Ásia oriental é, porém, vivamente contestada e que, de fato, está longe de explicar as rápidas transformações econômicas, geopolíticas e sociais dessa região do mundo.

Anne Cheng

➢ MUNDO CHINÊS, REVOLUÇÃO CULTURAL

CONSTITUIÇÃO

A palavra "constituição" (*xianfa*) foi introduzida na China muito tardiamente, no início do século XX, por meio do Japão, onde já se impusera na era Meiji. O termo do chinês antigo mais próximo, *fatong,* expressa a unidade necessária do sistema das leis enquanto igualdade de todos perante a lei, mas não a ideia ocidental de um texto fundamental que organiza o desenvolvimento institucional do Estado, bem como as liberdades dos seus cidadãos.

No espaço de um século, a China foi desenhando uma história constitucional própria. No entanto, o constitucionalismo continua a ser entendido em grande medida como um conceito importado.

Foi apenas durante o declínio do reino dos Qing que um movimento (1905-1911), conduzido sobretudo por Kang Youwei (1958-1927), Liang Qichao (1873-1929) e Shen Jiaben, tentou impor reformas constitucionais inspiradas em reflexões sobre os regimes ocidentais.

Em contrapartida, desde a sua fundação, em 1912, a República esforçou-se por basear sua autoridade numa constituição. Sun Yat-sen continua a ser o único a ter proposto uma adaptação propriamente chinesa da teoria da separação dos poderes. Tendo finalmente sido aprovada em 1946, a constituição republicana esteve muito pouco tempo em vigor no continente.

Após a partida do Kuomintang para Taiwan, em 1949, essa constituição foi ali tornada inativa durante longo período, por imposição da lei marcial, e foi apenas graças à democratização da ilha, nos anos 1980, que começou, num contexto muito diferente, a ser aplicada.

Após a instauração da república popular, em 1949, a China de Mao Tsé-tung adotou, em 1954, uma primeira constituição de inspiração soviética. As constituições de 1975 e 1978 ilustram o contexto ideológico da Revolução Cultural e, depois, a vontade de lhe pôr termo.

Promulgada em 1982, a constituição atualmente em vigor pretendia assinalar o regresso à "legalidade socialista". Posteriormente, graças às reformas, foi pouco a pouco despojada da sua retórica revolucionária por emendas sucessivas: em 1988 e 1993 (diversidade dos direitos de propriedade e passagem à economia socialista de mercado) e em 1999 e 2004 (reconhecimento do conceito de Estado de direito socialista e proteção dos direitos humanos). Embora sejam garantidas oficialmente muitas liberdades, o direito à greve e a liberdade de associação de caráter político continuam proibidos.

O não respeito frequente à constituição explica-se pela ausência de definição das fontes do direito, pela inexistência de uma clara definição da posição desse texto na hierarquia do sistema normativo e, sobretudo, pela autoridade concorrente dos estatutos do Partido Comunista (PC), num sistema que, além disso, carece de controle independente da constitucionalidade.

Apesar disso, a instituição suprema do Estado, a Assembleia Nacional Popular (ANP), embora dirigida pelo PC, profissionalizou-se e especializou-se no trabalho legislativo. A ANP, e em particular seu comitê permanente, desempenham papel cada vez maior em matéria de controle da legalidade (e, em consequência, indiretamente, da constitucionalidade), dos regulamentos promulgados pelos governos locais e, mais em geral, da coerência do edifício jurídico.

Por outro lado, multiplicam-se as referências à constituição na vida judiciária e política. Assim, em agosto de 2001, uma explicação judiciária (*sifa jieshi*) muito controversa do Supremo Tribunal Popular (o caso Qi Yuling contra Cheng Xiaoqi) procurou criar um precedente, ao reconhecer aos tribunais populares o direito de invocar diretamente a constituição nas suas decisões judiciais.

Além disso, há um número cada vez maior de petições, geralmente preparadas por profissionais do direito, que são dirigidas à ANP para que seja abolido ou emendado este ou aquele regulamento anticonstitucional.

Stéphanie Balme

➢ ASSEMBLEIA NACIONAL POPULAR, DIREITO, ESTADO, GOVERNO, REPÚBLICA POPULAR

CONSUMO

Com uma taxa de crescimento significativa desde o início das reformas, o consumo dos chineses, evidentemente, se alterou muito. Entretanto, tem se mantido em um nível relativamente modesto. Quando as reformas foram lançadas, o peso do consumo final no produto interno bruto (PIB), que representava 62,1% em 1978, foi diminuindo regularmente, exceto entre 1996 e 2000, até chegar a apenas 53% em 2004.

Essa evolução se deu em benefício do investimento, o principal motor do crescimento chinês. O país apresenta a particularidade de ter uma forte taxa de poupança, essencialmente por precaução. Esse fato torna a política monetária muito pouco eficaz para relançar o consumo.

Em termos globais, o consumo das famílias cresceu muito, com uma relevante diferença, porém, entre os habitantes da cidade e os do campo. Essa diferença se faz sentir na estrutura do consumo: o coeficiente de Engel (que mede a parte das despesas de alimentação no total das despesas) diminui com o aumento dos rendimentos, tendo passado, no período de 1978 a 2004 de 57% para 38% para os primeiros e de 68% para 47% para os segundos.

Após anos de austeridade, as reformas permitiram o surgimento de um grande número de bens que situam uma larga faixa da população em um novo modo de vida.

Foi possível assistir à formação de uma classe média que representa cerca de 20% das famílias urbanas, com seu consumo orientado para os bens e serviços "superiores", como os eletrodomésticos. Há, por exemplo, 133 televisores em cores para cada cem famílias. Em 2004, a taxa de penetração dos telefones fixos nos meios urbanos era de 96,2%, e a dos celulares de 109,1%. Quanto às compras de computadores pessoais, registram um crescimento contínuo.

A parcela dos transportes, lazer e atividades culturais também cresceu muito, tendo atingido 12% do consumo no caso das famílias urbanas e 9% no das famílias rurais, em 2004. As despesas com saúde e educação revelam igualmente uma nítida progressão, na sequência da privatização desses serviços sociais. Mais genericamente, o crescimento das despesas com serviços, que representam cerca de um terço do consumo final, é um dos traços que marcam a evolução do consumo.

As despesas com o setor imobiliário estão crescendo desde que as unidades de trabalho deixaram de fornecer habitação a seus membros. Os preços desse setor dispararam, o que não impede os mais ricos de comprarem uma casa própria.

Quase inexistentes antes de 1978, os automóveis invadiram as cidades, mas a taxa de equipamento continua a ser relativamente moderada, porque havia apenas dois para cada cem famílias em 2004. O setor tem, portanto, potencial de crescimento. Porém, sua evolução é representativa de um dos paradoxos do consumo chinês: a necessidade de crescer, ao mesmo tempo que tenta limitar os efeitos nefastos que tal fato terá sobre o ambiente.

Num futuro próximo, é provável que essas tendências se confirmem em cinco setores-chave: restauração/reconstrução, telecomunicações, turismo e lazer, habitação e, por último, automóveis.

No entanto, o crescimento do consumo vai tornar ainda mais sensível o aumento das desigualdades entre cidadãos urbanos e rurais. Tal crescimento enfrenta também restrições de ordem ambiental com o aumento da dependência energética e da poluição.

Mary-Françoise Renard

➢ AMBIENTE, AUTOMOBILÍSTICO (SETOR), LAZER, SERVIÇOS, TRANSPORTES, TURISMO

CONTESTAÇÃO

A contestação social se intensificou continuamente nestes últimos anos, apesar de ter de enfrentar muitas limitações para se organizar e estruturar.

Emana de grupos sociais tão diversos como os camponeses, os operários – sobretudo os operários imigrantes – e os proprietários de bens imobiliários expropriados ou confrontados com projetos de desenvolvimento atentatórios ao seu ambiente.

Expressa-se de múltiplas formas: paralisação do trabalho nas fábricas, queixas coletivas apresentadas nos gabinetes de cartas e visitas, invocação dos textos legislativos existentes para denunciar os abusos da administração local, cerco dos edifícios administrativos e uso das novas tecnologias, como a internet, para expor as injustiças com que deparam.

O ano de 2005 foi dominado pela agitação camponesa. No início dos anos 1980, as terras foram redistribuídas nos campos chineses. Essas terras continuam sob o regime de propriedade coletiva. Os camponeses só têm direito a usar a terra em parcelas arrendadas.

Há alguns anos já que não são as empresas coletivas de vilas e cantões, nem a coleta de impostos e taxas diversas, que asseguram o financiamento da administração local, mas sim a expropriação das terras aldeãs. Essas expropriações são pouco ou mal compensadas e são realizadas sem que tenha sido requerida a concordância das famílias envolvidas: seus representantes (chefes de aldeia, de vila ou de cantão) conduzem as negociações e decidem a atribuição das compensações a ser pagas. Daí o grande número de abusos observados. Nos arredores das grandes cidades, a expropriação das terras está também relacionada com a urbanização. No total, mais de 40 milhões de camponeses foram afetados pelos processos de expropriação.

Há vários meses que as ações coletivas organizadas para protestar contra tais transações ou para contestar suas modalidades se sucedem. Em 12 de março de 2006, 8 mil camponeses do distrito de Shunte, na província de Guangdong, cercaram os edifícios do governo do distrito para denunciar sua expropriação forçada de cerca de 300 hectares de terras.

Diante da extensão das contestações sociais, o governo chinês endureceu ainda mais sua posição. No outono de 2005, foram dadas instruções para que os organizadores de "perturbações sociais" sejam sancionados, ainda que tenha sido dada uma resposta satisfatória às reivindicações apresentadas.

Mais que nunca, trata-se de evitar que as ações coletivas realizadas pareçam eficazes, o que poderia encorajar o aumento da contestação.

No entanto, esses movimentos não deixam de influenciar as orientações políticas impostas. As diretivas emitidas no início do ano de 2003 pelos dirigentes nacionais, que pretendiam limitar, na medida do possível, os pagamentos de retroativos, resultaram, em parte, da frequência e da intensidade das ações de contestação dos trabalhadores imigrantes.

Os apelos oficiais lançados em março de 2006 para garantir aos camponeses o acesso à terra não podem ser compreendidos ignorando-se a extensão e a intensidade da mobilização camponesa nos meses que os antecederam.

Isabelle Thireau

➤ CAMPONESES, GABINETES DAS CARTAS E VISITAS, IMIGRANTES, INTERNET, LOCAL, OPERÁRIOS, 4 DE JUNHO DE 1989 (ACONTECIMENTOS DE)

CONTROLE POLÍTICO E CENSURA

A imprensa chinesa transmite uma imagem de saúde florescente. Os patrões da imprensa são encorajados a multiplicar os seus lucros, recorrendo à publicidade e à publicação de artigos sensacionalistas. No entanto, continuam a depender do Departamento de Propaganda, recentemente rebatizado, pelo menos em inglês, como Departamento de Publicidade.

Esse organismo se encontra sob o controle do Comitê Central do Partido Comunista e emite regularmente instruções à imprensa sobre os temas que não devem ser tratados e as personalidades que não devem ser objeto de publicação, encorajando assim a autocensura nas salas de redação. Em novembro de 2004, foi deste modo emitida uma lista de seis comentadores, partidários de reformas políticas, que incluía nomeadamente Jiao Guobiao, professor da Universidade de Pequim, com a finalidade de proibir a publicação dos seus artigos.

O medo desempenha também seu papel, e a condenação a dez anos de prisão de Shi Tao, jornalista do *Dangdai shangbao* (*Jornal do Comércio Contemporâneo*), em abril de 2005, por "divulgação de segredos do Estado" ao exterior, contribuiu para manter a pressão sobre o conjunto da imprensa. Isso não impediu, todavia, que uma petição assinada por 2.356 jornalistas circulasse em junho de 2005 para exigir a libertação de dois dos seus confrades, os dirigentes do *Nanfang dushi bao* (*Novas da Metrópole do Sul*) Yu Huafeng e Li Minying, detidos por crimes econômicos há mais de um ano na prisão de Panyu, em Cantão.

A informação difundida por via eletrônica é igualmente controlada, graças a procedimentos de filmagem designados como "grande muralha de fogo", bem como pela presença de 30 mil funcionários encarregados de vigiar constantemente o conteúdo das trocas e das informações que circulam na China entre os cerca de 100 milhões de usuários da internet.

A independência dos meios de comunicação é, portanto, impossível. Segundo os Repórteres sem Fronteira, no início do ano de 2005 encontravam-se presos 27 jornalistas chineses. Se considerarmos os 65 internautas e todas as pessoas encarceradas por delito de opinião, o número é muito mais elevado.

A censura é mais discreta, mas também mais detectável, em outros domínios culturais, como o cinema e a literatura. A exibição dos filmes chineses mais conhecidos (de Jia Zhangke, Zhang Yimou e Chen Kaige) é frequentemente proibida na China, e as obras de muitos autores, como o Prêmio Nobel Gao Xingjian, que tem nacionalidade francesa mas é de origem chinesa e escreve em chinês, não são vendidas na China.

Marie Holzman

➤ CINEMA, DIREITOS HUMANOS, IMPRENSA, INTERNET, PARTIDO COMUNISTA, ROMANCE

COOPERATIVAS RURAIS DE CRÉDITO

As cooperativas rurais de crédito (*nongcun xinyong hezuoshe*), de cooperativas só têm o nome. Presentes nas zonas rurais desde a coletivização dos anos 1950, são, na verdade, agências governamentais tanto de depósitos como de créditos, específicas dessas zonas. São um elemento essencial de financiamento da agricultura, além de outras instituições financeiras que a ele se dedicam, principalmente o Banco Agrícola da China (empréstimos comerciais) e o Banco de Desenvolvimento Agrícola da China (empréstimos para compras estatais de cereais e algodão).

Teoricamente autônomas e responsáveis pelos seus lucros e perdas, essas cooperativas funcionaram até 1996 sob o estrito controle do Banco Agrícola da China. Esse papel de supervisão foi depois transferido diretamente para o Banco Popular da China. Os regulamentos aprovados por este último e que regem a sua gestão não permitem, no entanto, um funcionamento satisfatório.

Os direitos de propriedade e as responsabilidades dos membros das cooperativas de crédito são apenas nominais, e as decisões tomadas pelos comitês de gestão e de supervisão são estritamente dependentes das autoridades locais de tutela (cantões e distritos).

A oferta de produtos financeiros não corresponde às necessidades reais dos camponeses e empresários locais, e as taxas de juro, estritamente controladas, não são suficientemente flexíveis para garantir a rentabilidade das suas operações. Em 2002, considerava-se que mais de dois terços dos empréstimos concedidos não eram recuperáveis.

No entanto, após a retirada, ao longo dos anos 1990, dos principais bancos comerciais, que preferiram concentrar suas operações nos setores rentáveis das zonas urbanas, as cooperativas rurais de crédito, dispondo de mais de 35 mil agências nos campos, tornaram-se a principal via de concessão de empréstimos que emanam das instituições oficiais, quer destinados à agricultura, quer às empresas rurais.

Mais de três quartos desses empréstimos são concedidos, com efeito, por seu intermédio. No entanto, continuam a ser insuficientes para satisfazer a procura. O total dos empréstimos agrícolas (de todas as instituições financeiras) não representava em 2001 senão 5% do total dos empréstimos na China e apenas 6% dos empréstimos concedidos às empresas rurais. De fato, a dificuldade de os camponeses terem acesso aos empréstimos das cooperativas (formalidades administrativas, ausência de garantias, custos de aliciamento dos funcionários relacionados etc.) leva os interessados a recorrer ao crédito informal.

Como apenas 25% dos camponeses têm acesso aos serviços das cooperativas, mais de 70% dos empréstimos concedidos às zonas rurais o são por canais informais: redes de parentes ou de amigos, tontinas nas regiões desenvolvidas do leste, de economia mais monetarizada, e, o que é mais frequente, empréstimos pessoais feitos por indivíduos mais ou menos usurários.

Estão em curso reformas para melhorar o funcionamento das cooperativas de crédito (uniões locais, maior flexibilidade das taxas).

Isso não impede que a parcialidade de um sistema bancário que privilegia o desenvolvimento das zonas urbanas se reflita nas instituições rurais de crédito. Os capitais das zonas rurais drenados para as cidades, por meio dos depósitos das cooperativas de crédito, totalizariam cerca de 300 bilhões de yuans por ano. A esses seria necessário acrescentar cerca de 100 bilhões depositados todos os anos nos postos de correio das zonas rurais, ainda que esses montantes acabem por ser residuais ante os 11,2 bilhões de yuans que os empréstimos totalizariam na China, em 2001, em sua maior parte financiados pelos recursos urbanos.

Claude Aubert

➢ BANCOS, EMPRESAS RURAIS, INFORMALIDADE, REDES, TONTINAS

COREIA DO NORTE (A CHINA E A)

A China e a Coreia do Norte são geralmente reconhecidas como aliadas de longa data: a sua amizade remonta ao final da Guerra da Coreia (1950-1953). No entanto, as suas relações não deixaram de conhecer períodos de tensão, mormente durante a Revolução Cultural, entre 1994 e 1998 – após a primeira crise nuclear e a morte de Kim Il-sung –, e, mais recentemente, depois da segunda crise nuclear, iniciada pelo regime norte-coreano no outono de 2002.

Sobretudo a partir do início dos anos 1990, as relações sino-norte-coreanas passaram a ser determinadas pelo contexto econômico e político interno da Coreia do Norte, que está mergulhada numa grave crise econômica e alimentar. Há alguns anos tenta se recuperar pela aplicação de uma política de abertura, sobretudo em locais situados nos extremos Norte e Sul da fronteira com a China.

Também, há mais de cinco anos, refugiados ou imigrantes temporários norte-coreanos tentam abandonar definitivamente o país, utilizando o território chinês como trampolim para destinos mais clementes, como a Coreia do Sul, ou para pura e simplesmente possam encontrar algo com que subsistir.

Esses refugiados e imigrantes não deixam de representar, aos olhos das autoridades chinesas, uma ameaça à estabilidade das regiões fronteiriças do nordeste chinês, povoadas por uma forte nacionalidade minoritária de origem coreana.

A parte oriental da província de Jilin (municipalidade de Jilin, Tonghua e Baishan e a prefeitura autônoma dos coreanos de Yangian) congrega uma população coreana de mais de 1 milhão de indivíduos.

Apesar dessa preocupação, as autoridades chinesas nunca tomaram a iniciativa de fechar a fronteira. Evidentemente, consideram os refugiados norte-coreanos como imigrantes ilegais e organizam perseguições, após as quais os devolvem à Coreia do Norte. No entanto, a fronteira, que é de natureza muito permeável, está sempre aberta aos fluxos econômicos e migratórios legais.

A China continua a fornecer regularmente assistência energética e alimentar ao regime norte-coreano, ao lado da qual se realiza um ativo pequeno comércio fronteiriço, que está sobretudo na mão das populações coreanas da China e cujas consequências sobre as regiões fronteiriças norte-coreanas não se devem negligenciar.

Esse auxílio econômico e a implicação recente da China no relançamento das reformas norte-coreanas têm apenas um objetivo: manter o regime de Pyongyang. Aos olhos do governo chinês, a queda do regime norte-coreano teria um efeito prejudicial na segurança fronteiriça do país. A perda desse Estado-tampão provocaria desde logo a chegada de milhões de refugiados ao seu território, com o risco de gerar desestabilização política e econômica no nordeste chinês.

O que se seguiria seria igualmente incerto, na medida em que implicaria o estacionamento de tropas americanas nas proximidades das margens do Yalu e do Tumen. Por último, a Coreia do Sul herdaria as armas do norte e, numa dinâmica de nacionalismo exacerbado, poderia representar, por sua vez, uma ameaça às regiões fronteiriças.

Se a crise econômica e alimentar já fazia da Coreia do Norte uma zona de grande instabilidade aos olhos da China, a aventura nuclear em que o regime de Pyongyang se empenhou a partir do outono de 2002 tende a acentuar a ameaça de instabilidade na fronteira e, para além dela, no conjunto da região.

Essa situação impele as autoridades chinesas a desempenharem um papel determinante na organização das reuniões dos seis (China, Coreia do Norte, Coreia do Sul, Estados Unidos, Japão e Rússia) e a posicionarem-se como potência mediadora entre a Coreia do Norte e os Estados Unidos.

Com essas reuniões, cujo objetivo é levar o regime de Pyongyang a abandonar seu programa de armamento nuclear, as autoridades chinesas marcam sobretudo a sua vontade de lutar contra a nuclearização da Coreia do Norte, com receio de que esta provoque, por um efeito dominó, uma corrida aos armamentos no nordeste da Ásia, incluindo a Coreia do Sul, o Japão e Taiwan.

Sébastien Colin

➢ FRONTEIRAS, NACIONALIDADES, NORDESTE, POLÍTICA EXTERNA, REGIÕES FRONTEIRIÇAS

CORES

Para expressar as realidades do presente, quer as revolucionárias do período maoísta, quer as consumistas da época atual, cada período vai buscar no simbolismo tradicional das cores as suas poderosas metáforas e significações, em parte herdadas do antigo sistema de correspondências, a teoria dos cinco elementos.

Essa teoria associa cada uma das cinco cores fundamentais a um dos cinco "elementos" ou "estados de mutação" e a um lugar do espaço e do tempo (estações e pontos cardeais). A madeira está assim associada à primavera, ao leste e ao verde; o fogo, ao verão, ao sul e ao vermelho; a terra a uma quinta estação de transição, ao centro e à cor amarela; a água ao inverno, ao norte e ao negro; e o metal ao outono, ao oeste e ao branco.

A propaganda visual do período revolucionário utilizou o valor simbólico atribuído à cor vermelha nas suas práticas e representações. Nessa encenação do espírito revolucionário da época, o vermelho dominava, por ser, é claro, o símbolo da internacional revolucionária, mas também, e talvez, sobretudo, a cor pomposa, associada ao fogo, ao verão e ao oriente: "o Sol ergue-se no oriente vermelho", clamava o hino revolucionário, hoje em dia limitado a não ser mais que um toque de celular.

Na história social e política da época imperial, o vermelho foi por várias vezes a insígnia dos insurgentes. Em 1949, a bandeira vermelha com as cinco estrelas amarelas tornou-se a insígnia do país. O vermelho é também a cor da substância da vida, o sangue, que a palavra "vermelho", aliás, frequentemente designa. O sangue retirado da crista de um galo (animal que simboliza o *yang*) e misturado com álcool de arroz (outra substância *yang*) serve, quando dos ritos de animação, ditos de "abertura da luz" (*kaiguang*), para consagrar as estátuas das divindades, as tabuinhas dos ancestrais ou qualquer objeto destinado a ser animado (cabeça de unicórnio ou de leão, durante as paradas, barco-dragão etc.). O rito secular confiado a um dignatário político vale-se preferencialmente de uma substância vermelha mais "civilizada" e que lhe é simbolicamente equivalente: a tinta vermelha (cor do cinábrio).

Apesar da adoção do vestido branco de estilo ocidental, sobretudo nas cidades, o casamento, também chamado de "assuntos vermelhos", continua a ter como seu símbolo essa cor pomposa. O vestido branco não é usado, aliás, senão em certas fases do ritual, como para tirar a fotografia de casamento no estúdio do fotógrafo, antes da cerimônia. Em outros momentos desta (ritos de prosternação diante dos antepassados e banquete), a noiva enverga o vestuário vermelho, de estilo tradicional ou moderno.

O branco nupcial do casamento moderno não tem o mesmo valor simbólico que a cor dos "assuntos brancos", que são as cerimônias fúnebres e o luto, assim designados menos por referência à cor do vestuário de luto (tradicionalmente de cânhamo natural, atualmente de algodão branco) e mais à perda da substância da vida (sangue e respiração) que animava o corpo.

No fim do império, o nacionalismo moderno forjou os mitos políticos de uma nação chinesa redefinida em termos sociobiológicos como linhagem dos descendentes de Huangdi, o imperador amarelo, herói civilizador e fundador lendário da unidade política chinesa.

Essa racialização da identidade chinesa, inspirada em parte pelas teorias evolucionistas ocidentais da segunda metade do século XIV, reinterpretou a mitologia e a cosmologia chinesas e atribuiu a essa cor, tradicionalmente associada ao centro, uma nova qualidade, o quinto oriente, o lugar da autoridade política do soberano. Cor da dignidade imperial, o amarelo passou a impor-se como símbolo de uma identidade chinesa racializada.

O valor simbólico da cor branca, associada ao oeste, o lugar simbólico para onde se dirigem as almas dos defuntos, nem sempre é negativo. Ela tem também a conotação da pureza. Uma tez clara era outrora uma importante marca de distinção, creditando as mulheres das famílias desafogadas, não expostas aos trabalhos no exterior, com um capital de beleza.

Atualmente, numa China que estigmatiza o mundo rural, uma tez branca (*baijng*) é sinal de nobreza urbana. Desde os anos 1990, como, aliás, no resto da Ásia, o mercado dos produtos cosméticos "branqueadores", muitas vezes cheios de mercúrio, registra um crescimento fulgurante. Representava mais de 30% da venda de cosméticos.

Béatrice David

➤ CERIMÔNIAS FÚNEBRES, HAN, LINGUAGEM

CORRUPÇÃO

A corrupção é intrínseca ao processo chinês de transição para a economia do mercado, na medida em que, para o aparelho do Partido-Estado, trata-se de converter seu poder de decisão em poder de apropriação e valorização dos ativos públicos.

Já importante nos anos 1980, a nomenclatura que desviava em seu benefício o diferencial entre os preços administrados e os preços de mercado no impacto dos recursos materiais e financeiros passou a agir nos *stocks* de ativos fundiários nos anos 1990 e na década atual, tirando partido da indefinição dos direitos de propriedade no quadro das políticas de privatização.

O sistema produtivo tende a ser reformado segundo o princípio da "privatização das atividades lucrativas e da coletivização das perdas". Muitos projetos urbanos ou periurbanos ocupam terras cultiváveis, cuja superfície diminuiu 5% nos últimos anos, deslocando autoritariamente populações que são insuficientemente indenizadas.

Ativos financeiros são maciçamente desviados para fins especulativos na bolsa ou no mercado imobiliário, dando origem a excesso de oferta de habitações de luxo e aumentando a percentagem dos empréstimos bancários de cobrança duvidosa, estimados em pelo menos 25% do produto interno bruto.

Independentemente desses desvios, os financistas podem apropriar-se diretamente dos fundos, como Yu Zhengdong, Xu Chaofan e Xu Guojun, três funcionários de uma filial cantonesa do Banco da China, que bateram todos os recordes ao desviarem durante vários anos 483 milhões de dólares, antes de fugirem para os Estados Unidos e para o Canadá, via Hong Kong.

Entre 2001 e 2003, as fugas de capitais ligadas à corrupção atingiram 60 bilhões de dólares, ou seja, o equivalente a cerca de um terço das entradas de capitais sob a forma de investimentos diretos estrangeiros.

As interpretações funcionalistas e culturalistas da corrupção acentuam os seus efeitos redistributivos no quadro das famílias, das empresas e das coletividades locais, que são na China os três níveis de proteção social, contrariamente ao modelo europeu de Estado redistribuidor e ao sistema americano, que valoriza a concorrência e um Estado mínimo.

Não podem explicar, porém, a dinâmica de polarização social que acompanha a dimensão sistêmica do fenômeno.

Os lucros da corrupção concentram-se em função das posições de poder na pirâmide hierárquica do Partido-Estado. Mas esses custos são repartidos pelo conjunto do corpo social e, sobretudo, pelas populações mais vulneráveis: os 900 milhões de rurais, submetidos à arbitrariedade das autoridades locais, mormente em matéria fiscal; os trabalhadores imigrantes, mal pagos, quando o são, e os operários e empregados das empresas públicas, vítimas das reestruturações e das privatizações espontâneas.

Perante a multiplicação dos conflitos de interesse relacionados com o direito de propriedade, o poder encontra-se perante um dilema que consiste em ou combater a corrupção, porque esta pode ameaçar sua legitimidade e sua sobrevivência, ou não combatê-la, para preservar e estabilizar o Partido-Estado mediante a concessão de rendas e privilégios em contrapartida da não hostilização.

Para ultrapassar o dilema, a luta contra a corrupção não pode deixar de ser seletiva e exemplar, sob pena de suicídio coletivo. Foi por isso que as comissões de disciplina do Partido Comunista (PC) lidaram de forma puramente organizacional, de acordo com procedimentos internos, com 75% dos 11 milhões de casos de corrupção detectados no período de 1991-2001. Não levaram a cabo sanções internas senão em 11% de outros casos. Nos restantes, apenas 11% foram submetidos aos tribunais e 3% do total foram efetivamente objeto de sentença.

Nessas condições, pertencer ao PC constitui um meio privilegiado de procurar obter rendas e privilégios, além de proteção contra o delito da corrupção, sem que possa garantir, entretanto, uma completa impunidade.

Guilhem Fabre

➤ CRIMINALIDADE, IMOBILIÁRIO (SETOR), MERCADO (TRANSIÇÃO PARA A ECONOMIA DE), PRIVATIZAÇÕES

CRESCIMENTO

A China teve duas grandes fases de desenvolvimento econômico, desde há mais de meio século: a primeira prolongou-se da instauração da República Popular, em 1949, até 1978; e a segunda iniciou-se em 1979, com o lançamento da política de reformas e de abertura.

Entre 1952 e 1978, o crescimento econômico da China foi em média de 5,4% ao ano, um ritmo relativamente elevado, mas que dissimula grandes irregularidades, como a crise de 1960-1962, em consequência do Grande Salto Adiante, e as recessões de 1967-1968, durante a Revolução Cultural, e de 1976, ano da morte de Zhou Enlai e Mao Tsé-tung. Tendo em consideração o forte aumento da população (2% ao ano), o crescimento do produto interno bruto (PIB) por habitante foi de cerca de 3% ao ano.

O crescimento desse período se explica principalmente pelo aumento dos fatores de produção, que são o capital investido (máquinas e equipamentos) e a mão de obra. A estratégia de desenvolvimento privilegiou a indústria pesada (siderurgia, química, máquinas) em detrimento da agricultura e da indústria ligeira (bens de consumo) e requereu grande esforço de investimento. O crescimento foi de natureza extensiva, porque se baseou mais na mobilização de recursos, cada vez mais importantes, do que em ganhos de eficácia em sua utilização.

Após 1978, o crescimento econômico da China acelerou-se nitidamente. A taxa de crescimento anual média do PIB foi de 9,4% durante os últimos 25 anos, ou seja, 8,1% por habitante, e apenas os anos de 1989 e 1990 foram assinalados por uma recessão. Esse crescimento econômico, de uma dimensão e duração notáveis, colocou a China entre as grandes potências econômicas do mundo.

O crescimento econômico chinês continua a se beneficiar do forte aumento da mão de obra, pois muitas gerações vão atingindo a idade produtiva. É continuadamente apoiado por investimentos maciços. O peso dos investimentos no PIB fixou-se em 32% entre 1978 e 2003, mas ultrapassou 40% em 2003 e 2004. A poupança das famílias, que é muito elevada, permite financiar esse esforço.

Após 1978, a economia chinesa se caracteriza por ganhos elevados de produtividade. Resultam, por um lado, de uma gestão empresarial que tendeu a fazer crescer os lucros e a rentabilidade e, por outro lado, de transferências de mão de obra da agricultura para atividades de forte valor agregado, em particular para a indústria transformadora. Baseiam-se também na aquisição de tecnologias modernas de produção, graças a investimentos estrangeiros e à importação de máquinas e equipamentos e, finalmente, às economias de escala relacionadas com o forte crescimento de indústrias exportadoras muito dinâmicas.

Sylvie Démurger

➤ GRANDE SALTO ADIANTE, INDÚSTRIA E POLÍTICA DE INDUSTRIALIZAÇÃO, MERCADO (TRANSIÇÃO PARA A ECONOMIA DE), REFORMAS E ABERTURA

CRIMINALIDADE

Nos anos 1990, assistiu-se a um forte aumento da criminalidade na China, que prosseguiu nos anos seguintes. Nas cidades, a maioria dos delitos é praticada por trabalhadores imigrantes, num quadro de urbanização acelerada do país.

A população móvel, estimada entre 120 e 140 milhões de pessoas, não goza de nenhuma forma de proteção social, e frequentemente se encontra submetida à arbitrariedade nos empregos menos qualificados. O fosso crescente entre o modelo consumista e a impossibilidade de a ele ascender por vias legais podem conduzir à criminalidade, praticada sobretudo por indivíduos não escolarizados. Nos anos 1980, cerca de um quarto dos alunos deixou a escola primária, na maior parte das vezes para "ganhar dinheiro".

Independentemente dessa criminalidade desorganizada, o crime organizado impôs-se de modo progressivo nos anos 1990 com a penetração maciça das tríades de Hong Kong e Taiwan, nomeadamente a 14 K, a Gangue dos Bambus Unidos, que conta 1.171 membros, e o dos Quatro Mares, que tem 726 membros com base em Taiwan.

Além desses grupos enormes, que se beneficiam de sólidas ligações nacionais e internacionais a partir de bases situadas nas províncias de Guangdong e de Fujian, há ainda uma multiplicidade de organizações provinciais e locais, que se dedicam sobretudo ao jogo, à indústria do sexo, ao tráfico de seres humanos, à emigração ilegal, ao contrabando e ao tráfico de entorpecentes.

O conjunto dessas atividades constitui desde logo uma economia criminosa, cujos lucros anuais disponíveis para lavagem representarão entre 2% e 5% do produto interno bruto, ou seja, entre 28,2 e 70,5 bilhões de dólares. Tais rendimentos explicam a capacidade de neutralização do aparelho do Estado que essas organizações possuem num país em que a corrupção se tornou sistêmica. Um grande traficante do Triângulo de Ouro, Tang Mingling, aliás, Tang Xiaolin, conseguiu assim introduzir, entre 1995 e 2001, 3 toneladas de heroína na China, até ser preso e executado em 2004.

As estratégias de corrupção podem corresponder, por vezes, às lógicas institucionais do Estado ao nível local ou de certos setores que têm interesse, no âmbito da descentralização, em maximizar os rendimentos das empresas sob sua tutela e em minimizar a concorrência.

Quanto ao "protecionismo local", tão denunciado, soma-se a colaboração dos "órgãos da ditadura", da justiça e da polícia, há territórios ou setores que podem se inclinar pacificamente para os caminhos mafiosos, o que se pode ver em muitos exemplos, como no caso de contrabando de Xiamen, que totalizou 6 bilhões de dólares nos anos 1990.

O Estado central é obrigado a reagir, sob pena de renunciar ao monopólio da violência e ao ideal do bem público que supostamente encarna. Ele reage de forma violenta, se considerarmos o grande número de execuções, mas ao mesmo tempo é seletivo, como nos casos de corrupção. As intervenções mais determinadas enfrentam, por vezes, ações terroristas, como a explosão de uma bomba em Shenzhen, a capital das tríades, em julho de 2004, na sequência de várias detenções.

As organizações criminosas tendem ainda a investir na economia ilícita, a tal ponto que os magistrados de alguns tribunais, ameaçados durante os seus inquéritos sobre os casos de corrupção, estão sendo obrigados a usar coletes à prova de bala e a cercar-se de guarda-costas.

O poder chinês pretende, assim, reafirmar sua tutela e sua capacidade de controle com base num compromisso implícito com as organizações criminosas, tolerando as atividades mais lucrativas e menos perigosas (jogo e indústria do sexo) e banindo, na medida do possível, o tráfico de armas e entorpecentes, o contrabando e a emigração clandestina.

Guilhem Fabre

➤ CORRUPÇÃO, DROGA, PROSTITUIÇÃO

CRISE ASIÁTICA (A CHINA E A)

Após uma década de crescimento espetacular, as economias asiáticas foram atingidas por uma crise violenta em 1997-1998, com desvalorização maciça das moedas, grandes quebras nas bolsas, recessão econômica e baixa dos salários. A crise foi desencadeada em julho de 1997 por um ataque especulativo contra a moeda tailandesa (o *baht*) e propagou-se depois aos outros países da região, afetando, sobretudo, a Indonésia, as Filipinas, a Malásia e a Coreia do Sul.

A crise teve sua origem nos desequilíbrios e tensões que acompanharam o rápido crescimento econômico desses países desde meados dos anos 1990: os países da região receberam um afluxo maciço de capitais internacionais, atraídos pelos seus bons desempenhos macroeconômicos. Essas entradas de capital corresponderam a empréstimos de curto prazo por parte dos bancos. Somada a uma poupança interna já importante, essa liquidez serviu para financiar projetos mal selecionados em países em que os bancos tinham competências limitadas, havia um débil sistema de controle e ligações fortes com os meios políticos. Entre outros efeitos, esse fato provocou bolhas especulativas no setor imobiliário e nas bolsas, nos anos anteriores à crise.

A confiança dos investidores internacionais diminuiu drasticamente logo após o aparecimento dos primeiros sintomas de crise na Tailândia (crise imobiliária e degradação da balança comercial) e a fuga de capitais ter obrigado as autoridades tailandesas a abandonar a paridade de sua moeda em relação ao dólar. O pânico apoderou-se então dos países vizinhos, onde os investidores tinham encontrado os mesmos atrativos e aos quais passaram a atribuir os mesmos riscos.

A fuga de capitais conduziu a uma desvalorização em cadeia (da ordem de 15% a 70%, conforme os países), apesar da intervenção da comunidade internacional (Fundo Monetário Internacional e Banco Mundial), que forneceu 100 bilhões de dólares para apoiar a Coreia do Sul, a Tailândia e a Indonésia.

A confiança foi progressivamente restabelecida e as trocas se estabilizaram após os países terem procedido ao aumento das taxas de juros e firmado acordos com os bancos credores. Em 1998, a crise financeira provocou uma enorme recessão na maior parte dos países do leste e do sudeste da Ásia, excetuando-se o Japão e a China.

A China foi um dos raros países emergentes da Ásia a escapar à tormenta financeira, pois sua pequena dívida externa e seu regime de controle de câmbios colocaram-na ao abrigo dos movimentos especulativos de capitais a curto prazo.

Durante essa crise, a China desempenhou notável papel estabilizador. De fato, manteve fixa a taxa de câmbio do yuan ante o dólar, o que provocou sua valorização em relação às moedas asiáticas, desvalorizadas em 1998-1999. Isso prejudicou a competitividade das exportações chinesas, mas as autoridades resistiram à tentação de desvalorizar o yuan e, sobretudo, mantiveram a paridade fixa do dólar de Hong Kong, submetido a fortes ataques especulativos. A China contribuiu, assim, para a estabilização das moedas asiáticas e reforçou consideravelmente sua influência na região.

A China retirou também algumas lições da crise financeira que seus vizinhos conheceram e adiou *sine die* a liberalização de seus movimentos de capitais, que estava inicialmente prevista para o ano 2000. A crise evidenciou, com efeito, os riscos que as economias emergentes correm quando liberam as entradas e as saídas de capitais internacionais, no momento em que seu sistema financeiro interno é ainda imaturo.

Françoise Lemoine

➤ BALANÇA DE PAGAMENTOS, JAPÃO (A CHINA E O), SUDESTE DA ÁSIA (A CHINA E O), YUAN

CULTURA

A cultura chinesa contemporânea é assinalada por dois processos sociais que se verificaram no século XX: o movimento antitradicionalista, suscitado pelo choque do encontro com o Ocidente, e a construção de um Estado nacional no sentido contemporâneo do termo sobre as ruínas das instituições imperiais.

Mudança em parte externa e forçada, a modernização da China significou, em primeiro lugar, uma ruptura com a tradição. O Movimento para uma Nova Cultura, simbolizado pelo 4 de maio de 1919, pôs em discussão tanto a moral como a visão de mundo, dominadas até então pelo confucionismo. Desde esse momento, a cultura tradicional, que inspirou os chineses em todos os níveis de sua existência durante vários séculos, perdeu seu caráter de evidência.

Após 1949, a política cultural antitradicionalista passou a ser ainda mais radical. A cultura, considerada atrasada e feudal, foi denunciada como prejudicial e perdeu toda a legitimidade.

Com um aparelho estatal moderno, capaz de influenciar em profundidade a vida e a consciência das comunidades e dos indivíduos, a experiência maoísta teve efeitos não só sobre o patrimônio histórico visível mas também sobre as instituições familiar, escolar e religiosa. Valores chineses fundamentais desmoronaram: o ideal da harmonia entre o céu e o homem deu lugar à ambição de transformar a natureza, a ética das relações humanas foi submetida ao princípio da luta de classes e a identificação dos chineses com critérios de civilização partilhados foi substituída pela adesão ao novo poder político, que lhe era reclamada.

Ultrapassados os anos 1970, o Estado chinês, para manter a legitimidade num período atravessado por muitas crises sociais, empreendeu reformas que visavam favorecer o crescimento econômico. Isso implicou importantes transformações no plano ideológico.

Assim, a cultura tradicional foi progressivamente reabilitada e foi-lhe concedido espaço para se desenvolver. As artes e os saberes tradicionais passaram a ser novamente um capital cultural de valor. As religiões, institucionais ou não, registraram todas um crescimento importante e, embora tenham sido reformuladas, voltaram a ser fontes de sentido e referência moral. Em alguns meios intelectuais emerge hoje em dia uma espécie de conservadorismo cultural, acentuado pelos discursos nacionalistas e contrários à modernização.

A relativa liberação ideológica a que assistimos na China permite igualmente a expressão e o grande desenvolvimento de elementos culturais não tradicionais. Com a diversificação das trocas econômicas e sociais e a abertura do país ao exterior, o confronto de valores e sua interação passaram a ser características da sociedade chinesa atual.

O individualismo moderno, que afirma a autonomia do sujeito, a cultura de massas recebidas dos países asiáticos vizinhos, mas também dos Estados Unidos e da Europa, e o cristianismo, que se expande rapidamente em todos os meios sociais, influenciam profundamente os costumes, a estética e as crenças dos chineses.

Diante das culturas estrangeiras, a cultura chinesa já não é atualmente um sistema estável de referências comuns. Além disso, goza de uma autonomia que é ainda limitada. A politização da esfera cultural continua a ser forte: o controle exercido sobre a literatura, a arte, a religião, a educação e os meios de comunicação social é ainda severo.

O Estado investiu muito na produção cultural, utilizando para fins de propaganda ou de legitimação elementos culturais tradicionais ou populares, confundindo as fronteiras entre as identidades cultural, política e nacional para poder surgir como o representante legítimo da cultura chinesa.

Dessa forma, enquanto princípio de organização da vida moral dos chineses, a cultura chinesa contemporânea apresenta uma configuração móvel de elementos variados e, por vezes, até contraditórios.

Os pensamentos, os discursos, as práticas e os produtos culturais atuais são híbridos, atravessados por tensões que refletem as contestações, as negociações e os compromissos entre as manifestações oficiais e as necessidades populares, entre o ideal tradicional e os valores modernos, entre a expressão das elites e a experiência dos membros comuns da sociedade.

Ji Zhe

➢ BUDISMO, CONFUCIONISMO, CONTROLE POLÍTICO E CENSURA, INTERNET, 4 DE MAIO DE 1919 (MOVIMENTO DE), TAOÍSMO.

D

DAI

Habitantes de Yunnan meridional, os dai, 1,2 milhão de habitantes no total, são parentes próximos das populações do grupo linguístico tai-kadai, do sul da China (Zhuang, Buyi) e da península indochinesa (Lao, Thai). Partilham com elas certos traços da estrutura social: modo de filiação indiferenciado, estratificação e organização política em chefaturas e principados.

A nacionalidade dai reúne, na verdade, vários grupos distintos, sendo os dois principais os tai lü (prefeitura dos Sishuang banna) e os tai nüa (a de Dehong), possuindo cada um deles seu próprio alfabeto.

Os tai lü constituíram no século XII um reino tributário da corte imperial chinesa cuja única linhagem reinante conservou o poder até o desmantelamento da estrutura monárquica pelos comunistas.

Os dai habitam casas grandes sobre estacaria, rodeados de jardins vedados. As aldeias estão disseminadas no fundo de vales situados na proximidade de cursos de água ou de lagos. Seu sistema de rizicultura alagada lhes permite obter até três colheitas por ano. Tal como os seus vizinhos laosianos e birmaneses, são seguidores do budismo theravada.

Pascal Bouchery

➢ NACIONALIDADES, ZHUANG

DANÇA POPULAR

O *yangge*, dança coletiva ritual de origem rural do nordeste da China, que remonta ao século X, significa literalmente "canto [popular dos plantadores] de brotos de arroz", porque era dançado durante a preparação da terra para as novas sementes. O *yangge* apresentou diversas formas ao longo de sua história.

Tradicionalmente, os camponeses artistas amadores, paralelamente às suas atividades no campo, reuniam-se em associações de *yangge* durante o período do Ano-Novo para desejar bom ano aos membros da comunidade local e regional (funcionários governamentais, parentes e aldeões) e reforçar os seus laços políticos, econômicos, sociais, culturais e religiosos.

Essa atividade assumia a forma de múltiplos ajuntamentos regulares, que se desenrolavam durante quinze dias. Eram constituídos por diversas danças (com lanternas, sobre pernas de pau), números cômicos (corrida atrás de um burro, passeios a cavalo sobre bambus, barco em seco) e pequenas peças teatrais (mimos de histórias locais), destinados a divertir a população.

Com a chegada do Exército Vermelho a Yan'an, nos anos 1930, o *yangge* adquiriu nova dimensão. Mao Tsé-tung tomou consciência do potencial dessa prática no seio das coletividades rurais e encarregou os quadros culturais do Partido Comunista de transformar essa dança popular para fazer dela um instrumento de propaganda.

O *yangge* tradicional, despojado dos seus elementos rituais e "feudais", foi convertido em uma nova dança, tanto na forma como no conteúdo, e tornou-se um dos símbolos da "nova China". Os movimentos foram simplificados, foram introduzidos novos personagens e novos temas e os atributos simbólicos foram adaptados à ideologia revolucionária. Passou desde então a ser regularmente praticado nos tempos livres, durante as festividades ou nas celebrações oficiais.

Proibido no início da Revolução Cultural, o *yangge* reapareceu na China das reformas como atividade cotidiana levada a efeito pelas associações de bairro. Organizadas de maneira espontânea por iniciativa de uma personalidade local, essas reuniões juntam mais de uma vintena de dançarinos e alguns músicos. Homens e mulheres, jovens e velhos, de todas as classes sociais, procuram por intermédio delas uma nova forma de sociabilidade e bem-estar físico e psíquico.

Nos anos 1990, o governo soube beneficiar-se desse entusiasmo e apresentou o *yangge* como um dos símbolos da cultura nacional chinesa no quadro de sua nova política, a "civilização espiritual socialista".

Florence Graezer-Bideau

➢ CULTURA, PRÁTICA RECREATIVA

DEFESA

Apesar da evolução por que passou desde o início dos anos 1980, a política de segurança da China foi sempre definida como "estritamente defensiva".

A partir de meados dos anos 1980, foi apresentada uma nova doutrina, a de "guerra popular em condições modernas". Destinada a assinalar a referência ideológica ao pensamento militar de Mao Tsé-tung, a ideia de "guerra popular" corresponde também a uma realidade de "última instância": a de o território chinês acabar por ser ocupado.

As "condições modernas" refletem a análise da situação estratégica internacional e dos desafios vitais do país, realizada pela direção do Partido Comunista (PC) após o lançamento das reformas. Atualmente, os analistas chineses consideram que a probabilidade de uma guerra global nuclear será nula durante um período muito longo, dando lugar a guerras localizadas.

A partir de 1991, após a primeira Guerra do Golfo, os estrategistas chineses tornaram mais precisa a definição das "condições modernas", nelas incluindo a dimensão da "alta tecnologia", que tende a integrar os desenvolvimentos rápidos das transformações no domínio militar.

Expresso nos livros brancos da defesa, o "único objetivo" da doutrina de defesa da China é, portanto, "garantir um ambiente de segurança estável para o desenvolvimento do país", mantendo ao mesmo tempo sua soberania e sua integridade.

Entretanto, além da afirmação do pacifismo fundamental da doutrina de defesa na China, encontramos um segundo elemento que é a afirmação do seu poder, entendido como faculdade de conservar uma margem de manobra importante e de impedir qualquer "ingerência".

As prioridades da doutrina de segurança da China são impedir o aparecimento de potências concorrentes no plano regional, sobretudo nos "países em derredor", e excluir as potências estrangeiras (Estados Unidos), suscetíveis de comprometer essa estratégia chinesa de poder.

Além disso, a definição dos interesses nacionais estende-se hoje em dia às "fronteiras estratégicas" e inclui tudo o que se reveste de interesse estratégico vital para Pequim "na terra, nos ares, no mar e no espaço".

A ideia de "segurança ideológica", perante as teorias de evolução pacífica e de mudança de regime, é também levada em consideração.

Por último, a "manutenção da unidade territorial e da integridade da nação" como marca de poder é oficialmente colocada como prioridade dos interesses nacionais considerados pela doutrina da defesa.

Nesse contexto, a questão de Taiwan ocupa um lugar especial, na medida em que a manutenção de sua autonomia e a recusa em se submeter, ainda que simbolicamente, às exigências de Pequim contribuem para enfraquecer o poder chinês.

Apesar de um discurso que se baseia numa cultura estratégica descrita como essencialmente pacífica, o papel concedido ao plano militar para "proteger ou promover" os interesses nacionais da China é considerável. O desenvolvimento das capacidades militares constitui elemento indispensável ao sucesso das pressões diplomáticas.

A principal característica da doutrina de defesa e de segurança da China é, na verdade, a de se destinar, em primeiro lugar, à proteção do regime político atual.

Apesar dos debates sobre a "estatização" das Forças Armadas, o Exército Popular da Libertação em todos os seus componentes (polícia armada, milícia, forças de reserva) continua a ser o exército do PC. É este que define a "linha militar", garantia, em última instância, da segurança do PC e dos seus dirigentes.

Essa osmose se expressa na instância suprema constituída pela Comissão Militar Central, atualmente dirigida por Hu Jintao, que é também presidente da República e secretário-geral do PC, que, assim, reúne em sua pessoa as três funções do poder.

Neste contexto, a "segurança" significa, na verdade, a manutenção de uma ordem, e não a proteção dos interesses da nação.

Valérie Niquet

> ESTADOS UNIDOS (A CHINA E OS), EXÉRCITO, IDEOLOGIA, POLÍTICA EXTERNA, TAIWAN (A REPÚBLICA POPULAR DA CHINA E)

DEMOCRACIA E MOVIMENTO DEMOCRÁTICO

Desde o início do século XX, surgiu uma corrente democrática na China que teve a sua expressão mais eloquente no movimento do 4 de maio de 1919.

O movimento democrático chinês contemporâneo tomou forma no inverno de 1978-1979 com a emergência de reivindicações claramente expressas por um pequeno grupo de dissidentes a favor da criação de um sistema democrático e do respeito pelos direitos humanos. As personalidades mais notórias desse movimento, Wei Jingsheng, Xu Wenli e Ren Wanding, foram condenadas pouco depois a penas de prisão entre 10 e 15 anos.

A segunda "Primavera de Pequim" irrompeu em abril de 1989. Ao passo que a primeira "Primavera de Pequim" fora instigada por não mais de uma centena de indivíduos, os efeitos do movimento democrático da Praça de Tiananmen alastraram-se pelo país e suscitaram a participação de milhões de chineses em manifestações pacíficas nas ruas da maioria das grandes cidades.

Esse fenômeno é uma prova da rápida emancipação dos espíritos durante o decênio de 1980 e da tomada de consciência de que a abertura econômica da China devia ser acompanhada de reformas políticas.

O massacre de 4 de junho de 1989 foi o dobre de finados do movimento reformista influenciado pela evolução da União Soviética governada por Gorbachev e que, no entanto, encontrara simpatizantes entre um bom número de intelectuais e dirigentes chineses altamente colocados.

Com efeito, nos anos 1990 tiveram lugar novas tentativas, sobretudo com a criação do Partido Democrático da China, em 1998. Mas os seus animadores, agrupados em torno de Wang Youcai, foram rapidamente detidos e 34 dos seus 200 membros foram condenados a penas de prisão.

No momento atual, demasiado perigoso, todas as reivindicações abertamente políticas foram substituídas por reivindicações sociais. Intelectuais e militantes reúnem-se em torno de causas humanitárias como a defesa das populações imigrantes. Esse estratagema evita que esses militantes sejam acusados de pretender subverter o Estado, mas não protege todos eles da repressão.

Formou-se também um movimento democrático fora da China, após o êxodo maciço de estudantes e intelectuais objetos da repressão do movimento de 1989 e da expulsão para os Estados Unidos de alguns prisioneiros políticos comuns.

O movimento democrático no exílio se estrutura em torno de algumas organizações e personalidades, como Liu Qing, presidente chinês da Human Rights, com sede em Nova York, Wei Jingsheng, presidente da Coligação dos Democratas Chineses do Exterior, Harry Wu, criador da Fundação Laogai, em Washington, Han Dongfang, animador do China Labour Bulletin, em Hong Kong, e muitos outros.

Nenhuma dessas personalidades conseguiu, no entanto, impor sua liderança nesse feudo proteiforme, em contraste com o governo tibetano no exílio e, sobretudo, com o Dalai Lama, que reúne à sua volta os emigrantes tibetanos e muitos militantes que apoiam sua causa.

Marie Holzman

➤ DIREITOS HUMANOS, DISSIDENTES, 4 DE JUNHO DE 1989 (ACONTECIMENTOS DE), TIANANMEN (PRAÇA DE)

DENG XIAOPING

Deng Xiaoping, nascido em 1904 e falecido em 1997, permanecerá na história da China contemporânea como o artesão da reabertura do seu país ao exterior e de uma reforma econômica bem-sucedida, embora com um sistema de governo que continuou a ser profundamente autoritário e repressivo.

Por isso, Deng Xiaoping tinha já uma longa carreira atrás de si quando, com 74 anos, convenceu a maioria da direção do Partido Comunista (PC), no final de 1978, a romper com os princípios do fechamento econômico e ideológico preconizados por Mao Tsé-tung, o fundador do regime.

Originário do Sichuan, Deng era muito jovem quando aderiu ao movimento comunista chinês. Nos anos 1920, passou algum tempo na França, o que reforçou os seus laços com o PC (Zhou Enlai) e com a Internacional Comunista. Reuniu-se depois à guerrilha de Mao Tsé-tung, em que ascendeu rapidamente, e tornou-se comissário político de um dos quatro grandes exércitos da estrada, em 1945. Após a batalha de Huai, em 1948, na qual se distinguiu, passou a ser pró-cônsul político e militar do sudoeste da China. Foi chamado a Pequim em 1954, onde ocupou de imediato o lugar de vice-primeiro-ministro, e depois, em 1956, o de secretário-geral e número seis do PC.

Deng Xiaoping não era, evidentemente, um liberal. Apoiou ativamente Mao Tsé-tung na repressão dos "direitistas", em 1957, na sequência da campanha das Cem Flores. Revelou-se partidário do Grande Salto Adiante. Foi um dos principais porta-vozes do conflito ideológico que opôs a China à União Soviética, a partir de 1959.

No entanto, Deng Xiaoping percebeu rapidamente as consequências dramáticas das iniciativas de Mao Tsé-tung. Com Liu Shaoqi, restabeleceu a partir de 1961 o sistema de exploração familiar das terras, modelo que seria novamente enaltecido no final dos anos 1970. Opôs-se às manifestações mais violentas da Revolução Cultural.

Destituído dos seus cargos, Deng Xiaoping não foi, porém, excluído do PC. Foi pouco a pouco reabilitado a partir de 1973, graças à intervenção de Zhou Enlai, que pretendia fazer dele seu sucessor. A oposição dos radicais a esse projeto precipitou a segunda exoneração de Deng Xiaoping, após o falecimento de Zhou Enlai, em janeiro de 1976.

No entanto, a morte de Mao Tsé-tung, a queda do "Bando dos Quatro" e a fraqueza do novo número 1 do país, Hua Guofeng (nascido em 1920), tornou inevitável o regresso de Deng Xiaoping à atividade política, o que se concretizou a partir de julho de 1977.

A vitória de Deng Xiaoping e dos seus partidários contra Hua Guofeng abriu a porta a uma década de impressionantes transformações econômicas e institucionais. Contudo, no fim desse período de relativa liberalização, Deng confirmou sua adesão ao modelo político de partido único, reprimindo de forma sangrenta o movimento democrático da Primavera de 1989.

Porém, foi o próprio Deng Xiaoping que, em janeiro de 1992, após o desmoronar do bloco soviético, decidiu relançar as reformas econômicas e promover, ao lado de Jiang Zemim, um sucessor para este último na pessoa de Hu Jintao. Foi a última grande iniciativa política de Deng Xiaoping.

A partir de 1994, afastou-se da ativa à medida que sua saúde declinava. Faleceu em fevereiro de 1997.

Jean-Pierre Cabestan

➤ CEM FLORES, GRANDE SALTO ADIANTE, HU JINTAO, JIANG ZEMIM, MAO TSÉ-TUNG, PARTIDO COMUNISTA, 4 DE JUNHO DE 1989 (ACONTECIMENTOS DE), REFORMAS E ABERTURA, ZHOU ENLAI, ZONAS ECONÔMICAS ESPECIAIS

DESCENTRALIZAÇÃO

"Desconcentração administrativa", e não tanto "descentralização", é a expressão que melhor se aplica à China atual.

De fato, as instâncias locais às quais foi delegado certo número de competências não são eleitas, mas designadas pelo Partido Comunista. Continuam diretamente subordinadas no plano hierárquico ao escalão superior do bloco Partido-Estado.

Além disso, a desconcentração a que assistimos desde o início dos anos 1980 manifestou-se, sobretudo, nos domínios fiscal, econômico e cultural. Em matéria política e ideológica, as competências continuam muito concentradas em Pequim.

O lançamento das reformas econômicas por Deng Xiaoping propiciou um aumento importante do poder das coletividades territoriais. Todavia, esse aumento da autonomia não foi homogêneo, tal como sucedeu com o ritmo do desenvolvimento das diversas regiões do país. De maneira geral foram as províncias e as municipalidades ricas – as regiões costeiras, os grandes centros urbanos e a sua periferia imediata – que, bastante libertas de dependências financeiras em relação ao centro, conseguiram ampliar sua margem de manobra. A urbanização rápida do país também aumentou os poderes de muitas cidades novas, incluindo as criadas nos distritos rurais que praticam a administração direta.

Em contrapartida, tributários do escalão superior, mas muitas vezes deixados entregues a si mesmos, os distritos rurais mais pobres e um grande número de regiões interiores não tiraram partido algum dessa delegação de poderes e de responsabilidades. Incapazes de cumprir sua missão, abandonaram largas parcelas de suas atividades tradicionais (educação, proteção social, saúde), sem que, por enquanto, o escalão superior ou o centro estejam em condições de assumi-las.

Os cantões rurais e as vilas encontram-se igualmente em situação precária, quer estejam sob a tutela de distritos pobres que continuam a gerir diretamente a maior parte das empresas locais, quer dependam de distritos ricos que os julgam inúteis e caros.

Quanto às regiões de minorias étnicas, sua autonomia é em geral inversamente proporcional ao nível de tensão política com o centro (e os Han). Assim, as zonas mais sensíveis (Tibete, Xinjiang) são provavelmente as coletividades territoriais menos autônomas do país.

Por essa razão, a vasta descentralização de poderes introduzida a partir de 1979 segregou certo número de efeitos perversos, que Pequim tenta corrigir desde meados dos anos 1990. Esse movimento esvaziou os cofres do Estado, obrigando a capital a introduzir, em 1994, uma reforma fiscal que apenas equilibrou parcialmente a situação. Também favoreceu a duplicação de muitos projetos econômicos e, consequentemente, desperdícios importantes.

Por último, esteve na origem de um enorme protecionismo local que, além de econômico, foi também administrativo e judiciário, travando a edificação não só de um "Estado de direito socialista" mas também, de modo mais geral, de um Estado moderno, capaz de aplicar em todo o território as regras e as políticas instituídas em escala nacional.

Jean-Pierre Cabestan

> ADMINISTRAÇÃO TERRITORIAL, DISPARIDADES REGIONAIS, ESTADO, GOVERNO, LOCAL

DESCOLETIVIZAÇÃO

Os campos chineses sofreram uma coletivização forçada no inverno de 1955-1956, nos excessos do Grande Salto Adiante e na instauração das comunas populares em 1958. A partir de 1962, entrou-se numa fase de cerca de 20 anos de coletivização "normalizada", em que a "equipe de produção" (cerca de vinte famílias ou o bairro da aldeia) se tornou a unidade coletiva de produção agrícola e de repartição dos recursos.

O regresso a resultados agrícolas normais nas estruturas coletivas viáveis mal ocultava, entretanto, sua grande instabilidade. A tendência recorrente para a divisão das terras teve de ser incessantemente contrariada por campanhas de mobilização política que visavam, pelo contrário, conduzir a coletivização a um nível superior, o das "brigadas de produção" (aldeias inteiras).

Além disso, as dificuldades de aplicação dos sistemas de remuneração nos coletivos nunca puderam ser resolvidas de maneira satisfatória, quer os pontos de trabalho remunerassem tarefas específicas, demasiado diversificadas e complexas para que os contabilistas conseguissem medi-las e controlá-las com eficácia, quer pagassem os dias passados no campo, recompensando, nesse caso, a presença e não o trabalho. Precisamente para resolver essas dificuldades foram lançadas as reformas agrícolas após o regresso de Deng Xiaoping ao poder, em 1978. Tratava-se então de "relacionar a remuneração com a produção" nos coletivos de trabalho. Levando-se em consideração a especificidade da agricultura, isso não poderia ser levado a cabo sem individualizar as produções e, portanto, dividir as terras.

Com a designação de "sistemas de responsabilidade" (*zeren zhidu*), que relacionavam a remuneração com a produção, foram sucessivamente percorridas várias etapas. Segundo os "contratos de produção com grupos" (*baochan daozu*), todos os excedentes de produção, além das cotas submetidas à redistribuição coletiva, eram propriedade do grupo sob contrato (quatro a cinco famílias, quase sempre amigas ou aparentadas). Os "contratos de produção com as famílias" (*baochan daohu*) permitiam que o excedente fosse propriedade da família signatária. Por fim, os "contratos de exploração com as famílias" (*baogan daohu*, ou "contrato integral, "*da baogan*") consagravam o termo da redistribuição coletiva (mesmo que parcial nos contratos precedentes) e, portanto, do salariato dos pontos de trabalho, restabelecendo a autonomia financeira e de exploração das famílias e instaurando o arrendamento individual generalizado nas terras que continuavam a ser propriedade coletiva das aldeias.

As famílias que exploravam as terras continuavam submetidas a cotas obrigatórias de entrega de cereais ao Estado (pagas a preços administrativos), ao imposto agrícola, a diversos pagamentos locais (entre os quais as "retenções" para fazer face às despesas de administração das aldeias) e a corveias para manutenção da infraestrutura. A partir de 1981, esse sistema generalizou-se por toda a China, o que significou o fim da coletivização e a partilha das terras.

A rapidez da descoletivização e o próprio fato de os contratos de produção transitórios terem tido apenas uma existência efêmera assinalavam o triunfo da economia camponesa familiar, estranha à ideia de salariado agrícola, que 20 anos de coletivização não tinham conseguido fazer desaparecer.

As comunas populares foram oficialmente extintas em 1984 e substituídas pelas administrações dos cantões.

Claude Aubert

➤ AGRICULTURA, CAMPONESES, COMUNAS POPULARES, GRANDE SALTO ADIANTE

DESEMPREGO

A reestruturação do setor público traduziu-se nos anos 90 no aparecimento de uma elevada taxa de desemprego, fenômeno até então desconhecido na China. Até 1978, o setor público e seu avatar, o setor coletivo, tinham um monopólio quase total do emprego. A produtividade era baixa, e o excesso de efetivos, enorme. Durante os anos 1990, a reestruturação das empresas do Estado tornou visível um desemprego que até então fora latente.

Fenômeno novo, o desemprego é difícil de quantificar com rigor. Isso se deve, sobretudo, à diversidade do *status* dos que procuram emprego. Devem, de fato, ser levadas em consideração duas categorias que raramente são agregadas às estatísticas oficiais.

Os desempregados regularmente inscritos nos gabinetes de trabalho eram cerca de 6 milhões em 1990, 6,7 milhões em 2002, 6,9 milhões em 2003 e 7,2 milhões em 2004. A taxa de desemprego urbano, assim definida, foi de 2,5% a 3% nos anos 1990 e atingiu 4,6% em 2005. Esse cálculo do desemprego é, no entanto, parcial: leva em consideração apenas os que procuram emprego e têm idade compreendida entre 16 e 45 anos no caso das mulheres e entre 16 e 55 no caso dos homens, dispondo de um certificado de residência (*hukou*) não agrícola e inscritos regularmente em um gabinete de procura de emprego.

Os *xiagang* são trabalhadores cujas empresas os despediram, mas que mantêm um relacionamento com elas sob a forma de pagamento de subsídios e apoio social parcial. Se esse número for contabilizado, a taxa real de desemprego atingia 5,5% no final de 2002.

No entanto, há grandes diferenças entre as províncias. Em dez cidades e províncias da China, a taxa real de desemprego era superior a 10% em 2003, segundo um estudo do Banco Mundial. Ora, só menos de metade dos trabalhadores urbanos tem seguro-desemprego, devido, principalmente, à grande incidência de empregos no setor informal.

A soma apenas dos desempregados oficialmente registrados e dos empregados demitidos que continuam a receber um pequeno subsídio das suas empresas (os *xiagang*) subestima a dimensão real do desemprego.

O cálculo não considera o subemprego rural, que é muito relevante, como é visível pelo número de imigrantes rurais que procuram trabalho nas cidades, mas raramente são integrados nas estatísticas oficiais.

Finalmente, tampouco se levou em conta o desemprego oculto nas cidades, ou seja, o pessoal das empresas que é remunerado, sem ter uma verdadeira ocupação. Um inquérito aprofundado do Gabinete do Estado das Estatísticas permitiu estimá-lo em 20% dos efetivos das empresas chinesas, com variações muito grandes entre as províncias, conforme seu sistema industrial é dominado ou não pela propriedade do Estado.

François Gipouloux

➢ EMPREGO, EMPRESAS DO ESTADO, PROTEÇÃO SOCIAL, REGISTRO DE RESIDÊNCIA

DESIGUALDADE DE RENDIMENTOS

Desde o início das reformas, o crescimento econômico chinês foi acompanhado do aumento das desigualdades de rendimentos, criando tensões sociais e afetando a evolução da procura. Esse problema adquiriu tal amplitude que a luta contra as desigualdades passou a ser apresentada como um dos objetivos essenciais do governo.

As reformas inspiradas por Deng Xiaoping eram de natureza deliberadamente não igualitária, tanto no plano individual como no das províncias.

Depois de décadas de políticas igualitaristas, a instauração progressiva de uma economia concorrencial deu prioridade à eficácia, mais do que à igualdade. Apesar do caráter gradual das reformas, essa mudança foi brutal, e o desenvolvimento da China registrou dentro de pouco tempo não só desequilíbrios entre as cidades e as zonas rurais mas também entre as regiões.

O coeficiente de Gini, que mede a desigualdade dos rendimentos individuais, passou de 0,30 no fim dos anos 1970 para 0,45 no início do século XXI, o que faz da China um país com maiores desigualdades do que a Índia (onde o coeficiente é de 0,3).

Os salários, que desempenharam papel cada vez mais importante na determinação dos rendimentos dos meios rurais, foram uma das fontes dessas desigualdades, mas estas também resultaram das insuficiências das políticas de redistribuição.

De 1978 a 1985, os rendimentos nas cidades e nas zonas rurais cresceram juntos, graças ao aumento da produtividade na agricultura e à alta dos preços dos produtos agrícolas.

A diferença se acentuaria cada vez mais. Os rendimentos rurais cresceram muito pouco, enquanto o crescimento dos rendimentos urbanos não registrou praticamente nenhum abrandamento. A reforma urbana induziu a uma maior liberdade de fixação dos salários, o que se traduziu na elevação dos rendimentos urbanos. Em 2003, a proporção entre as cidades e as zonas rurais era de 1 para 3, quando em 1978 fora de 1 para 2,5.

Essas desigualdades são o resultado da fraca produtividade agrícola, do baixo nível da educação nas zonas rurais e do controle do êxodo rural.

Sendo já grandes as diferenças de rendimentos entre as zonas urbanas e rurais, a diferença de nível de vida foi agravada pelas reduzidas transferências públicas e pela inexistência de cobertura social nas zonas rurais.

A disparidade dos rendimentos entre as cidades e as zonas rurais teve influência nas desigualdades entre as províncias, sendo as mais pobres as menos urbanizadas.

Além disso, o contraste entre o leste e o oeste do país se acentuou com o desenvolvimento muito grande das regiões costeiras, notadamente das que acolhem as zonas econômicas especiais.

Considerados os casos extremos, a situação não mudou muito. Em 1978, tal como em 2003, a província mais pobre em termos de produto interno bruto (PIB) por habitante era a do Guizhou, e a mais rica era, de fato, uma cidade, a de Xangai. A relação entre as duas era de 9,5 no início do período e de 10 em 2003 (em yuans de 1995).

O debilitamento das empresas do Estado explica também as divergências entre as províncias. Essas empresas, que estão situadas sobretudo nas províncias do nordeste da China, vêm desacelerando nos últimos 20 anos. Tiveram principalmente de reduzir os seus efetivos, criando um desemprego significativo e uma crise econômica nessas regiões.

O enfraquecimento das empresas do Estado modificou a hierarquia das províncias. O Liaoning, província do nordeste, até há pouco tempo modelo de desenvolvimento baseado na indústria pesada e nas grandes empresas do Estado, tinha em 1978 um PIB *per capita* 1,9 vez superior ao do Zhejiang, uma província costeira. Em 2003, era a província de Zhejiang, cujo crescimento fora estimulado pelo súbito desenvolvimento do setor privado, que tinha um PIB *per capita* 1,3 vez mais elevado.

O sucesso econômico da China foi construído, portanto, à custa de desigualdades internas crescentes. Para atenuar essas desigualdades, o governo criou zonas preferenciais nas províncias do interior, no final dos anos 1990. Começou também a realizar grandes investimentos em infraestrutura nas províncias do oeste, cujo desenvolvimento é considerado prioritário.

Mary-Françoise Renard

➢ AGRICULTURA, CIDADES E AS ZONAS RURAIS (AS) DISPARIDADES REGIONAIS, EMPRESAS RURAIS, OESTE (PROJETO DE DESENVOLVIMENTO DO), POBREZA, PROTEÇÃO SOCIAL

DIALETO

O "chinês" é a denominação comum de grande número de línguas faladas há mais de 3 mil anos em zonas cada vez mais vastas do que é atualmente a China.

Apesar do uso constante de uma mesma escrita, que remonta à época arcaica, as formas faladas das línguas chinesas não são mutuamente compreensíveis. Entre o mandarim e o *wu*, entre o *yue* ou cantonês e o *min*, as diferenças são tão significativas como as que existem entre o francês e o italiano, por exemplo.

O termo "dialeto", utilizado durante muito tempo para designar esses grandes conjuntos, é mais adequado para referir as suas variantes locais. Assim, os falares de Xangai e de Suzhou são dois dialetos da língua *wu*, os falares de Cantão e de Hong Kong são dois dialetos da língua *yue* (ou cantonês). Os dialetos de uma mesma língua, por exemplo, o *wu* de Xangai e o de Suzhou, compreendem-se mutuamente, o que já não acontece entre línguas diferentes.

Assim, conhecer o *wu* não permite, sem aprendizagem, conhecer o cantonês ou o mandarim. Fora das zonas dos falares mandarins, que estão na base da "língua comum (*putonghua*), o ensino desta aos habitantes faz dela a sua segunda língua.

As principais línguas chinesas (e a proporção de habitantes de que são a língua materna) são: o *beifang ganhua* ou mandarim 71% (norte do Yang-Tsé e sudoeste); o *wu* 9% (Jiangsu, norte do Fujian); o *xiang* 5% (Hunan); o *yue* ou cantonês 5% (Guangxi e Guangdong); o *min* 4% (Fujian, Hainan, Taiwan); o *kejia* 4% (comunidades hakka do sudoeste da China); e o *gan* 2% (Jiangxi).

Em Hong Kong, colônia britânica até 1997, o cantonês era a língua materna declarada de 88,7% dos habitantes, em 1996, o ano que antecedeu sua devolução à soberania chinesa. Calcula-se que 95% dos habitantes podem compreender e exprimir-se em cantonês.

Em Taiwan, a maioria dos habitantes é de língua materna *min* (66,7%), repartindo-se o restante da população entre o mandarim (20,1%) e o hakka (11%).

As línguas das zonas costeiras do sudeste ocupam um lugar importante nas comunidades do exterior. Por exemplo, na Malásia, onde 20% da população são de língua materna chinesa, os dialetos *min*, chamados localmente *hokkien* e *teochiu*, são dominantes.

Como na China a "língua comum", baseada no mandarim, é obrigatória no ensino e na administração e preponderante nos meios de comunicação social, os jovens com instrução que vivem em grandes cidades, como Xangai, tendem a usar essa segunda língua em detrimento de sua língua materna.

Viviane Alleton

➤ CANTONESES, CHINESES DO ESTRANGEIRO, EDUCAÇÃO, HAKKA, MANDARIM

DIREITO

A partir de 1979, a China lançou-se progressivamente numa reabilitação do direito e da "legalidade socialista".

Após a adoção de leis sumárias nos anos 1980, os anos 1990 caracterizaram-se por uma aceleração do processo de elaboração da legislação e, a partir de 1997, pela instituição do que o Partido Comunista chama de "Estado de direito socialista".

A perspectiva da entrada da China na Organização Mundial do Comércio também contribuiu para modernizar o sistema jurídico do país, torná-lo mais transparente e aproximá-lo das normas internacionais.

No domínio do direito civil, por razões políticas e de evolução das estruturas econômicas e sociais, a China, após a promulgação em 1986 de um texto de referência intitulado "princípios gerais de direito civil", vem privilegiando a adoção de leis especificas, notadamente em matéria de direito de família, das obrigações e dos bens.

A lei das sociedades, de 1993, a lei uniforme sobre os contratos, de 1999, e a nova lei sobre o casamento, de 2001, são reveladoras, quer de uma progressiva fusão entre o direito econômico, de origem soviética, e o direito civil, de inspiração ocidental, quer de uma mudança de rumo na sociedade chinesa.

Depois de ter regido por muito tempo a vida das pessoas, o Estado reconheceu a separação entre seu papel, por um lado, e a vida privada e as atividades civis e econômicas, por outro.

Após 1º de outubro de 2003, a autorização do empregador deixou de ser necessária para alguém se casar ou divorciar-se. A lei dos contratos instaurou um verdadeiro direito comum dos contratos, consagrando os princípios da liberdade contratual, da boa-fé, da igualdade das partes e do efeito obrigatório dos contratos.

Paralelamente, a emenda constitucional de 14 de março de 2004 reconheceu a proteção da propriedade privada sob todas as suas formas.

Posto em perspectiva por diversas vezes e depois suspenso, está sendo elaborado um projeto de código civil (*minfadian*) de mais de 2 mil artigos e que reúne o conjunto dos diplomas em vigor. Surgiu um primeiro projeto em dezembro de 2002, mas ainda não pôde ser aprovado, devido a divergências entre seus autores sobre o caráter "compilador" ou "inovador" desse futuro código.

Ao fazer em 1997 uma profunda revisão da antiga lei penal de 1979, a China modernizou igualmente seu direito penal. Adotou princípios de legalidade das penas e dos delitos e de proporcionalidade entre estes e aquelas que estão mais em conformidade com as normas gerais do direito penal internacional. O conceito de "crimes contrarrevolucionários" foi substituído pelo de "crimes que ameaçam a segurança do Estado".

O novo código de processo penal, que entrou em vigor em 1º de julho de 1997, introduziu ideias fundamentais, como os princípios da presunção da inocência, de proporcionalidade das medidas de coação e de prazo razoável.

Contudo, a reeducação pelo trabalho (*laojiao*), sansão administrativa não supervisionada pelos tribunais, não foi abolida, e os prazos de "*garde à vue*" (dez ou 37 dias, prorrogáveis) continuam a ser abusivos.

Numa sociedade chinesa apegada à exemplaridade das penas e confrontada com uma criminalidade crescente, a pena de morte continua a ser largamente aplicada. Tendo a injeção letal substituído a execução por uma bala, o debate incide mais no respeito por um processo imparcial e não arbitrário de aprovação das condenações à morte, que fora confiado aos tribunais superiores provinciais, do que sobre a supressão dessa pena. Por isso, o Supremo Tribunal Popular empenhou-se em 2005 na revisão das condições de aplicação da pena de morte.

Embora a China tenha ratificado em 1988 a Convenção das Nações Unidas contra a tortura, esta continua a ser praticada pela polícia. O direito penal é ainda caracterizado pela severidade, desproporção e arbitrariedade das penas.

Em termos de direito administrativo, a fim de conter a desordem administrativa existente, bem como a multiplicidade e a arbitrariedade dos regulamentos administrativos locais, foi aprovada em 15 de março de 2000 uma lei sobre a elaboração das normas jurídicas (*lifa fa*).

Essa importante lei tem por objetivo separar melhor as competências legislativas e regulamentares centrais e locais e também controlar melhor a elaboração dos regulamentos administrativos locais.

Introduzido em 1990, com a entrada em vigor da nova lei de processo administrativo e a criação de câmaras administrativas nos tribunais, o contencioso administrativo permite apenas o controle jurisdicional dos "atos administrativos concretos" da administração.

Fica excluído, portanto, qualquer controle jurisdicional dos regulamentos administrativos. O Supremo Tribunal esclareceu em 2002 e 2003 os conceitos dos atos administrativos e as regras sobre a prova a fim de reforçar e tornar mais eficaz o controle da legalidade dos atos administrativos.

A longa tradição burocrática e o fenômeno da corrupção explicam a lentidão da passagem de uma cultura da arbitrariedade para uma cultura da legalidade no comportamento da administração e dos funcionários.

Yves Dolais

➢ CAMPOS DE REEDUCAÇÃO PELO TRABALHO, CONSTITUIÇÃO, DIREITOS HUMANOS, JUSTIÇA, PENA DE MORTE, PRISÕES E LAOGAI

DIREITO DE PROPRIEDADE

As reformas chinesas não são acompanhadas da privatização em massa dos ativos possuídos pelo Estado.

O Estado se libertou, sobretudo, de pequenas e médias empresas urbanas pertencentes ao setor estatal ou coletivo. Foram cedidas a seus empregados, a pessoas privadas ou a outras empresas. Outras firmas controladas pelo Estado mudaram de regime jurídico, transformando-se em sociedades de responsabilidade limitada ou em sociedades por ações, o que significa que adotaram técnicas de direito privado sem terem mudado de proprietário.

O objetivo visado não foi a transferência dos direitos de propriedade para agentes privados, mas a modernização da gestão das empresas. Na China rural, o desenvolvimento rápido das empresas de vilas e cantões durante os anos 1980 realizou-se no âmbito de instituições coletivas herdadas da economia planificada.

Durante os anos 1990, a evolução do quadro jurídico fez emergir um setor econômico privado e os meios de negócios pressionaram o governo central a conceder a este último a mesma proteção que à propriedade estatal.

Foi o que aconteceu em março de 2004 com a revisão da constituição pela X Assembleia Nacional Popular. Enquanto até então apenas a propriedade pública era reconhecida como "sagrada e inviolável", o artigo 13 revisto passou a estipular que "a propriedade privada legal dos cidadãos é inviolável". Em caso de expropriação ou de requisição de bens privados pelo Estado, a constituição prevê uma indenização. Na maior parte dos casos, a propriedade pública e privada, passou, portanto, a ser garantida.

Essa revisão foi objeto de controvérsias que não incidiram tanto sobre a proteção da propriedade privada em si mesma, e sim mais sobre a legalização dos bens adquiridos ilegalmente, quer por corrupção, quer por desvio de bens públicos ou por outros meios ilegais. Segundo o texto adotado, a proteção da propriedade privada aplica-se apenas aos bens adquiridos legalmente.

O fato de não ter havido uma transformação radical e rápida do quadro institucional da China, tal como ocorreu no Leste Europeu, e a escolha do gradualismo suscitaram intensos debates entre os economistas.

Para alguns, a economia chinesa aproxima-se progressivamente das economias de mercado dos países desenvolvidos.

Para outros, embora a fronteira entre o público e o privado seja incerta (*de jure* privada, uma empresa pode ser *de fato* propriedade de agências do Estado) e muitas empresas tenham um *status* misto (associando investimentos públicos, privados e estrangeiros), a China estaria prestes a inventar um novo paradigma.

Giles Guilheux

➢ EMPRESAS COLETIVAS, EMPRESAS DO ESTADO, EMPRESAS PRIVADAS, EMPRESAS RURAIS, MERCADO (TRANSIÇÃO PARA A ECONOMIA DE), PRIVATIZAÇÕES

DIREITO DO TRABALHO

O direito do trabalho é o conjunto de regras que regem a relação entre o trabalhador e seu empregador.

Na China, há quatro categorias de pessoas que pertencem a seu domínio de aplicação: os trabalhadores das empresas, os empregados das organizações individuais privadas (*geti jingji zuzhi*), os empregados vinculados por contrato de trabalho aos órgãos governamentais e aos estabelecimentos públicos (*shiye danwey*) e trabalhadores dos estabelecimentos públicos de financiamento privado. Os trabalhadores domésticos (empregadas domésticas etc.) não são abrangidos pelo direito do trabalho.

O direito do trabalho organiza ainda hoje o emprego e os regimes de segurança social. Porém, estes últimos vão se separando aos poucos. Os regimes de segurança na doença, velhice, maternidade, desemprego e invalidez transformam-se progressivamente em sistemas autônomos de proteção social.

Subordinada ao Partido Comunista, a Federação Panchinesa dos Sindicatos e os seus comitês em todos os escalões constituem a única organização sindical autorizada pelo governo. Há uma célula sindical em cada empresa com mais de 25 trabalhadores sindicalizados, com autorização prévia do comitê sindical do escalão superior. Os trabalhadores não têm direito a greve. Os sindicatos não podem declará-la.

Até 1980, o direito do trabalho resumia-se a alguns decretos que regiam a administração da mão de obra urbana. Foi a contratualização das relações de trabalho a partir dos anos 1990 que favoreceu a emergência de uma série de regulamentações nesse domínio.

Atualmente, os regulamentos dos níveis nacional e local são muito abundantes, mas as leis são pouco numerosas. Questões como as cotizações sociais, o salário mínimo e as cláusulas do contrato de trabalho são fixadas por regulamentos locais e podem variar profundamente entre as províncias ou entre municipalidades. As convenções coletivas, pouco habituais, estão longe de constituir uma fonte de direito.

Há cinco leis relativas ao direito do trabalho: a lei sobre a segurança nas minas, de 1992; a lei sobre o trabalho, de 1994; a lei sobre os sindicatos, de 2001; a lei sobre a prevenção e a assistência nas doenças profissionais, de 2001; e a lei sobre a segurança no trabalho, de 2002.

A lei essencial é a lei sobre o trabalho, aprovada em 14 de julho de 1994. Seus 107 artigos, agrupados em 12 capítulos, incidem sobre todos os domínios das relações de trabalho, notadamente as demissões, as condições de trabalho e a resolução de conflitos.

Os conflitos de trabalho que seguem os trâmites legais são resolvidos pelas câmaras civis dos tribunais. No entanto, antes de recorrer à justiça, o trabalhador deve começar por se dirigir à comissão de arbitragem do governo local onde se situa a empresa. O número de diferendos vem aumentando rapidamente. Em 2004, os litígios submetidos à arbitragem e aos tribunais eram, respectivamente, 260 mil e 163.151.

Essa evolução obrigou as autoridades, desejosas de manter a estabilidade da sociedade, a se mostrarem, pouco a pouco, mais atentas às reivindicações dos trabalhadores.

Zheng Aiqing

> DIREITO, PROTEÇÃO SOCIAL, SINDICATOS, TRABALHO

DIREITOS HUMANOS

Embora a constituição chinesa imponha o respeito pelo conjunto das liberdades fundamentais que os países democráticos subscrevem e, após 2004, o Estado garanta expressamente a "proteção dos direitos humanos", o governo chinês continua a ser apontado por muitas instituições e organizações não governamentais como um dos menos respeitadores dos direitos dos seus cidadãos.

Apesar de certos avanços na esfera das atividades cotidianas (trabalho, casamento, deslocamentos, distrações, consumo etc.), os direitos políticos fundamentais (direito de voto, direito de associação, liberdade de expressão) são inexistentes.

Os direitos econômicos (direito à saúde, à educação, à habitação) continuam a ser desrespeitados em relação à maioria da população, e grande parcela da vida social continua sujeita a um controle estrito.

Os direitos sociais (direito a sindicatos livres, por exemplo) não são respeitados em parte alguma, e os direitos ambientais estão cada vez mais ameaçados (acelerada degradação do ambiente).

A ausência de reformas políticas e a preocupação em manter a estabilidade social conduzem as autoridades a reprimir sem contemplação todos os grupos ou organizações considerados ameaçadores, seja no domínio religioso, seja no político ou no social.

Essa preocupação é particularmente acentuada nas datas simbólicas, como o aniversário do massacre de 4 de junho de 1989, as celebrações da festa nacional (1º de outubro), ou o Ano-Novo.

O governo também se serviu do pretexto da luta internacional contra o terrorismo internacional para aumentar a repressão contra os muçulmanos uigures da região autônoma do Xinjiang, suspeitos de veleidades separatistas. A repressão na região do Tibete é igualmente preocupante: pelo menos 135 presos políticos tibetanos, laicos e religiosos, definhavam na prisão, no início de 2005.

A China assinou em 1997 e ratificou em 2001 o Pacto Internacional sobre os Direitos Econômicos, Sociais e Culturais, mas ainda não ratificou o Pacto sobre os Direitos Civis e Políticos, que assinou em 1998.

A manutenção de campos de reeducação pelo trabalho (*laojiao*) é, de fato, incompatível com os termos deste último pacto. Sua vasta rede de 300 prisões, que albergam cerca de 300 mil presos de direito comum, drogados, prostitutas, prisioneiros políticos e membros do movimento Falungong, é independente do sistema judiciário, gerindo as prisões ou *laogai,* campos de reabilitação pelo trabalho e seus 2 a 3 milhões de presos.

Os *laojiao*, criados em 1957, permitem à Segurança Pública proceder a detenções administrativas que podem chegar a quatro anos de prisão sem que as pessoas implicadas tenham direito a advogado ou a um processo.

A aplicação expedita e excessiva da pena de morte é também frequentemente denunciada, tendo mesmo sido antecipado por um representante da Assembleia Nacional Popular, em 2004, o número de 10 mil execuções capitais por ano, sem que, no entanto, tenha sido possível verificá-lo.

A Anistia Internacional menciona números que vão de 1.500 a 3 mil execuções anunciadas por ano, salientando não haver dúvidas de que se trata de uma "fração do número real das execuções na China".

Marie Holzman

➤ CAMPOS DE REEDUCAÇÃO PELO TRABALHO, CONSTITUIÇÃO, DEMOCRACIA E MOVIMENTO DEMOCRÁTICO, DIREITO, DISSIDENTES, FALUNGONG, JUSTIÇA, ORGANIZAÇÃO DAS NAÇÕES UNIDAS (A CHINA E A), PENA DE MORTE, PRISÕES E LAOGAI, 4 DE JUNHO DE 1989 (ACONTECIMENTOS DE) SINDICATOS, TIBETANOS, UIGURES.

DISPARIDADES REGIONAIS

As profundas transformações do espaço chinês desde o final dos anos 1970 levam os analistas a dividi-lo regionalmente em função do grau e do tipo de desenvolvimento econômico, pouco se preocupando com os condicionamentos topográficos e com a diversidade histórica e cultural da China. Impõe-se uma leitura do espaço chinês, não mais dividido entre as grandes regiões do norte, do centro e do sul, mas em três grandes faixas longitudinais (litoral, interior e oeste).

Uma primeira zona corresponde aos territórios de povoamento han e que participam da organização litorânea e se integram de maneira privilegiada na economia mundial. Trata-se de Pequim, Tianjin e Xangai e das províncias de Liaoning, Hebei, Shandong, Jiangsu, Zhejiang, Fujian, Guangdong, Guangxi e Hainan.

Devido aos desafios geopolíticos internos que o caracterizam, o oeste chinês engloba todos os territórios de nível provincial onde as nacionalidades minoritárias têm peso demográfico igual ou superior a 20% da população total. Compreende as províncias de Guizhou, Qinghai e Yunnan e as regiões autônomas da Mongólia interior, Ningxia, Tibete e Xinjiang.

A China interior abrange, por definição, os territórios de nível provincial que não se beneficiam do dinamismo do litoral e se situam nas antigas terras da China histórica e nas terras interiores do nordeste. Trata-se de Chongqing e das províncias de Anhui, Gansu, Heilongjiang, Henan, Hubei, Hunan, Jiangxi, Jilin, Shaanxi, Shanxi e Sichuan.

Essa regionalização revela as disparidades e mesmo as tendências de deslocamento no território. Põe em destaque a concentração dos habitantes, da produção e da abertura em benefício do litoral chinês.

Em 14% da superfície do país, o litoral concentra nada menos que 42% da população total, uma densidade demográfica mais de três vezes superior à média nacional, 60% do produto interno bruto (PIB) do país e, sobretudo, 87% dos investimentos diretos estrangeiros (IDE) e 92% das exportações, em 2004.

Numa situação dramaticamente inversa, o oeste representa 56% do território da República Popular da China, mas apenas 11% da população, e nesse mesmo ano, 6% do seu PIB, 0,5% dos IDE e 2% das exportações.

Numa situação intermediária, a China interior possui fortes densidades demográficas, relacionadas com um povoamento han muito antigo, mas um PIB reduzido em relação a sua população e principalmente uma abertura econômica muito inferior em relação ao litoral.

Essa divisão territorial pode também se caracterizar por uma combinação mais complexa de fatores como a abertura econômica, a produção interna e o número de habitantes, tendo por índices, respectivamente, as relações dos IDE e do PIB com o número de habitantes de cada um dos territórios de nível provincial e sua densidade demográfica.

A mundialização econômica em que a China se empenhou conduziu, assim, a seis grandes tipos regionais de desenvolvimento. Suas diferenças em termos de PIB por habitante agravaram-se sensivelmente entre 1992 e 2004.

Os lugares onde se processa a mundialização propriamente dita incluem as três grandes metrópoles litorâneas (Xangai, Tianji e Pequim), bem como as províncias que se lançaram mais precoce e fortemente nas reformas econômicas e na abertura (Guangdong, Jiangsu e Zhejiang). O conjunto registrou uma nítida melhoria, com um ganho de 5% do seu PIB por habitante em relação à média chinesa entre 1992 e 2004.

As margens em via de integração são as províncias litorâneas que também participam do processo de inserção no sistema econômico mundial, mas que não possuem polos metropolitanos dominantes, estão geograficamente mais encravadas (Fujian) ou descentralizadas (Hainan), ou se lançaram mais tardiamente nas reformas (Shandong, Liaoning). Tal como as três províncias litorâneas do primeiro tipo, registraram um crescimento do seu PIB por habitante em relação à média chinesa de nada menos de 12% nos anos 1990.

Nesse aspecto, a China litorânea se beneficiou muito, nesse período, com o processo global de concentração do desenvolvimento econômico e da riqueza ao longo da faixa costeira, embora não tenha havido uniformização numa faixa litorânea que vai de Cantão a Dalian.

As províncias intermediárias estão articuladas com os centros de desenvolvimento constituídos pelo delta do Yangzi (Hubei, Hunan) e as municipalidades de Pequim e Tianji (Hebei) ou que se beneficiam de uma abertura fronteiriça continental (Heilongjiang, Jilin). São penalizadas, todavia, por estruturas produtivas e especializações econômicas muitas vezes envelhecidas. Confrontam-se com a difícil reforma das empresas do Estado nas cidades. E seu atraso em relação à média do PIB chinês por habitante não se modificou desde 1992.

As terras encravadas registram um desenvolvimento francamente insuficiente: seu PIB por habitante não progrediu em relação à média chinesa desde 1992. São regiões interiores que estão ainda mal articuladas com o dinamismo costeiro, o que as impede de se tornarem localidades importantes para a redistribuição das atividades a partir dos polos litorâneos. Sendo terras que se situam, em sua maior parte, entre os polos litorâneos e os eixos fluviais de desenvolvimento, o Jiangxi, o Shaanxi, o Anhui e o Henan figuram como bolsões de desenvolvimento em potencial.

As margens próximas estão situadas no prolongamento interno ou na periferia da China histórica dos Han. São pouco dinâmicas e penalizadas por uma população muito numerosa (Shanxi, Sichuan, Ningxia e Guangxi) ou por condições geográficas desfavoráveis (Qinghai, Mongólia interior). Seu atraso econômico se agravou claramente nos anos 1990: seu PIB por habitante perdeu 6% em relação à média nacional entre 1992 e 2004.

As periferias continentais estão se desacelerando. Apesar de um PIB multiplicado por 5,5 em valor absoluto, a diferença se acentua em relação às outras regiões chinesas. As periferias continentais mergulham num subdesenvolvimento relativo, e seu PIB por habitante é apenas metade da média nacional, contra dois terços há 12 anos. Trata-se do grande oeste chinês (Xianjiang, Tibete, Gansu) e do sudoeste interior (Yunnan, Guizhou).

Nessa segunda tipologia regional da China voltamos a encontrar a primazia do litoral, mas fica em destaque a diversidade regional, o reforço das províncias que se lançaram mais precocemente à abertura e o peso das metrópoles costeiras, notadamente Xangai. As regiões geográfica e economicamente intermediárias não revelam uma verdadeira recuperação do atraso em relação ao litoral de que são a província. Ou seja, impõe-se ao analista uma China fragmentária, considerado o subdesenvolvimento das margens e das periferias do território chinês.

Thierry Sanjuan

➢ ABERTURA (LUGARES DE), CRESCIMENTO, PEQUIM, REFORMAS E ABERTURA, XANGAI

DISSIDENTES

Os dissidentes chineses (*yiyi fenzi*) apresentam-se raramente como tais, porque se consideram mais como críticos "conselheiros do príncipe" do que como opositores.

No entanto, intelectuais, operários, religiosos e personalidades saídas de minorias étnicas se encontram em situação de dissidência a partir do momento em que o poder os considera uma ameaça ao regime e os reprime.

O esquema é quase sempre o mesmo: um indivíduo toma a iniciativa de organizar uma manifestação, de criar uma revista, de lançar uma petição ou de publicar artigos de reflexão na internet. Se o Partido Comunista se sente ameaçado pelos objetivos ou pelas iniciativas desse indivíduo, manda prendê-lo e condená-lo a alguns anos de prisão, ou então o demite de suas funções, ou, ainda, o expulsa da China. O grau de tolerância do poder, e, portanto, de severidade para com os dissidentes, varia de acordo com o caso, de forma que parece ser puramente arbitrário.

Os dissidentes mais conhecidos, Wei Jingsheng, Liu Qing, Wang Dan, Wang Xizhe e Wang Juntao, para referir apenas alguns, sofreram todos pesadas penas de prisão por delito de opinião, antes de serem expulsos para os Estados Unidos.

Outros, tão célebres quanto esses e que foram também presos, como Lu Xiaobo e Ren Wanding, estão autorizados a viver na China depois de cumprirem sua pena. São vigiados de perto e lhes é imposto sair da capital durante alguns dias por ocasião de acontecimentos importantes, como a visita de um presidente estrangeiro à China; mas conseguem se expressar, apesar de tudo, quer publicando artigos na imprensa chinesa do exterior, quer participando num dos muitos sites de discussão da internet.

A severidade do poder se exerce, pelo contrário, de forma muito pesada sobre os que são considerados cabeças ou vetores potenciais do descontentamento popular. É o que acontece com os que se aventuram a fundar um partido oposicionista. É o caso, igualmente, dos operários que se arriscam a representar os colegas por meio dos seus escritos ou em manifestações importantes.

Esses "ativistas" são severamente punidos, como sucedeu com Zhang Shanguang, preso em 1998, em Shenyang, por ter "fornecido informações a organizações estrangeiras", e Yue Tianxiang, preso em 1999, também no nordeste da China, por "tentativa de subversão do Estado". Ambos cumprem pena de dez anos de prisão. De igual modo, quatro jovens intelectuais, Yang Zili e seus amigos, que se reuniram de maneira informal para refletir e discutir na internet sobre as dificuldades da classe camponesa, foram condenados em 2003 a penas de oito a dez anos de prisão.

Marie Holzman

➢ CONTROLE POLÍTICO E CENSURA, DEMOCRACIA E MOVIMENTO DEMOCRÁTICO, IMPRENSA, INTERNET, 4 DE JUNHO DE 1989 (ACONTECIMENTOS DE)

DISTRIBUIÇÃO

Entre meados dos anos 1950 e o início da liberalização da economia, em 1978, a distribuição na China estava totalmente em conformidade com os cânones de uma economia planificada.

As empresas de distribuição por atacado e varejo eram totalmente controladas pelo Estado. Os preços de compra e de venda e, portanto, as respectivas margens de lucro, eram fixados pelo poder central, segundo os imperativos do plano. O comércio de atacado era dominado por algumas grandes empresas do Estado e a distribuição no varejo era partilhada por uma multidão de pequenos armazéns, os quais ofereciam um sortimento muito limitado de produtos, e alguns grandes armazéns, nos grandes centros urbanos, que ofereciam uma gama mais ampla.

Tal como nos outros países socialistas de economia planificada, a ausência de ajustamento entre a oferta e a procura, devido à inexistência de regulação através dos preços, causava frequentes situações de escassez e acumulação de estoques de produtos invendáveis.

À semelhança do resto da economia, o setor da distribuição foi progressivamente liberalizado. No comércio a varejo, o Estado abrandou pouco a pouco o controle sobre os preços e abriu o setor a empresas controladas pelas coletividades locais e, posteriormente, a empresas privadas. Mas apenas em 1992 foram tomadas as primeiras medidas de abertura do setor aos operadores estrangeiros.

O processo de liberação do comércio de atacado das importações e exportações seguiu a mesma lógica, mas foi muito mais tardio. A última fase de abertura, lançada no quadro de compromissos assumidos pela China quando da sua entrada na Organização Mundial do Comércio, foi concluída no final de 2004. Desde então, os operadores estrangeiros podem exercer o comércio de atacado de forma livre (exceto o de certos produtos sensíveis, como os agrícolas e farmacêuticos, os combustíveis e o tabaco) e, sem terem obrigatoriamente um parceiro chinês, a distribuição de varejo, o *franchising* e as importações e as exportações. No entanto, essas disposições nem sempre são aplicadas, e continua a haver muitas barreiras à sua entrada.

Em 2004, o comércio (incluindo a restauração) contribuiu com menos de 8% para o produto interno bruto (PIB) e com um quarto do valor acrescentado do setor terciário. A parte da distribuição do PIB, que declinou ligeiramente desde meados dos anos 1980, é nitidamente inferior à média dos países desenvolvidos e à dos grandes países emergentes, como reflexo da fraca terceirização da economia chinesa.

O setor emprega cerca de 40 milhões de pessoas, ou seja, pouco menos de 8% do emprego não agrícola. Esses valores estão, contudo, muito subestimados, devido ao desenvolvimento, a partir de meados dos anos 1990, de um amplo setor informal na distribuição a varejo.

No setor formal, as empresas coletivas e do Estado representam ainda mais de 55% do comércio por atacado, mas apenas 30% do comércio a varejo.

Apesar de certa concentração no final dos anos 1990, relacionada, sobretudo com as dificuldades das sociedades do Estado, com a emergência da grande distribuição e com o aumento do número de operadores estrangeiros, o setor continua muito fragmentado.

No entanto, começam a aparecer grandes agentes locais de função generalista (WuMart, A-Best), ou especializada (Gome), enquanto a grande distribuição internacional, tendo à frente o Wal-Mart e o Carrefour, se desenvolvem rapidamente. A parcela de mercado das sociedades estrangeiras (incluindo as de Taiwan e de Hong Kong) continua, porém, nitidamente inferior a 40%.

O crescimento do consumo – superior a 8% ao ano em volume na última década e que deverá continuar forte –, bem como a emergência de uma classe média ainda quantitativamente limitada, mas cujo poder de compra aumenta rapidamente, oferecem amplas perspectivas à distribuição moderna, sob todas as suas formas: grandes superfícies generalistas ou especializadas, armazéns de proximidade e cadeias de franqueados. O mercado já possui uma dimensão significativa: as vendas a varejo devem ter ultrapassado 600 milhões de euros em 2005.

Bruno Cabrillac

➤ CONSUMO, EMPRESAS DE CAPITAL ESTRANGEIRO, ORGANIZAÇÃO MUNDIAL DO COMÉRCIO (A CHINA E A), SERVIÇOS

DIVÓRCIO

Em 2004, segundo as estatísticas do Ministério dos Assuntos Civis, divorciaram-se 1,613 milhão de casais, tendo-se casado 8,341 mil. Trata-se de um aumento de 283 mil casais divorciados em relação a 2003, ou seja, uma elevação de 21,2%.

Segundo os peritos chineses, três fatores estão na origem do forte aumento do número de divorciados nos últimos anos: maior tolerância da sociedade perante o divórcio, a simplificação das formalidades e maior liberdade em matéria de casamento.

Embora o divórcio fosse já autorizado pela segunda lei do casamento, de janeiro de 1981, e pela terceira, de abril de 2001, era considerado uma vergonha pessoal e um ataque à sociedade. Os que o pediam eram muitas vezes confrontados com as críticas e as pressões da sociedade. Tinham de obter uma autorização prévia da empresa em que trabalhavam, que agia como mediadora e obrigava o casal a manter-se unido.

O registro dos divórcios (e dos casamentos) foi igualmente facilitado com a lei de 1º de outubro de 2003, que estipula que os que desejam se divorciar já não necessitam de carta da empresa ou do gabinete do bairro mais próximo de seu domicílio. Podem dirigir-se diretamente ao Gabinete de Assuntos Civis ou aos gabinetes locais com as suas cadernetas de residência e os bilhetes de identidade, sendo o divórcio considerado um assunto privado e pessoal.

Uma ligação extraconjugal é o motivo principal do divórcio, referido em 70% a 80% dos casos. Uma separação de longa duração (numa conjuntura em que a mobilidade da população se acentuou), uma vida sexual insatisfatória (abertamente tomada em consideração para avaliar a qualidade do casamento), a violência doméstica, diferenças irreconciliáveis e personalidades incompatíveis são os motivos de divórcio mais frequentemente invocados pelas partes.

Mais de 80% dos casais divorciados têm entre 30 e 40 anos. Grande número deles possui uma educação muito boa e apresentam grande êxito profissional. Com melhor acesso à educação e salário mais elevado, há cada vez mais mulheres que pedem o divórcio.

Nas regiões rurais, é, sobretudo, a incompatibilidade de gênios que é invocada, notadamente nos casamentos combinados entre os pais, forçados e comprados, mas também são invocados os casamentos precoces, a bigamia, o adultério e o abandono da mulher.

O desemprego e a pesada responsabilidade financeira das pessoas de idade intermediária, que têm de prover as necessidades das crianças e dos avós, favoreceram o aumento dos divórcios.

A elevada taxa de divórcios tem graves repercussões sociais: problemas de educação das crianças e de repartição dos bens, como os bens imobiliários ou os automóveis comprados a crédito. As mulheres e as crianças ficam muitas vezes em desvantagem na partilha dos bens e são geralmente os homens que obtêm a guarda do filho.

Karine Guérin

➢ CASAMENTO, FAMÍLIA, SEXUALIDADE

DROGA

No imaginário coletivo ocidental, a China esteve muito tempo associada ao ópio. É preciso recordar, todavia, que essa droga, o látex espesso que se obtém das cápsulas de *Papaver somniferum*, apenas se propagou na China durante o século XVII e que seu uso como medicamento, afrodisíaco e entorpecente não se vulgarizou senão no século seguinte.

Não deixa de ser verdade que a China conheceu durante todo o século XIX, no contexto geopolítico particularmente perturbado de confrontação com o ocidente (daí as famosas guerras do ópio), uma toxicomania em massa, que afetou todas as classes sociais e foi extraordinariamente difícil de erradicar. Só as mudanças políticas internas e internacionais permitiram que se ultrapassasse o problema no fim do império e no início da república.

Em condições muito diferentes, a China de novo se confronta, desde os anos 1990, com um aumento acentuado do tráfico e do consumo de entorpecentes.

Segundo as estatísticas da Comissão Nacional de Controle de Entorpecentes, havia oficialmente 1,05 milhão de consumidores de droga na China em 2003, 5% mais que o registrado no ano anterior. As fontes não oficiais antecipam o número de 7 milhões.

Os jovens, os desempregados e a população emigrante eram os mais afetados. Cerca de 72,2% dos consumidores registrados tinham menos de 35 anos, e 643 mil consumiam heroína. Dos 2.863 distritos e cidades do país, 2.200 estariam fortemente atingidos pela toxicomania.

As principais drogas são a heroína, o ecstasy (metildioximetanfetamina), a quetamina e uma mistura dos dois. A marijuana é muito popular na região autônoma uigure do Xinjiang e nas grandes e médias cidades costeiras, ao passo que a petidina (analgésico) se expande no nordeste.

Uma grande parte da heroína e da metanfetamina produzidas no Triângulo de Ouro (zonas fronteiriças de Mianmar, Tailândia e Laos) chega aos mercados pelo sul da China, sobretudo desde a reabertura da rota da Birmânia (de Lashio, em Mianmar, até Kunming), que se tranformou em rota da heroína e das pedras preciosas.

O Crescente de Ouro (Afeganistão e Paquistão), que substituiu o Triângulo de Ouro como maior exportador de ópio do mundo (3,6 toneladas em 2003) e é também produtor de marijuana e cocaína, envia uma parte desses produtos para o noroeste da China, ou seja, para o Xianjiang, o Gansu e o Shaanxi.

Segundo o Gabinete Chinês de Controle da Droga, a polícia continental apreendeu 9,53 toneladas de heroína em 2003, ou seja, mais 2,2% do que em 2002, e 5,8 toneladas de metanfetamina, contra 4,8 toneladas em 2001.

Em 1998, o Conselho dos Assuntos de Estado autorizou o Ministério da Segurança Pública a criar um Gabinete Antidroga, que é, ao mesmo tempo, um órgão administrativo da Comissão Nacional de Luta contra a Droga.

Atualmente, estão instalados órgãos antidroga em 31 províncias, regiões autônomas e municipalidades que dependem diretamente da autoridade central, bem como na maior parte dos distritos (municipalidades e bairros).

Do ponto de vista repressivo, a posse de quantidades determinadas de entorpecentes pode valer uma condenação à morte.

Um dos aspectos mais problemáticos do aumento da toxicomania na China é, evidentemente, a relação entre a injeção de drogas e a Aids. Nas regiões mais afetadas, a taxa de soropositividade dos toxicômanos pode atingir 75%.

Os toxicômanos detidos pelo Gabinete de Segurança Pública são enviados para centros de desintoxicação durante um máximo de seis meses e para campos de reeducação durante um máximo de dois anos.

Deve-se notar, porém, que nesse contexto essencialmente repressivo, a atitude das autoridades chinesas perante esse fenômeno evolui lentamente. Apesar de fortes resistências e falta de meios financeiros, estão sendo introduzidas terapias de substituição com metadona e distribuídas seringas para evitar o contágio devido à reutilização de seringas. É o caso do Yunnan, que legalizou em março de 2004 um programa relativo às agulhas.

Frédéric Obringer

➢ CAMPOS DE REEDUCAÇÃO PELO TRABALHO, CRIMINALIDADE, EPIDEMIAS, AIDS, XINJIANG

E

ECONOMIA SOCIALISTA DE MERCADO

A "economia socialista de mercado" é, à primeira vista, um conceito paradoxal. De fato, como combinar uma organização econômica fundada, sobretudo, na planificação com um sistema de oferta e de procura, e, portanto, de fixação de preços, que decorre essencialmente do mercado? Todavia, é esse o princípio que, desde 1992, justifica o abandono de qualquer plano imperativo na China e a integração progressiva da economia chinesa na economia mundial, a crescente privatização das empresas e a generalização dos mecanismos do mercado.

Adotado pelo Partido Comunista (PC) no seu XIV Congresso, em outubro de 1992, o conceito de "economia socialista de mercado" supõe e vem legitimar no plano ideológico o lançamento das reformas, após a derrocada do bloco soviético e, por conseguinte, do modelo econômico socialista clássico.

Esse conceito deve ser relacionado com o de "etapa primária do socialismo", que, depois de aprovado por influência dos reformistas do PC (Zhao Ziyang), no congresso precedente, em 1987, e reafirmado por Jiang Zemin, em 1992, se esforçava por fazer entrar nos cânones do marxismo-leninismo as reformas e a abertura econômica introduzidas a partir de 1979.

A economia socialista de mercado tornou-se, por fim, e mais recentemente, o contraponto do "Estado de direito socialista", conceito-projeto adotado em

1997 para legitimar a modernização autoritária de um sistema jurídico e judiciário que deveria continuar sob a direção do PC.

Jean-Pierre Cabestan

➢ IDEOLOGIA, JIANG ZEMIN, MERCADO (TRANSIÇÃO PARA A ECONOMIA DE), REFORMAS E ABERTURA, ZHAO ZIYANG

EDITORIAL (SETOR)

A China conta com pouco menos de 600 editoras oficiais. A mais importante é o China Publishing Group (Zhongguo chuban jituan), que resultou da fusão, em 2002, de 13 das mais importantes empresas de edição e de distribuição do país, entre as quais a Shangwu yinshuguan (Commercial Press) e a Xinhua shudian (Livraria Xinhua).

Até o final dos anos 1970, a edição chinesa, monopólio do Estado, não se preocupava com a rentabilidade. Era um instrumento ideológico a serviço do governo e do Partido Comunista para educar, informar e distrair.

No início dos anos 1980, as editoras mudaram de *status* para se tornarem sociedades estatais geridas de maneira comercial. Entraram em concorrência entre si, têm de decidir os títulos a publicar e a quantidade de volumes a imprimir em função do mercado e pagam impostos como qualquer sociedade comercial.

No entanto, continuam a ser subsidiadas pelo Estado, além de submetidas à censura do Gabinete de Propaganda e ao controle da Administração da Imprensa e da Edição (AIE), que concede as autorizações de publicação.

Desde o final dos anos 1990 e com a entrada da China na Organização Mundial do Comércio, em 2001, o poder encorajou a constituição de grandes grupos editoriais e de distribuição, sobretudo na forma de sociedades por ações, para fazer face à chegada dos concorrentes estrangeiros.

No entanto, em 2005, o acesso ao mercado editorial por parte das companhias estrangeiras continuava a passar por acordos de sociedade em que a parte chinesa era obrigatoriamente majoritária e decisória.

Diversamente de outras atividades do setor estatal, a editorial é florescente. A maior parte das editoras se beneficia da situação de monopólio de que gozam. Todos os anos a AIE lhes atribui os números de ISBN que valem como autorizações de publicação.

Muitas editoras oficiais tiram partido de sua posição: a venda dos números de ISBN a empresas privadas representa um terço das receitas de algumas delas. Há, assim, editores privados que vão se desenvolvendo à sombra das editoras oficiais.

No entanto, uma obra pode ser censurada mesmo depois de ter sido publicada, como foi o caso da proibição do *Relatório sobre os Camponeses Chineses* (*Zhongguo nongmin diaocha*), no início de 2004, um *best-seller* de que já tinham sido vendidos centenas de milhares de exemplares nas livrarias.

O número de títulos publicados na China é impressionante, mas são muitas as reedições e as reimpressões: foram publicados cerca de 190 mil títulos em 2003 – contra uma média de 8 mil no início dos anos 1970 —, dos quais 105 mil eram inéditos.

As obras didáticas representavam 15% dos títulos e pouco mais de metade dos 7 bilhões de volumes impressos. Os manuais escolares do ensino primário e do colégio só em 2002 ultrapassaram a barreira dos 40% do montante anual das vendas.

Desde a passagem para uma "economia socialista de mercado", os livros de economia e de gestão encontram-se entre os mais vendidos. A literatura para a juventude está igualmente bem representada. Os títulos estrangeiros ocupam nela um lugar importante: a série *Harry Potter* é um sucesso de livraria.

Em 1992, a China aderiu à Convenção de Berna para a proteção das obras literárias e artísticas. Entre 1992 e 2002, adquiriu os direitos de cerca de 50 mil obras estrangeiras, três quartos das quais provenientes dos Estados Unidos.

A pirataria é, contudo, uma prática corrente, tanto de obras nacionais como estrangeiras. As obras pirateadas representam metade do mercado livreiro. Um *best-seller* americano cujas vendas ultrapassaram 3 milhões de exemplares terá se esgotado, paralelamente, na edição pirata de 6 milhões de exemplares. Os editores americanos calculam que suas perdas de receitas anuais sejam de 40 milhões de dólares.

A concorrência e a procura do lucro começaram a transformar radicalmente o setor editorial chinês, obrigado agora a adaptar-se aos imperativos de uma cultura mercantil.

Patrícia Batto

➢ CONTROLE POLÍTICO E CENSURA, EDUCAÇÃO, IMPRENSA, INTERNET, LAZER, TELEVISÃO

EDUCAÇÃO

A tradição chinesa, traduzida no *Clássico dos Ritos*, sempre afirmou a responsabilidade do Estado em matéria de educação. Durante muito tempo, essa responsabilidade foi exercida principalmente por meio da organização dos concursos mandarínicos, abolidos em 1905, que se destinavam a selecionar os letrados suscetíveis de serem nomeados para cargos públicos.

A obrigação da escolaridade primária foi proclamada em 1909, durante o Império. Nunca posta em prática, por não ser gratuita, foi abandonada pelo regime comunista, que também não aprovou a gratuidade do ensino, exceto no nível universitário.

Em 1986, o governo chinês reafirmou na lei a escolaridade obrigatória, com duração variável segundo a residência (cinco anos nas zonas rurais, seis nas cidades). Foi prolongada para nove anos, extensiva a todos, em 1998, mas sempre não gratuita. Mesmo a gratuidade do ensino superior foi suprimida em 1996.

O "desenvolvimento nacional pela ciência e pela educação", que o governo proclama desde 1995, não se traduziu em prioridade orçamentária. O esforço financeiro das famílias aumentou e o recurso à privatização do ensino se generalizou.

Perante a perspectiva da redução do número de alunos do ensino primário, em consequência do controle dos nascimentos, os meios públicos e a ajuda internacional procuraram, em primeiro lugar, a melhoria da qualidade dos diplomados de elite e a renovação e a abertura do ensino superior.

Em 2006, a promessa reiterada de elevar a 4% do produto interno bruto a despesa pública com a educação, que se limitava então a 3,5%, foi acompanhada de um programa de gratuidade do ensino obrigatório para 2015.

A escolarização primária e secundária continua relacionada com o registro de residência e com os meios atribuídos pela administração local, provocando um sobrecusto às famílias cujos filhos frequentam uma escola fora do seu lugar de origem.

Os filhos dos trabalhadores imigrantes são as primeiras vítimas. O resultado é o aumento do analfabetismo urbano. Ora, a taxa de escolarização primária crescia regularmente desde 1932.

O sistema escolar está dividido em dois ciclos de três anos cada um. No primeiro ciclo, frequentado por 65,2 milhões de alunos, os fluxos de entrada e de diplomados são, respectivamente, de 95% e 81% da faixa etária. O segundo ciclo conta 36,2 milhões de alunos, 37% dos quais frequentam escolas técnicas. Os fluxos de entrada e de diplomados são, respectivamente, de 48% e 36% da faixa etária.

O ensino superior oferece cursos longos, ditos "principais" (*benke*), comumente de quatro anos (seis ou sete em medicina, cinco em física) e cursos curtos, ditos "especializados" (*zuanke*), de dois ou três anos. Estes últimos existem em todas as disciplinas e em todos os estabelecimentos, mas não permitem que se prossiga com uma formação em pesquisa em nível de mestrado e de doutorado nem que se solicite uma bolsa de estudos oficial para estudar no exterior.

O acesso ao ensino superior é feito por concurso nacional e em modalidades variáveis. Muito restrito há longo tempo, abrangia 21% da faixa etária em 2005. Mais da metade frequentava cursos de curta duração. A população estudantil mais que quadruplicou em dez anos. Em 2005, era de 13,3 milhões de alunos, que frequentavam 1.731 estabelecimentos de ensino, dotados com pessoal universitário de 1,6 milhão de efetivos, metade dos quais, professores, e ocupavam uma área que decuplicara. O número anual de mestrados defendidos foi de 127.300 e o de doutoramentos, 23.500. Em 2004, as universidades chinesas acolhiam 110 mil estudantes estrangeiros, cujo número aumenta 20% ao ano.

Com relativa autonomia pedagógica e financeira, o desenvolvimento dos laboratórios e da pesquisa eleva o nível do ensino e o papel social das universidades. A avaliação e a emulação permanentes, bem como o surto do intercâmbio internacional, contribuem também para eles.

Até 2001, um terço dos 450 mil estudantes enviados para o exterior desde 1980 havia regressado. A partir dessa data, saíram 125 mil todos os anos, 90% a expensas próprias.

Além do ensino regular, mas assumido em parte por esses estabelecimentos, existe em nível secundário e, sobretudo, em nível superior um vasto dispositivo de ensino para adultos, essencialmente para formação profissional de curta duração e por objetivos. Seus efetivos médios são de 80 milhões de alunos.

O rápido progresso alcançado nos últimos 20 anos é acompanhado de grandes disparidades, mas as classes com 50 a 120 alunos é o destino de todos. A hierarquia das escolas, os exames e, sobretudo, o custo elevado, que filtram os melhores, são fontes permanentes de tensão.

Entretanto, nas regiões das minorias e também em relação às populações rurais e urbanas mais pobres, a escolarização com base continua a ser incompleta e pouco sólida, tributária do financiamento do Estado central e da fiscalização desde sobre as instâncias locais.

A insuficiência das vias profissionais e a mediocridade dos estudos, em grande parte dos estudos secundário e superior, traduzem-se numa taxa de desemprego que atinge 30% dos diplomados deste último, questionando o princípio da rentabilidade comercial e colocando em evidência os desperdícios do sistema educativo.

Marianne Bastid-Bruguière

> BUROCRACIA, ILITERACIA, IMIGRANTES, INVESTIGAÇÃO E DESENVOLVIMENTO, MIGRAÇÕES INTERNAS

ELEIÇÕES

As eleições foram sempre um princípio constitucional da China Popular. Não obstante, as eleições livres e pluralistas são ilegais e inexistentes nesse país, exceto, por vezes, no escalão de base da organização administrativa, ou seja, nos comitês de aldeões e de residentes urbanos.

Oficialmente, todos os responsáveis do Estado são eleitos pelas assembleias populares do escalão correspondente, elas mesmas eleitas direta ou indiretamente pelo conjunto dos cidadãos de mais de 18 anos.

De fato, o conjunto dessas eleições é organizado e dirigido pelo Partido Comunista (PC), que limita à sua vontade o leque das escolhas possíveis. Qualquer organização política não filiada ao PC fica proscrita. Por maioria de razão, qualquer campanha eleitoral sustentada por interesses financeiros particulares é proibida. Mesmo se, em princípio, dez cidadãos podem recomendar um candidato independente para as eleições das assembleias de base (cantões e distritos), a maior parte dos candidatos é proposta pelo PC.

As circunscrições eleitorais são formadas com base nas unidades de trabalho, dos bairros e das aldeias. As campanhas eleitorais reduzem-se à apresentação pelos comitês eleitorais dos candidatos oficialmente aprovados. Dirigindo os comitês eleitorais, o PC continua, em muitos casos, a rejeitar as candidaturas "selvagens" que julga inconvenientes.

É bem verdade que foi introduzida alguma incerteza desde 1979; legalmente, o número de candidatos deve ultrapassar entre 33% e 100% o número de vagas a preencher. Por outro lado, essas eleições surgem cada vez mais como campos de disputa aos olhos das novas elites locais, como os empresários, que não hesitam, por vezes, em comprar os votos a fim de assegurar a vitória.

As eleições indiretas das assembleias municipais, provinciais e municipais apresentam igualmente certo grau de incerteza (20% a 50%). Porém, quanto mais nos aproximamos do centro, mais os deputados são majoritariamente funcionários e membros do PC.

Quanto aos responsáveis do Estado, embora legalmente designados pelas assembleias populares, são de fato "recomendados" pelo PC, que continua a proscrever as candidaturas múltiplas. Embora tenha acontecido de uma assembleia ter se recusado a eleger o candidato oficial, esses casos são raros e são reflexo de divisões ou de rivalidade no seio da organização local do PC. A fim de conter essa evolução, o secretário do PC de uma circunscrição administrativa preside muitas vezes a assembleia popular local.

As únicas eleições que podem apresentar certo caráter competitivo são, desde 1987, as dos comitês de aldeões, e desde 2003, as dos comitês de residentes de algumas cidades-piloto.

Também essas eleições apresentam grande variedade de situações, em que sempre paira a sombra tutelar do PC. De fato, as poucas competências que esses comitês detêm, bem como as relações estreitas e, em geral, de subordinação que mantêm com os comitês do PC nessas comunidades de base, reduzem o alcance da reforma política.

Jean-Pierre Cabestan

> ALDEÕES (COMITÊS DE), ASSEMBLEIA NACIONAL POPULAR, CONSTITUIÇÃO, PARTIDO COMUNISTA, RESIDENTES (COMITÊS DE)

ELITES

Esse termo designa, na China, uma realidade particularmente complexa e mutável. Podemos distinguir duas grandes categorias de elite: as políticas e as socioeconômicas.

As primeiras constituem a nomenclatura do Partido-Estado. São mais antigas e estáveis, embora também tenham sido vítimas, à semelhança de outras categorias sociais, das campanhas políticas e tenham sofrido com os expurgos recorrentes da história da República Popular, como os que ocorreram durante a Revolução Cultural ou após Tiananmen.

Contudo, desde o lançamento das reformas, em 1978, a diversificação das trajetórias na sociedade chinesa permitiu a renovação progressiva das elites políticas. Assim, hoje em dia, embora a grande maioria dos quadros dirigentes (*lingdao ganbu*) tenha tido formação científica, muitas vezes em escolas de engenharia, há também, em nível local, um número cada vez maior de responsáveis saídos dos cursos de economia, direito ou administração pública.

A promoção de Hu Jintao, antigo estudante da Universidade de Qinghua, ao lugar de secretário-geral, no XVI Congresso do Partido Comunista (PC), em novembro de 2002, simboliza a ascensão de uma nova geração de responsáveis comunistas.

Marcada pela Revolução Cultural, mas promovida na era das reformas, essa quarta geração é manifestamente muito diferente das três precedentes, como as de Mao Tsé-tung, Deng Xiaoping e Jiang Zemin. Porém, ao mesmo tempo, esses novos dirigentes centrais e locais são ainda em grande parte promovidos segundo as mesmas regras de cooptação que seus antecessores. A passagem pelas escolas do PC continua a ser o complemento obrigatório na formação de qualquer quadro que ambicione integrar essa elite, calculada em cerca de 80 mil dirigentes.

Formadas por categorias socioprofissionais que emergiram ou foram reabilitadas após 1978 (universitários, pesquisadores, empresários e altos funcionários do setor privado, jornalistas, artistas, advogados etc.), as elites sociais são dominadas por moradores das cidades da China costeira. Exibem certo desafogo material, mas a sua bagagem sociocultural e riqueza econômica são heterogêneas. Embora alguns empresários privados tenham tido êxito nos negócios e acumulem uma fortuna impressionante, apesar de terem interrompido a escolaridade devido à Revolução Cultural, a maior parte dessas elites saiu das universidades chinesas, e uma parte significativa, das grandes universidades ocidentais.

Desde julho de 2001, o PC adotou uma linha ideológica elitista, convidando para se juntarem a ele novas elites socioprofissionais, com o intuito de renovar sua base social e, desse modo, reforçar sua legitimidade e autoridade.

Apesar de os empresários privados continuarem a ser expressivamente minoritários no PC (cerca de 200 mil), parece que essa política deu seus frutos, porque embora alguns membros dessas elites sejam verdadeiramente cosmopolitas, liberais e mesmo democratas, tendo se beneficiado amplamente das reformas e sendo ainda mais consultados pelo poder, a maioria está animada por um forte sentimento patriótico, sendo mesmo abertamente nacionalista, mas é muitas vezes manipulada por esse mesmo poder.

Apesar da corrupção endêmica do sistema político, mantida pela fraqueza das instituições administrativas e judiciárias, que acima de tudo temem a instabilidade social, a maior parte das elites parece ser favorável à manutenção do domínio exclusivo do PC.

Pode-se certamente esperar que a diversificação da sociedade e a autonomia crescente das camadas socioeconômicas superiores tragam consigo divisões nas elites políticas, que irão contribuir para acabar com o monopólio do PC e favorecer, pouco a pouco, a liberalização do regime.

Contudo, após Tiananmen, a aliança crescente das elites socioprofissionais com os dirigentes políticos permite antes entrever a manutenção de um regime autoritário e elitista.

Émilie Tran

> PARTIDO COMUNISTA, TRÊS REPRESENTAÇÕES

EMPREGO

Nas últimas três décadas, as reformas alteraram profundamente a fisionomia do mercado de trabalho na China: crescimento lento dos empregos na agricultura, redução dos efetivos nas empresas do Estado, participação cada vez maior do setor privado e forte crescimento das migrações internas.

Embora o crescimento demográfico se tenha atenuado, a população em idade produtiva continua a aumentar, razão pela qual a mão de obra cresce 1,5% ao ano.

A China continua a ser um país rural, com 60% de sua população residindo nessas zonas, segundo o recenseamento de 2000, tendo sido de 80% em 1980. No entanto, observa-se nelas um rápido crescimento do emprego não agrícola, representando mais de um terço do emprego rural.

As alterações do regime de propriedade alteraram profundamente a estrutura do emprego.

Nas cidades, o emprego nas empresas do Estado aumentou entre 1978 e 1997, tendo passado de 78 milhões para 110 milhões, mas diminuiu drasticamente para 67 milhões em 2004. No setor industrial e comercial, deu-se em dez anos uma quebra profunda do número de efetivos das empresas públicas e coletivas e um crescimento considerável dos empregos nas empresas privadas. As empresas públicas e coletivas, que asseguravam 75% dos empregos urbanos em 1995, perderam 68 milhões de empregos e não representavam senão 25% do emprego urbano em 2004.

Durante o mesmo período, as empresas privadas criaram mais de 35 milhões de empregos, as empresas de capitais estrangeiros mais 5 milhões e as "outras formas de propriedade" cerca de 20 milhões.

As reduções dos efetivos das empresas públicas não foram completamente compensadas pela criação de empregos pelas empresas privadas, sino-estrangeiras e outras empresas não estatais, cujos efetivos totais aumentaram para 60 milhões e passaram de 15% a 35% do emprego urbano. No entanto, os números referentes aos efetivos empregados nas diferentes categorias de empresas apenas refletem de maneira muito incompleta as mutações da situação do emprego.

À margem dos diferentes tipos de empresa reportadas, há um setor informal que assegura uma parcela importante do emprego. Mal inventariado, nele se incluem os pequenos vendedores de rua, certos ofícios da construção, os serviços domésticos e os trabalhadores imigrantes ilegais. Os empregos precários multiplicaram-se, de fato, devido à incapacidade das empresas privadas de criar empregos suficientes, porque são travadas no seu desenvolvimento, em particular, devido às dificuldades de acesso ao crédito bancário.

Mudanças importantes continuarão a afetar o mercado de trabalho nos anos futuros: em 2010, a população ativa da China deverá atingir, segundo o Ministério do Trabalho, 800 milhões (752 milhões em 2004). A repartição do emprego entre os três grandes setores de atividade deverá aproximar a China dos outros países em desenvolvimento: a parte do emprego agrícola deverá cair para 40% (46% em 2004), a dos serviços subir para 36% (31% em 2004) e a da indústria e construção estabilizar-se em cerca de 24%.

O rápido movimento migratório em direção às cidades, observado desde 2001, continuará até 2010 e entre 160 milhões e 180 milhões de camponeses deverão estabelecer-se nelas.

François Gipouloux

➤ DESEMPREGO, EMPRESAS DE CAPITAL ESTRANGEIRO, EMPRESAS COLETIVAS, EMPRESAS DO ESTADO, EMPRESAS PRIVADAS, INFORMALIDADE, MIGRAÇÕES INTERNAS, TRABALHO

EMPRESAS COLETIVAS

As empresas coletivas foram criadas com a economia planificada, no início dos anos 1950. Geralmente de envergadura modesta, não dependem do orçamento do Estado. Ao contrário das empresas estatais, não estão sob a autoridade dos ministérios centrais, mas sob a tutela das autoridades locais (governos das aldeias, municipais ou provinciais).

O lançamento das reformas permitiu seu rápido desenvolvimento nas zonas rurais. As empresas das vilas e dos cantões foram um dos principais motores do crescimento durante a década de 1980. Estão na origem de um desenvolvimento sem precedentes na China rural durante esse período.

Seu aparecimento se explica pela necessidade de os governos locais encontrarem novas fontes de financiamento após a reforma fiscal de 1980, o que tornou cada nível administrativo responsável por suas receitas e despesas.

As empresas das vilas e cantões apareceram de início nas regiões costeiras ricas em recursos (deltas do rio das Pérolas e do Yang-Tsé) e próximas dos mercados e da grande indústria urbana, para a qual trabalham por vezes em subcontratação.

Nas zonas rurais, as empresas das vilas e dos cantões empregaram sempre uma parte importante da mão de obra (136 milhões de pessoas, ou seja, mais de um quarto da população ativa rural, ou 17% da população ativa total do país), ao passo que as empresas coletivas urbanas viram a sua parte decrescer entre 1992 e 2003 (de 5,5% para menos de 2% da população ativa total).

Entre 1992 e 2003, a participação das empresas coletivas na produção industrial total decresceu de 35% para 7%. Essa evolução se deve a um processo de privatização que assumiu diversas formas (venda do capital aos empregados, venda em leilão público e cessão a pessoas privadas) e a um aumento rápido da produção industrial das empresas registradas com outros estatutos (principalmente empresas privadas).

Gilles Guilheux

➢ DIREITO DE PROPRIEDADE, EMPREGO, EMPRESAS RURAIS, PRIVATIZAÇÃO

EMPRESAS DE CAPITAL ESTRANGEIRO

Em 1979, o governo chinês autorizou a criação de empresas de capital estrangeiro, definindo depois, progressivamente, seu quadro legal.

A lei de julho de 1979 permitiu o estabelecimento de sociedades de capital misto nas quais a participação estrangeira deve ser de pelo menos 25%, e os lucros, distribuídos na proporção do capital investido. A lei de 1988 legalizou as sociedades mistas contratuais e prevê acordos mais flexíveis, notadamente em matéria de repartição dos benefícios. Desde 1986, há uma lei que autoriza a constituição de sociedades de capital 100% estrangeiro. A política do governo consistiu em atrair investimentos estrangeiros para determinados setores.

As empresas estrangeiras se beneficiam de vantagens fiscais: estão isentas de imposto sobre lucros durante dois anos após o primeiro ano com resultados positivos e pagam imposto de taxa reduzida (7,5%) durante os três primeiros anos seguintes. Após esse período, ficam sujeitas a uma taxa de imposto sobre os lucros de 24% ou de 15%, em vez da taxa normal de 33%.

As vantagens concedidas variam em função das regiões e dos setores de implantação. Uma classificação que vai mudando ao longo do tempo define diferentes categorias de setores nos quais os investimentos estrangeiros são considerados "encorajados", "autorizados", "limitados" ou "proibidos". São encorajados nas indústrias de alta tecnologia, na agricultura, na infraestrutura, na energia, nos setores exportadores e nas regiões do centro e do oeste do país. São proibidos os projetos que prejudiquem o ambiente e a defesa.

Qualquer criação de uma empresa de capital estrangeiro necessita de autorização ou das autoridades locais, quando o investimento está abaixo de determinado limite (100 milhões de yuans em 2004), ou das autoridades centrais, no caso de projetos superiores a tal limite, bem como nos setores em que são considerados "limitados".

Desde 2001, a China eliminou muitas das restrições à criação de empresas de capital estrangeiro, de acordo com os compromissos assumidos quando da entrada na Organização Mundial do Comércio. O setor dos serviços foi aberto ao investimento estrangeiro, notadamente o comércio de atacado e varejo, o comércio externo, os serviços bancários e financeiros e as telecomunicações. A maior parte desses setores agora abertos pertence ao grupo em que o investimento estrangeiro é "limitado". Foram abolidas as restrições à criação de sociedades de capital totalmente estrangeiro, embora haja exceções, como a indústria automotiva, os bancos, os seguros de vida e os serviços de telecomunicações.

As empresas de capital estrangeiro assumiram lugar de destaque na economia chinesa e principalmente na indústria de transformação, setor em que se concentrou até agora a maior parte do investimento estrangeiro. Essas empresas, entre as quais se incluem as criadas por investidores de Hong Kong e Taiwan, desempenharam papel decisivo na modernização do aparelho industrial chinês.

Em 2003, 30% da produção industrial da China, não levando em conta as pequenas empresas, proveio das empresas de capital estrangeiro, proporção que atingiu os 70% na indústria eletrônica. Realizaram 55% das exportações e das importações chinesas e três quartos das suas exportações de alta tecnologia.

Em muitos setores, assumiram uma importância maior do que as empresas privadas puramente chinesas. O governo tem adiado, portanto, a supressão das vantagens fiscais concedidas às empresas de capital estrangeiro, porque desempenham papel vital no crescimento da economia chinesa e em sua integração na economia mundial.

Quando dispõem dessa possibilidade, os investidores estrangeiros manifestam uma nítida preferência pelas sociedades em que controlam 100% do capital. Cerca de dois terços das entradas de investimento estrangeiro destinam-se atualmente a sociedades totalmente estrangeiras. Estas efetuam cerca de 40% das trocas externas da China.

Françoise Lemoine

➢ AUTOMOBILÍSTICO (SETOR), COMÉRCIO EXTERNO, FISCALIDADE, INVESTIMENTO DIRETO ESTRANGEIRO, NOVAS TECNOLOGIAS, ORGANIZAÇÃO MUNDIAL DO COMÉRCIO (A CHINA E A), SERVIÇOS

EMPRESAS ESTATAIS

Pilares do sistema econômico durante os primeiros 30 anos do regime comunista, as empresas do Estado foram, por razões políticas e estratégicas, muito poupadas pelas reformas durante os anos 1980. Até 1996, permaneceram como a fonte mais importante de criação de emprego nos meios urbanos.

Desde o início dos anos 1990, o modelo econômico e social que veiculavam manifestou-se, porém, em contradição com a economia de mercado. As empresas do Estado não podiam continuar a financiar a proteção social e a habitação dos seus empregados num momento em que a concorrência das empresas privadas e estrangeiras se tornava cada vez mais acentuada. Seu modo de financiamento, fundado em subsídios e créditos bancários muitas vezes não reembolsados, implicava o crescimento dos créditos de cobrança duvidosa no setor bancário, o que punha em risco o equilíbrio financeiro do país.

A partir de 1994, as autoridades chinesas lançaram um ambicioso plano de reformas e os crescimentos do setor privado e dos investimentos estrangeiros permitiram amortecer o choque de uma reestruturação que se anunciava difícil.

As pequenas empresas do Estado mais ineficazes foram encerradas (perto de 20 mil falências), fundiram-se ou foram privatizadas (cerca de 25 mil casos). O Estado conservou uma parte majoritária nas empresas de maior dimensão, mas abriu cerca de 30% do seu capital aos investidores privados.

O sistema de gestão dos setores do Estado foi simplificado e centralizado em uma só entidade, a Comissão Estatal de Gestão e Supervisão dos Ativos do Estado, situada ao nível dos ministérios. Foram instituídos em todas as empresas do Estado instrumentos de gestão empresarial (conselho de administração, conselho fiscal).

As habitações foram privatizadas e as atividades sociais (escolas, hospitais), transferidas para as municipalidades.

Após mais de uma década de reformas, a face do setor estatal foi radicalmente transformada. O número de empresas e de empregados efetivos foi reduzido (cerca de 25 milhões de postos de empregos cancelados).

No entanto, a melhoria da gestão ficou muito aquém dos objetivos anunciados. A rentabilidade muito fraca das empresas e a persistência de créditos de cobrança duvidosa no sistema bancário não traduzem a necessária eficácia na utilização do capital. As contribuições das empresas do Estado para a produção e o valor agregado da indústria passaram a ser inferiores a 50%, mas essas empresas continuam a ser majoritárias nas províncias do interior e são parceiras muito frequentes das *joint-ventures* com os investidores privados e estrangeiros.

Jean-François Huchet

> GRANDES GRUPOS, INDÚSTRIA E POLÍTICA DE INDUSTRIALIZAÇÃO, PRIVATIZAÇÃO, PROTEÇÃO SOCIAL, UNIDADES DE TRABALHO.

EMPRESAS PRIVADAS

Em junho de 1988, o Conselho dos Assuntos de Estado adotou três regulamentos relativos a essas unidades de produção que passaram a ser designadas como empresas privadas.

Esses documentos definem a empresa privada como "uma organização que realiza lucros, que é propriedade de indivíduos e que emprega pelo menos oito pessoas". São considerados três tipos de empresas privadas: de proprietário único, de proprietários em sociedade e de responsabilidade limitada.

As empresas privadas são o componente da economia chinesa que cresce mais rapidamente desde o início da década de 1990. Ao lado das empresas estrangeiras, são os dois motores do crescimento. Entre 1992 e 2002, seu número passou de 140 mil para 2,4 milhões, ou seja, um crescimento de 33% ao ano. Esse crescimento resulta, por um lado, da privatização das pequenas e médias empresas estatais e coletivas e, por outro, e sobretudo, da criação de novas empresas.

Os empregados efetivos aumentaram cerca de 15 vezes (de 2,3 milhões para 34 milhões). As empresas privadas são, portanto, criadoras líquidas de emprego, ao passo que os efetivos do setor do Estado estão em queda.

As empresas privadas, em média de pequena dimensão e de caráter familiar, deparam com vários desafios: o difícil acesso ao crédito bancário (reservado às grandes empresas estatais e coletivas), a fraca profissionalização de sua gestão e seu insuficiente conhecimento tecnológico.

Às empresas oficialmente registradas como privadas junto da administração chinesa seria necessário acrescentar as empresas individuais (*getihu*), que contam menos de oito empregados, e as empresas estrangeiras.

Avaliar a contribuição global dessas três categorias de empresas (privadas, individuais e de capital estrangeiro) para o produto interno bruto (PIB) chinês é tanto mais difícil quanto muitas empresas possuem *status* misto (o capital está nas mãos de diferentes tipos de agentes públicos e privados).

O recenseamento econômico realizado em 2004, mais completo que os anteriores, permitiu conhecer a dimensão das atividades privadas que até então não eram contempladas pelas estatísticas e pertenciam ao setor informal. Sua inclusão fez aumentar o PIB chinês em 17%.

Podemos assim estimar que as empresas privadas contribuíram com mais de 60% do PIB em 2004. Na indústria, seu peso ultrapassa 50% da produção, representando as empresas de capital estrangeiro um terço dessa percentagem.

Gilles Guilheux

> DIREITO DE PROPRIEDADE, EMPREGO, EMPRESAS DE CAPITAL ESTRANGEIRO, INFORMALIDADE, PRIVATIZAÇÕES

EMPRESAS RURAIS

O desenvolvimento das empresas rurais não agrícolas, frequentemente designadas em chinês pela expressão *xiangzhen qiye* (empresas de vilas e cantões), ou em inglês, *township village entreprises*, foi um dos fatos mais marcantes após a descoletivização do início dos anos 1980, transformando profundamente as zonas rurais nas duas últimas décadas.

Sucedendo às empresas coletivas ou estatais que, nos anos 1970 tentaram industrializar os campos em torno das "cinco pequenas" (energia, cimento, adubos químicos, metalurgia e mecânica), que se acreditava forneceriam *inputs* industriais ao setor agrícola, as empresas rurais desenvolveram, a partir dos anos 1980, as indústrias ligeiras de transformação e os serviços, que tinham sido anteriormente negligenciados.

Beneficiaram-se então da liberdade que passou a ser concedida aos camponeses para trabalharem fora da agricultura com o intuito de começar a absorver o enorme excedente de mão de obra agrícola que se acumulara durante a coletivização.

As empresas rurais empregavam cerca de 28 milhões de pessoas em 1978, ou seja, menos de 10% da mão de obra rural, mas já tinham quase 70 milhões de empregados em 1985, representando 19% daquela mão de obra, logo após terem incorporado as novas empresas das aldeias.

Cerca de 20 anos mais tarde, tinham mais 70 milhões de trabalhadores, totalizando 139 milhões de empregados em 2004, ou seja, 28% da mão de obra rural.

O efeito sobre os rendimentos foi considerável, porque os salários não agrícolas representam agora 34% do rendimento líquido dos camponeses, incluindo o autoconsumo próprio, ou, se incluirmos as remessas dos emigrantes, mais de metade do rendimento monetário líquido.

A evolução dos últimos 20 anos revela tanto uma alteração gradual de regimes de propriedade e de gestão dessas empresas como as limitações da industrialização rural.

De início, pelo menos ao nível dos cantões e das vilas, eram empresas coletivas da iniciativa das autoridades locais, que as encorajavam com políticas protecionistas, porque viam nelas fontes de rendimento, ao mesmo tempo que contribuíam para aliviar o excesso de mão de obra agrícola. Pôde-se falar então de *local state corporatism*. O objetivo oficial era permitir aos camponeses "deixar a terra sem abandonar as zonas rurais" (*litu bu lixiang*).

Era costume opor o modelo coletivo do sul do Jiangsu, baseado em laços estreitos com uma base industrial tradicional do Estado, ao modelo mais capitalista de Wenzhou, baseado em oficinas familiares que funcionavam em coordenação com grandes redes comerciais privadas.

Confrontadas com uma ocorrência cada vez maior das empresas urbanas mais eficientes, durante os anos 1990, e com progressos efetivos no funcionamento da economia de mercado, essas empresas se viram diante da necessidade de resolver os seus problemas financeiros e tiveram de proceder a uma ampla diversificação dos seus regimes de propriedade.

A diversidade das categorias por que se passou a distribuir (coletivas, cooperativas, sociedades de responsabilidade limitada, empresas individuais etc.) oculta, de fato, uma tendência geral de privatização.

O desenvolvimento das empresas rurais reforçou as disparidades geográficas dos rendimentos dos camponeses. Já em 1985, metade dos trabalhadores das empresas rurais se concentrava nas províncias costeiras do leste (que possuíam menos de 40% da mão de obra total da China). Após 1985, metade dos 70 milhões de novos empregos não agrícolas criados nas zonas rurais se situava nessas províncias do leste, onde os ativos não agrícolas das empresas rurais passaram a representar cerca de 45% da mão de obra rural local, contra 25% nas províncias do centro e menos de 20% no oeste subdesenvolvido.

Essa desigualdade de desenvolvimento traduziu-se numa disparidade acrescida dos rendimentos dos camponeses, os quais, no ano de 2004, se situavam entre 1.720 yuan por pessoa em Guizhou (dos quais 500 yuans eram salários) e 5.950 yuans em Zhejiang (dos quais 2.900 yuans eram salário).

A capacidade de absorção de mão de obra agrícola excedente por essas empresas rurais parece ter, além disso, os seus limites. Embora o número dos seus empregados continue a aumentar (as estatísticas respectivas estão, contudo, sujeitas a caução), é evidente que as migrações sazonais em direção às cidades se tornaram dominantes nessa reconversão da mão de obra agrícola, a qual passou a "deixar não só a agricultura como também as zonas rurais" (*litu lixiang*). O número desses imigrantes (cerca de 150 milhões de pessoas) ultrapassa agora o de empregos nas zonas rurais.

De fato, nas zonas desenvolvidas, onde as empresas rurais empregam também imigrantes, a distinção entre empresas rurais e empresas locais ligadas às companhias industriais urbanas e mesmo internacionais deixou de ter pertinência. No entanto, mantém-se a questão da industrialização das zonas do interior e dos papéis respectivos que as empresas rurais e as migrações entre as províncias podem nelas desempenhar.

Claude Aubert

➢ CAMPONESES, CIDADES E AS ZONAS RURAIS (AS), DESCOLETIVIZAÇÃO, DESIGUALDADE DE RENDIMENTOS, DIREITO DE PROPRIEDADE, EMPREGO, MIGRAÇÕES INTERNAS, PRIVATIZAÇÕES, REFORMA AGRÁRIA

ENERGIA E RECURSOS NATURAIS

A China é hoje o segundo maior consumidor de energia do mundo, depois dos Estados Unidos, e o terceiro produtor, atrás dos Estados Unidos e da Rússia. É também o primeiro produtor mundial de carvão e o segundo país em potência elétrica instalada.

As projeções de crescimento fazem da China o maior mercado mundial de produtos, serviços e tecnologias relacionados com a energia e indicam que essa potência será a maior fonte de crescimento da procura de energia no período de 2000-2020. Deverá representar então 23% do total mundial. A sua procura global de energia primária passará de 864 milhões de toneladas equivalentes de petróleo (TEP) em 1995 para 2,1 bilhões de TEP em 2020 e sua participação no total mundial passará de 11% em 1995 para cerca de 16% em 2020.

Primeiro produtor e consumidor mundial de carvão, a China é também o país que mais depende dele em todo o mundo. O carvão corresponde a 70% (contra 95% nos anos 1950) da sua oferta de energia primária total. As projeções indicam que a preponderância do carvão irá se manter, ainda que diminua ligeiramente para 67% em 2020.

O petróleo, segunda fonte energética, satisfazia 25% das necessidades de energia primária do país. Com uma produção de 180 milhões de toneladas e um consumo de 310 milhões de toneladas em 2005, a China é o sexto produtor e o segundo consumidor de petróleo do mundo e um interveniente importante no comércio mundial.

Registra, contudo, um déficit crescente: enquanto a proporção entre as importações e a procura global era insignificante até o final dos anos 1990, já atingia cerca de 40% em 2004 (com um total recorde de 122 milhões de toneladas de petróleo bruto importado, ou seja um aumento de 75% em relação a 2002). Diante dessa dependência cada vez maior, a China procura garantir a segurança dos seus aprovisionamentos, diversificando-os.

A ambição da China na indústria de gás é tornar-se um verdadeiro interventor em nível mundial, interligado e integrado em termos de cargas de alimentação de gás natural e de gás líquido natural, no cenário nacional e internacional, e em termos de gasodutos e jazidas de gás. O gás mal representa 2% da balança energética total e deverá atingir um máximo de 5% a 10% no horizonte de 2020.

A eletricidade (nuclear e hidráulica) não representa senão 3% da oferta de energia primária, uma taxa que deverá chegar a 4,5% em 2020.

A China tem reservas consideráveis de minerais metálicos. É um dos principais produtores de alumínio (17% da produção mundial), de cobre (10%), de zinco (22%), de chumbo (19%) e de estanho (29%).

No entanto, suas produções são frequentemente inferiores às necessidades de uma indústria em acelerado crescimento. Suas importações de alumínio, de cobre, de zinco, de níquel e de minério de ferro têm um impacto importante no equilíbrio dos mercados mundiais e conduzem à elevação dos preços.

Alain Sépulchre

➢ AMBIENTE, CARVÃO, COMÉRCIO EXTERNO, INDÚSTRIA E POLÍTICA DE INDUSTRIALIZAÇÃO, PETRÓLEO.

EPIDEMIAS

As histórias dinásticas e as monografias locais registraram com regularidade, desde a Antiguidade, as epidemias que atingiram a China, quase sempre acompanhadas de fome e de perturbações políticas. Os períodos de miséria favoreceram sua expansão.

As grandes epidemias, provavelmente de peste, que enlutaram os últimos tempos da dinastia Ming, no início dos anos 40 do século XVII, aceleraram, ou mesmo provocaram, a vitória dos Manchus em 1644 e o surgimento dos Qing (1644-1911).

Esses episódios dizem respeito, em primeiro lugar, à história da China, mas é evidente que tiveram consequências no plano internacional, até porque os agentes patogênicos ignoram fronteiras.

É ainda num contexto que ultrapassa largamente os quadros nacionais que é preciso considerar três doenças infecciosas epidêmicas que há 20 anos atingem a China: a Aids, a Sars e a gripe das águas, uma epizootia que corre o risco de se transformar igualmente em epidemia.

A Aids, após alguns casos no final dos anos 1980, atingiu verdadeiramente a China a partir de 1990. Foi então que mais de 70% dos dependentes de heroína das zonas fronteiriças do Yunnan e do Xinjiang foram atingidos por uma infecção. A Aids chegou então rapidamente a outras províncias. Segundo cálculos da Organização Mundial da Saúde, o número de soropositivos era de 15 mil em 1993.

A epidemia se expandiu, depois, de forma contínua e crescente. Uma das causas desse crescimento foi o drama, denunciado em 2000, do comércio de sangue envolvendo os camponeses do Henan, que foram infectados quando lhes injetaram glóbulos vermelhos sem controle sorológico prévio.

Segundo um estudo efetuado pelo Ministério da Saúde chinês, em colaboração com o Programa Comum da Organização das Nações Unidas sobre a Aids, tornado público em janeiro de 2006, o número de soropositivos no país era de 650 mil em 2005, tendo 70 mil sido somente naquele ano.

A maior parte das novas infecções (80%) decorreria da injeção de drogas por via intravenosa e à prostituição. Contudo, a doença começou a propagar-se na população em geral a partir de grupos de alto risco.

Há alguns anos, certo número de importantes medidas preventivas e de informação vem sendo tomadas por parte das autoridades chinesas, bem como a disponibilização de seringas aos toxicômanos. Os medicamentos retrovirais são hoje produzidos na China a um custo muito inferior aos fabricados no exterior.

Contudo, os doentes são frequentemente rejeitados pela sociedade. Teme-se que a ausência de proteção social e sanitária de uma parte importante da população (por exemplo, os imigrantes) possa significar que a epidemia leve muito tempo para ser dominada.

A Sars (síndrome respiratória aguda grave), provocada por um novo coronavírus, cujos portadores são mamíferos como a civeta, vendidos nos mercados, apareceu pela primeira vez em novembro de 2002, no sul da China. A epidemia se alastrou rapidamente nos meses seguintes, tendo feito centenas de vítimas. Ficou evidente a insuficiência da vigilância epidemiológica chinesa na época, o que provocou a demissão do Ministro da Saúde e o desbloqueio de créditos importantes para a criação de uma rede de vigilância mais eficaz.

Finalmente, a China se defronta há alguns anos com uma grave enzootia, a gripe das aves, devida ao vírus H5NI. Os primeiros casos de transmissão desse vírus ao homem apareceram em 1997, em Hong Kong, com 18 casos de infecção humana e seis mortes.

No início do ano de 2006, registraram-se na China vários casos fatais e a situação sanitária relativa à epidemia, que se pode transformar numa pandemia, continua incerta.

Frédéric Obringer

➢ DROGA, FAUNA, MEDICINA, PROSTITUIÇÃO, SAÚDE, AIDS

ESCRITA

Apesar dos contrastes evidentes entre as formas gráficas do chinês e das escritas alfabéticas, resultados experimentais convergentes demonstram a proximidade dos processos cognitivos utilizados pela leitura dessas escritas de tipos diferentes.

A leitura de uma palavra pode resultar de dois processos distintos: a captação direta, visual, no caso das palavras familiares, ou a "recodificação fônica", indispensável nas palavras pouco frequentes ou irregulares. Isso é válido para o chinês e para as escritas alfabéticas.

Um texto chinês é composto de caracteres de dimensões homogêneas, separados por espaços iguais. Cada caractere tem determinado número de traços, segmentos de reta mais ou menos alongados e diversamente orientados que devem ser traçados numa dada ordem.

Nenhum caractere é uma organização original de traços totalmente diferentes de todos os outros. A maior parte deles é decomponível em subconjuntos (outros caracteres ou elementos não autônomos). Esses componentes são da ordem de centenas.

Na fala chinesa, a unidade essencial é a sílaba. Um caractere corresponde a uma sílaba e a um dos sentidos que ela pode ter. Não remete a objetos (mito pictográfico), nem a ideias (mito ideográfico), mas a uma palavra ou um elemento de palavra (morfema) que tem um sentido e uma pronúncia.

A diferença em relação ao alfabeto é que a pronúncia do caractere não é suscetível de ser analisada em fonemas, como é o caso com as nossas letras.

Sua decomposição em elementos não dá uma indicação direta da pronúncia nem do sentido.

No entanto, há certo número de elementos que figuram em séries de caracteres de pronúncia próxima. Esses "índices fônicos" permitem, em cerca de um terço dos casos, adivinhar a pronúncia do caractere em questão por analogia com os caracteres que possuem o mesmo elemento e de que conhecemos a pronúncia.

Mais de 90% dos caracteres que se usam atualmente são compostos por um elemento fonético e por outro chamado "chave". Estes últimos, destinados originariamente a distinguir os homófonos, sugerem um domínio, mas não fornecem o sentido. São utilizados para classificar caracteres nos dicionários.

O fato de haver tantos caracteres diferentes quantas são as palavras ou os elementos das palavras parece constituir um desafio para a aprendizagem. Ora, centenas de milhões de chineses leem e escrevem utilizando essa escrita.

Em cada época é utilizada apenas uma fração do estoque total: atualmente os dicionários comuns têm pouco mais de 9 mil caracteres.

No entanto, cada indivíduo conhece apenas uma parte proporcional ao seu próprio vocabulário, 2 mil no mínimo e 4 mil a 5 mil em média. No final da escolaridade, um adolescente chinês domina tão bem a leitura quanto um europeu da sua idade.

A escrita chinesa não é das mais antigas: os primeiros textos datam do século XIII a.C., ou seja, 2 mil anos após o começo da escrita na Suméria. No entanto, a relação que subsistiu durante mais de 2.500 anos entre uma escrita relativamente estável e uma língua chinesa que foi evoluindo sem perder a sua identidade é um fenômeno notável.

Duas reformas importantes foram introduzidas em 1958 pelo governo da República Popular da China. Em primeiro lugar, foram tornadas obrigatórias formas simplificadas que têm menor número de traços do que os caracteres correspondentes habituais. Essa reforma, destinada a facilitar o acesso à escrita ao maior número possível de indivíduos, dificultou a comunicação entre os continentais e os chineses do exterior, que se opunham ao novo regime. Hoje em dia, são diferentes as normas e os usos dos chineses que vivem no continente e os de Taiwan e das comunidades no exterior, mas a intensificação dos contatos faz que cada vez maior número de pessoas domine os dois estilos gráficos, o tradicional e o simplificado.

Em segundo lugar, o governo adotou um sistema de transcrição para letras latinas, o chamado *pinyin,* destinado a facilitar a aprendizagem da leitura por parte das crianças e a normalizar a pronúncia nas zonas dialetais. O *pinyin* é ensinado na escola primária, mas muitas vezes esquecido a partir da escola secundária, porque não tem nenhuma função na vida social. No entanto, o desenvolvimento da informática introduziu nestes últimos anos o embrião de uma grande transformação.

Podem-se escolher os caracteres chineses a partir de um teclado de computador comum: basta dispor de um programa que tenha os caracteres na memória e que permita uma ou várias modalidades de acesso, o que em geral ocorre, hoje em dia. Há dois tipos de código: um deles baseia-se na forma do caractere (codificação gráfica) e o outro na pronúncia (codificação alfabética).

No futuro, a familiaridade acrescida com o *pinyin*, mediante a codificação alfabética, a utilização cada vez mais frequente do inglês nos meios urbanos e a multiplicação dos nomes de marcas estrangeiras tendem a criar as condições favoráveis ao uso do alfabeto. No entanto, a integração da escrita chinesa aos sistemas informatizados demonstra que ela não levanta nenhum obstáculo à modernização: não há, por isso, razão para abandonar tal herança.

Viviane Alleton

➢ CALIGRAFIA, DIALETO, EDUCAÇÃO, MANDARIM, MUNDO CHINÊS

ESPAÇO (CONQUISTA DO)

A conquista do espaço é importante para a China, não só do ponto de vista técnico e científico mas também militar, econômico e, poderíamos dizer, "geossimbólico".

O primeiro voo chinês tripulado, realizado em outubro de 2003, foi vivido pelos chineses como uma afirmação de poder do seu país a um nível equivalente ao dos Estados Unidos e da Rússia, apesar de, do ponto de vista estritamente científico, ser frequentemente contestado o interesse dos voos tripulados.

Esse êxito foi preparado a longo prazo pelo incipiente programa espacial aprovado por Mao Tsé-tung, em 1958, incentivado pelo grande cientista Qian Xuesen, expulso dos Estados Unidos três anos antes. O primeiro satélite chinês, Dongfanghong ("O Oriente é Vermelho") seria lançado em 1970.

Mas foi a partir de setembro de 1992 que a política espacial chinesa se intensificou, quando o projeto 921 foi oficialmente aprovado. Alicerçava-se na construção de uma cápsula inspirada na Soyouz russa, o que demonstra a influência preponderante da colaboração nesse domínio entre a China e a ex-URSS.

Depois de ter testado com êxito, em setembro de 2003, na base de Taiyuan, um lançador de satélites de quatro estágios com combustível sólido, tornando-se assim o terceiro país, após os Estados Unidos e a Rússia, a dominar essa tecnologia, a China lançou o Shenzhou V ("Nave Divina V"), em 15 de outubro de 2003, do centro de lançamentos de Jiuquan (província de Gansu), tendo a bordo Yang Liwei. Essa nave efetuou 14 voltas à Terra em 21 horas antes de pousar nas estepes da Mongólia interior.

Dois anos mais tarde, em 12 de outubro de 2005, o foguetão "Longa Marcha 2F" enviou o Shenzhou VI e os dois "taiconautas" Fei Junlong e Nie Haisheng para orbitar a Terra num voo que durou cinco dias.

A China ambiciona desenvolver progressivamente, nos próximos anos, técnicas fundamentais, como a saída dos tripulantes para o exterior da cabina, o acoplamento dos engenhos e a criação de estações espaciais.

Sempre na mesma perspectiva, ao mesmo tempo científica e estratégica, a China começou a fabricar um satélite e seu lançador para uma primeira missão chinesa à Lua, prevista para abril de 2007. Segundo o programa chinês de exploração lunar, oficialmente iniciado em 2004, o lançamento desse satélite deve ser seguido, em 2010, da alunagem de um veículo não habitado.

Como se tem observado, até a designação dos exploradores espaciais chineses foi objeto da criação de uma palavra com uma marca identitária. O termo "taiconauta", que vem do chinês *taikongren* ("homem do espaço"), impôs-se pouco a pouco na imprensa das línguas ocidentais, contrapondo-se ao "astronauta" americano e ao "cosmonauta" soviético e, em seguida, russo.

De uma maneira geral, as atividades espaciais chinesas, que empregam mais de 250 mil pessoas, além do seu caráter simbólico e das suas implicações na investigação científica e técnica, apresentam um interesse econômico de relevo num mercado que se deverá desenvolver muito no futuro.

Desde os anos 1980, a China propôs lançamentos de satélites científicos e comerciais, por exemplo, no domínio das telecomunicações, a preços muito vantajosos em relação aos seus concorrentes americanos e europeus e, em menor medida, russos.

Ainda que a viabilidade desses lançamentos se tenha revelado "factível", sobretudo nos anos 1990, seu menor custo os torna competitivos e é provável que, se tiver êxito a construção de uma estação espacial chinesa nos próximos anos, seus serviços sejam propostos a tarifas igualmente atrativas.

Frédéric Obringer

➤   CIÊNCIAS E TÉCNICAS/TECNOLOGIA, PESQUISA E DESENVOLVIMENTO

ESPAÇOS PÚBLICOS

A cidade chinesa é um lugar de poderes e de rápidas evoluções sociais, traduzindo também a produção atual de novos espaços públicos.

Há relativamente pouco tempo, era o coletivo, mais ainda que o público, que tendia a predominar, situando-se na dependência da unidade de trabalho, do comitê de residentes e da célula do Partido Comunista. O espaço público, que lhe escapava, o espaço em negativo – o que estava fora do controle oficialmente legitimado – era raro.

Na verdade, as populações só podiam se dirigir aos parques e aos jardins públicos, lugares permissivos situados fora dos quadros do trabalho e do grupo familiar, para se descontrair, tagarelar, jogar xadrez, tocar música, cantar árias de ópera ou velhas canções populares. Os parques e os jardins também estavam reservados aos negócios proibidos (livros, revistas, cassetes) e mesmo aos amores clandestinos ou ilícitos.

Os prazeres simples desses espaços públicos continuam atualmente ligados a eles. Aliás, foram criados milhares de parques na China. No entanto, a tendência contemporânea é, sobretudo, para a multiplicação e a diversificação das formas de espaço público: praças públicas, ruas de pedestres e centros comerciais.

Depois que as casas de chá foram fechadas nos anos 1950, vêm aparecendo cafés com os seus terraços, restaurantes e vastas galerias comerciais, instaurando novas centralidades na cidade. São também criadas ruas de pedestres, como o trecho oriental da Rua de Nanquim, em Xangai, o sul da Rua Jianghan, em Wuhan, e Wangfujin, em Pequim. As margens dos rios são muitas vezes remodeladas em função do turismo e de uma nova encenação da cidade, tomando como modelo o Bund, em Xangai.

No entanto, as municipalidades chinesas estão criando, sobretudo, praças públicas, que são agora menos destinadas a celebrar o regime e mais a servir como espaços de vida onde os indivíduos vão passear, se encontrar e discutir unicamente por residirem na cidade.

Historicamente, a civilização chinesa não conhece o princípio da ágora grega. As praças públicas são raras e não se destinam à reunião de cidadãos iguais. Pelo contrário, deviam servir para a manifestação, para a encenação e para o exercício do poder, à semelhança da execução das sentenças do mandarim diante das portas do *yamen* (tribunal e residência do funcionário).

A Praça de Tiananmen foi o exemplo típico, retomado depois para a celebração da "nova China". De fato, tomando-a como modelo, o poder comunista construiu muitas praças grandes para manifestações políticas, que ficavam enquadradas por construções de glorificação do regime.

Essas vastas praças públicas não eram verdadeiros entroncamentos da circulação nem lugares de encontro de peble. As estradas que aí se cruzavam em ângulo reto, tal como na Praça de Tiananmen, em Pequim, isolavam o espaço central das outras ruas ou cortavam nitidamente a praça em duas, impedindo que fosse atravessada de norte a sul fora das passagens situadas nas suas extremidades. É o que ocorre na atual Praça do Povo, em Xangai.

Contudo, hoje em dia, esse tipo de praça tornou-se uma exceção na China. Multiplicam-se os espaços mais reduzidos, afastados dos eixos rodoviários e mesmo ocultos por achadas exteriores, reconstruídas a partir de antigas ilhas urbanas, definindo dessa forma uma estranha relação entre a função pública do espaço e sua necessidade de intimidade. Dedicada a um grupo, determinada apenas pelos edifícios que a abrigam da rede viária, ela se torna, assim, realmente pública.

Nesse novo tipo de praça, feita de espaços vazios, de alamedas sinuosas, enquadrada por vegetação e com lugares onde as pessoas podem se sentar, podem também ser organizadas exposições e espetáculos, com a autorização das autoridades do gabinete de quarteirão, do bairro ou da municipalidade.

Em frente ao monumental Palácio do Povo, em Chongqing, que, inaugurado em 1953, alia o gigantismo soviético ao conforto pré-revolucionário, e cujo edifício central, que obedece ao modelo arquitetônico do templo do Céu, em Pequim, é simbolicamente a sede da Assembleia Popular da municipalidade, são também encorajados espetáculos de dança e de canto pelo governo local. Os dançarinos vestidos todos iguais e executando uma coreografia comum não são, de fato, profissionais, mas os próprios habitantes da cidade, que se tornam assim atores e espectadores de seu próprio espetáculo.

Essa implicação dos habitantes, frequente em todas as cidades da China e herdeira das atividades artísticas que eram antes organizadas pelas unidades de trabalho, traduz a nova utilização das praças públicas como espaços de sociabilidade, onde os habitantes se reúnem ou se encontram pela simples razão de pertencerem à cidade e não por se relacionarem com as unidades de trabalho ou com a família. O anonimato torna-se, desse modo, o instrumento da formação progressiva de consciência urbana.

Atualmente os poderes municipais da China constroem espaços para todos, mas já não são espaços públicos de refúgio ou clandestinos. As praças públicas traduzem agora a necessidade social de uma nova expressão de comunidade, fora da arregimentação ideológica, da empresa ou da família e em reação às novas segregações socioespaciais. As pessoas encontram-se aqui porque residem na cidade.

O território urbano torna-se, portanto, o lugar e o instrumento de algo que poderá participar, com o tempo, da constituição de uma sociedade civil, articulada com identidades abertamente urbanas e locais.

Thierry Sanjuan

➤ CIDADE, ESPAÇO COMERCIAL, PARQUES E JARDINS, PRÁTICA RECREATIVA, RESIDENTES (COMITÊS DE), TIANANMEN (PRAÇA DE), URBANISMO

ESPORTES

Corridas de carros e movimentos gímnicos na dinastia Han (206 a.C.–220 d.C.); jogo de polo, muito apreciado pelos aristocratas do norte, nos séculos VII e VIII; concursos de luta e de boxe, ou mesmo um antepassado do futebol na dinastia Song (960-1279): não há dúvida de que as atividades esportivas não eram desconhecidas da China imperial.

No entanto, foram muitas vezes desprezadas pelas elites, sobretudo a partir dos Ming (1368-1644), que deixavam ao povo o encargo do esforço físico. Só no século XX os esportes despertaram pouco a pouco o interesse da China, sob outras formas e devido aos países anglo-saxônicos.

Foi ainda mais recentemente, nos anos 1980, que o país se dotou de infraestruturas e de organismos destinados a desenvolver uma prática esportiva de competição capaz de conquistar seu lugar no plano internacional.

A ideia de que uma grande nação deve ser representada por seus campeões no mais alto nível mundial e que o esporte tem atualmente um valor emblemático, econômico e urbanístico eminente levou as autoridades chinesas a apresentarem a candidatura do seu país à organização dos Jogos Olímpicos.

Após diversas peripécias, a China foi escolhida para acolher a 29ª Olimpíada, em agosto de 2008.

Durante a olimpíada anterior, em Atenas, 2004, a China se classificou em segundo lugar no quadro de obtenção de medalhas, com um total de 63, entre as quais 32 de ouro, tendo brilhado sobretudo em esportes como o tênis de mesa, a ginástica, o halterofilismo, os saltos ornamentais, a natação e o voleibol feminino.

A vitória de Lu Xiang na prova masculina dos 110 metros com barreiras, com um tempo que igualou o recorde mundial, também obteve grande repercussão na China, porque assinalava o coroamento desse país na disciplina mais famosa, o atletismo.

Esses êxitos são o resultado de uma rede de escolas e de clubes desportivos que descobre e apoia, desde a mais tenra idade, os talentos individuais, para finalmente selecionar um viveiro de atletas de alto nível, que abrange cerca de 20 mil pessoas.

Ao mesmo tempo, é encorajada a prática desportiva de massa, tanto nas escolas como nas empresas, por razões de higiene pública e de coesão social.

Calcula-se que 300 milhões de chineses participem em atividades desportivas, número que está crescendo com a urbanização do país. Há mesmo aparelhos de ginástica instalados, e até muito utilizados, nas calçadas das grandes cidades.

O setor esportivo tende, finalmente, a assumir uma importância econômica inegável. O futebol chinês empenhou-se, por isso, na via da profissionalização, a partir de 1994, com um orçamento anual de 700 milhões de yuans.

Criou-se um sistema de apostas esportivas, aumenta o número de transmissões televisivas das competições e a imagem dos atletas mais célebres é cada vez mais utilizada do ponto de vista comercial e ideológico.

Segundo algumas previsões, o valor da produção do setor desportivo poderá atingir 1,5% do produto interno bruto chinês em 2010.

Frédéric Obringer

➤ JOGOS OLÍMPICOS, LAZER

ESTADO

Valor estruturante da civilização Han desde a unificação do país por Qin Shihuang (221 a.C.) até os nossos dias, o Estado, não um simples Estado, mas um Estado forte, unitário e doutrinário, sempre foi objeto, na China, de um verdadeiro culto. Essa ideologia do Estado se explica quer pela riqueza de suas tradições, quer por divisões históricas sucessivas, que funcionam atualmente como um traumatismo e uma alavanca.

À exceção de uma tentativa tardia de instituir uma monarquia constitucional, entre 1905 e 1911, e a instauração da República em 1912, não só o modelo político do Estado imperial se opôs a todos os que foram concebidos pelo Ocidente (cidade, realeza e regime parlamentar) mas também lhes foi indiferente.

Tradicionalmente, o Estado se baseou numa concepção do poder que é, ao mesmo tempo, xamânica – pois o soberano, filho do céu, tem o dever moral de "civilizar (*jao*) e alimentar (*yang*)" seu povo – e confucionista – que impõe, pelo culto do que é escrito, pela lei da hierarquia, uma cultura do "bom governo" e do saber administrativo.

Assim, desde o final do século X, na dinastia Song (960-1279), depois na dos Ming (1368-1644), e até sua abolição em 1905, foi instituída uma administração de letrados funcionários, essencialmente recrutados por concurso.

Finalmente, o contato com o Ocidente acelerou a transformação do Estado-civilização em Estado-nação moderno, de início com a instauração da República da China, em Nanquim, em 1928, e depois com a fundação por Mao Tsé-tung de uma república popular de obediência marxista.

Estado multiétnico, mas sempre unitário e centralizado, a República Popular da China (RPC) possui uma estrutura administrativa complexa, que compreende 22 províncias, cinco regiões autônomas, quatro municipalidades de nível provincial e duas regiões administrativas especiais.

Nascida com a vitória do Partido Comunista (PC) sobre o Kuomintang, a RPC enquanto Estado é estruturalmente dependente do PC que a fundou. Concretamente, este último dispõe de uma proeminência institucional sobre o Estado, que é responsável pela aplicação das políticas do PC. Após a Revolução Cultural, as reformas de Deng Xiaoping procuraram reconstruir o Estado, que estava quase absorvido por um PC, ele mesmo enfraquecido.

Atualmente permanece a confusão quanto a saber se a Constituição da RPC pode, de fato, se sobrepor à do PC e, portanto, controlá-lo. Inscritos no preâmbulo da lei fundamental, os quatro princípios básicos do Estado são, na verdade, uma espécie de resumo dos princípios do PC, ou seja, a via socialista, a ditadura democrática popular, a direção do PC, guiada pelo marxismo-leninismo, e o pensamento de Mao Tsé-tung, ideologia completada mais recentemente pelos escritos de Deng Xiaoping e a teoria das "três representações" de Jiang Zemin.

De modo análogo, embora formalmente a instituição suprema do regime seja a Assembleia Nacional Popular, que promulga as leis, ratifica os tratados e nomeia o presidente da República, o primeiro-ministro e os membros do Conselho dos Assuntos de Estado (o governo), ela se encontra, de fato, sob a direção do PC. Por isso, o presidente da RPC e o secretário-geral do PC são geralmente a mesma pessoa. Por outro lado, a Comissão Militar Central do Estado, dirigida por este último (Hu Jintao, desde 2003), é idêntica à do PC.

Apesar da transformação dos fundamentos ideológicos do Estado chinês ao longo do século XX, permanece o desafio de seu governo.

Stéphanie Balme

➤ ADMINISTRAÇÃO TERRITORIAL, BUROCRACIA, CONFUCIONISMO, CONSTITUIÇÃO, GOVERNO, PARTIDO COMUNISTA, REPÚBLICA POPULAR, TRÊS REPRESENTAÇÕES

ESTADOS UNIDOS (A CHINA E OS)

Desde o sucesso inesperado da revolução chinesa em 1949, até a ascensão, não menos inesperada, da China ao quarto lugar da economia mundial, em 2006, detectam-se constantes evoluções nas relações sino-americanas que transcendem as suas peripécias, por vezes dramáticas, de curto prazo.

Essas relações influenciam, desde logo, os debates políticos internos dos dois países.

A vitória do Partido Comunista chinês pela força das armas, em 1949-1950, seguida do deflagramento da Guerra da Coreia, em junho de 1950, provocou nos Estados Unidos o *red scare*, vaga anticomunista que marcou a sociedade americana de forma ainda mais concreta do que a Guerra Fria com a União Soviética.

Na China, o endurecimento político do regime e sua política do *yibian dao* ("inclinação para um só lado") ficaram a dever ao afrontamento com os Estados Unidos na Ásia-Pacífico, onde Mao Tsé-tung e os seus procuraram durante muito tempo contrabalançar a influência da China de Chiang Kai-shek nos meios dirigentes americanos.

Atualmente, as controvérsias em torno da política dos Estados Unidos em relação à China dividem republicanos e democratas. Alguns veem na China um concorrente estratégico e uma ameaça militar, já no presente ou apenas no futuro. Outros estão convencidos de que uma política de empenhamento construtivo deste país o levará a privilegiar a interdependência, a integração global e a transição do regime.

Na China, a imagem dos Estados Unidos é muito diversificada. Sonho dos indivíduos, notadamente devido à educação e ao consumo, e modelo em muitos domínios, os Estados Unidos suscitam ao mesmo tempo uma reação nacionalista que vai muito além dos círculos do poder.

As polêmicas e a confrontação verbal não deram origem a conflitos diretos, mesmo durante algumas grandes perturbações internacionais, exceto em situações raríssimas.

A ficção dos "voluntários chineses na Coreia" evitou uma verdadeira guerra regional. O único verdadeiro incidente militar armado no estreito de Taiwan foi o bombardeio de Quemoy e de Matsu, no verão de 1958, seguido de uma interposição da VII Esquadra americana. Em março de 1996, dois tiros de mísseis chineses ao largo de Taiwan deram origem à passagem de porta-aviões americanos sem que se tivesse verificado qualquer conflito. Os incidentes diretos permaneceram isolados e sem consequências.

No plano político, foi Richard Nixon, um dos partidários mais encarniçados da "Cortina de bambu", nos anos 1950, quem reatou relações com a China de Mao Tsé-tung, em 1971-1972, firmando os termos de um compromisso central entre os dois países.

Esse compromisso central, segundo o qual os Estados Unidos e a China reconheciam seus desacordos mútuos sobre a questão de Taiwan, mas concordavam em congelar a situação, nunca foi verdadeiramente posto em discussão por qualquer das partes. Elas se empenham hoje em dia em travar as tentações independentistas de Taiwan, sem que, no entanto, a reunificação tenha registrado verdadeiros progressos no plano político e diplomático. Os Estados Unidos continuam, aliás, obrigados à defesa de Taiwan pelo *Taiwan Relations Act*, votado pelo Congresso em 1979.

Além disso, certa independência econômica, já manifesta na China dos anos 1920-1930, quando a ajuda alimentar americana foi em socorro da sociedade chinesa e os estudantes chineses partiam para os estabelecimentos científicos americanos, não só foi retomada, mas generalizou-se a partir de 1978, data do estabelecimento das relações diplomáticas. Essa interdependência se traduz, principalmente, em mais de 200 bilhões de dólares de déficit comercial americano com a China, em 2005; em quase 850 bilhões de dólares de reservas chinesas em divisas, em sua maior parte em poder do Tesouro Americano, quer na forma monetária, quer em obrigações; em serem os Estados Unidos a primeira fonte de formação superior dos jovens chineses e de transferência de tecnologia e de *know-how*, apesar das restrições legislativas adotadas no domínio militar após Tiananmen (junho de 1989); e, finalmente, no equilíbrio estratégico na Ásia, onde os Estados Unidos, devido ao seu papel de polícia, minimizam a ascensão de outras potências regionais e a escalada das confrontações, ao mesmo tempo em que passaram a procurar o apoio ou, pelo menos, a neutralidade da China nos grandes dossiês internacionais.

Tudo isso faz da relação sino-americana a principal polaridade das relações internacionais após a Guerra Fria.

Nem amigos nem inimigos, ambos fascinados pela aura de poder do outro e profundamente imbricados no plano econômico, a China e os Estados Unidos, devido ao seu peso, colocam-se numa posição que está além de qualquer tendência de integração e de supranacionalidade nas relações internacionais.

François Godement

> COMÉRCIO EXTERNO, DEFESA, POLÍTICA EXTERNA, TAIWAN (A REPÚBLICA POPULAR DA CHINA E)

ESTATÍSTICAS

Seja qual for o país, é difícil responder à questão "as estatísticas são confiáveis?". No caso da China há dificuldades específicas quer devido à evolução passada, quer a problemas mais estruturais.

O Gabinete Central de Estatísticas chinês foi extinto no início dos anos 1960 e só retomou a sua atividade cerca de 15 anos mais tarde. Depois, ainda durante os anos de Deng Xiaoping, as estatísticas continuaram a ser consideradas "segredo de Estado".

Após os acontecimentos de Tiananmen, os países ocidentais congelaram as ações de cooperação estatística com a China, que só foram retomadas em meados dos anos 1990.

Muitos quadros dirigentes do Gabinete de Estado das Estatísticas tinham, reconheça-se, recebido formação inspirada no modelo soviético, notadamente em matéria de contabilidade nacional. Por isso, consideravam que a estatística oficial era essencialmente um ingrediente necessário para preparar os planos quinquenais centralizados.

Essa perspectiva foi gradual e profundamente alterada, passados 15 anos. A abertura da China ao exterior e uma política que privilegiava os mecanismos de mercado conduziram o aparelho dirigente chinês a reconhecer a necessidade de dispor de estatísticas confiáveis. As estatísticas adquiriram assim o *status* de "bem público".

Na década que se seguiu deu-se uma recuperação espetacular do atraso da China no domínio da estatística. A maior parte dos especialistas estaria de acordo em que os principais indicadores macroeconômicos retirados das contas nacionais podem ser utilizados para avaliar o estado da economia chinesa sem muito mais riscos de erro do que na maior parte dos países ocidentais, ainda que alguns índices de preços (e, portanto, as grandezas em volume que lhes correspondem) sejam discutíveis.

Essa melhoria não pode ser interrompida, graças aos progressos feitos para a adequação completa do sistema das contas nacionais ao preconizado pela Organização das Nações Unidas e à adoção de uma política de revisão das contas à medida que se dispõe de mais informações estatísticas.

Descendo a pormenores, contudo, subsistem muitas lacunas nas estatísticas chinesas. Os especialistas que trabalham em questões "difíceis" têm sempre a sensação de que uma etapa prévia e substancial do seu trabalho é constituir sua própria base de dados a partir de informações fragmentárias de qualidade discutível.

Subsistem, portanto, obstáculos estruturais até que as estatísticas chinesas tenham o grau de cobertura e de confiabilidade que constituem o objetivo das "melhores práticas" dos países ocidentais.

A própria dimensão do país e da sua população impõe restrições de gestão às operações estatísticas que são desconhecidas em outros lugares.

As transformações que afetam a economia e a sociedade chinesas são tão rápidas e colossais que o sistema de coleta estatística inevitavelmente se adapta a elas com atraso.

A organização administrativa do país faz que o sistema estatístico chinês seja ao mesmo tempo centralizado e muito descentralizado.

Embora seja o Gabinete Nacional das Estatísticas, com um efetivo de cerca de meio milhão de pessoas apenas, o responsável pela política estatística global da China e a entidade que apura os resultados em nível nacional, são as cerca de 30 províncias e municipalidades que, na verdade, aplicam essa política e das quais depende diretamente a maioria dos dados de campo.

Essa descentralização teve um efeito perverso sobre a confiabilidade das estatísticas que as províncias remetem para Pequim.

Temendo ser avaliados por esses números, os responsáveis locais tendiam, evidentemente, a "melhorá-los", o que prejudicava a qualidade das estatísticas nacionais calculadas por agregação dos dados das províncias.

Ainda que esse fato seja hoje "oficialmente reconhecido", será necessário tempo para impedir esse tipo de desvio, apesar da ênfase posta no desenvolvimento da ética profissional e dos meios eletrônicos modernos para transmitir dados de base.

Em síntese: não podemos deixar de matizar a resposta à questão "as estatísticas chinesas são agora aproximadamente tão confiáveis quanto as dos países ocidentais?".

Provavelmente sim, quando se trata dos principais indicadores macroeconômicos de crescimento, mas certamente ainda não no caso da maioria dos dados microeconômicos ou microssociais, apesar do progresso inegável dos estatísticos chineses em matéria de transparência.

Pascal Mazodier

➢ CRESCIMENTO

ESTRATIFICAÇÃO SOCIAL

A expressão "estratificação social" designa um processo de diferenciação interna no seio de uma sociedade, o qual é frequentemente estudado em escala nacional.

Três dimensões são em geral utilizadas para identificar e hierarquizar certo número de classes: as taxas de riqueza, de prestígio e de poder que se possui. Ora, cada uma dessas dimensões levanta problemas particulares, por vezes muito complexos, a quem tenta medi-las na China.

Embora se admita que nem todos os cidadãos chineses se beneficiaram igualmente com as reformas, reconhecer a natureza e a importância das novas desigualdades também não deixa de ter consequências no plano político. Daí o caráter pouco confiável e naturalmente normativo da maioria dos inquéritos conduzidos na China sobre a estratificação social.

Esses inquéritos são, no entanto, em grande número e sem precedentes, porque oficialmente as diferentes constituições chinesas não reconheceram até agora senão duas classes sociais, a dos operários e a dos camponeses, sendo os intelectuais mencionados como terceira força social desde 1982.

Além disso, durante o período maoísta a hierarquia social era organizada segundo rótulos de classe atribuídos aos indivíduos, não só em função da sua origem social mas também do seu comportamento político ou dos seus próximos.

Às cinco "categorias vermelhas", operários, camponeses pobres e médios, funcionários, mártires e intelectuais revolucionários, opunham-se as cinco "categorias negras", proprietários, fundiários, camponeses ricos, contrarrevolucionários, maus elementos e direitistas.

Esses rótulos de classe desapareceram com o abandono do princípio da luta de classes no final dos anos 1970 e muitas das vítimas das campanhas políticas passadas foram então reabilitadas. Sem essas reformas políticas, que não se apresentaram como tal, teria sido muito mais difícil iniciar as reformas econômicas.

Estas encorajaram o surto de novas formas de emprego e de atividade econômica. Deram nova configuração à distribuição dos bens e dos recursos e modificaram os processos de mobilidade social. Contudo, continua difícil perceber a nova estratificação social que se vai formando.

Alguns trabalhos identificam, assim, dez estratos na sociedade chinesa conforme a profissão exercida e a posse de três capitais por parte de cada uma delas: os capitais organizacionais (por exemplo, as relações com o governo e o Partido Comunista), os capitais econômicos e os capitais culturais ou tecnológicos.

Esses dez estratos são os seguintes: pessoal dirigente do Estado e da sociedade, gestores, empresários privados, técnicos especializados, empregados, patrões de empresas individuais, tanto industriais como comerciais, empregados do comércio e dos serviços, operários, camponeses e desempregados.

Por inédita e audaciosa que seja essa representação da sociedade chinesa, notadamente devido à posição inferior atribuída aos operários e aos camponeses, os procedimentos utilizados para medir e para ponderar cada um desses capitais permanecem obscuros.

Outros trabalhos têm por objetivo a descrição das representações efetivas e a análise de como é que os membros da sociedade chinesa – trata-se em geral de moradores das cidades – veem as diferentes profissões e as hierarquizam com base no nível de rendimento, poder e prestígio a que estão associadas.

Um inquérito conduzido em Xangai concluiu por uma lista de 50 profissões: os responsáveis pelas fábricas e os diretores de empresa estão em primeiro lugar e os "homens de trabalho indiferenciado" em último. Os advogados, por exemplo, estão no oitavo lugar da lista, os professores do ensino primário e secundário no 33º e os operários têxteis no 47º.

No entanto, vários pesquisadores chineses se insurgiram contra essas descrições, que dão a ilusão da emergência de uma classe média onde precisamente se deveria falar de polarização e de crescimento das desigualdades e que evocam a diversificação dos interesses dos diferentes estratos sociais onde se deveria falar de fragmentação.

"Em direção a uma classe média ou à coexistência de duas sociedades" era o título de um desses estudos. O aumento das desigualdades tanto na população urbana como na rural, mas também entre as regiões e entre os sexos, alimenta muitas controvérsias sobre os critérios de medida e a interpretação dos resultados obtidos.

Apesar dessas abordagens divergentes, a intensidade dos debates confirma o caráter central da questão da estratificação e das desigualdades sociais para se poder apreciar os efeitos, por vezes não antecipados, das reformas introduzidas, identificar novas formas de mobilidade social, mas também de vulnerabilidade, e rever os dispositivos de redistribuição e de solidariedade existentes.

Isabelle Thireau

➤ CAMPONESES, DESIGUALDADES DE RENDIMENTOS, OPERÁRIOS, POBREZA

EXÉRCITO

As Forças Armadas chinesas registraram alterações importantes desde o início dos anos 1980 e a introdução, por Deng Xiaoping, de uma nova política de reformas e abertura destinada a formar as bases da futura potência chinesa.

Por um processo de reduções sucessivas, o Exército Popular da Libertação (EPL) passou de um efetivo de mais de 4 milhões de homens em 1980 para 2,3 milhões atualmente.

Desde o início dos anos 1990, após o choque da primeira Guerra do Golfo, o orçamento da defesa registrou um crescimento regular de mais de 10% em média, a fim de conduzir progressivamente o EPL a um nível tecnológico que permitisse à China ganhar uma "guerra limitada em condições de alta tecnologia". De um montante oficial de 30,7% bilhões de dólares em 2005, o orçamento da Defesa deve ser, na verdade, multiplicado por dois.

O objetivo atual é ter Forças Armadas mais reduzidas, porém mais bem equipadas, mais bem treinadas e mais operacionais.

No plano diplomático e internacional, esse esforço assume a forma de uma participação acrescida em operações de manutenção da paz. Na prática, assiste-se a um desenvolvimento seletivo das capacidades em função de objetivos que continuam a ser muito diversificados.

Apesar da doutrina oficial, que continua a ser estritamente defensiva, o EPL tem por missão contribuir para manter a ordem interna e nas fronteiras e, ao mesmo tempo, apoiar a estratégia diplomática da República Popular da China (RPC), mediante a obtenção de meios de coerção convincentes.

Em relação a Taiwan, a credibilidade da capacidade de recorrer à força é considerada pelos estrategistas chineses como um meio dissuasor essencial, não só contra os riscos de intervenção dos Estados Unidos.

Por razões de custo e capacidade aquisitiva, em face de meios globais que continuam a ser limitados (cerca de 3% de um PIB semelhante ao francês), a China optou por eixos de desenvolvimento fundados na constituição das unidades de alto nível, capazes de realizar ações rápidas nas fronteiras e dotadas dos meios tecnológicos mais modernos de que dispõe o exército chinês, notadamente em tecnologias de informação. Realiza-se igualmente um esforço particular de reforço das capacidades logísticas relacionadas com a constituição dessas unidades.

Pelo contrário, a grande maioria das Forças Armadas, bem como as unidades da polícia armada (1 milhão de homens), e por maioria de razão, as milícias, cujas missões são essencialmente manter a ordem interna e participar de operações de salvamento em caso de catástrofes naturais, continuam muito mal equipadas.

A China deu igualmente prioridade ao desenvolvimento das suas capacidades navais e aéreas, que têm um atraso considerável em relação aos países ocidentais e, sobretudo, aos Estados Unidos e ao Japão.

Embora o embargo europeu à venda de armas à China, decidido após a repressão do movimento democrático na Praça de Tiananmen, em 1989, não tenha sido retirado, o desenvolvimento dessas capacidades se deu graças a um programa dinâmico de aquisições, mormente da Rússia, que é desde os anos 1990 o principal fornecedor de armas à China.

Assim, no domínio naval a China adquiriu quatro contratorpedeiros do tipo Sovremennyy, equipados com mísseis de cruzeiro, destinados a tornar mais improvável uma intervenção americana no estreito de Taiwan. A China se equipou também com os novos submarinos Kilo, mais silenciosos do que aqueles de que dispunha anteriormente.

Pequim tenta também desenvolver de maneira autônoma suas capacidades navais, registrando, porém, resultados que continuam a ser limitados, em especial no que diz respeito à capacidade de defesa antiaérea e às tecnologias de informação.

Para modernizar sua Força Aérea, a China fez importantes aquisições da Rússia (SU-27 e SU-30) e desenvolve as capacidades de transporte de tropas e de reabastecimento em voo. Embora não possua ainda Awacs, adquiriu desse país II-96s, que lhe permitem reforçar sua capacidade de alerta.

Aliás, a atualização dessas armas técnicas, sobretudo em relação aos Estados Unidos, é extremamente custosa do ponto de vista financeiro e tecnológico.

Por isso, a China continua a privilegiar o desenvolvimento de capacidades "que constituem uma vantagem decisiva", em obediência a uma estratégia assimétrica de relação do fraco com o forte. Para Pequim, continua a ser uma prioridade o reforço das suas capacidades balísticas e nucleares, que, num contexto de estratégia de terror, podem proporcionar a vitória "sem combate". Por isso, a China desenvolveu quantitativa e qualitativamente seu arsenal balístico e nuclear, sobretudo para dar resposta aos projetos de defesa antimíssil introduzidos pelos Estados Unidos e seus aliados.

Para Pequim, as capacidades nuclear e balística são, de fato, um diferencial de poder que a China não pode abandonar, notadamente diante de seus vizinhos. Em relação a Taiwan, a RPC, numa clara estratégia de terror, continua a acumular centenas de mísseis convencionais de curto alcance, destinados a desencorajar qualquer vontade de resistência do adversário. A estratégia nuclear da RPC, apesar do posicionamento virtuoso de que não será o primeiro país a utilizar esse tipo de arma, continua manchada por uma ambiguidade estratégica, que caracteriza também a posição da China em matéria de não proliferação.

Valérie Niquet

➢ DEFESA, ESTADOS UNIDOS (A CHINA E OS), NÃO PROLIFERAÇÃO (A CHINA E A POLÍTICA DE), RÚSSIA (A CHINA E A), TAIWAN (A REPÚBLICA POPULAR DA CHINA E).

F

FACE

"Toda árvore tem casca, todo homem tem face": esse provérbio ilustra a importância do conceito da face na sociedade chinesa. A face, ou *mianzi*, é o rosto no sentido próprio, quer dizer, um elemento fundamental da identidade individual, graças ao qual cada um é conhecido ou reconhecido. Mas sendo o ser humano, antes de mais nada, um ser social, ele não tem a capacidade de definir por si só essa identidade. A face, entendida como identidade ou consideração social, resulta, portanto, de um processo de interação entre o indivíduo e a sociedade. O primeiro possui a iniciativa, feita de escolhas, e fixa objetivos, esforçando-se por agir segundo critérios partilhados e historicamente situados, que permitem obter a estima dos outros. Mas apenas a resposta e o juízo de outrem, que se materializam em gestos que expressam a consideração que efetivamente tem pelo indivíduo, permitem determinar o grau em que este possui tal face. Por vezes, essas manifestações de consideração provêm não das qualidades e competências reconhecidas do indivíduo, mas do grande poder que detém, e, portanto, das ameaças potenciais que representa e que se há de evitar. Por isso, na China é costume contrapor "a verdadeira face" possuída pelo primeiro à "face falsa" atribuída ao segundo.

A face é considerada como um capital: pode perder-se, em parte ou na totalidade; é concedida ou retirada e aumenta ou diminui de acordo com as circunstâncias. Esse capital constitui um empréstimo da sociedade cujo montante nunca é estabelecido de forma definitiva. Qualquer ação julgada positiva o aumenta ou conserva; qualquer ação julgada repreensível o destrói, por vezes de forma irreversível. Sua evolução é captada graças às ações concretas realizadas por outrem, estando dessa forma estritamente associada à estima que é reconhecida e às marcas de estima que são expressas, tal como estão associadas a face de um indivíduo e a imagem pública dos grupos a que pertence.

A face também é um recurso: reconhecer a face de uma pessoa é, por exemplo, mostrar-lhe consideração e evitar criticá-la abertamente. É também responder de maneira positiva às suas solicitações, apoiar suas iniciativas e aumentar assim a sua capacidade de ação. Nesse sentido, a face é, por um lado, sinônimo de controle social, porque depende do juízo de outrem, e, por outro lado, de aumento da capacidade de agir, de liberdade, de que os indivíduos dispõem. Quanto maior é o grau da face de uma pessoa, mais essa se encontra em condições de aumentar rapidamente os recursos econômicos e sociais de que já dispõe.

Isabelle Thireau

> REDES, RELAÇÕES INTERPESSOAIS

FALSIFICAÇÃO

A explosão da pirataria econômica é a consequência do crescimento do poder econômico e da participação cada vez maior da China nas trocas em nível mundial. Essas atividades, que envolviam mais de 5 milhões de pessoas em 2004, representavam 8% do produto interno bruto.

As firmas estrangeiras sofreram perdas correspondentes a 20% das suas vendas na China e calculam que a diminuição das receitas foram superiores a 60 bilhões de dólares em 2004. Deploram igualmente a degradação da imagem de sua marca, porque o produto é falsificado e, em geral, de qualidade inferior ao original.

A falsificação incide em muitos setores de atividade: os produtos de luxo (a França é particularmente afetada com Louis Vuitton), os relógios de pulso (apenas um relógio Rolex em cada mil seria autêntico), as motos (Yamaha), os programas de computador (90% de cópias ilegais) e os medicamentos. Essa lista está longe de ser esgotada.

Os produtos falsificados são escoados, em primeiro lugar, no território da China para ser vendidos aos locais, mas também aos turistas estrangeiros. Destinam-se, em segundo lugar, à exportação. É dessa forma que chegam à América do Norte, por trajetos indiretos (Brasil, Panamá), muitas peças sobressalentes de automóvel e de avião falsas, pilhas Duracell, motos Yamaha etc.

A China dispõe, no entanto, de um arsenal jurídico satisfatório para combater essa forma de delinquência. Em 1992, assinou a Convenção de Berna relativa à proteção das obras artísticas e literárias e, antes da sua entrada na Organização Mundial do Comércio, em 2001, ratificou o acordo Trip (*Trade Related Aspects of Intelectual Property*).

Porém, tal como sucede frequentemente na China, as práticas não estão em conformidade com as leis. Os acordos assinados por Pequim são muitas vezes ignorados pelos governos locais, que, por intermédio das empresas que controlam, podem lucrar com essas atividades ilegais, num contexto em que a conivência entre funcionários, empresários e polícia é manifesta.

O governo central decidiu agravar as sanções penais que eram, até então, pouco dissuasivas, embora certos grupos mafiosos chineses, verificando que determinados tráficos (droga) se tornavam demasiado perigosos, se tenham reconvertido a essa atividade bastante lucrativa e muito menos arriscada.

Nota-se também a persistência de um discurso latente com certo pendor nacionalista, segundo o qual a China, país em via de desenvolvimento, não teria de obedecer às ordens dos países ricos.

Também não se pode ignorar que na China a cópia foi sempre uma arte em si mesma, pois o original não é ali objeto de culto como no Ocidente – e não é raro que uma pintura copiada seja mais apreciada que o modelo inicial.

Perante tal situação, as firmas vítimas da pirataria dispõem de poucos meios para fazer valer os seus direitos. Algumas delas dirigem-se a escritórios de advogados chineses, outras, como a Microsoft, propõem os seus produtos a preços muito inferiores aos estabelecidos em outros países.

Na verdade, a situação não poderá melhorar a não ser que os chineses verifiquem que eles mesmos são vítimas das falsificações e, de fato, é a isso que se assistiu há não muito tempo: milhares de chineses morreram depois de terem ingerido medicamentos falsificados. Mas o mais importante é que a China, que pretende realmente não ficar reduzida ao papel de fábrica do mundo, investiu na pesquisa e desenvolvimento e sentiu, desde então, a necessidade de proteger suas invenções. A indústria de programas de informática, a que foi dado especial relevo, fica particularmente comprometida pela pirataria.

Assim, parece que se assiste à reprodução de um cenário bem conhecido, cujos atores foram outrora o Japão, Taiwan e a Coreia do Sul, primeiramente denunciados por pirataria (mas em proporções bem menores) até se aproximarem progressivamente das normas ocidentais.

Yves Citoleux

➢ CRIMINALIDADE, INFORMALIDADE, NACIONALISMO, ORGANIZAÇÃO MUNDIAL DO COMÉRCIO (A CHINA E A)

FALUNGONG

Fundado em 1992 por Li Hongzhi, nascido em 1952, em Gongzhulin, na província de Jilin, o Falungong ("Exercício da Roda do Darma") ou Falun dafa ("Grande Lei da Roda do Darma"), foi, a partir de 1999, o alvo da maior campanha de repressão contra um movimento popular a que se assistiu na China desde a Revolução Cultural.

Nascido do movimento do *qi gong*, forma modernizada das tradições chinesas de treino da respiração, o Falungong propõe uma via de acesso à "Grande Lei" cósmica, pela prática de cinco séries de posições gímnicas e de meditação e do estudo dos escritos do mestre Li Hongzhi nomeadamente o *Zhuan Falun* ("Girar a Roda do Darma").

Esses textos descrevem, sobretudo, os estados paranormais e os mundos superiores que o adepto deve supostamente atingir com a prática dos exercícios, bem como os ciclos de destruição e de renascimento da civilização. O todo da doutrina baseia-se numa visão dualista de um mundo que é presa de demônios e de extraterrestres responsáveis pela sua corrupção.

Embora apoiado no início da sua carreira de mestre pela Federação Nacional do Qi Gong, que promove a difusão do Falungong por toda a China, Li Hongzhi distanciou-se a partir de 1994 dos meios do *qi gong* e os escritos afastaram-se da ideologia oficial.

Em 1996, o Falungong foi criticado na imprensa como "pseudociência" e "superstição", e as obras de Li Hongzhi passaram a ter sua publicação proibida. Os adeptos, cujo número continua a aumentar, tendo atingido algumas dezenas de milhões em 1999, resistem publicamente a esses ataques, organizando manifestações sempre que um jornal ou uma cadeia de televisão difunde posições críticas a seu respeito.

Quando foram impedidas manifestações na cidade de Tianjin, no dia 23 de abril de 1999, 10 mil adeptos, em sua maioria aposentados, convergiram para Pequim e cercaram Zhongnanhai, o quartel-general da direção do Partido Comunista (PC) durante todo o dia 25 de abril.

Símbolo da capacidade de mobilização do Falungong, a manifestação colocou Jiang Zemin, presidente do PC, perante o espectro das rebeliões sectárias que muitas vezes no passado precederam e até provocaram o fim das dinastias.

A campanha de repressão mobilizou todos os meios do Estado. Os principais líderes, exceto Li Hongzhi, residente nos Estados Unidos desde 1996, foram condenados a penas de prisão. Milhares de ativistas foram enviados para campos de trabalho. A propaganda do Estado descreveu o Falungong como uma "seita perniciosa", tendo sido promulgada no final de 1999 uma nova regulamentação antisseitas.

O Falungong desenvolve-se no Ocidente, tentando mobilizar a opinião internacional em nome dos direitos humanos e difundir sua mensagem na China.

A expansão fulgurante do Falungong no final dos anos 1990 explica-se pelo fato de Li Hongzhi, melhor que os outros mestres do *qi gong*, ter podido oferecer uma resposta à preocupação popular em vários níveis, no contexto da desagregação do sistema das unidades de trabalho, que enquadrara a vida dos habitantes urbanos desde os anos 1950.

Às experiências de saúde e de cura provenientes da prática do *qi gong*, o Falungong não só acrescentava uma ideologia fundada em valores tradicionais, que podiam substituir os esgotados ideais coletivos do contexto pós-maoísta, mas podia tornar-se também fonte de crítica à corrupção e ao declínio dos valores morais.

Além da sua capacidade de mobilização e dos seus antecedentes históricos, foi ao voltar a apresentar a questão da relação entre a moral e a política que o Falungong minou a legitimidade do regime e suscitou a resposta deste.

David A. Palmer

➢ CONTROLE POLÍTICO E CENSURA, QI GONG, SEITAS

FAMÍLIA

A família é o fundamento da organização da sociedade chinesa desde há 2 mil anos.

A ideia de família é onipresente no universo social, notadamente por meio da língua, que é fortemente colorida pela semântica familiar. Há um sistema de termos ricos e complexos para as relações do parentesco.

A utilização do campo semântico familiar no vocabulário corrente, em especial no domínio político, revela o laço estreito que existe, desde a constituição do império, entre o sistema político e o sistema familiar, o que corresponde ao pensamento confuciano.

Esses sistemas utilizam um vocabulário comum que tende a encarar a sociedade como uma unidade familiar. O conjunto dos chineses, incluindo os do exterior, é considerado como pertencente a uma mesma unidade, os *tongbao* (literalmente "do mesmo ventre"). Além disso, os chineses têm o hábito de interpelar as pessoas que não conhecem com nomes utilizados para designar os membros da família (*shushu*: tio; *ayi*: tia).

O modelo familiar atualmente dominante é o da família nuclear. A família compreende, em primeiro lugar, o casal e seus filhos, participando todos de um orçamento comum.

As estratégias individuais elaboram-se e desenvolvem-se no seio dessa família estruturada em torno de um fundamento econômico. Cada membro é incorporado numa estratégia global de enriquecimento do grupo familiar, o que implica deveres a que é difícil alguém se eximir.

A família é também a estrutura das relações interpessoais: a identidade individual define-se por seu intermédio e pela posição nela ocupada.

A família ampliada constitui um recurso indispensável para alimentar a rede de relações (*guanxi*) da família nuclear e dos indivíduos que a compõem. Assim, a grande maioria dos empréstimos em dinheiro que as famílias nucleares atualmente efetuam ocorre no círculo da família ampliada. Os laços de solidariedade no seio desta exprimem-se igualmente nas trocas de presentes por ocasião das cerimônias rituais (casamentos, funerais).

A família continuar a ser, de fato, uma ideia central do universo chinês que estrutura o pensamento e a vida das pessoas.

A família registrou, no entanto, transformações notáveis em período recente: durante as primeiras décadas do comunismo, o regime lutou com violência contra a organização familiar e suas solidariedades tradicionais para impor uma nova ordem social. Embora não tenha conseguido, de fato, pôr em discussão o modelo familiar, a política do filho único, aplicada a partir de 1979, afetou profundamente o quadro e o desenvolvimento da família. As estratégias e a solidariedade familiares viram, na verdade, reduzido seu campo de ação, em especial no que diz respeito à ajuda intergeracional: são em menor número os filhos que podem tomar a seu cargo a geração anterior.

O aumento do individualismo, que vem acompanhando a modernização da sociedade, transforma igualmente o lugar e as estratégicas do indivíduo no seio da família. Os membros da família adquirem nova autonomia graças ao trabalho não agrícola, quer pelo acesso a estudos superiores, quer pela possibilidade de abrir uma loja ou pela oferta de trabalho nas fábricas.

O poder econômico passa assim para as mãos dos filhos e desfaz a autoridade patriarcal.

O modelo ocidental, que penetra na sociedade pelos meios de comunicação social, valorizando a escolha individual em domínios como o trabalho ou a escolha do cônjuge, contribui para transformar as ideias e as práticas.

Estelle Auguin

> ADOÇÃO, CASAMENTO, DIVÓRCIO, FILHO ÚNICO, LINHAGEM, MIGRAÇÕES INTERNAS, MULHER, PARENTESCO, REDES, SEXUALIDADE.

FARMACOPEIA

A riqueza da farmacopeia chinesa, seja de origem vegetal, seja animal ou mineral, deriva tanto da diversidade do meio natural como de uma longa história, que permitiu a acumulação ponderada de saberes e de técnicas relacionadas aos medicamentos.

Os primeiros textos que fornecem informações técnicas (nomes, lugares de coleta ou de cultura, características, indicações terapêuticas e modos de preparação) apareceram a partir dos séculos III-II a.C. (documentos de Mawangdui).

Esses textos se tornaram cada vez mais completos ao longo dos séculos. Os tratados mais recentes abordam vários milhares de produtos (apenas algumas centenas são de uso corrente, sendo o gingseng certamente o mais célebre). A *Farmacopeia Oficial da República Popular da China* expõe normas para as substâncias que pertencem tanto à farmacopeia contemporânea como à tradição chinesa.

De maneira geral, as prescrições associam muitas vezes vários ingredientes. A tendência atual é para a produção industrial dos medicamentos tradicionais em formas galênicas variadas (pó, pílulas, cápsulas, extratos, soluções injetáveis etc.).

A outra vertente é a exploração por meios farmacológicos modernos *(screening*, extração dos princípios ativos) da *matéria médica* tradicional.

Foram assinados muitos contratos sobre esse domínio entre a China e grandes firmas farmacêuticas multinacionais, por vezes com resultados encorajadores, como foi o caso célebre da artemísia, uma molécula antimalárica muito utilizada nos nossos dias, extraída da *Artemisia annua*.

O comércio dos produtos farmacêuticos tradicionais se reveste atualmente de uma importância econômica inegável, tanto no interior da própria China como para exportação. Os valores, nem sempre disponíveis de maneira transparente e exaustiva/completa, deverão elevar-se a bilhões de dólares por ano.

Frédéric Obringer

> FAUNA, FLORA, MEDICINA TRADICIONAL, SAÚDE

FAUNA

A enorme riqueza da fauna chinesa, desde as espécies siberianas da Manchúria até as espécies tropicais da China meridional, reflete a grande diversidade dos climas e dos *habitats*.

Entre os mamíferos, assinalem-se os numerosíssimos cervídeos, o camelo bactriano, quatro espécies de tigres, todas muito ameaçadas, o urso-de-colar, macacos, como os gibões e os rinopitecos, e caprídeos, como o goral e o takin.

Nos outros grupos, além de muitos insetos e borboletas, devemos salientar algumas espécies endêmicas de jacarés e de salamandras, bem como duas famílias de aves particularmente bem representadas, os faisões e os grous.

O animal mais emblemático é, evidentemente, o panda gigante, originário do sudoeste da China e que se alimenta de bambus. Foi promovido a instrumento político e tornou-se símbolo mundial da proteção de uma parte da natureza que proporciona grandes espetáculos.

A relação do homem com a fauna ultrapassa, na verdade, o mero interesse zoológico. A proteção do patrimônio natural passou a fazer parte do domínio geopolítico.

Por isso, a China assinou a Convenção sobre o Comércio Internacional de Espécies da Fauna e da Flora Selvagem Ameaçadas de Extinção e elaborou um plano de ação, em 1994, para proteger a biodiversidade.

A medicina tradicional e a gastronomia não se dão sempre bem com a sobrevivência das espécies animais, tal como os tigres, os ursos, as cobras e as tartarugas poderiam testemunhar.

Além disso, a fauna selvagem desempenhou também um papel importante na economia e na dinâmica de algumas epidemias. Foi o que se passou com a peste da Manchúria, no início do século XX. Recentemente, um dos portadores do coronavírus responsável pela síndrome respiratória aguda grave (Sars) foi provavelmente a civeta, um pequeno mamífero carnívoro, fonte de almíscar (usado na produção de perfume) e vendido pela sua carne nos mercados da China meridional.

Frédéric Obringer

➢ AMBIENTE, EPIDEMIAS, FARMACOPEIA, MEDICINA TRADICIONAL

FESTAS SAZONAIS

A adoção oficial do calendário gregoriano durante a República, em 1911, não interrompeu o desenrolar do ciclo anual dos ritos familiares sazonais do calendário lunissolar tradicional (calendário agrário, *nongli*). Todavia, as festas oficiais, como a festa nacional que comemora a proclamação da República Popular, em 1º de outubro de 1949, e as festas internacionais, como o 1º de maio, a festa dos trabalhadores, e o 8 de março, o dia internacional da mulher, e, finalmente, as inovações recentes, são calculadas segundo o "calendário ocidental" (*yangli*).

Muitas festas tradicionais deixaram de ser celebradas. Em contrapartida, as festas que têm por principal vocação a esfera familiar mantiveram a sua pertinência. Esses ritos, celebrados durante uma refeição tomada em comum, são ocasião para reafirmar laços tornados mais frouxos ou mesmo perdidos durante o ano anterior.

O Ano-Novo lunar, designado oficialmente como "Festa da Primavera", para distingui-lo do 1º de janeiro, manteve-se como a festa mais importante.

Em duas festas dos mortos (*qingming* e *chongyang*), em abril e outubro, a família se reúne em frente das tumbas ou das urnas funerárias dos seus entes.

A festa de meados do verão (*duanwujie*), no quinto dia do quinto mês lunar, recorre, sobretudo, ao consumo de pequenos pães de arroz recheados (*zongzi*) e às regatas de barcos-dragão, esporte agora globalizado, que vem se desenvolvendo há 20 anos, sobretudo, nos países de imigração cantonesa.

Por último, a festa de meados de outono (*zhongqiujie*), no 15º dia do oitavo mês lunar, é assinalada por uma refeição familiar, seguida de atividades ao luar, em família e, sobretudo, entre amigos. Símbolo alimentar da festa, os bolos redondos em forma de lua (plenitude que simboliza também a harmonia familiar) têm como primeira vocação serem presenteados e propiciar o reconhecimento das relações sociais.

O filho único é o centro da festa contemporânea. Proporciona a ocasião para um passeio noturno em família e para se exibirem com lanternas de papel ou de plástico e cujas formas e motivos se inspiram na tradição (a lebre associada à lenda da divindade Chang'e, condenada a uma imortalidade solitária na lua), mas também inovam (automóvel, avião, espada dos personagens do filme *Guerra nas Estrelas* ou outros heróis da cultura globalizada).

A essas celebrações familiares, herdadas de uma tradição festiva em constante transformação, juntaram-se nos últimos anos outras festas não familiares, como o Natal e São Valentim, que estão cada vez mais difundidas na juventude e nos casais jovens das cidades.

O Ano-Novo lunar é a única festa tradicional inscrita no calendário das festas legais. Por outro lado, para defenderem uma tradição chinesa que pensam estar ameaçada por esses produtos da globalização cultural, vários representantes da Assembleia Nacional Popular pronunciaram-se recentemente a favor da legalização de pelo menos duas outras festas tradicionais: o *qingming* e a festa do meio do verão.

A interpretação popular segundo a qual essa última festa estival comemora o suicídio do "poeta patriota" Qu Yuan (cerca de 340-278 a.C.) confere-lhe, além disso, uma dimensão política que abre caminho à manifestação de sentimentos nacionalistas.

Por isso, o pedido apresentado à Unesco pela Coreia do Sul, em 2004, para que fosse inscrita como patrimônio coreano uma sua versão da festa dos barcos-dragão, suscitou na China a cólera dos defensores de um patrimônio considerado inalienável.

Esses debates revelam a dimensão política das festas enquanto marcas de identidade. O "Ano-Novo chinês" não se tornou ele mesmo uma festa globalizada, que leva aqui e ali uma China desterritorializada e que se reinventa segundo imaginários transnacionais?

Béatrice David

➢ ALMANAQUE, ANO-NOVO, ANTEPASSADOS (CULTO DOS), CERIMÔNIAS FÚNEBRES, FAMÍLIA, FILHO ÚNICO, PARENTESCO

FILHO ÚNICO

A política do filho único ou de controle de natalidade foi lançada em 1979 para frear uma demografia galopante. Não teve força de lei senão em 1º de setembro de 2002, data em que foi promulgada a lei da população e do planejamento familiar, que restringe o número de filhos por casal.

No entanto, os casais rurais em que a primeira criança é uma menina, os casais constituídos por filhos únicos, os casais cujo primeiro filho é deficiente (física ou mentalmente) e os casais em segundas núpcias (viúvos ou divorciados) que só têm um filho podem ter um segundo.

O planejamento familiar atual encoraja a relação entre o casamento e a procriação. Proíbe o ultrassom destinado a determinar o sexo do feto, o aborto por coação e o aborto seletivo do feto de sexo feminino pelos casais que preferem ter um menino. Proíbe igualmente que se entreguem os filhos para adoção ou que se proceda a adoções ilegais.

Para incitar à prática do planejamento familiar, são prometidas várias vantagens sociais às famílias-modelo. Assim, os funcionários que se casam e só tarde têm um filho podem se beneficiar de licenças de casamento e de maternidade suplementares, bem como de licenças específicas após intervenções cirúrgicas de esterilização (laqueadura das trompas, vasectomia e colocação de dispositivos intrauterinos).

Graças a um "certificado de filho único", até os 14 anos é paga uma ajuda de 10 yuans, e a criança se beneficia normalmente de entrada prioritária na creche, no jardim de infância e na escola.

Nas zonas rurais, o filho único tem direito a exames médicos gratuitos e regulares. Na província de Yunnan, as famílias camponesas com filho único identificadas como "tendo reais dificuldades" se beneficiam, em teoria, de ajudas complementares, como os empréstimos financeiros, a obtenção de terrenos para construir habitação ou contratação prioritária para determinados empregos. A pensão ou ajuda à aposentadoria de pais de filhos únicos pode, finalmente, em certos casos, ser majorada em 5%.

Para desencorajar os nascimentos fora do planejamento, são infligidas penalidades, designadas como "compensações sociais", que variam segundo as regiões. Nas cidades do Yunnan, os pais têm de pagar cinco a dez vezes o montante do rendimento médio anual por habitante. Nas zonas rurais dessa mesma província, essa penalidade representa cinco a oito vezes o rendimento médio anual por habitante.

O montante dessas "compensações" é multiplicado pelo número de filhos excedentes. A penalidade tem de ser paga num prazo de 13 dias, prolongado até o máximo de dois anos após obtenção de uma derrogação.

Na ausência de pagamento da penalidade, o gabinete administrativo do planejamento familiar pode apelar para o tribunal popular para que seja aplicada a sanção de confiscação de determinados bens que o casal possua.

O governo chinês definiu o princípio de responsabilidade penal do conjunto da população nesse domínio porque as empresas públicas que empregam pessoas acusadas de ter tido filhos fora do plano são sancionadas. A delação de práticas em desacordo com o planejamento familiar é recompensada.

A aplicação do planejamento familiar varia de um lugar para outro, porque as províncias e as regiões ajustam os seus regulamentos em função das realidades locais. Daí a importância considerável dos poderes locais.

Assim, numa região, as nacionalidades minoritárias podem ser submetidas à obrigação de ter apenas um filho, mas poderiam ter vários em regiões de condições de vida mais difíceis.

As regras e as práticas diferem também devido à hostilidade da população a essas medidas e à corrupção dos quadros. Estes últimos são frequentemente divididos entre a sanção dos seus familiares e as contas a prestar às autoridades superiores.

Em consequência, o número de filhos não registrados (*hei haizi*) não cessa de aumentar.

Karine Guérin

➢ ADOÇÃO, OBESIDADE, POLÍTICA DEMOGRÁFICA, POPULAÇÃO

FISCALIDADE

Antes de 1978, as receitas das empresas eram direta e integralmente ligadas ao orçamento de Estado. Mas quando a China decidiu responsabilizar as empresas e deixar os lucros à sua livre disposição, impôs-se a necessidade de instituir um sistema fiscal compatível com uma economia de mercado.

Numa extensão das disposições e experiências locais de finais dos anos 1970, foi adotado em 1980 um primeiro modo de cobrança fiscal baseado em contratos.

Esse sistema tinha dois aspectos. Por um lado, eram estabelecidos acordos entre o centro, as províncias e os governos locais para se determinar o montante das receitas entregues ao escalão administrativo superior. Por outro lado, em cada nível, os governos negociaram o montante de lucros com as empresas que controlavam e que deveriam remeter-lhes esses lucros sem que houvesse qualquer regra que se impusesse à nação como um todo.

Em consequência, as províncias mais ricas, que dispunham de grande poder de negociação com o centro, conseguiram impor regras de divisão que lhes eram altamente favoráveis, em contraste com as regiões do interior, que eram as mais pobres. Por essa razão, foi diminuindo a parte que competia ao centro no total das receitas, passando de 34,8% em 1985 para 22% em 1992.

Surgiu, portanto, a necessidade de reformar esse sistema de negociação generalizada, racionalizando-o e aprovando regras uniformes que permitissem novo equilíbrio mais favorável ao centro.

A reforma de 1994 perseguia esse objetivo. Instituiu três tipos de imposto, conforme eram recebidos diretamente pelo centro, pelos governos locais ou davam lugar, em princípio, a uma partilha entre os dois segundo regras preestabelecidas (para o IVA, por exemplo, 75% destinavam-se ao centro e 25% ao escalão local).

Foi instituída assim, pela primeira vez, uma administração fiscal central, quando antes a totalidade dos impostos era recebida pelas administrações locais.

Em 2003, o imposto progressivo sobre o rendimento dos particulares representava apenas 9,2% das receitas governamentais, o das sociedades 23,4%, enquanto o IVA constituía a primeira fonte de rendimento, com 32,3%.

O IVA incide sobre bens de consumo com taxas que variam de 3% a 45% (tabaco), sobre alguns produtos exportados e sobre os investimentos.

Os rendimentos dos impostos diretos e indiretos são medíocres, por haver muitas exceções. As práticas efetivas ficaram muito longe do modelo de 1994, porque se autorizavam medidas transitórias (reatualizadas várias vezes). Desse modo, os governos locais mantiveram as vantagens de que gozavam no antigo sistema dos contratos.

A parte das receitas recebida pelo centro ascendeu a 56% em 1994, mas desceu em seguida, o que complicou a indispensável política de redistribuição entre regiões ricas e pobres. Desde 2002, essa parte se estabilizou em cerca de 55%.

O mais importante foi a reforma das receitas fiscais não ter sido conduzida em harmonia com a concernente às despesas, embora os governos locais, para fazerem face aos novos encargos, tenham contornado as diretivas oficiais e procedido a cobranças parafiscais, o que conduziu ao aumento dos fundos extraorçamentais.

Yves Citoleux

➢ DESCENTRALIZAÇÃO, ORÇAMENTO

FLORA

A flora e a vegetação chinesas são de uma riqueza muito grande. Os números mais recentes permitem falar de 32.200 espécies de plantas vasculares nativas na China (contra 12.500 na Europa), entre as quais 7 mil espécies de árvores, representando 3 mil gêneros e 300 famílias ao todo, ou seja, cerca de um oitavo do total mundial.

Essa diversidade se deve, é evidente, à grande diversidade do território e do clima chineses, mas não apenas a esses dois fatores.

O país se beneficia, com efeito, de um clima muito estável desde o Cretáceo, e foi poupado das últimas glaciações, das que afetaram a Europa, por exemplo.

Além disso, a ausência de uma cadeia montanhosa orientada no sentido leste-oeste no interior do território permitiu que as espécies migrassem por vezes para o sul, voltando depois para o norte, o que explica uma analogia entre a flora da China e a dos Estados Unidos, que viveram uma situação semelhante.

Dito isso, a forte pressão antrópica exercida desde há muito tempo ocasionou uma visível degradação da vegetação e da cobertura florestal natural, que representa apenas cerca de 10% do território.

Ao criar cada vez mais reservas naturais – são várias centenas –, tenta-se introduzir medidas de proteção da flora e da fauna.

A riqueza da flora forneceu à civilização chinesa muitos medicamentos e ampla gama de frutos e legumes.

Recentemente, o caráter nativo de algumas plantas pôde também levar à emergência de domínios que poderemos qualificar de ideológicos: pensemos nos debates a respeito da domesticação do arroz selvagem. Cientistas chineses defendiam que ela ocorrera em primeiro lugar no seu país, durante a Alta Antiguidade, o que não parece ter sido o caso, pois se deu, provavelmente, em vários locais: Assam, Birmânia, sul da China e Vietnã.

Recordemos finalmente que o resto do mundo se beneficiou com a flora chinesa. Muitas moléculas ativas contra doenças têm nela a sua origem. Os nossos jardins devem-lhe as rosas modernas e as glicínias, as nossas cidades muitas árvores de alinhamento como o ginkgo e nossos pratos os kiwis.

Frédéric Obringer

➢ AMBIENTE, ARROZ, CEREAIS, FARMACOPEIA, FAUNA

FRANÇA (A CHINA E A)

Tal como sucedeu em muitos países do campo ocidental, as relações entre a França e a China Popular foram de início tributárias da Guerra Fria e, mais precisamente, no caso francês, do apoio dado por Pequim ao Viet Minh e depois à FLN argelina.

Ultrapassados esses contenciosos, a França não esperou pelos primeiros sinais da normalização sino-americana para reconhecer, em 1964, a República Popular da China, provocando assim a ruptura das relações diplomáticas entre Taipé e Paris.

As relações franco-chinesas, à luz do gesto histórico do general De Gaulle, são muitas vezes consideradas excepcionais, sem que, no entanto, tenham estado isentas de fortes tensões.

Após ter-se associado à política de sansões contra a China na sequência do massacre de Tiananmen, a França foi, por sua vez, posta no ostracismo pelo governo chinês por ter vendido armas a Taiwan em 1991 e 1992, apesar de Paris ter-se abstido de qualquer tipo de apoio ao regime de Taipé nessa ocasião.

Encerrada em 1994, essa crise foi seguida pela reafirmação periódica de laços estreitos a unir os dois países.

Celebrou-se um acordo global em 1997 (tornado estratégico em 2004), tendo a França recusado, desde essa data, associar-se a qualquer condenação da China na Comissão dos Direitos Humanos das Nações Unidas. Nesse domínio, a França privilegia o diálogo bilateral e defende hoje em dia o levantamento do embargo europeu à venda das armas à China, imposto em 1989.

Por isso, essas relações, que se desejam estreitas no plano político, não se traduzem em resultados equivalentes ao nível das trocas comercias: o volume das importações e das exportações da França é um terço das da Alemanha. Na União Europeia, a França é o segundo exportador e o terceiro importador da China.

Françoise Mengin

> POLÍTICA EXTERNA, TAIWAN (A REPÚBLICA POPULAR DA CHINA E), UNIÃO EUROPEIA (A CHINA E A)

FRONTEIRAS

As autoridades comunistas delimitaram as fronteiras do país em duas fases, correspondendo ambas a desafios políticos internos e externos específicos.

As primeiras delimitações foram efetuadas no início dos anos 1960 com a Birmânia, o Nepal, o Paquistão, o Afeganistão, a Coreia do Norte e a Mongólia. Constituíram uma resposta a muitas rebeliões que surgiram no Tibete e em Xinjiang e que levaram as autoridades chinesas a temer uma desestabilização generalizada das regiões fronteiriças.

No plano externo, foram motivadas pela ruptura sino-soviética, consumada na virada dos anos 1960, e pelo conflito fronteiriço sino-indiano de 1962.

A segunda fase das delimitações fronteiriças está em curso e começou no início dos anos 1990. Foi marcada pela assinatura de acordos fronteiriços com a URSS/Rússia, o Vietnã, o Laos, o Cazaquistão, o Quirguistão e o Tadjiquistão. Foi o restabelecimento das relações com a URSS, no final dos anos 1980, e depois a queda desta em 1991, que, ao modificarem o ambiente regional da China, permitiram essas delimitações.

O contexto era favorável, então, a uma aproximação com os vizinhos indianos e vietnamitas.

Ao mesmo tempo, o aparecimento de novos Estados na Ásia Central relançou as questões dos litígios territoriais e de estabilidade fronteiriça em Xinjiang.

Desse modo, no início do ano 2005 o perfil fronteiriço chinês estava em grande parte definido. Apenas as fronteiras com a Índia e o Butão continuavam em litígio, mas a sua resolução parecia estar no bom caminho e poderia concretizar-se nos próximos anos.

A questão da delimitação das fronteiras da China está, portanto, prestes a terminar, depois de ter estado no centro da política fronteiriça chinesa nos últimos 150 anos.

Com essas novas delimitações fronteiriças, as autoridades chinesas reformularam simbolicamente os "tratados desiguais" do "século da vergonha" e abandonaram, assim, um passado julgado humilhante. Essa importante evolução tende, na verdade, a enterrar um dos temas principais e recorrentes da literatura consagrada às fronteiras chinesas: o dos "territórios perdidos".

Os diferentes tratados fronteiriços assinados pela República Popular da China durante os anos 1960 e desde o início dos anos 1990 não passam, de fato, em sua maior parte, de renegociações de antigos tratados fronteiriços, herdados da China imperial, e que já tinham dado lugar a uma primeira fixação mais ou menos completa de algumas fronteiras.

Assinados entre meados do século XIX e início do século XX, período durante o qual o império chinês esteve sob o domínio do imperialismo ocidental e japonês, esses diferentes tratados não foram reconhecidos pela China republicana, que emergiu em 1911, nem pela China comunista, a partir de 1949, que os qualificaram de "desiguais" e reclamaram a sua dissolução e renegociação.

Algumas dessas antigas fronteiras serviram de base às delimitações fronteiriças ulteriores, quer tenham sido efetuadas com as potências ocidentais e japonesa, quer, em seguida, durante o poder comunista.

As várias renegociações fronteiriças realizadas desde o início dos anos 1990 foram utilizadas pelas autoridades chinesas como passos prévios à nova política de abertura das fronteiras, que começou timidamente na década de 1980, até se institucionalizar verdadeiramente a partir do ano de 1992.

Essa abertura, por sua vez, tornou-se necessária e possível devido à evolução do contexto interno e do ambiente internacional da China. Corresponde essencialmente a desafios de desenvolvimento, sobretudo das regiões fronteiriças onde vivem grupos importantes de nacionalidades minoritárias.

No plano internacional, a abertura fronteiriça chinesa integra-se também em novas estratégias políticas e econômicas em direção aos Estados vizinhos.

Embora essa abertura tenha provocado o aparecimento de novas dinâmicas fronteiriças, algumas delas incontestavelmente favoráveis ao desenvolvimento, não deixou, porém, de criar problemas de natureza geopolítica (questões das populações transfronteiriças, emigração chinesa para os países vizinhos).

Sébastien Colin

➢ ÁSIA CENTRAL (A CHINA E A), ÍNDIA (A CHINA E A), REGIÕES FRONTEIRIÇAS, RÚSSIA, TIBETE, XINJIANG

FUNDIÁRIO (SETOR)

A política agrária tem um lugar central na economia da China, devido ao peso ainda majoritário dos camponeses.

Antes da proclamação da China Popular, em 1949, os proprietários fundiários eram, sobretudo, privados.

A lei de 28 de junho de 1950, relativa à reforma agrária, modificou radicalmente a estrutura fundiária do país, seguindo o princípio de "a terra para quem a trabalha". Consistiu em distribuir aos camponeses as terras dos proprietários fundiários (*dizhu*), dos partidários do antigo regime nacionalista e das congregações religiosas.

Seu termo em 1953 assinala o fim da reforma agrária: 46 milhões de um total de 107 milhões de hectares mudaram de mãos e 300 milhões de camponeses pobres tiveram acesso à propriedade ou viram aumentada a dimensão de sua parcela.

Ora, a partir de 1951 foi lançada a coletivização agrária. A prática renascente da usura e do comércio das terras foi de novo proibida. Foram criadas experimentalmente as primeiras cooperativas de produção socialistas em zonas-modelo, tendo-se generalizado depois em todo o país.

A quase totalidade dos 120 milhões de lares campesinos foi integrada no sistema cooperativo no final de 1956. Os camponeses conservaram teoricamente a propriedade das suas terras, bem como uma pequena parcela para uso privado. Após a dedução dos impostos devidos ao Estado, dos investimentos, dos custos de gestão e das obras sociais, eram remunerados exclusivamente em função do seu trabalho.

Durante o Grande Salto Adiante, desencadeado em 1958, as cooperativas de produção agrícola foram progressivamente transformadas em comunas populares.

Estas últimas eram muito mais vastas que as cooperativas e controlavam todas as atividades (a indústria, o comércio, a agricultura, a educação e os assuntos militares). A instituição desses novos organismos como autoridades locais foi ratificada em agosto de 1958.

Tratava-se de passar da coletivização ao comunismo: as cooperativas cederam às comunas a propriedade do solo, dos instrumentos de trabalho e dos bens coletivos, e os camponeses, as suas parcelas de terreno. Além disso, a remuneração do trabalho, regulamentada, em princípio, pela comuna, combinava critérios socialistas (o trabalho realizado) e comunistas (as necessidades). As comunas-modelo proviam as necessidades alimentares e de vestuário dos seus partidários.

A situação permaneceu inalterada após a supressão das comunas populares, em 1983. No entanto, a reforma agrária desencadeada em 1979 introduziu um sistema de exploração prefixado, que redistribuía os direitos de exploração dos solos aos lares campesinos em função do número de seus membros.

O artigo 10 da Constituição, revisto em 1982, confirmou que as terras agrárias, excetuando-se as que pertenciam ao Estado, eram transferidas para as coletividades (incluindo as parcelas de terra para uso privado).

A situação foi menos complexa nas zonas urbanas. Após a nacionalização progressiva das indústrias durante os anos 1950, o Estado recuperou a propriedade fundiária e imobiliária dos terrenos urbanos, excetuando-se uma pequena parte alugada às empresas cooperativas.

O Estado redistribuiu depois os terrenos a empresas nacionais e a cooperativas em função de cotas planejadas. Excluídos da propriedade fundiária e imobiliária, os habitantes das cidades dependiam do Estado, que redistribuía os alojamentos e os bens de consumo por intermédio das empresas, segundo um sistema de racionamento.

O sistema de "distribuição graciosa dos solos" permaneceu em vigor até os anos 1980.

No entanto, o desenvolvimento progressivo da economia de mercado obrigou ao reconhecimento do valor fundiário. A lei relativa à gestão fundiária, votada em 1986, introduziu um novo sistema de "ocupação paga". Definia os conceitos de propriedade e de concessão, que era outorgada às empresas privadas para explorarem o solo durante um período determinado. Essa nova política permitiu que as cidades criassem um mercado fundiário e que o Estado conservasse, teoricamente, a propriedade dos solos.

Em 1987, o método de zoneamento (*zoning*) foi aplicado pela primeira vez no plano de ordenamento do quarteirão de negócios de Hongqiao, em Xangai, para propor a concessão de parcelas de terreno por meio de licitações internacionais.

O sucesso dessa experiência conduziu ao desenvolvimento de um novo tipo de procedimento regulamentar: o plano de urbanismo detalhado controlado.

A concessão dos direitos de exploração dos solos tornou-se o principal instrumento financeiro das cidades para realizarem grandes ordenamentos urbanísticos.

Zhuo Jian

➢ CIDADES, COMUNA POPULAR, DESCOLETIVIZAÇÃO, GRANDE SALTO ADIANTE, REFORMA AGRÁRIA, URBANISMO

GABINETE DAS CARTAS E VISITAS

Os Gabinetes das Cartas e Visitas (*xinfang bangongshi*) são dos principais lugares de manifestação dos descontentamentos e das queixas por injustiça que ocorrem na sociedade chinesa contemporânea. Desde 1993, o número de testemunhos escritos ou orais recebidos por essas instâncias administrativas, e não judiciais, aumenta 10% ao ano.

Em 2002, chegaram mais de 10 milhões de queixas à rede de administração das cartas e visitas, existente em escala do distrito, da cidade, da província e do país.

A maior parte desses testemunhos, participados por correio normal, eletrônico ou por telefone ou formulados durante visitas feitas aos serviços respectivos, incide atualmente nos seguintes domínios: trabalho e segurança social, resolução julgada insatisfatória das disputas levadas a tribunal, expropriações de terras nas zonas rurais, violação das leis ou das regras disciplinares pelos quadros, demolições urbanas e expulsão de moradores que as acompanham e, finalmente, a segurança.

Por outro lado, o número de testemunhos coletivos ou que evocam problemas gerais e partilhados, e não dificuldades específicas a uma família ou localidade, não cessa de aumentar há alguns anos.

Face a essa utilização maciça dos gabinetes das cartas e visitas, foram promulgadas novas diretivas em 1995. Foi iniciada, notadamente, uma reforma administrativa, em 1º de maio de 2005, que se esforça por redefinir quer os direitos e as obrigações dessas instâncias administrativas, quer os dos queixosos que a elas apelam.

Oficialmente, o apelo direto ao Partido Comunista (PC) e ao governo por intermédio das Cartas e Visitas deve permitir aos dirigentes locais e nacionais manterem-se em contato com a população e estabelecerem com ela uma associação estreita como a que existe, para utilizar uma expressão comum, entre unha e carne.

Os gabinetes devem também permitir aos poderes públicos compreender os sentimentos da população com o triplo objetivo de serem informados, evitar o aparecimento de desordens sociais e tomar medidas políticas que eventualmente se imponham.

As Cartas e Visitas, finalmente, são apresentadas como contribuições para a supervisão da administração.

O espaço aberto por essa rede administrativa foi diversamente utilizado segundo as épocas. No final dos anos 1970 e no início dos anos 1980, foi o principal instrumento da reabilitação de várias dezenas de milhões de vítimas das campanhas políticas do passado, notadamente das sanções políticas ou administrativas levadas a cabo entre 1969 e 1976.

Nos decênios precedentes, foi não tanto uma arma de luta de classes, mas um espaço onde prevaleciam os testemunhos que apontavam para uma realidade social julgada negativa: acusações aos quadros locais, exigências de assistência perante as situações dramáticas enfrentadas e apelos contra sanções julgadas injustas. Os queixosos manifestavam as suas decepções e as suas dificuldades, apesar de sua margem de manobra ser reduzida.

São hoje um lugar onde se associam os juízos morais e os juízos políticos e onde se afirma e se exerce a capacidade crítica de todos os indivíduos.

Há quatro grandes categorias de testemunhos.

A primeira é a de "acusar e denunciar" (*konggao jiefa*). Nela se incluem as cartas e as visitas que denunciam ações contrárias à lei e à disciplina do PC e que foram cometidas por indivíduos ou por coletividades, por unidades de trabalho ou serviços administrativos.

A segunda categoria é chamada *shensu* e é parecida com os testemunhos dos que pensam ter sido injustamente vítimas de uma sanção política, administrativa ou jurídica.

Os *piping jianyi*, a terceira categoria, cujo nome é formado pela junção das palavras "crítica" e "sugestão", englobam os dossiês que exprimem críticas acerca do estilo de trabalho do PC e do governo ou dos costumes sociais julgados nefastos, formulando sugestões ou propostas para melhorar essas situações.

Finalmente, o *jiujue*, ou "pedido de resolução", é parecido com os pedidos de ajuda ao Estado, formulados pelas autoridades legais, coletividade ou indivíduos cujos interesses vitais estão ameaçados.

Isabelle Thireau

➢ CONTESTAÇÃO, GOVERNO, MEDIAÇÃO SOCIAL, PARTIDO COMUNISTA

GASTRONOMIA

O visitante que passeia hoje em dia pelas grandes cidades chinesas tem o sentimento de descobrir um paraíso. Há restaurantes de todos os gêneros, e as próprias ruas, com seus pequenos vendedores ambulantes comerciantes e de frutas e legumes, parecem um lugar de extrema abundância.

As estatísticas confirmam essa impressão, porque o setor agroalimentar é um dos mais dinâmicos, e o comércio alimentar a varejo registra anualmente um crescimento de mais de 20%.

Os chineses gostam de comer e isso é flagrante. Tendo sido impedidos de gulodices para não ceder a nenhuma tentação burguesa durante a época glacial maoísta, passaram a comer em dobro a partir dos anos 1980 com o auxílio dos governos, que tudo fizeram para revitalizar um setor então arruinado.

O primeiro objetivo das autoridades chinesas foi fazer brilhar de novo o brasão da alta cozinha chinesa, recuperando a sua longa tradição e formando os cozinheiros em sua arte.

Realizou-se um grande trabalho de explicitação e de regresso às fontes por parte do Ministério do Comércio, que lançou a revista *Culinária Chinesa*, destinada aos cozinheiros, e colocou à sua disposição os grandes textos culinários clássicos, traduzidos e anotados em edições bastante acessíveis. A culinária chinesa deve ser entendida como uma das expressões mais notórias dessa cultura, ao lado da caligrafia e das outras artes maiores.

Assim, em poucos anos, os cozinheiros chineses ficaram conhecendo a sua tradição, ao mesmo tempo que se aperfeiçoavam no plano técnico.

Um dos textos fundadores de referência foi o do cozinheiro-ministro Yi Yin, que explica ao futuro soberano da dinastia Shang (séculos XIV-XI a.C.) como harmonizar os cinco sabores pelo domínio perfeito do fogo e da cozedura. Na verdade, expõe ao seu senhor o bê-á-bá da política sob a aparência de uma lição de cozinha. Seu eco soará cerca de 20 séculos mais tarde para glória da tradição gastronômica chinesa.

Os pratos chineses devem revelar um equilíbrio perfeito nas cores e nos sabores, destinados a seduzir os cinco sentidos dos comensais que os degustam, partilhando a alegria e o prazer. Esses são os princípios básicos que regem o consumo gastronômico na China.

Hoje em dia, os cozinheiros manifestam desenvoltura e domínio em sua arte. Os maiores não se consideram apenas herdeiros de uma longa e respeitável tradição, mas estão ao nível dos chefes mais prestigiados do mundo da alta gastronomia.

A gastronomia chinesa se transformou num mercado em que os consumidores gastam sem pensar duas vezes. Estão dispostos a saborear caviar e *foie gras*, a beber os vinhos mais cotados, a perder a cabeça pelos primeiros caranguejos da época, o *sashimi* mais fresco e os melões ou as maçãs importadas a preços proibitivos.

Passaram a ser uma elite de gastrônomos, abertos ao mundo e exigentes, a quem é preciso saber satisfazer o menor desejo.

Françoise Sabban

➢ ÁLCOOL, ALIMENTAÇÃO, ARROZ, CHÁ, CULTURA, TURISMO

GEOMANCIA

O termo "geomancia" traduz a expressão chinesa *feng shui*, que significa literalmente "vento e água".

Foi sobretudo a partir dos Tang (618-907) e ainda mais dos Song (960-1279) que o *feng shui* se impôs na sociedade chinesa, mantendo nela um lugar não negligenciável até os nossos dias.

Essa prática divinatória e manipuladora se baseia em ideias da cosmologia e da filosofia da natureza que, desde a Antiguidade, colocam o homem em interação com o céu e a terra. Trata-se, sobretudo, de encontrar a melhor disposição possível no espaço e, de certa forma, no tempo, para situar um túmulo, uma habitação ou outro edifício.

A ideia fundamental consiste em acreditar que os antepassados, se estiverem contentes em sua sepultura, tudo farão para ajudar a família. Quanto às habitações e às cidades bem implantadas, não poderão deixar de proporcionar, com sua influência, uma vida feliz a seus habitantes, os quais, pelo contrário, não terão senão infelicidade e pobreza se a arquitetura não respeitar as boas regras.

Para determinar o lugar propício onde estão concentradas as energias favoráveis, o mestre do *feng shui* utiliza a bússola dos geomantes durante uma cerimônia que deve inspirar respeito. Analisa também as formas da paisagem natural ou construída que envolve o lugar a avaliar.

Poder-se dizer que esse procedimento sobrepõe à arquitetura real uma espécie de arquitetura imaginária que permite a apropriação socializada dos lugares por parte dos seus habitantes.

Baseando-se no pensamento analógico, sem fundamentos científicos, a geomancia chinesa foi frequentemente denunciada como pura superstição, quer pelos ocidentais, no século XIX, quer pelos reformadores chineses. A modernização rimou muitas vezes com a condenação oficial do *feng shui*, acusado também de ser causa de múltiplos conflitos e processos judiciais.

No entanto essa prática, de que se encontram adeptos em todas as camadas sociais, continua hoje em dia a ter seu lugar na vida cotidiana da China.

Além dos usos convencionais da geomancia, foi recentemente possível mostrar que os mestres de *feng shui* tendiam a substituir os especialistas médicos tradicionais, cujo número vem diminuindo. Por outro lado, cerca de dois terços dos incidentes pelos quais os geomantes são consultados, relacionam-se com casos de "má sorte" e problemas de dinheiro.

Nesse sentido, a geomancia desempenha também um papel revelador de problemas sociais.

Frédéric Obringer

➢ ADIVINHAÇÃO, ALMANAQUE, ANTEPASSADOS (CULTO DOS), ARQUITETURA, CERIMÔNIAS FÚNEBRES, MEDICINA TRADICIONAL, URBANISMO

GOVERNO

A estrutura governamental chinesa é composta, em nível nacional, do Conselho dos Assuntos de Estado (*Guowuyuan*) e, nos quatro escalões da administração territorial (província, prefeitura, distrito e cantão), dos governos locais (*difang zhengfu*).

Como "executivo do órgão supremo do poder do Estado", quer dizer, da Assembleia Nacional Popular (ANP), o governo central possui muitas prerrogativas, tanto constitucionais, como reais.

As primeiras dessas competências são particularmente amplas e compreendem o conjunto das tarefas de qualquer governo: poder de regulamentar, poder de submeter projetos de lei à ANP e poder hierárquico sobre as comissões e ministérios centrais (que eram 28 em 2006) e sobre os departamentos administrativos locais.

Os poderes reais são importantes, porém, mais restritos. Assim, embora o Conselho dos Assuntos de Estado oriente os negócios estrangeiros e a defesa, esses dois domínios, em particular o segundo, são apenas parcialmente controlados pelos ministérios colocados sob a direção do primeiro-ministro.

O grupo dirigente do Partido Comunista (PC) encarregado da política externa e a Comissão Militar do Comitê Central (CC) são as instâncias principais de decisão nessa matéria.

A polícia e a justiça são igualmente coordenadas pelo PC, através da comissão política e judiciária do CC, que tem de prestar contas não ao governo, mas ao gabinete político e ao seu comitê permanente.

O mesmo ocorre com as questões geridas pelo Ministério do Pessoal, que, estando encarregado dos funcionários, trabalha sob a tutela direta do departamento da organização do CC. Por outro lado, embora a educação e a cultura dependam do Conselho dos Assuntos do Estado, esses dois setores são também dirigidos pelo departamento de propaganda do CC.

No entanto, no que diz respeito à economia, finanças, ciências e tecnologia, assuntos sociais, sanitários e desportivos, os ministérios governamentais não são reforçados nem supervisionados por administrações do PC (contrariamente ao modelo soviético clássico).

Isso não significa de modo algum independência, por pequena que seja em relação ao PC. Esse fato se explica, sim, por uma evolução institucional característica da China, que, a partir da Revolução Cultural, contribuiu para uma maior relevância do Conselho dos Assuntos de Estado e de muitas administrações que dependem diretamente dele (entre as quais, além dos ministérios, se encontram várias dezenas de gabinetes e de estabelecimentos públicos especializados).

Oficialmente responsável perante a assembleia popular do mesmo escalão, que o designa, qualquer governo local se encontra, de fato, colocado sob a direção do comitê do PC da circunscrição que administra. Símbolo dessa imbricação é o fato de o primeiro secretário adjunto desse comitê ser quase sempre o governador ou o presidente da câmara dessa circunscrição.

Embora seja maior sua responsabilidade no desenvolvimento econômico e social das suas circunscrições, os governos locais estão ainda sob a direção dos comitês do PC dessas circunscrições.

Finalmente, ao passo que no escalão provincial há certa repartição das tarefas, à semelhança do observado no nível central, à medida que se desce na hierarquia administrativa, quanto maior é a imbricação dos serviços do comitê do PC com os do governo local menos sentido tem a distinção entre o PC e o Estado.

Jean-Pierre Cabestan

> ➤ ADMINISTRAÇÃO TERRITORIAL, ASSEMBLEIA NACIONAL POPULAR, DESCENTRALIZAÇÃO, ESTADO, LOCAL, PARTIDO COMUNISTA

GRAMÁTICA

A gramática do chinês mandarim parece ser muito diferente da das línguas europeias: as palavras são invariáveis e não há marcas morfológicas, como a conjugação dos verbos ou o plural dos substantivos.

Contudo, a sintaxe rigorosa permite indicar a relação que existe entre os diversos elementos da frase, o tempo, as modalidades enunciativas e todas as variações gramaticais possíveis.

A unidade de base é a sílaba (transcrita pelo caractere). Qualquer sílaba tem, em princípio, um sentido: é um morfema. A palavra, que é uma unidade sintática, é mais frequentemente monossilábica ou, por composição, dissilábica.

A construção da frase é indicada pela ordem das palavras e das orações e pelo uso de palavras gramaticais.

O verbo, identificável devido à sua compatibilidade com uma negação, é o centro obrigatório da oração. A ordem de base é sujeito-verbo-objeto. O sujeito não é obrigatoriamente expresso, pois, no início da frase, pode ser destacado outro elemento (tematização).

Os principais tipos de verbos são, além dos que significam "existência" (*shi* "ser", *you* "existir"), os verbos de ação, os verbos de qualidade (uso verbal dos adjetivos) do tipo *hao*, "ser bom", e os verbos auxiliares, que assinalam a possibilidade, o dever, a vontade etc.

O determinante precede o determinado. Advérbios, particularmente abundantes, e grupos preposicionais precedem o verbo.

A expressão do tempo é garantida pelas formas nominais que indicam a data (antes do verbo) ou a duração (depois do verbo). Os sufixos verbais, palavras que se seguem imediatamente ao verbo, precisam o aspecto deste: acontecimento em curso ou concluído.

As "partículas finais" mais frequentes são *ma*, que indica uma interrogação que se refere a todo o enunciado, e *le*, que, nessa posição, acentua a tomada em consideração pelo locutor de uma mudança passada, presente ou futura: de acordo com o contexto, o que começa ou o que foi concluído.

O único domínio em que é necessário memorizar um conjunto de formas é a enumeração. Não basta, como em português, por exemplo, indicar o número e o nome do objeto em questão. É preciso indicar uma unidade de conta arbitrária, que é necessário conhecer. Diz-se *ye ge ren* (um – *ge* – homem) "um homem", *wu tiao gou* (cinco – *tiao* – cão) "cinco cães". Por isso, há três termos tanto para os objetos que se contam como para os que se medem: *iy ben shu* (um – *ben* – livro) "um livro", *san gongjin fan* (três – quilo – arroz) "três quilos de arroz".

Evidentemente, objetos de forma análoga são com frequência associados a uma unidade de conta determinada, mas isso não é de forma alguma necessário, sendo requerido memorizá-la juntamente com o nome. Há uma centena que é mais habitual.

As orações subordinadas circunstanciais (causa, condição, hipótese etc.) precedem a oração principal. As conjunções subordinativas não são indispensáveis. O verbo principal é acompanhado de advérbios para precisar as sutilezas da relação.

Viviane Alleton

➢ MANDARIM

GRANDE MURALHA

A Grande Muralha da China marcou durante muito tempo a fronteira entre dois mundos, o mundo civilizado e o mundo "bárbaro".

Essa função simbólica suplantou sempre a utilidade defensiva da construção, como se pode verificar pela história de mestiçagem da China do norte, lugar de encontro, de trocas e de conflitos entre populações da Ásia central e setentrional.

A Grande Muralha foi sempre o limite simbólico e físico do que se convencionou chamar China propriamente dita. Os primeiros muros foram edificados pelos soberanos das pequenas monarquias do período dos Reinos Combatentes (séculos V-III a.C.). Nos séculos XV e XVI, os imperadores Ming ordenaram que esses vários trechos ficassem ligados entre si em um único muro de cerca de 3 mil quilômetros, acompanhando o relevo, desde o golfo do Bohai, no nordeste da China, até as planícies áridas e desérticas das províncias de Shaanxi e de Gansu.

Com a aceleração da expansão ocidental na Ásia, nos séculos XIX e XX, a simbologia da Grande Muralha centrou-se na imagem que podia refletir a civilização chinesa. No país, como no exterior, alguns viram nela o símbolo do fechamento da China sobre si mesma, quando se impunha que se libertasse de seu imobilismo, aproveitando a ocasião única de sua abertura forçada ao Ocidente. Outros a interpretaram como uma monstruosidade cuja escala revelava o caráter inumano dos que a tinham concebido. Outros, enfim, tomaram-na por uma maravilha que refletia a grandeza da civilização que a erigira.

Promovida a atração turística importante dos arredores de Pequim com os grandes trabalhos de restauração e de melhoria da infraestrutura de acesso, a Grande Muralha tornou-se nas últimas décadas objeto de orgulho nacional. Visitá-la é uma etapa imprescindível de qualquer chinês de passagem pela capital.

A Grande Muralha seria a única construção humana visível a olho nu do espaço, crença alimentada em parte por estar ainda hoje inscrita nos manuais do ensino primário. Contudo, é quase certo que a popularidade do lugar nada sofrerá com a recente confissão do primeiro taiconauta chinês, que disse, ao regressar à Terra, que não conseguira distinguir os contornos da Muralha durante sua estada em órbita.

Luca Gabbiani

 FRONTEIRAS, PEQUIM, TURISMO

GRANDE SALTO ADIANTE

O Grande Salto Adiante foi a primeira catástrofe do regime e esteve na origem da segunda: a Revolução Cultural.

Embora seu desencadeamento, oficial em maio de 1958, mas preparado desde o final de 1957, tenha sido motivado em parte pela crítica ao modelo soviético de desenvolvimento, não questionou o essencial da estratégia stalinista de industrialização adotada durante o primeiro Plano Quinquenal. A indústria pesada certamente se beneficiou de mais investimentos, e Mao Tsé-tung pretendeu duplicar a produção de aço em 1958. No entanto, a economia chinesa tinha de passar a "caminhar sobre as duas pernas": o setor moderno e o setor tradicional, que deveriam avançar juntos.

Sem capital e sem tecnologias de ponta, a perna tradicional mobilizou uma mão de obra rural superabundante. Solicitada por grandes obras públicas hidráulicas, pela construção de estradas e pontes e pela produção de aço (inutilizável) nos "pequenos altos-fornos" aldeões, essa mão de obra acabou por fazer falta no campo, onde a boa produção de 1958 apodreceu sem ser colhida, pois não foi armazenada.

A partir do outono de 1958, Mao Tsé-tung recomendou prudência e um ritmo mais moderado, não por ter sido o primeiro a tomar consciência dos desequilíbrios, mas porque era o único com a autoridade política necessária para criticar os erros "esquerdistas": objetivos irreais decretados de cima, voluntarismo impetuoso, guerra à natureza desencadeada numa atmosfera pouco propícia aos avisos dos especialistas etc.

Uma medida tão necessária como a descentralização agravou os desequilíbrios, devido à natureza do regime, que incitava os quadros locais e regionais a provarem que cada um se empenhava mais que o vizinho: mais valia "errar à esquerda do que à direita".

Foi no escalão supremo que o mal maior do regime provocou o desastre. Tendo ido à reunião estival dos dirigentes, realizada em Lushan, em julho de 1959, resolvido a retroceder, Mao Tsé-tung fez exatamente o contrário, dado que o ministro da Defesa, Peng Dehuai (1898-1974), ousou criticar o Grande Salto Adiante e o colocou pessoalmente em dúvida.

Os outros dirigentes deixaram Mao Tsé-tung desencadear uma campanha contra o clique "antipartido" de Peng e relançar o Grande Salto Adiante.

O relançamento foi mais funesto do que os erros iniciais: a colheita de cereais por parte do Estado aumentou em 1959-1961, precisamente quando a produção foi altamente deficitária. Morreram de fome muito mais chineses (15 milhões?) do que em 1959, sobretudo camponeses, devido ao relançamento do Grande Salto Adiante em 1960 e 1961.

Conscientes de que Peng Dehuai tinha razão, mas ousando ainda menos oporem-se a Mao depois de Lushan, os outros dirigentes contentaram-se a partir de então em sabotar a aplicação das suas diretivas, o que levaria Mao Tsé-tung a desencadear a Revolução Cultural contra eles.

Além do excesso de zelo, a falta de preparo, a desordem e o "fiasco estatístico" (Li Chohming) conduziram ao fracasso do Grande Salto.

Continha, porém, elementos pragmáticos (descentralização, recurso às técnicas intermediárias, desenvolvimento das pequenas indústrias rurais e utilização de mão de obra agrícola subempregada durante a estação morta) que, num contexto político diferente, se revelaram frutuosos no Japão, em Taiwan e na Coreia do Sul e contribuiriam para melhorar a sorte da geração chinesa seguinte.

Lucien Bianco

➢ MAO TSÉ-TUNG, MAOÍSMO

GRANDES GRUPOS

De 1949 a 1978, a noção de "grupos" tal como é entendida em qualquer economia capitalista, estava em grande medida ausente da China.

O desenvolvimento de uma economia socialista nos moldes da experiência soviética levou a China a criar empresas muito grandes durante esse período. No entanto, assim como sucedeu com as grandes unidades industriais da URSS e da antiga Alemanha Oriental, essas empresas estavam fortemente integradas no tocante a processos industriais, mas eram muito pouco diversificadas.

Os grandes grupos chineses apareceram apenas em meados dos anos 1980, quando o governo chinês quis imitar a experiência japonesa dos *kereitsu* e a experiência coreana dos *chaebols*. Ao mesmo tempo, o desenvolvimento da concorrência provocou a concentração industrial, com perdedores e ganhadores, e a transformação das empresas em sociedades por ações.

Essas duas evoluções conduziram ao aumento das fusões e das aquisições. No final dos anos 1990, o governo chinês acelerou sua política de "mecanismo" industrial, ao favorecer a criação de 196 grandes grupos do Estado, pretendendo com isso que 50 deles se transformassem em grandes grupos de dimensão internacional.

Essa política voluntarista, diretamente orquestrada pela Comissão de Gestão e Supervisão dos Ativos do Estado, esteve particularmente ativa nos setores industriais ainda bastante fechados à concorrência, como o tabaco, o petróleo e o gás, a produção de eletricidade, a madeira, as telecomunicações, a transformação do petróleo, os metais ferrosos, os metais não ferrosos, os transportes e os produtos químicos de base. É nesses setores que se encontram os grandes grupos industriais chineses.

Nos setores mais abertos à concorrência, como a indústria de consumo, a agroalimentar e a eletrônica, o Estado foi muito menos dirigista. Nesses setores, operou-se uma concentração bastante rápida a partir de meados dos anos 1990 com o aparecimento de grandes grupos considerados atualmente "campeões nacionais", como o Haier, o Konka, o TCL e o Lenovo.

A grande maioria desses grandes grupos continua a ser controlada direta ou indiretamente pelas instituições públicas. No entanto, nesses setores abertos à concorrência, apareceram alguns grandes grupos inteiramente privados que rivalizam com os grandes grupos do Estado, como o New Hope (no setor agroalimentar, que é a maior empresa privada do país) e o Yuanda, no setor de eletrodomésticos.

Por último, desde o início dos anos 1980, emergiu também uma categoria particular de grandes grupos diretamente controlados pelo Estado, do tipo conglomerado e cuja vocação principal é comercial ou financeira: Citic, China Resources e Cosco.

Esses grandes grupos continentais têm a particularidade de serem os primeiros a utilizar a bolsa de Hong Kong (onde são chamados *red chips*) para financiar o desenvolvimento de suas atividades.

No início da década atual, os grandes grupos chineses desenvolveram uma estratégia internacional e multiplicaram os seus investimentos no exterior com diferentes objetivos: garantir seu aprovisionamento em recursos naturais (petróleo) e adquirir tecnologias, redes de distribuição e marcas. A empresa Lenovo adquiriu, assim, a divisão de computadores pessoais da IBM e tornou-se o terceiro produtor mundial nesse setor.

Jean-François Huchet

➤ EMPRESAS DO ESTADO, INDÚSTRIA E POLÍTICA DE INDUSTRIALIZAÇÃO

HABITAÇÃO

Os chineses atribuem grande importância à vida familiar e à habitação. A tradição de três e mesmo de quatro gerações sob o mesmo teto é sistemática nas zonas rurais e ainda está muito difundida nas cidades.

A política em matéria de habitação é, no entanto, nitidamente diferente nas zonas rurais e nos meios urbanos.

Os camponeses, oficialmente registrados com a sua residência rural (*nongcun hukou*), conservaram a propriedade de uma pequena parcela de terreno para uso privado. Isso lhes permitiu construir uma casa própria com os seus próprios meios. Pouco depois, o Estado seguiu uma política de incentivos que visava promover habitações coletivas integradas no processo de planejamento.

O *habitat* urbano era quase totalmente coletivo. Locatários dos seus apartamentos, os habitantes das cidades não detinham a propriedade do solo.

A reforma do sistema de distribuição das habitações urbanas, lançada nos anos 90, fez passar a habitação do *status* de bem gerido pelo Estado ao de produto de consumo regulado pelo mercado. Fez surgir promotores imobiliários privados e transformou-os em importantes agentes da construção urbana.

Durante vários anos seguidos, o crescimento do setor imobiliário revelou-se o mais elevado de todos os setores da economia. Os recenseamentos anuais do Ministério da Construção mostram que a superfície média nacional das habitações urbanas passou de 13,6 m² por pessoa em 1989 para 23,67 m² em 2003.

O desenvolvimento espetacular do *habitat* mudou radicalmente a paisagem urbana. As filas de edifícios habitacionais uniformes de quatro ou cinco andares, construídos em massa pelas autoridades públicas entre os anos 1950 e 1980, foram substituídas por torres de dez a 30 andares com elevador, recentemente erigidas pelos fomentadores privados.

Os novos conjuntos são frequentemente fechados e mantidos por sociedades de gestão especializadas, formando assim *gated communities* no próprio interior das cidades. Ultimamente, na periferia de algumas metrópoles, desenvolve-se, além disso, uma nova forma de *habitat*, devido à crescente motorização: a moradia individual.

Na ausência de uma política de habitação social, o acesso à habitação se faz exclusivamente por meio do mercado imobiliário. Isso constitui fator decisivo de segregação social.

A escassez de habitações deu lugar ao excesso, com o setor imobiliário urbano de algumas cidades sendo objeto de especulação por parte dos investidores privados nacionais e até internacionais. O preço médio do metro quadrado em Xangai duplicou em apenas três anos.

Entre as maiores fortunas da China recenseadas pela *Forbes*, metade é dos investidores do setor imobiliário.

Zhuo Jian

> CIDADES, CIDADES E AS ZONAS RURAIS (AS), DESIGUALDADE DE RENDIMENTOS, FUNDIÁRIO (SETOR), REFORMAS E ABERTURA, URBANISMO, XANGAI

HAKKA

Os hakka representam uma cultura local da China meridional que se formou nos vales e nas montanhas do interior do Guangdong, do Fujian e do Jiangxi, onde vive atualmente a maioria dos falantes do hakka (37 milhões).

Todavia, foi a partir do século XVI, fora da sua região de origem, nas regiões vizinhas e depois no exterior, durante as migrações, que se formou a identidade hakka.

O nome "*hakka*" (*kejia*) designa-os, aliás, como "imigrantes" e "recém-chegados", relativamente às populações autóctones ou de estabelecimento mais antigo, como os cantoneses (Punti).

Até os anos 1980, os hakka eram, sobretudo, associados às suas experiências migratórias no exterior da China, onde são cerca de 10 milhões, ou seja, um terço das comunidades da diáspora chinesa das migrações para Taiwan, sudoeste da Ásia, ilhas do Pacífico e continente americano.

Os sucessos econômicos e a promoção social dos hakka a partir do século XIX contribuíram para a redefinição de uma identidade que foi desprezada e estigmatizada durante muito tempo. A imagem revalorizada do grupo, agora divulgada nos sites hakka da internet, insiste numa ficção histórica que exalta o patriotismo dos seus antepassados, vindos das planícies centrais da China na sequência da invasão mongol, e atribui-lhes uma "ética hakka" cujas principais virtudes são a frugalidade, o entusiasmo pelo trabalho, a solidariedade no seio do clã e a importância atribuída à educação.

Desde os anos 1980, as localidades hakka vêm se beneficiando com os resultados econômicos da reativação dos laços com a diáspora. A recuperação dos cultos de linhagem e territoriais, bem como a promoção de uma "cultura hakka", representada notadamente pelas aldeias fortificadas, a tradição culinária e festas do templo, contribuíram para o desenvolvimento de um turismo direcionado para os membros de uma diáspora "à procura de suas raízes".

Na China continental, a identidade hakka, definida em termos de "cultura local" e de "grupo dialetal" no seio da "nacionalidade Han", não é reconhecida oficialmente, ao contrário do que se passa em Taiwan, onde a mobilização dos hakka (mais de 15% dos taiwaneses), centrada na defesa de sua língua, conduziu à criação de um "Conselho dos Assuntos Hakka".

Béatrice David

➢ CANTONESES, CHINESES DO EXTERIOR, HAN, REGIÕES DE EMIGRAÇÃO

HAN

A "nacionalidade han" (*hanzu*) representa mais de 1 bilhão de pessoas, ou seja, cerca de 92% da nação chinesa, oficialmente definida como Estado multinacional composto por 56 nacionalidades.

Esse nome identifica os han com a dinastia Han (206 a.C–220 d.C.), que continuou as conquistas territoriais do império fundado pelo primeiro imperador dos Qin (221 a.C.).

Foi em referência aos han [*Hanmim* ("súditos dos Han") ou *Hanren* ("agentes dos Han")] que o nacionalismo chinês moderno, na segunda metade do século XIX, forjou a noção de "povo chinês".

Unificou assim numa só entidade populações de línguas chinesas muito heterogêneas, opondo-se, por um lado, à dinastia manchu dos Qing, o estrangeiro tártaro do interior, e, por outro, às potências ocidentais que submetiam a China aos ultrajes da colonização.

O "povo" ou "nação" han continuou depois a encarnar a nação chinesa redefinida como *zhonghua minzu*, formada por cinco "povos", os han e as "populações das fronteiras" (mongóis, muçulmanos, manchus e tibetanos), quando da fundação da República, em 1911, e por 56 "nacionalidades", atualmente.

O nome han é usado hoje em dia, sobretudo na China, onde a política das nacionalidades obriga a dissociar a nacionalidade majoritária da China do interior, das nacionalidades minoritárias.

No exterior, nas comunidades da diáspora de origem chinesa, afirmou-se nas últimas décadas a designação "gentes de Hua" (*Huaren*) para designar a identidade chinesa, perspectiva em termos étnicos ou culturais, mediante a identificação com os hua, nome de uma população da Antiguidade chinesa.

Sua demografia impressionante faz dos han o todo nacional mais numeroso da época contemporânea em nível mundial. Uma concepção racial e étnica de "nacionalidade" confere-lhes a dimensão biológica da comunidade de sangue e a dimensão de grupo da descendência comum.

O princípio da descendência, que estrutura a relação de parentesco nas linhagens patrilineares, forneceu a base ideológica dessa analogia da nação moderna com a linhagem.

Alicerçada no modelo dos mitos de linhagem, foi assim construída a ficção de uma ancestralidade comum dos han como descendentes dos soberanos míticos Yandi e Huangdi, fundadores lendários do primeiro Estado chinês, até que a definição plural oficial da nação chinesa obrigou a ampliar a suposta descendência desse símbolo nacional comum, incluindo nela os que não são han.

O esquema evolucionista sobre o qual se apoiou, em parte, a classificação das nacionalidades colocou os han no estágio de desenvolvimento mais avançado da nação chinesa. Daí sua exclusão, até os anos 1980, dos estudos etnológicos realizados na China, reservados desde os anos 1960 ao estudo das "minorias".

A imagem oficial da família plurinacional chinesa continua a dissociar os han das "nacionalidades minoritárias" (*shaoshu minzu*), cujas culturas reificadas e folclorizadas são "tradicionalizadas", ao passo que a cultura de vocação civilizadora dos han faz deles os principais vetores da modernidade da nação chinesa.

Seu domínio político, econômico e cultural sobre as outras nacionalidades toma hoje ainda outra dimensão.

Embora os han estejam, sobretudo, repartidos pelas bacias fluviais da China oriental, sua conquista do planalto tibetano, das estepes e dos desertos da Ásia central e da Mongólia interior e das florestas tropicais das regiões fronteiriças onde a China toca o sudoeste da Ásia, passou a processar-se ao ritmo acelerado que a política de desenvolvimento do oeste favorece.

O aumento da presença de populações alógenas han, prestes a ultrapassar em número a das "nacionalidades minoritárias", tende a "hanificar" as regiões autônomas, ao passo que as forças de sinização dos não-han ampliam atualmente o espaço cultural chinês ao conjunto das populações do território nacional.

Béatrice David

➤ LINHAGEM, MANCHUS, NACIONALIDADE, OESTE (PROJETO DE DESENVOLVIMENTO DO), REGIÕES FRONTEIRIÇAS

HIDRÁULICA

A civilização chinesa é uma civilização dita "hidráulica".

Num país atravessado por redes fluviais enormes, de cheias muito violentas, que podem inundar bilhões de hectares, muito cedo se revelou ser necessário represar as águas. Os relatos míticos e históricos dão testemunho da existência de uma organização hidráulica tradicional na China.

Assim, Yu, *o Grande*, "cavou os rios" e "salvou o país do dilúvio", ao passo que Niukoua, para colocar o país "em equilíbrio", "acumulou cinza de canas para frear as águas licenciosas" que "provocavam inundações sem nunca abrandarem".

Mais tarde, na China imperial, o poder chamou a si obras efetuadas pelas comunidades locais com o objetivo mais amplo do ordenamento do território.

Os trabalhos, então, destinavam-se, sobretudo, ao desenvolvimento de sistemas de irrigação e drenagem das terras cultivadas, bem como à melhoria da navegação fluvial. O Grande Canal dos Tang (618-907), que liga a bacia do Yang-

-Tsé à do Rio Amarelo, desde Hangzhou até Pequim, é seu exemplo mais célebre e, indubitavelmente, o mais bem realizado.

A China comunista conservou essa herança hidráulica. A necessidade de resolver os desafios hídricos do país (falta de água, inundações, desperdícios e poluição) obriga-a hoje a modernizar e desenvolver novas infraestruturas hidráulicas nas cidades (sistemas de esgoto, tratamento das águas residuais) e nas zonas rurais (sistema de irrigação).

Porém, é antes de mais nada o aluviamento dos grandes rios que impõe a manutenção permanente dos diques, que ainda são o meio principal de proteção contra as inundações.

As autoridades também não abandonaram a lógica das grandes obras hidráulicas, juntando-lhes alguns ingredientes novos, dignos de um país comunista em desenvolvimento e aberto ao exterior: o gigantismo, a tecnologia e os financiamentos externos.

Essas obras são duas e estão, atualmente, em estreita conexão. Trata-se da barragem das Três Gargantas, cuja construção começou em 1993 e terminou em 2006, e do projeto de transferência das águas do sul para o norte, aprovado pelo governo central em novembro de 2002.

A realização desses dois projetos foi justificada em parte pelos problemas hídricos com que o país se confronta.

Assim, a barragem das Três Gargantas deverá regularizar o curso do Yang--Tsé para diminuir os riscos de inundações, enquanto o projeto de transferência das águas do sul para norte visa desviar uma pequena parte das águas da bacia do Yang-Tsé para alimentar a planície do norte da China e, em particular, as duas grandes cidades que serão permanentemente deficitárias em água nas próximas décadas, Pequim e Tianjin.

Foram propostos três traçados para essa transferência, com ênfase no traçado oriental, que não é mais do que fazer voltar a funcionar o Grande Canal, e no traçado central, que parece ter a preferência das autoridades da capital.

Este último ligará Pequim ao reservatório da barragem de Danjiangkou, situado no han e regularmente alimentado pelo reservatório das Três Gargantas por meio de um canal.

Devido às consequências hidrológicas e ambientais nefastas que se podem registrar tanto a montante como a jusante, esses dois projetos foram muito criticados.

Sobretudo ao privar o Yang-Tsé de uma parte das suas águas, em benefício de Pequim, e ao ameaçar afetar os equilíbrios naturais do delta, junto ao qual se situa Xangai, o projeto de transferência das águas do sul para norte parece ficar no centro das rivalidades entre as duas principais cidades do país.

Na China, como em outros países, a hidráulica é, portanto, incontestavelmente um assunto político.

Sébastien Colin

➢ CALAMIDADES NATURAIS, ÁGUA, AMBIENTE, TRÊS GARGANTAS (BARRAGEM DAS), YANG-TSÉ.

HISTÓRIA

Ao fixar as condutas dos soberanos, dos seus ministros e dos seus povos – bem como as normas e as hierarquias que cada um devia respeitar –, a escrita da história, que a tradição erudita faz remontar ao próprio Confúcio, modelou numa única cultura política a evolução dos principados chineses do século VII a.C.

Cerca de cinco séculos mais tarde os valores dessa cultura partilhada foram refundidos pelos historiadores das instituições imperiais, na esteira do primeiro grande historiógrafo, Sima Qian (135-93 a.C.). Esses apresentaram então o império como sendo a expressão acabada e perene de um destino histórico comum dos povos da China, que integravam os conceitos intangíveis de centralidade do poder, comunidade política unificada e encaixe hierarquizado dos territórios.

A história do Estado assumiu então duas formas complementares. A continuidade da história se confundiu com a sucessão dos Estados dinásticos. Os letrados funcionários compilavam a história da dinastia precedente, ao mesmo tempo que acumulavam escrupulosamente os documentos destinados aos historiadores da dinastia seguinte.

Paralelamente, a história contínua do império sugeria uma síntese progressiva de uma nação singular que impunha os seus modelos de governo a todas as populações que fossem capazes de assumir seu controle militar, até 1911.

Esse Estado imperial, definido como produto e agente de uma civilização que tinha verdadeiramente inventado e modelado a história, forneceu naturalmente a matriz do Estado moderno.

Em sua preocupação de conferir uma identidade nacional ao seu país, em crise perante as agressões ocidentais do século XIX, os historiadores modernos se reapropriaram rapidamente das ideias de soberania, interesse nacional, hegemonia econômica e centralidade cultural para fazerem do império o antepassado do Estado-nação e, logo em seguida, a encarnação do feudalismo, que era a perspectiva das teorias do materialismo histórico.

Por trás dessa reconfiguração afirmou-se, tanto em Taiwan como no continente, uma visão nacionalista da história, que colocou a modernização da sociedade e das instituições a serviço da identidade chinesa e de um poder centralizador perene.

A China, considerada modelo alternativo no antigo mundo comunista, tendo se transformado em uma potência regional e mundial, pretende hoje em dia reafirmar sua vocação histórica: a de ser um centro organizador.

Christian Lamouroux

➢ BUROCRACIA, ESTADO, NACIONALISMO

HOMOSSEXUALIDADE

Nos anos 1990, alguns grupos homossexuais começaram a se organizar e a reivindicar o reconhecimento dos seus direitos na China.

A atividade sexual entre pessoas do mesmo sexo deixou de ser penalizada em 1997 e integrada na "classificação chinesa das desordens mentais". Foi "retirada da classificação das patologias em 2001", em conformidade com a classificação internacional das doenças da Organização Mundial da Saúde.

A mudança de *status* jurídico das práticas homossexuais e o ativismo antiAids fizeram aumentar a viabilidade dos "camaradas", que é como se designam todas as pessoas que têm práticas de minorias sexuais (*gays*, lésbicas, *queers*, transexuais) no mundo chinês.

No entanto, essa maior visibilidade não deve fazer esquecer as dificuldades de viverem sua homossexualidade, ainda estigmatizada e considerada uma doença ou um delito por ampla maioria da população. Segundo inquéritos sobre a sexualidade, a grande maioria dos homossexuais da China não se reconhece numa identidade de minoria sexual.

As histórias de vida revelam que os homossexuais chineses negociam hoje em dia a tolerância social sem colocarem em dúvida o modelo familiar enquanto fundamento da estrutura social: 90% deles contraem matrimonio e têm relações heterossexuais com seu cônjuge, pelo menos para procriar.

Os "camaradas" organizam-se em grupos, redes e associações ativos na internet e por meio de revistas apoiadas, por vezes, por organizações internacionais.

Na China, os seus lugares de encontro incluem parques e balneários públicos, lugares de prazer como salões de massagens, caraoquês, bares e salões de grandes hotéis. Esses lugares, sobretudo urbanos, são, por vezes, efêmeros e correm o risco de ser sancionados ou encerrados sob qualquer pretexto.

Évelyne Micollier

➢ PROSTITUIÇÃO, SEXUALIDADE, AIDS

HONG KONG

Hong Kong nasceu de um estabelecimento britânico nas margens meridionais do sul da China, no século XIX.

A colônia era composta por três territórios: a ilha fora doada com plena propriedade pelo império chinês à Coroa britânica, em 1842, a península de Kowloon fora cedida em aluguel perpétuo, em 1860, e os Novos Territórios foram cedidos apenas por 99 anos, em 1898.

Quando do tratado sino-britânico de 1984, o governo chinês conseguiu que o conjunto lhe fosse devolvido em 1997. Hong Kong é hoje uma região de administração especial, cujo regime econômico foi garantido por 50 anos, segundo o princípio de "um país, dois sistemas".

À exiguidade do território, com uma superfície de 1070 km², junta-se a dispersão em ilhas (de dimensões variadas), penínsulas e baías (encravadas por colinas muito pontiagudas, que têm alto risco de deslizamento de terrenos, devido ao clima tropical). Apenas um quinto do território é utilizável pelo homem. Importantes trabalhos de terraplanagem permitiram atenuar essas deficiências, sobretudo ao nível da baía central.

A densidade populacional é, por isso, o maior desafio de Hong Kong. Sua população de 6,8 milhões de habitantes em 2004, que começou por ser, em grande parte, o resultado dos fluxos de refugiados chineses de finais dos anos 1940, teve de ser instalada em parques de alojamentos coletivos, construídos pelo governo na periferia dos quarteirões centrais e nas novas cidades e desencravados por uma rede densa de transportes públicos, a partir dos anos 1970.

A população de Hong Kong esteve também na origem do crescimento econômico da colônia. As restrições provocadas por um clima de Guerra Fria, pela dependência alimentar e energética e pela necessidade de encontrar mercados no exterior foram transformadas em oportunidades com o desenvolvimento da indústria ligeira de vocação exportadora, em ligação com atividades portuárias tradicionais.

Hong Kong transformou-se, por isso, em uma metrópole moderna, uma placa giratória portuária e aeroportuária e uma nova região industrial da Ásia oriental.

No entanto, desde o início dos anos 1980, a reestruturação da sua economia levou Hong Kong a deslocar as suas indústrias de mão de obra intensiva, de baixo valor agregado, exigentes em espaço e poluidoras para o delta do vizinho rio das Pérolas, região central do Guangdong, que, com o tempo, poderia formar com o primitivo território a região da Grande Hong Kong.

Hong Kong especializou-se, desde então, em serviços financeiros, bolsistas, de seguros e de consultoria, que são prestados a empresas locais, continentais e estrangeiras. Posto avançado da diáspora chinesa e dos investidores taiwaneses, japoneses e ocidentais, Hong Kong desempenhou um papel decisivo de placa giratória na abertura da China litorânea (capitais, informações, *know-how*) e reforçou sua posição de capital econômica do sul da China.

Os acontecimentos de Tiananmen foram decisivos para uma tomada de consciência identitária e política de uma parte da população de Hong Kong.

Os chineses de Hong Kong construíram o sucesso da colônia ao virar as costas ao continente e definiram constantemente seu caráter chinês em contraposição ao poder colonial britânico.

Em 1989, quando o regime comunista, ao qual a metrópole desenvolvida e liberal seria entregue dentro em pouco, se revelou violentamente repressivo em relação à juventude pequinesa, o povo de Hong Kong compreendeu duramente que passaria a ter de encontrar não só sua identidade chinesa mas também sua especificidade perante os continentais.

Nos últimos anos da colônia, notadamente por impulso do governador britânico Chris Patten, o debate político ganhou vida com a criação de partidos e uma representatividade eleitoral ampliada no Conselho Legislativo.

Opondo-se de início a essa democratização, o governo chinês soube organizar rapidamente contragolpes com partidos "patrióticos" e com o apoio dos meios de negócios de Hong Kong.

Em 1997, Pequim nomeou Tung Chee-hwa, um armador de Xangai, para chefe do Executivo, tendo-lhe sucedido em 2005 *sir* Donald Tsang, antigo secretário-chefe da colônia britânica, formado em Harvard e católico fervoroso.

Instaurou-se igualmente um jogo complexo entre autocensura local (sobretudo nos meios de comunicação social) e autonomia.

A crise asiática acompanhou a bolha especulativa fundiária no território, a qual se agravou continuamente nos anos 1990. Em 1997-1998, essa crise abalou toda a economia de Hong Kong, fazendo recuar o consumo, provocando recessão industrial e desemprego.

Posteriormente, embora a taxa de desemprego em 2004 fosse ainda de 7,3%, o crescimento da economia voltou a ser significativo.

Thierry Sanjuan

➢ ABERTURA (LUGARES DE), ADMINISTRAÇÃO TERRITORIAL, MEGALÓPOLES, REFORMAS E ABERTURA, RIO DAS PÉROLAS (DELTA DO), "UM PAÍS, DOIS SISTEMAS"

HU JINTAO

Hu Jintao, originário de Anhui e nascido em 21 de dezembro de 1942, entrou para o Partido Comunista (PC) em 1964.

Engenheiro, formado pela Universidade Qinghua, como muitos membros da elite dirigente da sua geração, diplomou-se em 1965.

Hu começou sua carreira em Pequim (1964-1974), prosseguiu-a em Guansu (1974-1982), tornando-se em seguida secretário do PC em Guzhou (1985-1988) e depois no Tibete (1988-1992).

Colocado em províncias afastadas, pobres e difíceis, Hu não lhes proporcionou, contudo, nenhuma melhoria sensível e salientou-se mesmo, no caso do Tibete, pelo seu absentismo, tendo passado mais tempo na capital do que em Lhassa.

No entanto, pertencendo à Liga da juventude comunista, que dirigiu entre 1982 e 1985, e apoiado na rede de Qinghua, tornou-se aos 49 anos o membro mais jovem do Comitê Político permanente.

Figura de proa da quarta geração de dirigentes, depois de Mao Tsé-tung, Deng Xiaoping e Jiang Zemim, Hu Jintao dirigiu a Escola Central do PC (1993-2001), antes de suceder a este último nos lugares de secretário-geral do Comitê Central, em 2002, presidente da República Popular, em 2003 e, por fim, presidente da Comissão Militar Central, em 2004.

Desde sua entrada nessas funções, Hu Jintao revelou-se mais preocupado com os que ficaram marginalizados pelo crescimento e tentou ampliar a política de reformas e abertura ao oeste do país, advogando uma prosperidade modesta, mas partilhada pelo maior número de pessoas possível.

No plano político, Hu Jintao prosseguiu a tarefa de modernizar e racionalizar a administração chinesa iniciada pelos seus antecessores, fazendo seu o conceito de "bom governo". Apareceu como justiceiro implacável em relação aos quadros corruptos a fim de manter a legitimidade e a autoridade do Partido-Estado.

Em contrapartida, frustrou qualquer esperança de liberalização do regime ao fazer calar as vozes da oposição, como se pode verificar pelo controle dos meios de comunicação social e da internet.

Na cena internacional procura fazer da China um ator regional incontornável, às vezes responsável e pacífico (mediação entre os Estados Unidos e a Coreia do Norte), outras vezes fazendo despertar a fibra nacionalista dos chineses (ante o Japão), mas sempre sem fazer concessões a Taiwan (lei antissecessão, aprovada em 2005).

Émilie Tran

➤ DENG XIAOPING, JIANG ZEMIN, OESTE (PROJETO DE DESENVOLVIMENTO DO), PARTIDO COMUNISTA, TIBETE

HUI

Desde o século XV que o termo *hui* significa "muçulmano". Designa atualmente a nacionalidade hui (*Huizu*), formada por cerca de 10 milhões de muçulmanos de língua chinesa.

Os hui possuem, desde 1955, a região autônoma hui do Ningxia. Caracterizam-se por uma dupla filiação cultural muçulmana e chinesa.

Dispersos por todo o território chinês, por todas as grandes cidades e pela maioria dos distritos, em particular nas províncias do noroeste, de Henan e de Yunnan, não se diferenciam de forma alguma dos seus vizinhos, exceto no que se refere à religião.

Sendo uma população cuja referência comum era essencialmente religiosa, foi levada a pensar-se como uma nacionalidade (*minzu*).

Sunitas do rito hanefita, seguem rigorosamente os preceitos muçulmanos, em particular a abstinência da carne de porco. Há no islamismo chinês uma característica distintiva: a organização de mesquitas femininas em paralelo às dos homens. As diferentes correntes do islamismo tradicional – confrarias sufistas e movimentos fundamentalistas – grassam entre os membros das comunidades locais.

Os hui não são uma comunidade homogênea nem unificada. Estiveram sempre presentes em todas as facções, tanto nas instâncias do poder, como nas das rebeliões.

Atualmente, apenas a filiação pode servir para a transmissão do *status* de hui. Com a atual intensificação dos proselitismos na China, tal princípio acentua a tensão entre o quadro da nacionalidade e o desenvolvimento efetivo do islamismo.

Élizabeth Allès

➢ ISLAMISMO, NACIONALIDADE, RELIGIÃO

IDEOLOGIA

A ideologia do Partido Comunista (PC) registrou uma mutação progressiva mas profunda, desde o lançamento das reformas em 1979.

Embora sendo uma "ideologia organizacional" (Franz Schurmann), apregoa ainda os mesmos fundamentos: o marxismo-leninismo e o pensamento de Mao Tsé-tung. No entanto, a "teoria" de Deng Xiaoping e depois os escritos de Jiang Zemin não só relegaram progressivamente para o segundo plano o caráter comunista e revolucionário desses princípios mas também esvaziaram de conteúdo a ideia de socialismo.

Segundo o PC, "a etapa primária do socialismo" em que a China se encontra atualmente e que se prolongará durante um demorado período deverá permitir ao país desenvolver-se e favorecer a criação de uma "economia socialista de mercado", de um "Estado de direito nacionalista" e de uma "sociedade próspera" (*xiaokang shehui*).

Colocando indiretamente em dúvida a ditadura do proletariado e o próprio conceito de classe social, Jiang Zemin foi mais longe em julho de 2001 com sua teoria das "três representações". Desde então o PC tem por missão representar as forças produtivas avançadas, incluindo o "estrato" dos empreendedores privados, a cultura avançada e os interesses fundamentais da grande maioria do povo. Esses princípios estão inscritos na carta do PC, desde seu XVI Congresso, realizado em novembro de 2002.

Hoje em dia, para disfarçar a crise ideológica em que está mergulhado desde o início da reformas, o PC promove, sobretudo, as duas seguintes ideologias: o nacionalismo – fazer da China um país rico e poderoso (*fuqiang*) – e uma forma de culturalismo moralizador, que retira grande parte da sua inspiração do confucionismo e que lhe permite promover uma "democracia socialista à chinesa" (governo para o povo, mas não, certamente, pelo povo).

Destinadas a congregar um grande número de chineses e a melhor gerir – e a fazer esquecer – as desigualdades sociais que o país possui, bem como a resistir melhor às ideias ocidentais relativas à democracia, essas ideologias têm igualmente por objetivo legitimar o papel dirigente do PC e, em particular, sua missão.

Jean-Pierre Cabestan

➢ CONFUCIONISMO, DENG XIAOPING, ECONOMIA SOCIALISTA DE MERCADO, JIANG ZEMIN, MAO TSÉ-TUNG, NACIONALISMO, PARTIDO COMUNISTA, REFORMAS E ABERTURA, TRÊS REPRESENTAÇÕES

IMIGRANTES

A mobilidade que se observa na China há duas décadas é oficialmente considerada a partir das categorias administrativas relacionadas com o sistema de registro de residência (*hukou*).

São assim qualificados como imigrantes e considerados problemáticos os indivíduos que não residem onde estão oficialmente domiciliados. Daí os termos utilizados para designá-los, quer se trate de opor os "locais" aos que "vieram do exterior", os operários regulares aos operários campesinos (*nongmingong*) ou os operários e os empregados aos "operários prestadores de serviços" (*laowugong*).

Em 2000, durante o último recenseamento nacional, 11,6% da população, ou seja, cerca de 145 milhões de pessoas, tinham iniciado esse tipo de mobilidade geográfica.

As experiências migratórias diferem muito entre os indivíduos. Os imigrantes não constituem um grupo social homogêneo, ainda que os especialistas e os observadores tendam a agregá-los, porque adotam uma lógica institucional (a natureza dos direitos de residência que têm), econômica (as disparidades econômicas entre localidade de origem e localidade de acolhimento) ou ideológica (os imigrantes considerados como camponeses, sendo contrastados do ponto de vista ético, social e cultural com os moradores das cidades).

Os emigrantes podem ser indivíduos tão diferentes como um professor de uma universidade pequinesa que partiu para tentar a sorte em Shenzhen; um antigo assalariado de uma fábrica coletiva, que deixa sua cidade de origem para encontrar algures um emprego mais bem remunerado, ou um jovem camponês de 16 anos que vira as costas à sua aldeia para ir aprender algum ofício técnico ou acumular um pequeno capital numa das metrópoles costeiras.

Os projetos migratórios elaborados, sua redefinição contínua e seu desenrolar efetivo variam segundo fatores como as motivações dos imigrantes, o gênero, a idade no momento da partida, o nível de instrução, a experiência profissional, as ligações concretas de que dispõem e os acontecimentos vividos ou observados na localidade de acolhimento.

Apesar dessa diversidade, a mobilidade geográfica, sobretudo a dos emigrantes com menos recursos econômicos ou culturais, é mais frequentemente individual que familiar.

Os direitos de residência temporários reconhecidos aos imigrantes colocam, de fato, essa mobilidade sob o signo da curta duração e do provisório e encorajam frequentes deslocamentos entre as regiões e as empresas a fim de contornar os obstáculos encontrados ou tirar o melhor partido possível da estada fora do lugar de domicílio oficial.

Além disso, o dispositivo de regime de residência impõe às famílias imigrantes, em geral menos remuneradas do que as que têm direitos de residência permanentes, despesas muito mais elevadas com alojamento, saúde e educação.

O caráter frequentemente individual da mobilidade explica igualmente que essa seja de curta e não de longa duração. Nem as migrações sazonais nem a instalação definitiva na localidade de acolhimento, ainda que esta esteja aumentando, são, de fato, majoritárias, mas sim, a estada de alguns anos numa ou várias cidades chinesas.

Esse caráter individual e instável das migrações internas suscita desconfianças e suspeitas em relação ao imigrante, considerado como um indivíduo de passagem, livre para se movimentar, porque sozinho, agindo em função do curto prazo, porque não pode se instalar, e suscetível de desaparecer de um dia para o outro.

Esse preconceito influencia os laços entre os imigrantes, entre esses e os não imigrantes e entre eles e o Estado. Esse fato traduz-se na multiplicação dos instrumentos de caução: operários que têm de se tornar garantidores dos parentes próximos que fazem entrar na fábrica, moradores "oficiais" que têm de ser fiadores da honestidade dos imigrantes que têm acesso a determinados empregos, "locais" que têm de prestar aval no acesso a uma linha de telefone fixo ou na compra de um automóvel aos imigrantes que se podem furtar sem aviso prévio aos seus compromissos etc.

Há, portanto, desconfiança do Estado em relação aos seus administrados itinerantes, desconfiança dos moradores urbanos em relação a esses visitantes anônimos e desconfiança, também, por vezes, dos imigrantes entre si, devido ao comportamento oportunista e às decepções de alguns, quer sejam de origem urbana, quer sejam de origem rural.

Os direitos temporários adquiridos pelos imigrantes influenciam igualmente a maneira como esses se sentem expostos ao poder de outrem, seja próximo, seja afastado. Perante todas as hierarquias com que se defrontam na cidade, algumas dependem diretamente do registro de residência. É o caso, claramente, da repartição desigual dos direitos à saúde, à educação e à habitação.

Mas é o caso também das desigualdades encontradas no mundo do trabalho. Algumas, na verdade, estão inscritas no funcionamento da empresa, qualquer que seja o *status* jurídico dela, e baseiam-se nos direitos de residência dos trabalhadores.

Estabelece-se frequentemente uma hierarquia formal nos lugares de trabalho entre dois grupos, os empregados regulares e os empregados temporários (englobando, por vezes, imigrantes de origem urbana e rural), ou os operários regulares e os operários-camponeses, ou mesmo entre três grupos, os assalariados regulares, os assalariados imigrantes de origem urbana e os assalariados imigrantes de origem rural.

Essa hierarquia afeta principalmente a remuneração. Em lugares iguais, o montante do salário, a existência ou inexistência de prêmios e o montante destes últimos diferem.

Afeta igualmente a natureza dos postos ocupados e os direitos e obrigações que lhe estão adstritos. Os assalariados imigrantes não podem muitas vezes recusar as horas suplementares.

Diz respeito ainda às formas de assistência ou de auxílio, como os empréstimos concedidos pelas empresas aos seus empregados. Algumas empresas recusam esses empréstimos aos operários imigrantes ou fixam taxas que variam com o tipo de registro de residência que estes possuem.

Os imigrantes são, finalmente, afetados, no seu próprio *status*. Mencionemos, por exemplo, a proibição de determinados assalariados imigrantes de participarem em concursos internos sobre competência técnica e *know-how*.

Diante dessa situação, os imigrantes organizam-se de maneira mais ou menos formal. Viram-se maciçamente para instâncias como os gabinetes das cartas e visitas locais. A intensidade e a frequência de suas queixas contribuíram para diversas melhorias no domínio do direito do trabalho.

Agrupam-se em alguns quarteirões em função da origem geográfica comum e criam escolas para os seus filhos. Por exemplo, há em Pequim 500 escolas privadas criadas pelos emigrantes, ainda que cerca de 100 mil filhos de imigrantes não frequentem a escola.

Criam estágios para que os novos assalariados se familiarizem com a lei do trabalho, formam mediadores para auxiliar nas negociações entre operários e empregadores e propõem atividades culturais.

Esses modos de organização, que anteriormente eram apenas tolerados pelas autoridades locais, são hoje encorajados e, por vezes, apoiados por elas, porque contribuem para a gestão de uma população nova, a que as instâncias oficiais como os gabinetes de quarteirão e os comitês de residentes dificilmente têm acesso.

Isabelle Thireau

> CAMPONESES, DIREITO DO TRABALHO, DISPARIDADES REGIONAS, GABINETES DE CARTAS E VISITAS, MIGRAÇÕES INTERNAS, OPERÁRIOS, QUARTEIRÃO (GABINETES DE), REGISTRO DE RESIDÊNCIA, RESIDENTES (COMITÊS DE)

IMOBILIÁRIO (SETOR)

Nos anos 1990, uma série de alterações legislativas permitiu o aparecimento progressivo de um mercado imobiliário.

Desde o fim do ano 2000, as unidades de trabalho deixaram de distribuir alojamentos aos empregados, que têm, portanto, de recorrer ao mercado.

O Estado continua a ser o único proprietário dos terrenos, tanto nas cidades como nas zonas rurais. Os direitos de utilização (aluguéis de 70 anos para os imóveis residenciais e de 50 anos para os comerciais), embora diferentes dos direitos de propriedade, são objeto de compra e venda.

Fragmentado de início, o mercado unificou-se progressivamente. Desde há 20 anos que muitas empresas abandonaram o centro das cidades e melhoraram assim as suas contas, graças à cessão dos seus terrenos às municipalidades, o que estimulou a construção imobiliária.

Esse setor registrou um crescimento superior ao da economia, e sua contribuição para o produto interno bruto (PIB) praticamente duplicou desde o lançamento das reformas (passando de 3,8% do PIB em 1975 para 4,6% em 1990 e 6,9% em 2003).

Em todo o país, as cidades antigas são arrasadas e reconstruídas, surgindo novos quarteirões.

O Estado contribui para esse dinamismo com os seus investimentos maciços em infraestrutura (autoestradas e redes de metrô, principalmente).

Em Pequim e Xangai, a atividade foi estimulada pela perspectiva da organização dos Jogos Olímpicos em 2008 e pela Exposição Universal de 2010, respectivamente.

No mercado residencial, a diversificação dos produtos oferecidos (apartamentos e casas independentes) foi acompanhada de forte aumento dos preços.

Desde 1999, o crescimento foi mais rápido em Xangai, estimulado pela procura por parte de residentes não xangaienses (chineses da diáspora, mas também residentes de outras províncias chinesas).

Entre 1998 e 2004, o crescimento anual do preço do metro quadrado teve mais de dois dígitos, sendo de 14% a subida verificada em 2004. O preço médio do metro quadrado duplicou, passando de 3 mil para mais de 6 mil yuans.

Com o rendimento mensal médio de 2 mil yuans, há cada vez mais habitantes de Xangai que não podem residir no centro da cidade e mudam-se para a periferia.

As autoridades falam há vários anos da formação de uma bolha especulativa. Se essa rebentar, o fato terá consequências importantes no sistema bancário, que está muito exposto.

Em 2002, um relatório oficial estimava que um quarto dos empréstimos ligados à atividade imobiliária não respeitava a legislação em vigor. Em teoria, uma operação imobiliária não pode ser financiada além de 70% do seu custo com empréstimos bancários, mas, na prática, bancos e promotores contornam essa limitação.

Além disso, a ausência de transparência nas transações é uma fonte importante de corrupção. Os riscos não são apenas econômicos, mas também sociais e políticos, porque a reconstrução maciça de quarteirões inteiros é fonte de litígios e protestos.

Gilles Guilheux

➤ CIDADES, CONSUMO, FUNDIÁRIO (SETOR), HABITAÇÃO, PRIVATIZAÇÕES, URBANISMO

IMPRENSA

São publicados cerca de 2 mil jornais e 9 mil revistas na China. Contudo, essa profusão não deve nos iludir: a liberdade de imprensa não existe e a informação é severamente controlada.

A distinção entre "jornal" e "revista" fica mais a dever à apresentação das publicações do que à sua periodicidade. Apenas um quarto dos 2 mil jornais é diário. Mais de metade não é publicada senão entre uma e três vezes por semana.

A imprensa constitui um mercado muito fragmentado. Os jornais de importância nacional não representam senão um décimo do total, sendo a maioria publicada ao nível das províncias. No conjunto dos jornais nacionais e provincianos, cerca de 300 são órgãos de informação geral.

Um terço das 9 mil revistas é mensal e outro terço trimestral. Cerca de metade são revistas científicas ou técnicas. Apenas cerca de 500 são revistas de informação geral.

Todos os meios de comunicação social são controlados pelo Gabinete Central da Propaganda do Partido Comunista (PC), assegurando que seu conteúdo esteja em conformidade com sua linha de orientação.

Os grandes meios de comunicação social de importância nacional, como a Agência Xinhua ("Nova China"), o *Renmin ribao* ("Diário do Povo") e a Televisão Central Chinesa (CCTV), dependem diretamente desse Gabinete Central da Propaganda do PC.

O *Renmin ribao*, criado em 1948, se beneficia de leitores cativos, porque todas as administrações são assinantes. Alega uma tiragem de 1,8 milhão de exemplares.

A censura exercida pelo Gabinete Central da Propaganda do PC pode assumir diversas formas: proibição pura e simples da menção de uma informação, limitação a certas fontes para a cobertura de um acontecimento – por exemplo, aos despachos e às fotografias da Agência Xinhua – e ainda restrições à importância a ser concedida a um acontecimento, proibindo os jornais de publicar uma informação na primeira página etc.

As empresas dos meios de comunicação social são consideradas estabelecimentos de utilidade pública e estão submetidas a um regime particular de propriedade que as coloca na dependência do Estado-Partido. Todas as empresas editoras têm de obter uma licença da Administração da Imprensa e das Publicações. Todas as publicações devem ter um número oficial, atribuído por essa mesma Administração.

Antes do lançamento das reformas de 1978, só existiam publicações de propaganda inteiramente financiadas pelo Estado. As transições para a economia de mercado e a redução dos subsídios governamentais obrigaram os meios de comunicação social a preocupar-se com a rentabilidade, o que conduziu ao desenvolvimento da publicidade e ao lançamento de jornais ditos "populares".

Esses jornais vespertinos ou metropolitanos, que começaram a se desenvolver a partir de 1992, privilegiam as informações de sociedade, esportivas e de lazer. A maioria pertence a grupos de imprensa provinciais.

Assim, em Cantão, o grupo Nanfang, que depende do comitê do PC da província de Gaungdong, publicava o *Nanfang ribao* ("Diário do Sul"), fundado em 1949 e que em 2003 reivindicava uma tiragem de 800 mil exemplares. Em 1997, lançou o *Nanfang dushi bao* ("Jardim da Metrópole do Sul"), que anuncia 1,4 milhão de exemplares.

Há três outros grandes grupos de imprensa cantoneses: o editor do *Guangzhou ribao* ("Diário de Cantão"), órgão do comitê do PC da municipalidade de Cantão, jornal que tem as receitas publicitárias mais volumosas em todo o país, ou seja, 1,6 bilhão de yuans em 2003, para uma tiragem de 1,6 milhão de exemplares; o grupo do diário *Yangcheng wanbao* ("Jornal da Tarde de Cantão"), com 3,8 milhões de exemplares; e outro colocado na dependência do comitê do PC da municipalidade de Shenzhen.

Em Pequim, há certa competição motivada pela coexistência de jornais publicados em nível central e outros pela municipalidade de Pequim. Em Xangai, dois outros grupos, que dependem do comitê do PC da municipalidade, partilham entre si o essencial do mercado.

A audácia e a qualidade da imprensa cantonesa podem ser explicadas, sobretudo, pela concorrência entre quatro grupos que dependem de autoridades diferentes.

Desafiar o poder é também fonte de desapontamentos. Um jornal pode ver suspensa sua publicação ou ser encerrado arbitrariamente. A China detém o recorde de jornalistas presos.

As exigências comerciais abriram uma brecha no controle governamental. No entanto, como a reforma econômica não foi acompanhada por uma reforma política, os meios de comunicação social chineses são confrontados com o desafio de ser atraentes e rentáveis, ao mesmo tempo em que se têm de manter nos limites fixados pela propaganda do PC.

Patrícia Batto

➤ CONTROLE POLÍTICO E CENSURA, DIREITOS HUMANOS, EDITORIAL (SETOR), INTERNET, TELEVISÃO

ÍNDIA (A CHINA E A)

Os dois gigantes asiáticos que são a China e a Índia (com respectivamente 1,3 bilhão e mais de 1 bilhão de habitantes, em 2005) estiveram muito tempo separados pela história e pela geografia, com modestas relações econômicas e humanas, além de reservas em se aceitarem mutuamente como grandes potências.

Após uma curta lua de mel nos anos 1950, período marcado pelo lançamento em comum dos "cinco princípios da coexistência pacífica", as relações entre Pequim e Nova Délhi conheceram uma fase de oscilação entre o mau e o medíocre nas duas décadas seguintes, tendo ocorrido um conflito fronteiriço armado no Himalaia, em 1962.

A abertura econômica da China em 1979 assinalou o início do degelo das suas relações, mas a atenção da China voltou-se para o Ocidente e a questão indiana tornou-se marginal.

Foram os pós-Tiananmen, o isolamento chinês na cena internacional e também o fascínio cada vez maior da Índia em relação à emergência econômica da China que estiveram na origem de um começo de reaproximação.

Essa dinâmica foi relançada, paradoxalmente, depois de a Índia – e depois o Paquistão – ter adquirido, em 1998, o *status* de potência nuclear, depois dos acontecimentos de 11 de setembro de 2001, e, sobretudo, depois da crise iraquiana, em 2003.

Em outros termos: a evolução que o teatro estratégico asiático conheceu desde 2001, assinalada pela presença militar americana (e europeia) na Ásia central e no Afeganistão, pela manutenção de laços estreitos entre o Paquistão e os Estados Unidos e pelo reforço das relações indo-americanas, contribuíram para uma verdadeira reaproximação entre Pequim e Nova Délhi.

As relações políticas intensificaram-se, encetaram-se ligações militares, foram retomadas as negociações sobre os contenciosos fronteiriços e as trocas comerciais cresceram a um ritmo sem precedentes, passando de 264 milhões de dólares em 1990 para 19 bilhões em 2005.

No entanto, mantém-se a desconfiança mútua entre as duas potências nucleares, tendo por centro as suas ambições e o desenvolvimento de suas capacidades militares.

A Índia se beneficia da colaboração e do apoio americanos, concretizados no levantamento das restrições em matéria de armamento.

Além disso, as fracas complementaridades das duas economias e as concorrências derivadas da semelhança das estruturas de exportação constituem obstáculos ao desenvolvimento do comércio bilateral.

Michal Meidan

➢ DEFESA, FRONTEIRAS, POLÍTICA EXTERNA

INDÚSTRIA E POLÍTICA DE INDUSTRIALIZAÇÃO

Quando o Partido Comunista tomou o poder, em 1949, a economia chinesa estava pouco industrializada. Apenas algumas regiões registravam um princípio de industrialização, como Xangai, com sua indústria leve, e algumas cidades do nordeste, onde o Japão desenvolvera a indústria pesada durante o período de colonização da Manchúria.

Desde o primeiro Plano Quinquenal de 1953-1957, o poder comunista, que procurava implantar o modelo soviético, deu prioridade ao desenvolvimento da indústria pesada, que não representava senão 35,5% do total da produção industrial em 1952. Um quarto de século mais tarde, quando se iniciou a política de abertura, a indústria pesada contribuía com cerca de 67% para a produção industrial.

Durante esse primeiro período, o Estado comunista praticou uma política voluntarista de industrialização das grandes cidades do interior. Até julho de 1960, data da partida dos especialistas soviéticos, o Estado privilegiou os grandes projetos (156 no total), que tinham por objetivo construir grandes complexos industriais, copiados das unidades que havia na URSS e baseados em importantes transferências de tecnologia.

De 1960 a 1978, a política de Mao Tsé-tung afastou-se da linha soviética e procurou desenvolver uma economia capaz de resistir a um ataque militar americano ou soviético. A autossuficiência local era a palavra-chave desse período, durante o qual um programa de "terceira frente" (1964-1971) levou à deslocação das capacidades produtivas do litoral para as zonas recuadas do interior.

O período das reformas económicas que se iniciou em 1978, paradoxalmente, não ficou assinalado pelo reequilíbrio em benefício da indústria leve, porque em 2003 a indústria pesada representava ainda 61% do total da produção industrial e ocupava 60% da mão de obra desse setor.

Houve, no entanto, mudanças significativas. A indústria eletrónica tornou-se a mais importante, seguida da indústria de material de transporte (automóvel, nomeadamente). A política da industrialização deixou de ser tão voluntarista, e as províncias do litoral recuperam rapidamente sua posição dominante na produção industrial.

Xangai continua a ser o centro industrial mais importante, quer na indústria leve, principalmente na têxtil, quer na indústria pesada, com empresas que são das mais eficientes da China no ramo automobilístico (SAIC) e na siderurgia (Baogang).

Na química pesada e na siderurgia, o nordeste continua a ser um centro industrial importante, mas as grandes empresas do Estado que vieram do período anterior foram muito afetadas pelas reestruturações iniciadas em 1994.

No setor energético, o Shanxi mantém-se como a primeira província em extração de carvão, que é ainda a primeira fonte de energia da economia chinesa, muito à frente do petróleo, e a província de Heilogjiang continua também a ser a principal produtora de petróleo na China, apesar do esgotamento dos campos petrolíferos de Daqing.

No entanto, é sobretudo a província de Guangdong que se beneficia com as reformas, devido a uma transferência maciça de capacidade industrial de Hong Kong, durante os anos 1980, e depois de Taiwan, durante os anos 1990.

Graças à sua inserção na divisão internacional do trabalho, o Guangdong juntou-se a Xangai à frente da produção da indústria leve, com o desenvolvimento de distritos industriais muito produtivos no delta do Rio das Pérolas. Especializaram-se na eletrônica, eletrodomésticos, jogos, têxteis, vestuário, móveis, cerâmica e calçados.

Quanto à estrutura do emprego, o setor das máquinas e do equipamento elétrico ocupou sempre um lugar preponderante com cerca de 20% do emprego industrial, seguido do têxtil com 10,3% e da indústria siderúrgica com 4,4%.

Os setores que se destacaram após 1978 ficaram, de maneira geral, muito mais expostos à concorrência, sendo dominados pelos capitais privados e estrangeiros.

Na indústria pesada, a dimensão das empresas é muito maior e a propriedade pública se mantém como dominante.

Deve-se notar, por fim, que a indústria chinesa continua a ser muito poluente e particularmente voraz em recursos energéticos, com um consumo por unidade de propriedade três vezes superior à indústria europeia.

Jean-François Huchet

> AUTOMOBILÍSTICO (SETOR), DISPARIDADES REGIONAIS, EMPRESAS DE CAPITAL ESTRANGEIRO, EMPRESAS DO ESTADO, GRANDES GRUPOS, NOVAS TECNOLOGIAS, RIO DAS PÉROLAS (DELTA DO)

INFORMALIDADE

Se considerarmos como definição de "informal" o conjunto das atividades que se realizam à margem da legislação penal, social e fiscal ou que escapam à contabilidade nacional, a economia chinesa aparece como uma mistura dinâmica ou disfuncional, dependendo do caso, de práticas formais e informais que penetram todos os setores.

Pode-se falar de economia *yin-yang*, em que o formal e o informal se alimentam um ao outro e o que está oculto é indissociável do que está à vista.

A China se junta, desse modo, a muitos países do terceiro mundo e, sobretudo, ao seu *alter ego* asiático, a Índia, cuja economia não declarada foi calculada em 40% do produto interno bruto (PIB).

O desenvolvimento da esfera do informal é indissociável, no caso chinês, do processo de transição, em que o crescimento dos mercados de bens e serviços, do trabalho, fundiário e financeiro foi acompanhado pelo abandono por parte do Estado central de uma política de cobertura das necessidades fundamentais em matéria de emprego, saúde, educação e habitação.

Esse retraimento do setor formal do Estado ocorreu numa indefinição jurídica, social e fiscal, que foi propícia ao aparecimento de práticas informais, no quadro da descentralização, em benefício do Estado local e das empresas, que têm interesse em maximizar os seus rendimentos, apoiando-se nos monopólios territoriais e ou setoriais e apropriando-se dos ativos públicos para valorizá-los.

Em matéria de emprego, os 140 milhões de imigrantes rurais, disponibilizados pela descoletivização das zonas rurais e pela elevação da produtividade agrícola, e que representam 20% da população ativa, são uma reserva de mão de obra flexível sem nenhuma garantia nem *status* social.

Embora favoreça o dinamismo da economia não estatal, ponta de lança do crescimento, essa oferta quase ilimitada de mão de obra informal faz aumentar as arbitrariedades dos empregadores.

Independentemente dos atrasos nos pagamentos, que atingiam 100 bilhões de yuans (12 bilhões de dólares) em 2003, segundo o sindicato oficial, o número de acidentes nas minas de carvão, que totalizaram mais de 4.200 mortos durante os três primeiros trimestres de 2005, levou o Estado a suspender a produção em metade dos 23 mil poços e a encerrar mais de 5 mil.

Pelo contrário, o desenvolvimento do comércio privado e das pequenas empresas de serviços, que constituiu uma saída profissional para os imigrantes rurais ou permitiu a requalificação dos trabalhadores despedidos do setor público, explica em grande parte a reavaliação do PIB de 2004 em 16,8%, porque não incluíam de início essas atividades.

No domínio da fiscalidade local, os fundos extraorçamentais escapam a qualquer controle, apesar de sua importância.

O sistema financeiro no seu conjunto é invadido pelo informal. Os "negócios ilegais e não autorizados", ou seja, as fraudes, foram avaliados nos quatro bancos públicos em 73 bilhões de dólares, apenas durante o ano de 2005, o que explica, em parte, a insuficiência da sua recapitalização pelo Estado, que totalizou 260 bilhões de dólares desde 1998.

Os créditos subterrâneos ou informais foram estimados em 750 bilhões de yuans (92 bilhões de dólares), em 2005, em estudo da Universidade Central de Finanças e Economia. Correspondem a 28% do total dos empréstimos, a um terço dos destinados às pequenas e médias empresas e a mais de metade dos reservados aos agricultores.

Os setores fundiário e imobiliário são também objeto de grandes manobras informais no quadro da urbanização acelerada do país e da apropriação pelo aparelho do Estado e as empresas dos ativos públicos mais valiosos e mais facilmente valorizáveis a curto prazo.

A expulsão maciça e a insuficiência sistemática das indenizações aos moradores dos centros das cidades e aos agricultores das periferias, devido aos projetos de infraestrutura e ao desenvolvimento urbano, são frequentemente realizadas com o recurso da violência.

Dois terços dos 130 conflitos de massas, em 2004, opuseram a polícia aos camponeses, devido a problemas de requisição fundiária, que desencadearam incidentes sangrentos na província de Guangdong, em dezembro de 2005.

A especulação fundiária e imobiliária, que atinge até o ponto mais alto do aparelho do Estado, como se pode verificar pela condenação a prisão perpétua, por corrupção, do ministro da Gestão e dos Recursos Fundiários, Tian Fengshan, resulta de práticas que são em grande parte informais. Podemos citar o recurso a créditos paralelos por parte dos promotores, a revenda sucessiva de apartamentos não acabados e o recurso a bandos de vadios para forçar a saída de residentes recalcitrantes.

À especulação interna juntaram-se as entradas de capitais, cujas modalidades são mal conhecidas, tendo aqueles sido aplicados no imobiliário, apostando na revalorização do yuan.

Em 2004, a rubrica "erros e omissões" da balança de pagamentos se estabeleceu em 27 bilhões de dólares, ao passo que a China contabilizava um superávit de 110 bilhões de dólares em sua conta de capital, inexplicável apenas pelos seus resultados comerciais.

O conjunto do sistema de saúde foi atingido também pelas práticas informais. Apenas 10% da população (133 milhões) se beneficiam de cobertura social médica, e 70% das despesas de saúde pública são concernentes às zonas rurais, onde vivem 30% dos habitantes. A parte de financiamento das famílias nessas despesas passou de 20% em 1978 para 60% em 2005.

As restrições aos créditos públicos concedidos aos hospitais compeliram estes a obter entre 40% e 60% de suas receitas com a venda de medicamentos, cujo preço de varejo pode ser 20 vezes superior ao seu custo de produção.

Nos meios rurais, a desintegração do sistema de saúde foi acompanhada pelo aumento das práticas informais, o que favoreceu as epidemias. O Ministério da Saúde estima que 390 mil chineses tenham morrido devido à reutilização de seringas não desinfetadas.

Independentemente da extensão da crise das aves, que é dificilmente controlável, segundo os responsáveis, devido ao subdesenvolvimento da rede de vigilância sanitária, a pandemia da Aids foi crescendo durante mais de uma década devido à inexistência de campanhas de sensibilização, com fatores de risco como o vício da heroína, a homossexualidade, a coleta de sangue mediante pagamento e a prostituição.

A atrofia de alguns setores pode ser acompanhada da hipertrofia burocrática que resulta também de práticas informais. Por exemplo, mais de metade dos funcionários da província de Henan, em número superior a 300 mil numa população de 97 milhões de pessoas, estão empregados sem respeitar as normas quanto a efetivos aprovados pelo governo central.

As práticas informais resultam, portanto, de uma série de fatores, como a urbanização acelerada e a reestruturação do setor do Estado, que tornam precária uma parte cada vez maior do emprego, o desmantelamento programado do sistema de redistribuição em matéria de educação, saúde e habitação, cada vez mais financiado pelas famílias, e a privatização espontânea dos ativos públicos.

As consequências econômicas dessas práticas já são consideráveis, com o reforço das desigualdades e o crescimento da poupança de precaução por parte das famílias, que atinge níveis recordes.

A informalidade é, portanto, sintomática da discrepância existente entre o dinamismo econômico da China e sua implosão social.

O descomprometimento dos poderes públicos e das empresas em matéria social criou as condições para um crescimento econômico que é acompanhado por conflitos cada vez mais agudos sobre a repartição dos rendimentos. Isso levanta a questão da viabilidade das políticas atuais, com a retórica das autoridades centrais a opor-se crescentemente à prática seguida pelas autoridades locais e os monopólios e oligopólios centrais.

Guilhem Fabre

➢ COMÉRCIO INTERPROVINCIAL, CORRUPÇÃO, IMOBILIÁRIO (SETOR), MERCADO (TRANSIÇÃO PARA A ECONOMIA DE), SAÚDE

INTERNET

Embora o correio eletrônico date de 1987, a internet só se desenvolveu realmente na China na segunda metade dos anos 1990.

Registra atualmente uma verdadeira explosão. Segundo as estatísticas do China Internet Network Center, o número de usuários passou de 40 mil em 1995 para 79,5 milhões em janeiro de 2004, tendo atingido 100 milhões em 2005.

Os internautas chineses estão, assim, em via de alcançar em número os americanos, que estão em primeiro lugar com 185 milhões de internautas. Há motores de busca inteiramente chineses, sendo o mais célebre o Baidu.

A maioria dos usuários habita as grandes cidades das províncias costeiras: 28,6% em Pequim e 26% em Xangai, contra 2,2% em Guizhou. São, sobretudo, jovens de origem urbana (80%), têm menos de 35 anos, são do sexo masculino (60%) e mais de 75% têm educação secundária.

A internet passou a fazer parte da vida de muitos chineses no trabalho, nos estudos e no lazer, sendo o correio eletrônico a principal utilização.

Os imigrantes também ocuparam o espaço da internet com a utilização de celulares e o envio de SMS. Multiplicam-se os *sites* de todos os gêneros, com uma proporção importante dos dedicados ao lazer e ao comércio, ainda que as compras na *net* sejam atualmente prejudicadas pela ausência de cartões de crédito.

Está em via de ser instalado, pelas autoridades centrais, um sistema de administração eletrônica para melhorar o serviço público e a imagem.

Diversificam-se os espaços de opinião. São muitos os fóruns de opinião e, desde 2002, os blogs. Esses jornais íntimos ou diários, colocados em linha, florescem aqui e ali, apesar da censura exercida pelas autoridades.

O desenvolvimento da internet está relacionado ao aumento do número de computadores individuais e dos *cybercafés* nas grandes metrópoles e também nas cidades de média importância.

Esses estabelecimentos são particularmente apreciados pelos jovens, que aí vão navegar na internet ou jogar em rede. São igualmente frequentados pelos dissidentes, o que levou as autoridades a fechar um grande número deles em 2002.

A utilização da internet é controlada pela censura, que instalou filtros para bloquear o acesso aos *sites* dito sensíveis. Trata-se de *sites* animados por pessoas que reivindicam a democracia ou a independência do Tibete, discutem questões religiosas ou defendem a seita do Falungong.

Nem todos os internautas chineses são dissidentes, longe disso: há também grupos de *hackers* (*heike*), ou piratas da internet, que atacam os *sites* americanos.

Apesar da importância do controle político, 20% dos *spam* têm origem na China.

Jacqueline Nivard

➢ BLOG, CONTROLE POLÍTICO E CENSURA, DISSIDENTES, FALUNGONG, IMPRENSA

INVESTIMENTO DIRETO ESTRANGEIRO

Em 1979, o governo chinês decidiu abrir o país ao investimento direto estrangeiro (IDE), ou seja, autorizar as sociedades estrangeiras a deterem uma parte do capital das empresas do país.

O objetivo era acelerar a modernização econômica da China, graças aos capitais e às técnicas modernas de produção e de gestão que os investidores estrangeiros traziam consigo.

Ao contrário dos investimentos em ações no mercado bolsista, os investimentos diretos supõem, na verdade, que a sociedade estrangeira tem um interesse duradouro na participação do capital da empresa local. Na China, o investimento estrangeiro deve totalizar pelo menos 25% do capital da empresa.

Para atrair os investidores, concedem-se diversas vantagens fiscais, como as reduções do imposto sobre os lucros e a isenção de direitos alfandegários sobre algumas importações.

Em 1980, foram criadas quatro zonas econômicas especiais para acolher os investimentos estrangeiros, tendo-se multiplicado depois as zonas abertas na fachada marítima.

Por isso, as províncias costeiras receberam 85% dos IDE. No final dos anos 1990, para atenuar esse desequilíbrio, o governo decidiu favorecer também o investimento estrangeiro nas províncias do interior.

Até 2001, a China canalizou esses investimentos estrangeiros para as indústrias exportadoras, os setores de novas tecnologias e aqueles cuja produção iria reduzir as necessidades de importação (indústria automobilística, por exemplo).

Foi somente após a entrada na Organização Mundial do Comércio que os serviços (comércio, telecomunicações, banco e seguros) foram abertos aos investimentos estrangeiros.

Entre 1980 e 2004, a indústria recebeu, assim, mais de metade dos capitais estrangeiros, e o setor imobiliário, cerca de um quinto.

Após um início bastante lento, desde o começo dos anos 1990, os investimentos estrangeiros tem afluído, atraídos pelo crescimento rápido e pela liberação da economia chinesa.

Segundo as estatísticas chinesas, entre 1992 e 2005, o fluxo dos investimentos estrangeiros para a China ultrapassou em média os 40 bilhões de dólares por ano. Durante esse período a China terá sido o terceiro destino desses fluxos de capitais, logo atrás dos Estados Unidos e do Reino Unido. Teria recebido assim um quarto dos investimentos destinados aos países em desenvolvimento.

Os montantes registrados pela China estão, no entanto, ao que parece, superestimados. São, na verdade, superiores aos que os países parceiros declaram aqui investir. Esses valores incluem, além disso, capitais que vêm da China continental e passam por Hong Kong para nela serem reinvestidos, beneficiando-se do tratamento privilegiado concedido aos investimentos estrangeiros. Esses "falsos" investimentos estrangeiros (*roundtripping*) poderiam atingir até um quarto do total.

Com a reserva dessas incertezas, de 1990 até 2003, os investimentos estrangeiros na China vieram, essencialmente, dos países asiáticos (70%) e metade desse total apenas de Hong Kong.

Os Estados Unidos são o segundo investidor (9%), seguidos pelo Japão, Taiwan e União Europeia (8% cada um).

Os investimentos estrangeiros obedecem a dois grandes motivos: por um lado, tirar partido dos baixos salários da China e ganhar competitividade nos mercados mundiais e, por outro, produzir para o mercado interno.

Os investidores asiáticos privilegiaram a primeira estratégia, criando na China bases poderosas para as exportações, os investidores americanos e europeus visaram principalmente o mercado interno chinês.

Cada vez mais as empresas multinacionais combinam essas duas estratégias e integram as suas fábricas na China às suas redes mundiais de produção e trocas.

Françoise Lemoine

➢ ABERTURA (LUGARES DE), BALANÇA DE PAGAMENTOS, COMÉRCIO EXTERIOR, EMPRESAS DE CAPITAL ESTRANGEIRO, ZONAS ECONÔMICAS ESPECIAIS

ISLAMISMO

Há dez nacionalidades que praticam oficialmente o islamismo, sendo oito de língua turca ou turcomongol (uigures, cazaques, quirguizes, tártaros, bao´an, dongxiang, uzbeques e sala), uma de língua persa (tadjiques) e uma de língua chinesa (hui).

Sunitas do rito hanefita e xiitas ismaelitas, no caso dos tadjiques, formam um conjunto de mais de 20 milhões de habitantes. A China é o décimo primeiro país em número de muçulmanos.

Embora há muito houvesse mercadores árabes e persas em cidades como Cantão, Quanzhou e Xi´an, o islamismo só se instalou de forma duradoura a partir do século XIII, sob o poder mongol dos yuan (1271-1368).

Muitos muçulmanos, em grande parte vindos da Ásia Central, inseriram-se na paisagem social chinesa como soldados, funcionários, sábios, artesãos e camponeses.

Pouco a pouco foram erigidas as primeiras mesquitas (*qingzhensi*, templo do puro e do verdadeiro), em estilo de pagode. Pertenciam à corrente do islamismo tradicional *laojiao* (o velho ensinamento).

Por instigação das confrarias (Kubrawiyya, Qadiriyya, Naqshbandiyya), implantadas na Ásia central e em Kashgar, desde o século X, o sufismo desenvolveu-se no território que se tornaria mais tarde o Xinjiang e nas províncias do nordeste chinês.

No entanto, também foi influenciado pela reflexão de um islamismo letrado que se desenvolveu no século XVI no leste do país.

O século XX ficou assinalado pelas correntes reformistas e fundamentalistas *ikhwan* e salafita.

O islamismo é gerido pela Associação Islâmica da China (AIC), criada pelo governo, em 1953, e foi reprimido nos anos 1950, tal como as outras religiões. Não recuperaria seu lugar senão após 1978.

Atualmente, aparecem nas cidades e aldeias mesquitas de forma "médio-oriental moderna". Os novos edifícios se beneficiam por vezes do apoio financeiro de países muçulmanos, como a Arábia Saudita e o Kuwait, distribuído pela AIC.

Essa arquitetura pretende recordar aos muçulmanos as suas obrigações, servindo para se destacar dos não muçulmanos e sugerir a ideia de uma modernidade muçulmana.

A educação religiosa constitui uma das atividades essenciais dos fiéis. Trampolim para prosseguirem a escolaridade, em particular para as moças, permite também que partam para o exterior. As relações com o resto do mundo muçulmano se intensificam com as peregrinações e os estudos.

Surgem debates na imprensa e nos *sites* da internet.

O islamismo é entendido pelo poder comunista de duas formas distintas. É reconhecido e respeitado quando se mantém no quadro estrito da política das nacionalidades, mas parece sedicioso e é reprimido quando assume a forma de reivindicação identitária, como a dos uigures, em Xinjiang.

Élisabeth Allès

➢ HUI, NACIONALIDADES, UIGURES, RELIGIÃO, XINJIANG

J

JAPÃO (A CHINA E O)

As relações entre a China e o Japão sofreram na primavera de 2005 um aumento de tensão que não diminuiu até hoje.

Pequim coloca em primeiro lugar a questão histórica, levantada pela autorização dada pelo governo japonês à difusão de um livro escolar controverso. Esse manual atenua, na verdade, as exações cometidas pelo Exército imperial (japonês) durante a II Guerra Mundial.

A China reagiu, sobretudo, à visita do primeiro-ministro Koizumi ao santuário Yasukuni, que funciona como monumento aos mortos, mas onde se encontram também "inscritos" os nomes de 14 criminosos de guerra condenados no processo de Tóquio.

O Japão, por seu lado, considera que essa controvérsia alimentada pela República Popular da China está essencialmente relacionada com as características do regime chinês e com sua estratégia atual de potência regional.

Para Pequim, de fato, não é aceitável a emergência na Ásia de um Japão menos "complexado" e que reivindica a legitimidade do seu modelo democrático perante uma China que deseja, pelo contrário, restabelecer na Ásia uma ordem do mundo centrada na China.

O Japão surge como uma ameaça, quer devido ao papel mais relevante que o arquipélago é levado a desempenhar no quadro do tratado de segurança nipo-americano, que se traduziu no envio de tropas japonesas para o Iraque e para o oceano Índico, embora com tarefas de não combate, quer por causa das suas próprias ambições de ser reconhecido na cena internacional como uma potência política "normal".

Outros temas vieram alimentar esse conflito de fundo, relacionados, notadamente, com a questão dos aprovisionamentos energéticos e a segurança das vias marítimas do mar da China.

Pequim, por temer uma dependência externa demasiado grande, privilegia uma abordagem securitária dessas questões, que passa pela vontade de controle e se traduziu na multiplicação de incidentes no mar.

Os dois países continuam, contudo, ligados por uma interdependência econômica crescente. Em 2005, as trocas elevaram-se a 189,4 bilhões de dólares, ou seja, um aumento de 12,7% em relação ao ano anterior.

O Japão é atualmente o primeiro investidor estrangeiro na China, atrás de Hong Kong e de Taiwan (6 bilhões de dólares apenas no ano de 2005). A China é também o primeiro parceiro comercial do arquipélago.

Todavia, essa situação de interdependência não é suficiente para uma verdadeira aproximação diplomático-estratégica entre as duas potências asiáticas.

Pelo contrário, o diferencial de poder econômico que se mantém entre Tóquio e Pequim alimenta também as frustrações da China ante um Japão que, apesar da sua derrota em 1945, conseguiu transformar-se na segunda economia mundial, e assim continuará a ser a médio prazo.

Valérie Niquet

➢ DEFESA, INVESTIMENTO DIRETO ESTRANGEIRO, NACIONALISMO, NANQUIM (MASSACRE DE), ORGANIZAÇÃO DAS NAÇÕES UNIDAS (A CHINA E A), POLÍTICA EXTERNA

JIANG ZEMIN

Jiang Zemin, originário do Jiangsu e nascido em 17 de agosto de 1926, entrou para o Partido Comunista (PC) em 1946.

Diplomado pela Universidade Jiaotong, de Xangai, em 1947, e engenheiro de formação, trabalhou inicialmente em fábricas e institutos de pesquisa em Xangai e depois, até o final dos anos 1970, em outros grandes centros industriais. Fez estágio de um ano em Moscou, em 1955-1956.

No início dos anos 1980, Jiang Zemin esteve em diversos ministérios em Pequim até dirigir o da Eletrônica (1983-1985).

Tendo regressado a Xangai para ser presidente da câmara e secretário do PC local (1985-1989), foi um dos apoiadores de Deng Xiaoping durante os acontecimentos de Tiananmen, na primavera de 1989. No entanto, conseguiu restabelecer a ordem em Xangai de forma pacífica, o que levou provavelmente Deng Xiaoping a chamá-lo à capital, em junho de 1989, para substituir o secretário-geral do PC, Zhao Ziyang.

Jiang Zemin tornou-se, assim, o chefe da fila da terceira geração de dirigentes chineses, após Mao Tsé-tung e Deng Xiaoping, acumulando as funções de secretário-geral do Comitê Central (1989-2002), presidente da República Popular (1993-2002) e presidente da Comissão Militar Central (1989-2004).

Os anos de Jiang Zemin ficaram assinalados pela forte recuperação de Xangai, quer do ponto de vista econômico, quer do ponto de vista político, e por uma presença cada vez maior na China no cenário internacional.

A metrópole, graças à sua Nova Zona de Pudong, foi escolhida, na verdade, para ser a cabeça de "dragão" da nova onda de reformas, iniciada por Deng Xiaoping, em 1992. Ultrapassando o Guangdong, é hoje o centro econômico, financeiro e comercial da China.

Ora, essa estratégia de desenvolvimento, concentrada no leste do país, traduziu-se em diferenças crescentes na distribuição da riqueza entre a China costeira e seu interior.

No plano político, Jiang chamou a Pequim muitos xangaienses – quadros dirigentes, especialistas e conselheiros –, cujo conjunto formou a clique ou facção de Xangai, muito presente, até demais, aos olhos dos seus contraditores, na paisagem política, durante toda a década de 1990 até a saída de Jiang Zemin.

Apoiado firmemente por Deng Xiaoping, que faleceu em 1997, Jiang Zemin revelou ser um político taticamente hábil, ao contrário do que todos esperavam. Conseguiu reforçar sua posição centrista na direção, bem como a autoridade e a legitimidade do Partido-Estado, ao mesmo tempo que o adaptava ao novo ambiente econômico e social criado pelas reformas (instituição de um "Estado de Direito Socialista", teoria das "três representações").

No entanto, Deng Xiaoping escolheu em 1992 seu sucessor, Hu Jintao, que a partir de 2002 se esforçou por corrigir os efeitos perversos mais gritantes do período de Jiang Zemin.

Émilie Tran

➢ DENG XIAOPING, DISPARIDADES REGIONAIS, PARTIDO COMUNISTA, TIANANMEN (PRAÇA DE), TRÊS REPRESENTAÇÕES, XANGAI

JOGO

Jogo do go, majongue, diabolô, papagaios, adivinhas, jogos de bebidas, combates de galos etc., são jogos chineses imemoriais, sendo o primeiro atribuído ao imperador mítico Yao, que o concebeu para aperfeiçoar a inteligência do filho, Dan Zhu, há quase 5 mil anos.

Muito apagada durante a construção da China socialista e a Revolução Cultural, a vida lúdica teve um forte incremento e diversificou-se no início dos anos 1980.

A diminuição das horas de trabalho, o acesso a um melhor nível de vida, a criação das loterias do Estado e a proliferação dos jogos, notadamente os eletrônicos, contribuem hoje para que os primeiros produtos de jogos em todo o mundo voltem a fazer jus à sua antiga denominação de "chineses jogadores".

A liberação generalizada de outros jogos de azar e a dinheiro (cassinos e aparelhos de jogos eletrônicos) está inscrita na agenda do governo chinês.

Élisabeth Papineau

➢ LAZER, MACAU, PRÁTICA RECRIATIVA

JOGOS OLÍMPICOS

Em 13 de julho de 2001, durante a 112ª sessão do Comitê Olímpico Internacional, que se realizou em Moscou, Pequim foi eleita para acolher a 29ª Olimpíada, entre 8 e 24 de agosto de 2008. Era uma notícia muito aguardada, após o insucesso da candidatura de 1992.

Os trabalhos de preparação centraram-se na construção do parque olímpico, no norte de Pequim, ocupando uma superfície de 1.135 hectares no eixo norte-sul da cidade, e a construção ou renovação de 31 equipamentos esportivos sob a direção dos maiores nomes da arquitetura internacional.

A municipalidade de Pequim tinha grande expectativa em relação ao "fator olímpico". Colocados sob o signo da proteção do ambiente, os jogos olímpicos foram igualmente ocasião para continuar um programa ambicioso de desenvolvimento urbano, com a extensão da rede ferroviária, a renovação de alguns bairros antigos e a melhoria de muitas infraestruturas.

Cinco outras cidades chinesas acolheram atividades esportivas: Tianjin (futebol), Qinhuangdao (futebol), Qingdao (vela), Xangai (futebol) e Hong Kong (esportes equestres).

Jean-François Doulet

➤ ESPORTES, PEQUIM, URBANISMO

JUSTIÇA

A organização judiciária compreende quatro escalões territoriais: distrito, municipalidade, província e nação.

Qualquer escalão pode ser competente em primeira instância, de acordo com a importância da questão que é apresentada. O direito de recurso é um princípio garantido em todos os domínios. Em cada um dos escalões, o tribunal está dividido em câmaras civis, penais, econômicas e administrativas. O Supremo Tribunal Popular tem dupla competência: jurisdicional e administrativa.

As instituições judiciárias baseiam-se numa separação funcional entre tribunais e procuradorias, que formam duas estruturas paralelas independentes. Os juízes e os procuradores pertencem a dois corpos distintos com seu próprio *status*, desde 1995.

O procurador chinês exerce as funções de acusação e de controle da legalidade.

Essa cumulação torna difícil a independência e a proteção dos direitos das pessoas durante os processos. A justiça é também caracterizada pela inexistência de competências jurídicas dos juízes e dos procuradores. Além disso, os advogados não dispõem do monopólio da representação judiciária. Acrescente-se finalmente que a execução das decisões judiciárias é um dos elos fracos do regime judiciário chinês.

O sistema judiciário foi objeto de muitos aperfeiçoamentos desde 1979, traduzidos em esforços a favor da profissionalização dos magistrados e para tornar os processos mais justos.

Desde 2002, o acesso às profissões de juiz, procurador e advogado depende de um concurso nacional único, que garante maior competência.

Todavia, embora a justiça seja constitucionalmente independente, os juízes não o são, porque o poder de nomeação e de destituição dos juízes e dos procuradores pertence, na verdade, ao Partido Comunista (PC) e porque os seus responsáveis são dirigidos em todos os escalões pelas comissões políticas e judiciárias do PC.

Além de uma reforma técnica e da aprovação de um código deontológico, em 1992, pelo Supremo Tribunal, do que a autoridade judiciária necessita é de uma reforma política que lhe conceda real independência estrutural e financeira.

Sendo um fenômeno novo na sociedade chinesa, o recurso aos tribunais para resolver os litígios é cada vez mais frequente (6 milhões de casos por ano). Todavia, a mediação continua a ser ainda utilizada com frequência em matéria civil e econômica, antes de um eventual processo ou durante um processo judiciário ou arbitral.

Yves Dolais

➢ ADVOGADOS, CONSTITUIÇÃO, DIREITO, DIREITO DE PROPRIEDADE, DIREITO DO TRABALHO, DIREITOS HUMANOS, MEDIAÇÃO SOCIAL, PARTIDO COMUNISTA

LAZER

O rápido aumento dos serviços propostos no domínio da ocupação dos tempos livres, hoje em dia, é sinal da evolução da China para uma "sociedade do lazer".

O desenvolvimento do turismo chinês e das agências especializadas é, nesse ponto, revelador. Segundo as estatísticas do Gabinete Nacional do Turismo, o número de turistas internos atingiu 1,1 bilhão em 2004, o que é cerca de quatro vezes mais do que em 1990. O rendimento do turismo interno representava já 3,45% do produto interno bruto em 2004, contra 0,92% em 1990.

O crescimento do turismo foi acelerado pela alteração do tempo de trabalho.

A partir de 1º de maio de 1995, a duração legal do trabalho semanal foi reduzida de 44 para 40 horas. Em 18 de setembro de 1999, o Estado chinês decidiu instituir três dias de licença por ano, o que contribuiu para o desenvolvimento da economia turística.

Desde então os trabalhadores gozam de três dias de licença por ano: a festa da primavera, o 1º de Maio, ou festa do trabalho, e a festa nacional de 1º de outubro. Com dois fins de semana a enquadrar cada uma dessas três festas, os trabalhadores dispõem de três "licenças prolongadas" (*changjia*) de sete dias. Enquanto estações turísticas de ponta, essas licenças são designadas na China como "semanas de ouro" (*huanjin zhou*).

Graças à redução do tempo de trabalho e à retirada progressiva do Estado da esfera privada, os chineses dispõem hoje de mais tempo livre do que no passado.

No entanto, não são verdadeiramente livres para dispor dele como o desejarem. As atividades de lazer são quase as únicas que são toleradas. As que mobilizam os cidadãos para interesses sociais e políticos e que se arriscariam a colocar em causa o regime atual são muito controladas.

No entanto, o abandono do ascetismo revolucionário parece ser, aos olhos de todos, uma emancipação decisiva, com o lazer a fazer parte, atualmente, de todos os aspectos da vida dos chineses e dando-lhes um sentimento de liberdade.

A televisão, a leitura, a música – incluindo o caraoquê –, os jogos de cartas e o majongue são as práticas mais difundidas nesse país.

De manhã à noite, há exercícios corporais, individuais ou coletivos, que são realizados nos lugares públicos – praças ou parques – das vilas e das cidades.

As atividades de lazer têm tido modas sucessivas: o bilhar, o *hula-hoop* e os jogos eletrônicos gozaram, assim, sucessivamente, do favor dos jovens chineses. Nos últimos anos, festas ocidentais, como o Natal e o dia de São Valentim, proporcionaram ocasiões de lazer originais aos jovens urbanos.

Em certa medida, essas novas atividades revelam um imaginário que é característico da vida moderna. Os mais idosos, em contrapartida, privilegiam práticas mais tradicionais, como o *tai chi chuan*, o xadrez chinês, a jardinagem e as danças folclóricas.

Além dessas diferenças entre gerações, também encontramos na esfera do lazer a cristalização das desigualdades de direitos sociais, políticos e econômicos que existem entre as camadas sociais e as regiões chinesas.

A prostituição, bem como outras atividades eróticas comercializadas em lugares de diversão, tiveram grande surto durante as duas últimas décadas.

Os "novos-ricos" urbanos renovam sem cessar a gama dos seus jogos favoritos, do tênis ao golfe, passando pelas corridas de cavalos, praticando assim atividades muito caras na China.

Nas zonas rurais, a oferta de atividades de lazer é mais escassa. A televisão e os jogos a dinheiro constituem os modos mais importantes de os camponeses se distraírem.

Ji Zhe

➢ CIDADES, ESPAÇOS PÚBLICOS, FESTAS SAZONAIS, JOGO, PARQUES E JARDINS, PROSTITUIÇÃO

LINHAGEM

A linhagem, instituição fundada no princípio da descendência patrilinear, apresenta-se com diversas configurações nas sociedades chinesas.

Todas elas formalizam a relação agnatícia, de parentesco por linhagem masculina, no quadro de atividades coletivas centradas no culto dos antepassados comuns. A expressão localizada da linhagem é o segmento (*fang*), de extensão e profundidade genealógicas variáveis, que vai dos familiares que habitam uma mesma casa (*jia*) e que são definidos a partir de uma linha de três ou cinco gerações de ascendentes diretos até o agrupamento de vários segmentos, formando uma unidade territorial à escala de um lugar (*cun*), de vários lugares ou, então, de um quarteirão de um lugar com várias linhagens que reúnem diversas linhas não aparentadas.

Há um processo de fusão que está na base da formação das corporações de linhagem (*tang*), associações voluntárias constituídas em torno de um antepassado comum, em nome do qual é estabelecido um patrimônio de bens materiais transmitidos de forma indivisa.

A descendência inspira também a concepção dos grupos suprafamiliares, como o clã patronímico (*xing*), que invoca a ascendência fictícia de um antepassado epônimo.

No exterior da China, esse parentesco fictício está na base de associações chinesas que reúnem pessoas com o mesmo patronímico (*tongxinghui*) e que funcionam segundo o princípio organizacional da linhagem (*tang*).

Essa ficção da ascendência comum opera igualmente nos mitos políticos que definem os chineses han como os descendentes dos imperadores lendários Huangdi e Yandi.

Durante a coletivização, a partir dos anos 1950, a linhagem, privada dos seus direitos fundiários e territoriais, perdeu sua autoridade política e seu relevo social. As campanhas políticas, conduzidas em nome da luta de classes, combateram e minaram as bases da solidariedade de linhagem, privada de expressão ritual.

O culto dos antepassados, como expressão de piedade familiar para com os próximos, apenas teve expressões toleradas no círculo dos familiares que habitavam uma mesma casa. Os templos ancestrais dos cultos de linhagem foram transformados em escolas, cantinas, salas de reuniões e habitações familiares. Os documentos escritos que registravam a memória da linhagem e os direitos estabelecidos pela descendência comum (genealogias, títulos de propriedade) foram destruídos.

Desde os anos 1980, multiplicaram-se em todas as zonas rurais os sinais do retorno das linhagens. Ritos de oferendas voltaram a reunir diante das tumbas ou dos templos restaurados ou reconstruídos, nas datas importantes do culto dos antepassados (Ano-Novo Lunar, *qingming e chongyang*), os membros de grupos de descendência.

As medidas econômicas que acompanharam a descoletivização, no final dos anos 1970, recriaram um contexto propício à defesa de interesses comuns e à mobilização dos recursos sociais disponíveis, entre os quais, o parentesco.

O abandono crescente por parte do Estado, a partir dos anos 1990, dos seus compromissos no domínio dos serviços públicos, como a educação, a saúde e os transportes, tendeu a devolver à linhagem sua pertinência social e econômica.

Os fundos coletados dos membros da linhagem passaram a financiar esses serviços, e a mobilização dos parentes que viviam fora da região, sobretudo nas cidades e no exterior, contribuiu para dar continuidade ao laço com a "região natal" (*laojia, jiaxiang*).

As elites econômicas, locais ou não, tomaram muitas vezes a iniciativa da revitalização de uma instituição que, tal como no passado, é fonte de prestígio social.

A renovação da linhagem não significa, no entanto, por si só, sua reabilitação pelo Estado. A existência da linhagem não é tolerada senão com a condição de contribuir para a estabilidade social. Os comitês de gestão dos templos ancestrais, que têm a responsabilidade das finanças da linhagem e das suas atividades coletivas, devem se dar a conhecer às autoridades.

Sua dimensão identitária é também um fator importante para a continuidade de uma instituição que não se reduz apenas aos seus aspectos instrumentais. Com a linhagem, nos seus múltiplos aspectos, a sociedade chinesa volta a apropriar-se não só da instituição familiar, fonte de laços sociais, mas também de uma tradição ritual, fonte de identidade cultural.

Béatrice David

➢ ANTEPASSADOS (CULTO DOS), FAMÍLIA, HAN, LOCAL, PARENTESCO, TEMPLOS

LOCAL

O grupo é uma característica de construção da sociedade chinesa. O indivíduo se define em função do seu lugar na família, no clã ou na rede em que se distingue em sua comunidade geográfica imediata.

A densidade da população, seus modos agregados de distribuição e o envolvimento coletivo fizeram da escala local um lugar identitário forte. A região natal (*laojia*) continua a ser o local de referência afetivo e administrativo. O indivíduo está ligado a ele pelos documentos que registram os grandes períodos da sua vida.

A região natal lhe permite situar-se também em relação aos outros chineses, integrar-se numa comunidade com a mesma origem, mas deslocalizada em outra província ou no exterior, e utilizar solidariedades exclusivas contra os que não falam o mesmo dialeto e não vêm do mesmo lugar.

O local estrutura fortemente uma sociedade de enorme população e em que o indivíduo, por isso, passa pelo grupo para sair do anonimato.

No entanto, a escala do lugar não é a única: não se trata apenas da aldeia onde se encontra o altar dos antepassados, mas pode também corresponder à região onde se fala tal dialeto, ao distrito ou à província de origem e mesmo à própria China. A região natal é uma entidade identitária encaixada, múltipla e variável em função do interlocutor a que o indivíduo se dirige.

Essa definição de "local" se enriqueceu com o enquadramento muito mais restritivo das populações, notadamente desde a substituição das antigas elites chinesas pelas autoridades político-administrativas comunistas, nos anos 1950.

O poder passou a controlar, então, o indivíduo ao nível do trabalho, da residência e das necessidades elementares. O enquadramento ia, nas zonas rurais, até o escalão da aldeia e do comitê de aldeões (*cunmim weiyuanhui*), nas cidades até os escalões da unidade de trabalho e do comitê de residentes (*jumin weiyuanhui*).

O local passou a articular-se então em função do poder administrativo que monopolizava em seu proveito os domínios econômico e social.

Essas estruturas da autoridade foram o alvo das reformas progressivamente aplicadas após 1978. Nem que fosse por ausência de alternativa, o poder local de natureza administrativa tornou-se, desse modo, o agente principal do dinamismo econômico pretendido pelos dirigentes. A estratégia das reformas promoveu oficialmente as iniciativas dos agentes locais.

O espaço político-administrativo distendeu-se e, embora permitisse também que nos seus interstícios aparecessem novos agentes, esses tenderam, na maior parte das vezes, a identificar-se ou a aliar-se com as antigas elites locais do regime socialista.

A autoridade local pôde, assim, encarregar-se de múltiplas atribuições com exigências contraditórias.

O responsável de uma empresa rural era, por vezes, não só o representante do poder administrativo local, que deveria assegurar a melhoria das condições de vida das populações residentes, mas também o gestor de uma empresa que obedecia às leis da rentabilidade e do mercado e, finalmente, o secretário da célula local do Partido Comunista, que se fazia de eco às palavras de ordem dos escalões superiores.

Os poderes locais tiveram então a tendência a conduzir políticas produtivas e comerciais de pouca perspicácia – não cuidando das escolhas das localidades vizinhas, para se lançar em estratégias de integração direta nos mercados urbanos e externos, sem levar em consideração as configurações regionais – e a desenvolver equipamentos exagerados em relação às suas necessidades próprias.

A China das reformas não explodiu: implodiu. Antes mesmo de o setor privado ou de as empresas estrangeiras terem adquirido um peso real nas estruturas de produção, o Estado chinês já se tinha desmultiplicado em instâncias, em escalas e com *status* variáveis, que se encavalavam, entravam em concorrência e se iam paralisando, conforme os casos.

A comunidade local é também atravessada por lógicas ambivalentes.

O essencial das carreiras dos quadros locais decorreu frequentemente na localidade que administravam, de que eram originários e cujos interesses partilhavam. A cultura política dos mais idosos pode remontar ao começo do regime comunista. Têm longa prática das questões levantadas pelo território que administram, pelo seu ordenamento e pelas suas possibilidades de desenvolvimento.

Em contrapartida, alguns desses quadros podem também ser culpados de grande predação material, devido à sua relativa autonomia administrativa e ao enriquecimento de sua localidade.

Atualmente, as populações hesitam menos em se queixar aos escalões superiores da administração e aos tribunais. O Estado central é, nesse aspecto, uma instância a que se apela contra os poderes locais.

Thierry Sanjuan

➢ ALDEÕES (COMITÊS DE), DISPARIDADES REGIONAIS, EMPRESAS RURAIS, LINHAGEM, QUADROS E FUNCIONÁRIOS, REGISTRO DE RESIDÊNCIA, RESIDENTES (COMITÊS DE), UNIDADES DE TRABALHO

LONGA MARCHA

Os reveses políticos, estratégicos e militares sofridos pelos comunistas a partir de 1927 provocaram a ruptura da Frente Unida entre o Partido Comunista (PC) e o Kuomintang (KMT) e provocaram alterações importantes na direção do PC.

Afastado das instâncias dirigentes, Mao Tsé-tung criou com os seus camaradas a República Soviética do Jiangxi (1931-1934), onde foi posta em prática a revolução agrária. O poder central nacionalista reagiu à criação da base comunista com "campanhas de cerco e aniquilação". A quinta campanha, desencadeada no outono de 1933, foi decisiva para o soviete do Jiangxi. Apoiado por conselheiros militares alemães e comandado por Chiang Kai-shek o Exército nacionalista desenvolveu uma estratégia de cerco e de bloqueio econômico que visava a asfixia progressiva da base comunista.

Ao fim de um ano de cerco, os dirigentes comunistas decidiram uma "transferência estratégica", ou seja, em linguagem clara, a evacuação de base do Jiangxi – mas também das outras bases comunistas estabelecidas na China central e meridional (Henan-Anhui, Sichuan e Hubei-Huha).

O outono de 1934 assinala o início da Longa Marcha (outubro de 1934-outubro de 1935), êxodo considerado hoje pela historiografia comunista como um feito heróico.

No plano político, a Longa Marcha registrou uma reviravolta decisiva em janeiro de 1935, durante a conferência de Zunyi (Guizhou), no fim da qual Mao Tsé-tung garantiu seu papel de dirigente incontestado do PC, sem que por isso tivessem cessado as crises e os conflitos internos.

Perseguido pelos exércitos do KMT e dos senhores da guerra aliados, o Exército Vermelho percorreu mais de 10 mil quilômetros, atravessando uma dúzia de províncias e regiões não han hostis e superando obstáculos naturais e os exércitos nacionalistas.

Em outubro de 1935, os cerca de 10 mil resistentes do Exército Vermelho, que ficaram a dever sua sobrevivência às dissensões que ocorreram no campo do adversário, chegaram à base comunista estabelecida no norte de Shaanxi, onde Yan'an se tornaria, a partir de 1937, a capital de guerra.

A Longa Marcha constituiu um feito de guerra, mais foi, sobretudo, um feito político importante, que assegurou a sobrevivência e o prestígio do movimento comunista chinês, ao mesmo tempo que lhe permitiu distinguir-se de Moscou.

A propaganda comunista faria dela um símbolo da coragem sobre-humana dos comunistas, da história da revolução chinesa e da resistência aos exércitos do KMT.

Os veteranos dessa saga heróica, de uma fidelidade e de uma lealdade incondicionais ao PC, mas cujos méritos seriam, todavia, contestados por muitos Guardas Vermelhos durante a Revolução Cultural, dominariam a cena política da República Popular até os anos 90.

Françoise Kreissler

➢ CHIANG KAI-SHEK, COMUNISMO, MAO TSÉ-TUNG, PARTIDO COMUNISTA

M

MACAU

Macau foi um estabelecimento português muito antigo, que remonta a 1557. Tornou-se uma colônia em 1849.

Foi devolvido à China e em 1999 passou a ser uma região administrativa especial, tomando Hong Kong como modelo e em obediência ao princípio de "um país, dois sistemas". O chefe do executivo é Edmundo Ho, um banqueiro formado no Canadá.

O território não tem mais de 24 km² e compõe-se de uma península e duas ilhas, Taipa e Coloane. Importantes trabalhos de ordenamento transformaram-no nos anos 1990: construção de terraplenos e criação de um novo terminal ligando Macau a Hong Kong, fechamento do velho porto, valorização da Ilha de Taipa (aeroporto, universidade, densificação da área construída), ligada por uma ponte ao continente e por via terrestre a Coloane.

Ao contrário de Hong Kong, a fronteira entre Macau e as margens muito próximas da China continental foi sempre porosa. Macau inscreve-se agora num contexto mais vasto, o da Zona Econômica Especial de Zhuhai, que a rodeia a norte e a oeste. Conta oficialmente com 450 mil habitantes, incluindo mestiços macaenses e chineses de origem cantonesa.

Suas principais atividades são o turismo e, de forma proeminente, o jogo, que tem fama internacional. Macau tem 24 monumentos e sete lugares classificados no patrimônio mundial da Unesco, resultado do enxerto da arquitetura europeia nas margens do sul da China.

Nos últimos anos os cassinos registraram um novo desenvolvimento com o fluxo de continentais. Stanley Ho, o principal magnata do território, controla uma grande parte deles, entre os quais o famoso cassino Lisboa, mas terá de contar com a implantação recente de magnatas americanos de Las Vegas.

Thierry Sanjuan

➢ ADMINISTRAÇÃO TERRITORIAL, HONG KONG, JOGO, RIO DAS PÉROLAS (DELTA DO), "UM PAÍS, DOIS SISTEMAS"

MANCHUS

A palavra "manchu" é a transcrição da palavra tungue *manju* (transliterada em chinês como *manzhou*).

Foi o nome atribuído em 1635 às tribos *jürchen* por Hong Taiji (Abahai) (1592-1643), sucessor de Nurhaci (1559-1626), que as havia unificado a partir de fins do século XVI. A repartição dos seus membros em oito bandeiras (*qi*), em 1615, pôs fim à organização tribal e constituiu a base do Estado manchu que tomou o nome de Qing em 1636.

Beneficiando-se da decomposição política do império dos Ming (1368-1644), as bandeiras tomaram Pequim em 1644, conquistaram a China e estabeleceram o domínio Qing.

Durante a dinastia Qing (1644-1911) e mesmo no início da República, o termo que designava os manchus era *qiren* ("membros das bandeiras"), por oposição aos *minren* ("civis"), palavra que designava a maioria da população, ou seja, os han.

Os manchus formavam um grupo mesclado, que não apresentava nenhuma homogeneidade étnica, linguística ou cultural, pois incluíam mongóis e chineses. Mais do que a etnia, era a profissão (militar) que diferenciava os manchus dos chineses. No entanto, outros marcadores (antropônimos, vestuário, interdição de atar os pés das mulheres com ligaduras) contribuíram para a definição de uma identidade de que os manchus nunca perderam o sentido.

O nascimento, no final do século XIX, de um novo antimanchuísmo, diferente do legitimismo Ming tradicional, esteve ligado à formação do sentimento nacional chinês perante a agressão dos imperialismos ocidentais e japonês, com os chineses passando a definir seu país como um Estado-nação, e já não como o espaço da civilização.

Liang Qichao, em 1898, foi o primeiro a definir os manchus como um grupo racial e a substituir a oposição civilizados/bárbaros pela oposição chineses/manchus (*Huaren/Manren*).

A recusa da dinastia em levar a termo as reformas que encetara em 1901 e sua tentativa de "reimperialização" do poder, após a morte da imperatriz viúva Cixi (1835-1908), provocaram uma radicalização das elites urbanas, cujo ativismo social não apresentara até então, nenhuma orientação antimanchu.

A conjugação dessa radicalização com o movimento revolucionário antimanchu e republicano de Sun Yat-sen desembocou na revolução de 1911, que derrubou a dinastia manchu e o império.

Após a revolução, os manchus constituíam um dos cinco grupos étnicos que compunham oficialmente a República. Sendo assimilacionista, o Kuomintang, entre 1928 e 1949 definiu a China como um Estado-nação unitário.

Regressando a uma concepção pluriétnica, a República Popular da China multiplicou, no entanto, as "nacionalidades minoritárias". Dividiu, em especial, os manchus nas sete nacionalidades: daur, evencos, hezhe, oroqen, xihe e manchus propriamente ditos.

Laurent Galy

➢ HAN, NACIONALIDADE, NORDESTE

MANDARIM

A palavra "mandarim" designa, por um lado, a língua do Estado e, por outro lado, a língua falada em grande parte da China (todo o norte e uma grande parte do sudoeste).

A língua do Estado, do ensino e dos principais meios de comunicação social é chamada *guanhua* ("mandarim"), que significa literalmente "língua dos funcionários", porque resultou do uso pelos funcionários imperiais, que eram influenciados pelas das classes dominantes da capital. Estando a capital instalada há vários séculos em Pequim, esse uso baseou-se na língua do norte da China.

Enquanto língua padrão é chamada *putonghua* ("língua comum") na República Popular da China (RPC) e *guoyu* ("língua nacional") em Taiwan. Este último termo tinha sido criado durante a República, após o movimento de 4 de maio de 1919 ter conduzido à marginalização da língua clássica como esteio da unidade nacional.

A fala de Pequim faz parte de uma língua relativamente homogênea que se estende por todo o norte da China até ao rio Yang-Tsé, bem como o Sichuan e as regiões de população chinesa do Guizhou e do Yunnan. Como mais de 70% dos chineses são originários dessas regiões, sua língua materna é o mandarim. Apesar de ter variações que, por vezes, são significativas, os falantes de toda essa vasta zona compreendem-se entre si.

Em contrapartida, há outras línguas chinesas faladas no sudoeste da China em que não é possível essa compreensão mútua e cujos locutores não compreendem o mandarim sem aprendizagem prévia.

Em Taiwan, as pessoas cuja primeira língua é o mandarim não são mais que 12%. Na diáspora, essa porcentagem é ainda menor, em particular no sudeste da Ásia, onde a imigração chinesa tem como principal origem as zonas costeiras do sudeste da China.

No entanto, o mandarim é também a segunda língua da maioria dos chineses escolarizados dos quais não é a língua materna.

Na RPC, essa "língua comum" é a única ensinada na escola e admitida na edição de livros e nos meios de comunicação social escritos. Nos meios de comunicação social audiovisuais, é quase exclusiva na zona de origem do mandarim e dominante nas outras regiões. É a língua chinesa que se ensina aos estrangeiros. Mesmo nos países onde há importantes comunidades chinesas na língua materna "dialetal", como Cingapura, o ensino oficial do chinês faz-se em mandarim.

Segundo as normas em vigor para a "língua comum", a pronúncia é a da região de Pequim. Devido ao reduzido número de agentes políticos e econômicos que daí são originários e ao fato de, há várias décadas, a maioria dos seus habitantes vir de outros lugares, a pronúncia específica dessa cidade não está toda de acordo com o modelo comum.

A gramática é a das obras literárias escritas durante os últimos séculos em estilo vernáculo (*baihua*), em particular os grandes romances. O dicionário de referência, o *Xindai hanyu cidian* ("Dicionário de Chinês Contemporâneo"), de 1979, 1996 e 2002, tem de algum modo força de lei e continua a ter difusão maciça.

A transcrição alfabética, o *pinyin*, literalmente "associar os sons", baseia-se no mandarim tal como é definido como língua comum. Essa transcrição, ensinada em todas as escolas para harmonizar as pronúncias, é também utilizada num dos métodos de digitação informatizada do chinês, aquele que é mais utilizado.

No que respeita à gramática, o mandarim tem as características de base comuns a todos os usos do chinês: é uma língua de tons, a unidade do sentido (o morfema) correspondente a uma sílaba, a ordem dominante é "sujeito-verbo-objeto" e o determinante precede geralmente o determinado.

Pensou-se durante muito tempo que a gramática de todos os falares chineses era idêntica. Estudos mais detalhados revelaram profundas diferenças, caracterizando-se o conjunto do mandarim pela simplificação de muitas estruturas, provavelmente devido à influência das línguas altaicas do norte da Ásia.

A língua chinesa, usada por mais de 1 bilhão de indivíduos, não é a única língua da China, além de ser usada muito além das fronteiras do país, em toda a diáspora chinesa.

Viviane Alleton

> DIALETO, EDUCAÇÃO, GRAMÁTICA, MIGRAÇÕES INTERNACIONAIS E DIÁSPORA, MUNDO CHINÊS, NACIONALIDADES

MAO TSÉ-TUNG

Natural de Shaoshan, em Huan, em 26 de dezembro de 1893, esse filho de camponeses desafogados, que conseguiu obter do pai autoritário a possibilidade de realizar uma boa escolaridade secundária, tornou-se professor em 1918. Foi um dos animadores do movimento de 4 de maio de 1911, em Hunan.

A adesão precoce ao Partido Comunista (PC) inseriu-se nessa altura num projeto modernista e libertador. Em Cantão, em 1924, participou na renovação do Kuomintang (KMT), de que se tornou rapidamente dirigente nacional, e descobriu a força revolucionária do campesinato. A passagem do Kuomintang à contrarrevolução conduziu-o, a partir de 1927, a pensar que na China o poder está na ponta da espingarda.

Refugiado num antro de bandidos, Mao Tsé-tung construiu pouco a pouco no sul do Jiangxi e no Fujian ocidental um exército que resistiu a quatro "campanhas de aniquilação" pelo Kuomintang. Tendo-se tornado, em novembro de 1931, presidente da República Soviética Chinesa, sob cuja autoridade estavam entre 2 milhões e 5 milhões de pessoas, foi pouco a pouco marginalizado, entre 1932 e 1934, pela direção do PC.

Em outubro de 1934, os comunistas tiveram de abandonar de forma catastrófica a zona soviética central: foi a Longa Marcha. Mao capitalizou em seu benefício o fracasso dos seus adversários políticos e tornou-se, de fato, o número 1 do PC, em janeiro de 1935, na conferência de Zunyi, em Guizhou.

Chegou ao norte de Shaanzi com alguns milhares de homens, em outubro de 1935. A situação internacional e nacional permitiu a esses sobreviventes encontrar um segundo fôlego. De fato, Chiang Kai-shek acabou por aceitar pôr termo à guerra civil e colaborar com os comunistas contra o inimigo japonês, no outono de 1937.

A campanha de "retificação do estilo de trabalho do Partido" (1942-1945) uniu os militantes em torno do "pensamento de Mao Tsé-tung", ao mesmo tempo que o culto de Mao Tsé-tung fazia sua aparição em Yan´an, capital da base comunista.

Após a capitulação do Japão, a guerra civil passou a ser, a partir de maio de 1946, uma guerra aberta. O KMT sofreu derrotas militares cada vez mais pesadas, a partir do verão de 1947, e Mao Tsé-tung tornou-se senhor absoluto da imensa China durante mais de um quarto de século.

No dia 1º de outubro de 1949, Mao Tsé-tung anunciou a fundação da República Popular da China.

A partir de 1930, a reforma agrária destruiu a classe dos proprietários fundiários. A China tomou a URSS como modelo. A partir do verão de 1955, a terra foi coletivizada e foram cobrados dos rendimentos dos camponeses os fundos destinados a financiar o desenvolvimento industrial acelerado, dominado pela indústria pesada.

Em 1956, os grandes meios de produção e de troca foram nacionalizados. Mao Tsé-tung teve, porém, a lucidez de ver as contradições do sistema que criara. Seu texto de fevereiro de 1957 sobre "a justa solução das contradições no seio do povo" sugere a necessidade de um socialismo diferente.

Entre 1957 e 1976, assistiu-se à fuga adiante, para a utopia de um Mao Tsé-tung cada vez mais tirânico, que agravou ao absurdo os defeitos do sistema que denunciava. O movimento das Cem Flores (1957) terminou com uma violenta campanha contra os intelectuais.

O Grande Salto Adiante (1958) e as comunas populares provocaram uma fome gigantesca, que matou entre 25 milhões e 30 milhões de camponeses.

Mao Tsé-tung lançou, todavia, a Revolução Cultural a partir de maio de 1966 e sublevou milhões de jovens urbanos fanatizados, que se tornaram os Guardas Vermelhos. Dentro de pouco tempo instalou-se o caos.

Em 1969, no IX Congresso do PC, Mao Tsé-tung tentou refundar o partido e, em setembro de 1971, eliminou Lin Biao. Aceitou durante algum tempo que Zhou Enlai e Deng Xiaoping restabelecessem certa racionalidade na gestão de uma economia devastada.

Entretanto, a China rompera com a URSS, e Mao Tsé-tung encontrou-se com o presidente americano Nixon, em fevereiro de 1972. Em 1976, num último gesto de insensatez, Mao afastou Deng Xiaoping do poder, alguns meses antes de morrer, em 9 de setembro daquele ano.

Apesar do repúdio da Revolução Cultural e da destruição programada de toda a construção maoísta da sociedade, realizada pela reforma econômica de Deng Xiaoping, a camisa de força ideológica e política que aprisionava os chineses ainda subsiste.

Ainda que tenham sido provocadas várias fraturas com a irrupção do capitalismo selvagem, combinado com o capitalismo de Estado e com as lutas sociais destituídas de alcance político, conduzidas pelos camponeses e pelos trabalhadores urbanos, a referência a Mao Tsé-tung continua a fundamentar a legitimidade do PC e do seu monopólio do poder político.

Alain Roux

> CEM FLORES, COMUNA POPULAR, COMUNISMO, DENG XIAOPING, GRANDE SALTO ADIANTE, LONGA MARCHA, MAOÍSMO, PARTIDO COMUNISTA, REFORMA AGRÁRIA, REPÚBLICA POPULAR DA CHINA, REVOLUÇÃO CULTURAL, ZHOU ENLAI

MAOÍSMO

"Movimento marxista-leninista pró-chinês que se reclama de Mao Tsé-tung", segundo o dicionário *Robert*, o maoísmo constitui uma ideologia que, na China, remete para um período histórico particular, embora nem sempre bem determinado, em que o culto da personalidade de Mao Tsé-tung e o estudo do "pensamento de Mao Tsé-tung" (Mao Zedong sixiang) alcançaram uma capacidade sem precedentes de mobilização e de transformação, embora correndo o risco de marginalizar os outros componentes da ideologia diretora do Partido Comunista (PC).

Apesar de o termo "maoísta" ter sido sempre banido do discurso oficial chinês, a catástrofe do Grande Salto Adiante (pelo menos 30 milhões de mortos devido à fome) e a Revolução Cultural (1 milhão de mortos e milhões de pessoas perseguidas), hoje ampliada pelo PC a todo o final da era de Mao Tsé-tung (1966-1976), constituem os dois símbolos mais conhecidos e duradouros do maoísmo.

No entanto, a influência das ideias e dos modos de organização enaltecidos por Mao Tsé-tung no seio do movimento comunista chinês é não só mais antiga mas também mais profunda.

Por um lado, o maoísmo representa uma adaptação à China do marxismo-leninismo, caracterizada pela elevação do campesinato a "classe revolucionária", e mesmo do proletariado, e pela ênfase dada à teoria das contradições, que se inspira mais na complementaridade entre o *yin* e o *yang* do que no materialismo dialético.

Por outro lado, dessa abordagem das contradições decorrem as teses maoístas da "continuação da revolução sob a ditadura do proletariado", da luta de classes, marcada pela necessidade de recorrer, com regularidade, a "movimentos de massas", destinados a educar e, sobretudo, a reeducar o povo, bem como à "guerra popular", guerra em que, inspirando-se nos paradoxos de Sun Zi, o fraco pode suplantar o forte.

O que resta do maoísmo hoje em dia? No exterior da China, um punhado de movimentos radicais sem nenhuma relação com as autoridades de Pequim. Na própria China, continua a ser a fé, que também é confuciana, no papel educador e exemplar dos governantes e certo pragmatismo político, que não deixa de ter relação com o Mao Tsé-tung anterior a 1937 e, sobretudo, o nacionalismo sobranceiro do fundador do regime.

Jean-Pierre Cabestan

> COMUNISMO, GRANDE SALTO ADIANTE, IDEOLOGIA, MAO TSÉ-TUNG, NACIONALISMO, REVOLUÇÃO CULTURAL

MEDIAÇÃO SOCIAL

Coexistem hoje na China várias formas de mediação social.

Na mediação informal ou privada, as partes que se opõem num conflito apelam a familiares, amigos, responsáveis pelas linhagens ou notáveis locais para resolverem suas diferenças. Embora seja difícil calcular sua importância, por ausência de estatísticas, esse tipo de mediação desenvolveu-se desde há duas décadas, após ter tido um eclipse entre 1949 e 1978. Os acordos a que chegam são traduzidos, por vezes, em documentos escritos.

A mediação formal, dependente da intervenção pública, efetua-se de três modos: a mediação administrativa – qualquer departamento administrativo pode recorrer à mediação para resolver um litígio entre dois cidadãos ou entre a administração e um dos seus usuários –, a mediação judicial, que intervém nos processos em alternativa à arbitragem e ao julgamento, e a mediação dita popular.

Esta última constitui uma das instituições de base de resolução de conflitos na China.

Criados em 1950, os comitês de mediação popular foram colocados na dependência dos comitês de aldeões, nas zonas rurais, e dos comitês de residentes, nas cidades. Desde 2002 que tais instâncias de mediação também existem, por vezes, nos escalões superiores, que são os cantões e as vilas, nos meios rurais, e os gabinetes de quarteirão, nos meios urbanos.

Entre 1980 e 2002, o número de comitês de mediação popular passou de 810 mil para 890.600, e o número de mediadores de 5.750.000 para 7.161.600, o que reflete a importância cada vez maior atribuída desde as reformas a esse dispositivo.

O número de litígios resolvidos por esses comitês diminuiu, entretanto, durante o mesmo período, passando de 6.120.000 para 4.636.139. Embora essa diminuição reflita o aumento progressivo do recurso aos serviços jurídicos e ao direito, não deixa de ser verdade que a mediação popular lida ainda hoje com mais diferendos do que os tribunais civis.

Os principais tipos de conflito resolvidos pela mediação popular nestes últimos anos são, por ordem decrescente de importância, os problemas matrimoniais, as questões de vizinhança, os litígios imobiliários e comerciais, as dívidas não pagas, os conflitos familiares, os diferendos relativos ao apoio aos idosos e às questões de heranças.

Os mediadores são essencialmente quadros, operários e professores reformados, mas também há juízes e membros dos serviços jurídicos reformados. Há uma porcentagem elevada de mulheres.

Os mediadores são, por vezes, em grande número. Assim, por exemplo, em 2002, num comitê de residentes de Pequim que administrava 6.946 indivíduos, distribuídos por 2.681 lares, havia 12 mediadores oficiais e 97 mediadores benévolos.

Embora essa mediação seja dita "popular", pois é realizada por membros comuns da população e se apoia em comitês de aldeões ou de residentes que representam, teoricamente, organizações de massa autônomas, faz uso, na verdade, do poder administrativo delegado a esses comitês de base e está associada aos dispositivos de ação pública.

Os comitês de residentes ou de aldeões que administram os comitês de mediação popular cumprem, de fato, muitas tarefas impostas pelo Estado e dão seu contributo para a gestão e o controle da população.

Os mediadores não são, portanto, agentes do Estado nem são designados por este, mas detêm um poder administrativo que não deixa de influenciar, quer o desenrolar, quer o desfecho das seções de mediação.

Desde 2002 que os acordos concluídos no quadro da mediação popular são considerados equivalentes a um contrato entre as partes civis e possuem valor jurídico.

Isabelle Thireau

➢ ALDEÕES (COMITÊS DE), QUARTEIRÃO (GABINETES DE), RESIDENTES (COMITÊS DE)

MEDICINA

Na China atual, como na do passado, as práticas médicas, as atitudes perante a doença, as orientações políticas em matéria de saúde, a formação dos médicos e as ofertas sanitárias são diversificadas.

Essa diversidade é ainda hoje muito marcada, pois coexistem, lado a lado, muitas vezes de forma complementar, "sistemas médicos" que propõem representações do corpo e da doença e procedimentos terapêuticos diferentes, senão mesmo opostos.

Assim, há doentes que recorrem, ao mesmo tempo, à biomedicina (designada pelo termo *xiyi*, "medicina ocidental") e à medicina tradicional (*zhongyi*, "medicina chinesa"), para não falar de um conjunto de práticas populares, por vezes de obediência religiosa, que vão do *qi gong* aos exorcismos.

Todavia, é necessário também sublinhar que a oferta médica ainda peca muito frequentemente por indigência em muitas regiões, sobretudo nas rurais.

Do ponto de vista histórico, os primeiros escritos especificamente médicos que nos chegaram datam apenas do século III a.C. É o caso dos manuscritos que foram descobertos no início dos anos 1970 no túmulo de uma princesa, em Mawangdui (Hunan). Entre eles encontram-se textos sobre a moxibustão, farmacêuticos e sobre técnicas para "aumentar a longevidade" (*yangsheng*).

Na época seguinte, foi elaborada uma série de obras importantes, sendo a mais célebre o *Huangdi neijing* ("Clássico Interno do Imperador Amarelo"), que ainda hoje é estudado, pois expõe a vulgata da medicina "letrada".

Durante dois milênios, as instituições médicas foram se desenvolvendo, muitas vezes com patrocínio imperial, ao mesmo tempo que floresciam escritos de todas as formas e de todas as escolas.

O desenvolvimento dessa medicina erudita – as práticas populares são menos conhecidas e não deixaram testemunhos – foi certamente importante, mas não sofreu nenhuma "ruptura epistemológica" como a que atingiu a medicina ocidental, sobretudo no século XIX.

Se os missionários jesuítas que estavam na China nos séculos XVII e XVIII ficaram, por um lado, surpreendidos com alguns aspectos da medicina chinesa, como a pouca importância atribuída à anatomia, e, por outro, seduzidos pela sua eficácia, era porque, de certa forma, ainda era possível o diálogo entre as duas medicinas, cujos critérios de cientificidade se aproximavam.

Não aconteceu o mesmo algumas dezenas de anos mais tarde. As elites chinesas do fim do Império e do início da República foram muitas vezes hostis a sua própria medicina, que se tornou sinal de obscurantismo, e à qual se deveria opor a medicina ocidental.

Em 1929, essa tendência chegou até a promulgação pelo Kuomintang de uma lei que proibia, ou pelo menos restringia fortemente, a prática da medicina chinesa. Essa lei não foi respeitada, porque os médicos tradicionalistas se organizaram para colocarem-na em xeque.

Os próprios comunistas, ao chegarem ao poder, foram também hostis em relação à medicina antiga em nome da luta contra as superstições. Com o caos e as reviravoltas do período maoísta, o *status* da medicina tradicional teve altos e baixos e foi uma espécie de híbrido inferior que predominou, simbolizado pelo médico de pés descalços, o agente das vacinações que deveria também conhecer os rudimentos da ervanária.

Após 1979 foram postas em prática quatro novas políticas médicas. Privilegiaram-se os serviços hospitalares e foi programada a requalificação profissional dos médicos. Foi dada primazia à tecnologia e decidiu-se que o sistema de saúde deveria ser "plural".

Em 1980 e depois, em 1982, o Ministério da Saúde reconheceu o lugar da medicina tradicional e afirmou sua independência, sem deixar de dizer que ela deveria se modernizar graças à aplicação das ciências e das técnicas, o que pode ser considerado paradoxal.

Razões ideológicas pretendiam também que se aliasse a medicina ocidental com a medicina chinesa para criar uma disciplina "universal", cujos contornos permaneceram fluidos. Em 1986 foi criada a Administração do Estado da Medicina Tradicional Chinesa.

Há agora universidades e faculdades que ensinam apenas a biomedicina, ao passo que outras foram devolvidas à medicina chinesa.

De maneira geral, 7,5% dos estudantes chineses seguem estudos médicos. Esses estudos são constituídos por um primeiro curso de seis ou sete anos, a que se segue um curso de especialização de quatro anos. Os estudos de medicina tradicional incluem, na verdade, uma maioria de disciplinas dedicadas à biomedicina (anatomia, bioquímica).

Após o diploma, o estatuto legal é idêntico, tanto para os praticantes da medicina "ocidental" como da medicina "chinesa". No que diz respeito aos medicamentos, as especialidades ocidentais podem ser prescritas pelas duas categorias de médicos, ao passo que os medicamentos da farmacopeia chinesa estão reservados aos médicos tradicionais.

Foram criados hospitais de medicina chinesa que fascinam os estrangeiros. Estudos antropológicos mostraram que os pacientes, quando têm escolha, recorrem frequentemente às duas medicinas.

Esses hospitais são, no entanto, uma minoria (cerca de 4% do total das estruturas hospitalares), e o lugar da biomedicina tende a se tornar cada vez mais dominante.

Seu ensino está reservado aos melhores estudantes, e no final dos anos 1990 havia cinco vezes mais médicos "ocidentais" do que médicos "tradicionais", tendência que se confirmaria no futuro.

Frédéric Obringer

➤ ACUPUNTURA, ARTES MARCIAIS, EPIDEMIAS, FARMACOPEIA, MEDICINA TRADICIONAL, QI GONG, SAÚDE

MEDICINA TRADICIONAL

A medicina tradicional chinesa (*zhongyi*), tal como podemos encontrá-la atualmente no país, é fruto de uma longa história, de uma decisão política e de uma reconstrução teórica e prática.

Após ter tido um *status* ambíguo na China comunista até a morte de Mao Tsé-tung, foi objeto de atenção e apoio da parte do Ministério da Saúde, sobretudo a partir de 1979.

Encorajou-se a profissionalização dos médicos tradicionais e, em 1982-1983, procurou-se definir estruturas de ensino (faculdades de medicina chinesa) e de pesquisa (incluindo hospitais) onde a medicina tradicional fosse claramente separada da biomedicina.

No âmbito do ensino, optou-se por fundir em uma mesma vulgata um conjunto de doutrinas e de terapêuticas provenientes dos períodos precedentes e vindas, por vezes, de escolas diferentes, mas todas elas cuidadosamente desembaraçadas do que pudesse ser facilmente considerado como "superstição".

Pretendia-se que a medicina tradicional chinesa fosse antes de tudo preventiva, na medida em que se considera que um conjunto de práticas como a dietética, as "técnicas para aumentar a longevidade" (*yangsheng*), as massagens, os movimentos gímnicos e os exercícios respiratórios (daí a proximidade com o *qi gong*) conservam a saúde.

No entanto, perante a realidade mórbida, nunca se hesita em recorrer a medicações, por vezes violentas, para tentar a cura (o termo chinês *zhi* significa também "governar, pôr em ordem").

Mais do que à anatomia, os médicos estão atentos aos fenômenos de fluxo e refluxo de alguns componentes do corpo, como os líquidos e a respiração (o *qi*, substrato físico e multiforme do universo), e às correlações existentes entre essas diferentes partes, os órgãos e a ordem cósmica.

A regularização da respiração no conjunto do organismo é essencial para garantir boa saúde.

Quando a doença aparece, o médico faz seu diagnóstico principalmente graças à palpação do pulso e ao exame da língua, mas também interrogando o paciente e pela observação da voz, dos seus odores corporais e de seu hálito.

A patologia, ruptura do equilíbrio entre os diferentes elementos do organismo, pode ser relacionada tanto aos excessos externos (frio, calor, vento, fogo, umidade e secura) como aos excessos internos, como as sete paixões (alegria, cólera, tristeza, medo, obsessão, aflição e pavor).

Os procedimentos terapêuticos chineses mais frequentes são a moxibustão, a acupuntura e a farmacoterapia.

A moxibustão consiste na aplicação sobre a pele de cones ou bastonetes de pó de artemísia (uma erva aromática) em combustão, cuja finalidade é estimular certos pontos do corpo, graças ao calor das moxas. Esses pontos, que chegam a centenas, utilizados igualmente na acupuntura, estão dispostos à superfície do corpo sobre os canais "fictícios".

Na moxibustão e na acupuntura, o médico pretende agir no interior do corpo.

Recorre também a medicamentos administrados sob a forma de decocções, pós e pílulas – que são cada vez mais preparadas industrialmente – explorando assim uma matéria médica muito rica.

Os medicamentos compõem-se de uma mistura de ingredientes de origem vegetal (gengibre, ruibarbo, acônito e ginseng, para dar apenas alguns exemplos entre centenas de plantas), animal (chifre de veado, hipocampo seco, pangolim) e mineral (cinábrio, realgar, pó de pérola etc.).

Na prática cotidiana, poder-se-ia dizer que há com frequência uma espécie de primazia do farmacêutico sobre o médico, porque muitas lojas propõem serviços de médicos que prescrevem medicamentos ali mesmo vendidos.

Frédéric Obringer

➢ ACUPUNTURA, EPIDEMIAS, FARMACOPEIA, MEDICINA, QI GONG, SAÚDE

MEGALÓPOLES

A cidade chinesa integra nas suas funcionalidades as zonas rurais que lhe ficam próximas, razão pela qual estas não registram um êxodo gerador de desertificação rural, ao contrário do que se passou nos países desenvolvidos ocidentais.

Essas zonas, inversamente, tornaram-se atrativas nos anos 1980 e surgiram processos de regionalização por meio da industrialização rural.

Foram se formando megalópoles à escala do delta do rio das Pérolas e do delta do Yang-Tsé, que introduziram modificações importantes nas suas paisagens.

As grandes cidades, os outros polos urbanos de sua região próxima e as zonas rurais industrializadas e densamente povoadas participaram do mesmo dispositivo regional em que os limites entre o urbano e o rural se tornaram imprecisos. Os centros administrativos das vilas polarizaram espaços rurais, que eram apenas remotamente agrícolas, e apresentavam o aspecto de pequenas cidades economicamente dinâmicas.

Essa megalopolização das regiões litorais chinesas resultou de um duplo processo de industrialização rural local e de metropolização, que contribuiu para a integração no sistema econômico mundial, concretizada, por exemplo, na recentração da região cantonense em Hong Kong em detrimento de Cantão, do delta do Yang-Tsé em Xangai.

Tal processo espacioeconômico seguiu, em larga medida, o modelo das "megalópoles asiáticas", definido por T. G. McGee, e traduziu-se em formas diferentes da megalópole americana, analisada por Jean Gottmann.

A formação atual de megalópoles litorâneas chinesas difere, na verdade, do modelo americano por ter um êxodo rural comparativamente fraco, a manutenção de fortes densidades populacionais contínuas, o desenvolvimento não agrícola dos espaços rurais, complementariedade entre esses espaços rurais e a cidade e o aparecimento de formas mistas que já não sobressaem nem do estritamente rural nem do radicalmente urbano.

O modo de recomposição desses deltas de fortes densidades variou também ao logo do tempo. As relações entre a cidade e o campo parecem ter se transformado no período em que decorreram as reformas chinesas: a cidade acentuou o seu peso nas iniciativas territoriais.

Nos anos 1980, os lugares do desenvolvimento econômico foram, de fato, os próprios polos rurais, as vilas e as aldeias. Os agentes foram as comunidades agrícolas, que reorientaram as suas atividades para os setores secundário e terciário. Assistimos, assim, a um "desenvolvimento a partir de baixo", como no delta do rio das Pérolas.

Já os anos 1990 fizeram da cidade já criada a organizadora do desenvolvimento econômico, em seu próprio benefício, e a inspiradora do ordenamento de suas periferias rurais.

O modelo de Wenzhou, baseado na industrialização familiar de base rural, foi assim substituído, nesses últimos anos, por uma concentração do desenvolvimento econômico da municipalidade na própria cidade.

Atualmente, pequenas cidades como Jiangyin, no norte de Suzhou, no delta do Yang-Tsé, deslocam os camponeses, apropriam-se de suas terras para criar zonas industriais e portuárias e os realojam em zonas de *habitat* coletivo, cercadas de muros e separadas das atividades agrícolas.

O desenvolvimento surge agora a partir de "cima", da autoridade urbana, que dedica todo o seu território administrativo disponível às suas próprias estratégias de desenvolvimento.

Thierry Sanjuan

➤ CIDADES E ZONAS RURAIS (AS), RIO DAS PÉROLAS (DELTA DO)

MERCADO (TRANSIÇÃO PARA A ECONOMIA DE)

A China começou a desmantelar seu sistema de economia planejada no final dos anos 1970.

A transição para a economia de mercado foi realizada de maneira original, a tal ponto que se pode falar de um modelo chinês de transição progressiva a fim de opô-lo à política mais radical do *big bang* (ou terapia de choque), que foi aplicada sob diversas formas, vários anos depois, nos outros países comunistas, ou seja, a URSS e o restante do Leste Europeu.

A prática do planejamento na China era muito diferente da de uma economia de comando soviético, porque nunca foi possível elaborar um plano central verdadeiramente operacional. Foi por essa razão que, apesar do quadro político muito hierarquizado imposto pelo Partido Comunista, assistiu-se, na verdade, a uma multiplicidade de intervenções administrativas em diferentes níveis, mal coordenadas entre si, o que se traduziu em negociações permanentes, quer horizontais, quer verticais, entre os diferentes agentes da administração e os agentes econômicos.

Desse ponto de vista, aquilo a que se chamou "abertura ao mercado" não foi mais do que, num primeiro momento, a oficialização das práticas generalizadas de negociação.

A característica mais significativa do planejamento foi um sistema chamado de "carril duplo", que consistia em fazer coexistir plano e mercado, quando se autorizou os agentes a proceder livremente a trocas diretas, uma vez satisfeitas as exigências administrativas (fornecimentos planejados e entrega de cotas a preços impostos), dando-lhes a possibilidade de adquirir produção suplementar nos mercados livres e de escoar nesses a sua produção excedente, o que se traduziu na coexistência de dois tipos de preço.

Reduzindo as cotas e alinhando progressivamente os preços planejados pelos preços de mercado, esse sistema dual seria gradualmente eliminado. Foi, de fato, o que aconteceu, notadamente nas atividades industriais, embora no setor agrícola, onde esse modelo fora inicialmente aplicado, tenha perdurado com resultados diversos segundo as épocas, com a singularidade de que, se os preços de mercado se reduzissem drasticamente, os preços planejados permaneceriam como preços de apoio.

No entanto, o recurso marginal ao mercado processava-se efetivamente no sentido da racionalização do impacto dos recursos, liberava energias e suscitava iniciativas que os agentes econômicos chineses se apressaram em aproveitar.

Não se deixou de denunciar as distorções e as rendas abusivas que tal sistema não deixaria de gerar, prelúdio para uma forma de corrupção econômica muito fácil de prever (passagem ilícita de um circuito para outro, fazendo escoar, por exemplo, nos mercados onde vigoravam preços mais elevados os produtos destinados à produção planificada).

Esse modo chinês de realizar a transição evitou, num primeiro momento, que se realizassem reformas institucionais prévias à liberação dos mercados. Assistiu-se, em consequência, a um jogo cujas regras estavam mal definidas, inexistência de direito dos contratos e de jurisdições independentes destinadas a fazê-los respeitar e definição ambígua do direito de propriedade.

As adaptações institucionais adequadas a uma economia de mercado foram efetuadas *a posteriori* e era impossível deixar de notar a distância existente entre o discurso oficial e as práticas efetivas.

Por isso, o funcionamento dos mercados na China situa-se numa espécie de fronteira que é muitas vezes difícil de entender, porque resulta das interações entre os agentes da administração nos seus diferentes papéis (burocrático ou de agente econômico) e os empresários privados, que passaram a ser os atores essenciais da vida econômica.

Yves Citoleux

➤ AGRICULTURA, CORRUPÇÃO, DIREITO DE PROPRIEDADE, ECONOMIA SOCIALISTA DE MERCADO, PRIVATIZAÇÃO

MIAO

População muito antiga, os miao podem sem dúvida ser considerados, em conjunto com as populações do grupo linguístico tai-kadai, como os verdadeiros autóctones do centro e do sul da China.

Perfazem atualmente mais de 5 milhões (Guizhou e regiões adjacentes do Hunan, Sichuan, Guangxi e Yunnan), mas estão também presentes no Vietnã, no Laos e na Tailândia, aonde chegaram nos séculos XVIII e XIX.

Sendo montanheses, os miao praticam a policultura extensiva, associada à criação de gado. Cultivam, sobretudo, o arroz em terraços irrigados ou preparando terrenos secos.

A sociedade é de tipo segmentário, patrilinear e composta por linhagens patrilineares exógamas. A organização política é igualitária e centrada na autonomia das comunidades aldeãs, em que as decisões são tomadas em assembleia.

A religião tradicional é de tipo politeísta e animista e marcada pelo culto ancestral, pela crença na reencarnação na linhagem de origem e pelas práticas xamanistas.

O número de crenças original integrou um número limitado de elementos taoístas.

Pascal Bouchery

 NACIONALIDADE, ZHUANG

MIGRAÇÕES INTERNACIONAIS E DIÁSPORA

Embora as migrações chinesas sejam muito antigas, não envolviam senão uma parte ínfima da população. O seu destino era o sudeste da Ásia, onde mercadores, viajantes, marinheiros e militares em desgraça se foram estabelecendo ao longo dos séculos.

As emigrações em massa começaram no século XIX. As guerras do ópio (1839-1842 e 1858-1860) e a revolta dos Taiping (1850-1864) provocaram uma enorme miséria e profunda desorganização social na China, sobretudo no sul.

Paralelamente, a expansão colonial e a abolição progressiva da escravatura em todo o mundo deram origem à procura de mão de obra nas novas colônias da Ásia (Indonésia e Indochina) e nas explorações que os antigos escravos abandonaram (ilhas açucareiras dos oceanos Índico e Pacífico, plantações e minas da América Latina), que se traduziu na introdução do comércio de *coolies* e no recrutamento, principalmente nas províncias do sul, de milhões de trabalhadores mediante contratos miseráveis.

Essas migrações, de início de proletários, deram origem a uma diáspora avaliada, atualmente, em 30-35 milhões de pessoas e caracterizada pela existência de relações de imigração, econômicas, de informação e afetivas entre os seus diferentes polos de fixação no mundo e com a China.

A repartição da diáspora ficou marcada pela sua história, porque o sudeste da Ásia representou mais de três quartos dela. O mundo ocidental no sentido amplo, embora se tenha tornado o principal destino a partir dos anos 1970-1980, não recebeu senão uma sua modesta parte (3 a 5 milhões). O restante da diáspora se estabeleceu na América Latina, na África e nos países do antigo bloco soviético.

Além de sua dimensão e extensão geográfica, a característica mais notória dessas migrações foi a forma empresarial que assumiu, porque deram origem, progressivamente, nos países de acolhimento, a uma organização econômica constituída por empresas de pequena dimensão, articuladas entre si nos domínios do aprovisionamento, do financiamento e da mão de obra, constituindo, desse modo, como que organizações econômicas locais, frequentemente ligadas entre si numa escala transnacional.

Essa organização econômica tem consequências sobre as migrações contemporâneas, porque dão mais resposta a um apelo de trabalho que emana dessas empresas do que a uma procura do mercado geral de trabalho dos países envolvidos.

A maior parte dos imigrantes trabalha em estabelecimentos que são propriedade de compatriotas, os quais empregam majoritariamente mão de obra de origem chinesa. A multiplicação dessas empresas provoca uma imigração de mão de obra que contribui para o seu desenvolvimento, o que, por seu lado, vai reforçar a procura.

Há assim uma integração forte entre redes econômicas e redes migratórias. Proletárias e empresariais, as migrações chinesas, por meio do dispositivo transnacional que formaram, desempenharam um papel fundamental no desenvolvimento da China, porque grande parte dos investimentos estrangeiros no país provém delas.

As migrações contemporâneas se inscrevem no quadro da diáspora que se iniciou a partir do final do século XIX. São interpolares, vão de um país de instalação até outro (refugiados de origem chinesa do sudeste da Ásia para os países ocidentais, nos anos 1970-1980, migrações mais oportunistas, que procuraram melhoria material), e multipolares, dirigindo-se, a partir da China, para os diferentes países onde a diáspora se estabeleceu.

As migrações de mão de obra continuaram em ritmo acelerado. São originárias das províncias de saída tradicionais (Fujian, Guangdong, Zhejiang), das grandes metrópoles (Pequim, Tianjin, Xangai) e das províncias do nordeste, atingidas por gigantescas reestruturações industriais (Liaoning, Shandong, Heilongjiang).

Há migrações especificamente comerciais e empresariais, que também começaram a desenvolver-se há pouco tempo, tendo por base a "fábrica do mundo" em que a China se transformou, a fim de importarem os seus produtos para os países de instalação (Europa ocidental, Américas do Norte e Latina).

É nesse quadro que se abrem novas rotas migratórias nos espaços pouco percorridos até há pouco tempo pelos imigrantes chineses, como o norte da África e a região subsaariana.

Porém, uma parte das migrações situa-se fora do quadro de funcionamento da diáspora, como as migrações de estudantes, que aumentam rapidamente.

É também o caso das que se desenvolvem no quadro de contratos de obras públicas realizadas por empresas da China continental, nomeadamente na África e no Magreb. Importam para lá a sua própria mão de obra, mas uma parte fixa-se no local ao final dos trabalhos e abre pequenos estabelecimentos. Esses imigrantes juntam-se então à diáspora por meio das suas redes econômicas e migratórias segundo um esquema agora clássico.

As migrações contemporâneas reforçam assim a autonomia da diáspora, quer em relação ao país de instalação, quer em relação à própria China, pelo que a diáspora chinesa é menos uma extensão da China do que um corpo transnacional que vive por si mesmo.

Emmanuel Ma Mung

➢ CHINESES DO EXTERIOR, MUNDO CHINÊS, TONTINAS

MIGRAÇÕES INTERNAS

Os resultados do recenseamento nacional realizado em 2000 confirmam a importância dos fluxos migratórios internos observados na China desde o início dos anos 1980.

Em 1.265.830.000 pessoas recenseadas, 143.390.000 não residiam onde estavam domiciliadas de forma permanente. Esse número é apenas indicativo: não leva em conta a duração da estada efetuada fora da localidade de origem, assim como ignora as migrações oficiais registradas durante o ano, isto é, as mudanças de residência que são acompanhadas de transferência imediata do domicílio institucional.

Apesar dessas incertezas, revela fluxos de migrações internas sem precedentes na história da China.

Os imigrantes de origem rural são os que suscitam mais inquietações sociais e políticas. A questão do êxodo da mão de obra rural excedente domina igualmente os debates na imprensa e entre os especialistas.

Há aqui, portanto, uma dupla simplificação: a dos perfis, perspectivas e expectativas dos imigrantes de origem rural, por um lado, e a da própria composição desses fluxos migratórios, por outro.

Com efeito, nenhuma distinção é feita, por exemplo, entre o camponês que parte para trabalhar na cidade durante alguns meses, ou mesmo alguns anos, para pagar as dívidas ou acumular capital para abrir uma loja quando regressar, e o filho do camponês, que, tendo falhado por pouco em entrar na universidade, deixa sua aldeia para ter a promoção social que acaba de lhe escapar.

A mobilidade urbana que é encorajada pelo desenvolvimento do setor industrial e comercial não estatal e o fim do impacto autoritário aos empregos continuam largamente ignorados.

O recenseamento do ano 2000 revela, no entanto, que cerca de um quarto dos imigrantes ditos "flutuantes" ou espontâneos detinha um *hukou* não agrícola em sua localidade de origem. Mostra também que mais de 60% desses imigrantes não ultrapassavam as fronteiras de sua província de origem.

Perante essas migrações internas, o sistema de registro da residência (*hukou*) sofreu ajustamentos.

Surgiu uma categoria de imigrantes ilegais, formada por aqueles que não dispõem do certificado temporário instituído em 1985. Estimava-se que em 2000 apenas 50 milhões de imigrantes possuíam esse documento.

Além do grupo de imigrantes ilegais, há outras hierarquias.

Uma primeira separação é a que existe entre os residentes que gozam de direito de residência permanente e os que possuem apenas direitos temporários. Os segundos são de imediato colocados numa situação de inferioridade e defrontam muitas dificuldades no acesso ao emprego, à habitação e ao consumo.

No segundo grupo, os imigrantes de origem urbana possuem, em geral, recursos, materiais ou outros, que lhes permitem limitar os efeitos dessas desigualdades e desses preconceitos. Constituem de algum modo uma categoria intermediária.

Podemos assim esboçar o quadro de uma população urbana composta de quatro estratos: os imigrantes ilegais, os imigrantes rurais, os imigrantes urbanos e a população de moradores oficial.

As reformas em curso tendem, no entanto, a atenuar a importância do *hukou* e do certificado provisório e a permitir a determinados imigrantes pensar numa instalação definitiva na localidade de acolhimento escolhida.

Essas migrações internas modificam, portanto, as distinções anteriormente estabelecidas entre urbanos e rurais. Encorajam a circulação anônima e implicam a emergência de novas formas, suscetíveis de constituírem prova da honestidade e da credibilidade dos indivíduos.

Isabelle Thireau

➢ CIDADES, IMIGRANTES, REGISTRO DE RESIDÊNCIA

MONGÓIS

É na China que os mongóis são mais numerosos: 5,8 milhões em 2000, principalmente na região autônoma da Mongólia interior (4 milhões), em Xinjiang e em Qinghai (oirates), repartidos em grupos de particularismos acentuados, que são fatores de riqueza cultural e de fraqueza identitária. São apenas 2,5 milhões na Mongólia e 600 mil (buriates e calmuques) na Rússia.

Nômades e xamanistas, os mongóis de Gengis Khan alargaram o seu domínio à China, fundando a dinastia Yuan (1271-1368).

Rechaçados para suas estepes pelos ming, em 1368, continuaram a ser uma ameaça, controlando o Turquestão e o Tibete, onde seus príncipes, que adotaram o budismo, fizeram a fortuna dos dalai-lama.

Os mongóis foram vencidos e feitos aliados pelos manchus (1636: Mongólia interior; 1691: Mongólia exterior; 1751: oirates aniquilados no Turquistão) e foram reorganizados em bandeiras (*qi*).

A imigração han para as terras mongóis, iniciada em fins do século XIX, acelerou-se após 1949, acrescentando uma insuportável pressão demográfica às medidas de coletivização e de sedentarização dos nômades nas comunas populares e aos atos de repressão, que tiveram seu ponto mais alto durante a Revolução Cultural.

Na Mongólia interior, os han eram 18,5 milhões (78% da população) em 2000. As "municipalidades" chinesas substituíram pouco a pouco as bandeiras. Apesar da colaboração de uma parte dos mongóis na política dos comunistas chineses, a exploração do subsolo, a industrialização e a urbanização estão nas mãos dos han.

O regresso à iniciativa privada nos anos 1980 ainda acentuou mais esse controle, que se estende ao próprio símbolo da identidade mongol, Gengis Khan, que passou a ser herói da "nação chinesa", cujo santuário, tornado acessível aos turistas, foi confiado em 2004 a uma sociedade chinesa.

Marginalizado em sua própria região autônoma, onde apenas metade fala sua língua e um quarto a escreve, os mongóis, para terem acesso à modernidade, têm de pagar o preço da sinização.

Os que continuaram como criadores de gado, veem-se sedentarizados e folclorizados, ao passo que os mongóis agricultores ou urbanos, que já não partilham as mesmas referências identitárias, estão limitados a iludir alguns símbolos ideológicos oficiais, pois qualquer manifestação de sentimento nacional mongol é severamente punida.

Em suma, a Mongólia interior já não passa de uma província chinesa comum. Será uma prefiguração do Tibete, do Xinjiang e do Qinghai, visados pelo projeto de "desenvolvimento do oeste"?

Marie-Dominique Even

> BUDISMO, HAN, MANCHUS, NACIONALIDADE, NOMADISMO, OESTE (PROJETO DE DESENVOLVIMENTO DO), REGIÕES FRONTEIRIÇAS

MOSSO

O estado chinês integra oficialmente os cerca de 50 mil mossos – ou mos, mosuo etc., de Yongning, na nacionalidade naxi, nome do grupo dominante na região de Lijiang (província de Yunnan), apesar de diferenças socioculturais importantes.

Agricultores sedentários, os mossos são, ao contrário dos outros naxi, matrilineares e matrilocais. As suas casas são habitadas pelos consanguíneos aparentados com as mulheres, formando a unidade de produção e de consumo.

O casamento é apenas marginal, ante o sistema de visitas (*tisese*). Os homens vão à noite à casa de suas parceiras e as relações estabelecidas são não exclusivas e não contratuais, e a residência é bilocal.

Os filhos são integrados no grupo da mãe, e o pai não tem nenhuma obrigação em relação a eles, embora possa prodigalizar o seu apoio em forma de serviços ou ajuda material.

O acesso a mais conforto (água corrente, gás, aparelhos eletrodomésticos etc.), a obtenção de apartamentos mais confortáveis e o desenvolvimento dos transportes melhoraram a vida cotidiana das mulheres e reduziram o tempo gasto nas tarefas domésticas.

A chegada dos imigrantes desenvolveu a indústria dos serviços. Os moradores das cidades têm empregadas de limpeza ou empregadas domésticas para ajudá-los nas tarefas da casa e na guarda das crianças.

Embora sejam muitas as desigualdades de *status* e de riqueza, os chineses, em geral, vivem melhor Os mossos são objeto de muitas fantasias, que vão do mito do matriarcado às delícias da liberdade sexual.

Essa prática, combatida durante as primeiras décadas do regime comunista, passou a ser um argumento para o desenvolvimento do turismo nessa "região de mulheres".

Stéphane Gros

> NACIONALIDADE

MULHER

A China conta atualmente com 600 milhões de chinesas.

As diferenças entre a cidade e o campo e entre províncias costeiras e as do interior são de tal proporção que é difícil falar da situação das mulheres em geral. Podemos apenas apresentar as grandes tendências e as mudanças significativas que afetam hoje a vida dessas mulheres.

Os avanços tecnológicos permitiram o aumento do nível de vida de grande número de chineses, que gozam de melhor saúde. A expectativa de vida das mulheres passou, assim, de 71,4 anos em 1990 para 73,6 em 2001.

Esse novo conforto material foi acompanhado de maior liberdade nas condutas individuais. Acabou o tempo em que se passava do vestuário de inverno para o de verão apenas quando era chegada época e acabaram também as tranças e os vestidos azuis dos anos 1970. A cirurgia estética e as indústrias da moda e dos cosméticos seduziram as mulheres abastadas, que ousam comportar-se em sua vida privada como bem lhes parece.

As relações entre os homens e as mulheres passaram a ser bastante mais livres nas cidades. Às vezes, as ligações se estabelecem até via internet. A coabitação dos jovens antes do casamento é coisa corrente.

Desde 2003 deixou de ser necessário apresentar a autorização da unidade de trabalho e um certificado médico para se efetuar o casamento: carteira de identidade, certificado de residência e um documento que ateste que não são casados são suficientes.

O processo de divórcio foi simplificado desde a lei do casamento de 2002. Pode ser obtido especialmente em caso de bigamia, abandono do domicílio conjugal e violência doméstica.

Na China, as mulheres têm os mesmos direitos que os homens nos domínios da educação e do trabalho. Serão elas, no entanto, a "metade do céu" de que se falava durante a Revolução Cultural?

As adolescentes sofrem ainda discriminações em matéria de educação nas zonas rurais. São elas que mais cedo deixam a escola para ajudar no trabalho de exploração agrícola ou na gestão das tarefas familiares. As que possuem mais formação, ou seja, as que possuem o primeiro ciclo da escola secundária deixam frequentemente o campo para ir trabalhar nas cidades.

Nos meios urbanos a situação é diferente: moças e rapazes seguem o mesmo currículo escolar, mas elas estão em maior número na universidade.

Ocupando ainda poucos lugares de responsabilidade nas empresas estatais, as mulheres ocupam posições de direção nas empresas de capitais mistos e nas estrangeiras das grandes cidades.

No entanto, embora a legislação do trabalho as proteja, os textos legislativos que enaltecem a igualdade dos sexos nem sempre são aplicados. Tal como em outros países, as mulheres chinesas têm de enfrentar discriminações no acesso ao emprego e na remuneração. Salários em atraso e demissões abusivas atingem-nas mais do que aos homens. Por exemplo, foram elas as primeiras a ser demitidas quando da privatização das empresas, e constituem a maioria dos desempregados.

À exceção dos responsáveis pela Federação Nacional de Mulheres da China, o mundo político também continua a ser dominado pelos homens.

São muitas as feministas na China, trabalhando não só em organismos oficiais mas também em organizações não governamentais. Marcaram sua presença após a conferência internacional sobre as mulheres, organizada em 1995, em Pequim, sob a égide da ONU.

Denunciam regularmente problemas sociais recorrentes, como o abandono escolar das adolescentes nas zonas rurais pobres, o desemprego feminino, o mau acompanhamento médico das camponesas pobres e das imigrantes, os raptos e a prostituição.

São numerosos os casos de mulheres em risco, e a China é o único país em todo o mundo em que a taxa de suicídio das mulheres é superior à dos homens.

O nascimento de uma menina ainda é mal aceito em muitas zonas rurais e há mulheres que são maltratadas simplesmente por terem dado à luz uma criança do sexo feminino. Verifica-se, aliás, nas estatísticas chinesas um déficit de meninas nascidas (118 meninos para 100 meninas, quando a normal é 105 para 100). São várias as razões desse fenômeno: abortos seletivos, infanticídios e não declaração das crianças de sexo feminino.

Apesar da importância do desemprego feminino urbano, muitas jovens e mulheres jovens trocam as zonas rurais pelas vilas e cidades vizinhas. Partem com a esperança de um futuro melhor ou para encontrar um bom partido, mas também para se reunir ao marido, auxiliar um irmão a pagar a cerimônia de casamento, estudar ou construir uma nova casa na aldeia.

Muitas desejam apenas um mundo longínquo que as faça sonhar. Outras, finalmente, deixam a aldeia logo após o casamento por razões financeiras ou para escapar a condições de vida demasiado penosas. Estão dispostas, muitas vezes, a aceitar empregos mal remunerados e condições de vida difíceis, porque o que querem é ganhar dinheiro rapidamente.

Confrontadas com um modo de vida completamente diferente, adiam muitas vezes a data de seu regresso à localidade de origem. As imigrantes tornaram-se, desse modo, um fenômeno social cuja amplitude e consequências são ainda mal conhecidas.

Jacqueline Nivard

➢ ADOÇÃO, CASAMENTO, DESEMPREGO, DIVÓRCIO, FAMÍLIA, PROSTITUIÇÃO, SEXUALIDADE

MUNDO CHINÊS

A diáspora chinesa foi se expandindo ao longo dos séculos, ao disseminar-se pelos cinco continentes, mas conservando uma identidade forte. Longe de enfraquecer a China, ela é hoje a pedra angular de seu crescimento.

Os compatriotas (*tongbao*) de Hong Kong, Macau e Taiwan e os chineses do estrangeiro *(huaqiao)* do sudeste da Ásia tiveram um papel determinante no fornecimento de capitais externos à China continental desde fins dos anos 1970.

Essa abertura foi conduzida por uma política nacional apoiada na multiplicação, ao nível das autoridades locais, de comissões de todos os gêneros, encarregadas dos laços com os chineses do exterior.

Essas transferências econômicas materializaram-se em deslocalizações de indústrias para a China, na criação de *joint-ventures* e em muitos investimentos em diversas infraestruturas e no setor imobiliário.

As províncias meridionais em particular, beneficiaram-se com elas nos anos 1980. Houve espaços regionais que foram completamente transformados por uma sinergia econômica que uniu Hong Kong e Macau ao delta do rio das Pérolas e Taiwan à Zona Econômica Especial de Xiamen e à região de Fuzhou, em Fujian.

Hoje em dia, os investimentos dirigem-se cada vez mais para Xangai e as cidades do delta do Yang-Tsé.

No outro lado da cadeia, a diáspora chinesa e a emigração continental representam muitas vezes a produção chinesa nos países de acolhimento.

Tal complementaridade econômica, facilitada por meios modernos de comunicação à escala mundial, releva também uma profunda transformação da percepção dos "chineses do exterior" pelas autoridades continentais.

Durante muito tempo os preconceitos alimentados pelo confucionismo em relação ao comércio e pela corte imperial em relação às províncias periféricas do sul, terras de partida privilegiadas, afetaram sua imagem. A fuga dos seus filhos para países que ofereciam melhores perspectivas de futuro representava, sobretudo, uma humilhação para um Estado que era pensado como uma família.

O desenvolvimento rápido da cidade das concessões estrangeiras, como era Xangai, nos anos 1920, e depois a elevação de Hong Kong, Taiwan e Cingapura ao *status* de novos países industriais, nos anos 1970, reforçaram a ideia de um mundo chinês que poderia sair por si mesmo do subdesenvolvimento e atingir níveis de riqueza comparáveis aos do Japão e dos países industrializados do Ocidente.

No início das reformas no continente, o Estado chinês foi obrigado, portanto, em seu discurso nacionalista, em sua vontade de reunificação territorial e na escolha de um desenvolvimento econômico aberto, a reconhecer na "China" e nos chineses do exterior aptidão para resolver e dinamizar a identidade chinesa.

As comunidades chinesas na periferia do território continental reivindicam, na verdade, serem depositárias da identidade chinesa. Se as autoridades comunistas possuem os lugares simbólicos do império defunto, Taiwan abriga o patrimônio artístico do antigo palácio imperial, Hong Kong é uma placa giratória da Ásia oriental e Cingapura apresenta-se como uma alternativa ao Ocidente.

As comunidades chinesas estabelecidas, sobretudo no sudeste da Ásia, mas também na América e na Europa, beneficiam-se da globalização para aumentar seu poder econômico, além da malhagem complexa das diferentes redes identitárias (cantonesa, teochiu, hokkien e hakka).

Oferecem uma visibilidade chinesa cada vez maior no exterior, inclusive em antigos países desenvolvidos. Os chineses do exterior que, por vezes, apenas mantêm uma relação remota com o continente, reafirmam, de fato, os valores e a cultura chinesas devido à própria diáspora, apresentando-se como os filhos de uma mesma comunidade, reivindicada voluntariamente e reconstruída se a ocasião se apresentar.

Nesta época de globalização, o efeito de massa do continente não podia, portanto, apagar a presença desse mundo chinês disseminado, de identidade forte e muito unido do ponto de vista econômico. A China, embora sendo o referente familiar e cultural de um povo tradicionalmente ligado às suas origens, não deixava de ser apenas um dos seus polos. A China já não era a única produtora de sua identidade. Num tal contexto, Pequim jogou inicialmente a cartada da associação econômica com os seus compatriotas de Hong Kong, Macau e Taiwan, bem como com os chineses do exterior.

No início do século XXI, todavia, surgem novas relações de força. A China se beneficia hoje de sua emergência como potência econômica mundial e geopolítica na região da Ásia.

A China instrumentaliza hoje os eixos econômicos e, por vezes, políticos que a diáspora tem no exterior para promover seu regresso ao cenário internacional. Os antigos filhos ingratos do império servem assim para salientar a grandeza da cultura e das capacidades do povo chinês, cujo líder incontesto seria a República Popular da China, em detrimento de Taiwan.

A China continental tenta se ligar, mesmo no exterior, com as comunidades de outros países, por meio de suas representações diplomáticas e seus serviços anexos, seus bancos, suas empresas, seus jornais e suas cadeias de televisão. Atualmente multiplicam-se no exterior os Institutos Confúcio.

Por isso, a diáspora chinesa voltou a ter nestes últimos anos nova visibilidade no Ocidente, e os chineses do exterior redescobrem o orgulho de ser chineses, devido ao aumento de poder do continente. Ganharam com este certa aura nas sociedades ocidentais.

A transformação atual dos grandes conjuntos regionais em todo o mundo beneficia assim, claramente, um país que se apresenta como uma futura grande potência, em razão de sua população e da dimensão de seu mercado, de seu peso diplomático e militar e de sua abertura econômica.

No entanto, esse reconhecimento do poder chinês integra hoje também os outros poderosos polos econômicos e culturais, contíguos ou longínquos, territórios homogêneos ou implantações urbanas, de um mundo chinês que passou a ser ampliado e multipolarizado e que continua a sentir a nostalgia de sua antiga unidade.

Thierry Sanjuan

➢ CAMPONESES, CHINATOWNS, HAKKA, HONG KONG, MACAU, MIGRAÇÕES INTERNACIONAIS E DIÁSPORA, REDES, RIO DAS PÉROLAS (DELTA DO), TAIWAN, XANGAI

MÚSICA E POLÍTICA

Já mesmo durante o império, uma pesquisa organizada pelas instituições musicais do Estado pretendia reunir os repertórios musicais das diferentes populações, permitindo, desse modo, afirmar a unidade nacional e impor "tradições".

Essa prática foi continuada pelo poder comunista. Essas "tradições" sobressaem de registros "inventados" e supervisionados pelo Estado. De fato, de acordo com o ideal político chinês, a preocupação com o bom governo implica que os ritos e a música sejam levados em consideração. Constituem o fundamento da legitimidade política.

Ao coligir as músicas das 56 nacionalidades da China contemporânea, milhares de funcionários trabalharam na elaboração de *uma* música nacional chinesa. Na verdade, surpreende os ouvidos do viajante desprevenido, a impressão de ouvir na mídia as mesmas melodias.

De vez em quando, as músicas de influência ocidental (*jazz* e *rock*) são estritamente vigiadas e até reprimidas. Quanto às músicas "ligeiras" (*pop*, canções românticas), são tocadas em profusão. Provenientes, na maior parte dos casos, de Taiwan e Hong Kong, reforçam, à sua maneira, a ideia da unidade da China.

Sabine Trébinjac

➢ NACIONALIDADE, ÓPERA, ROCK

N

NACIONALIDADES

As noções de nação, nacionalidade, povo, etnia e grupo étnico são expressos em mandarim por um só termo: *minzu*.

Esse neologismo de origem japonesa (*minzoku*) foi introduzido pelo reformador Liang Qichao durante a construção do Estado-nação, no final do século XIX.

No início do século XX, o fundador da República, Sun Yat-sen, definiu a nação chinesa (*zhonghua minzu*) como a reunião de cinco "povos" (han, manchu, mongol, muçulmano e tibetano).

A República Popular da China é hoje um Estado multinacional composto de 56 "nacionalidades" (*minzu*), em que 55 são minoritárias, representando cerca de 8% da população, que em sua maioria reside nas regiões fronteiriças.

O conceito de nacionalidade se baseia no modelo teórico estalinista que define nação como "uma comunidade estável, historicamente constituída, de língua, território, vida econômica e formação psíquica, que se traduz numa comunidade de cultura".

A esses critérios foi associado um esquema evolucionista que colocava as populações em diferentes estados históricos de evolução.

Para a China, os mossos, matrilineares, e os dulong, do Yunnan, correspondiam ao comunismo primitivo, as populações turcófonas do noroeste e de língua tai do sudoeste, ao feudalismo, e os yi, ao estádio escravagista. Apenas os han representavam o estádio mais avançado, o de "nação".

No início dos anos 1950, o Estado comunista lançou uma grande campanha de identificação das minorias, que chegou à classificação de cerca de 4 mil grupos, definidos numa base local.

No recenseamento de 1953, esses grupos foram reunidos em 41 nacionalidades, mas em 1964 uma nova classificação reconheceu um total de 53, às quais, em 1982, foram acrescentadas duas outras (she e jingpo).

A política das nacionalidades, conduzidas pelo poder comunista e fundada no princípio da igualdade entre elas, visava também assegurar a submissão das populações minoritárias das fronteiras e integrá-las no Estado-nação.

Foi instituída uma estrutura administrativa específica no quadro dos distritos, das prefeituras e de cinco regiões autônomas que fazem parte do território nacional (a região autônoma da Mongólia interior, a dos hui do Ningxia, a dos uigures do Xianjiang, a do Tibete e a dos zhuang do Guangxi).

Em complemento, o *status* oficial de "nacionalidade minoritária" garantia a cada grupo uma representação política do filho único em vigor para os han.

Enquanto categoria política, a "nacionalidade" reúne as populações que tinham poucas referências comuns, exceto, em algumas delas, o critério da proximidade linguística (as línguas tibetano-birmanesas dos yi, a língua tai das "nacionalidades zhuang e dai).

Cinquenta anos mais tarde, os indivíduos e os grupos, nas suas relações com o Estado, determinam-se no interior dessas identidades atribuídas, ainda que estas sejam, por vezes, contestadas e não substituam as etnias locais reivindicadas (os mossos do Yunnan integrados na "nacionalidade naxi", os tai lü dos Sishuang Banna na "nacionalidade dai").

Elisabeth Allès et Béatrice David

➤ DAI, FRONTEIRAS, HAN, HUI, MANCHUS, MIAO, MONGÓIS, MOSSO, REGIÕES FRONTEIRIÇAS, TIBETANOS, TIBETE, UIGURES, XINJIANG, YAO, ZHUANG

NACIONALISMO

O nacionalismo chinês é uma realidade mais ambígua do que parece.

Sua existência é inegável. Sua força e vivacidade são grandes, como se viu nestes últimos anos com as manifestações contra o bombardeamento americano da Embaixada da China em Belgrado, em maio de 1999; as denúncias das visitas do primeiro-ministro japonês ao santuário de Yasukuni; as críticas virulentas proferidas contra os dirigentes taiwaneses, de Lee Teng-hui a Chen Shui-bian, e, mais em geral, a ambição de fazer da China não só uma grande potência, mas a primeira potência mundial, à frente dos Estados Unidos.

O nacionalismo parece constituir hoje o valor mais partilhado tanto pela sociedade como pelo governo chinês. E este está bem consciente disso, pois o instrumentalizou em grande parte com os objetivos de reforçar seu poder de negociação diante dos seus principais parceiros estrangeiros e também de impedir qualquer "evolução pacífica" do regime para a democracia.

No entanto, ao mesmo tempo, por motivos de interesse, muitas intervenções internacionais do governo de Pequim e muitas manifestações da sociedade ignoraram esse sentimento nacionalista.

A abertura da economia e da sociedade chinesa ao exterior, o estabelecimento de laços diplomáticos e comerciais estreitos com as potências que haviam antes "humilhado" a China (Estados Unidos, Japão, Grã-Bretanha, Alemanha, França etc.), a entrada da China na Organização Mundial do Comércio e a incapacidade militar do Exército Popular de Libertação de modificar a situação estratégica no estreito de Taiwan, ainda dominado pela VII Esquadra americana, são dados sobejamente conhecidos que atestam certo "controle" das emoções nacionalistas que podem estar despertas nos círculos dirigentes.

Analogamente, na sociedade chinesa, a procura do êxito individual, a vontade – e talvez mais ainda a possibilidade – de enriquecer e melhorar o nível de vida, o aumento do provincialismo e do localismo, o fascínio perante uma América que é, ao mesmo tempo, poderosa e próspera, a atração por uma modernidade que é frequentemente sinônimo de *American way of life*, a curiosidade geral por um mundo exterior que foi durante muitos anos proibido – testemunho disso é o surto do turismo chinês para o exterior – e a emigração de milhões de chineses para o mundo desenvolvido são sintoma, se não de ausência, pelo menos de fraqueza relativa do nacionalismo.

Embora o nacionalismo chinês, por razões que se prendem à história da China, seja, sob muitos pontos de vista, específico, ele traduz, desde a época contemporânea, isto é, desde a primeira guerra do ópio (1839-1842), um profundo sentimento de insegurança.

Além do sentimento de insegurança, coexistem várias formas de nacionalismo nesse país, como, aliás, em qualquer outro.

Há um nacionalismo oficial, inspirado pela ideologia comunista e a preocupação do Partido Comunista em manter o monopólio sobre a coisa pública. Na China, isso é sinônimo de "patriotismo".

Há um "nacionalismo revanchista", de tendência racista, disseminado na sociedade pelos segmentos mais antiestrangeiros das elites chinesas – em especial a "nova esquerda" – que se apoiam no desconhecimento popular sobre o estrangeiro e em sua desconfiança tradicional a respeito deste para propagar as suas ideias.

Baseado mais na necessidade de apagar as humilhações passadas do que em uma análise racional da realidade, influenciado pelo patriotismo comunista, mas ultrapassando-o, esse nacionalismo foi particularmente influente na segunda metade dos anos 1990.

Suas manifestações assumiram mais frequentemente a forma de emoções abertamente expressas e de violências antiestrangeiros do que de um discurso construído e de uma ação coerente.

Existe, finalmente, outro nacionalismo chinês, que retira a sua legitimidade da realidade econômica e social chinesa atual, sem com isso rejeitar *a priori* a influência estrangeira.

Procurando certamente modernizar a China e fazê-la recuperar o lugar e a influência a que tem direito na comunidade internacional, preservando ao mesmo tempo a sua cultura, esse nacionalismo é menos agressivo e mais pacífico, dando ênfase à vontade de favorecer as convergências, sobretudo, políticas, com o resto do mundo.

Simbolizado pelo conceito, caro a Hu Jintao, de "emergência pacífica" da China, poderá esse nacionalismo dar origem, mais cedo ou mais tarde, a um nacionalismo democrático, isto é, ao mesmo tempo comedido, aberto e preocupado em defender não só os interesses da nação chinesa mas também os dos homens e das mulheres que a constituem?

As manifestações antiamericanas de 1999 e as violências antijaponesas da primavera de 2005 evidenciam a dificuldade dessa evolução e a tentação persistente do poder chinês de instrumentalizar a única ideologia que lhe permite prolongar sua expectativa de vida.

Jean-Pierre Cabestan

➢ ESTADOS UNIDOS (A CHINA E OS), IDEOLOGIA, JAPÃO (A CHINA E O), MUNDO CHINÊS, TAIWAN (A REPÚBLICA POPULAR E)

NANQUIM (MASSACRE DE)

Sessenta anos após o fim da guerra sino-japonesa (1937-1945), as exações cometidas pelos exércitos imperiais durante as semanas que se seguiram à ocupação da capital da China nacionalista, em dezembro de 1937, ainda hoje envenenam as relações entre a República Popular da China e o Japão.

Ausente da memória oficial durante várias décadas, a questão do massacre de Nanquim surgiu em 1982, dez anos após o estabelecimento das relações diplomáticas com o Japão, impulsionada pela controvérsia acerca dos manuais escolares japoneses.

As modificações sucessivas introduzidas nos referidos manuais de história tenderam a minimizar, e por vezes a negar, a responsabilidade japonesa pela guerra de agressão e, portanto, pelo massacre de Nanquim.

Em 15 de agosto de 1985, dia do aniversário da derrota japonesa, teve lugar em Nanquim a inauguração do memorial dedicado às vítimas do massacre, que as fontes oficiais chinesas calculam ter sido 300 mil.

Nesse mesmo dia, em Tóquio, o primeiro-ministro dirigiu-se ao santuário de Yasukuni, construído em 1869, para honrar os soldados mortos pela pátria, entre os quais figuravam 14 criminosos de guerra, condenados pelo Tribunal Militar Internacional de Tóquio (1946-1948).

A década de 1990 ficou marcada por manifestações hostis ao Japão, muitas vezes centradas nos crimes e nas atrocidades de que foram vítimas, durante os anos de guerra, não só a população chinesa mas também as populações de todos os países da Ásia submetidos à ocupação nipônica.

A controvérsia não poupa o Japão, onde os defensores do ultranacionalismo adotam uma posição negacionista, considerando o massacre de Nanquim como "a maior mentira do século XX".

A publicação em 1997 da obra da jornalista americana de origem chinesa Iris Chang (1968-2004), *The Rape of Nankin: The Forgotten Holocaust of World War II*, desencadeou tanto no Ocidente como na China um interesse crescente por esse passado que confere ao massacre de Nanquim o *status* de símbolo internacional.

Seguros do apoio da população, os dirigentes chineses usam episodicamente essa arma potencial para incitar seu parceiro japonês a assumir suas responsabilidades perante o próprio passado e história. É agora habitual na China acentuar a atitude de arrependimento da Alemanha e julgar pouco "correta" a atitude adotada pelo Japão.

Surgiram outras questões sensíveis desse doloroso passado, que se associaram à do massacre de Nanquim: a das mulheres de conforto transformadas em escravas sexuais, a das vítimas de trabalhos forçados, a da guerra química e bacteriológica e a das experiências médicas.

Embora o governo chinês tenha renunciado a qualquer indenização, em 1972, quando da normalização de suas relações com o Japão, há cidadãos chineses que levantam atualmente a questão das compensações e reparações individuais, às quais o Japão tenta se subtrair.

Em 2005, ano do 60º aniversário da "vitória da China sobre o Japão", as relações bilaterais registraram um esfriamento considerável, que se traduziu em manifestações antijaponesas de uma amplitude sem precedentes.

Françoise Kreissler

➢ JAPÃO (A CHINA E O), NACIONALISMO, PRECEDENTE HISTÓRICO

NÃO PROLIFERAÇÃO (A CHINA E A POLÍTICA DE)

A posição da República Popular da China (RPC) relativamente às questões da não proliferação evoluiu consideravelmente nos últimos anos.

Durante muito tempo, a China se revelou sistematicamente reticente nessas matérias, considerando que os regimes de não proliferação eram instituídos pelas "grandes potências" e para elas, entre as quais recusava figurar.

Atualmente, e sobretudo após os atentados de 11 de setembro de 2001, a China parece estar mais consciente dos riscos da proliferação das armas de destruição maciça e dos limites de ambiguidade de sua posição nessa matéria.

No que respeita aos princípios, a RPC adota uma posição particularmente virtuosa, sobretudo no domínio nuclear. Sua doutrina se regula pelos princípios da não utilização em primeiro lugar e da não utilização contra potências não nucleares.

Desde os anos 1980, encoraja a criação de zonas desnuclearizadas e é membro da Agência Internacional da Energia Atômica (1984), encarregada de controlar o seu uso para fins civis.

Foi a partir dos anos 1990 que a China multiplicou seus compromissos internacionais nesse domínio.

Em 1992, assinou o tratado de não proliferação e ganhou o *status* de Estado dotado de armas nucleares, o que lhe conferiu o direito de possuir esse tipo de armamento. Em 1996, assinou o tratado relativo à proibição total dos testes nucleares, mas que não ratificará enquanto os Estados Unidos não o fizerem também.

A China assinou as convenções sobre as armas biológicas em 1984 e sobre as armas químicas em 1993.

Comprometeu-se também a melhorar seu sistema de controle das exportações, apesar de lacunas ainda importantes e de sua cooperação passada e atual no setor nuclear com o Paquistão, o Irã e a Coreia do Norte.

Pequim é membro do Comitê Zangger de controle das exportações de materiais físseis, desde 1997, bem como do grupo de países fornecedores de materiais nucleares, desde 2004.

No entanto, a política de não proliferação da RPC continua cheia de ambiguidades.

Por exemplo, Pequim recusa-se a assinar a convenção de Otawa sobre a proibição das minas terrestres, uma das principais vendas de armamento da China.

Ainda que se tenha comprometido verbalmente, com os Estados Unidos, a pô-lo em prática, a RPC continua a não fazer parte do Missile Technology Control Regime (MTCR). Pequim considera, de fato, que sua própria lista de materiais proibidos "corresponde aproximadamente" à lista do MTCR e se recusa a alterá-la a fim de poder fazer parte do referido regime.

Em matéria de fundo, Pequim continua a considerar que o controle da proliferação deve ser o resultado da "confiança mútua", do diálogo e da cooperação, rejeitando por princípio qualquer recurso a sanções.

Para Pequim, o direito ao desenvolvimento da energia nuclear civil deve, além disso, ser absolutamente garantido aos países em desenvolvimento.

A ambiguidade dessa posição chinesa, particularmente evidente, devido ao direito de veto de que a China dispõe no Conselho de Segurança das Nações Unidas, surgiu claramente na estratégia de ganho de tempo que adotou nas crises norte-coreana e iraniana.

Valérie Niquet

➤ DEFESA, ORGANIZAÇÃO DAS NAÇÕES UNIDAS (A CHINA E A), POLÍTICA EXTERNA

NOMADISMO

O nomadismo era um modo de vida de populações não chinesas que ocupavam vastas zonas das províncias setentrionais e ocidentais da China: tungue evencos no nordeste da Mongólia interior (orontchones ou eluchun, caçadores a cavalo; evencos do Ologoi, caçadores e criadores de renas; solons, criadores de gado, subsumidos pela cultura mongol), mongóis na Mongólia interior, em Qinghai (Amdo ou Koukounor) e em Xianjiang (Turquestão oriental), touvas, cazaques e quirguizes em Xinjiang (todos criadores de carneiros, cavalos, bovinos, cabras e camelos) e tibetanos criadores de iaques dos planaltos elevados do Tibete e do Qinghai.

É a alguns desses nômades fundadores de impérios poderosos, como os mongóis da dinastia Yun (1271-1368) e os manchus da dinastia Qing (1644-1911), que a China deve a extensão atual de seu território.

Caracterizada pela exploração sazonal e racional das pastagens, a pastorícia nômade implica um *habitat* móvel (cabana cônica dos tungues, iurta dos turco-mongóis, tenda de lã dos tibetanos) e deslocamentos frequentes do grupo familiar num percurso definido.

Hoje em dia, está em vias de extinção na China, devido às migrações maciças de han para essas regiões e às diversas políticas conduzidas pelas autoridades com o objetivo de "racionalizar" a criação de gado.

A coletivização do gado e a organização dos criadores nas comunas populares, nos anos 1950 e 1960, conduziram a uma sedentarização parcial das famílias, repartidas em diferentes equipes. As melhores pastagens foram progressivamente transferidas para a agricultura, a indústria, as minas e a urbanização, setores dominados pelos han.

Os anos 1980 ficaram marcados pelo regresso à propriedade privada do gado e pela transferência da responsabilidade para a unidade familiar, o que suscitou a recuperação das práticas nômades e o crescimento do número de cabeças de gado.

Contudo, a instituição pelas autoridades chinesas de um novo modo de utilização das pastagens, fundado em sua divisão em parcelas privadas e fechadas, tomadas de renda ao Estado, reduziu consideravelmente a mobilidade dos criadores e condenou o nomadismo a um fim rápido.

A diminuição da superfície e da qualidade das pastagens, o aumento do número de cabeças de gado e a perda de mobilidade são causas da sobre-exploração das pastagens, em concorrência com a forte emigração han, com o desenvolvimento da agricultura e com o desmatamento, provocaram graves problemas de desertificação e de degradação do ambiente.

Marie-Dominique Even

➢ HAN, MANCHUS, MONGÓIS, OESTE (PROJETO DE DESENVOLVIMENTO DO), TIBETE, TIBETANOS, XINJIANG

NORDESTE

A região nordeste é composta pelas províncias de Liaoning, de Jilin, de Heilongjiang e das quatros entidades administrativas mais orientais da região autônoma da Mongólia interior (Chifeng, Zhelimu, Xing'an e Hulunbuir). É incontestavelmente uma região à parte.

Território periférico mal povoado até meados do século XIX, foi integrado à China das "dezoito províncias" e dos han em pouco mais de um século, devido ao ritmo do avanço de uma notável fronteira agrícola.

Essa integração se desenrolou num contexto geopolítico específico, assinalado pela rivalidade entre o império chinês e seus dois vizinhos – russos e japoneses – pelo controle dessa região, então chamada Manchúria, cujos recursos e potencialidades econômicas pareciam ser infinitos aos olhos dos protagonistas da época.

Pontuado e enfraquecido por concessões urbanas e de estradas de ferro, o nordeste, à semelhança do litoral, foi duramente marcado pelo período do "século da vergonha".

A partir de 1932, foi mesmo colonizado pelo Japão, que, com a criação do Mandchoukouo, pretendeu fazer da região um "enclave econômico moderno" para desenvolver as suas potencialidades agrícolas, mineiras e manufatureiras.

Contudo, os desvios fascistas e militaristas do Japão fizeram igualmente do nordeste o centro de muitas experiências militares, em especial no domínio das armas biológicas, que gravaram para sempre na mente dos chineses a imagem da barbárie japonesa.

Em reação à invasão, o nordeste foi um importante foco de resistência antijaponesa, em que as forças comunistas se tornaram rapidamente majoritárias, o que lhes permitiu depois utilizar a religião como trampolim para a sua vitória posterior em Pequim.

Do "século da vergonha", o nordeste herdou, todavia, uma sólida organização espacial. A rede de estradas de ferro construída pelos russos – o "T" manchu Manzhouli-Suifenhe e Harbin-Dalian –, que foi depois completada pelos japoneses, constituiu o principal fator estruturante de um espaço que funcionava então segundo o modelo dos países novos.

Associada à presença de ricos recursos naturais, permitiu a criação de uma estrutura industrial avançada, de que o regime comunista tentou ativamente tirar benefícios, a partir de 1949.

O nordeste foi, de fato, uma das principais regiões industriais da China anterior às reformas, apresentada como modelo de desenvolvimento socialista, baseado principalmente na indústria pesada.

Esses anos de uma idade de ouro industrial são coisa do passado. Mantido à margem da primeira onda de reformas, o nordeste registrou forte declínio econômico na segunda metade dos anos 1980 e no início dos anos 1990.

Está, desde então, em busca de um novo impulso. As autoridades centrais e locais integraram a região na estratégia de um novo desenvolvimento.

A primeira consistiu em abrir a região ao exterior, principalmente aos países vizinhos (a Rússia, as duas Coreias e o Japão). Para isso, as autoridades criaram zonas econômicas nas capitais provinciais (Shenyang, Changchun, Harbin) e nas principais cidades fronteiriças (Dandong, Hunchun, Suifenhe, Tongjiang, Heibe e Manzhouli).

Embora essa abertura tenha incontestavelmente marcado a integração definitiva do nordeste na política de abertura e de desenvolvimento nacional e fomentado o desenvolvimento econômico, não permitiu resolver ainda os problemas específicos dessa velha região industrial (reestruturação industrial e reformas das empresas estatais).

Em 2003, o governo chinês fez da recuperação econômica do nordeste uma das "tarefas mais importantes e urgentes" do século XXI. Trata-se de transformar a antiga base industrial do nordeste em um sustentáculo importante da fabricação de equipamentos na China.

Essa campanha não visa apenas anular o atraso de desenvolvimento em relação às províncias costeiras, mas traduz também a vontade da China de reajustar sua estrutura industrial.

Com os polos da indústria ligeira que são o delta do rio das Pérolas e a bacia do Yang-Tsé, o nordeste deve especializar-se na produção de máquinas e equipamentos a fim de limitar as importações chinesas nesse setor.

Seria oportuno se houvesse uma boa rede de infraestrutura de transporte, de recursos naturais e de infraestrutura industrial, quer na indústria química, quer na pesada, o que permitiria levar a bom termo essa nova política.

Em 2004 as autoridades centrais tinham já investido 61 bilhões de yuans nesse projeto.

Sébastien Colin

> COREIA DO SUL (A CHINA E A), FRONTEIRAS, JAPÃO (A CHINA E O), REGIÕES FRONTEIRIÇAS, REGIÕES INDUSTRIAIS (AS VELHAS), RÚSSIA (A CHINA E A)

NOVAS TECNOLOGIAS

A capacidade da China de realizar plenamente o seu potencial de crescimento no século XXI e adquirir *status* de economia do saber dependerá em grande parte do desenvolvimento das novas tecnologias de informação e de comunicação (NTIC) em seu território.

O governo chinês mostra-se atento às NTIC com a finalidade de facilitar o desenvolvimento dos diferentes setores da economia: serviços privados e públicos, ambientes de negócios, eficácia do sistema educativo e administração eletrônica.

Há também um verdadeiro entusiasmo da população urbana pelos produtos e serviços de alta tecnologia: celulares, computadores portáteis e internet.

O governo, no entanto, empenha-se em manter o controle de sua utilização e, sobretudo, em filtrar sistematicamente a transmissão de informações politicamente sensíveis pela internet ou por celular.

O desenvolvimento das NTIC na China é evidente, em primeiro lugar, do ponto de vista quantitativo. O país se tornou um notável produtor de NTIC destinadas à exportação e, cada vez mais, ao consumo interno.

A China é o primeiro produtor mundial de celulares, tendo sido prevista a introdução de 340 milhões de unidades no mercado, em 2006, dos quais 250 milhões destinados à exportação, ou seja, 40% do mercado mundial.

Estão aqui presentes todas as grandes marcas internacionais, tendo mesmo a Motorola, a Nokia, a LG, a Samsung e a BenQ transformado a China numa base importante dos seus setores de pesquisa e desenvolvimento.

Algumas marcas chinesas começam a produzir para o mercado interno (Hisense, TCL Corporation), ao passo que 95% da produção chinesa para exportação são realizadas por companhias estrangeiras.

Em matéria de redes de comunicação, as companhias chinesas de ponta são agora de nível mundial (Huawei), e a China faz parte dos pesos pesados da produção de computadores fixos e portáteis, como Haier e Lenovo. A companhia Lenovo, após a compra dos portáteis da IBM, tornou-se a terceira produtora mundial de PCs.

A procura de NTIC na China cresce rapidamente. As redes de linhas fixas e de celulares explodiram literalmente nestes últimos anos, com um crescimento três vezes superior ao do produto interno bruto (cerca de 30% ao ano, em média), o que transformou a China, em 2004, no maior mercado mundial de comunicações por telefone, à frente dos Estados Unidos.

Havia 350 milhões de linhas telefônicas fixas e 393 milhões de celulares no final de 2005. Este último número deverá ter atingido 600 milhões em 2010.

Contudo, a taxa de equipamentos por habitante coloca o país muito atrás dos seus vizinhos mais desenvolvidos do leste da Ásia (Japão e Coreia do Sul), se bem que essa diferença se reduz rapidamente.

Observa-se uma concorrência cada vez maior no mercado interno entre as duas operadoras de celular, a China Unicom (empresa privada sediada em Hong Kong) e a China Mobile (empresa estatal sediada em Pequim).

As zonas e aglomerações urbanas do país estão bem cobertas com redes de fibra óptica de alta velocidade. As zonas rurais têm cobertura muito menor.

Em relação à internet, a China conta, atualmente, cerca de 111 milhões de internautas, o que faz dela o segundo país utilizador da rede, atrás dos Estados Unidos.

Os internautas concentram-se nas províncias ricas e costeiras: Guangdong, Zhejiang, Fujian, Jiangsu e Shandong, com o Hubei e o Liaoning como exceção à regra. Pequim, Xangai e Tianjin têm também elevada concentração de usuários da internet, pois 28% da população da capital tem acesso à rede.

Por outro lado, segundo o China Internet Network Information Center, os usuários de redes de alta velocidade foram mais de 64 milhões no final de 2005, com um aumento de 50% em um ano.

Existe, no entanto, grande disparidade entre as cidades e as zonas rurais, sendo ainda maior no caso da internet do que no de celulares. Não deve haver mais que 19 milhões de internautas nos meios rurais, ou seja, 2,6% da população rural, ao passo que há 91 milhões nas cidades, ou 17% da população urbana.

Pode-se falar, portanto, numa ruptura digital entre as zonas rural e urbana, a qual corre o risco de agravar as disparidades de rendimentos e de crescimento já existente.

A situação da China é paradoxal. O governo chinês controla de muito perto o desenvolvimento das NTIC. Segundo um estudo publicado pela Open Net Initiative, a China é o país com mais censura em relação ao conteúdo da internet. Porém, essa censura, que tem sobretudo caráter político, não é um entrave às possibilidades de desenvolvimento econômico relacionado à expansão das NTIC no país.

Justine White

➢ BLOG, CONTROLE POLÍTICO E CENSURA, EMPRESAS DE CAPITAL ESTRANGEIRO, GRANDES GRUPOS, INTERNET

OBESIDADE

O número de casos de pessoas com excesso de peso e obesidade aumenta hoje em dia em todo o mundo, e a China parece cada vez mais afetada por esse fenômeno.

A obesidade é considerada pela Organização Mundial da Saúde como uma doença multifatorial não transmissível, cuja definição, de forma simplificada, se baseia no valor do índice de massa corporal. Esse é igual ao peso da pessoa, expresso em quilos, dividido pelo quadrado da altura, expressa em metros. Há excesso de peso se o índice de massa corporal se situar entre 25 kg/m^2 e 29,9 kg/m^2 e obesidade se for igual ou superior a 30kg/m^2.

O aumento da taxa de obesidade na China data dos anos 1990.

O terceiro inquérito nutricional, realizado em 1992, no conjunto das províncias urbanas e rurais, com uma metodologia aparentemente satisfatória, revelava já esse crescimento, registrando-se uma frequência maior da doença nas mulheres do que nos homens e maior nas zonas urbanas do que nas rurais.

Desde então, todas as observações corroboraram esse resultado. O mais inquietante é que as crianças são cada vez mais afetadas.

O Ministério da Educação publicou em novembro de 2005 os resultados de uma pesquisa realizada em 2002 sobre o desenvolvimento físico das crianças e dos adolescentes escolarizados, sendo uma das suas conclusões que os jovens entre 7 e 12 anos constituem o grupo etário mais atingido pela obesidade.

Entre esses, destacam-se os rapazes das cidades, devido ao crescimento de sua taxa de obesidade. A taxa dos adolescentes obesos de 10 a 12 anos, que em 1994 era de 6,05%, elevava-se em 2002 a 14,46%.

A obesidade, relacionada com a urbanização e o aumento do nível socioeconômico das população, é, de alguma forma, uma falta de adaptação à modernidade a que a China não estava acostumada.

A obesidade acompanha a mudança do regime alimentar (substituição dos cereais e dos legumes pelo consumo mal equilibrado de carne, gorduras e açúcar) e da vida cotidiana. Daí as tentativas do governo chinês de informar o público em matéria de dietética e de práticas esportivas.

Frédéric Obringer

➢ ALIMENTAÇÃO, DESPORTO, FILHO ÚNICO, POPULAÇÃO, SAÚDE

OESTE (PROJETO DE DESENVOLVIMENTO DO)

O projeto de desenvolvimento do oeste (*xibu kaifa*) foi aprovado pelo Conselho dos Assuntos de Estado, em janeiro de 2000, e pela Assembleia Nacional Popular, dois meses mais tarde. O X Plano Quinquenal (2001-2005) fez explicitamente do oeste uma de suas prioridades.

O oeste abrange oficialmente as margens ocidentais da China dos han e os territórios propriamente ocidentais e de povoamento inicialmente não han. Inclui Chongqing, as províncias de Gansu, Guizhou, Qinghai, Shaanxi, Sichuan e Yunnan e as cinco regiões autônomas.

O Estado central consagra grande parte dos seus investimentos ao oeste. A sua ajuda pretende ser multiforme: infraestrutura, proteção do ambiente, reestruturação industrial, educação e transferências tecnológicas.

Trata-se de desencravar as províncias interiores, integrando o oeste num tecido de eixos de transporte e de redes econômicas à escala nacional, e de melhorar o nível de vida das populações locais, oferecendo novas ocasiões de produção e de emprego.

Foram apoiados dez projetos importantes, entre os quais as linhas férreas que ligam Xi'an a Nanquim e a Hefei, os prolongamentos dos aeroportos de Xi'an e de Dunhuang, a linha ferroviária rápida de Chongqing, o gasoduto que deve fazer a ligação entre as jazidas de gás de Sebei, na bacia do Qidam, a Xining e Lanzhou e uma grande fábrica de adubos potássicos, também em Qinghai.

De fato, os investimentos do Estado dedicaram-se essencialmente às infraestruturas de transporte. Nove novas autoestradas deverão fazer a ligação do oeste ao resto do país. Um projeto em três fases orienta as obras ferroviárias: a construção de três corredores até 2010, depois a densificação da rede interna das regiões ocidentais e, finalmente, ligações ferroviárias intercontinentais entre a China e a Europa.

Por outro lado, foram aprovadas pelo Estado políticas preferenciais para atrair investimentos das províncias orientais e do exterior ao oeste, estabelecer com elas formas de cooperação econômica e técnica e desenvolver a formação.

Implantaram-se ali grandes grupos chineses. A China Petroleum e a China National Electric Power Corporation estão envolvidas no transporte de gás natural e de eletricidade para as regiões litorâneas. A China Unicom e a China Heavy-Duty Truck Group também se instalaram no oeste.

Os primeiros investidores estrangeiros foram a Shell, para explorar com a China National Petroleum Corporation a reserva de gás de Changbei, na bacia do Ordos, e a IBM, que investiu no Software Industrial Park de Xi'an.

Em suma, é preciso distinguir no "oeste" dois conjuntos regionais diferentes.

As regiões verdadeiramente ocidentais como o Tibete, o Xinjiang e o Qinghai são lugares de predação para a economia chinesa e de integração física para que se possa exercer maior controle e se desenvolva a colonização han, perante populações autóctones muito hostis.

Apenas o Xinjiang é favorecido. Mas é verdade que a região autônoma representa desafios não só econômicos, devido aos seus recursos naturais, mas também de geopolítica interna, com a necessidade de responder com o desenvolvimento às reivindicações autonomistas das populações uigures e de geopolítica externa, devido à sua situação na Ásia central e ao acesso ao petróleo do Oriente Médio que permite a Pequim essa autonomia.

A longo prazo, o projeto poderia beneficiar, sobretudo, as margens ocidentais da China dos han, que oferecem um vasto mercado de emprego e consumo, além de vantagens comparativas que a integração realizada pelos transportes irá tornar pertinentes.

Os verdadeiros polos de desenvolvimento do oeste são as grandes cidades do interior chinês, deixadas à margem da metropolização e do dispositivo litoral.

Foi mesmo proposta oficialmente uma gradação: as cidades centrais são Xi'an e Chongqing; as cidades de desenvolvimento prioritário são Hohhot, Baotou,

Yinchuan e Lanzhou no norte, Chengdu e Mianyang no centro, Guiyang, Kunming, Yuxi, Nanning e Liuzhou no sul e apenas Urumqi no oeste.

Thierry Sanjuan

➤ ADMINISTRAÇÃO TERRITORIAL, ÁSIA CENTRAL (A CHINA E A), ENERGIA E RECURSOS NATURAIS, INDÚSTRIA E POLÍTICA DE INDUSTRIALIZAÇÃO, PETRÓLEO, TIBETE, TRANSPORTES, UIGURES, XINJIANG

ÓPERA

A ópera ou teatro chinês reúne diferentes formas artísticas geralmente dissociadas no Ocidente: teatro, canto, música, dança, acrobacias, artes marciais, máscaras e maquilagem elaboradas e mimos.

Tendo surgido no século XIII, na dinastia Yuan (1271-1368), como gênero autônomo, está atualmente ramificada em cerca de 300 estilos locais, sendo o mais conhecido a ópera de Pequim.

Esse gênero artístico esteve sempre em simbiose com a vida social. Durante as festas religiosas, eram organizados espetáculos de ópera para divertir as divindades e para gozo dos viventes.

O repertório reproduzia as grandes epopeias da história chinesa. Os temas mais correntes eram histórias de amor, combates e lendas. Uma das peças mais representadas é *Mulian*, uma história de inspiração budista e taoísta que relata a descida aos infernos de um filho em busca da mãe.

Outrora, as tropas itinerantes cruzavam constantemente as zonas rurais, alcançando desse modo as aldeias mais recuadas.

Devido ao seu papel social, o Estado tentou sempre controlar a ópera, que se tornou um instrumento de propaganda comunista e foi transformado em "ópera modelo" durante a Revolução Cultural. Apenas oito peças foram autorizadas durante 15 anos.

A partir de 1980, a ópera tradicional foi reabilitada. Desde meados dos anos 1990, o abandono por parte do Estado de seu empenho na vida cultural teve como consequência o desaparecimento de muitas companhias. No entanto, a ópera continua a estar presente nas zonas rurais, apesar da concorrência da televisão.

Embora pareça que as novas gerações se desinteressem por ópera, muitos amadores praticam o canto com assiduidade e organizam espetáculos independentes nas cidades.

Catherine Capdeville-Zeng

➢ CULTURA, LAZER, PRÁTICA RECREATIVA

OPERÁRIOS

Duas classes operárias coabitam hoje na China.

A primeira é constituída pelo antigo grupo de "operários e empregados das empresas estatais", ponta de lança da industrialização dos anos 1950 e 1960 e que sofreram desde meados dos anos 1990 um verdadeiro processo de desqualificação. Cerca de dois quintos deles foram despedidos desde o início dos anos 1990 e muitos não conseguiram voltar a encontrar um emprego estável.

Ao mesmo tempo, o antigo *status* desses operários, que associava o emprego vitalício e a proteção social completa, foi suprimido. Foram aplicadas, todavia, disposições particulares para limitar as consequências sociais das reformas: caixas de desemprego, reformas antecipadas, criação do *status* temporário de despedido-empregado (*xiagang*), organização de estágios de formação etc.

Apesar dessas disposições, o número de habitantes das zonas urbanas em situação de pobreza absoluta, por não poderem prover suas necessidades básicas, elevava-se a 22,35 milhões em 2003.

Se acrescentarmos a esse número as pessoas que escapam às estatísticas e as que estão em "situação difícil" (kunnan ren), ou seja, pouco acima do limiar de pobreza, chegamos a uma população pobre da ordem dos 50 a 60 milhões de indivíduos, ou seja, 10%-12% da população urbana.

Apareceu uma segunda classe operária, composta por dezenas de milhões de camponeses – fala-se em 100 milhões –, que abandonaram a agricultura para ir procurar trabalho nas grandes cidades e nas zonas em desenvolvimento do leste do país.

As empresas estrangeiras (essencialmente de Hong Kong e de Taiwan) e as empresas chinesas exportadoras impõem-lhes condições de remuneração e de trabalho que são muitas vezes deploráveis.

Não sendo considerados "residentes urbanos", os assalariados imigrantes não podem se beneficiar nem dos serviços públicos (alojamento, saúde), nem de proteção legal contra os patrões desonestos, nem do novo sistema de segurança social.

Ausentes da cena social, os imigrantes são pouco mais do que estatísticas. Calculou-se oficialmente o seu número em 93 ou 94 milhões em 2003, sendo o número real sem dúvida superior. Contudo, não se encontram nem nos números do desemprego nem nos do emprego. Compreende-se essa situação porque entre 70% e 90% não dispõem de contrato de trabalho.

São, no entanto, os principais agentes do "milagre" chinês. Constituem, sobretudo, a totalidade da mão de obra empregada nas empresas da indústria transformadora *made in China*, instaladas nas zonas costeiras.

Feminina e juvenil em sua maioria – na zona de Shenzhen, 70% dos 5,5 milhões de trabalhadores são mulheres, a maioria com idade inferior a 30 anos – essa mão de obra é vítima de uma exploração sem escrúpulos: são comuns os acidentes de trabalho, a obrigação de efetuar horas extraordinárias, as violências, os sequestros e o confisco dos documentos de identidade.

O seu salário é entre duas a cinco vezes inferior ao salário médio, mas nitidamente superior ao rendimento médio de sua zona de origem.

Jean-Louis Rocca

➢ CIDADES, DESEMPREGO, DIREITO DE TRABALHO, EMPRESAS DE CAPITAL ESTRANGEIRO, EMPRESAS ESTATAIS, IMIGRANTES, PROTEÇÃO SOCIAL

ORÇAMENTO

O peso das despesas do orçamento do Estado chinês registrou um recuo nítido durante a primeira fase das reformas, antes de voltarem a aumentar a partir de 1996, estabilizando em seguida (35% do produto interno bruto, ou PIB, em 1978, contra 21% a partir de 2002).

Essa contração das despesas se explica principalmente pelo fato de o orçamento ter transferido para os bancos a responsabilidade de financiar as empresas estatais, a fim de concentrar seus esforços apenas no financiamento de investimentos em infraestrutura.

Em 2002, o peso das despesas administrativas (23%), de investimento (20%) e militares (8%) continuava a ser relativamente elevado, enquanto as despesas com a educação (15%) e, sobretudo, com a saúde (3%) continuavam mais baixas do que nos países emergentes comparáveis.

A importância da participação do Estado na economia não se limita a esses valores, porque é preciso acrescentar as despesas públicas não incluídas no orçamento, mormente as despesas "extraorçamentais" (trata-se fundamentalmente das coletividades locais), o que eleva o peso das despesas públicas para 28% do PIB.

Finalmente, para se obter o montante global da intervenção pública na economia, é também necessário acrescentar os fundos da segurança social, o que eleva a taxa a 32% do PIB, sem contar que o Estado assumiu uma parte dos créditos malparados das instituições financeiras.

Perante a necessidade de melhorar a transparência e a eficácia de suas intervenções, o Estado iniciou um processo para voltar a incluir todas as suas despesas no orçamento. Durante a segunda metade dos anos 1990, a política orçamentária foi um instrumento central de gestão macroeconômica, permitindo manter o crescimento mediante despesas públicas de investimento e apoiar o emprego.

Paralelamente, uma parte importante das decisões orçamentárias foi descentralizada para as coletividades locais: a parte das despesas públicas a cargo dos governos locais aumentou, perfazendo mais de 70% das despesas totais em 2001. Essas coletividades asseguram o essencial das despesas com a educação e a saúde e devem assumir o encargo crescente dos desempregados que resultam das dispensas das empresas estatais.

Durante vários anos o orçamento ficou marcado pelo aumento de déficit público (cerca de 3% do PIB em 2003), mas este ficou reduzido a 1,4% em 2004. A dívida não representava oficialmente senão 17% do PIB em 2003, mas com a inclusão das dívidas implicitamente garantidas pelo Estado (em particular o crédito malparado dos bancos do Estado), essa taxa pode atingir entre 60% e 100% do PIB.

Samuel Guérineau

➢ DESCENTRALIZAÇÃO, EMPRESAS ESTATAIS, FISCALIDADE, PROTEÇÃO SOCIAL, REFORMA (SISTEMA DE)

ORGANISMOS GENETICAMENTE MODIFICADOS

Embora a difusão em grande escala da cultura dos organismos geneticamente modificados (OGM) seja indubitável na China, desde o final dos anos 1990, e, mais ainda, no decurso da presente década, reina tal obscuridade acerca desse assunto que não poderíamos fazer dele uma descrição exaustiva.

É muito provável que muitas dessas culturas se realizem de forma fraudulenta, ou seja, antes de ser emitida uma autorização governamental de utilização. Exemplo disso é a descoberta em 2005 de arroz transgênico à venda nos mercados de Hubei.

Apesar disso, a China situava-se, em 2004, no quinto lugar mundial no que dizia respeito a áreas cultivada com OGM, atrás apenas dos Estados Unidos, da Argentina, do Canadá e do Brasil.

Sem mencionar as investigações hoje em curso relativas a animais e microrganismos transgênicos, citemos entre os OGM vegetais cultivados: o tabaco, a pimenta, o amendoim, a papaia e o tomate.

Mas as duas culturas mais importantes do ponto de vista quantitativo são o algodão e o arroz.

Vários híbridos de algodão Bt, que integram genes bacterianos destinados a lutar contra a principal praga da planta, a larva do algodão, são cultivados desde 1996, representando cerca de 35% da produção total. Esses híbridos provêm tanto de empresas estrangeiras quanto de trabalhos chineses.

A produtividade de tais OGM é certamente superior, num primeiro momento, à das variedades clássicas de algodão, mas observam-se ao fim de alguns anos fenômenos de resistência dos parasitas aos novos híbridos.

O arroz, cuja superfície cultivada está em constante regressão na China, figura igualmente no centro da questão dos OGM.

O país experimenta quatro variedades de arroz geneticamente modificado nos seus campos, entre os quais arroz B1, supostamente resistentes aos ataques dos insetos.

Contudo, apesar de múltiplos anúncios entusiásticos dos produtores dessas culturas, o comitê governamental sobre a biossegurança, composto por 74 membros, entre os quais especialistas em alimentação e meio ambiente, não conseguiu, no final do ano de 2005, chegar a um acordo quanto à inocuidade dessas quatro variedades de arroz, diferindo, dessa forma, quanto a sua utilização agrícola e comercial.

De maneira geral, os OGM parecem ter um belo futuro na China, onde os investimentos em sua pesquisa atingem níveis muito elevados, confirmando assim a crença dos decisores chineses quanto aos benefícios econômicos esperados de sua futura exploração.

No entanto, a integração progressiva da China no comércio mundial levou à adoção de vários regulamentos acerca dos OGM.

No início de 2002, o Ministério da Agricultura publicou três regulamentos que fornecem um quadro preciso para a gestão da biossegurança, das modalidades de comercialização e da etiquetagem dos produtos geneticamente modificados.

Em suma: a nova legislação exige que os importadores e os exportadores obtenham do Ministério da Agricultura uma aprovação oficial, que só é concedida após a verificação da salubridade dos produtos, o que pode ser, em certos casos, uma forma de proteção comercial.

Além disso, a China ratificou em 2003 o protocolo de Cartagena sobre a biossegurança, que procura tornar mais segura para as populações e o meio ambiente a utilização dos organismos viventes modificados, entre os quais os OGM.

Frédéric Obringer

➤ AGRICULTURA, ALIMENTAÇÃO, AMBIENTE, ARROZ, ARROZAIS, CEREAIS

ORGANIZAÇÃO DAS NAÇÕES UNIDAS (A CHINA E A)

Membro fundador da Organização das Nações Unidas (ONU) e com assento permanente no Conselho de Segurança, a China foi, até 1971, representada pela República da China, de Taiwan.

A resolução 2.758 (XXVI), de 25 de outubro de 1971, da Assembleia Geral, sancionou "a devolução à República Popular da China (RPC) de todos os seus direitos e o reconhecimento dos representantes de seu governo como os únicos representantes legítimos da China na Organização das Nações Unidas.

As reticências iniciais de Pequim em relação ao sistema da ONU, considerado um instrumento a serviço das potências "imperialistas", foram se atenuando pouco a pouco, sobretudo após o lançamento das reformas de 1979.

Nos anos 1980 a China aderiu a certo número de instrumentos internacionais relativos ao desarmamento e aos direitos humanos (por exemplo, a convenção contra a tortura).

O fim da Guerra Fria, uma década mais tarde, acelerou essa evolução. Desde os anos 1990, a China manifesta empenho, pelo menos formal, em favor da promoção do multilateralismo.

Em 1992, ratificou o tratado de não proliferação dos armamentos. Em 1997, assinou o pacto sobre os direitos econômicos e sociais e, um ano mais tarde, o dos direitos civis e políticos, embora até hoje ainda não tenha ratificado o primeiro.

A atitude passiva da RPC nas negociações no Conselho de Segurança, exceto para evitar qualquer ingerência nos seus "assuntos internos" (quatro recursos em 1972, 1972, 1997 e 1999, tendo a defesa dos seus interesses na questão de Taiwan motivado os dois últimos), deu lugar a uma vontade declarada de assumir o conjunto das suas responsabilidades internacionais.

A participação chinesa nas operações de manutenção de paz (OMP) desenvolveu-se a partir de 1988 (2,5% do orçamento de OMP em 1º de janeiro de 2005; 1.026 elementos do pessoal mobilizados em junho de 2005).

A China é o quinto contribuinte para o orçamento regular da ONU (2% em 2005).

A diplomacia da China na ONU tornou-se mais ativa a partir do início de 2005, em particular no quadro do projeto de reforma da instituição. Pequim deseja, sobretudo, evitar o enfraquecimento de seu *status* no Conselho de Segurança.

Dora Chesne

> ESTADOS UNIDOS (A CHINA E OS), POLÍTICA EXTERNA, TAIWAN (A REPÚBLICA POPULAR DA CHINA E), UNIÃO EUROPEIA (A CHINA E A)

ORGANIZAÇÃO MUNDIAL DO COMÉRCIO (A CHINA E A)

A China aderiu à Organização Mundial do Comércio (OMC) em 11 de dezembro de 2001, depois de duas décadas durante as quais sua participação nas trocas internacionais não cessou de aumentar.

Preparou-se para essa data reduzindo progressivamente suas tarifas aduaneiras e ampliando as cotas de importação. Essa nova etapa não só confirmou sua integração na economia mundial mas provocaria, a mais ou menos longo prazo, modificações estruturais em sua economia.

A importância da participação da China no comércio mundial baseara-se durante muito tempo nos investimentos estrangeiros, com as empresas estrangeiras realizando mais de metade das trocas externas no início do século XXI.

Em contrapartida, as empresas chinesas ficaram relativamente isoladas da competição internacional, apesar de uma abertura significativa no final dos anos 1990.

Ora, a ênfase da OMC incide particularmente no livre acesso aos mercados internos.

Havia, portanto, nessa decisão uma dimensão interna de que o antigo primeiro-ministro Zhu Rongji estava bem consciente.

Pretendia, por essa via, impor reformas à economia interna, a que os elementos mais conservadores sempre se haviam oposto. Assumia, desse modo, os riscos de gerar tensões sociais no setor estatal e nas zonas rurais, ao passo que a política chinesa de transição consistira precisamente em contornar as reformas que traziam consigo riscos de desestabilização demasiado elevados.

Com esse gesto, a China pretendia também afirmar-se como um ator essencial na cena internacional. As negociações entre a OMC e Taiwan estavam muito avançadas e a China não podia tolerar que a ilha nacionalista fosse admitida à organização antes dela. Muito pelo contrário, pretendia "apadrinhar" a adesão de Taiwan, que deveria ocorrer no mesmo dia.

No protocolo de adesão, a China se empenhou em reduzir as barreiras tarifárias e não tarifárias.

O novo nível dos direitos aduaneiros sobre as importações de produtos industriais cairiam abaixo do limiar de 10% em 2005, quando ainda em 2000 eram de 17%.

No que diz respeito à agricultura, a China tinha não só de aumentar os contingentes de importação como também de reduzir as suas tarifas (passar, em média, de 22% para 15% em quatro anos).

Essas imposições podem parecer particularmente severas, em comparação com as que foram aplicadas aos países que a precederam na OMC. Contudo, a China, que foi admitida tardiamente, não pôde se beneficiar da etapa intermédia do Uruguay Round, que, procurando prioritariamente eliminar as barreiras não tarifárias, tinha concedido compensações aos países em desenvolvimento que eram membros do GATT (General Agreement on Tariffs and Trade, ou Acordo Geral sobre Pautas Aduaneiras e Comércio).

A comunidade internacional, muito preocupada com a importância das atividades de falsificação na China, exigiu a ratificação do acordo Trip (Trade Related Aspects of Intellectual Property Rights, ou Aspectos dos Direitos de Propriedade Intelectual Relacionados com o Comércio), previamente à entrada na OMC. Porém, esses compromissos estão longe de terem passado à prática.

A adesão à OMC abriu ainda mais o mercado chinês aos investidores estrangeiros.

Foi no setor dos serviços que o impacto se mostrou mais importante: comércio, telecomunicações, bancos, seguros e gestão de carteiras abriram-se aos investidores estrangeiros, segundo um calendário preestabelecido, que prolongou a liberação até 2007.

Os investidores estrangeiros alimentam grandes esperanças nessas atividades até então controladas pelos monopólios públicos e naquelas em que a procura a satisfazer é considerável, devido ao atraso acumulado.

É claro que não é possível ignorar que as práticas no terreno podem estar sendo muito afastadas dos compromissos oficiais.

Há barreiras não tarifárias muito difíceis de identificar, tanto mais que os governos locais podem estar tentados a ignorar os compromissos assumidos pelo poder central quando se trata de empresas sobre as quais mantiveram alguma forma de controle direto ou indireto, mesmo tendo havido privatização.

Yves Citoleux

➢ AGRICULTURA, COMÉRCIO EXTERNO, FALSIFICAÇÃO, ESTADOS UNIDOS (A CHINA E OS), INVESTIMENTO DIRETO ESTRANGEIRO, SERVIÇOS, UNIÃO EUROPEIA (A CHINA E A), ZHU RONGJI

ORGANIZAÇÕES DE CAMPONESES

As organizações de camponeses atuam, sobretudo, no nível das aldeias administrativas (as antigas brigadas de produção, constituídas por uma aldeia ou um grupo de localidades, durante o período coletivista) e dos "pequenos grupos de camponeses" (as antigas equipes de produção, constituídas por uma parte da aldeia ou por uma ou várias localidades).

Não existe instância representativa dos interesses dos camponeses ao nível provincial ou nacional.

Coexistem atualmente muitas formas de organização nos meios rurais cuja legitimidade se baseia em diferentes momentos da história chinesa.

Qualquer aldeia administrativa possui pelo menos duas organizações oficiais: o comitê dos aldeões e o do Partido Comunista (PC). No entanto, desde o desaparecimento das comunas populares, no início dos anos 1980, e a atribuição às famílias do direito de usufruto das terras coletivas, a criação de outras formas de organização foi encorajada ou tolerada.

Algumas delas têm como objetivo aplicar políticas nacionais, como as associações para o controle dos nascimentos, os comitês de segurança e de proteção e os comitês de mediação.

Outras formas são criadas por iniciativa dos camponeses e nascem, por vezes, dos descontentamentos expressos perante as prevaricações e os abusos dos aldeões responsáveis. É o caso dos "grupos para a gestão pública e transparente das questões aldeãs", "para a diminuição do ônus aldeão" ou, ainda, "para a luta contra a corrupção".

Tais organizações não obrigatórias podem nascer também da necessidade de solicitar apoio e sugestões a alguns indivíduos para que orientem o desenvolvimento econômico local. Daí a criação de associações ditas "dos homens de talento".

Esses grupos, embora não constituam organizações oficiais, como os comitês anteriormente citados, não deixam de ser instâncias formais autorizadas pelo Estado.

Organizações ditas "tradicionais", ligadas à gestão de bens comuns – parentesco, cultos religiosos, recursos hidráulicos – e desaparecidas durante os primeiros 30 anos do regime comunista, são por vezes reativadas de maneira informal.

As designações mudaram (por trás de nomes como "gabinetes" ou "associação dos antigos" podem ocultar-se organizações de linhagem), o mesmo se deu com o seu modo de funcionar e com as suas relações com as autoridades locais.

Podem, no entanto, exercer uma influência determinante na gestão dos assuntos comunais, propondo mecanismos familiares, sempre julgados legítimos, para resolver os conflitos e assegurar uma justa distribuição dos bens comuns.

Embora as situações nas aldeias chinesas variem muito, indo de localidades destituídas de qualquer forma de organização, além do comitê de aldeões e o do PC, até aquelas em que surgiu mais de uma dezena de instâncias especializadas, em geral os espaços de discussão aldeões se multiplicaram.

Uma mesma questão é frequentemente debatida hoje em dia perante públicos diferentes por indivíduos que gozam de uma autoridade igualmente diferente e apoiando-se em princípios e usos muito diversos.

A voz do secretário-geral do PC, por exemplo, não exerce a mesma influência no seio do comitê do PC e no seio de sua organização de parentesco.

É confrontado no segundo círculo com outras prioridades e com outras formas de colocar em perspectiva os assuntos comuns, que não pode ignorar, ante os laços de dependência econômica, política e social que, por vezes, se desenvolvem. A menos que recorra à força para proteger os seus interesses particulares.

Essas diferentes formas de organização camponesa, oficiais ou não, são, portanto, frequentemente influentes no plano local e podem envolver várias localidades.

No entanto, é difícil voltarem-se para os escalões superiores da administração e exercerem a sua atividade além do próprio território, muito circunscrito.

Isabelle Thireau

➢ ALDEÕES (COMITÊS DE), ALDEIAS ADMINISTRATIVAS, CAMPONESES, MEDIAÇÃO SOCIAL, ORGANIZAÇÕES DE MASSA, PARTIDO COMUNISTA

ORGANIZAÇÕES DE MASSA

Na China, a noção de organização de massa inclui não só as tradicionais "correias de transmissão" entre o Partido Comunista (PC) e o povo mas também os comitês de aldeões e de residentes, eleitos, em princípio, pelos cidadãos e igualmente chamados "organizações autônomas de base das massas". Apenas as primeiras serão aqui apresentadas.

As organizações de massa são muito numerosas e estão todas sob a tutela do Partido Comunista. Em princípio, o PC dirige essas vastas estruturas em todos os escalões por meio dos seus departamentos de frente unida.

Embora já não tenham por missão mobilizar os diversos setores da sociedade, as organizações de massa permitem ao PC tentar manter o seu controle sobre toda uma série de atividades sociais, atrair a si os elementos que deram boas provas no seio dessas organizações e, cada vez mais, gerir melhor os conflitos que o opõem à sociedade.

As organizações de massa mais conhecidas e sem dúvida mais oficiais são a Liga da Juventude Comunista (LJC), a Liga da Juventude Comunista da China, a Federação Panchinesa dos Sindicatos (FPS), a Federação Sindical Panchinesa (FSP), e a Federação Nacional de Mulheres da China

Outras estruturas desse tipo evoluíram de forma mais nítida e se transformaram em organizações não governamentais à chinesa (proteção dos deficientes, do meio ambiente etc.), isto é, cultivando laços e evitando entrar em conflito com um poder ansioso por impedir o aparecimento de qualquer oposição política.

De qualquer forma, desde meados dos anos 1990, à medida que as desigualdades e os problemas sociais aumentavam, as organizações de massa viram desenvolver-se a sua autonomia, embora de forma desigual.

A Liga da Juventude Comunista continua a ser considerada pelas autoridades, e em particular por Hu Jintao, que foi seu presidente, como a principal escola dos futuros quadros do PC.

No entanto, a Liga não constitui um trampolim senão para uma minoria de ativistas. Além disso, como anteriormente sucedia no bloco soviético, ela gera atividades culturais que ajudam a manter o povo "em fase" com a juventude.

A Federação Panchinesa dos Sindicatos viu também evoluir a sua missão. Atualmente, o PC confia-lhe como tarefa principal a proteção dos direitos dos trabalhadores e, sobretudo, a resolução dos conflitos de trabalho. Apoiando-se nas alterações à lei e dotadas de meios financeiros mais importantes, as seções locais da FPS desempenham o papel de intermediários num número crescente de conflitos.

No entanto, a credibilidade da FPS não pode deixar de ser contestada, e o PC, atormentado pelo risco de aparecimento de sindicatos independentes, continua a reprimir onde a FPS não consegue convencer.

Foi provavelmente a Federação Nacional de Mulheres da China que teve a evolução mais característica. Os seus responsáveis nacionais e locais levaram muitas vezes a peito a proteção dos direitos das mulheres e utilizaram-na mais como um grupo de pressão do que como uma organização de massa.

A longo prazo, esse é, sem dúvida, o destino dessas estruturas estreitamente ligadas, não só a um poder mas a uma sociedade de tipo leninista.

Jean-Pierre Cabestan

> ALDEÕES (COMITÊS DE), MULHER, MEDIAÇÃO SOCIAL, ORGANIZAÇÕES DE CAMPONESES, ORGANIZAÇÕES NÃO GOVERNAMENTAIS, PARTIDO COMUNISTA, RESIDENTES (COMITÊS DE), SINDICATOS

ORGANIZAÇÕES NÃO GOVERNAMENTAIS

As organizações não governamentais (ONGs) correspondem a uma realidade diversa e ambígua.

No início das reformas, o Estado encorajou a emergência de organizações sociais encarregadas de compensar, sob seu controle, o desaparecimento de determinadas estruturas administrativas (comunas populares, unidades de trabalho) e, depois, a privatização dos serviços públicos.

Desde a virada do século, há um número crescente dessas organizações que tenta adquirir autonomia ou exercer um papel crítico (defesa do meio ambiente). Apresentam-se, por vezes, como grupos de defesa dos imigrantes, dos camponeses ou dos doentes com Aids.

O termo ONG, surgido nos anos 1990, abrange diferentes tipos de organização, cujo *status* é muitas vezes contraditório em relação ao que se entende por ONG no Ocidente.

A legislação de 1998, que continua em vigor, reconhece "organizações não governamentais sem fins lucrativos". Mas essas organizações são diretamente administradas pelo Ministério dos Assuntos Civis e têm de ser apadrinhadas por uma organização do Partido Comunista ou do Estado para poderem ser legalmente registradas.

Em face das condições de registro, muitas são ilegais ou registradas como empresas.

Essa relativa tolerância com relação a seu *status* legal reflete a ambivalência do Estado diante dessas organizações.

Por um lado, tenta controlá-las e limitar o seu desenvolvimento, com receio de que se transformem em forças de oposição. Por outro lado, está consciente de seu papel amortecedor dos conflitos sociais.

Por seu lado, essas organizações se distribuem por um amplo espectro. Algumas são auxiliares e prolongamentos do Estado, ao passo que outras tentam ampliar os limites da zona cinzenta em que se encontram para agir como grupos de pressão e fazer evoluir o sistema a partir do interior.

Chloé Froissart

➤ CONTROLE POLÍTICO E CENSURA, DIREITO

ORIENTE MÉDIO (A CHINA E O)

Uma longa tradição liga a China ao Oriente Médio por meio das rotas da seda. No entanto, essa região continuou a ser relativamente mal conhecida dos chineses até a época contemporânea.

Nos anos 1950, a República popular estabeleceu laços diplomáticos com os países árabes da região, independentemente de seu regime político (Egito e Síria em 1956, Iraque e Iêmen em 1958), mas absteve-se de levar em consideração a vontade de normalização manifestada por Israel.

Na década que se seguiu, e à medida que radicalizava suas posições políticas, Pequim deu um apoio cada vez mais ativo à causa palestina, tanto no plano diplomático como por certa ajuda material.

Durante esse período, a China forneceu assistência financeira ao Oriente Médio que representou cerca de 10% do total de sua ajuda ao Terceiro Mundo (66 milhões de dólares em 1972). Além desse apoio econômico, Pequim consolidou as suas relações com os países da região, encorajando os laços entre as minorias muçulmanas chinesas (hui e uigures) e o berço de sua religião.

As questões de ordem ideológica foram deixadas de lado a favor de considerações mais pragmáticas desde o lançamento das reformas econômicas por Deng Xiaoping.

Nos anos 1980 desenvolveu-se um comércio civil e militar florescente com essa região. A guerra Irã-Iraque (1980-1988) estimulou amplamente as vendas de armas chinesas aos dois países beligerantes. Entre outros compradores de armamento chinês, devemos citar a Arábia Saudita, a Síria e o Egito.

Por outro lado, a China compra cada vez mais equipamentos militares de Israel, país com o qual Pequim normalizou finalmente as suas relações em 1992. Essa cooperação levou o governo chinês a moderar as suas posições em relação ao conflito Israel-Palestina.

A dependência crescente da China em relação ao Oriente Médio em matéria de petróleo (cerca de 60% das importações) reforçou o pragmatismo diplomático do país nessa região.

Pequim pretende participar da resolução das questões regionais, mas raramente ocupa a linha de frente. De fato, a China privilegia a melhoria de seus laços com todos os produtores de petróleo da região, particularmente com a Arábia Saudita, o Irã e o Iraque.

Essa nova prioridade explica, em grande parte, tanto a relativa moderação da China em sua crítica à guerra desencadeada pelos Estados Unidos contra o regime de Saddam Hussein, em 2003, como a sua prontidão em normalizar as relações com o novo poder iraquiano.

Michal Meidan

➤ ENERGIA E RECURSOS NATURAIS, ISLÃ, PETRÓLEO, POLÍTICA EXTERNA

P

PARENTESCO

O parentesco é o conjunto de relações de filiação, de aliança e de irmandade que unem os homens entre si. Há vários sistemas de parentesco que coexistem ainda na nação chinesa multiétnica.

O sistema matrilinear dos mossos do Yunnan e o seu sistema matrimonial de visitas (*tisese*) estão na origem do caráter étnico desse grupo, integrado na nacionalidade naxi.

A organização do parentesco em vários grupos do Yunnan manteve traços característicos do sistema de filiação indiferenciado das populações de língua tai, notadamente a residência matrilocal.

No entanto, a inserção no universo político e cultural chinês resultou por toda parte na influência e mesmo na adoção do sistema de filiação patrilinear e o modo de residência patrilocal ou virilocal associado a ele.

No século XX, a política do Estado chinês moderno reforçou essa ideologia patrilinear, que modela as novas instâncias de pertença, como a nação ou o grupo étnico, de linhagem patrilinear.

No vasto conjunto formado pelos han, bem como em outras populações chinesas, tal como os muçulmanos de nacionalidade hui, a concepção do parentesco e suas práticas continuam sob a forte influência de um sistema de filiação unilinear, que determina a transmissão da instância de pertença por referência a um só dos progenitores, o pai.

Ao contrário dos modos de filiação indiferenciados, em que o indivíduo pertence à linha do pai e à da mãe e pode, em consequência, herdar de uma e/ou de outra das duas linhas, o sistema unilinear divide o campo do parentesco em universos familiares diferenciados, em que os direitos e as obrigações do indivíduo são função das relações de filiação ou de aliança.

Apesar da legislação que agora garante o princípio da igualdade de direitos entre o homem e a mulher, as leis da patrilinearidade conservam sua autoridade social, moral e ritual na esfera familiar, com a perpetuação da linha paterna pertencendo aos filhos.

Desse modo, apesar da importância crescente das filhas na economia familiar e da manutenção frequente de seu auxílio mesmo depois de casarem, as práticas de sucessão nas zonas rurais continuam os usos, ultrapassados pelo costume jurídico, que reservam aos filhos a herança dos bens familiares, tanto simbólicos (culto dos antepassados) como materiais.

A corresidência com os pais do marido é outro legado importante do sistema patrilinear, que impõe às filhas casadas a residência patrilocal ou virilocal e prescreve ao(s) filhos(s) a obrigação de cuidar dos pais idosos.

Inquéritos realizados na China urbana e rural mostram que a corresidência com os pais, quando é imposta por razões econômicas, de saúde ou outras, é ainda rara com os pais da mulher.

A política de família posta em prática pelo Estado durante o coletivismo encorajou a residência patrilocal ou virilocal, concedendo as residências urbanas em função da "unidade de trabalho" do marido.

Nas zonas rurais, quando uma filha casa, deixa de ficar registrada em sua aldeia natal. Sua família perde sua parte das terras agrícolas distribuídas com base no número de pessoas por lar. Essa parte lhe é atribuída na aldeia do marido (de acordo com a disponibilidade de terras). Muitos jovens casais têm de contar apenas com a parte do marido.

As práticas cotidianas do parentesco seguem a unilateralidade de um modo de filiação que distingue claramente as relações de filiação das relações de aliança ou de afinidade.

O exercício de parentesco é, portanto, para a criança, o reconhecimento desse universo dividido em agnados (parentesco interno) e afins (parentesco externo) e a sua iniciação precoce numa terminologia do parentesco que situa com rigor os indivíduos numa esfera social hierarquizada segundo sexo, geração, idade e ordem de nascimento.

No entanto, hoje é possível distinguir sinais de enfraquecimento dessa orientação patrilinear do parentesco chinês, sobretudo por efeito da política do filho único, em vigor desde fins dos anos 1970.

Novas práticas de parentesco vão se desenhando nessa recente paisagem familiar de lares de filhos únicos.

A presença conjunta de duas famílias no banquete de casamento é outra inovação importante, introduzida num ritual de parentesco que, outrora, mantinha os aliados a distância. O rito contemporâneo tem sempre o cuidado, no entanto, de expressar a superioridade ritual dos pais do marido, reservando-lhes sempre o lugar de honra.

Menos corrente, na refeição da véspera do Ano-Novo, tradicionalmente celebrada na casa dos pais do marido ou em sua companhia, começam a se reunir as famílias de um casal formado por dois filhos únicos.

É possível antever, sem dúvida, uma evolução em direção a uma prática mais indiferenciada do parentesco.

Os ritos do culto dos antepassados, bem como os outros ritos de parentesco que valorizam o laço agnatício em detrimento de outras relações, dão uma imagem centrada no homem do parentesco chinês oficial, que o exame das relações de aliança contribui para matizar.

O papel das mulheres no exercício da reprodução social não é de forma alguma negligenciável, mormente na constituição das uniões matrimoniais, que mobilizam muitas vezes a mediação de suas redes relacionais. Daí ser frequentemente comum a origem familiar ou local das mulheres casadas nas comunidades aldeãs exógamas.

Pesquisas realizadas na China urbana mostram não só o relevo das redes familiares mas também das outras redes relacionais, num domínio em que os pais estão ainda fortemente implicados.

Esses usos matrimoniais são apenas um aspecto dos muitos usos sociais do parentesco. As redes de parentesco fornecem uma forma de capital social que é acessível. A necessidade de cultivar esses laços sociais primários, a coberto de uma ideologia da família que salienta as virtudes dos laços de parentesco sólidos, está na base de um mecanismo complexo de prestações e contraprestações que unem os indivíduos numa teia de obrigações recíprocas.

O universo do parentesco manifesta-se muito além do campo do parentesco "real". As relações sociais são modeladas de acordo com as relações de parentesco. O uso de formas de tratamento que designam familiares (agnados e afins) estabelece assim um parentesco fictício entre pessoas não aparentadas.

Nesse "entre os seus", formado pela família, o outro é então o que não é designado por um termo de parentesco.

Béatrice David

> ANTEPASSADOS (CULTO DOS), FAMÍLIA, FILHO ÚNICO, LINHAGEM, REDES, RELAÇÕES INTERPESSOAIS

PARQUE E JARDINS

A tradição dos jardins chineses tem origem nos velhos mitos paradisíacos. Na literatura antiga, o conceito de "jardim" (*yuanlin*) é polissêmico. Designa em geral um terreno fechado de mininatureza e finalidade espiritual. Nele se cultivam legumes e plantas e se criam animais para passeios ou estadas à procura de distração.

O primeiro jardim, o jardim imperial de You, data da disnatia Zhou (século XI a.C.).

Com os qin (221-206 a.C.) e os han (206 a.C.-220 d.C.) apareceu uma nova forma de jardim, que consiste em dois elementos essenciais da paisagem natural: a montanha (*shan*) e a água (*shui*).

Durante os períodos das dinastias do sul e do norte (420-589), fizeram a sua aparição os jardins dos templos e os jardins privados, na sequência da propagação do budismo e do florescimento dos poemas e das pinturas chinesas.

A idade de ouro do jardim chinês durou até os ming (1368-1644) e atingiu o auge em 1634, quando da publicação do *Yuanye* ("Tratado dos Jardins"). Nessa primeira e única obra inteiramente consagrada à arte dos jardins, Ji Cheng explica de maneira quantitativa as técnicas de construção e as regras de composição dos jardins, antecipando uma visão poética e pitoresca do jardim ideal.

Com os qing (1644-1911), os jardins tornaram-se o lugar onde seus proprietários, fossem eles imperadores, fossem mandarins ou letrados, podiam dedicar seus próprios pensamentos e sentimentos à relação entre o homem e a natureza e refletir sobre a vida.

Ao contrário da aparente simetria dos jardins franceses e italianos, o ordenamento dos jardins chineses caracteriza-se por uma disposição livre, irregular e estreitamente ligada ao tempo. Os jardins clássicos que ainda se encontram hoje na China datam da época dos qing. Estão classificados como patrimônio nacional e até mundial.

O termo "jardim" foi substituído pelo de "parque" ou "jardim público" (*gongyuan*) no início do século XX. A transformação foi fundamental: enquanto o jardim era um lugar privado, íntimo e espiritual, o parque é um lugar público de lazer.

Os primeiros parques urbanos foram construídos na China no interior de concessões estrangeiras, no final do século XIX. O regime nacionalista começou a abrir ao público grandes jardins imperiais ou privados, transformando-os em parques urbanos.

Desde os anos 1950, a construção dos parques passou a se inserir na planificação urbana, enquanto principal equipamento recreativo, segundo os princípios da Carta de Atenas. Todavia, os parques urbanos continuaram a ser fechados e pagos até o início dos anos 1990.

Os anos 1990 ficaram assinalados por grandes operações urbanísticas impulsionadas pelo crescimento da economia de mercado. Lançou-se um verdadeiro movimento de embelezamento urbano nas cidades, que começaram a rivalizar entre si para atrair os investimentos do exterior.

O desenvolvimento de espaços verdes é a medida mais simples e mais eficaz de melhorar a qualidade do ambiente urbano. Ao mesmo tempo em que os quarteirões insalubres eram arrasados para dar lugar a espaços verdes, os parques fechados foram também progressivamente transformados em espaços públicos.

Nesse contexto, alguns preconizam um novo modelo de urbanismo, "a cidade de montanhas e de águas" (*shanshui chengshi*), em que o espaço construído e os espaços verdes se combinam em vista de uma relação harmoniosa entre o *habitat* humano e a natureza.

Wu Junyu e Zhuo Jian

➤ AMBIENTE, CIDADES, ESPAÇOS PÚBLICOS, PATRIMÔNIO, URBANISMO

PARTIDO COMUNISTA

Partido dirigente desde a fundação da República Popular da China, em 1949, o Partido Comunista (PC) foi fundado em julho de 1921, em Xangai, por um reduzido grupo de intelectuais e de pequenos proprietários agrícolas, desprezadores de Confúcio, republicanos, marxistas e anarquistas.

Desde o início, o PC se inspirou no modelo soviético original, mas também se distinguiu dele. Antes de 1949, o PC, sucessivamente aliado e inimigo do Kuomintang, conheceu a vida urbana clandestina, o recuo para as zonas rurais (após a repressão de 1927) e a experiência do poder na base do Jiangxi, em moldes soviéticos (1931-1934), e depois, após a Longa Marcha, em Yan'na, em Shaanxi (1942-1947).

Desde 1949 que o funcionamento e a organização do PC se normalizaram, apesar do papel proeminente de Mao Tsé-tung, presidente da Comissão Militar Central, a partir de 1935, e presidente do PC, a partir de 1945.

Tal como os outros PC no poder, o PC chinês tornou-se um Partido-Estado. No entanto, se durante os anos 1950 pareceu aproximar-se do modelo soviético (criação de um secretariado geral), as suas estruturas continuaram a ser, em parte, específicas.

Desde 1958, com o lançamento do Grande Salto Adiante, os poderes de coordenação dos comitês do PC em cada escalão se tornaram mais amplos do que as competências funcionais das comissões e dos ministérios centrais, favorecendo uma certa desconcentração a favor das províncias.

Durante a Revolução Cultural, o PC pareceu viver um período de total apagamento, sendo reconhecidamente suplantado pelo Exército Popular de Libertação (EPL). Contudo, desde 1968, retomou pouco a pouco o controle das alavancas do poder e, após a morte de Lin Biao, em 1971, o EPL foi despojado da maioria das suas responsabilidades governamentais.

A morte de Mao, em 1976, e depois a política de abertura de Deng Xiaoping, a partir de 1978, estabilizaram de novo a vida do PC.

Este viu reforçar-se a sua autoridade, acompanhando o sucesso das reformas econômicas e a repressão do movimento democrático em 1979-1980.

Os acontecimentos da Praça de Tiananmen e o desmoronamento do comunismo em todo o mundo, em 1989, obrigaram o PC a fazer evoluir sua ideologia e seus critérios de recrutamento.

Atualmente, graças a essa transformação, tornou-se uma organização mais nacionalista do que comunista e mais inclusiva do que exclusiva.

Sendo oficial desde 2001, com a adoção da teoria chamada das "três representações", de Jiang Zemin, a cooptação dos empresários privados no PC é seu exemplo mais conhecido. O PC chinês é também o maior partido político em todo o mundo, contando mais de 70 milhões de partidários em 2006 (cerca de 5% da população).

Apesar disso, suas instituições iniciais permaneceram quase intatas. O princípio do centralismo democrático, que autoriza oficialmente cada membro a debater qualquer assunto até a tomada de decisão pelas autoridades centrais, que passa a ser irrevogável, continua a garantir a coerência do edifício.

No alto da hierarquia, constituída por cerca de 2 mil delegados escolhidos pelo Centro, o Congresso Nacional do PC reúne-se de cinco em cinco anos desde 1977 (XI Congresso).

Oficialmente, cada congresso designa um Comitê Central (198 membros efetivos e 158 membros suplentes sem direito de voto, desde o XVI Congresso, de novembro de 2002). Este último, por sua vez, escolhe o secretário-geral (sucessivamente Hu Yaobang (1980-1987), Zhao Ziyang (1987-1989), Jian Zemin (1989-2002) e Hu Jintao (desde 2002), os membros do Gabinete Político [Politburo] e do Comitê Permanente do Gabinete Político (nove membros desde 2002), o núcleo dirigente do país em que todas as decisões importantes (políticas públicas e nomeações) são adotadas, em princípio de forma coletiva.

O Congresso ratifica igualmente as grandes orientações políticas do país.

O Comitê Central do PC dirige também certo número de administrações, entre as quais as mais poderosas são o departamento da Organização, encarregado da gestão dos quadros, o departamento da Propaganda, responsável pela ideologia, o departamento de Ligação Internacional, o departamento da Frente Unida, cuja tarefa é vincular forças não comunistas ("partidos democráticos" e organizações de massa) à direção do PC, e, finalmente, a Escola Central do PC.

Em todos os escalões territoriais, o PC estabeleceu "células de base", cujo número é calculado em mais de 3 milhões em todo o país. Estas lhe permitem exercer, no dia a dia, funções tanto políticas como sociais.

Partido revolucionário no passado, o PC pretende atualmente surgir como partido do governo.

Stéphanie Balme

➢ DENG XIAOPING, ESTADO, GOVERNO, GRANDE SALTO ADIANTE, HU JINTAO, JIANG ZEMIN, MAO TSÉ-TUNG, ORGANIZAÇÕES DE MASSA, PARTIDOS DEMOCRÁTICOS, TRÊS REPRESENTAÇÕES

PARTIDOS DEMOCRÁTICOS

Oito no total, os "partidos democráticos" (*minzhudang*) foram mantidos após 1949. São assim designados pelo Partido Comunista Chinês por três razões.

A primeira é que essas pequenas formações se aliaram ao PC durante a guerra civil que o opôs ao Kuomintang, entre 1946 e 1949.

A segunda é que legitimaram então a criação de uma assembleia (a Conferência Consultiva Política do Povo Chinês, CCPPC) e de um governo de frente unida, de modo a reforçar a legitimidade do regime fundado por Mao Tsé-tung.

A terceira é que essa política de frente unida era então preconizada em todo o campo socialista e, sobretudo, nas "democracias populares" da Europa Central e Oriental.

Criados em sua maioria ao final da Segunda Guerra Mundial, os oito "partidos democráticos" são os seguintes: Comitê Revolucionário do Kuomintang, Liga Democrática da China, Associação Democrática Chinesa para a Edificação Nacional, Associação Chinesa para a Promoção da Democracia, Partido Democrático Camponês e Operário, Partido da Aspiração à Justiça, Sociedade do 3 de Setembro e Liga para a Autonomia Democrática de Taiwan.

Essas formações são de pequena dimensão (580 mil membros no total, em 2006) e estão sob a direção do PC, que controla seu crescimento e assegura grande parte de seu financiamento.

Embora nestes últimos anos um maior número de seus responsáveis tenha sido promovido a funções administrativas, esses partidos são mais clubes de negócios que retiram vantagens das reformas econômicas do que o fermento de um futuro pluralismo político.

Estão representados na CCPPC, assembleia consultiva que, após a criação da Assembleia Nacional Popular (ANP), em 1954, perdeu todo o poder legislativo.

Reunindo 2.238 deputados desde 2003 e composta por dois terços de não comunistas (intelectuais, empresários, artistas etc.), a CCPPC constitui uma segunda tribuna, depois da ANP, de discussão dos grandes problemas do país.

No entanto, presidida pelo número quatro da direção do PC (Jia Qinglin, desde 2003), a CCPPC continua estritamente controlada por este último.

Jean-Pierre Cabestan

➤ ASSEMBLEIA NACIONAL POPULAR, PARTIDO COMUNISTA

PÁTIOS

Desenvolveu-se em Xangai e em algumas cidades do delta de Yang-Tsé um *habitat* baseado no princípio dos pátios. Chamados *lilong* e *longtang*, esses pátios foram construídos entre os anos 1860 e 1930, em Xangai. Eram, então, objeto de operações imobiliárias cujo propósito era construir habitações coletivas de massa.

Os *lilong* são atravessados por uma rede hierarquizada de vias internas, ela mesma isolada das grandes artérias da cidade por lojas ou muros pontuados apenas por alguns pórticos e portas. Representam a arquitetura e a disposição espacial das casas rurais tradicionais da região de Xangai, com uma porta (*shikumen*) que dá para um primeiro pátio, depois à casa propriamente dita, a que sucede, nos fundos, um segundo pátio interior, destinado às tarefas domésticas.

Esses espaços da comunidade, que as ruelas hierarquizadas materializam, são lugares de conversa, de ajuda mútua e de atividades em comum dos habitantes. O *lilong* é o lugar tradicional da construção da identidade, correspondente ao comitê de residentes da cidade socialista.

Atualmente, essa construção herdada, que é morfologicamente múltipla nas suas realizações, está em via de desaparecer, devido à modernização urbana da China. Quando se mantém, contudo, fica a dever, na maior parte das vezes, a uma política de conservação do patrimônio no setor urbano.

Thierry Sanjuan

➤ ARQUITETURA, CIDADE, PATRIMÔNIO, RESIDENTES (COMITÊS DE), URBANISMO, XANGAI

PATRIMÔNIO

Com 31 sítios inscritos no inventário do patrimônio mundial, a China dispõe de uma das heranças culturais mais ricas de todo o mundo. A concepção do patrimônio na China não é, porém, a mesma que no Ocidente.

Na época antiga, a história ocupava um lugar primordial na vida social chinesa, quer no plano moral, quer no plano político. Desde muito cedo as lições dos antepassados foram consideradas como códigos sociais suscetíveis de normalizar não só o comportamento do povo mas também o dos imperadores.

Essa superioridade absoluta do passado concede ao patrimônio um valor mental muito mais importante do que o seu valor material. Ou seja, é mais o significado moral do que o valor físico que pode fazer conceder caráter patrimonial a um objeto.

O objeto físico não é considerado senão o suporte substancial (o continente) das mentalidades antigas (o conteúdo).

Essa concepção explica, durante as mudanças de dinastia, a demolição em massa das realizações existentes, seguida por uma reconstrução total. Em vez de se apropriarem do valor material dessas realizações, os sucessores preferiam arrasá-las totalmente, pois preocupava-os que a mentalidade de seus predecessores permanecesse.

Em 1961, foi publicado pelo Conselho dos Assuntos de Estado o regulamento provisório da proteção e da gestão do patrimônio cultural, a primeira legislação nacional nesse domínio. Permitia salvaguardar com caráter de urgência um grande número de monumentos históricos, vestígios culturais e objetos artísticos antigos, após anos de guerras.

No entanto, essa legislação foi suspensa, alguns anos mais tarde, pelo deflagrar da Revolução Cultural, em 1966. Foram desencadeadas pelos guardas vermelhos operações ditas de "destruição dos quatro velhos" (*po sijiu*) a fim de estabelecer um sistema socialista de pensamento, cultura, usos e costumes e tradições inteiramente novo. Esse movimento foi a catástrofe mais evidente que o patrimônio chinês sofreu na época contemporânea.

Foi necessário esperar pela publicação da lei relativa à proteção do patrimônio, em 1982, para que a herança cultural fosse protegida juridicamente.

Esta legislação autoriza o Conselho dos Assuntos de Estado, os governos das províncias e os presidentes das câmaras a classificar os monumentos patrimoniais segundo diferentes categorias, aplicando regulamentos específicos.

No entanto, ultrapassadas as guerras e os movimentos ideológicos da China contemporânea, são hoje as construções rápidas que constituem uma ameaça para o patrimônio.

Para conservar o entorno dos monumentos históricos e as características das cidades antigas, foi criada em 1988 uma classificação de "cidade histórica e cultural", juntamente com nova legislação sobre o urbanismo e a lei relativa à proteção do ambiente.

Assim, 99 cidades chinesas foram classificadas e protegidas pelo regulamento nacional relativo à proteção das cidades históricas e culturais, publicado em 1994. Esse regulamento torna obrigatório para todas as cidades classificadas a elaboração de um plano de salvaguarda e de valorização do patrimônio urbano.

Após muitos anos de sensibilização por empenho dos intelectuais, as coletividades locais começam a tomar a iniciativa de práticas inovadoras.

Em colaboração com a Universidade de Tongji, a cidade de Xangai identificou em 2004, pela primeira vez na China, os 12 primeiros "quarteirões de morfologia tradicional". Entre o monumento histórico e a cidade inteira, o quarteirão tornou-se uma escala mais pertinente para as ações públicas que têm por objetivo a valorização do patrimônio urbano.

Nesses últimos anos tomou-se consciência do valor do patrimônio não físico. Em fevereiro de 2006, foi organizada em Pequim a primeira feira nacional totalmente dedicada ao patrimônio cultural intangível.

Zhuo Jian

➢ ARQUITETURA, CIDADES, HISTÓRIAS, PÁTIOS, RUELAS, URBANISMO

PENA DE MORTE

A China continua a considerar as questões relacionadas com a pena de morte como segredo de Estado.

É difícil, portanto, calcular o número de condenados à pena de morte. Contudo, diversos relatórios independentes, a começar pelos da Anistia Internacional, falam de mais de 3 mil execuções por ano. Alguns pesquisadores antecipam um número de execuções considerável, compreendido entre 10 mil e 15 mil pessoas por ano.

Independentemente das estimativas apresentadas, a China registra de longe o maior número de condenações em todo o mundo. As campanhas de luta contra a delinquência, em especial a lançada em 2001, sob o slogan *"bater forte"*, contribuíram claramente para um papel ampliado da pena de morte.

O direito penal chinês contempla um número impressionante de crimes passíveis de pena de morte. Além disso, as garantias jurídicas que enquadram oficialmente a condenação à pena capital (regras de processo imparcial, categorias de pessoas e de crimes visados, possibilidade de apelar, obrigação de tornar pública a decisão, prática das execuções públicas) estão longe de ser aplicadas.

Consciente dos limites de uma prática tão abusiva, notadamente em escala local, o governo chinês parece procurar enquadrá-la de forma mais estrita.

Os crimes de corrupção são, por exemplo, menos frequentemente sancionados com a pena de morte e, desde 2003, iniciou-se uma reflexão com a finalidade de limitar progressivamente seu domínio de aplicação.

As execuções públicas são mais raras e o uso da arma de fogo vem sendo substituído, pouco a pouco, pela administração de uma injeção letal intravenosa.

Por último, as condenações à pena de morte deveriam ser sistematicamente analisadas e aprovadas em escala nacional pelo Supremo Tribunal Popular, e não pelos tribunais superiores das províncias.

No entanto, essa recentralização tem dificuldade em ser aplicada. Com base no apoio popular muito forte a essa prática, as autoridades chinesas não têm nenhuma intenção de abolir a pena de morte.

Leïla Choukroune

> DIREITO, DIREITOS HUMANOS, JUSTIÇA

PEQUIM

Capital da China, Pequim possui também o *status* de municipalidade de nível provincial. Seu território, com uma superfície de mais de 8 mil km², abriga cerca de 15 milhões de habitantes, metade dos quais concentrada no interior do aglomerado populacional, o segundo em peso demográfico, depois de Xangai.

O modo de desenvolvimento do aglomerado pequinês é caracterizado por uma forte centralidade e pela tendência para a dispersão urbana.

De fato, o centro da cidade tende a ser ocupado pelo setor terciário, com concentração de atividades administrativas e de serviços, enquanto a periferia acolhe conjuntos residenciais, essencialmente na forma de quarteirões de grandes habitações coletivas.

A pressão fundiária, muito forte no centro da cidade, ao favorecer operações de forte rentabilidade, levanta a questão da preservação do patrimônio arquitetônico e urbano: os quarteirões de *hutong* são destruídos e os seus habitantes são realojados na periferia longínqua.

O peso crescente do automóvel nas práticas de mobilidade influencia igualmente a organização do espaço segundo um esquema radiocêntrico que liga avenidas periféricas e radiais.

Os principais eixos de desenvolvimento urbano estão orientados para o norte e para o leste do aglomerado populacional.

Para o norte, encontra-se o desenvolvimento do quarteirão de Zhongguangcun, que concentra as atividades de alta tecnologia e conjuntos residenciais em construção. Os subúrbios a norte são servidos, desde 1998, por uma linha de trens suburbanos.

Para o leste desenvolve-se um grande centro de negócios no bairro de Chaoyang e localizam-se centros de atividades ao longo do eixo da autoestrada Pequim-Tianjin.

Para limitar os efeitos da dispersão urbana, o esquema diretor de Pequim prevê um plano de apoio ao crescimento de cidades-satélites, cuja concretização tem sido muito reduzida.

Apenas Yizhuang, a leste, beneficia-se de uma verdadeira dinâmica, graças, em parte, ao sucesso da zona de desenvolvimento econômico e tecnológico de Pequim.

O crescimento demográfico de Pequim se explica em grande parte, hoje em dia, por um fluxo migratório muito importante com origem nas zonas rurais. Os trabalhadores imigrantes vêm aumentar grandemente os números já elevados de uma população dita "flutuante", que perfaz cerca de 30% da população total do aglomerado populacional.

Esses habitantes, que não surgem nos registros estáticos da cidade, vivem e trabalham em condições muito precárias.

Por outro lado, a geografia social de Pequim permite entrever formas de segregação socioespacial cada vez mais nítidas. Num extremo, por um lado, os quarteirões em que se juntam os trabalhadores imigrantes e, no outro extremo, os quarteirões de residências individuais, protegidas do subúrbio norte de acordo com o modelo das *gated communities* americanas, conjuntos privados e dotados de segurança para ricos.

É pelo modo de acesso à propriedade, desde o início dos anos 1990, que se afirma uma apropriação social do espaço fortemente diferenciada.

Embora o *status* de cidade capital leve a impor limitações à definição das estratégias de desenvolvimento e aos modos de gestão, as modalidades do governo urbano são, no entanto, mais abertas. Integram novos agentes, como os promotores imobiliários, e inserem o desenvolvimento de Pequim num conjunto regional mais amplo, que reúne a municipalidade de Tianjin e uma parte da província de Hebei.

Ultimamente, todos os esforços estiveram concentrados na preparação dos Jogos Olímpicos de 2008.

Jean-François Doulet

> CIDADES, IMOBILIÁRIO (SETOR), JOGOS OLÍMPICOS, PATRIMÔNIO, RUELAS, URBANISMO

PEREGRINAÇÕES

A vitalidade da religiosidade e o surto de desenvolvimento do lazer durante os últimos 20 anos determinaram a vocação turística de lugares em que a busca do sagrado assume a forma religiosa de peregrinação, mas se realiza também por meio de atos que são, ao mesmo tempo, mais profanos e impregnados de religiosidade, como uma subida a uma montanha, uma caminhada ou a contemplação do nascer do Sol.

A montanha, divinizada desde a Antiguidade como lugar das divindades, é o local por excelência da manifestação do sagrado, e subi-la tem, em chinês, o significado de peregrinação como "escalada da montanha para uma audiência (com os deuses) e oferta de incenso".

A identificação do templo com a "montanha" cobriu a China de lugares de culto (templos dos cultos populares, santuários e mosteiros budistas e taoístas), que são montanhas que têm tanto de real como de imaginário.

As montanhas mais célebres dessa geografia sagrada nacional são os Cinco Picos, que assinalam as cinco direções (Taishan, Hengshan do Norte e Hengshan do Sul, Huashan e Songshan) e as "quatro montanhas do budismo" (montes Wutai, Emei, Putuo e Jiuhua).

O afluxo de visitantes e o desenvolvimento turístico colocam em perigo esse frágil patrimônio cultural e natural. Os efeitos sobre o meio ambiente são particularmente desastrosos.

Após Taishan, desde 1987 várias montanhas sagradas foram inscritas pela Unesco na lista do patrimônio mundial em perigo. Os programas de conservação, apoiados por organismos internacionais públicos e privados, em parceria com as associações budistas e taoístas oficiais, os poderes públicos e as populações locais, têm por objetivo implementar um ordenamento turístico duradouro e que se preocupe mais com o equilíbrio entre o homem e a natureza. Ainda é demasiado cedo, todavia, para avaliar a eficácia desses programas.

O turismo contribui igualmente para a promoção dos "lugares santos" do Estado-nação secular. Esses lugares sacralizados pela história oficial comemoram personagens emblemáticos nos seus lugares de nascimento ou de residência (a aldeia natal de Mao Tsé-tung, por exemplo) e acontecimentos (a "base revolucionária sagrada" de Yan'na, nas casas-grutas de Shaanxi). O Gabinete Nacional do Turismo declarou 2005 como ano oficial desse "turismo vermelho".

Béatrice David

➤ BUDISMO, LAZER, PATRIMÔNIO, TAOÍSMO, TEMPLOS, TURISMO

PESQUISA E DESENVOLVIMENTO

A pesquisa científica e tecnológica na China baseia-se num conjunto extremamente complexo de instituições.

No essencial, a pesquisa fundamental e acadêmica realiza-se em institutos de pesquisa pública e universidades, que representam cerca de 10% das despesas de pesquisa.

A pesquisa mais completa se encontra nas instituições de pesquisa que pertencem a entidades produtivas: empresas do Estado, empresas coletivas e empresas privadas. São raras as universidades efetivamente dotadas de laboratórios de pesquisa importantes.

No entanto, a China criou uma rede densa de laboratórios certificados (*key laboratories*), muitas vezes situados nas universidades, que podem candidatar-se a financiamentos específicos para os projetos considerados estratégicos.

Frequentemente ligados à Academia das Ciências, esses laboratórios-chave são, no nível das províncias, encarregados de efetuar atividades de controle técnico (cultura de organismos geneticamente modificados, análise físico-química de produtos farmacêuticos ou alimentares).

Nos anos 1990, assistiu-se ao aparecimento de atividades de pesquisa e desenvolvimento (P&D) realizadas por empresas privadas de capitais chineses e também à instalação de um número importante de centros de investigação pertencentes a empresas estrangeiras (mais de 400 inventariadas em 2002).

Tal como no resto da economia, as atividades de P&D sofreram profundas transformações: encerramento e privatização dos centros públicos de pesquisa aplicada, importância crescente das empresas coletivas e privadas no financiamento da P&D e multiplicação de iniciativas ao nível das províncias para apoiar o desenvolvimento industrial e tecnológico.

É difícil avaliar o esforço total em P&D, e as estatísticas do Ministério da Ciência e da Tecnologia não fornecem o âmbito exato do que medem.

A razão entre as despesas de P&D e o produto interno bruto (PIB) registrou um forte crescimento a partir de 1996, ultrapassando 1,2% a partir de 2002.

Esse esforço considerável foi conduzido com uma baixa dos recursos dos centros de pesquisa aplicada dependentes de ministérios técnicos (Agricultura, Indústria e Silvicultura) e com o reforço dos orçamentos dos institutos de investigação fundamental em determinados domínios estratégicos (comunicações, tecnologias espaciais e informática).

Os orçamentos públicos distribuídos sob a forma de bolsas e de projetos sob concurso financiados pela Fundação Nacional da Ciência e Tecnologia tiveram também forte incremento.

Acompanhando o grande crescimento industrial, notadamente no sul da China, houve empresas emblemáticas que criaram poderosos centros de P&D.

Foi o que aconteceu em empresas como a Huawei, nas comunicações, e a 999, no setor farmacêutico, duas grandes empresas que contam com o Exército entre os seus principais clientes.

Outras grandes empresas tiveram acelerado ritmo de criação de unidades de produção e, portanto, de investimentos importantes em tecnologia.

As empresas de produtos de grande consumo (motos, eletrodomésticos, eletrônicos para o grande público, têxteis, sanitários e canalizações, produtos para a construção) registraram uma verdadeira explosão, principalmente no sul da China.

Não surpreende ver, portanto, algumas dessas empresas criarem centros de P&D e empenharem-se em atividades de pesquisa.

Mais impressionante ainda é a vontade dos governos locais e do governo central de apoiar essa atividade tecnológica.

De maneira geral, desde 1999, o governo chinês promoveu a inovação e o desenvolvimento tecnológicos como sua principal prioridade.

Essa política é posta em prática com a criação de centros técnicos de apoio às empresas, com o reforço das estruturas de decisão relacionadas com a ciência e a tecnologia nos governos locais e com o apoio à criação de zonas tecnológicas especializadas.

No sul da China, que teve a maior criação de empresas privadas e coletivas, foi instalada uma densa rede de centros técnicos para servir às empresas dos polos industriais.

O aparecimento de empresas de *software* e da internet também foi espetacular. Sua criação foi ao encontro de um esforço de mais de dez anos do governo chinês em apoio à pesquisa nos domínios da informática e das telecomunicações, das tecnologias de concepção assistida por computador, dos sistemas operacionais Linux e ainda do desenvolvimento de tecnologias robóticas e de controle.

Existe agora uma indústria florescente de base tecnológica.

Já os esforços em matéria de pesquisa biomédica foram mais reduzidos.

A crise da Sars e a questão do sangue contaminado em Henan revelaram as fraquezas não só do aparelho de saúde pública da China mas também a dificuldade para a pesquisa de se libertar das estruturas oficiais de orientação em assuntos sensíveis como o são as doenças contagiosas ou a Aids.

O sistema de P&D na China é, portanto, complexo e tem cada vez maior dimensão. A pesquisa está prestes a atingir o lugar que lhe é devido na produção científica mundial.

Os esforços recentes para suscitar as inovações parecem mais difíceis de concretizar, e a indústria chinesa continua muito dependente da compra de patentes e licenças no exterior.

Inegavelmente, a China dotou-se de um sistema de pesquisa profundamente transformado, que se apoia na iniciativa das empresas, numa infraestrutura sólida e num forte potencial humano.

Uma boa parte do futuro científico da China dependerá da atualização do sistema universitário e da formação dos quadros, que continuam muito aquém das ambições tecnológicas e econômicas desse país.

Rigas Arvanitis

➢ CIÊNCIAS E TECNOLOGIA, CRESCIMENTO, INTERNET, NOVAS TECNOLOGIAS

PETRÓLEO

A China era, em 2004, o sexto produtor e o segundo consumidor de petróleo no mundo.

As jazidas descobertas no território chinês nos anos 1950 permitiram uma política de autossuficiência, destinada a cobrir a procura nacional com a produção própria.

O crescimento econômico contínuo a partir de 1978, associado ao amadurecimento gradual dos recursos nacionais, fez com que a China se tornasse importadora de petróleo desde 1993.

Devido ao surto de industrialização, urbanização e motorização do país, o crescimento da procura de petróleo registrou um ritmo notável (mais de 10% ao ano a partir de 2000), que deverá se manter igualmente no futuro.

Atualmente, o petróleo assegura 25% da produção de eletricidade (contra 65% pelo carvão).

A produção estabilizou em cerca de 170 milhões de toneladas, e a taxa praticada atualmente poderá ultrapassar 60% em 2030.

A curto prazo, a China será levada a importar maciçamente do exterior, principalmente do Oriente Médio, da África e da América Latina (70% de suas importações).

O desenvolvimento de recursos alternativos ao petróleo, embora seja uma prioridade importante, necessita de pesados investimentos em infraestrutura e não pode atenuar a dependência petrolífera do país a longo prazo.

Por intermédio de suas grandes companhias nacionais (Petrochina, China National Petroleum Corporation, CNOOC), Pequim se esforça por estabelecer laços políticos bilaterais com todos os países produtores e adquirir jazidas no exterior para assegurar a continuidade de seu aprovisionamento em caso de crise política internacional.

O caráter agressivo dessa nova diplomacia petrolífera e sobretudo sua percepção pelos outros atores internacionais fizeram da dependência petrolífera chinesa um verdadeiro desafio geopolítico, tanto para os demais países consumidores como para os produtores.

Michal Meidan

> ÁFRICA (A CHINA E A), AMÉRICA LATINA (A CHINA E A), ENERGIA E RECURSOS NATURAIS, GRANDES GRUPOS, ORIENTE MÉDIO (A CHINA E O)

POBREZA

O desenvolvimento econômico espetacular que a China conheceu após o lançamento da política de reformas de Deng Xiaoping, em 1978, traduziu-se num aumento considerável do rendimento nacional.

Segundo as estatísticas oficiais, teria passado de 362 bilhões de yuans, em 1978, para 13,658 trilhões, em 2004, o que, tendo em consideração um crescimento demográfico de cerca de 30%, significou uma multiplicação por 28 o rendimento nacional médio por habitante.

Ao mesmo tempo, não haveria praticamente ninguém vivendo abaixo da linha da pobreza. A respectiva taxa teria caído, sempre de acordo com os dados do governo, de 31% em 1978 para 2,8% em 2004.

Esses valores não levam em consideração, contudo, nem a desvalorização da moeda nacional, nem a evolução dos preços, nem as imobilizações sob a forma de investimentos. São resultado da divisão mecânica do produto nacional bruto pelo número de habitantes do país mais povoado do mundo, por isso, não refletem fielmente a situação.

Contrariamente aos objetivos afirmados de redução das diferenças entre as províncias e entre a população urbana e a rural, a política igualitarista seguida durante os primeiros 30 anos do regime comunista não conseguiu anular as diferenças iniciais.

Durante a década de 1980, a descoletivização beneficiou, em primeiro lugar, os camponeses, cujos rendimentos cresceram mais rapidamente do que os dos moradores das cidades.

A escolha que consistiu em desenvolver prioritariamente as províncias costeiras, em seguida em desmantelar o setor público, julgado pouco rentável, e em privilegiar um modo de desenvolvimento cujo motor eram as exportações, a partir de meados dos anos 1990, gerou, pelo contrário, desigualdades crescentes entre as regiões e entre os grupos sociais.

Segundo as estatísticas mais recentes, a faixa costeira, que inclui as metrópoles de Dalian, Pequim Tianjin, Xangai, Nanquim e Cantão, industrializou-se rapidamente e contribuiu em 2004 com mais de 58,5% do produto nacional bruto, com 38% da população.

A zona intermediária, muito mais agrícola e agora parcialmente desindustrializada, após a reestruturação do setor público (nordeste), não produziu senão 32% do produto nacional com 44% da população.

Quanto à zona ocidental, ainda pouco desenvolvida, a sua parte no produto nacional não representa senão 9,5% com 18% da população.

A proporção do rendimento por habitante entre as províncias era, em 2004, de 1 para 3 e tinha tendência para aumentar após a admissão da China na Organização Mundial do Comércio, em dezembro de 2001. Segundo o Gabinete Nacional de Estatísticas, as diferenças entre os ricos e os pobres não cessam de se acentuar.

Assim, a proporção entre os rendimentos dos rurais mais pobres e a fração mais rica dos urbanos passou de 1 para 14 em 1999 para 1 para 20 em 2004. O coeficiente de Gini, que mede as desigualdades, é pior do que os de muitos países em desenvolvimento.

Podemos considerar que há agora bolsões de pobreza. Correspondem a uma parte do mundo rural, que sofre de um excedente de mão de obra agrícola da ordem dos 150 milhões de pessoas (40% dos camponeses). Contudo, encontram-se também nas cidades em forte expansão, onde há várias categorias de desfavorecidos: desempregados (talvez 10% da mão de obra urbana), em que a maioria não recebe subsídios, imigrantes rurais, que não gozam de nenhuma cobertura social e têm muitas vezes dificuldades em receber os seus salários, aposentados e trabalhadores em pré-aposentadoria, cujas pensões não acompanharam a subida dos preços.

Michel Cartier

➢ CIDADES E AS ZONAS RURAIS (AS), DESIGUALDADE DE RENDIMENTOS

POLÍTICA DEMOGRÁFICA

Em 1949, quando da fundação da República Popular, a situação demográfica era pouco conhecida. A China era considerada um país superpovoado, mas os novos dirigentes pensaram que a reforma agrária e a nacionalização da indústria desbloqueariam a economia.

Foi lançada uma campanha de "planejamento familiar" durante o movimento das Cem Flores, em 1956-1957, mas no quadro preciso da libertação das mulheres. Essa campanha foi logo interrompida quando Mao Tsé-tung denunciou os "direitistas" e empenhou o país na aventura do Grande Salto Adiante, em 1958, e da coletivização forçada das comunas populares.

Segundo ele, a China carecia de mão de obra, e o ministro da Agricultura, Tan Zhenlin, afirmou que, graças aos progressos da agricultura, poderia alimentar 2 bilhões de Chineses.

O fracasso do Grande Salto Adiante e a fome dos anos negros, que provocou o desaparecimento de cerca de 30 milhões de pessoas, transformaram a demografia num assunto tabu. Os resultados do "recenseamento" de 1964 (uma contagem administrativa) não foram publicados, e as autoridades habituaram-se a falar de uma população de 700 milhões de pessoas.

O recurso ao aborto era frequente nas cidades, sendo uma resposta espontânea das famílias às dificuldades econômicas. O crescimento demográfico muito rápido nos anos 60 ("segunda onda de natalidade") foi ignorado.

Em 1972, depois da eliminação de Lin Biao, responsabilizado pela situação, o primeiro-ministro Zhou Enlai lançou a política dita dos nascimentos "tardios, espaçados e pouco numerosos", exercida com muitas pressões. No entanto, foi apresentada como uma resposta "política" da população.

O crescimento demográfico caiu pela metade, em parte devido à mudança para casamentos tardios.

Encorajados por esse sucesso, os responsáveis, conquistados pelas reformas e julgando que o crescimento rápido da população era um entrave ao desenvolvimento, decidiram lançar em 1979 o programa radical chamado de "um filho por casal", com o objetivo de estabilizar a população em 1,2 bilhão de pessoas no início do terceiro milênio e, depois, baixá-la até 600 milhões, por volta de 2050, em conformidade com a teoria da "população ótima".

Paradoxalmente, esse programa, apoiado numa planópia de incentivos (prêmios relacionados com a obtenção do "certificado de filho único" e penalidades em caso de nascimentos "fora do plano") e recorrendo ao aborto forçado, à inserção de dispositivos intrauterinos e às esterilizações, teve um sucesso mitigado por causa das resistências encontradas na população rural (80% dos chineses).

Os resultados dos recenseamentos de 1990 e 2000 revelaram elevado número de nascimentos não registrados (25% a 30%) e desequilíbrio quanto ao sexo das crianças (entre 110 e 120 meninos para 100 meninas).

Essa política despertou, além disso, receios quanto a uma sociedade futura "invertida", com quatro avós para dois adultos e apenas uma criança, dificuldades encontradas pelos homens jovens em encontrar mulher e um envelhecimento insuportável.

A resistência da população, associada a adaptações da política, resultou numa evolução mais lenta e muito menos catastrófica.

Os demógrafos, que agora adquiriram o hábito de corrigir os resultados, estimam que a população culminará em 2030 ao nível de 1,5 bilhão, que o desequilíbrio dos sexos não terá certamente o impacto que se lhe atribuía e que o envelhecimento será comparável ao das sociedades dos países desenvolvidos (Japão e Europa).

Michel Cartier

➢ CASAMENTO, FILHO ÚNICO, POPULAÇÃO

POLÍTICA EXTERNA

A política externa chinesa está atualmente a serviço do projeto sem precedentes das reformas e do desenvolvimento econômico que a direção do Partido Comunista (PC) iniciou após a morte de Mao Tsé-tung, em 1976.

O aumento do poder da China nos anos 1990 fez empolar as ambições mundiais do país e reforçou o seu combate a favor da multipolaridade e contra o domínio dos Estados Unidos.

Embora essas ambições continuem inalteradas, tanto o estilo como os objetivos da política externa chinesa sofreram uma evolução considerável após o início deste século, sendo caracterizados não só por um discurso mais consensual e moderado e por uma maior abertura ao multilateralismo mas também por uma maior atenção aos novos problemas de segurança que surgiram devido à sua dependência econômica crescente em relação ao exterior.

Com a chegada de Hu Jintao ao poder, em 2002, e depois com a passagem à reforma de Jiang Zemin, essa evolução se confirmou: a emergência da China é e continuará a ser pacífica, assegura-se.

Assim, esforçando-se por estabelecer parcerias estratégicas ou privilegiadas com todas as grandes nações do mundo (Rússia, França etc.), as autoridades de Pequim não parecem ter inimigos.

Mais dispostos a cooperar nas grandes questões internacionais e sobretudo asiáticas (questão nuclear da Coreia do Norte), a China viu crescer sua influência regional, em particular no sudeste da Ásia, na Coreia do Sul e, em menor medida, na Índia.

Participa também de forma mais ativa das organizações internacionais (operações de manutenção de paz da Organização das Nações Unidas).

Para aumentar sua influência cultural, cria desde 2005 os institutos Confúcio em número cada vez maior de países.

Também não deixa de ser verdade que essa moderação não se aplica à questão de Taiwan, abordada sempre com muita intransigência pela direção do PC, nem à sempre mais presente rivalidade nacionalista e de poder com o Japão e, a mais longo prazo, com os Estados Unidos.

Pequim se apoia, de fato, em parceiros continentais pouco ou nada democráticos (Rússia e Ásia Central ex-soviética, reunidas com a China na Organização de Cooperação de Xangai) para se abastecer de armamento moderno e recursos energéticos, bem como para contrabalançar a influência americana, que se reforçou após o 11 de Setembro, em redor da China.

A diplomacia chinesa mostra-se mais ativa e influente na África e na América Latina, onde cultiva relações com os países que dispõem de produtos agrícolas e matérias-primas de que sua economia tem dramaticamente necessidade (cereais, petróleo, cobre, carvão).

Para acelerar o progresso nos domínios econômico e científico, a China corteja muito a União Europeia, esperando assim dividir o que julga ser ainda campo ocidental com os objetivos de frear as pressões políticas sobre as questões dos direitos humanos e da democracia e enfraquecer a "superpotência americana", sobretudo na zona em que pretende restaurar o seu magistério.

Jean-Pierre Cabesta

➢ ÁFRICA (A CHINA E A), AMÉRICA LATINA (A CHINA E A), ÁSIA CENTRAL (A CHINA E A), COREIA DO NORTE (A CHINA E A), ESTADOS UNIDOS (A CHINA E OS), ÍNDIA (A CHINA E A), JAPÃO (A CHINA E O), ORIENTE MÉDIO (A CHINA E O), ORGANIZAÇÃO DAS NAÇÕES UNIDAS (A CHINA E A), TAIWAN (A REPÚBLICA POPULAR DA CHINA E), UNIÃO EUROPEIA (A CHINA E A)

POLUIÇÃO

Em consequência da política conduzida por Mao Tsé-tung e, depois das reformas econômicas iniciadas em 1978, para as quais as considerações de ordem ambiental eram sobretudo entendidas como um obstáculo ao crescimento da produção agrícola e industrial, verifica-se uma importante poluição das águas e do ar no conjunto do território chinês.

A descarga de 100 toneladas de benzeno, um solvente cancerígeno, em 13 de novembro de 2005, no rio Songhua, após uma explosão numa fábrica petroquímica da cidade de Jilin (província de Jilin) é um exemplo dessa situação.

A descarga impôs o corte do fornecimento de água potável durante cinco dias, a partir de 22 de novembro, aos 4 milhões de habitantes da cidade de Harbin, em Heilongjiang.

Uma pesquisa realizada em consequência dessa catástrofe revelou que, num total de 21 mil fábricas químicas implantadas nas margens de rios e ribeiros, a maioria dos estabelecimentos não tinha efetuado estudos de impacto ambiental. Vazavam com regularidade os seus lixos não tratados diretamente nos cursos de água, de onde resultava, entre outras, a poluição por metais pesados, como o mercúrio.

De forma geral, a qualidade dos ribeiros e dos lençóis freáticos é extremamente problemática.

As autoridades chinesas anunciaram no início de junho de 2005 que a qualidade da água era boa em dois dos sete grandes rios (rio das Pérolas e Yang-Tsé), muito má em quatro (Liao, Huai, rio Amarelo e Songhua) e má no Hai, que alimenta, nomeadamente, Pequim e Tianjin.

Após uma análise de 412 seções desses sete cursos de água, verificou-se que a qualidade da água era imprópria para consumo humano em 58,2% dos casos.

Essa poluição poderia estar na origem do forte aumento do número de casos de câncer do sistema digestivo verificado nas zonas rurais.

Estima-se, além disso, que em 2004 o rio Amarelo e o Yang-Tsé tenham transportado 11,45 milhões de toneladas de lixo tóxico para o mar da China oriental, o que representará um aumento de 6% do volume de águas costeiras contaminadas em relação ao ano anterior.

A qualidade do ar é igualmente muito má, sobretudo nas grandes cidades.

Em 2001, o Banco Mundial recenseou 16 cidades chinesas entre as 50 cidades mais poluídas do mundo, entre as quais estão Pequim, Xangai e, pior ainda, Jilin, Taiyuan, Lanzhou e Urumqi.

Entre as causas principais dessa poluição é preciso salientar o recurso generalizado às centrais elétricas a carvão e o gigantesco aumento do número de veículos particulares em circulação, estando previstos 130 milhões de veículos nas estradas chinesas até 2030.

O custo econômico e humano dessa situação é difícil de avaliar, mas as mortes relacionadas com a poluição do ar foram estimadas em cerca de 600 mil por ano, entre 1995 e 2000, com um aumento forte e contínuo do número de casos de bronquite crônica.

Em escala internacional, as correntes atmosféricas transportam essa poluição para a Coreia e o Japão. A China ratificou o Protocolo de Kyoto, mas, enquanto "país em via de desenvolvimento", não se comprometeu a reduzir as suas emissões de gases de efeito estufa, sendo já responsável por 14% dessas emissões em nível mundial.

Frédéric Obringer

> ÁGUA, MEIO AMBIENTE, CARVÃO, INDÚSTRIA E POLÍTICA DE INDUSTRIALIZAÇÃO, SAÚDE

POPULAÇÃO

Um despacho de 6 de Janeiro de 2005 anunciava que a China acabava de ultrapassar a barreira de 1,3 bilhão de habitantes.

Essa notícia, em conformidade com os dados dos três últimos recenseamentos (1982, 1990 e 2000), pode ser aceita como uma estimativa razoável.

Confirma que o país realizou o essencial de seu processo de transição demográfica, após cerca de três décadas, e que a sua população poderá se estabilizar, num prazo de 25 a 30 anos, em um nível da ordem de 1,5 bilhão de habitantes. A China, ultrapassada pela Índia, deixará então de ser o país mais povoado do planeta.

A fundação da República Popular coincidiu com uma forte retomada do crescimento demográfico, porque o total de sua população foi multiplicado por 2,4 em pouco mais de meio século, um crescimento intermédio, se se comparar com o de muitos países do terceiro mundo.

A história dos 55 anos decorridos pode ser dividida em duas grandes fases.

De 1950 a 1971, o regime demográfico foi parecido com o dos países em desenvolvimento: fecundidade de cinco ou seis filhos por mulher, natalidade superior a 30% e mortalidade em queda acentuada.

Apesar da grave crise dos "anos negros" e da fome de 1959-1962, que provocou o desaparecimento de 30 milhões de pessoas, a população cresceu 54% em 20 anos, passando de 540 para 830 milhões de habitantes.

A segunda fase, que se iniciou em 1972, caracterizou-se pela aplicação de políticas voluntaristas de controle de nascimentos.

Registrou-se uma quebra da fecundidade, que baixou de cinco filhos para um nível realmente inferior ao limiar de renovação das gerações, e uma forte redução da natalidade, que caiu para 13% ou 14%. O crescimento natural manteve-se em cerca de 6%, em consonância com uma reduzida mortalidade (6% ou 7%).

Os problemas levantados por essa evolução se devem sobretudo ao seu caráter não linear. Os demógrafos chineses caracterizam-na como uma sucessão de três "ondas de natalidade" (1950-1957, 1963-1971 e 1985-1991), separadas por fases de crise ou de controle.

Essa evolução produziu uma pirâmide de idades "como um acordeão", alternando gerações reduzidas (12 a 20 milhões) e gerações pletóricas (mais de 25 milhões), cuja alternância determina problemas sociais relacionados com os efetivos a escolarizar e com a criação de empregos.

Por volta de 2015, a chegada à idade de cessação de atividade por parte dos *baby boomers* dos anos 1950 permitirá efetuar o equilíbrio entre gerações ascendentes e descendentes e modificará a situação do emprego.

Deverá assinalar, ao mesmo tempo, a entrada da sociedade numa fase de envelhecimento acelerado (a proporção das pessoas com mais de 65 anos ultrapassará 25%), o que não deixará de pesar fortemente no desenvolvimento econômico futuro.

Michel Cartier

➢ FILHO ÚNICO, IMIGRANTES, POLÍTICA DEMOGRÁFICA

PRÁTICA RECREATIVA

Antes da fundação da República Popular da China (RPC), em 1949, as atividades recreativas articulavam-se em torno de uma lógica social muito precisa. As elites divertiam-se com a cultura letrada tradicional (ópera clássica, poesia e caligrafia) e uma cultura urbana marcada pela tecnologia (orquestra, cinema e balé), ao passo que as massas camponesas se distraíam com a arte folclórica e práticas populares (dança, canto, técnicas corporais, narração de histórias, teatro, artes marciais e recortes de papel).

Desde a fundação da RPC, as atividades recreativas foram progressivamente recuperadas pelo Partido Comunista, que procurava educar o povo nos valores socioculturais da "nova China", fora das horas de trabalho. Foi o que aconteceu, por exemplo, com as práticas populares do *yangge* e do *qi gong*, reorganizadas e geridas por associações de massa, que as impuseram como atividades coletivas obrigatórias, até serem proibidas durante a Revolução Cultural.

As atividades recreativas não escaparam às transformações econômicas e às tensões provocadas pelo lançamento das reformas; diversificaram-se, modernizaram-se, apropriaram-se dos espaços públicos urbanos e se autonomizaram, sem contudo escaparem a um certo controle ideológico do Estado. Reapareceram assim práticas coletivas antigas (*yangge, tai chi chuan e qi gong*), que foram reinvestidas cotidianamente por associações de quarteirão, e emergiram formas modernas de lazer (bilhar, jogos de vídeo e caraoquê), muito apreciadas por grande parcela da população.

Apesar de uma abertura inegável e de uma maior facilidade de acesso, os chineses continuam ainda tributários da política cultural imposta pelo Estado. Este procura encorajar as atividades recreativas "saudáveis", como o *yangge*, que não só proporcionam certo bem-estar físico e psíquico aos que as praticam mas são também representativas da cultura nacional, à imagem da "civilização espiritual socialista".

Por outro lado, o Estado opõe-se fortemente às que são malsãs, a exemplo de certas formas de *qi gong* que deram lugar ao desenvolvimento do *falungong*, no final dos anos 1990, porque colocam em dúvida a sua legitimidade política.

Florence Graezer-Bideau

➢ DANÇA POPULAR, JOGOS, LAZER, ÓPERA, QI GONG, TEATRO, TEATRO DE SOMBRAS

PRECEDENTE HISTÓRICO

A referência a um acontecimento do passado para qualificar uma situação presente e inferir a conduta a ser mantida pelos soberanos e seus súditos é indissociável da autoridade nas sociedades pré-modernas.

Como em todas as grandes civilizações, na China a escrita serviu desde muito cedo para conservar a lembrança desses acontecimentos memoráveis.

Atribuído a Confúcio e tornado, por isso, um dos 13 clássicos, *Chunqiu* ("As Primaveras e os Outonos") apresenta-se como a crônica dos acontecimentos que se considera legitimarem ou estigmatizarem essas condutas e assim fazerem ver a ordem do mundo.

Foi, todavia, a partir do desenvolvimento do poder burocrático dos letrados, no século XI, que a cultura dos precedentes históricos se transformou no fundamento de um modo de governo.

A comunidade letrada afirmou então a sua vocação para avaliar por analogia as realidades sociais e políticas e definir assim as normas da ação pública. Esse modo de governo concedia desde logo o monopólio da palavra pública aos que estavam em condições de explicitar essas analogias.

Na China contemporânea, a palavra de ordem da burocracia do Partido Comunista segundo a qual "o antigo é útil ao presente" levou muito cedo a confundir o materialismo histórico com esse modo de referência analógico.

Poder-se-ia apresentar a longa lista das denúncias em "espelho" que legitimou.

No final dos anos 1940 e 1950 Chiang Kai-shek e depois Mao Tsé-tung foram comparados, de maneira implícita, com o protótipo do despotismo que fora o primeiro imperador dos ming (1368-1644).

A partir de meados dos anos 1960, os partidários da experiência soviética na China foram denunciados como "Krustchevs chineses".

Por fim, nos anos 1970, os dirigentes da Revolução Cultural relacionaram a sua política de "edificação socialista" com a fundação do império por Qin Shihuang e caracterizaram a luta de classes na China a partir dos conflitos entre a escola confucionista e a escola legista.

Desde os anos 1980, a nova palavra de ordem de "procura da verdade por fatos", que assinalava a ruptura política das reformas, valorizou claramente os resultados sociais e econômicos como critério de conduta nos assuntos públicos, enfraquecendo, senão mesmo condensando, esse modo de referência ao passado.

Christian Lamouroux

➢ BUROCRACIA, ESCRITA, HISTÓRIA

PRIMAVERA DE PEQUIM (MOVIMENTO DA)

No inverno de 1978-1979, um vasto movimento de contestação em que se reivindicavam as liberdades democráticas fundamentais e o respeito aos direitos humanos tomou conta de Pequim para se espalhar depois pelo país.

Dazibaos cada vez mais numerosos apareceram no Muro da Democracia, no cruzamento de Xidan, em Pequim, onde se sucederam encontros improvisados e fóruns de discussão tolerados pelas autoridades.

No início de dezembro de 1978, Wei Jingsheng, antigo guarda vermelho, redigiu o *dazibao* mais conhecido, reclamando a Quinta Modernização, a democracia, sem a qual as outras quatro modernizações, pregadas pelos dirigentes do país, se arriscavam a ser votadas ao fracasso.

O movimento ganhou ainda maior amplitude em dezembro, quando os animadores do movimento da "Primavera de Pequim" formaram grupos informais e fundaram jornais e revistas, muitas vezes policopiados, que permitiram uma difusão mais ampla das suas ideias e dos seus textos.

Pela primeira vez desde 1949, uma imprensa autônoma em relação ao poder colocava em cheque o monopólio político do Partido Comunista (PC).

Embora algumas dessas revistas não pretendessem denunciar o regime e militassem antes a favor de um socialismo de rosto humano, outras eram bem mais críticas e audaciosas.

Editor de *Tansuo* ("Inquéritos"), Wei Jingsheng colocou-se em oposição radical ao sistema político em vigor, indo até o ponto de reclamar uma mudança de regime e o fim da ditadura do PC.

Na virada do ano de 1979, o movimento entrou em fase de contestação social.

"Jovens instruídos", colegiais e estudantes enviados para as zonas rurais durante a Revolução Cultural (RC) reclamaram o direito de voltar às suas cidades de origem, enquanto milhares de queixosos se dirigiam a Pequim para "visitar as autoridades superiores" e exigir a reparação das injustiças de que foram vítimas durante a RC.

Considerando que a "ordem pública" estava em perigo, o poder desencadeou no final de março de 1979 uma contraofensiva e decapitou o movimento, procedendo à prisão de Wei Jingsheng e de vários outros ativistas, condenados depois a pesadas penas de prisão.

Durante vários meses, o movimento da "Primavera de Pequim" pôde expressar-se livremente e até se beneficiar do apoio de Deng Xiaoping, transformando-se depois em alvo de um governo que, quando o objetivo das quatro modernizações foi confirmado no III Plenário do XI Congresso, em dezembro de 1978, optou por censurar a contraideologia nascente.

Françoise Kreissler

> DEMOCRACIA E MOVIMENTO DEMOCRÁTICO, DIREITOS HUMANOS, DISSIDENTES

PRISÕES LOCAIS E *LAOGAI*

Existem na China dois tipos principais de centros de detenção em que qualquer pessoa condenada por um tribunal a uma pena de privação da liberdade pode ficar retida: as prisões e os campos de reabilitação pelo trabalho (*laogai*).

Desde 1983, esses estabelecimentos são geridos pelo Ministério da Justiça e não mais pelo da Segurança Pública.

No dia 20 de dezembro de 1994, a lei sobre os estabelecimentos penitenciários oficializou essa evolução e reuniu sob o termo "prisão" esses dois tipos de centros de detenção.

Esse texto passou a definir duas categorias de centros de detenção: as prisões para os detidos condenados a penas de seis meses a 20 anos e as casas de educação dos prisioneiros menores de idade (menos de 18 anos) condenados a penas de detenção após o julgamento.

Os funcionários encarregados do enquadramento fazem parte da polícia popular. O custo das prisões está contemplado no orçamento do Estado, e o conjunto do sistema se baseia numa associação da pena com a reabilitação pelo trabalho obrigatório. Na realidade, contudo, as prisões (em geral situadas em zonas urbanas) são distintas dos campos de reabilitação pelo trabalho.

O objetivo do *laogai* (*laodong gaizao*) é reabilitar os detidos pelo trabalho obrigatório em campos, em geral situados nas zonas rurais. O *laogai* deve ser claramente diferenciado da detenção administrativa (*laojiao* ou reeducação pelo trabalho), gerida pela Segurança Pública.

Os campos e as prisões em todo o território chinês devem ser mais de mil. Neles estão detidos 2 milhões de pessoas, segundo o governo, e talvez 8 milhões, segundo algumas fontes independentes, como a Laogai Research Foundation, do antigo prisioneiro Harry Hu.

O número de campos e prisões seria ainda muito mais elevado (4 mil) se se contabilizassem as instituições registradas como empresas, fábricas e mesmo hospitais psiquiátricos que apresentam todas as características do *laogai*.

Cinquenta milhões de indivíduos teriam passado pelo *laogai* desde 1949 e 20 milhões de pessoas aí teriam morrido.

Fundamentalmente diferente dos outros sistemas de detenção, o *laogai* teve a sua inspiração no *gulag* soviético e foi inicialmente concebido como um instrumento de punição e de reabilitação dos contrarrevolucionários.

Atualmente, a grande maioria dos detidos no *laogai* são prisioneiros de direito comum. No entanto, a vontade de "reformar o pensamento", bem como a ênfase dada ao trabalho manual, senão mesmo à rentabilidade econômica, continuam a justificar a manutenção do sistema.

Por isso, o *laogai* continua a reprimir os opositores políticos e, desde há alguns anos, em grande quantidade, os praticantes de determinadas religiões, como o *falungong* (10 mil dos seus elementos teriam sido presos).

Além disso, as autoridades chinesas propõem atualmente destinar determinadas prisões exclusivamente à detenção dos doentes com Aids.

Os fundamentos jurídicos do *laogai* são essencialmente os regulamentos de 1954 relativos à reabilitação pelo trabalho, aos quais convém acrescentar algumas disposições da lei penal e da lei do processo penal de 1979, alteradas em 1997.

A aplicação destes últimos textos é, no entanto, muito aleatória, como é testemunha a prática quase sistemática da tortura.

Em dezembro de 2005, pela primeira vez na história das prisões chinesas, o relator da Organização das Nações Unidas sobre a tortura foi autorizado a visitar o conjunto de estabelecimentos. Na sequência de uma difícil missão de inquérito de 13 dias, confirmou claramente a aplicação muito ampla da tortura e de procedimentos inumanos e degradantes.

Desde 1983, cada *laogai* é considerado como uma entidade econômica autônoma, submetida a imperativos de rentabilidade.

Os responsáveis pelos estabelecimentos penitenciários procuram hoje em dia aumentar o rendimento econômico dos prisioneiros, que são submetidos a condições de trabalho inumanas. Contudo, esse objetivo parece não ter sido atingido: o trabalho dos 2 milhões de detidos não permitiu acumular senão 200 milhões de euros de rendimentos anuais, segundo estimativa de Pequim.

Os produtos do *laogai* são os mais diversos (chá, peças de automóvel, brinquedos, adubos químicos) e são muitas vezes destinados à exportação. A essas atividades econômicas é conveniente acrescentar o tráfico de órgãos retirados de antigos prisioneiros, muito difundido.

Em 16 de dezembro de 2005, a Câmara dos Representantes dos Estados Unidos aprovou uma decisão que condenava firmemente o *laogai* e a importação dos seus produtos.

Leïla Choukroune

> CAMPOS DE REEDUCAÇÃO PELO TRABALHO, DIREITOS HUMANOS, FALUNGONG, JUSTIÇA, ORGANIZAÇÃO DAS NAÇÕES UNIDAS (A CHINA E A)

PRIVATIZAÇÕES

Desde 1978, os chineses generalizaram as trocas comerciais e criaram as condições de uma concorrência que é certamente imperfeita mas que se revelou operacional; isso sem terem previamente criado instituições de uma economia de mercado, e ainda sem precisar privatizar as empresas estatais.

As empresas não eram, de fato, meras unidades de produção, mas entidades sociais que asseguravam ao seu pessoal muitos serviços de base. A racionalização de uma privatização rápida teria implicado custos que o Estado não poderia correr o risco de impor à população urbana.

Mesmo sem ter havido privatização, a primeira fase das reformas registrou incontestáveis sucessos, que se explicam, em parte, pelo comportamento dos quadros governamentais.

Estes não bloquearam as reformas para preservar o seu poder burocrático e, muito pelo contrário, a confusão de funções entre políticos e empresários desempenhou, em última análise, um papel decisivo.

A política de descentralização inaugurada no início das reformas contribuiu amplamente para isso e aproximou-se de uma primeira variante de "privatização", pois os governos locais, sujeitos a uma maior disciplina orçamentária, viram-se obrigados a financiar os novos encargos que lhes incumbiam e foram, portanto, incitados a comportar-se como verdadeiros empresários, ao valorizarem os ativos que estavam sob seu controle.

Verifica-se igualmente que nessa época, quando o tabu que envolvia a propriedade privada ainda prevalecia, já havia na China autênticas empresas privadas, que, com a cumplicidade das autoridades locais, eram, no entanto, consideradas como da propriedade coletiva.

Nos anos 1990, o desempenho das empresas rurais, que durante uma década tinham sido os motores do crescimento, foi sucessivamente se deteriorando. Os governos locais, que não retiravam delas as mesmas vantagens, encorajaram sua transformação em sociedades cooperativas por ações. Foram vendidos títulos de propriedade aos empregados e dirigentes, o que também permitiu obter fundos para a modernização dessas unidades de produção.

Essa política foi em seguida generalizada nas zonas rurais e nas cidades, sobretudo a partir de 1997, quando, após se ter reconhecido oficialmente o papel positivo das empresas privadas, começou-se a transformar as empresas coletivas e estatais em sociedades (sociedades de responsabilidade limitada ou sociedades anônimas) na perspectiva de uma abertura de seu capital.

Na maior parte dos casos, foram operações internas, sendo as partes das empresas vendidas apenas aos empregados e dirigentes. Contudo, como esses contributos foram frequentemente insuficientes, o Estado ficou direta ou indiretamente como acionista maioritário, pelo que aconteceu sobretudo uma alteração na forma da propriedade, e não tanto uma efetiva privatização.

As ações detidas pelos empregados não podiam ser vendidas a agentes externos. Pelo contrário, foram cedidas muitas vezes aos gestores, os quais, como acionistas majoritários, exerciam o seu controle sobre as empresas. Essa política foi, aliás, encorajada pelos poderes públicos para clarificar a direção das empresas renovadas.

Ao mesmo tempo, em proporções relativamente limitadas, procedeu-se a fusões e à abertura de falências no caso das empresas com resultados menos bons.

Essa política foi resumida de início com o *slogan* "manter o controle das maiores empresas e privatizar as menores".

Todavia, na verdade, esse movimento afetou o conjunto de firmas chinesas, porque, desde 1998, mais de metade das grandes empresas estatais foram transformadas em sociedades por ações. As mais importantes podem ser cotadas na bolsa, ainda que o capital continue a ser controlado pelo Estado.

Quando as partes são vendidas a investidores externos à firma (o que não é muito frequente), o abandono do compromisso do Estado é mais radical. Verifica-se que raramente os investidores estrangeiros compraram empresas chinesas e tiveram de se contentar com tomadas de participação minoritárias, em média da ordem dos 30%.

O emprego urbano nas empresas estatais, que representava 65% em 1995, caiu para 44% em 2003.

Ora, como muitos trabalhadores não puderam encontrar trabalho no setor privado, apesar de seu dinamismo o desemprego cresceu em proporção elevada, de modo que a transição chinesa se afastou finalmente da via paretiana (sem perdedores) que caracterizava a primeira fase das reformas, tanto mais que foram também privatizados alguns serviços sociais (saúde, escolas).

Os dirigentes locais que orientaram com prudência essa política, pois estavam preocupados em limitar esses custos sociais, acabaram por ser os seus grandes beneficiários.

A abertura do Partido Comunista (PC) aos empresários privados passou a ser encorajada, de acordo com a teoria das "três representações". Contudo, estes eram, na maior parte dos casos, antigos membros do PC, que, de forma mais ou menos lícita, se encontraram sobretudo na posição de representantes dessa nova classe de capitalistas, e não tanto como novos atores na cena econômica chinesa.

Yves Citoleux

> BOLSA, CORRUPÇÃO, DESCENTRALIZAÇÃO, DESEMPREGO, DIREITO DE PROPRIEDADE, DESIGUALDADE DE RENDIMENTOS, EMPRESAS ESTATAIS, EMPRESAS PRIVADAS, MERCADO (TRANSIÇÃO PARA A ECONOMIA DE), PROTEÇÃO SOCIAL, TRÊS REPRESENTAÇÕES.

PROSTITUIÇÃO

O comércio do sexo enquanto fenômeno social voltou a tornar-se visível a partir dos anos 1980, apesar de negado, erradicado ou dissimulado durante as três primeiras décadas do regime comunista, no quadro de uma política de reeducação pelo trabalho. Esta última se baseava nos princípios morais que visavam a construção de uma sociedade socialista moderna.

A prostituição assume diversas formas, implicando uma transação sexual mercantil.

Os sociólogos chineses identificaram assim sete categorias de trabalhadoras do sexo: a segunda esposa; a pessoa recrutada para uma viagem de negócios ou para um período mais longo; a mulher acompanhante nos caraoquês, nas discotecas e nos bares e restaurantes, cujos serviços visam à excitação sexual e jogos eróticos que conduzem ou não a relações sexuais; a mulher que reside num quarto de hotel e solicita os clientes por telefone para uma relação sexual única; a mulher empregada nos salões de cabeleireiro e em salões como massagista ou aplicadora de xampu, que pode eventualmente oferecer serviços sexuais; a pessoa que "anda na rua" e encontra os seus clientes em espaços de recreação; e finalmente, no lugar mais baixo da escala, a mulher empregada nos lares de trabalhadores imigrantes para prestar serviços, incluindo os sexuais.

Vários fatores sociais e econômicos favorecem o desenvolvimento do comércio sexual: um contexto social de desigualdade estrutural de gênero, em que a compra de serviços sexuais é uma marca de distinção social entre os homens, como o era no passado o concubinato, agora proibido por lei, mas que se perpetua sob a forma de segunda esposa, e o caráter dominante de modelos familiares em que o erotismo e a sexualidade para o prazer, reservados ao homem, são vividos em geral fora do casamento e onde uma filha que se prostitui pode auxiliar nas necessidades de sua família, vivendo assim prova de piedade filial.

A prostituição, bem como a frequentação de prostitutas, são estritamente proibidas pelo código penal. Um decreto aprovado em 1991 prevê uma pena de seis meses a dois anos de "reeducação pelo trabalho" aplicável às prostitutas, ou prostitutos, e aos seus clientes, mas essas disposições jurídicas ficam muitas vezes sem efeito.

São em geral aplicadas às prostitutas noviças, que, após três meses de detenção, são libertadas e colocam-se depois sob a "proteção" de proxenetas e redes mafiosas que colaboram com a polícia. Os clientes raramente são detidos.

Os controles sanitários obrigatórios (exames médicos de despistagem das doenças sexualmente transmissíveis, entre as quais a Aids) são efetuados durante a detenção dos trabalhadores do sexo.

O uso de preservativo, até há pouco tempo controlado pelos serviços de planejamento familiar, é atualmente promovido no quadro de um programa lançado pelo Centro de Controle das Doenças, do Ministério da Saúde, dirigido aos grupos mais vulneráveis a infecções (prostitutas(os), drogados por contaminação e homossexuais).

Em 2003, cerca de 20% declararam nunca terem utilizado o preservativo. Por outro lado, a mesma proporção utiliza-o sistematicamente. Em 2004, a taxa de soropositivo à infecção pelo HIV era em média de 1%, ou seja, mais de dez vezes superior à taxa da população em geral (0,1%-0,7%).

A prostituição estrangeira está presente sobretudo nas zonas fronteiriças (Coreia do Norte e Vietnã, bem como Mianmar e Mongólia). Muito marginal, a prostituição de jovens russas, verificada nos anos 1990 em algumas grandes cidades, dirige-se à clientela rica dos homens de negócios.

Nos bares das grandes cidades do norte da China, como Pequim, Harbin e Shenyang, jovens chamados *money boys* ou, em chinês, *shaoye* (*"pequenos senhores"*), vendem serviços sexuais a uma clientela exclusivamente masculina. Esses jovens, de origem rural e frequentemente com baixa escolaridade, são cerca de 20 mil.

Évelyne Micollier

➢ CRIMINALIDADE, DROGA, HOMOSSEXUALIDADE, SEXUALIDADE, AIDS

PROTEÇÃO SOCIAL

A proteção social foi reformulada levando em consideração as limitações de uma economia de mercado e as mudanças ocorridas no regime de propriedade das empresas.

Anteriormente, as empresas públicas asseguravam essa proteção às famílias urbanas, ao passo que as rurais não se beneficiavam senão de um mecanismo de assistência às mais carentes.

A criação de empresas privadas que não forneciam proteção social e a reforma das empresas estatais e coletivas, que se pretendia que fossem financeiramente autônomas em relação ao Estado, impuseram a criação de uma segurança estatal diretamente dependente do Ministério do Trabalho e da Segurança Social.

As reformas, que dizem respeito essencialmente ao setor urbano, começaram em 1997-1998 e ainda estão sendo implementadas.

Visam ampliar a segurança social ao conjunto de trabalhadores urbanos, excluindo os empresários individuais e os imigrantes de origem rural.

Hoje, o financiamento das prestações requer em geral a contribuição dos trabalhadores, em complemento à das empresas e do Estado. Em média, as cotizações sociais representam 41% da massa salarial (30% a cargo das empresas e 11% dos trabalhadores).

A maior parte se destina aos aposentados (28%), depois seguem-se os subsídios de doença (8%), de desemprego (3%), de maternidade (1%) e de acidentes de trabalho (1%).

Os cuidados médicos são assegurados pelos hospitais públicos, estabelecimentos das empresas e clínicas privadas. Os dois primeiros são parcialmente gratuitos para os empregados do Estado e das empresas, pelo menos no caso dos cuidados básicos, mas as clínicas são a pagamento.

O sistema de saúde ligado às empresas está sendo substituído por um sistema municipal que prevê a criação de um sistema de segurança para fazer face às despesas médicas, mediante a constituição de um fundo com as contribuições dos empregadores (6% do salário), dos empregados (2%) e das municipalidades.

Todos os trabalhadores deverão ter uma conta individual para as pequenas despesas, financiada exclusivamente por si e pelo empregador. As despesas mais importantes, como as de hospitalização, seriam financiadas por um fundo social cujas despesas teriam um limite.

As prestações de maternidade são financiadas apenas pelos empregadores (1% do salário) e incluem o direito a três meses de licença remunerada.

Os subsídios de desemprego datam de 1986. Aplicáveis de início aos trabalhadores das empresas estatais em processo de liquidação, essas prestações foram estendidas a todos os trabalhadores urbanos.

As indenizações pagas durante um mínimo de dois anos representam 60% a 70% do salário mínimo. São calculadas não só em função do custo de vida mas também dos recursos de que a administração dispõe. Os desempregados que estejam no fim do período com direito a subsídio podem candidatar-se à assistência aos mais desfavorecidos.

O trabalhador desempregado de uma empresa estatal não faz parte da categoria dos desempregados (*shiye*), mas da dos "suspensos" (*xiagang*). Como não cortou os laços com a sua empresa de origem, é esta que lhe paga os subsídios. Com o fim das reestruturações, essa categoria deveria ter desaparecido por volta de 2002, mas continua a existir.

O seguro de acidentes de trabalho foi criado em janeiro de 2004. É obrigatório em todas as empresas.

O mínimo vital existe nas zonas urbanas desde 1999. Essa prestação é concedida a todos os residentes permanentes cujo rendimento está abaixo do limiar de pobreza, que é variável segundo as cidades mas é inferior, em média, a 1 dólar por dia.

O apoio aos mais carentes das zonas rurais, designado as "cinco garantias", cobre as necessidades de alimentação, vestuário, cuidados médicos, habitação e funeral.

Há, além disso, uma disposição especial em caso de catástrofe natural.

O limiar de pobreza nas zonas rurais, que confere direito ao mínimo vital, é estimado em um terço do estabelecido para as cidades.

Diana Hochraich

➢ DESEMPREGO, EMPREGO, POBREZA, REFORMA (SISTEMA DE), SAÚDE

PROTESTANTISMO

O protestantismo é a religião que mais cresceu na China contemporânea. O número de protestantes, que era de 700 mil em 1949, ultrapassa hoje os 30 milhões, ou seja, há pelo menos três vezes mais protestantes do que católicos.

Outrora vista como uma religião estrangeira associada ao imperialismo ocidental, o protestantismo sofreu um processo de sinização durante o século XX, tornando-se um componente inegável da paisagem religiosa chinesa. A influência do protestantismo ultrapassa o número de fiéis declarados.

Durante a primeira metade do século XX, figuras públicas como Sun Yat-sen e Chiang Kai-shek converteram-se ao protestantismo.

Associações liberais como a Young Mens' Christian Association (Associação Cristã de Moços) desempenharam importante papel na emergência da visão de uma cultura moderna para a China.

As formas protestantes de organização institucional e de ação social das congregações religiosas serviram de modelos inspiradores às correntes de reforma das outras religiões, notadamente do budismo, e continuam a ser a norma de acordo com a qual é elaborada a política religiosa do Estado chinês.

Desde os anos 1920, correntes nacionalistas permeiam o protestantismo chinês, no qual aparecem igrejas autóctones, independentes das organizações missionárias, e que reivindicam uma "tripla autonomia" das igrejas chinesas ao nível da gestão, do financiamento e da expansão.

Esse movimento foi recuperado pelo regime comunista depois de 1949, que forçou a unificação de todas as igrejas (batista, anglicana, metodista etc.)

em torno de uma associação controlada pelo Partido Comunista, o Movimento Patriótico das Três Autonomias, que tentou eliminar todas as influências estrangeiras e "contrarrevolucionárias" e elaborar uma nova teologia compatível com o maoísmo.

As tensões provocadas por essas campanhas continuam a se fazer sentir ainda hoje.

Após um período de supressão total durante a Revolução Cultural, quando as comunidades protestantes sobreviveram de maneira clandestina, reforçando sua autonomia e seu caráter autóctone, a igreja oficial foi reconstituída e tenta gerir a rápida expansão das comunidades.

Contudo, a maioria dos crentes prefere as igrejas autônomas (*house churches*). Estas últimas manifestam fortes tendências evangélicas e pentecostais – tal como na África e na América Latina –, desprezam a orientação liberal e secularizante do protestantismo oficial e absorvem frequentemente elementos da religião popular chinesa.

Ao mesmo tempo, a corrente dos "cristãos culturais" inspira intelectuais e universitários a procurar na cultura cristã soluções para os problemas morais e sociais da China contemporânea.

David A. Palmer

➢ CATOLICISMO, RELIGIÃO

PUDONG

A Nova Zona do Pudong, a leste de Xangai, foi uma deflagração simbólica da modernização e da renovação da escala das cidades chinesas em 1990.

Em terras subexploradas, situadas em frente ao Bund e da maior concentração urbana da China, tinham alinhados ao longo das altas margens do rio Huangpu estaleiros navais, fábricas e quarteirões pobres, que prolongavam a perder de vista os arrozais.

As autoridades chinesas decidiram, em 1990, investir um projeto grandioso nesse potencial fundiário, que completaria a cidade de Xangai com a colonização de seu meandro oriental e a criação de novos setores de atividade, dignos de uma metrópole internacional.

O distrito financeiro de Lujiazui abriga a Pérola do Oriente (1994), uma torre de televisão muito alta, construída com três esferas alinhadas, a torre Jinmaio (1999), cujas linhas se inspiram diretamente num pagode chinês, o World International Center e a Avenida do Século XXI (5 km de comprimento por 100 m de largura).

As zonas de desenvolvimento de Jinqiao e Gaoqiao acolhem, respectivamente, indústrias não poluentes (microeletrônica, telecomunicações, eletrodomésticos, automóveis) e firmas multinacionais (Hewlett Packard, IBM e Philips).

Essas zonas são expandidas por muitas operações imobiliárias, que atraem, progressivamente, parte da população de Xangai.

Novas vias de comunicação, entre as quais as pontes Nanpu e Yangpu e uma linha de metrô, desencravam o Pudong e integram-no mais facilmente à velha cidade.

O novo aeroporto internacional do Pudong, que suplantou o de Hongqiao, a oeste, está ligado ao centro da cidade por um trem de suspensão magnética, desde dezembro de 2002.

O Pudong transforma Xangai numa cidade diretamente aberta ao Yang-Tsé e à sua embocadura graças à criação do porto de Waigaoqiao, que deverá prolongar um novo porto de águas profundas, ao sul da municipalidade, capaz de rivalizar com o de Hong Kong.

Thierry Sanjuan

➢ ABERTURA (LUGARES DE), CIDADES, URBANISMO, XANGAI

QI GONG

O termo *qi gong*, embora apareça pela primeira vez num texto taoísta dos tang (618-907), com o sentido de "procedimentos de respiração", só se tornou corrente a partir do início do século XX.

É formado por dois caracteres: *qi*, uma espécie de sopro vital, de energia vaporosa, em movimento constante no universo e no corpo humano, e *gong*, uma força virtuosa característica dos mestres de artes marciais.

A expressão *qi gong* foi escolhida e adotada pelos quadros do partido comunista, em 1949, para designar um conjunto de técnicas corporais elaboradas ao longo dos séculos precedentes e conhecidas com outras designações, mas que se pretendeu então separar, por razões ideológicas, de sua conotação mágico-religiosa.

Tentou-se então atribuir um capital científico à nação chinesa com base nesse conjunto de saberes e técnicas aparentado com os poderes paranormais.

Concretamente, trata-se de diversas práticas físicas. Algumas provêm das artes de combate, sendo necessário, por exemplo, quebrar tijolos com os punhos. Outras provêm das tradições de meditação ou de disciplinas gímnicas antigas (*daoyin*) e integram frequentemente uma dimensão terapêutica.

O *qi gong* registrou um desenvolvimento frenético durante os anos 1980, tendo-se assistido ao nascimento de muitas associações, mais ou menos encorajadas pelo Estado, que se reuniam em torno de "mestres" com ambições diversas (médicas, políticas, religiosas e/ou comerciais).

Vários desses grupos populares, herdeiros longíquos dos chamados grupos do "Lótus Branco", espalhados pela China desde os yuan (1271-1368), adquiriram tal importância que se tornaram insuportáveis ao regime.

Foi o caso, em particular, do *falungong*, que teve como consequência a repressão desse movimento a partir de 1999.

Frédéric Obringer

➤ ARTES MARCIAIS, FALUNGONG, MEDICINA TRADICIONAL, TAOÍSMO

QUADROS E FUNCIONÁRIOS

A ideia de quadro (*ganbu*), de origem soviética, é ainda muito utilizada na China, mas foi sempre muito difícil de definir.

Englobando o conjunto dos funcionários (9,62 milhões), os quadros são uma população estimada, em 2006, em 41 milhões de pessoas, que ultrapassa largamente os limites da administração. Além disso, esta última compreende numerosos agentes subalternos que não são dos quadros nem funcionários e são assimilados a operários. No total, há 66 milhões de chineses que continuam a ser pagos diretamente pelo Estado.

Os quadros incluem, portanto, diversas categorias de pessoas que exercem funções de direção ou de gestão no aparelho do Partido Comunista (PC), nas organizações de massas, nas empresas estatais e sobretudo nos serviços públicos não comerciais (*shiye danwei*, universidades, hospitais etc.), onde trabalham 23 milhões (56%).

Além disso, na linguagem corrente, a designação de "quadro" pode atualmente ser aplicada a responsáveis de empresas privadas ou estrangeiras.

A partir de 1987, as autoridades chinesas esforçaram-se por criar uma função pública. O projeto proposto nesse ano por Zhao Ziyang, secretário-geral de então, e aceito pelo PC distinguia duas categorias de funcionários: por um lado, os "funcionários políticos", que ocupavam cargos de direção, eram formalmente eleitos pelas assembleias populares, mas eram "recomendados" pelo PC; e, por outro lado, os "funcionários profissionais", todos recrutados por meio de concursos.

Contudo, essa distinção foi logo questionada devido aos perigos políticos que representava. Tiananmen pôs em evidência a prudência do legislador. Em 1993, foi promulgado um "decreto provisório" que estabeleceu outra distinção, nitidamente mais conservadora, entre, por um lado, uma categoria muito mais vasta de "funcionários que ocupam postos de direção", escolhidos segundo procedimentos especiais que permitiam ao PC manter a sua influência, e, por outro lado, a massa dos "funcionários que não ocupam postos de direção", recrutados por concurso.

A lei promulgada em abril de 2005 e que entrou em vigor no dia 1º de janeiro de 2006 confirmava essencialmente o conteúdo desse regulamento.

Não deixa de ser verdade que essa reforma contribuiu para melhorar a qualidade dos quadros do Estado. A totalidade dos funcionários de base é atualmente recrutada mediante um exame (*kaoshi*) ou avaliação (*kaohe*) de suas competências.

Responsáveis pelas promoções, os departamentos da organização do PC, desde o nível nacional até o escalão do cantão, recrutam os candidatos aos lugares de direção no viveiro desses novos funcionários profissionais. Paralelamente, embora continue a ser modesto, o ordenado desses agentes do Estado melhorou.

Pelo que fica exposto, a função pública chinesa não é neutra. Ela está a serviço do PC. Além da competência, a integridade política e moral constitui um critério essencial de promoção. A adesão ao PC é quase obrigatória por quem quer que pretenda fazer carreira na administração.

Acrescente-se finalmente que as reformas introduzidas desde o final dos anos 1980 ainda não permitiram conter a corrupção dos funcionários, fenômeno preocupante que continua a emperrar a modernização do Estado chinês.

Jean-Pierre Cabestan

> ADMINISTRAÇÃO TERRITORIAL, CORRUPÇÃO, ESTADO, PARTIDO COMUNISTA

QUARTEIRÃO (GABINETES DE)

Os gabinetes de quarteirão representam o escalão inferior da administração urbana, após os da municipalidade e os do bairro.

Associados ao sistema das unidades de trabalho e ao registro de residência, contribuem desde 1954 para a gestão e o controle da população urbana.

Seus membros organizam diferentes tarefas de interesse comum em domínios como a saúde, a higiene, o desenvolvimento urbano, a segurança e a animação cultural, ao mesmo tempo que exercem atividades de controle político e ideológico.

Em 1995, ante a transformação das funções atribuídas às unidade de trabalho, foi iniciada uma reforma dos gabinetes de quarteirão, procurando aumentar o poder administrativo desse escalão e seu campo de intervenção.

Verdadeiros governos locais, cada um deles pode agora empregar 200 pessoas, quando os textos oficiais preveem efetivos de apenas algumas dezenas.

Dotados de maior automonia em relação aos níveis superiores da administração, viram ser-lhes atribuída uma nova missão: coordenar em nível local os diferentes agentes que intervêm na vida urbana.

Entre esses se encontram, de fato, agentes oficiais, como as instâncias do Partido Comunista, o Gabinete da Construção do Bairro, que releva do Ministério da Construção, e o Gabinete dos Assuntos Civis do Bairro, colocado sob a direção do Ministério dos Assuntos Civis.

No entanto, agentes desconhecidos no passado fizeram igualmente sua aparição, como os comitês de proprietários ou as sociedades de gestão de bens imobiliários, encarregadas da manutenção dos edifícios e dos espaços públicos das ilhas residenciais que formam um quarteirão.

Principais responsáveis pela gestão social e política dos quarteirões, avaliados pelos seus resultados no domínio da manutenção da ordem social, mas também da qualidade de vida proposta aos habitantes, os gabinetes de quarteirão têm, portanto, de negociar atualmente com muitas organizações.

Têm também de administrar uma população mais complexa do que anteriormente, quer do ponto de vista da composição social, quer do *status* – imigrantes ou não imigrantes –, uma vez que não gozam todos do mesmo tipo de direitos e prerrogativas e, no entanto, coabitam frequentemente no mesmo quarteirão.

Isabelle Thireau

➢ CONTROLE POLÍTICO E CENSURA, RESIDENTES (COMITÊS DE), UNIDADES DE TRABALHO

4 DE JUNHO DE 1989 (ACONTECIMENTOS DE)

A repressão do movimento democrático de 1989 assinala uma reviravolta determinante no período das reformas iniciado em 1979, sob o impulso de Deng Xiaoping.

Até essa data, a grande maioria da população defendia o regime, mas queria que as reformas, que se restringiam ao domínio econômico, se alargassem às estruturas políticas.

Uma parte dos mais altos dirigentes, e em especial dois secretários-gerais do Partido Comunista, Hu Yaobang, em primeiro lugar, e Zhao Ziyang, depois, mostraram-se favoráveis a uma democratização progressiva do sistema.

Os manifestantes que desfilaram aos milhões pelas ruas das grandes cidades da China estavam convencidos de que suas iniciativas davam apoio aos reformistas contra os conservadores. Não pretendiam fazer cair o regime.

Foi a morte de Hu Yaobang, em 15 de abril de 1989, que provocou os primeiros ajuntamentos estudantis na Praça de Tiananmen, inspirados, de forma algo confusa, por fatores diversos, como a reivindicação da democracia, o bicentenário da Revolução Francesa e a *glasnost* soviética.

Em 21 de abril, 47 intelectuais assinaram uma declaração de apoio aos estudantes para que o poder encetasse um diálogo com os seus representantes.

O poder respondeu em 26 de abril num virulento editorial do *Renmin ribao* ("Diário do Povo"), que tratou os estudantes como "amotinadores".

Desde então, o confronto endureceu, com os manifestantes exigindo o início de um diálogo de igual para igual com os dirigentes, que começaram por recusar, até porque esperavam a visita oficial de Gorbachev a Pequim, no dia 15 de maio, e não queriam "perder a face".

Em 13 de maio iniciou-se uma greve de fome dos estudantes, que duraria até o dia 20 sob o calor sufocante da praça.

A visita do presidente da URSS foi empalidecida pela desordem reinante, enquanto Li Peng, encorajado por Deng Xiaoping, surgia cada vez mais como o responsável pela intransigência do poder.

Embora os estudantes não tivessem procurado o afrontamento, parecia cada vez mais improvável uma saída pacífica do braço de ferro a que os dirigentes e manifestantes se entregaram.

Em 20 de maio, foi proclamada a lei marcial. Enquanto os tanques se reuniam em torno da capital, as manifestações continuavam em Pequim, Xangai, Chengdu, Nanquim, Hangzhou etc.

Na noite de 3 para 4 de junho, o Exército limpou as grandes artérias de Pequim, deixando mais de mil cadáveres atrás de si, entre os quais 300 militares. Muitos chefes do movimento fugiram para o exterior.

Esse gesto provocou uma ruptura de que a sociedade chinesa não voltaria a se recuperar.

Até hoje a repressão desse movimento não se atenuou. Os acontecimentos não deram lugar à "reabilitação". Pelo menos algumas centenas de ativistas implicados nas manifestações continuam atrás das grades.

É proibido referir na imprensa a data de 4 de junho e celebrar os mortos. Todos os que se aventuraram a fazê-lo desde então foram condenados a penas de prisão de quatro (Huang Qi) a 20 anos (Hu Shigen). Todos os anos, a partir do fim do mês de maio, o acesso à Praça de Tiananmen é estritamente controlado.

Um coletivo das mães de Tiananmen organizou-se a partir de 1993 em torno da sra. Ding Zilin, mãe de uma das vítimas do massacre.

Esse coletivo, mundialmente conhecido, exige que os representantes deixem de ser considerados criminosos.

Essas reivindicações não encontraram eco, e as "mães de Tiananmen" sofrem a perseguição cotidiana da polícia, que filtra seus apelos e vigia os mínimos movimentos.

A reabertura desse dossiê permitiria, no entanto, retomar o trabalho de democratização do sistema, prudentemente iniciado durante os anos 1980 e que se manteve suspenso desde então.

Marie Holzman

➢ CONTESTAÇÃO, CONTROLE E CENSURA POLÍTICA, DENG XIAOPING, DIREITOS HUMANOS, PARTIDO COMUNISTA, TIANANMEN (PRAÇA DE), ZHAO ZIYANG.

4 DE MAIO DE 1919 (MOVIMENTO DE)

Movimento nascido em 4 de maio de 1919 de uma manifestação de cerca de 3 mil estudantes de Pequim.

Eles protestavam contra a decisão tomada alguns dias antes pelos Aliados (Grã-Bretanha, França e Estados Unidos), no quadro do Tratado de Versalhes, de transferir para o Japão os direitos e interesses alemães em Shandong.

Reclamavam também sanções contra três dirigentes políticos, acusados de terem vendido a soberania chinesa e considerados responsáveis pelo fracasso diplomático da China.

A repressão dessa manifestação, em que foram presos 32 estudantes, provocou a mobilização da juventude estudantil e escolar em um grande número de cidades do país.

O movimento de 4 de maio de 1919, sendo uma irrupção na cena política dos estudantes, um novo grupo social que resultou da reforma da educação que a dinastia Qing encetara em sua última década, exprimia, pela primeira vez em escala nacional, o nacionalismo urbano que nascera no início do século.

Foi também veículo de uma contestação da ordem sociopolítica saída da revolução de 1911, a república dos "senhores da guerra" e a autoridade dos notáveis.

O boicote intransigente dos produtos nipônicos que os estudantes procuraram organizar, com desprezo pelos interesses dos comerciantes chineses; sua decisão de deixar de assistir às aulas ("greve às aulas" em 23 de maio); a "greve ao comércio", que tentaram impor aos comerciantes, após o governo de Pequim ter executado as primeiras medidas de repressão, em 3 de junho, perturbaram o desenrolar prudente e moderado do protesto patriótico, conduzido pelos notáveis.

Embora os delegados chineses à Conferência de Paz tenham se recusado a assinar o Tratado de Versalhes, a mobilização dos estudantes, à qual se associaram outros componentes da sociedade urbana, prolongou-se até o início de 1920, com ações então dirigidas mais diretamente contra o Japão.

A mobilização dos estudantes constituiu a resposta prática de toda uma geração aos apelos à autonomia individual e à crítica dos valores confucionistas, formulados a partir de 1915 por intelectuais ocidentalistas do Movimento para uma Nova Cultura (Chen Duxiu, Hu Shi etc.), nas revistas *Xin Qingnian* ("A Nova Juventude") e *Xinchao* ("Renascença").

Desembocou numa radicalização política da qual surgiu o movimento comunista chinês.

Laurent Galy

➤ CONTESTAÇÃO, JAPÃO (A CHINA E O), NACIONALISMO, PEQUIM

QUATRO MODERNIZAÇÕES (AS)

Formulado pelo primeiro-ministro Zhou Enlai, na IV Assembleia Nacional Popular, em janeiro de 1975, o *slogan* das quatro modernizações (*si ge xiandaihva*, agricultura, indústria, ciência e tecnologia e defesa nacional) inaugurou uma reorientação radical das políticas econômicas chinesas.

A rejeição da retórica da Revolução Cultural e dos arrebatamentos catastróficos transparecia numa palavra de ordem que rompia com o idealismo radical da "política no posto de comando" e colocava a ênfase num pragmatismo econômico centrado na "procura da verdade a partir dos fatos".

Não foi de surpreender, portanto, que Mao Tsé-tung – aliás, ausente da sessão –, criticasse violentamente seu conteúdo, numa diretiva tornada pública em fevereiro, e denunciasse a restauração do "pensamento burguês".

No entanto, durante os dois anos de interregno entre a morte de Mao Zegong, em setembro de 1976, e o regresso de Deng Xiaoping ao poder, em dezembro de 1978, afrontamentos violentos abalaram a direção do Partido Comunista a respeito do significado a dar à palavra de ordem das quatro modernizações.

Hua Guofeng, herdeiro designado por Mao Tsé-tung, tentou, graças ao seu "plano de dez anos", fazer da campanha "aprender com Dazhai" – a organização em comunas populares e a política de autossuficiência – a base da modernização da agricultura chinesa, que arrastaria depois a modernização dos outros setores.

Pelo contrário, Deng Xiaoping, consciente da estagnação da economia, resultante das mudanças de rumo maoísta, preconizou uma via totalmente diferente: reabilitação dos intelectuais perseguidos, reforma radical da economia, apoiada nas tecnologias estrangeiras, e abertura do país. O objetivo quantitativo era claramente proclamado: quadriplicar o produto interno bruto por habitante até o ano 2000.

Em dezembro de 1978, o III Plenário do XI Comitê Central rejeitou o plano econômico de Hua Guofeng e fez das quatro modernizações, para as quais foi solicitado explicitamente o apoio dos intelectuais e dos especialistas, o fundamento oficial de sua política.

Virando resolutamente as costas ao voluntarismo maoísta, essa orientação pragmática dirigiu durante um quarto de século a política econômica chinesa.

François Gipouloux

➤ DENG XIAOPING, REFORMAS E ABERTURA, ZHOU ENLAI

R

REDES

A arte das relações (*guanxi*) e das "redes de relações" (*guanxi wang*) é, na China, uma atividade social primordial.

Seus usos cobrem situações muito diferentes, indo das relações baseadas numa ética da compaixão à corrupção institucionalizada.

A lógica que está subjacente a essa prática é a seguinte: como qualquer relação social é concebida como sendo motivada por valores e serviços, esses não podem implicar senão os indivíduos que se identificaram previamente como pertencentes a redes comuns de solidariedade.

As bases mais legítimas da solidariedade, embora evoluam ao ritmo da modernização da sociedade, são prioritariamente os laços de sangue ou de solo, bem como a camaradagem escolar, militar ou profissional.

Nesse círculo dinâmico de relações, que é, no entanto, fechado (o termo *guanxi* significa literalmente "sistema fechado"), as relações de ajuda mútua são mantidas e simbolizadas pela troca de favores, de presentes e de banquetes.

A norma social implica, teoricamente, manter o outro endividado, reembolsando sempre mais do que se recebe a fim de manter não só a dinâmica da relação como a sua "face".

Em si mesmas, as relações do tipo *guanxi* não são específicas da cultura chinesa. A especificidade chinesa é a das origens (a ética confucionista), das características dos seus desenvolvimentos (durante as épocas maoístas e, depois, no contexto de um capitalismo que emergiu no quadro de um sistema de partido único) e da cultura das próprias relações que alimenta.

Os usos tradicionais das *guanxi* foram assim transformados sob o triplo efeito da economia de penúria, durante os 30 primeiros anos do regime comunista; depois, em sentido contrário, da mercantilização das relações sociais que acompanhou o desenvolvimento progressivo da economia de mercado e, finalmente, do regime de partido único, que produz, ao mesmo tempo, uma competição política informal e institucionaliza as relações clientelistas.

Anteriormente, a arte das *guanxi* constituía um contributo essencial para corrigir e contornar as disfunções da economia planificada.

Atualmente, desempenha um papel central, em concorrência com a norma do uso do direito. De fato, nesta fase, as reformas econômicas têm um efeito acelerador do fenômeno das redes informais, pois foram estas últimas que permitiram o sucesso das reformas. As *guanxi* continuam a ser o método mais eficaz, no respeito à *lei*, para a maioria dos indivíduos, num grande número de situações de ordem econômica ou social.

Perante a verificação da impossibilidade de erradicar as práticas informais do tipo *guanxi*, inclusive no contexto de uma sociedade modernizada, alguns juristas chineses vislumbram a possibilidade de legalizar seus usos, desde que estes últimos não ultrapassem a zona cinzenta das práticas de corrupção.

Na verdade, mais cedo ou mais tarde, o elevado grau de corrupção na China e do "capitalismo de amigos" (*crony capitalism*) pode se revelar uma fonte de instabilidade e de desintegração do Estado socialista.

Stéphanie Balme

➢   CORRUPÇÃO, DIREITO, FACE INFORMAL, RELAÇÕES INTERPESSOAIS

REFORMA AGRÁRIA

Oficialmente promulgada em junho de 1950, a reforma agrária generalizou para o conjunto do país medidas aplicadas antes de 1949 nas bases comunistas do norte da China.

Confiscaram-se as terras dos ricos e foram distribuídas aos pobres. A transferência incidiu em 47 milhões de hectares, ou seja, 43% da superfície cultivada.

Como foram repartidos por 300 milhões de camponeses, esse total representou cerca de três quartos de hectare por família. A reforma agrária multiplicou assim as microexplorações.

Seus objetivos econômicos foram, na verdade, menos decisivos do que os objetivos sociais e políticos. A violência que a acompanhou procurava destruir o prestígio e a influência da elite rural tradicional.

Duramente criticados durante "exposições de azedume" e "encontros de combate", os proprietários fundiários foram muitas vezes humilhados e por vezes executados.

Destinados a convencer camponeses tradicionalmente submissos de que podiam erguer a cabeça sem temer eventuais represálias, a violência e mesmo o terror transformaram essa reforma numa verdadeira revolução agrária.

Foi uma revolução conduzida de cima e que visava forjar uma aliança entre o novo poder e as "massas camponesas", as quais, ao contrário do que sucedera na Rússia, em 1917, não se sublevaram espontaneamente para se apoderarem das terras dos proprietários fundiários.

Lucien Bianco

> DESCOLETIVIZAÇÃO, PARTIDO COMUNISTA

REFORMAS E ABERTURA

Esse *slogan* tem sua origem no 3º Plenário do XI Comitê Central do Partido Comunista (PC), de dezembro de 1978.

Durante essa reunião-chave, Deng Xiaoping derrotou definitivamente o clã dos neomaoístas, reunidos em torno do presidente do PC, Hua Guofeng.

Tendo feito regressar ao poder várias grandes figuras do período anterior à Revolução Cultural, entre os quais Chen Yun e Hu Yaobang, e apoiado pelos partidários de Zhou Enlai (entre os quais Li Xiannian e Wan Li), Deng fixou então a nova linha diretora do PC: "reformas e abertura" (*gaige yu kaifang*).

Com esse *slogan* geral, foram aplicadas em seguida muitas políticas e decisões, e podemos questionar hoje quais eram seus verdadeiros limites.

Em dezembro de 1978, as reformas e a abertura abrangiam duas grandes séries de mudanças capitais.

Por um lado, tratava-se de reformar as estruturas econômicas (generalização do sistema de exploração familiar das terras, desenvolvimento progressivo dos mecanismos de mercado) e institucionais (reforço das instâncias estatais), de restaurar a "legalidade socialista", de libertar e reabilitar as vítimas políticas das campanhas maoístas e de pôr termo aos movimentos de massas.

Por outro lado, iniciava-se uma abertura ideológica, ou seja, uma liberalização política relativa e uma abertura ao exterior, o que conduziria ao desenvolvimento sem precedentes das relações econômicas e comerciais com o Ocidente capitalista e à entrada de investimentos provenientes dessa parte do mundo.

É claro que o conteúdo dessa fórmula evoluiu. A repressão do movimento democrático de 1979-1980, o lançamento e, depois, após o massacre de Tiananmen, em 1989, o questionamento da reforma das estruturas políticas, o aprofundamento das reformas econômicas, na sequência da queda da URSS, em 1992, a ambição de instituir um "Estado de direito socialista", em 1996, e, finalmente, a entrada da China na Organização Mundial do Comércio não derivaram todos diretamente das decisões aprovadas em dezembro de 1978.

A história das reformas e da abertura não foi, de fato, apenas escrita pelo Partido Comunista. A profunda evolução da sociedade chinesa, bem como as interações cada vez maiores entre a China e o exterior também contribuíram grandemente para colocar mais longe os limites fixados e o caminho traçado por Deng Xiaoping em 1978.

Jean-Pierre Cabestan

> DENG XIAOPING, DESCOLETIVIZAÇÃO, INVESTIMENTO DIRETO ESTRANGEIRO, MERCADO (TRANSIÇÃO PARA A ECONOMIA DE), ZHOU ENLAI

REGIÕES DE EMIGRAÇÃO

No século XIX e na primeira metade do século XX, as províncias de Guangdong, de Fujian e, em menor medida, de Zhejiang foram as principais regiões de emigração.

A pressão demográfica, a falta de terras, os conflitos e o recrutamento de mão de obra para as colônias europeias alimentaram os fluxos migratórios para o sudeste da Ásia, o continente americano, a Austrália e a África o Sul e, no século XX, para a Europa.

Muitos descendentes desses emigrantes chegaram à Europa Ocidental, sobretudo à França, como refugiados do sudeste da Ásia, depois de 1975.

No Guangdong, os imigrantes são originários de três regiões: do delta do rio das Pérolas, do delta do rio Han (Chaozhou) e de Meixian, a região originária dos hakka.

A descoberta de ouro e a construção da estrada de ferro transcontinental no oeste americano provocaram uma saída maciça, no final do século XIX, em particular em Taishan, donde partiram 60% dos que se estabeleceram nos Estados Unidos.

Os chaozhou (ou teochiu) provêm da região costeira de Chaozhou e Shantou, que foi um dos principais focos de recrutamento de mão de obra chinesa para as colônias europeias do sudeste da Ásia.

O número de emigrantes entre 1869 e 1934 foi estimado em 1,4 milhão de indivíduos. Atualmente, os teochiu representam o grupo majoritário na Tailândia, no Camboja, em Cingapura e na França.

O principal centro de emigração hakka é a prefeitura de Meixian, situada numa região montanhosa a nordeste de Guangdong. Os hakka instalaram-se na Malásia, no Vietnã, no Camboja, nas Antilhas, nas ilhas dos oceanos Índico (Reunião e Maurício) e Pacífico e depois na França.

Os imigrantes de Fujian são originários das cidades costeiras de Xiamen, que foi também um centro importante de recrutamento de mão de obra, de Zhangzhou, Quanzhou, Jianjiang e, embora menos, de Fuzhou.

Tendo partido em grande número para Taiwan, Hainan e sudeste da Ásia, constituem mais de metade da população chinesa da Indonésia, da Malásia e das Filipinas.

A emigração do Zhejiang saiu de dois distritos: Qingtian, no interior, e Wenzhou, cidade costeira, e dos seus arredores.

No final do século XIX, os motores da emigração foram o comércio ambulante de pedras semipreciosas pelos Qingtian e a abertura das rotas comerciais em Wenzhou para a madeira, o açúcar e os cítricos.

Atualmente os descendentes desses emigrantes contribuem para o desenvolvimento de sua região de origem. Empresas de Taiwan, de Hong Kong e do sudeste da Ásia estabelecem-se nas cidades costeiras da China Meridional.

Nos anos 1980, assistiu-se à reativação de antigas redes de emigração. Do Fujian, entre 1993 e 1996, partiram para as Filipinas cerca de 20 mil chineses da cidade de Jianjiang. Outros ainda, originários do Zhejiang, retomaram também o caminho da emigração. Em 1995, partiram de Wenzhou e de Qingtian 240 mil e 60 mil indivíduos, respectivamente para a Europa Ocidental (França, Itália, Espanha e Holanda).

No entanto, durante os anos 1990, formou-se no nordeste uma nova corrente de emigração. Essa região foi, na verdade, duramente afetada pelas reestruturações industriais e as mudanças sociais.

As causas das migrações são agora diferentes. Esses novos emigrantes, em que há mulheres em grande número, expatriam-se por razões relacionadas com seu itinerário de vida: divórcio, incerteza quanto ao futuro da educação dos filhos, fracasso e insegurança profissionais, rendimentos demasiado baixos e desejo de conhecer o mundo.

Sua partida é facilitada pela existência de sociedades intermediárias (agências de viagem e empresas privadas) que lhes fornecem passaportes e vistos de negócios ou de turismo para os países de destino: Estados Unidos, Canadá, Austrália, sudeste da Ásia e Europa.

Live Yu-sion

➢ CANTONESES, CHINESES DO EXTERIOR, HAKKA, MIGRAÇÕES INTERNACIONAIS E DIÁSPORA, MUNDO CHINÊS

REGIÕES FRONTEIRIÇAS

Em escala territorial, as regiões fronteiriças chinesas são na maior parte montanhosas e parecem, à primeira vista, pouco povoadas.

Essa questão do povoamento é, contudo, complexa. A fisionomia demográfica das regiões fronteiriças chinesas está longe de ser homogênea. Os números relativos às províncias são suficientes para fornecer uma ideia geral.

De fato, às regiões pouco povoadas do oeste chinês (Mongólia interior, Xinjiang e Tibete) opõem-se as províncias ou regiões fronteiriças do sudeste (Yunnan e Guangxi) e do nordeste (Liaoning, Jilin e Heilongjiang), cujas densidades mais conformes à média nacional recordam que essas províncias, apesar de sua situação fronteiriça, estão culturalmente integradas ao que se convencionou chamar de China dos han.

Apesar desse contraste, as regiões fronteiriças chinesas possuem as características comuns de serem habitadas por muitas minorias étnicas, sendo mais importantes no oeste e no sul, e majoritariamente reunidas em entidades administrativas ditas "autônomas".

Essa localização fronteiriça das minorias étnicas é ainda mais evidente quando se observa a repartição em escala inferior à província: 107 dos 138 distritos fronteiriços eram ainda majoritariamente povoados por nacionalidades minoritárias, no final dos anos 1990.

Essas nacionalidades pertencem, por vezes, às mesmas entidades culturais que as populações dos países vizinhos e, devido à natureza transfronteiriça das áreas que ocupam, levantam problemas específicos ao governo chinês, sobretudo nos processos de abertura e de cooperação que animam hoje as regiões fronteiriças do país.

Para além de determinadas minorias de Xinjiang, como os uigures e os cazaques, notemos que os dai do Yunnan e os coreanos do nordeste também fazem parte dessas minorias transfronteiriças.

Mantidas à margem da primeira fase de abertura, por vezes militarizadas e fechadas durante toda a década de 1980, as regiões fronteiriças chinesas estavam, no início dos anos 1990, nitidamente atrasadas em matéria de desenvolvimento. Eram em geral suburbanizadas e subindustrializadas. Sua economia era dominada pelas atividades agrícolas, pastoris e de extração.

As primeiras medidas de abertura datam de 1988: o conceito de porto aberto foi então oficialmente ampliado aos espaços fronteiriços. Em 1992, nove capitais provinciais, entre as quais seis situadas em províncias ou regiões autônomas fronteiriças (Harbin, Changchun, Hohhot, Nanning, Kunming e Urumqi), bem como 15 cidades fronteiriças, obtiveram respectivamente os *status* de "capitais provinciais abertas" e de "cidades fronteiriças abertas", o que lhes permitiu estabelecer zonas econômicas e acolher investimentos estrangeiros.

Um ano mais tarde, em abril de 1993, Shenyang, Harbin e Changchun foram dotadas de desenvolvimento econômico e técnico.

Em agosto de 1994, foi a vez de Urumqi, ao passo que Hohhot e Kunming tiveram de esperar pelo ano 2000, pelo lançamento do X Plano Quinquenal e da política de desenvolvimento do oeste.

Finalmente, as autoridades chinesas se empenharam também em dois projetos multilaterais importantes em zonas de desenvolvimento econômico transfronteiriço. O primeiro, o programa de desenvolvimento econômico do rio Tumen, está localizado em torno do cruzamento fronteiriço sino-russo-coreano, enquanto o segundo, atualmente integrado na região do Grande Mekong, reúne regiões fronteiriças do Yunnan, do Laos, da Tailândia e de Mianmar.

Essa questão do desenvolvimento das regiões fronteiriças é tanto mais importante quanto está intimamente relacionada com a política das minorias nacionais.

As disparidades territoriais tenderam a acentuar as desigualdades interétnicas, não apenas entre os han e as minorias mas também entre estas últimas, que estão longe de representar um grupo economicamente homogêneo.

As autoridades centrais e locais encorajaram, por isso, as populações transfronteiriças a comercializar e reativar laços econômicos com os seus homólogos situados do outro lado da fronteira.

Todas essas medidas permitiram incontestavelmente um forte desenvolvimento do comércio fronteiriço e do turismo, geralmente propício ao desenvolvimento local.

No tocante às regiões fronteiriças, contudo, foram as cidades que surgiram como as principais beneficiárias dessas novas dinâmicas. Registraram-se nelas importantes transformações, notadamente no setor imobiliário, bem como um forte crescimento de sua população, resultado conjugado do crescimento natural e do saldo migratório positivo.

Transformadas em lugares atrativos, as regiões fronteiriças chinesas atraem cada vez mais populações originárias de outras províncias em busca de novas oportunidades econômicas.

A maioria dos novos imigrantes são han e prolongam, assim, sob outra forma, o movimento de sinização (ou, melhor, de "hanização") iniciado nos 30 primeiros anos do regime comunista. Isso não ocorre, aliás, sem suscitar novas tensões interétnicas entre os han e as minorias.

Alimentam igualmente os fluxos de imigrantes, legais e ilegais, que atravessam regularmente as fronteiras chinesas, contribuindo para criar novos desafios geopolíticos aos países vizinhos.

Esse desenvolvimento das regiões fronteiriças também não parece ser igualitário e beneficia sobretudo as populações han. Ora, essa desigualdade tende, desde há alguns anos, a fazer com que alguns membros das nacionalidades minoritárias deixem o local, acentuando assim a "hanização" dessas regiões.

Elegendo como destino as províncias costeiras e as grandes cidades do país ou do exterior, esses já não hesitam em deixar a região natal para procurar uma forma de melhorar a subsistência.

Finalmente, a reativação dos laços entre as minorias que povoam as regiões fronteiriças chinesas e as populações dos países vizinhos não deixa de criar novos problemas políticos, não só nas relações entre Pequim e essas diferentes minorias mas também entre a China e os países vizinhos.

De fato, o governo chinês se vê confrontado com um duplo desafio: permitir o desenvolvimento das minorias e de suas entidades administrativas, encorajando as trocas comerciais e a cooperação interétnica, ao mesmo tempo que vela para que esses encontros não encorajem eventuais reivindicações políticas.

Sebastian Colin

➢ ADMINISTRAÇÃO TERRITORIAL, FRONTEIRAS, IMIGRANTES, NOROESTE, TIBETE, XINJIANG

REGIÕES INDUSTRIAIS (AS VELHAS)

As velhas regiões industriais são, neste contexto, as que se industrializaram a partir da extração do carvão e dos minerais de ferro.

Essa associação entre recursos naturais e industrialização foi essencial. Excluiu, por isso, muitas cidades e regiões que foram dotadas de complexos de indústria pesada, durante os primeiros 30 anos do regime comunista, mas que não possuem nenhuma atividade extrativa.

Aliás, as velhas regiões industriais não correspondem à geografia do carvão e do mineral de ferro, cuja localização se encontra muito disseminada pelo território chinês. Nada menos de 27 províncias produzem carvão, mas muito poucas são verdadeiras "regiões negras".

Encontram-se, desse modo, duas velhas regiões industriais de dimensões importantes: no oeste e no nordeste.

A primeira está centrada na província de Shanxi, ao longo do eixo Datong-Taiyuan-vale do Fen, e prossegue para o norte de Shaanxi, para as regiões de Shenmu e Fugu, bem como para a Mongólia interior, à volta das cidades de Baotou e Dongsheng.

Corresponde à extensão da bacia hulhífera mais importante do país (e do mundo), cujas reservas conhecidas são calculadas em mais de 1,5 bilhão de toneladas.

Essa abundante matéria-prima favoreceu a industrialização de toda a região, onde dominam as indústrias pesadas, como a metalurgia, a produção de adubos químicos e a fabricação de equipamentos pesados.

Embora a extração do carvão se tenha verdadeiramente acelerado após o nascimento da República Popular, foi travada, a longo prazo, pelo arcaísmo técnico e pela insuficiência das infraestruturas de transporte, que não permitiam um escoamento rápido da produção.

Desde o início dos anos 1980, as autoridades, quer por meio de investimentos públicos, quer pela abertura aos capitais estrangeiros, têm por objetivo fazer dessa região uma plataforma de produção energética a fim de alimentar o litoral em carvão e eletricidade de origem térmica.

A segunda velha região industrial corresponde à conurbação de Shenyang-Fushun-Benxi-Anshan, que se situa por inteiro na província de Liaoning.

Estruturou-se em redor de uma bacia hulhífera de orientação leste-oeste, que se estende de Fushun até Beipiao, e de uma importante bacia ferrífera que engloba as regiões de Anshan e de Benxi.

Nela se podem encontrar, além da extração, um importante complexo siderúrgico (Anshan) e um setor desenvolvido de equipamentos pesados (Shenyang).

Essencialmente desenvolvida pelos investimentos japoneses durante a primeira metade do século XX, essa região esteve depois no centro das estratégias industriais da China comunista. É objeto desde há alguns anos de uma política ativa de reestruturação industrial, destinada, aliás, a todo o nordeste.

A China conta também com outras "regiões negras" de dimensão mais reduzida e de menor importância econômica.

A cidade de Tangshang, situada na província de Hebei, deve à sua bacia hulhífera, rica em carvão de coque, bem como às suas minas de ferro, uma industrialização precoce, dominada pela siderurgia e pelas centrais térmicas.

As regiões de Hegang e de Shuangyashan, na província de Heilongjiang, e a "região negra" de Zibo, na província de Shandong, integram-se também nessa categoria.

As velhas regiões industriais chinesas são ricas em paradoxos.

Contrariamente às que se encontram na Europa, não têm verdadeiras crises econômicas, ainda que defrontem muitos e graves problemas sociais. As grandes necessidades da China em carvão e aço continuam, na verdade, a dinamizar sua produção.

Pelo contrário, a transformação das estruturas produtivas, com o desaparecimento de algumas empresas estatais, e as mudanças dos processos de produção, devido à introdução de novas técnicas, conduziram a muitas demissões e ao crescimento do subemprego.

Algumas autoridades locais, sobretudo em Shanxi, queixam-se, por vezes, dos fracos resultados econômicos dessas atividades industriais, que servem sobretudo para alimentar as grandes cidades do leste.

Problemas de segurança cada vez mais graves se colocam, por fim, em algumas minas geridas pelos cantões e vilas. A multiplicação dos acidentes mortais nesses últimos anos obrigou as autoridades centrais e intervir e a fechar as minas julgadas demasiado perigosas.

Sébastien Colin

> CARVÃO, ENERGIA E RECURSOS NATURAIS, INDÚSTRIA E POLÍTICA DE INDUSTRIALIZAÇÃO, NORDESTE

REGISTRO DE RESIDÊNCIA

O sistema de registro de residência, ou *hukou*, teve uma reforma importante a partir de 2001, após ter desempenhado um papel sem precedentes durante três décadas, afetando a distribuição dos recursos, a estratificação social, a mobilidade geográfica e também a natureza dos laços estabelecidos com o Estado.

Esse instrumento não foi uma criação da República Popular da China, pois existia na época imperial, exercendo uma influência variável, mas constante, em assuntos como o recrutamento militar e o pagamento de taxas. As primeiras medidas relativas a esse mecanismo foram tomadas em 1951, mas foi necessário esperar até 1958 para que fosse promulgada uma série completa de regulamentos. Todos os lares passaram a ter um livreto em que constavam informações sobre cada um dos seus membros: nome, data e local de nascimento, laço de parentesco com o "dono da casa", gênero, nível de educação e data em que o indivíduo fora oficialmente registrado nesse livreto doméstico. Duas outras indicações constavam nele: o nome da localidade onde o *hukou* foi registrado e o *status* do *hukou* possuído: agrícola ou não agrícola. A combinação desses dois critérios permite obter uma categorização complexa dos indivíduos.

A primeira dessas indicações – o nome do lugar onde está registrado o *hukou* – acentua a importância do nível local do sistema instalado. Os indivíduos pertencem a uma dada comunidade, rural ou urbana, e os direitos e as obrigações que têm variam de acordo com os recursos econômicos e sociais desta última.

A segunda indicação introduz uma hierarquia entre urbanos e rurais. Os primeiros, detentores de uma autorização de residência não agrícola, usufruem muitas vantagens: atribuição de cupons de racionamento que permitem adquirir muitos produtos, pagamento das despesas médicas e de escolaridade, segurança de emprego, sistema de reforma e atribuição de habitação subsidiada. A essas diversas proteções garantidas pelo Estado correspondem, para os segundos, os detentores de licença agrícola, o compromisso público de satisfazer as necessidades de consumo de cereais de cada um.

Transferir o seu *hukou* implica procedimentos complexos. Na maior parte das vezes, é preciso registrar o *hukou* numa nova localidade sem modificar a sua natureza, uma operação que necessita, não obstante, do acordo formal das autoridades do local de acolhimento e do local de origem. Mas trata-se, por vezes, de modificar a natureza da licença que possui: se a passagem de um *hukou* agrícola para um não agrícola tem de satisfazer muitos critérios que visam, precisamente, limitar tais transferências, o movimento inverso resultava, em geral, de uma sanção política, que vigorou nos primeiros 30 anos do regime. Esse sistema limitou as migrações ditas espontâneas até o final dos anos 1970, com a mobilidade geográfica correspondendo, antes de mais nada, às necessidades da planificação.

A mobilidade observada na China desde as reformas iniciadas em 1978 é, em geral, conhecida a partir das categorias administrativas relacionadas com o sistema do *hukou*. São qualificados como imigrantes e considerados problemáticos os indivíduos que não residem onde têm o seu domicílio oficial. O receio de uma invasão das cidades por legiões de camponeses tem informado, aliás, os ajustamentos sucessivos do sistema *hikou* desde o início dos anos 1980. Assinalemos alguns momentos importantes dessas reformas.

Em 1985 o aluguel de casas ou apartamentos à população imigrante deixou de ser ilegal. Foi instituído um certificado de residência temporário. Qualquer indivíduo que resida três meses numa localidade urbana onde não esteja oficialmente domiciliado tem de solicitar esse certificado aos órgãos de Segurança Social. Esse certificado, válido durante um ano, envolve custos de inscrição e de administração. Sobretudo, não concede aos imigrantes os direitos e as vantagens que são atribuídos aos moradores oficialmente domiciliados nessa localidade no que diz respeito ao acesso aos cuidados de saúde, à educação, à habitação e ao trabalho. (Em 1995, esse sistema foi estendido aos imigrantes que se instalassem nas zonas rurais.) Paralelamente, multiplicaram-se os critérios que permitem transformar um *hukou* agrícola num não agrícola e aumentaram as cotas atribuídas a tais transferências. Além disso, foram instituídas subcategorias de *hukou*, quer nos meios rurais, quer nos urbanos.

Desde 1984, por exemplo, os camponeses que possuem um domicílio fixo e um emprego nas vilas rurais podem adquirir um novo tipo de licença não agrícola chamada "autossuficiente no plano dos cereais alimentares": essa licença legaliza a domiciliação de fato, mas não pode ser transferida para outra localidade urbana nem confere o direito às vantagens concedidas aos "locais".

Por último, em 1998, as autoridades chinesas modificaram as modalidades de transmissão do *hukou*: as crianças passaram a herdar o tipo de autorização possuído pelo pai ou pela mãe, ao passo que nos 30 anos anteriores era o *hukou* da mãe que determinava os dos membros da geração seguinte.

A partir de 2001, ante a ineficácia administrativa de um sistema que se tornara demasiado complexo e o descontentamento dos imigrantes, por vezes muito bem providos no plano dos recursos culturais e econômicos, foram iniciadas as reformas. A dicotomia entre certificado agrícola e não agrícola foi oficialmente contestada. O objetivo anunciado é pôr termo ao sistema dualista do *hukou* nos próximos anos. Algumas províncias já instalaram um sistema unificado de "lares residentes", que deixaram de referir, no plano interno, o *status* agrícola ou não agrícola.

A segunda reforma tem por objetivo instaurar maior adequação entre o domicílio de fato e o domicílio de direito. Agora, as pessoas que possuem um domicílio fixo, um emprego estável ou fontes de rendimento regulares numa localidade urbana correspondente à sede de um distrito ou a uma pequena cidade podem aí domiciliar o seu *hukou* se assim o desejarem.

Trata-se, assim, de simplificar o sistema existente em cerca de 20 mil localidades, suprimindo as subcategorias de *hukou* resultantes das reformas e concedendo automaticamente aos imigrantes que o desejarem o *status* de residente permanente. A médio prazo, esse modelo deverá ser estendido às grandes cidades e às metrópoles.

O recurso à planificação, ou seja, ao uso de cotas que limitam o número de recém-chegados a cada localidade urbana, já diminuiu. Contudo, a ausência de um sistema unificado de segurança social no conjunto do território chinês é apresentada para justificar o ritmo muito gradual das reformas em curso.

Transferir o *hukou* próprio para uma cidade é, contudo, possível atualmente aos que possuem recursos e domicílio fixos e que podem corresponder às necessidades do desenvolvimento econômico e social local. Ou seja, os critérios que permitem obter direitos de residência permanentes nos meios urbanos são hoje em dia estabelecidos, nas grandes cidades, ao nível dos governos municipais. Estes detêm, assim, os meios para determinar a dimensão e a composição da população local, registrando de imediato certos imigrantes como residentes oficiais e não reconhecendo a outros senão direitos temporários.

As reformas do sistema de registro de residência, apesar de seu caráter inacabado, anunciam dessa forma uma banalização progressiva da noção de residência, bem como uma reconfiguração profunda dos laços políticos e sociais.

Isabelle Thireau

➢ CIDADES E AS ZONAS RURAIS (AS), IMIGRANTES, LOCAL, MIGRAÇÕES INTERNAS, PROTEÇÃO SOCIAL

RELAÇÕES INTERPESSOAIS

As relações interpessoais (*guanxi*) desempenham um papel importante na sociedade chinesa.

O capital relacional que se possui constitui, de fato, um critério de identificação dos indivíduos enquanto membros da sociedade. Revela as suas competências, destaca a sua capacidade de ação e atesta a sua dignidade no espaço público.

Possuir uma rede ampliada de relações, quer fundada nos laços de parentesco, que são por definição irreversíveis, quer na confiança longamente testada e experimentada, e ser capaz de mantê-la no tempo e no espaço proporcionam o ter "face", ou seja, consideração social.

A relação entre particulares é tanto mais importante quando assinala o grau de lealdade ou de prestígio que os outros reconhecem ao próprio e, consequentemente, permite aos indivíduos situarem-se no seio de grupos cujos pontos de referência são bastante difusos: nem a profissão, nem a classe social, nem a origem geográfica, nem o lugar de residência permitem atualmente traçar os contornos de um grupo social relativamente homogêneo e de que se partilhem os princípios ou os usos.

Daí a atenção dirigida aos laços pessoais e, sobretudo, os laços profissionais fundados num certo grau de confiabilidade e lealdade.

Daí também a existência de uma sociabilidade assinalada pela encenação ostentadora por parte dessas redes e pela frequência de usos, regras e princípios que indicam a importância dos laços particulares enquanto base da constituição da sociedade e das entidades que a compõem.

Essa sociabilidade implica, sobretudo, a troca de serviços e de favores (*renqing*), que são as garantias e os substitutos dos laços pessoais estabelecidos.

O termo "*guanxi*" é por vezes utilizado para designar essas relações interpessoais.

A importância das *guanxi*, ou relações sociais privilegiadas, é amplamente debatida na literatura dedicada à sociedade chinesa contemporânea e facilmente relacionada com o regresso de uma tradição confuciana que fora colocada entre parênteses durante três décadas.

Essas relações, associadas à corrupção e ao favoritismo clientelista e entendidas em sua dimensão puramente instrumental, são, por isso, ou contestadas, por conduzirem ao nepotismo e ao clientelismo, ou consideradas, de forma mais positiva, como tendo permitido a modernização do regime.

Palavra banal, que evoca tanto a relação e os seus dois termos como as partes assim relacionadas, "*guanxi*" acentua hoje em dia, pertinentemente, a dimensão de mercantilização das relações interpessoais na China pós-maoísta.

No entanto, é utilizada de maneira normativa – certas relações sociais, e não outras, são reconhecidas como *guanxi* – e sobretudo redutora, porque aponta para um emprego utilitarista da rede de relações possuída, ou seja, apenas com a finalidade de melhorar e conservar os recursos possuídos, sejam eles materiais ou não.

Esse termo só se aplica, portanto, parcialmente às relações interpessoais na China, e oculta, devido à sua dimensão instrumental, um processo atualmente necessário, mas difícil: a formação de laços ao mesmo tempo generalizados e particulares.

Isabelle Thireau

➤ FACE, REDES

RELIGIÃO

As línguas chinesas não dispuseram de termo para traduzir a categoria ocidental moderna de religião até a introdução, no final do século XIX, do neologismo, de origem japonesa, *zongjiao*. Esse termo significa literalmente "ensino de seita".

A República Popular da China reconheceu oficialmente cinco religiões – budismo, taoísmo, islamismo, protestantismo e catolicismo –, organizadas em associações nacionais sob a tutela direta do Estado.

No entanto, o substrato do sagrado é muito mais complexo. Não poderia ser inserido num quadro tão rígido. As práticas religiosas são exercidas, sobretudo, por meio de rituais familiares ou comunitários, que necessitam ou não de especialistas (xamanes, médiuns, adivinhos, geomantes, oficiantes taoístas ou monges budistas). São ordinariamente designadas no Ocidente pela expressão "religião popular".

O fenômeno religioso foi sempre considerado com a maior desconfiança pelos poderes instalados. Embora o império tivesse constantemente o cuidado de controlar o budismo e o aparecimento de novos cultos – e os tenha reprimido eventualmente sob o pretexto de heterodoxia (*xiejiao*) –, as campanhas antirreligiosas só começaram verdadeiramente durante a República, em 1922.

Na China comunista, as atividades religiosas foram reprimidas desde o início dos anos 1950, sendo totalmente proibidas durante a Revolução Cultural.

Foram retomadas com intensidade após as reformas de 1978. A liberdade religiosa voltou a ser inserida na constituição de 1982, mas continua a ser estritamente vigiada pelo departamento dos Assuntos Religiosos do governo central.

O mero reconhecimento de cinco religiões confere ao Estado o poder de tolerar ou de reprimir outros tipos de culto. Os cultos locais podem assim ser considerados como superstições, embora sejam praticados por uma larga maioria da população.

Élisabeth Allès

➤ ANTEPASSADOS (CULTOS DOS), BUDISMO, CATOLICISMO, FALUNGONG, ISLÃ, PROTESTANTISMO, SEITA, TAOÍSMO, TEMPLOS

REPÚBLICA POPULAR

O regime comunista, instituído em outubro de 1949, na sequência da guerra civil, sucedeu à "democracia nova" prometida pelo Partido Comunista (PC) contra os seus adversários da República da China.

Essa política já tinha evoluído para uma "ditadura democrática", exercida pelo PC em nome do povo, ou seja, da ínfima classe operária (1% da população) e de um campesinato imenso, mas que vivia, em sua grande maioria, à margem de qualquer instituição ou quadro formal.

Depois de 1949, o papel dirigente do PC e a partilha das responsabilidades aos diversos níveis do Partido-Estado delimitavam a cúpula do regime chinês.

Ao afirmar, em março de 1979, a perenidade dos "quatro princípios do socialismo", Deng Xiaoping colocava logo no início da era das reformas um entrave a qualquer mudança institucional ou política importante.

Os seus sucessores, Jiang Zemin e Hu Jintao, reafirmaram ambos a manutenção desses princípios, consentindo, contudo, em algumas evoluções de pormenor.

Tal não impediu a China de, mais do que qualquer outro país socialista, registrar peripécias e desvios políticos e institucionais, que ficaram essencialmente a dever a debates sobre a linha a seguir no interior do PC e à rivalidade das facções no seio do grupo dos seus fundadores históricos.

A partir de 1949, a preeminência de Mao Tsé-tung sobre os outros dirigentes comunistas afirmou-se por meio dos movimentos de massas e de transformações políticas profundas e voluntárias, que não deixaram de ter consequências nas instituições do regime.

O movimento das Cem Flores e a campanha antidireitista (1956-1957) dilaceraram o interior do PC, os quadros econômicos, a elite intelectual e o embrião das profissões legais que existiam nos primeiros anos da República Popular.

O Grande Salto Adiante (1958-1960) destruiu a política econômica e muitos dos órgãos, a começar pela cúpula do exército popular da libertação, impedindo, após a ruptura sino-soviética, a continuação do desenvolvimento econômico planificado.

O movimento de ação socialista (1962-1965) enfraqueceu e desmoralizou os quadros rurais do PC, preparando o terreno para a década da Revolução Cultural (1966-1976).

Esta, ao pôr termo à formação das elites e ao ressuscitar um ciclo histórico de fragmentação e mesmo de anarquia (1967-1968), representou a ameaça interior mais grave para o regime e para suas instituições.

Durante a Revolução Cultural, duas constituições sucessivas (1969 e 1975) introduziram uma ditadura pessoal, em nome da "teoria do gênio", a que seguiu a degradação do próprio conceito de direito, qualificado de "burguês", ao ser exaltada a linha de massas maoísta.

Vinte anos mais tarde, a divisão na cúpula do PC entre os conservadores liderados por Li Peng (nascido em 1928) e os reformadores liderados por Hu Yaobang (1915-1989) e Zhao Ziyang provocou uma curta fase de efervescência política liberal, entre as "Duplas Cem Flores" de 1986 e o desastre político do Tiananmen (1989).

Uma vez livre, devido à morte de Mao Tsé-tung, em setembro de 1976, os dirigentes comunistas começaram por restaurar os princípios e as instituições da República Popular, "anulando os vereditos" pronunciados em 1957 a 1976.

Independentemente da extensão das reformas, da política de abertura, da liberalização da sociedade e do "compacto" legal laboriosamente criado em 1978, o regime continuou a ser de exceção em matéria de direito e, por isso, sentiu-se obrigado a demonstrar e, eventualmente, a renovar as bases de sua própria legitimidade.

Após a resistência antijaponesa e a revolução social e, mais tarde, a construção do socialismo, essa legitimidade ressente-se atualmente da renovada política do *fuqiang* (rico e poderoso), retomada da dinastia Qing (1644-1911).

A era que se iniciou em 2002 com Hu Jintao e os quadros da "quarta geração", que não conheceram outro contexto senão o da República Popular, parece voltar a abrir os debates sobre o modelo e a crise social, bem como sobre a integração nas regras globais e a afirmação nacionalista.

A República Popular continua marcada por duas tendências. Por um lado, é unitária nos seus princípios e instituições, o que, além do mais, é consequência do grande temor em relação às tendências centrífugas (minorias étnicas e religiosas, poderes locais e secessionismo, em particular com a questão não resolvida de Taiwan).

No entanto, por outro lado, também está fragmentada, devido à sua imensidão geográfica e demográfica e à impossibilidade de dominar as redes e poderes das administrações e quadros provinciais e locais, além da própria realidade atual do crescimento econômico e do sistema de mercado.

Embora estes últimos tenham criado instrumentos eficazes de unificação (infraestruturas de transporte, de energia e de telecomunicações), suscitam também forças e interesses econômicos provinciais cada vez mais poderosos.

Devido ao talento dos sucessores de Mao Tsé-tung em representar e defender o seu país na cena internacional, talento exemplificado, por exemplo, pela entrada da China na Organização Mundial do Comércio, em 2001, o regime conservou a sua preeminência e o seu direito de controle sobre qualquer outro escalão ou centro de iniciativas.

O equilíbrio e a partilha futura dos poderes e das competências, após a longa fase atual de construção de um sistema e de profissões legais, serão, no entanto, um dia a questão mais importante da República Popular.

François Godement

> CEM FLORES, CONSTITUIÇÃO, DENG XIAOPING, GRANDE SALTO ADIANTE, MAO TSÉ-TUNG, MAOÍSMO, ORGANIZAÇÃO MUNDIAL DO COMÉRCIO (A CHINA E A), PARTIDO COMUNISTA, 4 DE JUNHO DE 1989 (ACONTECIMENTOS DE), REFORMAS E ABERTURA, TAIWAN (A REPÚBLICA POPULAR DA CHINA E)

RESIDENTES (COMITÊS DE)

Após a chegada do Partido Comunista (PC) ao poder, a gestão urbana nas grandes cidades chinesas foi assumida por organizações espontâneas, que foram depois substituídas pelos comitês de residentes.

Estes últimos, regidos por uma lei de 1954, foram apresentados como organizações "populares e autônomas". Na verdade, dificilmente poderão representar os interesses dos residentes, sendo designados frequentemente pela população como "os pés do governo local".

Os membros dos comitês de residentes são, de fato, remunerados pelo gabinete de quarteirão e colocados sob a sua direção. Cada um desses gabinetes administra e financia vários comitês e residentes. O responsável e o secretário do PC dos comitês de residentes são designados pelos gabinetes de quarteirão.

Os membros desses comitês, cujo número pode variar entre três e nove, têm por missão conhecer bem a população local, com a qual estão diretamente em contato, uma missão que se tornou difícil nas grandes cidades, pois um comitê de residentes pode gerir vários milhares de pessoas.

Estão encarregados não só da segurança e da higiene mas também de difundir as políticas nacionais e locais, fiscalizar o respeito pelo controle dos nascimentos, organizar coletas, distribuir e fazer preencher questionários, resolver os conflitos entre habitantes, animar atividades culturais e desportivas, vigiar os residentes e enquadrá-los durante os momentos de crise como os que foram provocados pela epidemia da Sars.

Os comitês de residentes são igualmente destinatários das queixas, sugestões e pedidos da população local, os quais se esforçam por transmitir aos escalões superiores.

Assim, segundo as situações encontradas e as pressões exercidas pelos residentes, a posição dos comitês de residentes pode variar hoje em dia. Alguns são considerados como simples agentes de execução dos gabinetes de quarteirão, enquanto outros tentam contestar as decisões destes últimos em defesa das condições de vida dos habitantes.

Isabelle Thireau

➢ CIDADES, QUARTEIRÃO (GABINETES DE)

REVOLUÇÃO CULTURAL

Desencadeada há 40 anos, a Revolução Cultural (RC) continua a provocar fortes reações por parte das autoridades chinesas, ainda reticentes em 2006 em comemorar esse episódio crucial da história da República Popular.

Uma controvérsia levantada sobre a "frente cultural", por instigação de Mao Tsé-tung, em novembro de 1965, embora anódina em seu início, fez em poucos meses a China entrar numa luta pelo poder que durou dez anos.

Em maio de 1966, o Comitê Central do Partido Comunista (PC) lançou a "Grande Revolução Cultural Proletária" para evitar o aparecimento de um "revisionismo" à soviética, expulsar os quadros que "se tinham afastado das massas" e lutar contra "os representantes da burguesia, infiltrados no Partido, no Exército e no governo".

A curto prazo, o país assistiu à destruição das estruturas burocráticas do aparelho do poder e à desintegração do PC, bem como ao afastamento de Liu Shaoqi, presidente da República, e de Deng Xiaoping, secretário-geral do PC, enquanto Lin Biao, ministro da Defesa, era proclamado delfim de Mao Tsé-tung.

Durante o verão de 1966, este mobilizou a juventude, que incitou à revolta. Promovidos a guardas vermelhos (*hongweibing*), milhões de alunos do liceu e de estudantes fanatizados percorreram o país com total liberdade e impunidade para se entregarem a ataques em regra contra a "velha" sociedade e os tradicionais detentores da autoridade – pais, professores e dirigentes locais. Estes eram submetidos a sessões de crítica e de autocrítica de uma violência por vezes extrema, destinadas a desmascarar pensamentos e atos contrarrevolucionários, verdadeiros ou supostos.

Em 1966, a China ameaçava mergulhar na anarquia e no caos de uma guerra civil. O culto da personalidade, orquestrada por Lin Biao, e o *Livro Vermelho*, recolha de pensamentos do presidente Mao Tsé-tung, eram no momento os pontos de referência exclusivos de uma sociedade que tinha de viver na época da propaganda oficial.

Enquanto os períodos de greve se multiplicavam nas cidades, Mao Tsé-tung era obrigado, em janeiro de 1967, a apelar ao Exército, a única instituição ainda intata em todo o país, para restabelecer a ordem e controlar os abusos dos guardas vermelhos, cujas facções e gangues rivais se afrontavam, até serem enviados para o campo para se submeterem à reeducação pelas massas camponesas.

Progressivamente, no verão de 1967, o Exército voltou a fazer funcionar as instituições e instalou uma nova administração sob a forma de "comitês revolucionários", controlados pelos militares, sendo constituídos por membros do Exército e das organizações de massa e dos quadros do PC.

A fase radical terminou em abril de 1969, quando o IX Congresso do PC anunciou o fim "vitorioso" da Revolução Cultural e consagrou a vitória do Exército e de Lin Biao.

Os anos de 1969 a 1976 foram um período de lutas entre facções rivais na cúpula do Estado. A partir de 1971, assistiu-se, no entanto, às primeiras reabilitações políticas, mas a eliminação de Lin Biao nesse mesmo ano não pôs termo às crises conflituais nem aos litígios pela sucessão que devastaram os meios dirigentes.

Até a morte de Mao Tsé-tung, em setembro de 1976, os moderados e a esquerda da RC opuseram-se quanto às orientações e aos objetivos tanto políticos como econômicos.

A última fase dessa crise política permanente terminou um mês após a morte de Mao Tsé-tung com a detenção do "Bando dos Quatro" e o afastamento definitivo dos "esquerdistas".

Françoise Kreissler

➢ MAO TSÉ-TUNG, MAOÍSMO, REPÚBLICA POPULAR

REVOLUÇÕES

A China teve duas revoluções no século XX, uma revolução republicana, em 1911, e uma revolução socialista, em 1949.

A revolução de 1911, que derrubou em poucos meses o império manchu dos Qing (1644-1911), criou a República da China (*minguo*). Esta última teve duas décadas de instabilidade (1912-1928), sendo depois o país reunificado sob a autoridade do Kuomintang, fundado por Sun Yat-sen (1866-1925).

Esse partido, vencedor da guerra civil em 1928, tomou o controle da República com a ditadura de Chiang Kai-shek. A República da China, refugiada na ilha de Taiwan, no final de 1949, teve sua existência prolongada. Contudo, as modificações institucionais e políticas iniciadas por Chiang Ching-kuo e depois ampliadas por Lee Teng-hui conduziram à democratização do regime, tendo-se registrado a vitória eleitoral de Chen Shui-bian, à frente do Partido Democrático Progressista, em março de 2000, que pôs termo à hegemonia do Kuomintang.

A história da República Popular da China, marcada pela continuidade da ditadura de um partido único, o Partido Comunista chinês (PC), divide-se em duas épocas.

Durante a ditadura de Mao Tsé-tung, o regime coletivizou a economia, procurou controlar toda a sociedade e, após o fracasso dramático do Grande Salto Adiante, tentou uma Revolução Cultural, que supostamente prepararia a introdução do comunismo, mas degenerou em caos geral, arbitrado pelo exército.

O fracasso evidente da revolução maoísta permitiu a Deng Xiaoping abrir o país e nele desenvolver progressivamente uma economia de mercado, a partir do inverno de 1978-1979.

Mais tarde, sob o impulso de Jiang Zemin e, em seguida, de Hu Jintao, deu-se na China uma revolução econômica espetacular, que transformou profundamente as estruturas sociais, sem deixar de ser dirigida por um PC todo-poderoso.

A evolução pós-comunista do regime faz-se desse modo sob as dobras da bandeira vermelha, o que disfarça mal o abandono de seu projeto revolucionário igualitarista inicial.

Alain Roux

➢ COMUNISMO, GRANDE SALTO ADIANTE, MAO TSÉ-TUNG, PARTIDO COMUNISTA, REPÚBLICA POPULAR, REVOLUÇÃO CULTURAL

RIO DAS PÉROLAS (DELTA DO)

O delta do rio das Pérolas corresponde à baixa região cantonesa, dirigida administrativamente por Cantão e situada no centro da província de Guangdong.

É composto, de fato, por três deltas encaixados um no outro, o dos rios Xijiang, Beijiang e Dongjiang. Tem fortes densidades demográficas e muito cedo manteve relações comerciais e humanas com o sudeste da Ásia e o mundo exterior. Uma parte da diáspora chinesa é dele originária.

Nos anos 1980, essa região registrou taxas de crescimento econômico excepcionais. Compreende as duas zonas econômicas especiais de Shenzen e de Zhuhai, criadas em 1980. A cidade de Cantão foi aberta em 1984, e o próprio delta em 1985. A zona econômica do delta do rio das Pérolas foi fundada em 1994.

Houve forte industrialização rural das vilas e aldeias, acompanhando a integração do mercado mundial.

Os cantoneses se beneficiaram, nesse aspecto, da proximidade de Hong Kong, da necessidade de a colônia britânica redistribuir pela periferia as suas indústrias de reduzido valor agregado, que requeriam muita mão de obra, eram exigentes em espaço e poluidoras, e dos serviços que a metrópole internacional lhes oferecia (transportes portuários e aeroportuários, serviços financeiros e bolsistas e comunicações).

Hong Kong serviu, portanto, de placa giratória, notadamente para os investimentos que se dirigiam para o delta, a partir do próprio território de Hong Kong, da diáspora chinesa, da Ásia oriental, do Ocidente e até do continente, beneficiando-se das vantagens oferecidas aos fundos vindos do exterior.

Até meados dos anos 1990, esse desenvolvimento do delta se dirigiu, sobretudo, para as terras rurais centrais. Fatores endógenos, como a abertura das antigas indústrias das comunas populares aos mercados externos, associaram-se a um desenvolvimento mais exógeno, relacionado com as deslocalizações industriais e com os investimentos feitos em conjunto com agentes locais.

As indústrias fizeram por isso forte apelo a populações imigrantes das periferias provinciais e das regiões interiores do país.

As vilas cresceram sob a forma de pequenas cidades, renovadas em sua área construída e modernizadas no setor dos serviços. Os antigos pântanos com peixes foram preenchidos com as terras retiradas das colinas do delta.

Hoje em dia, uma densa rede de estradas e autoestradas percorre o delta, relegando para o passado as inúmeras bacias que se tinham de atravessar.

Esse desenvolvimento regional não se realizou, todavia, sem inconvenientes.

A destruição da paisagem foi agravada com uma poluição que a difícil gestão comum da região não consegue resolver.

Um localismo encarniçado e uma especialização industrial demasiado grande e sem economias de escala colocam em perigo a perspectiva de elevação da gama de produção, embora a província multiplique atualmente os polos de pesquisa e desenvolvimento.

A paisagem rural do delta do rio das Pérolas dos anos 70 foi assim substituída por uma sementeira de vilas e pequenas cidades com extensões industriais e residenciais em constante crescimento.

Operações imobiliárias e urbanísticas ambiciosas transformaram muitos subúrbios rurais em novos bairros urbanos. Fundaram-se cidades (Shenzhen, Zhuhai, Nansha) e as operações turísticas multiplicam-se, utilizando a estratégia da atração tropical.

Atualmente, a região cantonesa é um dos principais centros do desenvolvimento chinês, mas a industrialização rural é agora substituída pelo impulso das dinâmicas econômicas que vêm das cidades, fenômeno que ocorre também no conjunto da China.

Thierry Sanjuan

> ABERTURA (LUGARES DE), CANTONESES, HONG KONG, IMIGRANTES, MEGALÓPOLES, REFORMAS E ABERTURA, ZONAS ECONÔMICAS ESPECIAIS

ROCK

A música *rock* chinesa surgiu nos anos 1980, associando um estilo de canção popular da província de Shanxi com músicas ocidentais e *rock* e *pop*.

Na cena musical e na midia chinesas, o *rock* contrastava com a canção de variedades, chamada "a música de Hong Kong e Taiwan", que foi novamente autorizada no continente na mesma época.

Em 1986, Cui Jian e o seu grupo tornaram-se célebres entre a juventude urbana graças à sua canção de culto "Não tenho nada".

O *rock* chinês, embora integre elementos musicais do rock ocidental (ritmo e harmonia), não deixa de levantar a questão de seu caráter chinês, porque utiliza instrumentos chineses (flautas, *guzheng* e *suona*) e elementos musicais chineses. O grupo Dinastia Tang inclui passagens da ópera tradicional nas suas canções.

O *rock* chinês é frequentemente considerado uma música contestatória. As canções de Cui Jian foram cantadas durante a ocupação da Praça Tiananmen, em 1989.

No entanto, nenhuma canção *rock* é diretamente dissidente. A pretexto da luta contra a "poluição espiritual", estão proibidas na mídia, mas circulam abundantemente em cassetes.

Os anos 1990 ficaram assinalados por um declínio relativo da onda do *rock*, que perdura nos bares e nos lugares de vida noturna das grandes cidades, integrando músicas ocidentais mais recentes como o *rap*.

Em setembro de 2005, Cui Jian foi autorizado a se apresentar em público, tendo organizado em Pequim o primeiro grande concerto desde os anos 1990.

Dedicou essa frase aos sonhadores que constituem o seu público: "O que antes parecia impossível acontece agora, porque há quem persista em querer realizar os seus sonhos".

Catherine Capdeville-Zeng

➢ CONTESTAÇÃO, MÚSICA E POLÍTICA

ROMANCE

Ao sair do cataclismo da Revolução Cultural, o romance chinês entrou em um novo período, cuja dinâmica e diversidade continuam nas criações atuais.

Em sua adesão ao projeto coletivo da modernização, os romancistas retomaram a tradição de 4 de maio de 1919, adotando como referência o discurso da modernidade do Ocidente.

Descobriram nesses anos o existencialismo, o absurdo e o inconsciente, entusiasmando-se com os grandes clássicos ocidentais do século XX, até então proibidos, bem como com os escritores latino-americanos.

O aparecimento da sociedade de consumo e o contexto da globalização, a partir da última década do século passado, geraram vias de renovação diversificadas, tecendo novas tensões entre a tradição e a modernidade.

No final dos anos 1970 surgiu, na verdade, uma literatura qualificada de "cicatriz" e de "reflexão", cujos temas foram as consequências catastróficas da Revolução Cultural.

Essa onda de denúncias, que remonta por vezes às experiências trágicas anteriores, visava reabilitar uma humanidade desprezada. A procura de um *eu* fragmentado incitou os escritores, como Wang Meng, a empenharem-se numa exploração inédita, recorrendo naturalmente à linguagem irracional e às técnicas da escrita contemporânea.

Um movimento reativo, cético em relação ao ocidentalismo excessivo, apareceu em meados dos anos 1980. A "busca das raízes" juntou adeptos como Han Shaogong, A Cheng e, de certa forma, Mo Yan, que pretenderam explorar e revalorizar o patrimônio nacional.

Esse regresso às raízes expressou-se por meio da evocação de uma China profunda ou periférica, descoberta durante a sua estada nas zonas rurais, enquanto "jovens instruídos", durante a Revolução Cultural. A glorificação da herança nacional confundiu-se com a reinvindicação das culturas regionais, ao mesmo tempo em que se apresentava como tendo vocação universal.

Esse movimento, no entanto, não se reduziu apenas a uma obsessão temática, que alguns consideram, aliás, "culturalista", mas também se dedicou ao questionamento formal, que a escrita de Wang Zenqi prefigurou, sendo marcada por uma espontaneidade e uma naturalidade que fazem recordar a liberdade tradicional das narrativas "ao correr do pincel".

A segunda metade dos anos 1980 pareceu afastar-se da "febre cultural" e do reenraizamento, surgindo dividida em duas correntes diferentes.

Começou por se desenhar, em primeiro lugar, uma escrita experimental, mediante uma violência temática inédita ou uma aventura formal resolutamente inovadora.

Can Xue dedicou-se à representação de um universo de pesadelo. No universo de Yu Hua reinam os mesmos terrores e a mesma loucura, senão a mesma abjeção. Ge Fei, nos seus relatos "policiais" poéticos, concedeu alguma extensão ao jogo de *mise en abyme*, considerando como texto o conjunto dos sistemas de significação que ligam o homem ao mundo.

Outra corrente, contrária quer à "busca das raízes", demasiado arraigada a uma cultura mítica e rural, quer às experimentações formalistas narcisistas, praticou uma retórica do ordinário, preconizando a ligação com a vida contemporânea, urbana e cotidiana.

Fang Fang, Chi Li e Liu Zhenyun encarnaram esse "neorrealismo" que, contrariamente ao realismo socialista, se revelou mais centrado na realidade imediata do que na ideologia, na representação ou no discurso.

Reclamou uma atenção particular à vida "no Estado bruto", cuja transcrição textual não obedece senão à lógica do real, excluindo qualquer conceitualização e qualquer modelo quimérico. Advogou uma aproximação às pessoas miúdas, ou seja, aos seus gestos e preocupações cotidianos.

A liberalização econômica e a mudança social suscitaram o fetichismo mercantil, o vazio ideológico e a transformação da vida cultural.

Alguns, como Wang Sho, reagiram por meio da desenvoltura, outros, como Zhang Chengzhi e Zhang Wei, pela defesa da grandeza moral da literatura. A perturbação e a ansiedade incitaram, no entanto, a continuar a renovação por caminhos sem dúvida diferentes da década precedente e mais bem adaptados às grandes transformações socioculturais.

Alguns escritores que se impuseram na cena literária como vanguardistas operaram uma mudança muito espetacular – foi o caso de Yu Hua – ao se dissociarem dos jogos formalistas para adaptarem mais uma vez uma linguagem narrativa neotradicional, revalorizando a linearidade da narrativa e da psicologia das personagens.

Outros, célebres pela sua temática claramente definida, pareceram também afastar-se da ideologia para privilegiar um tipo de narrativa que procurava alcançar um público mais amplo.

Cada um à sua maneira tendeu a eliminar as fronteiras dos gêneros e das normas, procurando libertar-se das restrições formais e da clivagem artificial entre a literatura séria e a literatura popular.

Jin Pingwa não hesitou em cair numa história escabrosa com *Feidu* ("A Capital Perdida"). Wang Anyi, em *Changhen ge* ("O Canto de Lamentos Eterno"), evoca com acuidade e nostalgia a Xangai moderna nas suas fachadas, mas também nos seus jardins secretos.

O *Maqiao cidian* ("Dicionário de Maquiao"), de Han Shaogong, ilustra, de maneira mais original, essas orientações ecléticas, porque esse romance lexicográfico mistura o referencial com o fantástico, a lembrança do vivido com as reflexões etnolinguísticas, o ensaio com a ficção.

No novo milênio surgiu uma geração jovem, que se distingue por uma linguagem narrativa estreitamente associada às experiências pessoais mais profundas.

Pouco sensíveis ao peso da história e aos *a priori* ideológicos, a sua escrita pessoal não deixa de ser permeável às transformações sociais, tal como a sexta geração de cineastas, mais atentos à mudança atual do que à busca de uma China mítica.

A iniciativa ficou com mulheres escritoras jovens, notabilizadas pela audácia dos temas tratados e pela frescura do estilo, como em Wei Hui ou Mian Mian. A censura nem sempre as poupa, devido aos assuntos-tabu relacionados ao *underground* de Xangai, assolado pelo sexo e pela droga.

A essa literatura de forte consonância autobiográfica, que não deixa de remeter às suas antecessoras Chen Ran e Lin Bai, acrescenta-se uma nova paisagem urbana que fascina, de maneira geral, as jovens romancistas.

Qiu Huadong avalia a metamorfose de Pequim, numa escrita fragmentária, refratada e pulsional. Opera assim um processo transgenérico, paródico e intertextual, como em Diao Dou, que se deleita na reescrita do gênero policial.

O heterogêneo vai se acentuando com o desenvolvimento da literatura eletrônica. O desaparecimento das clivagens dos gêneros tem por corolário o desmoronamento das fronteiras políticas. Cai, *o Canalha*, ou Cai Zhiheng, doutor em hidráulica em Taiwan, foi assim saudado pelos cibernautas, tanto da ilha como do continente.

Antes dele, Jing Yong, mestre do romance de "capa e espada", de Hong Kong, já tivera um sucesso sem fronteiras pelas comunidades sinófonas de todo o mundo

Gao Xingjian, Prêmio Nobel de 2000, cuja obra é marcada tanto pela busca pessoal como pela vocação universal, consagra definitivamente esse espaço panchinês, ampliado pela diáspora e pela internet, e perfila no horizonte o romance chinês de amanhã.

Zhang Yinde

➢ ARTE CONTEMPORÂNEA, CINEMA, CULTURA, TEATRO

RUELAS

As *hutong*, ruelas que não ultrapassam os 9 metros de largura, são características da rede viária da Pequim histórica, herdada da dinastia mongol dos yuan (1271-1368). Separam as casas muradas de pátio quadrado (*siheyuan*), segundo um eixo orientado essencialmente no sentido leste-oeste.

De acordo com a etimologia mongol, a palavra *hootog* significa poço, porque os habitantes se agrupavam à volta de uma fonte.

Atualmente as *hutong* tornaram-se o símbolo da velha Pequim. Fala-se de quarteirões de *hutong*. Embora houvesse ainda vários milhares no final dos anos 1970, o seu número não cessa de diminuir devido às demolições programadas de quarteirões antigos no centro da cidade.

As pressões exercidas pelos defensores da conservação do patrimônio e o interesse em promover o turismo urbano levaram, porém, a municipalidade de Pequim a decidir preservar cerca de 20 quarteirões de *hutong*. O quarteirão de Shishahai, ao norte da Cidade Proibida, é um dos mais importantes.

Jean-Francois Doulet

➢ CIDADES, JOGOS OLÍMPICOS, PATRIMÔNIO, PEQUIM, URBANISMO

RÚSSIA (A CHINA E A)

As relações entre a China e a Rússia não cessaram de se alternar entre a confrontação e a cooperação desde o seu primeiro conflito na bacia do Amur, no final do século XVII.

Tendo suportado o imperialismo czarista durante a segunda metade do século XIX e nos primeiros anos do século XX, a China encontrou depois na URSS um aliado de circunstância e, após 1949, um verdadeiro país irmão, com o qual encetou uma cooperação ativa na década de 1950.

Comprometida desde 1959, essa cooperação terminou em 1961, dando lugar a mais de duas décadas de conflitos ideológicos, de lutas de influência e de tensões militares. Só com a chegada de Gorbachev ao poder e o lançamento de sua política de *perestroika* as relações entre os dois países puderam ser verdadeiramente retomadas.

O desmoronamento da URSS, em 1991, não alterou em nada essa nova dinâmica, que, atualmente, significa essencialmente "cooperação" e "parceria".

A década de 1990 e o início do século XXI foram, de fato, assinalados por uma cooperação sino-russa dinâmica, definida por uma "parceria estratégica", assinada em 1997 e depois renovada em 2001 com a assinatura e um tratado de "amizade, cooperação e boa vizinhança".

Essa parceria, por meio da qual os dois parceiros procuram antes de mais nada garantir a durabilidade de sua cooperação, foi motivada pelas complementaridades econômicas dos dois países e pela convergência de sua política externa, cujos principais objetivos são a construção de um mundo multipolar e combater o hegemonismo dos Estados Unidos.

Assim, a China e a Rússia empenharam-se em reforçar sua cooperação em muitos domínios, principalmente o comércio, a tecnologia militar, a energia (petróleo e gás, mas também energia nuclear), os transportes, as finanças, a aeronáutica, o espaço e a eletrônica.

Em matéria de política internacional, o tratado de 2001 compromete os dois países a se esforçarem por conservar o equilíbrio estratégico e a segurança ao nível mundial e consolidar a posição da Organização das Nações Unidas enquanto a entidade mais competente e mais universal para gerir as questões internacionais.

A assinatura da "parceria estratégica" dinamizou incontestavelmente a cooperação econômica entre os dois países, notadamente nos setores do comércio e da energia. Entre 2000 e 2005, o comércio sino-russo passou, por isso, de 8 bilhões para 29 bilhões de dólares.

Entre as mercadorias comercializadas, são, sobretudo, as armas que despertam mais a atenção dos observadores. A China é atualmente um dos principais compradores de armas russas. Entre 1992 e 2004, o país gastou anualmente entre 800 milhões e 3 bilhões de dólares, comprando navios, submarinos, aviões de caça e mísseis.

O setor da energia se apresenta como outro dos pilares da cooperação, se bem que os resultados ainda não sejam muito visíveis. Foram já assinados pelos dois países acordos para a exploração conjunta de jazidas de hidrocarbonetos na Sibéria oriental, ao passo que projetos de construção de oleodutos e de gasodutos transfronteiriços, com o objetivo de aumentar o fornecimento de hidrocarbonetos russos à China, estão em curso de concretização.

No entanto, esta harmonia sino-russa não deixa de ter limites. Os dois países já reconheceram haver tensões comerciais devido à má reputação dos seus respectivos produtos.

Surgiu também um desacordo sobre o traçado do gasoduto que deverá ligar Irkutsk à China, o que levou mesmo a Rússia a propor uma alternativa, redirecionando-o para a cidade russa de Nakhodka, com a intenção de contornar a China e abastecer os mercados sul-coreano e japonês.

No plano internacional, as aproximações da China e da Rússia aos Estados Unidos, após os atentados terroristas de 11 de setembro, tenderam também a enfraquecer a parceria sino-russa.

Muito satisfeita por poder participar na coligação contra o terrorismo ao lado dos americanos e legitimando assim a sua guerra na Chechênia, a Rússia expressou, por exemplo, o desejo de participar na Organização do Tratado do Atlântico Norte, em prejuízo da China.

Por trás de seu acordo político e de sua cooperação econômica dinâmica, acontece também de os dois Estados entrarem em concorrência em algumas regiões.

Apesar de sua presença na Organização de Cooperação de Xangai com os países da Ásia Central, a Rússia não deixa de desconfiar da influência crescente da China nessa região, que considera ser seu próprio quintal.

A cooperação sino-russa manifesta-se ao longo da fronteira. Os dois países estão empenhados em processos graduais de delimitação e de abertura de sua fronteira comum.

Após um primeiro acordo de delimitação fronteiriça, assinado em 1991, a China e a Rússia colocaram gradualmente termo à sua disputa sobre as fronteiras, já com três séculos, assinando três outros acordos em 1997, 1999 e 2004.

A abertura deu origem igualmente a um forte crescimento dos fluxos comerciais e migratórios, permitindo iniciar o desenvolvimento das regiões fronteiriças.

No entanto, a permanência de desigualdades dos dois lados da fronteira e a questão recorrente da imigração chinesa para as regiões despovoadas e em curso de despovoamento do Extremo Oriente russo motivam de vez em quando algumas tensões locais, que os dois governos pretendem controlar para que não prejudiquem o seu bom entendimento político-estratégico.

Sébastien Colin

> ENERGIA E RECURSOS NATURAIS, FRONTEIRAS, NORDESTE, POLÍTICA EXTERNA, REGIÕES TRANSFRONTEIRIÇAS.

SAÚDE

Um relatório da Organização de Cooperação e Desenvolvimento Econômico, que data de fevereiro de 2006, afirmava que se a China pretendia modernizar sua economia e respeitar seus objetivos sociais, deveria aumentar as despesas no domínio da saúde, bem como no da educação, além de reformular em matéria fiscal as relações entre o Estado Central e as administrações locais.

Verifica-se uma desigualdade cada vez mais acentuada da política de saúde pública em função dos respectivos territórios, com um contraste preocupante entre as cidades e as zonas rurais.

Algumas grandes cidades, como Pequim e Xangai, propõem agora serviços de saúde em que não só a qualidade mas também o custo tendem a se aproximar daqueles dos países desenvolvidos, ao mesmo tempo que se verifica a degradação acentuada das condições sanitárias de algumas regiões rurais onde, além disso, os médicos carecem de formação suficiente.

De maneira geral, 50% da população urbana e 80% dos habitantes das zonas rurais não dispõem de qualquer apoio da segurança social em caso de doença.

O acesso aos cuidados depende, em primeiro lugar, do *status* econômico do doente, como os funcionários da administração pública e das empresas detidas pelo Estado, que se beneficiam de proteção em caso de doença, obtendo cuidados de saúde com maior frequência do que os doentes que têm de pagar as despesas médicas.

Segundo a Organização Mundial da Saúde, no início desta década metade da população rural chinesa não dispunha de meios para se tratar. A parte do financiamento público ou mútuo baixou para 16% (sendo de 44% nos Estados Unidos e de 70% na Europa).

Os hospitais, que estão cada vez mais privados de ajuda pública, têm de faturar os cuidados prestados sem nenhuma redução e há prescrições exageradas de medicamentos, com recurso excessivo aos antibióticos, porque os médicos, muitas vezes mal pagos, vêm nesse comércio um meio de aumentar um pouco os seus rendimentos.

Além disso, há uma tendência para o excesso de equipamento em aparelhos de diagnóstico, sinais de modernidade, em detrimento de uma oferta sanitária de base que deveria ser mais bem repartida.

Em 2003, foi iniciada em alguns distritos de 31 províncias, regiões autônomas e municipalidades a experiência de um novo tipo de tratamento médico cooperativo rural.

Os fundos provêm do governo central, dos governos locais e dos camponeses, que contribuem em base voluntária. Esses fundos concedem subsídios em caso de doença grave.

Em 2005, 17% da população rural se beneficiou desse sistema de proteção na doença e previa-se que a experiência fosse estendida ao conjunto do país em 2007.

Do ponto de vista epidemiológico, assiste-se na China urbana a uma transição característica para a predominância das doenças crônicas (doenças cardiovasculares, câncer etc.) em relação às doenças infecciosas, verificando-se, no entanto, o recrudescimento da tuberculose e o aumento da Aids.

A China será confrontada, além disso, com o envelhecimento de sua população nos próximos anos. A expectativa de vida, em 2003, era de 70 anos para os homens (78 anos no Japão) e de 73 para as mulheres (85 no Japão). A mortalidade infantil era de 43 para mil nascimentos de meninas (20 no Vietnã e 4 no Japão) e de 32 para mil nascimentos de meninos (26 no Vietnã e 4 no Japão).

O total das despesas de saúde por habitante elevava-se, em 2002, a 63 dólares, contra 2.476 dólares no Japão.

Frédéric Obringer

➢ ACUPUNTURA, DROGA, EPIDEMIAS, FARMACOPEIA, MEDICINA, MEDICINA TRADICIONAL, OBESIDADE, PROTEÇÃO SOCIAL, AIDS

SEDA

O comércio dos tecidos de seda na Antiguidade contribuiu para a criação de uma rica rede de comunicação entre a China e o Ocidente, que era, ao mesmo tempo, uma rota comercial de seda, especiarias e cerâmicas e via de trocas intelectuais e religiosas.

Foi a que o geógrafo alemão do final do século XIX, Ferdinand von Richthofen, chamou a Rota da Seda, expressão que teve êxito imediato.

Durante toda a história da China imperial, a produção de seda, que deu origem a uma divisão do trabalho, foi uma indústria importante, ao mesmo tempo sinal de um notável saber técnico e, devido ao alto valor dos tecidos de seda, fonte de desenvolvimento e de prosperidade de algumas regiões, entre as quais a de Suzhou é o exemplo mais brilhante.

A criação do bicho-da-seda (*Bombyx mori*) exige o controle constante da temperatura, da umidade e da iluminação.

As borboletas depositam os seus ovos sobre papel, sendo guardados até o inverno. Após a eliminação dos ovos menos resistentes, colocam-se as larvas sobre gaze quando da eclosão, e são alimentadas com folhas de amoreira.

Depois de transformadas em crisálidas, recolhem-se os casulos, que são expostos a vapor de água fervente e depois desenredados num recipiente de água tépida. Seguem-se as operações de bobinagem, tingimento dos fios e tecelagem.

O conjunto das operações é delicado e são muitos os seus riscos: doenças, roedores etc.

A China é de longe, atualmente, o primeiro produtor mundial de seda (cerca de 80 mil toneladas). Esse setor ocupa cerca de 20 milhões de camponeses, ao passo que 500 mil pessoas trabalham na transformação da seda.

Embora o consumo mundial tenda a baixar, o consumo interno está aumentando. No entanto, a sericicultura, muito exigente, diminui fortemente nas zonas urbanas, devido a atividades mais rentáveis, sendo inimaginável, apesar de tudo, que a excelência chinesa nesse domínio possa vir a desaparecer.

Frédéric Obringer

  AGRICULTURA

SEITAS

Desde a repressão do *falungong*, iniciada em 1999, a propaganda do Estado desenvolve um discurso sobre a natureza perigosa, "antissocial" e "anti-humana" das "seitas perniciosas" (*xiejiao*).

Este último termo, usado durante as dinastias Ming (1368-1644) e Qing (1644-1911) para designar movimentos religiosos heterodoxos frequentemente associados a revoltas populares e, por isso, violentamente reprimidos, caiu em desuso no período republicano.

A historiografia dos primeiros 30 anos do regime comunista apresenta as *xiejiao* do período imperial como grupos protorrevolucionários que mobilizaram o campesinato contra o poder feudal.

Desde a tomada do poder, em 1949, uma das primeiras campanhas do Partido Comunista visou a erradicação total dos grupos ainda ativos, então qualificados de "sociedades secretas reacionárias".

Com o fim da Revolução Cultural, esses grupos reapareceram, mas foram perseguidos durante novas campanhas, no início dos anos 1980. Na fase de ressurgimento do religioso, na era pós-maioria, apareceram igrejas populares nas zonas rurais, como os Pregoeiros ou o Raio Oriental, que são consideradas heréticas pela Associação Oficial dos Protestantes Chineses.

Quando o Ocidente e o Japão se encontravam em plena psicose das "seitas", em meados dos anos 1990, o Estado chinês proibiu esses grupos cristãos como sendo *xiejiao*.

Ao mesmo tempo, jornalistas e ideólogos acusavam grupos praticantes de exercícios respiratórios como o *qi gong*, objeto de um entusiasmo popular sem precedentes, de ter semelhanças com as "seitas" estrangeiras. Autores budistas acusaram principalmente o *falungong* de ser uma *xiejiao*.

O Estado tentou então aumentar o controle sobre os mestres do *qi gong*, mas foi a partir de 1999 que o conceito de *xiejiao* se tornou uma categoria fundamental do discurso sobre o religioso na China.

Embora o conceito de *xiejiao* ressuscite o paradigma clássico do Estado imperial contra as revoltas sectárias, o discurso contemporâneo tenta reatualizá-lo, fazendo dele uma categoria eterna e universal das ciências sociais, de que o caso chinês não seria mais do que uma das manifestações particulares.

David A. Palmer

➢ BUDISMO, FALUNGONG, QI GONG, RELIGIÃO

SERVIÇOS

O setor dos serviços está ainda relativamente subdesenvolvido na China.

O recenseamento econômico realizado em 2004, que pela primeira vez abrangeu os serviços, indica que contribuem com 41% do produto interno bruto (PIB), nitidamente menos que a maioria dos países de nível de desenvolvimento comparável, em que representam cerca de metade do PIB, ocupando 45% da população ativa, contra cerca de 30% na China.

A atividade nos serviços progrediu rapidamente na última década (o seu valor agregado cresceu 10% por ano, entre 1993 e 2004), mas ligeiramente menos que na indústria (12%), que continuou a ser o setor prioritário.

Entre os serviços, surgem à cabeça o comércio e a restauração (cerca de um quarto do total), seguidos dos serviços financeiros (bancos e seguros, com cerca de 16%). Mas foram os serviços de correios e telecomunicações que tiveram o crescimento mais rápido desses últimos anos (20% de 1997 a 2003). Treze por cento das despesas de investimento em inovação são consagrados aos serviços de telecomunicações, que constituem assim o primeiro beneficiário delas entre todos os setores.

Atualmente, sem questionar seu interesse pela indústria, as autoridades chinesas desejam acelerar o desenvolvimento dos serviços, o que permitiria absorver uma parte do desemprego.

Essa estratégia supõe que a mão de obra à procura de emprego tem as competências requeridas pelos novos postos criados. Ora, em alguns segmentos (por exemplo, nas tecnologias de informação), verifica-se que a China não dispõe de mão de obra especializada em quantidade suficiente.

Trata-se de responder a uma procura crescente de serviços de melhor qualidade, mais adaptados e mais diversificados, como consequência da melhoria do nível de vida nos meios urbanos e do grande desenvolvimento das empresas privadas.

Sua expansão se defronta, sobretudo, com o subdesenvolvimento dos serviços financeiros e bancários.

Essa vontade de desenvolver os serviços, que eram inicialmente fornecidos, em grande parte, pelos monopólios do Estado, é acompanhada de uma política de abertura progressiva à concorrência, tanto nacional como estrangeira, a qual é definida especificamente para cada segmento.

A maioria dos serviços já podem ser oferecidos por empresas privadas chinesas e estrangeiras.

Em conformidade com os compromissos assumidos quando da adesão à Organização Mundial do Comércio, as autoridades chinesas previam autorizar, até o ano de 2007, as empresas de capital totalmente estrangeiro a fornecer os principais serviços (exceto os de telecomunicações e a gestão dos títulos nacionais, em que a participação estrangeira está limitada a 50%).

Até agora, os procedimentos de acesso ao mercado chinês continuam a ser opacos ou complexos num grande número de serviços, e a abertura é desigual, em conformidade com as atividades e com o comportamento dos governos locais.

Em 2004, 15% do investimento direto estrangeiro na China se destinava ao setor dos serviços, contra 70% à industria. Quanto ao comércio externo chinês de serviços, deficitário em 11 bilhões de dólares em 2004, viu seu crescimento se acelerar desde 2002 (19% nas exportações, 18,5% nas importações em 2002 e 2003), o que coloca a China no nono lugar em nível mundial no caso das exportações e no oitavo no das importações.

Em 2003, o turismo foi o primeiro subsetor excedente (2,2 bilhões de dólares), e os transportes o primeiro deficitário (10,3 bilhões de dólares).

Isabelle Goi

➢ CONSUMO, DISTRIBUIÇÃO

SEXUALIDADE

No início dos anos 1990, os sociólogos chineses falavam da "revolução sexual" para caracterizar as mudanças drásticas em matéria de práticas e de representações da sexualidade.

Verificavam assim uma diversificação e uma grande visibilidade das atividades sexuais, o reconhecimento do desejo e a busca do prazer sexual, outras tantas características que estão associadas à modernização da sociedade, ao desenvolvimento do individualismo, bem como ao nascimento de uma cultura do lazer nas categorias sociais emergentes, sobretudo nas cidades, e nos jovens adultos.

Devido a influências diversas relacionadas com a globalização, foi sendo elaborada uma nova moral sexual, apesar do caráter impositivo das normas familiares tradicionais e das normas comportamentais e éticas definidas pelo Estado, que submetiam a sexualidade do indivíduo ao controle do grupo social.

Desde o final dos anos 1980, as pesquisas sociológicas revelam o aumento das relações pré-matrimoniais e extramatrimoniais e dos divórcios por causa de desajustamento sexual. Os relatórios oficiais da polícia mostram também um grande crescimento da criminalidade sexual.

O sucesso das obras de sexologia, dos sites da internet e das linhas de urgência atendidas por sexólogos demonstra, por outro lado, a necessidade de educação sexual.

A tradição erótica foi revitalizada pela reedição e pela releitura de obras clássicas proibidas depois de 1949 e relegitimadas em parte graças ao sucesso nos países ocidentais das traduções de romance célebres, como o *Jinpingmei* ("Flor em Frasco de Ouro").

Paralelamente, a prostituição, bem como as outras formas de comércio sexual, as doenças sexualmente transmissíveis, entre as quais a Aids, o aumento da gravidez pré-matrimonial e os pedidos de aborto são atualmente reconhecidos como problemas sanitários e sociais.

No final dos anos 1990, a atividade sexual entre pessoas do mesmo sexo foi descriminalizada e os grupos homossexuais começaram a organizar-se e a reivindicar o reconhecimento dos seus direitos.

Essa "revolução" pode ser explicada por fatores sociais, como a transformação do *habitat*, que oferece maior separação espacial entre a vida privada e a vida coletiva, e a reformulação relativa das relações entre os homens e as mulheres, que favorece notadamente uma sexualidade conjugal menos a serviço apenas da satisfação do desejo masculino.

Fatores econômicos aumentam também a autonomia financeira das mulheres, o enriquecimento dos homens e a mercantilização do sexo, associado ao consumismo.

Por fim, há fatores psicológicos que são induzidos pela atenuação do controle do grupo social sobre os indivíduos.

Évelyne Micollier

➢ CASAMENTO, CRIMINALIDADE, DIVÓRCIO, DROGA, HOMOSSEXUALIDADE, MULHERES, PROSTITUIÇÃO, AIDS

SINDICATOS

A Federação Nacional dos Sindicatos da China constitui a única organização legal de defesa dos interesses dos trabalhadores.

Desde 1949 é uma correia de transmissão cuja tarefa é transmitir as políticas do governo e do Partido Comunista.

Apesar de seu monopólio, entrou em crise profunda desde o início das reformas. A introdução das categorias da economia capitalista (a abolição do paradigma do emprego socialista – um emprego para toda a vida, associado a um esquema completo de proteção social – e a reestruturação industrial, que trouxe consigo o desemprego e a precariedade) coloca os sindicatos numa contradição insolúvel.

Têm de defender políticas que vão contra uma grande parte dos seus membros. Não podem opor-se às demissões nem apoiar abertamente a luta dos "novos operários", os imigrantes do interior, vítimas de condições de remuneração e de trabalho muitas vezes deploráveis.

Sente-se em muitos sindicalistas um mal-estar profundo devido a sua impotência e sobretudo a sua incapacidade de responder às críticas e até aos sarcasmos dos seus camaradas.

Há sindicatos que respondem a esse mal-estar transformando-se numa espécie de organismo não governamental que fornece ajuda de urgência aos operários em dificuldade, organiza estágios de formação e financia a criação de pequenas atividades econômicas.

Desempenham assim o papel de "*lobby* do trabalho" em nível local, tentando limitar as demissões, melhorar as condições em que estas e as reclassificações se processam e aumentar as ajudas sociais.

Verifica-se mais recentemente que há responsáveis sindicais que mostram interesse pela causa dos imigrantes: a federação poderia reencontrar aqui uma nova forma de legitimidade, além de limitar os riscos da auto-organização e, portanto, de concorrência desse grupo social.

Porém, embora as autoridades centrais estejam claramente a favor da melhoria da condição social dos imigrantes, as autoridades locais encaram frequentemente de forma reprovadora uma política que poderia aumentar o custo do trabalho.

Jean-Louis Rocca

➢ EMPREGO, EMPRESAS ESTATAIS, EMPRESAS PRIVADAS, ORGANIZAÇÕES NÃO GOVERNAMENTAIS, OPERÁRIOS, PROTEÇÃO SOCIAL, TRABALHO

SOCIOLOGIA

Em 1979, o apelo de Deng Xiaoping para "anular o atraso" assinalou o restabelecimento oficial da sociologia na China.

Introduzida no início do século XX, a disciplina teve um desenvolvimento rápido nos anos 1920 e 1930 com a formação de sociólogos chineses e a realização de muitas pesquisas nas cidades e nas zonas rurais.

Esse desenvolvimento foi interrompido em 1952, quando da reorganização do ensino superior. A sociologia foi então eliminada das universidades e de centros de estudos e depois condenada ideologicamente, em 1957, como "ciência burguesa".

Após 27 anos de interdição, a reintrodução da disciplina inseriu-se na política de reformas e de abertura do país. Outrora criticados pelo seu reformismo, os sociólogos chineses passaram a ser convidados a participar do projeto de modernização do país e da avaliação das políticas públicas.

No entanto, a sociologia continua a ser uma "ciência sensível" e teve de enfrentar ataques durante as diferentes campanhas conduzidas na década de 1980 e após junho de 1989.

A década de 1980 foi essencialmente dedicada à reconstrução das instituições e à formação de estudantes e de pesquisadores.

As pesquisas conduzidas durante esse período continuaram os estudos sociológicos anteriores a 1949, como os trabalhos de Fei Xiaotong (1910-2005), que propunham um modelo de industrialização nas zonas rurais e pretendiam compreender e resolver problemas sociais identificados pelo governo.

A partir de 1990, a emergência de uma nova geração de estudiosos, formados em sociologia na China ou no exterior, favoreceu a profissionalização da disciplina, a sua especialização e uma maior autonomia na definição dos assuntos abordados.

Essa nova sociologia estuda as grandes transformações contemporâneas da sociedade chinesa, em particular a passagem de uma economia planificada para uma economia de mercado e suas consequências.

A nova estratificação social, as desigualdades econômicas e sociais, as transformações da sociedade rural e as migrações, mas também a evolução dos sistemas de valores, as formas de ação coletiva e a questão da memória fazem parte das grandes temáticas desenvolvidas pelos sociólogos.

Diversificada em seus objetivos, a sociologia chinesa é igualmente plural em seus instrumentos teóricos e metodológicos.

Fortemente influenciada pela sociologia anglo-saxônica quando de sua recuperação, a disciplina abriu-se nos anos 1990 aos escritos de intelectuais europeus como Foucault, Habermas, Giddens e Bourdieu.

Embora ainda largamente dominada pelas referências americanas e europeias, abre-se cada vez mais a outras zonas geográficas, como a Índia, o Brasil e a Coreia do Sul.

Após mais de 20 anos de desenvolvimento, a sociologia alcançou legitimidade perante o poder chinês graças a sua competência. No entanto, continua confrontada com muitos desafios, entre os quais a questão de sua autonomia e sua capacidade de debater sua própria história.

Aurore Merle

➢ ANTROPOLOGIA, EDUCAÇÃO, ESTRATIFICAÇÃO SOCIAL

SUDESTE DA ÁSIA (A CHINA E O)

As relações milenares estabelecidas entre esses dois mundos que se encontram lado a lado parecem ser regidas historicamente por três fatores fundamentais: uma relativa proximidade geográfica, o estabelecimento de comunidades chinesas no sudeste da Ásia e relações políticas e comerciais antigas.

Esses dados contribuíram para a criação de uma ideia por vezes contraditória acerca da China. O sudeste da Ásia, muito vasto e submetido a influências religiosas, civilizacionais e políticas diversificadas, foi sempre palco das rivalidades entre impérios e potências antagônicas. Tendo em consideração os laços estabelecidos com o poder chinês e o seu maior ou menor afastamento, esses Estados sentem ainda hoje a influência da China, segundo os casos, ora como uma ameaça, ora como um parceiro potencial nos domínios político e comercial.

A presença de comunidades chinesas no sudeste da Ásia conduziu à criação de grupos econômica e politicamente ativos, que tiveram um papel determinante durante o período de luta antijaponesa e na maior parte dos processos de independência.

A proclamação da República Popular da China (RPC) em 1949 deu origem a um novo período de tensões, assinalado pelo receio da propagação do comunismo no sudeste da Ásia, até porque muitos viam a mão de Pequim na maior parte das crises que sacudiram a região.

A vontade de poder da China, seu desejo de fazer reconhecer sua soberania num vasto espaço marítimo no sudeste da Ásia (mar da China Meridional) e seu apoio direto ou indireto a movimentos considerados rebeldes (partidos comunistas, movimentos étnicos) fizeram aumentar as inquietações regionais.

As relações entre as duas zonas se agravaram no decurso dos anos 1960 (queda de Sukarno na Indonésia, Revolução Cultural na China). A criação da Associação das Nações do Sudeste Asiático (Asean), em 1967, destinada a assegurar o desenvolvimento da região e sua estabilidade foi, portanto, violentamente denunciada por Pequim como um instrumento destinado a conter a China.

Apenas em agosto de 1990 a RPC regressou à região. A bonança foi, porém, de curta duração, porque em 1992 promulgou uma lei sobre os espaços marítimos que confirmava a extensão de suas reivindicações.

Desde esse período, no entanto, a China afirma pretender desenvolver relações amistosas e vantajosas com os países da região. Na verdade, tomou parte ativa nos fóruns regionais, tentou dar uma imagem mais consensual e dinâmica e tentou também fazer esquecer o que alguns consideram ser uma política hegemônica, para passar a ter uma participação estratégica e comercial mutuamente proveitosa, a qual foi formalmente selada entre a China e a Asean em 2003.

Todavia, desde a crise financeira de 1997, o poder econômico chinês passou a inquietar o sudeste da Ásia. Possuindo mais de 500 milhões de habitantes, a Asean teme não passar de uma "anã" entre a Índia, a China e o Japão. Esse receio é alimentado pela entrada na China da maior parte dos investimentos diretos estrangeiros, em detrimento dos antigos "dragões" da região.

Além disso, a assinatura em 2002 de um acordo geral de cooperação econômica promoveu forte crescimento das trocas entre os dois parceiros, cujo valor aumenta anualmente cerca de 40% (tendo ultrapassado a fronteira de 100 bilhões de dólares em 2004), com o risco de colocar o sudeste da Ásia numa situação de dependência. A Asean tornou-se, desse modo, o quarto parceiro econômico da China. Além disso, no final de 2004 as duas partes assinaram acordos de comércio e um sistema de regulação dos conflitos.

A criação de 880 filiais de empresas chinesas no sudeste da Ásia, no primeiro semestre de 2005, levou alguns a temer que, mais cedo ou mais tarde, não passarão de "prestadores de serviços" à República Popular. Isso é tanto mais de recear quanto os chineses militam a favor da criação de uma zona de livre-comércio a partir de 2010.

Atualmente, no seio da Asean há muitos que temem que com o desenvolvimento das trocas comerciais Pequim possa dispor dos instrumentos necessários à imposição de seus objetivos e o controle em certos espaços estratégicos.

Nathalie Hoffmann

> ÁGUAS TERRITORIAIS, CHINESES DO EXTERIOR, CRISE ASIÁTICA (A CHINA E A), MIGRAÇÕES INTERNACIONAIS E DIÁSPORA, POLÍTICA EXTERNA

SUN YAT-SEN

A homenagem feita a Sun Yat-sen, em Pequim, em abril de 2006, por uma delegação do Kuomintang taiwanês, evidencia como Taipé e Pequim concordam desde há seis décadas quanto ao papel histórico do fundador da República, elevado ao nível de "pai da nação" em Taiwan e de "pioneiro da revolução" na República Popular da China.

Nascido numa família camponesa de Guangdong, Sun Yat-sen (Sun Wen ou Sun Zhongshan, 1866-1925) teve um percurso pessoal atípico e complexo.

Frequentou no Havaí uma escola de missionários, diplomou-se em medicina ocidental em Hong Kong, converteu-se ao cristianismo e estava mais familiarizado com a diáspora chinesa do que as elites letradas tradicionais, aos olhos das quais passou durante toda a vida por um marginal incontestável.

Os seus contatos precoces com o Ocidente iniciaram-se no mundo moderno e orientaram-no desde os anos 1990 do século XIX para a política. Lançou-se numa carreira de revolucionário profissional, pouco convencional na Ásia do século XIX, e entrou em oposição frontal à dinastia manchu dos Qing (1644-1911).

Tendo sido fundador da primeira organização revolucionária, a Sociedade para a Regeneração da China, em 1894, Sun Yat-sen desencadeou na China Meridional uma série de levantamentos antimanchus que foram outros tantos fracassos, sinais de uma debilidade organizacional manifesta e de ausência de uma efetiva base revolucionária.

Até a revolução de 1911, Sun Yat-sen levou uma existência de banido no exterior, tendo a cabeça a prêmio pelo governo imperial.

Seu destino político foi se estabelecendo com a fundação da Liga Jurada (*Tongmenghui*), em 1905, em Tóquio, que foi precursora do Kuomintang e cuja maioria dos membros foi recrutada entre os chineses do exterior e os estudantes chineses no Japão, favoráveis a soluções políticas radicais.

Elaborada na virada do século XX, a teoria dos três princípios do povo (nacionalismo, democracia e socialismo ou bem-estar do povo), ou "triplo demismo" (*sanminzhuyi*), constitui o núcleo do programa ideológico e político de Sun Yat-sen e da Liga Jurada.

O princípio do "nacionalismo" aliava a luta antidinástica, a reconquista da soberania nacional e a abolição dos tratados desiguais, enquanto o da "democracia" previa o estabelecimento de uma república fundada na separação dos cinco poderes (legislativo, executivo, judicial, censura e exame). A reconstrução nacional e a modernização econômica do país visavam o "bem-estar do povo".

A revolução desencadeada em outubro de 1911 apanhou desprevenida a Liga Jurada e Sun Yat-sen. Depois de seu regresso à China, no mês de dezembro seguinte, decorridos 16 anos de exílio, foi eleito presidente provisório. Proclamou a fundação da República da China (*Zhonghua minguo*), no dia 1º de janeiro de 1912, em Nanquim.

Privado dos apoios políticos e militares indispensáveis à realização dos seus objetivos, Sun Yat-sen abandonou a presidência a Yuan Shikai, que em contrapartida negociou com sucesso a abdicação da dinastia manchu dos Qing, em fevereiro de 1912.

Depois do fracasso da "segunda revolução", de 1913, e durante a década seguinte, a carreira de Sun Yat-sen decorreu praticamente à margem das realidades políticas chinesas. Embora não tivesse reprovado as 21 exigências formuladas pelo Japão em 1915, expressou sua hostilidade à entrada da China em guerra ao lado da Entente, no verão de 1917, e absteve-se de se juntar ao movimento de 4 de maio de 1919.

Sua carreira política recomeçou em 1923, quando, sob a influência da União Soviética, Sun Yat-sen, então chefe do governo militar revolucionário, estabelecido em Cantão, empenhou o Kuomintang, reorganizado segundo o modelo leninista, numa política de frente unida com o Partido Comunista chinês, recém-criado.

A radicalização progressiva de seu pensamento no início dos anos 1920 – alguns falam de uma conversão ideológica – conduziu Sun Yat-sen, e depois os seus sucessores, a adaptar o programa inicial às exigências políticas, econômicas e sociais do momento.

Sun Yat-sen morreu em março de 1925, durante uma viagem a Pequim.

Françoise Kreissler

➤ NACIONALISMO, PARTIDO COMUNISTA, REVOLUÇÕES

TAIWAN

Situada a cerca de 130 km do continente chinês, diante da província de Fujian, a ilha de Taiwan foi e continua a ser uma terra de fronteira no espaço chinês.

Povoada desde antes da era cristã por austronésios (2% da população atualmente), a ilha tornou-se o destino regular de colonos chineses a partir do século XVI.

Taiwan não ficou à margem das expedições ocidentais. Descoberta no século XVI pelos portugueses, aos quais deve o seu nome ocidental, Formosa, foi ocupada no século seguinte pelos espanhóis e pelos holandeses.

No entanto, foi ao Japão que o império manchu teve de ceder a ilha, em 1895. Embora os 50 anos seguintes de colonização japonesa não estivessem isentos de episódios fortemente coercitivos, trouxeram consigo a modernização das infraestruturas, bem como um embrião de autonomia local.

O regresso à soberania chinesa em 1945 traduziu-se rapidamente em um divórcio profundo entre a população insular e o poder central chinês, após o qual, durante o "incidente" dito de 28 de fevereiro de 1947, a repressão de um movimento de revolta contra a corrupção dos funcionários do Kuomintang (KMT) teve como saldo várias dezenas de milhares de mortos.

Foi nesse clima altamente conflituoso que se deu a retirada de Chian Kai-shek, em 1949, para Taiwan, tornando a ilha a sede provisória da República da China e a base de uma futura reconquista do continente pelos nacionalistas.

Ora, a extensão da Guerra Fria à Ásia e em particular o conflito coreano (1950-1953) levaram Washington, e depois a maioria das chancelarias ocidentais, a não retirar o apoio ao governo de Taipé.

Desde então, os dois regimes concorrentes pretenderam representar o conjunto da China, com o de Taipé conservando notadamente o lugar de membro permanente no Conselho de Segurança da Organização das Nações Unidas, que pertencia à China.

Contudo, essa vantagem exorbitante, quando se considera a partilha muito desigual dos territórios efetivamente controlados, foi perdida por Taipé a partir dos primeiros sinais da normalização sino-americana.

A República Popular da China substituiu a República da China nas relações internacionais interestaduais, tanto em nível multilateral (notadamente na Organização das Nações Unidas, em 1971) como bilateral, tendo Pequim, além disso, obtido de seus parceiros diplomáticos o reconhecimento da soberania da China sobre Taiwan.

Atualmente a República da China é reconhecida por cerca de 25 países, nenhum deles de peso na cena internacional. No entanto, possui todos os atributos conferidos a um Estado pelo direito internacional e, além disso, modificou-se profundamente.

Após 1949, foi reforçada em Taiwan a legislação de exceção motivada pelo afrontamento com os comunistas.

Os mandatos dos membros das instituições nacionais eleitas no continente foram "congelados" para manter a ficção de um regime representativo do conjunto da China, enquanto a alta hierarquia do KMT, do governo e da administração ficava reservada apenas aos continentes que chegaram à ilha ao lado de Chiang Kai-shek.

A clivagem profunda entre os continentais (*waishengren*, literalmente "exteriores à província", cerca de 13% da população) e os taiwaneses ditos de raiz [*benshengren*, originários de Fujian (minnan) e de Guangdong (hakka)] e a monopolização do poder pelos primeiros tornaram o regime nacionalista semelhante a um regine colonial.

No plano cultural, paralelamente a uma política coercitiva, que procurava erradicar qualquer particularismo insular, o caráter chinês da população foi sistematicamente valorizado, notadamente com a generalização do mandarim, rebatizado como língua nacional (*guoyu*).

No entanto, uma dupla transformação, econômica e política, mudaria, mais cedo ou mais tarde, a distribuição das cartas.

Por um lado, a reforma agrária aplicada entre 1951 e 1953 favoreceu a criação de uma classe de empresários, em sua maioria de origem taiwanesa, com o tecido industrial da ilha juntando a alguns grandes grupos uma multiplicidade de pequenas e médias empresas exportadoras.

Graças ao crescimento contínuo, Taiwan, com uma população atual de 23 milhões de habitantes, impôs-se como a quarta potência econômica asiática em termos de produto interno bruto por habitante.

Por outro lado, cedo teve início uma indigenização (*bentuhua*), isto é, uma taiwanização (*taiwanhua*), do regime KMT, mediante um processo de cooptação das elites insulares dentro da administração e do partido, notadamente por meio das eleições locais, realizadas com regularidade, por sufrágio universal, desde os anos 1950.

Além disso, sendo também autorizada a apresentar candidatos independentes, foi-se estruturando progressivamente uma oposição com a etiqueta "fora do partido" (*dangwai*), sem que, todavia, esse processo estivesse isento de episódios fortemente conflituais.

Tendo a exclusão da República da China da comunidade dos Estados tornado obsoleta a pretensão do regime de representar o conjunto da China, parecia então ineluctável um novo compromisso institucional.

O impulso decisivo foi dado pelo movimento *dangwai* ao constituir-se em partido político (Partido Democrático Progressista ou *Minjindang*), em setembro de 1986, e pela recusa do sucessor de Chiang Kai-shek, seu filho Chiang Ching-kuo, em aplicar as disposições da lei marcial que acabavam assim por ser infringidas.

A partir desse momento, o processo de democratização se realizou em duas etapas principais.

Uma primeira fase de liberalização do regime, notadamente com o levantamento da lei marcial, em julho de 1987, autorizou, entre outros aspectos, a criação livre de partidos políticos.

Numa segunda fase, a democratização propriamente dita foi conduzida sob a presidência do taiwanês Lee Teng-hui. As instituições da República da China tornaram-se representativas apenas da população insular, e o regime reformado passou a se basear em eleições de sufrágio universal, livres e regulares, na separação dos poderes e no multipartidarismo.

A dupla oposição de Pequim e da velha guarda do KMT a que se questionasse o princípio da unidade da China explica que a constituição de 1947 tenha sido simplesmente emendada, com cada alteração inserindo-se desse modo na continuidade jurídica da República da China, fundada em 1912.

Dois momentos fortes assinalaram esse processo: a primeira eleição presidencial por sufrágio universal direto, em 1996 – aliás, não sem que Pequim tivesse tentado intimidar o eleitorado taiwanês com exercícios de disparo de mísseis ao largo das costas da ilha – e depois, em 2000, a alternância no poder, com a eleição do candidato do Partido Democrático Progressista, Chen Shuibian, à presidência (reeleito em 2004).

Além das reformas constitucionais, a democratização traduziu-se na redescoberta da identidade local, no honrar, e até na instrumentalização, das culturas aborígines e na generalização, ao lado do mandarim, do uso dos dialetos.

Todavia, de maneira geral, tanto as questões relacionadas com a identidade nacional como o próprio xadrez político encontram-se sobredeterminados pela questão das relações com a China.

Ora, perante o irredentismo de Pequim, todos os compromissos se reconduzem finalmente à gestão do *statu quo*, adiando *sine die* qualquer forma de reunificação, bem como qualquer forma de independência da república de Taiwan.

Françoise Mengin

> CHIANG KAI-SHEK, REPÚBLICA POPULAR DA CHINA, TAIWAN (A REPÚBLICA POPULAR DA CHINA E)

TAIWAN (A REPÚBLICA POPULAR DA CHINA E)

Em 1949, com a vitória comunista no continente e a retirada da República da China em Taiwan, iniciou-se um período em que o afrontamento entre regimes concorrentes se traduziu pela interrupção de qualquer relação entre as populações situadas de ambos os lados do estreito.

No entanto, logo após a normalização sino-americana, em 1979, Deng Xiaoping opôs à política de "liberalização" (*jiefang*) de Taiwan a da "reunificação pacífica" (*heping tongyi*), que seria recomendada a partir de 1983 com a fórmula "um país, dois sistemas", sem com isso renunciar ao uso eventual da força, e propôs que se retomassem as trocas e a abertura de relações diretas entre as duas partes.

No entanto, seria preciso esperar até 1987 para que o regime de Taipé liberalizasse progressivamente as trocas comerciais, sem, contudo, autorizar relações diretas.

De ambas as partes, a retomada das relações comerciais fazia parte de mudanças políticas importantes no plano interno.

A política de reformas e de abertura na China traduziu-se, principalmente, no apelo aos capitais dos chineses do exterior e aos dos "compatriotas" de Taiwan em particular. Do lado taiwanês, a liberalização das trocas com o continente acompanhou a democratização do regime, que passou a representar apenas a população insular, cujo ponto prévio era o reconhecimento *de fato* da existência do rival comunista.

No entanto, a multiplicação do comércio não gerou uma aproximação política.

Foi criado de ambos os lados um canal de negociações paragovernamental, em 1991. Porém, o diálogo timidamente iniciado entre as duas partes foi cortado em 1995.

As intimidações militares das autoridades continentais contra qualquer declaração formal de independência de Taiwan e mesmo contra qualquer independentismo sorrateiro não pararam, aliás, de crescer, como se pôde verificar com o aumento contínuo do número de mísseis apontados para a ilha (800 em 2006) e a aprovação da lei dita "antissecessão", de março de 2005.

No entanto, a ausência de acordo político e mesmo de relações diretas entre as duas margens não foi um entrave às trocas.

Na esteira das pequenas e médias empresas taiwanesas, os grandes grupos industriais da ilha deslocaram as suas atividades para a China.

As autoridades taiwanesas estão, portanto, constantemente confrontadas com um dilema: liberalizar mais as trocas, com o risco de tornar a ilha fortemente dependente do regime de Pequim, ou privilegiar uma abordagem securitária, pondo em risco o crescimento econômico, garantia de independência de fato, se não de direito, desse Estado não reconhecido.

Françoise Mengin

➢ DEFESA, ESTADOS UNIDOS (A CHINA E OS), MUNDO CHINÊS, POLÍTICA EXTERNA, TAIWAN, "UM PAÍS, DOIS SISTEMAS"

TAOÍSMO

Na China, são muitos os templos taoístas, erigidos em cada cidade e mesmo em cada quarteirão.

Vistos do exterior não são fáceis de distinguir dos seus homólogos budistas, confucionistas ou da religião popular, pertencem todos à arquitetura chinesa clássica, a menos que se distinga o seu emblema: o círculo que representa o *yin* (escuro) e o *yang* (claro), separados por uma linha que serpenteia em volta do diâmetro (diagrama da cumeeira suprema).

No interior, pelo contrário, facilmente se reconhecem. As estátuas pintadas com cores vivas representam geralmente os grandes deuses do panteão dessa religião politeísta: o Imperador de Jade, os Três Puros e os Oito Imortais.

Os monges que habitam muitos desses templos se parecem com os chineses da época imperial antes da chegada dos manchus: cabelos compridos, erguidos num carrapito sob uma touca de seda preta, veste azul-escura ou negra, polainas brancas e sapatos de tecido.

Distinguem-se nisso dos seus confrades budistas, que raspam a cabeça e têm vestes amarelas, vermelhas ou cinzentas. Os taoístas vestem também um hábito ritual colorido, bordado com motivos codificados, para celebrar o ofício, os rituais fúnebres, comunitários ou de cura. Não intervêm nos nascimentos nem nos casamentos.

Nem todos os mestres taoístas são monges. Pelo contrário, nas diferentes ordens, os monges formam uma obediência (*Quanzhen*) relativamente recente (século XII), ainda mais se comparada à dos mestres celestes, muito mais antiga (século II). Estes últimos levam vida secular e podem e devem mesmo casar-se, porque seu cargo é hereditário.

Os monges foram promovidos à direção da Associação Taoísta do Estado após o longo período de proibição das religiões na China, do final dos anos 1950 até o início dos anos 1980.

Essa instituição, criada em 1958, foi verdadeiramente ativada depois da Revolução Cultural, quando certa liberalização permitiu que de novo se praticassem os cultos e os rituais e que os mestres taoístas pudessem regressar à vida religiosa.

A Associação Taoísta tem por missão canalizar esse ressurgimento por intermédio dos mestres taoístas, que devem reunir-se periodicamente nos diferentes escalões (regional, provincial e nacional) para receber as diretivas do Ministério dos Assuntos Religiosos e prestar contas da vida no interior dos templos.

Como os mestres taoístas que não habitam nos mosteiros são mais difíceis de localizar e vigiar, o poder encoraja a renovação do monaquismo, em prejuízo dos oficiantes seculares.

No entanto, os diferentes mestres taoístas coexistem, concedem hospitalidade uns aos outros e encontram-se no quadro de cerimônias celebradas em conjunto.

Tal como os seus pais fundadores, Lao-tseu e Zhuangzi, que teriam vivido, respectivamente, nos séculos VI e IV a.C., perpetuam a principal religião autóctone chinesa, pois o budismo veio da Índia, e o confucionismo não tem clero.

Embora haja jovens nascidos durante ou após a Revolução Cultural que decidem atualmente tornar-se mestres taoístas, isso se deve, principalmente, à busca do tao, o "Caminho", o princípio inefável e fonte de todas as coisas.

O taoísmo preocupa-se menos com a morte e com o que se irá passar depois e mais com a própria vida, que é necessário prolongar, na esperança de atingir a imortalidade.

Os meios diferem. Os monges são conhecidos pela sua ascese individual interiorizada (chamada "alquimia interna"), enquanto os mestres celestes se distinguem na arte ritual dos exorcismos e dos talismãs. No entanto, todos observam determinados preceitos como o não agir e a quietude.

Adeline Herrou

➢ CERIMÔNIAS FÚNEBRES, RELIGIÃO, TEMPLOS

TEATRO

Durante o século XX, o teatro registrou uma transformação profunda na China.

As suas antigas funções rituais de divertimento e educação foram radicalmente questionadas pelo movimento intelectual do "novo teatro", moderno e ocidentalizado, no início do século passado.

Foi criado um novo teatro, falado e antes inexistente, notadamente por Hong Shen e Cao Yü, muito influenciados por O'Neill.

Ao se transformar progressivamente em instituição nacional, esse teatro, capaz de transmitir as ideias novas e experimentar formas estéticas modernas, ocupou um lugar importante nas grandes cidades. No entanto, nas zonas rurais não pôde rivalizar com as formas tradicionais.

Esses dois grandes tipos de teatro foram deliberadamente fundidos durante o regime comunista.

Um teatro ao mesmo tempo "nacional" e "socialista" passou a ter por função mobilizar as massas e propagar a ideologia comunista.

Oito "peças-modelo" monopolizaram a cena chinesa durante a década da Revolução Cultural. Montagens, por vezes criativas, de elementos tradicionais foram utilizadas numa óptica antitradicionalista para servir à nova utopia política.

A partir dos anos 1980, o teatro chinês se empenhou em pelo menos três vias distintas.

O movimento do "pequeno teatro experimental", contra o "grande teatro" ideológico, foi lançado no início dos anos 1980 por Gao Xingjian e Lin Zaohua, a que deram continuidade Zhang Yuan, Mou Sen e Guo Shixing.

Defende os direitos da subjetividade e contribui para a criação de um espaço público em que são debatidos os problemas da sociedade [entre outros, homossexualidade em *Donggong, Xigong* ("Palácio do Leste, Palácio do Oeste"), de Zhang Yuan, e a vida privada na China em *Cesuo* ("As Casas de Banho"), peça de Guo Shixing].

As óperas tradicionais e regionais foram resgatadas também e renovaram seu repertório. Vários programas de televisão difundem peças clássicas, interpretadas pelos melhores atores das diferentes escolas artísticas. Redescobriram-se, ao mesmo tempo, tradições antes marginalizadas, como o teatro *nuo*, do sul, de origem xamanista.

Finalmente, não se pode negligenciar a volta das antigas funções religiosas e rituais do teatro nas zonas rurais, que foram reprimidas durante muito tempo pela ideologia estatal e são objeto de novos estudos pelos antropólogos.

De maneira geral, as atividades teatrais estão hoje em dia ameaçadas pela comercialização, pela diversificação dos divertimentos e pela falta de empenho do Estado, que impõe, aos grupos ainda existentes, que se autofinanciem.

Zhang Ning

> ARTE CONTEMPORÂNEA, CINEMA, CULTURA, ÓPERA, ROMANCE

TEATRO DE SOMBRAS

A origem desse teatro é ainda incerta, podendo ser indiana ou chinesa, mas já existia na era Song (960-1279).

As personagens e as decorações eram fabricadas com pele de búfalo, de burro ou de carneiro, donde deriva a designação "teatro das sombras em pele". As silhuetas articuladas eram manipuladas por trás de uma tela branca e apareciam coloridas ao espectador. Os espetáculos eram interpretados na língua regional ou dialetal.

Cada região desenvolveu uma gestualidade, um canto e uma música específicos de suas tradições estéticas. As representações ocorriam geralmente por ocasião das festas dos templos, como oferenda aos deuses, ou por iniciativa de uma pessoa para celebrar um acontecimento familiar (nascimento, casamento ou funeral).

Desenvolviam-se em dois momentos: um primeiro espetáculo, assumindo a forma ritual de invocação dos deuses e, depois, o divertimento propriamente dito, com episódios de obras clássicas históricas ou fantásticas como *Sanguo yanyi* ("Romance dos Três Reinos"), *Shuihu zhuan* ("À Beira da Água"), *Xiyouji* ("Viagem ao Ocidente"), *Baishe zhuan* ("A Cobra Branca"), *Bao gong an* ("Os Casos do Juiz Bao").

Essa prática, que esteve totalmente proibida durante a Revolução Cultural, em que apenas o repertório "revolucionário" era autorizado, renasceu nos anos 1980 nas aldeias das zonas rurais muito isoladas, onde ainda existia um público de apreciadores.

Nas cidades, tornando-se raro o público com conhecimentos de teatro tradicional, a tendência atual é para a simplificação: utilização do plástico em vez do couro, de uma fita gravada em vez de uma pequena orquestra ao vivo e um repertório adaptado às crianças e aos turistas estrangeiros.

Michéle Zedde

➢ CULTURA, ROMANCE TEATRO

TELEVISÃO

À televisão acontece o mesmo que a todos os meios de comunicação social da China: continua sob estrito controle, notadamente do exercido diretamente pela Administração Estatal do Rádio, Cinema e Televisão (SARFT, no acrônimo inglês).

A televisão é um instrumento de propaganda por excelência. Facilmente controlável na produção e na difusão, e acessível à maioria dos lares, nenhum outro suporte midiático, nem mesmo a internet, pode disputar ainda a profundidade, a extensão e a reatividade de sua supremacia "audiovisual".

Mas a televisão é também sinônimo de modernidade e, na China das reformas que a busca da maneira mais fácil, acaba por ser lógico que até esse bastião da intoxicação ideológica sofra alguns acomodamentos.

No final dos anos 1970, havia menos de um aparelho de televisão por 100 habitantes e apenas uma dezena de milhões de pessoas tinha acesso aos programas. Há atualmente mais de 46 aparelhos por cem habitantes e calcula-se que haja pelo menos 1 bilhão de telespectadores todos os dias.

Em meados dos anos 1960, havia apenas 12 canais de televisão. Atualmente há mais de 4 mil, nacionais e locais, hertzianos, por cabo e por satélite a partilhar a paisagem audiovisual chinesa.

A maior rede nacional continua a ser a Televisão Central da China (CCTV no acrônico inglês, ou *Zhongguo zhongyang dianshitai*), com 16 canais, sendo o mais "importante" a generalista CCTV-1 e os mais "ousados" no tom e nos assuntos tratados, mas apenas acessível fora da China, a CCTV-4, em chinês, e a CCTV-9, em inglês, e até a CCTV-E&F, em espanhol e francês, desde outubro de 2004.

Entre os outros grandes atores, é necessário destacar os 16 canais de Shangai Media Group e os dez canais da Beijing Television Station.

O único canal semiprivado, em chinês, autorizado a produzir informações é o Phoenix, da China e Hong Kong, que funciona por satélite e foi lançado em 1996 por Liu Changlie, mas sua margem de manobra continua estreita, apesar de sua popularidade ser incontestável junto às elites econômicas e políticas das cidades.

Entre as evoluções mais relevantes dos últimos 15 anos, destacamos: a passagem progressiva de um modelo centrado no emissor para outro centrado na audiência; a transição de uma concepção hierática, edificante e puramente educativa para um suporte multifuncional que difunde informações e divertimento; a ampliação do conteúdo exclusivamente local e nacional para uma abertura ao global; e a afirmação da vontade de emitir para além das fronteiras nacionais para rivalizar com as grandes rede internacionais.

Há vários exemplos da realidade dessas mudanças. Alguns programas de informação e documentários de investigação estão verdadeiramente em sintonia com o cotidiano e as preocupações das pessoas e são extremamente populares.

É o caso de *Jiaodian Fangtan* ("Foco"), de *Xinwen diaocha* ("Complemento de Inquérito") e de *Junri shuofa* "(Relatório Legal"), todos apresentados na CCTV.

Há igualmente cada vez mais programas ao vivo, ainda que estejam todos submetidos à regra de um atraso de sinal de 30 segundos.

As regras de coprodução com sociedades estrangeiras para programas não informativos foram muito flexibilizadas.

Há atualmente dois canais de informação 24 horas, um deles apresentado pela Phoenix (lançado em 2001) e outro pela CCTV (lançado em 2003).

Esses programas são muito populares.

O final do *reality show* muito popular *Chaoji nüshen* ("Garotas com Super-voz"), apresentando em agosto de 2005 numa "obscura" televisão por satélite de Hunan, teve mais telespectadores do que a Gala do Ano-Novo chinês CCTV-1, que habitualmente registra o maior índice de audiências do ano inteiro.

Apesar dos episódios de *hacking* pelo *falungong* a alguns canais provinciais, a onipotência do Estado-partido se mantém.

As mudanças que se desenham, quer sejam puramente comerciais, devido às somas consideráveis que a publicidade televisiva representa, quer sejam relacionadas com os desenvolvimentos tecnológicos – televisão pela internet e televisão digital de alta definição, disponíveis na China desde 2005 –, não parecem poder questioná-lo a curto prazo.

Éric Sautedé

> CONTROLE POLÍTICO E CENSURA, INTERNET, LAZER

TEMPLOS

Os templos chineses estão, no início do século XXI, em plena fase de reconstrução, a qual se iniciou nos anos 1980, depois de um século de destruições contínuas.

As últimas foram totais (edifícios arrasados) ou aliaram a destruição dos conteúdos religiosos (estátuas, mobiliário, inscrições e textos) a uma nova utilização dos edifícios (escolas, casernas, entrepostos ou habitações).

Motivadas por uma política religiosa que protegia as cinco religiões reconhecidas (catolicismo, protestantismo, islamismo, taoísmo e budismo), pretendiam erradicar as "superstições", quer dizer, os cultos locais. Em alguns distritos, essa política ainda permite destruir templos não oficialmente registrados, notadamente nos contextos do reforço político ou da especulação fundiária.

No entanto, uma vontade nova de separar a "religião popular" da "superstição" abriu a porta ao reconhecimento oficial de muitos lugares de culto como "lugares de atividade religiosa oficialmente registrados".

Embora a situação concreta no terreno e a posição ideológica das autoridades locais variem muito de um lugar para outro, estas, até os governos provinciais, participam agora naturalmente do processo burocrático de registro dos templos.

A vigilância e a repressão se concentram nas religiões "estrangeiras" e nos grupos "sectários".

Além disso, as autoridades encaram geralmente de forma favorável as grandes festas desses templos e recebem em troca somas importantes da parte das comunidades locais.

Para elas, essas festas favorecem a renovação da moral tradicional (adequada para apoiar a ordem estabelecida) e dão uma contribuição ao desenvolvimento do turismo e à economia local.

Essa nova política reconhece, portanto, a renovação espontânea e extremamente poderosa das estruturas religiosas locais: templos ancestrais das grandes linhagens, templo territoriais, que fazem renascer alianças antigas entre as aldeias, peregrinações regionais, cultos de cura e de proteção etc.

Ainda que em certos casos possa vir alguma ajuda do exterior (chineses de Taiwan, de Hong Kong ou da diáspora), essa renovação resultou essencialmente das comunidades locais e da emergência de líderes aldeões.

Esses, muitas vezes saídos das fileiras do Partido Comunista, legitimam sua riqueza, seu *status* e seu orgulho identitário com a reconstrução dos templos antigos destruídos, cuja memória ficou frequentemente bem viva no lugar, ou com a edificação de novos templos.

O fenômeno se estende por todo o país, embora as restrições materiais e políticas sejam maiores nos meios urbanos e limitem muito as possibilidades de construção.

Vincent Goossaert

➤ ANTEPASSADOS (CULTO DOS), CERIMÔNIAS FÚNEBRES, LINHAGEM, RELIGIÃO, SEITAS

TERCEIRO MUNDO (A CHINA E O)

A política chinesa para com o Terceiro Mundo baseia-se às vezes em sua solidariedade com os países em desenvolvimento e outras em sua pertença, do ponto de vista econômico, a esse vasto grupo de nações.

Após 1949, a China se apresentou constantemente como vítima do imperialismo, baseando sua política nos cinco princípios da coexistência pacífica e num discurso diplomático em grande parte "terceiro-mundista".

No entanto, como membro permanente do Conselho de Segurança das Nações Unidas e potência nuclear, poderá a China representar verdadeiramente o "Terceiro Mundo"?

No plano econômico, de fato, em algumas regiões chinesas o produto interno bruto por habitante é comparável aos dos países africanos.

Porém, desde o lançamento das reformas, em 1978, a pertença da China ao Terceiro Mundo, bem como a sua vontade de comandá-lo, tornaram-se suspeitas, pois ambas contrariam a sua ambição de se tornar um país economicamente avançado e uma potência capaz de rivalizar com os Estados Unidos.

Além disso, apesar das necessidades crescentes de matérias-primas, e sobretudo de petróleo, as trocas econômicas entre a China e o Terceiro Mundo estagnaram, em termos relativos, desde os anos 1990.

Quanto à ajuda chinesa ao desenvolvimento, diminuiu drasticamente em relação aos anos precedentes.

Atualmente, a política chinesa em relação ao Terceiro Mundo existe nominalmente, mas parece ser uma concha ideológica vazia de conteúdo, posta a serviço dos interesses e dos objetivos pragmáticos e sobretudo econômicos do país.

Michal Meidan

➢ ÁFRICA (A CHINA E A), AMÉRICA LATINA (A CHINA E A), POLÍTICA EXTERNA, SUDESTE DA ÁSIA (A CHINA E O)

TIANANMEN (PRAÇA DE)

Embora a Praça de Tiananmen seja por excelência o lugar simbólico do movimento democrático de 1989, foi também, desde o início do século XX, o cenário de todas as manifestações e ajuntamentos nacionalistas e antigovernamentais mais importantes.

Esses momentos fortes da história da República da China, que são outros tantos pontos de referência-chave da primeira metade do século XX, formam uma cadeia que engloba, sucessivamente, o movimento de 4 de maio de 1919, as manifestações patrióticas de protesto dos anos 1925-1926, as ações de oposição à política governamental, julgada demasiado conciliadora perante a ameaça japonesa, nos anos 1935-1936, e as manifestações contra o Kuomintang, nos anos 1946-1948.

Lugar de nascimento da República Popular da China, proclamada por Mao Tsé-tung no dia 1º de outubro de 1949, a Praça de Tiananmen – a Praça da Porta da Paz Celestial – situa-se no centro de Pequim, ao sul do palácio imperial e da porta Tiananmen.

Construída no início da época Ming (1368-1644), a praça foi despojada de seu patrimônio histórico durante as três primeiras décadas do regime comunista.

Quanto aos símbolos da nova ordem pública política – o Palácio da Assembleia Nacional Popular e o Museu da História Chinesa –, foram erigidos no final dos anos 1950, no mais puro estilo de realismo socialista.

Lugar privilegiado no meio da Praça de Tiananmen é o obelisco do monumento aos Heróis do Povo, ornado com dez relevos de mármore branco, essência da história revolucionária do povo chinês desde 1840.

A construção do mausoléu de Mao Tsé-tung, terminado em 1977, foi a conclusão da reconfiguração maoísta da praça.

A partir de 1950, Tiananmen acolheu grandes desfiles e paradas por ocasião da festa do trabalho (1º de maio) e da festa nacional (1º de outubro), mas também durante os ajuntamentos pró-governamentais com o objetivo de mobilizar e instrumentalizar as massas revolucionárias.

Em 1966, centenas de milhares de guardas vermelhos fanatizados desfilaram perante Mao Tsé-tung, que acabava de desencadear a Revolução Cultural.

Embora até meados dos anos 1970 a Praça de Tiananmen fosse um espaço público oficial, tornou-se espaço de contestação a partir do movimento de 5 de abril de 1976, considerado pelo poder como "incidente político contrarrevolucionário". A partir de então as manifestações e os movimentos de protesto em Tiananmen passaram a ser entendidos pelo regime como outras tantas provocações políticas.

Durante o movimento de 4 de junho de 1989, os estudantes contestadores tomaram conta da praça. Em frente ao retrato de Mao Tsé-tung, que do alto da porta Tiananmen desloca para lá o centro simbólico do império comunista chinês, ergueram a "deusa da democracia", escultura sobredimensionada, inspirada na Estátua de Liberdade, até que o Exército reprimiu o movimento de forma sangrenta.

Desde 1989, o poder passou a ter grande preocupação em controlar a Praça de Tiananmen, e qualquer movimento de massas aventureiro (adeptos do *falungong*, contestadores) dá imediatamente origem a medidas de segurança reforçadas.

Foi o que aconteceu, mais uma vez, em janeiro de 2005, quando da morte de Zhao Ziyang, por temor de manifestações de simpatia a favor do antigo alto dirigente colocado em residência vigiada desde o seu afastamento do poder em 1989.

Após os acontecimentos de Tiananmen, o regime esperou dez anos e pelo 50º aniversário da República Popular para se reapropriar desse importante lugar de contestação, organizando em 1999 a parada mais grandiosa em Tiananmen, agora uma praça multifuncional, transformada nessa ocasião em parque temático, muito apreciado pelo público chinês.

Françoise Kreissler

➤ ESPAÇOS PÚBLICOS, FALUNGONG, PEQUIM, 4 DE JUNHO DE 1989 (ACONTECIMENTOS DE), 4 DE MAIO DE 1989, REPÚBLICA POPULAR

TIBETANOS

A área de povoamento dos tibetanos é composta por zonas ecológicas muito diversas.

Estende-se do Tibete central (Ü-Tsang), que constitui uma grande parte da atual Região Autônoma do Tibete (RAT), até as regiões orientais de Amdo (atual Qinghai, Ganzu e Sichuan) e de Kham (subdividido entre Sichuan, Yunnan, Qinghai e RAT) e às zonas fronteiriças da Índia e do Nepal, do Siquim e do Butão.

O conjunto das populações tibetanas, estimado em 5,4 milhões de pessoas, está inserido na China na "nacionalidade" zang.

Nesse conjunto oficial estão igualmente integrados alguns grupos cultural e historicamente ligados aos tibetanos, mas que diferem sobretudo quanto à língua e reivindicam, por vezes, outras pertenças étnicas, como os qiang e os pumi (premi), em que a maioria não se considera tibetana. Esses dois grupos falam línguas tibetano-birmanesas não tibetanas.

A existência da nacionalidade zang contribui para a afirmação de um sentimento de unidade dos tibetanos, que, aliás, adotaram o termo tibetano equivalente *Bod-rigs* (*phörik*), "etnia tibetana", para se autodesignarem.

Aplicado ao conjunto dos tibetanos, esse termo sucede à designação *Bod-pa* (*Phöpa*), que engloba as populações tibetanófanas que habitam o Tibete (*bod*) e as que falam dialetos tibetanos, independentemente de sua região de origem.

No entanto, os tibetanos se autodesignam frequentemente de acordo com sua região de origem, como os kham-pa, de Kham, e os amdo-wa, de Amdo.

A região de origem (*pha yul*), que pode ser um simples vale ou um território mais extenso, constitui uma referência identitária importante, hoje muitas vezes substituída pelas circunscrições administrativas criadas pelas autoridades chinesas.

A extensão geográfica e a diversidade dos modos de vida e das tradições regionais, a que se junta uma grande complexidade dialetal, explicam a compartimentação e o enraizamento local da identidade.

Essa disparidade perdeu, porém, uma parte de sua pertinência na própria China e também na comunidade exilada na Índia e na diáspora tibetana, animadas por um forte sentimento nacional desde a anexação do Tibete.

A imigração crescente de populações não tibetanas (han e hui sobretudo) que acompanha a liberação econômica, mas também a exploração turística das zonas de povoamento tibetano, contribui para a afirmação dos particularismos e para reforçar o sentimento identitário tibetano.

Por seu lado, a política governamental chinesa apoia a expressão de uma identidade tibetana mais remodelada e sinizada, que se insere no quadro oficial da nacionalidade zang, concebida como um subconjunto da nação chinesa, totalmente assimilada à "mãe pátria".

A sinização efetua-se principalmente pela educação e pelos meios de comunicação social, bem como pela integração política e econômica. Já muito avançada nos centros urbanos, deverá se acelerar ainda mais com a linha ferroviária que liga Pequim a Lhassa em 48 horas.

Além da diversidade geográfica, climática e biológica que se pode encontrar no elevado planalto tibetano, a altitude (entre 3 mil e 4 mil metros) é uma constante que tem implicações fundamentais sobre a sociedade, notadamente em certas formas de expressão religiosa, arquitetônica e de vestuário, na alimentação, nos transportes etc.

O budismo, introduzido a partir da Índia, difundiu-se no Tibete em duas ondas e tornou-se a religião dominante, sobrepondo-se, frequentemente, aos cultos populares locais. Coexiste até hoje com o *bön,* que é considerada a religião antiga do Tibete pré-budista e, mais marginalmente, com o islamismo e o cristianismo.

O budismo tibetano e o *bön* difundiram-se melhor pelo Alto Planalto por serem veiculados por uma língua escrita que surgiu no século VII, na época do império tibetano. O tibetano literário clássico tornou-se uma das grandes línguas literárias da Ásia e, tal como o chinês, o sânscrito e o japonês, é uma das mais antigas.

A língua escrita, bem como a religião e a prática das peregrinações constituíram fatores de unidade cultural da área tibetana, reforçada pelas trocas e pelas relações comerciais a longas distâncias.

Embora a economia se baseie essencialmente na agricultura, na criação de gado e no comércio, há diferenças importantes do ponto de vista cultural, social, econômico e religioso.

Até os anos 1950, a área de cultura tibetana, cuja unidade política variou muito no decurso da história, constituía uma justaposição de sociedades agrícolas politicamente centralizadas, onde surgiram os principais centros comerciais e as grandes instituições monásticas. Os agricultores viviam lado a lado com as sociedades que eram essencialmente linhagens de pastores nômades.

Até nossos dias, o grupo doméstico (a "casa") tem sido geralmente a unidade socioeconômica. Muitas dessas sociedades praticam a poliandria de irmãos, fundada num princípio geracional monomarital (um só casamento em cada geração, com os irmãos mais novos adstritos ao casamento do irmão mais velho), mas a aristocracia praticava também a poligamia, que ainda se encontra excepcionalmente na comunidade exilada.

As sociedades urbanas, historicamente mais diversificadas e heterogêneas, registram, atualmente, importantes mudanças. A imigração, que é essencialmente de etnia han, é elevada nas zonas urbanas, como Lhassa, bem como nas regiões de povoamento tibetano de Kham e Amdo.

O processo atual de sinização tem como consequência a adoção das práticas chinesas pelos jovens tibetanos que vivem nas cidades, bem como a perda progressiva de sua língua materna.

Stéphane Gros e *Nicolas Tournadre*

➢ BUDISMO, NACIONALIDADES, REGIÕES FRONTEIRIÇAS, TIBETE

TIBETE

O Tibete *Bod* (*Phö*), que se caracteriza pela sua altitude média de 4 mil metros e por contrastes climáticos importantes segundo as regiões e as estações, estende-se por um território maior do que a Europa Ocidental.

A Região Autônoma do Tibete (RAT), criada em 1965, não compreende a região dita central, chamada Xizang em chinês.

A área de cultura tibetana estende-se, no entanto, na China, para além do Tibete central (Ü-Tsang) até as regiões orientais de Amdo (Qinghai, Gansu e Sichuan) e de Kham (subdividido entre Sichuan, Yunnan, Qinghai e a RAT).

Esses territórios tibetanos situados fora da RAT, organizados em prefeituras autônomas tibetanas de *status* político e administrativo diferente, representam mais de metade da população tibetana da China, calculada em 5,4 milhões de pessoas.

Durante sua história, o Tibete não conheceu senão uma centralização política variável e estende-se por regiões mais ou menos vastas, integrando entidades políticas governadas por linhas nobres e religiosas ou sociedades de linhagem, como algumas sociedades de pastores.

O império tibetano do século VII ao IX foi um Estado poderoso e unificado, cujos reis guerreiros alargaram o território. Receberam embaixadas da China e dos diferentes Estados turcos.

O budismo entrou nele a partir da Índia, no século VIII, e também mais tarde, no século XI, num reino então fragmentado. Tornou-se a religião dominante, representada por várias linhas, que se opuseram por vezes de forma violenta.

No século XVII, a escola dos *dge-lugs-pa* (*guélougpa*) tornou-se politicamente dominante, graças ao apoio dos mongóis Tumed.

Em 1642, o 5º dalai-lama tornou-se o chefe religioso e político do Tibete com o apoio militar dos mongóis. Fez de Lhassa o centro político e ordenou a construção do palácio do Potala, símbolo de uma administração religiosa e laica que se tornou centralizada.

Continuando a relação de "capelão a donatário" que ligava o Tibete à dinastia mongol, a dinastia manchu dos Qing (1644-1911) impôs-se como única potência protetora.

O governo imperial foi desde então representado em Lhassa por dois comissários imperiais (*ambans*), cada um deles à frente de uma guarnição. Uma parte das províncias orientais do Tibete (Kham Oriental e Amdo) foi definitivamente incluída no quadro administrativo provincial chinês, mas o Tibete central não foi remodelado pelos Qing.

Nos últimos anos do século XIX, o Tibete tornou-se um alvo geoestratégico importante no quadro do *Great Game* em que os britânicos e russos se afrontavam pelo controle dessa parte da Ásia. O 13º dalai-lama teve de fugir diante dos britânicos, em 1904, e depois dos chineses, em 1909.

A revolução republicana de 1911 e as perturbações internas da China contribuíram para colocar o Tibete numa situação internacional confusa. Em 1913, o dalai-lama declarou a independência de seu país, e o Tibete permaneceu como tal até a chegada das tropas comunistas chinesas em 1950 e à ocupação que se seguiu.

As instituições do governo central de Lhassa, incluindo funcionários laicos e religiosos, foram suprimidas em 1959, na sequência de um importante levantamento popular e da fuga do 14º dalai-lama.

O governo militar que o sucedeu desencadeou um período de repressão. O *status* de região autônoma, adquirido em 1965, não pôs fim às destruições dos mosteiros, que se intensificaram durante a Revolução Cultural.

O presidente da região autônoma foi sempre um tibetano, mas a gestão política esteve frequentemente nas mãos de não tibetanos e continua submetida às decisões do governo central. O secretário-geral do Partido Comunista (PC) da região autônoma, o cargo político mais importante, nunca foi um tibetano.

Apesar da fragmentação dos territórios de povoamento tibetano, a política das nacionalidades do governo chinês contribuiu para a afirmação do sentimento nacional dos tibetanos.

Coexistindo cada vez mais com os han e outras populações (hui, uigures etc.), também tomaram consciência de maneira cada vez mais aguda de sua especificidade etnocultural.

O sentimento de unidade dos tibetanos baseava-se outrora na partilha da mesma religião, de um conjunto de costumes e de uma língua escrita, sem que, apesar disso, tomasse a forma de uma consciência nacional.

Após a integração do Tibete à China popular e da fuga do 14º dalai-lama para a Índia, em 1959, a comunidade no exílio e a diáspora manifestaram um forte sentimento de identidade nacional tibetana e reivindicaram a independência do Tibete.

Essas reivindicações se fizeram ouvir no próprio Tibete, tanto na comunidade laica como na religiosa, e deram lugar a protestos importantes no final dos anos 1980, que culminaram nas manifestações de março de 1989, em Lhassa.

Foram duramente reprimidas quando Hu Jintao, promovido depois a presidente da República Popular e a secretário-geral do PC chinês, era secretário do PC da RAT.

A lei marcial foi proclamada pela primeira vez na República Popular da China.

De 1992 a 2000, seu sucessor, Chen Kuiyan, tomou medidas desde a sua nomeação para refrear o nacionalismo tibetano, agindo em dois planos: o desenvolvimento da economia e a repressão antirreligiosa.

Favoreceu a implantação maciça do pequeno comércio han, até então relativamente limitado e, a partir de 1994, iniciou uma campanha antirreligiosa e contra o dalai-lama, principalmente nos mosteiros. A liberdade religiosa foi gravemente entravada desde 1997, e a cultura tibetana tradicional foi atacada.

Desde os anos 1950, a rede rodoviária foi amplamente desenvolvida para desencravar essa região de altitude. Os frequentes deslocamentos por razões comerciais ou religiosas, a pé, a cavalo ou em caravanas, chegavam a demorar meses.

Hoje, há estradas que ligam as principais cidades e integram ainda mais a RAT ao resto da China. Em outubro de 2005, foi concluída a estrada de ferro que liga Pequim a Lhassa. Segue o traçado da estrada de Golmud a Lhassa, construída no início do regime comunista, que chegou a essa cidade em 1954. Com um comprimento de 1.142 km, é a via ferroviária de maior altitude em todo o mundo.

Aos anos de transformações econômicas e de destruição do período maoísta, sucedeu uma fase de reconstrução e de reparação, acompanhada de uma crescente sinização.

Lhassa tornou-se uma cidade moderna, e o Potala um museu, diante do qual florescem cassinos, caraoquês e prostíbulos. Restaurantes e lojas, muitas vezes propriedade de imigrantes han e de outras "nacionalidades" (muçulmanos hui, uigures), abriram às centenas numa cidade cuja população não tibetana aumenta com a liberação econômica.

Outras cidades importantes, como Shigatse, a segunda região autônoma, Bayi e Tsethang, revelam um crescimento semelhante. Os antigos quarteirões tibetanos são, por vezes, reconstruídos para satisfazer o turismo.

A situação linguística do Tibete é complexa e caracteriza-se por uma diglossia muito pronunciada. Encontra-se, de fato, uma língua literária, comum ao conjunto da área tibetanófona, e um grande número de falares – cerca de 200 – que apresentam uma grande diversidade de dialetos.

Desde meados dos anos 1990, assiste-se a um declínio constante da língua tibetana em todas as suas formas e, paralelamente, a um reforço da língua chinesa, que se torna dominante.

Excluindo o tibetano das atividades administrativas, conferindo na escola e na universidade um lugar predominante ao chinês e proporcionando apenas alguns lugares profissionais baseados no domínio do tibetano, as autoridades contribuíram para dar a este a imagem de língua inútil.

Mencionemos igualmente a emergência de uma falar misto tibetano-chinês chamado *ramalug-kä* (*ra ma lug skad*) (meio cabra, meio carneiro), que se desenvolve nas cidades.

Em maio de 2002, o governo chinês aprovou uma lei para proteger a língua tibetana. Essa lei afirma que o tibetano é a "língua comum da Região Autônoma do Tibete" e que deveria ser aprendida por todas as pessoas que residam no Tibete.

Por ausência de medidas e encorajamento precisos, essa lei não vai melhorar a situação da língua tibetana. Entre as dificuldades suscetíveis de entravar o desenvolvimento da língua e da cultura, encontra-se a diversidade dialetal, porque não há intercompreensão entre todos os dialetos.

Nessas condições é necessário promover um tibetano-padrão, mas o governo central nem sempre tomou medidas nesse sentido, embora uma língua padrão baseada no dialeto de Lhassa venha se desenvolvendo naturalmente há algumas décadas.

Stéphane Gros e *Nicolas Tournadre*

➤ BUDISMO, CONTROLE POLÍTICO E CENSURA, DIREITOS HUMANOS, NACIONALIDADE, OESTE (PROJETO DE DESENVOLVIMENTO DO), REGIÕES FRONTEIRIÇAS, TIBETANOS, TURISMO

TONTINAS

As tontinas são associações de ajuda mútua financeira e de crédito, que na China têm origens muito antigas, porque as primeiras teriam aparecido durante a época dos Tang (618-907).

Hoje, como no passado, os membros de uma mesma comunidade podem decidir, por iniciativa de um deles, reunir-se periodicamente e, por ocasião de um banquete, proceder a coleta de dinheiro. A soma recolhida é colocada sucessivamente à disposição de cada um dos participantes.

Tal sistema não pode funcionar, a não ser que haja confiança mútua entre os seus membros, que deverão ser, portanto, em número limitado.

A tontina é uma instituição informal de grande flexibilidade, embora as normas de funcionamento sejam claramente predefinidas. Há muitas variantes em função das regras e da ordem de concessão do crédito (o levantamento) entre os participantes, dos modos de reembolso e das cotizações (em função de se já ter obtido ou não o crédito).

A forma mais difundida é a de levantamento por licitação. Quem fizer a oferta mais elevada (a soma que resultará na diminuição das cotizações dos outros membros) obtém o crédito.

Trata-se, portanto, de um verdadeiro mercado em escala comunitária, onde se confrontam oferta e procura, porque as motivações dos participantes são diferentes e complementares, desejando uns obter um crédito para financiar um investimento ou fazer face a despesas extraordinárias, enquanto outros pensam simplesmente em obter dividendos dos fundos de que dispõem.

Os primeiros são incitados a fazer licitações elevadas para obterem o mais rapidamente possível o seu levantamento, enquanto os outros retardam tal obtenção para fazer aumentar seus ganhos.

Esse tipo de organização se justifica num contexto em que os mercados de crédito e de seguros são inoperantes ou estão segmentados. Ora, na China é muito difícil um empresário individual encontrar financiamento para os seus projetos no sistema bancário, e são também limitadas as oportunidades de colocação das poupanças das famílias, frequentemente muito avultadas.

Os poderes públicos proíbem oficialmente essas práticas. Mas, na verdade, essas restrições são muitas vezes contornadas, o que exemplifica bem a diferença tão frequente entre o discurso oficial e os comportamentos efetivos.

Seria de imaginar que com a introdução progressiva de estruturas comerciais (certamente muito limitadas na esfera financeira), essas formas originais de obtenção de crédito perdessem sua razão de ser.

Contudo, a finalidade da tontina não é de ordem estritamente econômica, porque se trata de um modo de estruturação social e parece que no mundo chinês (ao contrário do que se passa no Japão) essas organizações se mantêm, como se pôde verificar entre os chineses do exterior ou em Taiwan.

Em Hong Kong as tontinas ocorrem em associações mais vastas, que podem recolher fundos consideráveis e influenciar de forma significativa a atividade econômica no território. São cobradas comissões para se proceder à perequação dos riscos e para pagar um imposto exigido pelo governo.

São intermediários financeiros não monetários (na ausência de depósitos, não contribuem para o aumento da massa monetária) que constituem um complemento incontestável do sistema bancário tradicional.

Yves Citoleux

> COOPERATIVAS RURAIS DE CRÉDITO, INFORMALIDADE, MIGRAÇÕES INTERNACIONAIS E DIÁSPORA, REDES

TRABALHO

Nos anos 1990, houve no domínio do trabalho uma série de mudanças que afetou não só os grandes equilíbrios macroeconômicos mas também as condições de vida dos trabalhadores.

Em 2003, a população ativa elevava-se a 760,75 milhões de indivíduos. Dos 744,52 milhões que trabalhavam, 256,39 milhões eram urbanos e 487,93 milhões eram rurais.

A repartição por setor revela uma transformação radical. O terciário ocupa agora 29,3% da população ativa (218,09 milhões), contra 18,5% em 1990, ao passo que o setor primário passou de 60,1% para 49,1% (160,77 milhões).

Quanto ao setor secundário, permanece estável. Embora o número de operários e empregados das empresas estatais tenha baixado 34,7 milhões, somando 68,76 milhões, essa redução foi compensada pelo desenvolvimento de um novo setor transformador que emprega camponeses imigrantes.

Paralelamente, o emprego no setor privado e individual cresceu 35,96 milhões desde 1990 e empregava 42,67 milhões de pessoas em 2003. No conjunto do período, representou 46,45% dos novos empregos.

O desemprego não afeta senão 8 milhões de pessoas, apesar das demissões maciças desde os anos 1990. Mas esse número leva em consideração apenas os desempregados registrados, essencialmente trabalhadores urbanos que são abrangidos pelo novo sistema de segurança social e cujas empresas desapareceram.

Exclui, assim, os empregados que passaram à aposentadoria antecipada e têm de continuar a trabalhar para sobreviver – os *xiagang gongren*, desempregados que, embora já não ocupem nenhum posto de trabalho, continuam a ser "empregados" pela empresa e a receber um modesto subsídio – e todos os indivíduos que apenas têm atividades episódicas (empregos temporários, em tempo parcial etc.).

Nesse contexto, o conceito de trabalho sofreu uma profunda transformação. Ter um emprego não significa ter um *status* e uma identidade social. Trata-se, essencialmente, de uma relação econômica entre um comprador e um vendedor de força de trabalho. Simultaneamente, o trabalho torna-se cada vez mais precário.

Segundo algumas análises, mais de metade dos novos empregos é informal: sem contratos e/ou temporários, em tempo parcial, sazonais, de empreitada etc. Segundo números oficiais, a China urbana não cria senão 9 milhões de empregos para uma procura que se eleva todos os anos a 23 ou 24 milhões.

No entanto, além das avaliações globais, a situação é diversificada. A maioria das vítimas da reestruturação das empresas públicas vive num estado intermediário entre o trabalho e o emprego.

Recebem algumas remunerações sociais, beneficiam-se do novo sistema de rendimento mínimo, recebem apoios sociais pagos pelas administrações sociais, ou, então, contam com a solidariedade da família para sobreviver.

Ao mesmo tempo, as autoridades locais lhes proporcionam pequenos trabalhos temporários: jardinagem, manutenção de espaços verdes, ajuda à polícia que se ocupa da circulação urbana etc.

Entre os que conseguiram conservar o emprego, as situações são variáveis. Em algumas empresas, concorrem com os imigrantes e sofreram uma deterioração das suas condições de trabalho e de remuneração. Em outras empresas, notadamente nas que conservam alguma forma de monopólio (transportes, energia), as mudanças continuam a ser limitadas.

No que se refere aos imigrantes, entramos em outro mundo de trabalho. Os cerca de 100 a 120 milhões de camponeses que deixaram a terra foram trabalhar nas empresas de transformação ligadas à exportação ou ocupar "nichos" de emprego com baixos níveis de remuneração que apareceram nas grandes metrópoles.

Contudo, o desenvolvimento dessas empresas e o surgimento desses nichos não podem ser considerados sem a existência dessa mão de obra pouco exigente.

Nas zonas da costa em desenvolvimento, os imigrantes trabalham em empresas modestas ou de dimensão média em condições típicas da primeira industrialização: baixa remuneração, grande rotatividade da mão de obra, equipamentos técnicos e organização do trabalho rudimentares, condições de trabalho perigosas, maus-tratos habituais etc.

A organização da produção, a hierarquia e as formas de resistência à exploração têm por base, frequentemente, a origem geográfica.

Quanto aos imigrantes que trabalham nas grandes cidades, dedicam-se a todas as atividades que os moradores urbanos não querem realizar: restauração, coleta de lixo, trabalhos domésticos etc.

É também necessário ter em conta o desenvolvimento limitado, mas muito real, do que se pode chamar de trabalho *high tech* dos engenheiros, financeiros, técnicos comerciais, consultores e especialistas em comunicações, que acompanha a prosperidade das grandes empresas chinesas e estrangeiras.

Atentemos ainda às dificuldades que os jovens urbanos que não conseguiram passar no exame de admissão à faculdade têm para encontrar trabalho. Não podendo ocupar um emprego *high tech* e encontrando-se em concorrência com os imigrantes, estão também muitas vezes reduzidos à precariedade.

Jean-Louis Rocca

➤ DESEMPREGO, EMPREGO, IMIGRANTES, OPERÁRIOS, PROTEÇÃO SOCIAL, SINDICATOS

TRANSPORTES

O forte crescimento econômico destes últimos anos na China deu origem a necessidades de transporte que as infraestruturas existentes não estão em condições de satisfazer, apesar dos esforços recentes para modernizar e aumentar as redes ferroviárias, rodoviárias e aéreas.

Em 2002, a rodovia e a estrada de ferro asseguraram o essencial do tráfego de passageiros com 55% e 35% dos passageiros por quilômetro respectivamente.

O transporte ferroviário é o modo mais utilizado nas longas distâncias. Todavia, a saturação da rede continua a ser um obstáculo que não lhe permite evoluir ao mesmo ritmo que o rodoviário ou o aéreo, razão pela qual a parte do mercado ferroviário relativa aos particulares não tem deixado de diminuir (era de 60,6% em 1980).

A rede fluvial e marítima é preponderante no transporte de mercadorias (55% do tráfego em toneladas/quilômetros em 2002), incluído o transporte internacional. A rede ferroviária vem em segundo lugar (31%), mas calcula-se que apenas 35% da procura por transporte ferroviário seja satisfeita. Devido, sobretudo, às longas distâncias a percorrer, a rodovia não assegura senão 13% do tráfego de mercadorias.

A insuficiência da rede rodoviária é, de fato, evidente. No ano 2000, a China tinha apenas 940 quilômetros de estradas por milhão de habitantes (ou seja, 25 vezes menos do que os Estados Unidos). A extensão da rede era de 1,755 milhão de quilômetros em 2002 (incluindo 25.100 quilômetros de autoestradas).

Essa rede cresce rapidamente, e os investimentos passaram de 0,3% do produto interno bruto nos anos 1980 para 2,5% em 2004. Foi feito um esforço particular no domínio das autoestradas, tendo como objetivo 35 mil quilômetros até 2010.

A rede ferroviária chinesa é muito extensa, mas insuficiente, por ser lenta e estar saturada. Sua extensão era de 72 mil quilômetros em 2002, das quais apenas 17.400 quilômetros eram de linhas eletrificadas. O objetivo é alcançar 100 mil quilômetros em 2020. No entanto, a rigidez desse modo de transporte não lhe permite concorrer com a estrada e o avião, que estão em pleno desenvolvimento.

Enquanto o tráfego dos portos marítimos está em forte expansão (tendo à frente Xangai e Cantão), a dimensão da rede fluvial navegável está, por seu lado, em forte queda (110 mil quilômetros em 2004, contra 172 mil em 1960), devido à insuficiência dos investimentos.

O crescimento notável do transporte aéreo deverá ser confirmado nos anos futuros. Em termos de volume transportado, a China passou em 2004 do quinto para o terceiro lugar mundial, muito perto dos Estados Unidos e da Alemanha, e tornou-se o primeiro mercado mundial para os aviões de transporte.

Em 2001, foram constituídos três grandes grupos: Air China, China Easter Airlines e China Southern Airlines, que controlam 80% do mercado interno e a quase totalidade do tráfego internacional assegurado pelos chineses.

Nas grandes cidades, o crescimento do parque automobilístico tem efeitos fortemente perniciosos, como a poluição do ar e os engarrafamentos gigantescos. Seria necessário desenvolver os transportes públicos ferroviários, e não o transporte automobilístico, o modo urbano tradicional.

Por isso, a rede de metrô está sendo ampliada em Pequim, Xangai e Cantão. Estão em curso projetos de instalação de redes de metrô em uma dezena de cidades que ainda não dispõem delas.

Stéphane Souche

➢ AUTOMOBILÍSTICO (SETOR), BICICLETA, DISPARIDADES REGIONAIS, GRANDES GRUPOS, OESTE (PROJETO DE DESENVOLVIMENTO DO)

TRÊS GARGANTAS (BARRAGEM DAS)

O projeto da barragem das Três Gargantas, no Yang-Tsé, foi aprovado pela Assembleia Nacional Popular em 1992.

Tem 2.309 metros de comprimento. Dispõe de 26 turboalternadores, tem um elevador para navios e um sistema de eclusas nos dois sentidos. As águas se elevavam a 145 metros de altitude em 2003, e a barragem foi concluída em 2006.

Sendo um projeto governamental, tem três objetivos: regular o curso do Yang-Tsé para evitar novas inundações na bacia média do rio; aumentar significativamente a produção hidrelétrica nacional e melhorar a navegabilidade do rio, permitindo que navios de 10 mil toneladas subam até Chongqing.

Completa esse projeto uma política de valorização turística da região das Três Gargantas. Na verdade, a barragem irá permitir um extenso ordenamento das Três Gargantas e das regiões a montante do rio até Chongqing e irá melhorar a sua integração econômica no delta do Yang-Tsé e em Xangai.

Denunciada, contudo, por cientistas e intelectuais, tanto na China como no Ocidente, a barragem poderá ser confrontada com riscos técnicos de acumulação de sedimentos e terremotos. Suas implicações ambientais são regionalmente muito importantes e continuam a gerar interrogações. Implica, além disso, a cobertura parcial de um dos berços da cultura chinesa.

Provocou, sobretudo, o deslocamento de 1,2 a 1,4 milhão de pessoas, que o governo redistribuiu, por vezes, em regiões muito afastadas de seu lugar de origem, mas as quais apoia com uma política de auxílio e reconversão econômica.

O projeto das Três Gargantas insere-se, finalmente, num programa mais vasto de desvio de uma parte das águas do Yang-Tsé para as regiões do norte da China.

Thierry Sanjuan

➤ ÁGUA, AMBIENTE, ENERGIA E RECURSOS NATURAIS, HIDRÁULICA, OESTE (PROJETO DE DESENVOLVIMENTO DO), YANG-TSÉ

TRÊS REPRESENTAÇÕES

Divulgada por Jiang Zemin, em fevereiro de 2000, e depois inscrita nos estatutos do Partido Comunista (PC), em novembro de 2002, e na constituição da República Popular, em março de 2003, a teoria das "três representações" (*san ge daibiao*) estipula que o PC deve representar: as forças produtivas de vanguarda, a cultura chinesa moderna e os interesses fundamentais da maioria do povo.

Apesar da terceira afirmação, é o caráter elitista das "três representações" que prevalece. Como mostrou Jang Zemin em seu discurso de 1º de julho de 2001, essa nova abordagem teórica tem por objetivo permitir que as categorias socioprofissionais nascidas na era das reformas, e sobretudo os empresários privados (as forças produtivas de vanguarda), adiram ao PC.

Procurando absorver e doutrinar as novas elites, o PC pretende assim demonstrar que governa em harmonia com os tempos. Ao proceder desse modo, é sobretudo sua legitimidade e sua autoridade que tenta reforçar, esperando assim garantir melhor a sobrevivência do regime de partido único instalado em 1949.

Émilie Tran

➤ ELITES, IDEOLOGIA, JIANG ZEMIN, PARTIDO COMUNISTA

TURISMO

Com 83 bilhões de dólares de receita em 2004, a indústria do turismo representou 5% do produto interno bruto chinês. No final de 2002, tinha recebido mais de 50 bilhões de dólares de investimentos estrangeiros. Seu crescimento registra uma forte progressão desde 1978.

O turismo interno é a principal fonte de receitas turísticas da China (70% do total em 2004) com mais de 1 bilhão de turistas chineses (40% provenientes das cidades) a visitar seu país. Esses deslocamentos, muito concentrados em três semanas de férias legais por ano, são encorajados pelas autoridades, que veem também nesse crescimento um dos meios de contribuir para o desenvolvimento das províncias do oeste.

Segundo a Organização Mundial do Turismo (OMT), a China continental será o primeiro destino turístico para estrangeiros, em todo o mundo, em 2020. Dotada de uma rica herança histórica e cultural e de sítios naturais de grande diversidade, acolheu 109 milhões de visitantes em 2004, o que representa um crescimento de 19% em relação a 2003.

Os turistas não continentais privilegiam quatro destinos: Pequim, Xangai, Guangdong e Jiangsu. Além dos provenientes de Hong Kong, Macau e Taiwan, que constituem 84% dos visitantes, dos restantes, dois terços provêm da Ásia, principalmente do Japão, da Coreia do Sul e da Malásia.

Depois das crises sanitárias (Sars e gripe aviária) de 2003, as autoridades chinesas dedicam-se a reconstruir uma imagem positiva de seu país para atrair ainda mais turistas não asiáticos, como se pôde ver com as campanhas de comunicação centradas nos Jogos Olímpicos de Pequim, em 2008.

De acordo com os compromissos assumidos quando da adesão à Organização Mundial do Comércio (OMC), as autoridades aceleraram igualmente a sua política de abertura do setor de turismo, tornando a China mais acessível (obtenção mais fácil de vistos de entrada, melhoria das infraestruturas aeroportuárias).

Autorizaram a criação da primeira agência de turismo de capitais exclusivamente externos em dezembro de 2003, ou seja, dois anos antes do prazo fixado pela OMC.

Segundo a OMT, a China será o quarto país fornecedor de turistas ao mundo em 2020. Vinte e nove milhões de turistas chineses, 55% dos quais a título privado, saíram do país já em 2004, privilegiando Hong Kong e Macau em 70% dos casos.

O desenvolvimento do turismo é controlado pelas autoridades chinesas, que já concederam o *status* de destino autorizado a 64 países ou territórios, entre os quais 22 países da União Europeia, desde 1º de setembro de 2004.

Primeiro destino turístico mundial, a França recebeu 400 mil turistas chineses em 2003, num total de 75 milhões de visitantes, e esperava entre 1 milhão e 1,5 milhão em 2006, tornando-se assim, os chineses, sua primeira clientela turística.

A chegada de turistas chineses aos Estados Unidos (350 mil pessoas em 2003) deverá igualmente aumentar, tanto mais que a política de concessão de vistos aos chineses foi flexibilizada em janeiro de 2005.

Isabelle Goi

➢ ANO-NOVO, CONSUMO, FESTAS SAZONAIS, JOGOS OLÍMPICOS, LAZER, PEREGRINAÇÕES

U

UIGURES

De origem setentrional, os uigures são turco-mongóis. Instalados de início nos oásis ao longo do Taklamakan, são, atualmente, cerca de 9 milhões.

Budistas e maniqueístas, converteram-se ao Islã devido ao dinamismo da expansão do sufismo a partir do século X. De língua turco-chagatai, utilizavam o alfabeto árabe e identificavam-se, em primeiro lugar, pelo seu local de origem.

"Uigure" provém do nome da tribo turca oghuz, cuja autoridade se impôs na Ásia central no século VIII. Reservado depois apenas aos budistas, concentrados em volta de Turfan, a designação "uigure" foi reutilizada a partir de 1937, imposta pelos soviéticos, para designar as várias populações sedentárias do sul do Xinjiang atual.

Nas fontes chinesas, eram chamadas "muçulmanos de cabeça com turbante" (*shantou hui*).

Durante o século XX, sua situação geográfica, no coração da Ásia central, colocou-os, de fato, no cenário internacional, lisonjeados pelos ingleses e cortejados pelos russos, e depois pelos soviéticos.

Por fim, foram os chineses que ganharam esse "jogo de influências". Dispõem, desde 1955, de uma região autônoma em seu nome, a Região Autônoma Uigure do Xinjiang.

Os acasos da política levaram muitos uigures a emigrar, formando uma diáspora de cerca de 3 milhões de pessoas, disseminadas pelos países da Ásia central, Turquia, Alemanha, Estados Unidos e Arábia Saudita.

Hoje em dia, qualquer reivindicação identitária dos uigures será considerada sediciosa. Repressão, migrações han para o Xinjiang e disparidades sociais intensificaram as tensões com os uigures.

Atualmente, reagindo às pressões do poder central, tendem a se afirmarem prioritariamente como uigures ou como muçulmanos, antes de se considerarem chineses.

Sabine Trébinjac

➤ ISLÃ, NACIONALIDADES, OESTE (PROJETO DE DESENVOLVIMENTO DO), RELIGIÃO, XINJIANG

UM PAÍS, DOIS SISTEMAS

Concebido para reintegrar no ambiente da China popular os confins insulares do país que escapam a seu controle, essa fórmula participa da perspectiva de compromisso da política de reforma e de cobertura: a coexistência de sistemas políticos e econômicos ideologicamente opostos.

Em 30 de setembro de 1981, a declaração dita dos nove pontos do marechal Ye Jianying (1897-1986) propôs a Taiwan um grau elevado de autonomia enquanto região de administração especial, oferta que Deng Xiaoping resumiu, dois anos mais tarde, com a fórmula "um país, dois sistemas" (*yi guo liang zhi*).

Recusada por Taipé, essa fórmula foi pouco depois proposta ao Reino Unido e em seguida a Portugal, que a aceitaram para servir de quadro às retrocessões de Hong Kong e Macau.

A declaração sino-britânica de 26 de setembro de 1984 estipula, assim, que "o sistema e a política socialista não serão postos em prática na região de administração especial e o sistema e o modo de vida capitalista de Hong Kong continuarão inalterados durante 50 anos", a contar do regresso do território à China, em 1º de julho de 1997.

Um acordo similar foi assinado por Pequim e Lisboa, em 17 de abril de 1987, o qual regula a retrocessão de Macau, que sucedeu em 20 de dezembro de 1999.

Com as interferências do poder central chinês em Hong Kong e Macau a colocarem regularmente em dúvida o princípio da autonomia, Taipé defende, por enquanto, embora de forma implícita, uma soberania partilhada, e mesmo dividida, como se pode verificar pelas várias fórmulas contrárias propostas a Pequim: "uma China, duas entidades políticas", num primeiro momento, e, depois, "relações especiais Estado a Estado", apresentada por Lee Teng-hui, em 1999.

Embora a fórmula "um país, dois sistemas" já não seja o núcleo da política das autoridades continentais em relação a Taiwan, estas não deixam de se manter intransigentes quanto ao princípio da unidade da China e opõem-se a qualquer abdicação de soberania.

Françoise Mengin

➤ HONG KONG, MACAU, POLÍTICA EXTERNA, TAIWAN (A REPÚBLICA POPULAR DA CHINA E)

UNIÃO EUROPEIA (A CHINA E A)

As relações entre a República Popular da China e a União Europeia (UE), estabelecidas em 1975, baseiam-se num acordo de cooperação comercial e econômica assinado em 1985 e completado por uma troca de cartas em 9 de junho de 1994, onde se previa o estabelecimento do diálogo político.

As relações sino-europeias passaram por um período de esfriamento após os acontecimentos de Tiananmen, que ficou assinalado pelo embargo europeu à venda de armas com destino à China, decidido em 27 de junho de 1989.

Receberam, porém, um novo impulso nos anos 1990. A "parceria global", lançada em 2001, foi orientada pela China e, em certa medida, pela França no sentido da promoção da multipolaridade, mas evoluiu desde 2003 para uma "parceria global estratégica".

O diálogo político sino-europeu intensificou-se, principalmente com a realização de uma reunião de cúpula anual dos chefes de Estado e de governo a partir de 1998. Três anos antes, teve início um diálogo China-UE sobre os direitos humanos.

A cooperação da China com a Europa baseia-se atualmente em cerca de 20 diálogos e em seis acordos setoriais. O orçamento de ajuda comunitária à China para 2005-2006 elevou-se a 250 milhões de euros.

A União Europeia ampliada tornou-se o primeiro parceiro comercial da China, com 177 bilhões de euros de trocas entre ambos em 2004. Detendo 8% do estoque de investimentos estrangeiros diretos na China, a UE é nesta o primeiro investidor, juntamente com os Estados Unidos e o Japão. A China é desde 2002 o segundo parceiro comercial da UE, depois dos Estados Unidos.

Tendo em conta o déficit europeu (78,4 bilhões de euros em 2004), a UE deseja o equilíbrio das suas relações comerciais com a China com base no respeito de Pequim pelos seus compromissos no seio da Organização Mundial do Comércio (abertura do mercado chinês e luta contra a falsificação) e no desenvolvimento de parcerias estruturantes (Galileu, Airbus).

No domínio dos têxteis, as duas partes chegaram a um acordo amigável em 10 de junho de 2005 para limitar as exportações chinesas para o mercado europeu até 2008. Por sua vez, a China tem como prioridade que a UE levante o embargo imposto em 1989 e lhe conceda o *status* de economia de mercado.

Dora Chesne

> COMÉRCIO EXTERNO, FRANÇA (A CHINA E A), INVESTIMENTO DIRETO ESTRANGEIRO, ORGANIZAÇÃO MUNDIAL DO COMÉRCIO (A CHINA E A), POLÍTICA EXTERNA

UNIDADES DE TRABALHO

Tendo surgido depois da realidade correspondente, o conceito sociológico de unidade de trabalho (*danwei*) é relativamente recente, porque só apareceu na virada dos anos 1980 e em primeiro lugar nas pesquisas ocidentais.

Designa o que alguns observadores apresentaram como a principal especificidade da sociedade urbana chinesa: a sua organização em torno e a partir dos lugares de trabalho.

O conceito de unidade de trabalho apresenta diferenças segundo os autores e as épocas, mas todas as definições concordam quanto às suas características de base, a saber: a pertença da unidade de trabalho ao setor público, sua multifuncionalidade, seu relativo fechamento ao resto da sociedade e a quase ausência de mobilidade da mão de obra.

As unidades de trabalho formavam, assim, até o final dos anos 1980, as células de base do Estado e também do Partido Comunista (PC), cujo aparelho se apoiava nos milhares de células organizadas nos locais de trabalho, permitindo sua penetração no nível mais profundo da sociedade urbana.

As grandes empresas estatais, ponta de lança da industrialização e da modernização socialista, eram as unidades de trabalho que dispunham dos recursos econômicos e dos apoios políticos mais importantes.

Foram elas que encarnaram melhor, durante mais de quatro décadas, a unidade de trabalho, devido ao grande número e à qualidade dos equipamentos que colocavam à disposição de seus empregados.

Contudo, todas as organizações urbanas públicas, incluindo as administrações, os centros desportivos e as empresas coletivas, eram unidades de trabalho, tendo também elas a seu cargo serviços e equipamentos sociais, mas, sobretudo, as mesmas missões de natureza política e administrativa que as mais célebres fábricas estatais.

A unidade de trabalho não foi fruto de uma escolha explícita e planificada por parte das autoridades. Foi criada progressivamente nos anos 1950 e 1960, como modalidade prática de implementação das grandes políticas do regime.

Contrariamente aos outros países socialistas, o esforço de desenvolvimento do Partido-Estado, e tanto dos seus aparelhos burocráticos como das suas atividades, realizou-se não por intermédio de um amplo espectro de instituições públicas (administrações locais e nacionais, células do PC, sovietes etc.), mas quase exclusivamente nos lugares de trabalho.

Assim, ao longo dos anos e na aplicação das políticas públicas, os lugares de trabalho urbanos viram ser-lhes confiados a construção de habitações para seus empregados, a gestão dos sistemas de segurança social, o controle e a vigilância dos indivíduos, a organização e acompanhamento das campanhas políticas, o registro de toda uma série de atos administrativos (dossiê individual, registro dos lares, certificados de casamento), a luta contra as pequenas ilegalidades e a criação de escolas e de serviços de saúde.

Até a segunda metade dos anos 1990, as autoridades chinesas continuaram a confiar às empresas estatais e às outras organizações públicas a aplicação de suas grandes políticas sociais.

As unidades de trabalho foram encarregadas da melhoria do *habitat* com uma política de grandes trabalhos, da luta contra o desemprego com a contratação de milhões de jovens no setor público e de programas de saúde pública, cujos custos foram essencialmente assumidos por intermédio de serviços sociais de saúde que as unidades de trabalho geriam com seus próprios fundos.

Contudo, as transformações que a economia e a sociedade sofreram desde o início do processo das reformas e, sobretudo, o desenvolvimento da economia não pública obrigaram o regime a desmantelar as unidades de trabalho a partir da segunda metade dos anos 1990.

As empresas estatais encontravam cada vez maiores dificuldades para enfrentar a concorrência dos investidores do setor privado, que não tinham de financiar serviços sociais e administrativos.

Os moradores urbanos que trabalhavam fora do setor público não se beneficiavam, além disso, dos serviços e vantagens sociais dos seus colegas do setor estatal. A legitimidade do regime estava, portanto, sendo questionada, quer pelas dificuldades econômicas da indústria do Estado, quer pelo crescimento das desigualdades no acesso aos serviços sociais de base.

O processo de desmantelamento das unidades de trabalho foi longo e complexo. Teve início com o abandono da prática do emprego vitalício, a partir de 1996, quando começaram a aparecer os primeiros *xiagang*. Desse modo, foi o núcleo do sistema das unidades de trabalho que desapareceu: não foi possível organizar a aplicação das grandes políticas do Partido-Estado senão com estruturas estáveis e controláveis.

O sistema das unidades de trabalho pertence hoje à história, ainda que algumas organizações pareçam ter escapado, por enquanto, às grandes reformas lançadas em 1996.

As transformações foram consideráveis, não só para os próprios cidadãos mas também para as formas de intervenção do PC e as modalidades de ação do Estado.

Durante quase cinco décadas, o essencial das políticas no domínio social, na redistribuição dos recursos aos cidadãos e também no controle cotidiano dos indivíduos foi criado e aplicado em locais de trabalho, constituídos assim em unidades de trabalho.

O que as autoridades enfrentam hoje é, portanto, uma nova construção do Estado e das suas estruturas administrativas.

Atualmente, os moradores urbanos têm de se voltar, por seu lado, para novos e numerosos interlocutores.

Enquanto até agora os trabalhadores do setor público e suas famílias dependiam da empresa para a educação dos filhos, para o acesso à saúde ou para as férias, atualmente têm de lidar com organismos privados, administrações públicas e estruturas mistas.

As gerações que cresceram nas unidades de trabalho têm dificuldades efetivas em se adaptar às novas regras da sociedade.

Na verdade, a universalização do acesso aos serviços sociais não se realizou, mas a fronteira entre os beneficiários e os excluídos foi deslocada: já não se situa entre os trabalhadores do setor público e os do setor privado, mas entre os que possuem rendimentos suficientes e os que se encontram em situação econômica precária.

Essa reconfiguração dos privilégios e das exclusões é atualmente uma das características mais marcantes da sociedade chinesa.

Pierre Miège

➢ CONTROLE POLÍTICO E CENSURA, ESTRATIFICAÇÃO SOCIAL, PROTEÇÃO SOCIAL, QUARTEIRÃO (GABINETES DE), RESIDENTES (COMITÊS DE)

URBANISMO

O termo chinês *chengshi* (cidade) corresponde às duas principais funções antigas da cidade: a defesa (*cheng*, a muralha) e o comércio (*shi*, o mercado).

Revela que a cidade era o centro político e comercial do país, apesar de este ter uma população majoritariamente rural.

Muito cedo foram desenvolvidos projetos de urbanismo para ajudar os imperadores e os senhores feudais a utilizar as cidades como dispositivos de controle de seu território. As cidades eram planejadas antes de ser construídas.

Sua disposição, estritamente regulamentada pelo *Zhou li* ("Ritual dos Zhou"), caracterizava-se por uma orientação exata de norte para sul e formato de tabuleiro de xadrez, rodeada por uma muralha, formando um quadrado. As cidades eram hierarquizadas de acordo com sua população. Os moradores eram registrados e agrupados segundo sua classe social em quarteirões diferentes.

Não havendo uma verdadeira industrialização, a taxa de urbanização foi muito fraca até o início do século XX. As zonas rurais, diretamente controladas pelos proprietários fundiários, eram o centro da produção da economia nacional.

O termo "urbanismo" apareceu pela primeira vez na China em relação ao projeto da Grande Xangai, elaborado em 1930, durante o regime nacionalista. Nos anos 1930, os intelectuais formados no exterior, quando de volta à China, começaram a difundir teorias sobre o urbanismo moderno, entre as quais a de cidade-jardim, de E. Howard, e a cidade radiosa, de Le Corbusier.

No entanto, foi apenas em 1952 que a primeira formação especializada em urbanismo foi criada na Universidade Tongji, em Xangai.

Embora na China os conhecimentos sobre as cidades não estivessem muito atrasados, quando comparados com os dos países ocidentais, a urbanização foi por muito tempo dominada pela relação complexa entre o crescimento urbano e a produção agrícola.

Quando da proclamação da República Popular, em 1949, a China era ainda um país agrícola. A população urbana – 77,25 milhões de habitantes recenseados em 1954 – não representava senão 13,6% da população total.

Sob a influência ideológica soviética, que pretendia que a indústria estivesse na origem da cidade moderna, a nova China pôs em prática a primeira parte de seu crescimento urbano seguindo a via da industrialização planificada.

O I Plano Quinquenal, lançado em 1953 com o objetivo de estabelecer as bases de um vasto setor industrial à escala nacional, previa a criação de pequenas e médias cidades industriais no interior da China e o desenvolvimento de cidades-satélites industriais ao redor de grandes metrópoles.

Foi então inventado o sistema de registro de residência (*hukou*) para estabilizar a população nos seus territórios e assegurar assim um excelente controle nas relações entre as cidades e as zonas rurais.

A população nacional foi dividida em duas categorias, segundo a sua ocupação: população rural, dedicada às atividades agrícolas, e população urbana, para todas as atividades não agrícolas.

A caderneta de registro de residência urbana, gerida pela polícia municipal, permitia habitar na cidade correspondente, ser trabalhador nas empresas estatais ou coletivas, ter acesso à segurança social e aos bens respectivos e beneficiar-se dos serviços públicos urbanos.

Apesar de uma circulação das pessoas cada vez mais livre, o sistema de registro de residência continuava em vigor. As pessoas que residiam numa cidade sem dispor dessa caderneta eram consideradas "população flutuante".

O sucesso do I Plano Quinquenal suscitou um voluntarismo cego e conduziu à política do Grande Salto Adiante, lançada em 1958, que preconizava alcançar os países capitalistas industrializados, industrializando a China em cinco anos.

Essa orientação conduziu a um crescimento excessivo da população urbana e à perturbação do equilíbrio econômico entre os setores. Vários desastres naturais consecutivos entre 1959 e 1961 e a retirada dos especialistas soviéticos em 1960 agravaram a situação e colocaram a economia chinesa numa situação crítica. Essa crise suscitou hostilidade contra as cidades e o regresso à produção agrícola passou a ser o centro das preocupações da política nacional.

A construção e o ordenamento urbano não voltaram à agenda política senão com o fim da Revolução Cultural, em 1979.

Após as experiências de reforma econômica realizadas com êxito nos meios rurais, o decreto relativo à reforma nacional do sistema de economia, de 1984, colocou as cidades no centro da economia de mercado e decidiu aplicar também nelas a referida reforma.

A urbanização foi então relançada por duas medidas administrativas: a competência em matéria de urbanismo passou a ser, com algumas exceções, descentralizada ao nível dos governos municipais e foi adotado nas cidades um sistema de receitas fiscais previamente fixadas, com o governo central cobrando apenas esse montante sobre as receitas fiscais locais, ficando o restante à disposição dos governos municipais.

Com a autonomia reforçada e recursos e responsabilidade precisos, as cidades puderam passar a dialogar diretamente com o Estado e a se afirmarem como atores políticos de primeiro plano.

Nas duas últimas décadas decorreu a segunda fase importante de crescimento da urbanização na história da China contemporânea.

O número de cidades passou de 193 em 1978 para 633 no ano 2000. A população urbana somava 523,76 milhões em 2003, ou seja, 40,53% da população nacional. Há atualmente 37 metrópoles em que a população ultrapassa 1 milhão de habitantes.

Essa explosão urbana ficou assinalada notadamente pela formação de três grandes regiões metropolitanas, a saber, o delta do Yang-Tsé, o delta do rio das Pérolas e região Pequim-Tianjin-Tangshan, que são hoje os pilares da economia chinesa.

Em 1999, o Estado lançou um projeto de desenvolvimento do oeste da China. Está em curso de elaboração uma nova estratégia de urbanismo nacional.

Zhuo Jian

➢ ARQUITETURA, CIDADES, CIDADES E AS ZONAS RURAIS (AS), HABITAÇÃO, IMOBILIÁRIO (SETOR), MEGALÓPOLES, OESTE (PROJETO DE DESENVOLVIMENTO DO), PEQUIM, XANGAI

XANGAI

Xangai tem um lugar particular no destino contemporâneo da China.

A criação de concessões estrangeiras após o tratado de Nanquim, em 1842, e os seus alargamentos sucessivos até 1914 estão na origem de uma cidade dividida durante muito tempo em três setores: sob administração de uma elite urbana no interior da concessão internacional, sob a autoridade do cônsul na concessão francesa e sob a autoridade dos poderes locais chineses no sul e no norte.

Rapidamente essa cidade portuária situada na margem oeste do Huangpu, um afluente que se dirige diretamente para a embocadura do Yang-Tsé, foi dominada em seu centro por uma cidade moderna de imigrantes ocidentais. A grande maioria da população continuou, no entanto, a ser constituída por chineses desejosos de encontrar trabalho e de fugir às crises políticas e econômicas do final do império e, depois, da República.

A partir da segunda década do século XX, a cidade teve um surto de desenvolvimento de uma poderosa indústria leve e agroalimentar. Sob o impulso de dirigentes de empresas chinesas, Xangai se abriu às inovações tecnológicas e tornou-se um polo de crescimento econômico, comercial e financeiro. Seu porto assegurava então metade do comércio externo do país.

Xangai era, sobretudo, a metrópole que soube combinar as culturas ocidental e chinesa. Sua arquitetura, seus *lilong*, seus modos de trabalho e de vida, como, por exemplo, o lugar que reservava às mulheres, eram testemunho disso.

Uma sociedade de consumo e de lazer veio corresponder à formação progressiva de uma classe média que obedecia aos padrões das grandes cidades ocidentais. Primeiro polo de produção e de serviços do país, Xangai encarnava então a China moderna, capitalista e cosmopolita.

Tudo mudou em 1949, quando os comunistas puseram um fim brutal a esse desenvolvimento de uma China capaz de dar resposta ao desafio ocidental. Os laços com o exterior foram cortados, a economia urbana foi nacionalizada e planificada e a elite anterior fugiu para Hong Kong e Taiwan ou foi privada dos seus meios de ação. A cidade teve de suportar a ideologia oficial, hostil a qualquer influência estrangeira.

Após 1979, a China das reformas e da abertura ignorou Xangai numa primeira fase e privilegiou as províncias meridionais. Xangai continuou a ser um pilar econômico e social interior que o poder comunista decidiu colocar ao abrigo de uma aventura ainda incerta.

A cidade ficou privada de grande parte de seu orçamento em benefício do governo central. Apoiou sua orientação industrial, rodeando-se a perder de vista com subúrbios monótonos feitos de "muralhas" coletivas de cinco andares.

Contudo, após os acontecimentos de 1989 e uma breve fase de austeridade, as autoridades centrais lançaram o país na "economia socialista de mercado", em 1992. A China entrava, por sua vez, na globalização.

É Xangai que encarna essa mudança e se torna seu farol.

A cidade lucrou com a ascensão às mais altas responsabilidades do Estado de dois dos seus antigos presidentes da câmara, Jiang Zemin e Zhu Rongji, respectivamente, presidente da república e primeiro-ministro. Beneficiou-se também da vontade declarada pelo governo central de vir a retomar a iniciativa ante o desenvolvimento do sul do continente.

Ora, Xangai está, felizmente, situada no centro do litoral chinês e à saída do eixo leste-oeste do Yang-Tsé, que a construção da barragem das Três Gargantas deve valorizar.

Dotada de uma bolsa e de muitos serviços destinados às empresas, Xangai é exemplo também do lugar que as cidades encontraram no desenvolvimento chinês enquanto polos de crescimento, redistribuindo suas atividades industriais pela periferia e rearticulando redes urbanas e comerciais à escala regional e, com o tempo, à escala nacional.

A Xangai do século XXI acolhe corridas de Fórmula 1 e prepara uma exposição universal para 2010. Foi concebida uma nova casa de ópera pelo arquiteto francês Jean-Marie Charpentier. A renovação de Xangai ficou marcada sobretudo pelo lançamento da Nova Zona de Pudong, em 1990.

Longe de ser uma ruptura, a vitalidade da cidade é uma renovação. A nova Xangai, que destruiu seus *lilong* e expulsou grande parte da população para a periferia, insere-se numa linha de continuidade que remonta aos anos 1920.

A idade de ouro da cidade não deixa, aliás, de ser reabilitada em museus, exposições e publicações. É o mesmo entusiasmo que permeia também a moda e a criação com a abertura de lugares pós-modernos, como cafés em Xin Tiandi, um antigo *lilong* reabilitado.

Prolongando, por fim, sua vocação cosmopolita inicial, cada uma das cidades novas da periferia da cidade central de Xangai pretende atualmente afirmar uma arquitetura estrangeira diferente.

Xangai torna-se desse modo a janela de uma China moderna, que recupera a memória e a utiliza, bem no centro de seu desenvolvimento espetacular, para se impor no século XXI como uma das grandes metrópoles da globalização.

Thierry Sanjuan

➤ CIDADES, PÁTIOS, PUDONG, URBANISMO

XINJIANG

Os territórios que correspondem ao Xinjiang, a "nova fronteira" em chinês, foram assim designados após sua conquista pelos Qing, em meados do século XVIII.

Essa região desértica, cuja área corresponde a um sexto da República Popular, engloba ao sul a bacia do Tarim, ladeada pelos montes Altyn, Kunlun, Pamir e Tianshan, e ao norte pela bacia da Dzungaria, encerrada pela cordilheira Tian Shan e pelo Altai.

Acolhendo populações de dominância turcófona muçulmana, adquiriu autonomia formal, em 1955, devido à política comunista das nacionalidades, ficando com o nome de Região Autônoma dos Uigures do Xinjiang.

Em 2002, essa região autônoma tinha oficialmente 19 milhões de habitantes, sendo 45% uigures, 41% han, 7% cazaques, 5% hui e cerca de 1% mongóis e quirguizes, além de outras minorias em número menos expressivo.

Desde 1949, esse território da Ásia central, que durante muito tempo foi marginal, é objeto de uma integração cada vez maior. Registra, principalmente, uma imigração han maciça, canalizada em parte para as colônias semimilitares, dirigidas pelos poderosos Corpos de Produção e de Construção do Xinjiang.

Fazendo fronteira com a Mongólia, a Rússia, o Cazaquistão, o Quirguistão, o Tadjiquistão, o Afeganistão, o Paquistão e a Índia, esse território estratégico contém jazidas importantes de hidrocarbonetos (Karamay, bacia do Tarim).

Tendo sido beneficiado por investimentos importantes por parte do governo de Pequim e da aproximação entre a China e os seus vizinhos da Ásia central, o Xinjiang teve nestas últimas dezenas de anos uma taxa de crescimento superior ao resto do Grande Oeste chinês.

Apesar de haver grandes desigualdades entre os han e as minorias nacionais, a região autônoma está classificada em 12º lugar na China em termos de produto interno bruto por habitante.

Essa região, que teve duas independências efêmeras no século passado com o nome de República do Turquestão Oriental (1933-1934 e 1944-1949), foi recentemente agitada por perturbações separatistas de fraca intensidade.

As autoridades chinesas responderam à subida de tom das reivindicações anticolonialistas e separatistas, sancionando severamente qualquer expressão política, religiosa ou cultural subversiva, prosseguindo sua política de colonização demográfica e de investimento e promovendo o uso do mandarim no sistema escolar.

Rémy Castets

➤ ISLÃ, NACIONALIDADE, OESTE (PROJETO DE DESENVOLVIMENTO DO), UIGURES

YANG-TSÉ

O Yang-Tsé é o terceiro rio mais comprido do mundo, com 6.300 quilômetros, e o seu débito médio é de 22.000 m^3/s. Atravessa a China de oeste para leste, desde as montanhas Kunkun, ao norte do planalto tibetano, até as margens do mar da China Oriental. Tem 3.600 afluentes. Em sua embocadura, o débito anual é de cerca de 980 bilhões de metros cúbicos.

Linha de demarcação entre as terras organizadas que vêm desde a planície do norte e as diversas periferias meridionais do país, é antes de mais nada uma artéria ao longo da qual se concentraram e se alinharam centros de povoamento constitutivos do mundo chinês: a bacia do Sichuan – os antigos países de Shu e de Ba –, os regimes dos lagos – Dongting e Poyang –, o delta do Yang-Tsé e, sobretudo, sua parte sul, o Jiangnan.

Esse conjunto regional do Yang-Tsé ocupa um lugar central no dispositivo territorial da China: representa, com efeito, 1,5 milhão de quilômetros quadrados, ou seja, 15% do território chinês, e concentrava 38% da população chinesa, bem como 39% do produto interno bruto do país em 2004.

A linearidade levanta, contudo, a questão da organização espacial e da unidade regional a que dá origem. Há só uma região do Yang-Tsé? As supostas solidariedades entre as sub-regiões atravessadas, as que existem entre as cidades multimilionárias de Chengdu, Chongqing, Wuhan, Nanquim e Xangai, e entre as economias locais ligadas pelo rio são entravadas pelas distâncias e pela influência de centralidades exteriores, como Pequim. O Yang-Tsé é, de fato, um laço entre segmentos regionais abandonados aos localismos e a lógicas transversais ao rio.

Além da regularização do débito do Yang-Tsé e da produção de eletricidade, o interesse da construção da barragem das Três Gargantas consiste em renovar essa configuração como uma integração tornada possível pela melhoria da navegabilidade fluvial e pelo acesso às terras interiores a partir do litoral.

A ligação mais fácil entre Chongqing e Xangai irá reforçar o papel integrador do rio como transversal essencial do território chinês. A barragem das Três Gargantas é, sobretudo, um instrumento de ordenamento do território e é completado pelo projeto de desenvolvimento do oeste e pelo projeto, a jusante, da transferência de uma parte da água do Yang-Tsé para a planície do norte.

Essa vontade do Estado chinês de construir um corredor de desenvolvimento perpendicular ao litoral está a serviço de uma multiplicidade de desafios, que, portanto, relevam do ordenamento do território, do desenvolvimento econômico e da geopolítica.

A criação de uma região do Yang-Tsé não pode deixar de beneficiar a primazia de Xangai, atualmente ainda relativa, mas, mais ainda, a integração de um território mais desigual desde há 20 anos, devido à concentração do surto de crescimento econômico no litoral. Esse desenvolvimento regional é, finalmente, uma resposta às hipóteses muitas vezes antecipada sobre uma possível e até iminente implosão da China.

Thierry Sanjuan

➤ ÁGUA, DISPARIDADES REGIONAIS, HIDRÁULICA, OESTE (PROJETO DE DESENVOLVIMENTO DO), TRÊS GARGANTAS (BARRAGEM DAS)

YAO

Os yao da China, que são mais de 2,5 milhões, habitam as províncias meridionais de Guangdong, Guizhou, Hunan, Yunnan, Jiangxi e, sobretudo, Guangxi, que representa, por si só, dois terços dessa nacionalidade. Estão igualmente presentes no Vietnã, no Laos e na Tailândia.

Agricultores montanheses, os yao cultivam principalmente o arroz em terraços irrigados e, em terras de queimada, o milho, o milho-miúdo, a mandioca e o centeio em certas zonas cársicas pouco favoráveis à agricultura.

A organização social é de tipo segmentar, patrilinear e patrilocal, sendo o grupo de linhagem, constituído em torno de uma casa original, a unidade de referência.

Os yao formam uma sociedade acéfala, igualitária, em que as aldeias constituem unidades políticas autônomas. Sua religião associa o taoísmo da tradição de Meishan e o culto dos antepassados.

Sua diversidade linguística e cultura muito grande intrigou durante muito tempo os especialistas. A atualização da "Carta do rei Ping", documento antigo que isenta perpetuamente seus possuidores de taxas e corveias, sugere que a "etnia" – que é mencionada pela primeira vez na época dos Tang (618-907) com a designação Mo Yao, "não sujeitos a corveia" – teria se constituído por agregação de populações heterogêneas com base em um privilégio fiscal partilhado.

Pascal Bouchery

> NACIONALIDADES

YUAN

O yuan ou *renminbi*, a "moeda do povo", é a moeda da República Popular da China.

A emissão e a circulação do yuan e a política de câmbios são da competência do banco central, o Banco Popular da China, que desempenha essas funções sob o controle do governo.

Até o início dos anos 1980, a taxa de câmbio do yuan era fixada administrativamente pelas autoridades. Contudo, essa taxa não tinha nenhum papel nas decisões de exportar ou importar, que eram planificadas.

Desde 1981, o regime de câmbios evoluiu para responder aos imperativos da política de abertura econômica (aumento das exportações e do investimento estrangeiro).

Entre 1981 e 1994, funcionou um regime duplo de câmbios que fazia coexistir uma taxa de câmbios oficial administrada e taxas de conversão cujo objetivo era garantir a rentabilidade das exportações.

Em janeiro de 1994, foi instituída uma taxa de câmbio única (8,28 yuans por dólar americano).

Em abril de 1996, foi instituída a convertibilidade da moeda para as operações comerciais. As empresas que tivessem um contrato de importação podiam obter no mercado de câmbios, sem autorização prévia, as divisas necessárias para o pagamento da operação.

A convertibilidade existia também para as outras operações correntes, como o repatriamento dos lucros das empresas estrangeiras na China.

Mas a convertibilidade não se aplica às operações de capital. É necessário obter uma autorização para as operações de concessão ou obtenção de empréstimos no exterior, e também para investimentos no exterior.

De 1994 a julho de 2005, a taxa de câmbio permaneceu fixa em relação ao dólar, com uma margem de flutuação muito estreita (mais ou menos 0,2%). O Banco Popular da China interveio no mercado para manter a estabilidade dos câmbios.

Durante a crise financeira asiática de 1997-1998, que levou à desvalorização da maioria das moedas asiáticas, a China resistiu às pressões especulativas que foram exercidas para que houvesse desvalorização do yuan.

A partir de 2003, a desvalorização do dólar em relação à maioria das moedas (notadamente o euro) arrastou a desvalorização do yuan e fez aumentar as pressões internacionais a favor da revalorização da moeda chinesa. O Banco Popular da China interveio no mercado de câmbios para impedir tal revalorização.

No dia 21 de julho de 2005, as autoridades chinesas introduziram uma reforma no regime de câmbios. Por um lado, revalorizaram o yuan em 2% (8,11 yuans por dólar), por outro, decidiram fixar sua taxa de câmbio em relação a um cabaz de moedas, e não mais tendo por referência apenas o dólar, o que deveria atenuar as flutuações da taxa de câmbio ante as diferentes moedas estrangeiras.

Essa reforma foi um pequeno passo em direção à flexibilização da política de câmbio, que continua a ser o objetivo de longo prazo das autoridades chinesas. Ficou longe da grande revalorização que algumas vozes reclamavam, principalmente nos Estados Unidos, que acusaram a China de se beneficiar de uma competitividade induzida nos mercados mundiais graças a um yuan subavaliado.

Françoise Lemoine

➢ BALANÇA DE PAGAMENTOS, BANCA, COMÉRCIO EXTERNO, CRISE ASIÁTICA (A CHINA E A)

ZHAO ZIYANG

Nascido em 1919 de uma família de proprietários fundiários de Henan, Zhao Ziyang aderiu ao Partido Comunista (PC) em 1938, durante a guerra sino-japonesa.

Até 1949, ocupou diferentes funções na administração de sua província natal, antes de ser nomeado sucessivamente para Guangdong em 1950, Mongólia interior em 1971, de novo para Guangdong em 1972 e depois para Sichuan em 1975, encarregado, sobretudo, das questões agrárias.

Nesta última província, a mais povoada da China, conseguiu inverter de maneira significativa a situação econômica.

No início da Revolução Cultural, sua carreira foi brutalmente interrompida entre 1967 e 1971, data de sua reabilitação.

O regresso de Deng Xiaoping ao poder, no verão de 1977, significou para Zhao Ziyang uma rápida ascensão política. Nomeado vice-primeiro-ministro encarregado dos assuntos econômicos, em abril de 1980, sucedeu alguns meses mais tarde a Hua Guofeng no cargo de primeiro-ministro.

Os anos 1980 foram uma década decisiva na carreira do reformista Zhao Ziyang. Desempenhou um papel importante ao lado de Deng Xiaoping na política de modernização econômica e procurou uma abertura prudente do sistema político, à qual os conservadores do PC saberiam pôr fim.

Designado para secretário-geral do PC, em 1987, após a destituição de Hu Yaobang, Zhao Ziyang abandonou a função de primeiro-ministro ao conservador Li Peng.

A degradação da situação econômica durante o ano de 1988 impôs uma política de austeridade que avivou as tensões sociais. Zhao Ziyang não conseguiu retomar o controle da economia e viu-se, pouco a pouco, marginalizado perante os dirigentes conservadores do PC.

O ano de 1989 marca o fim da carreira política de Zhao Ziyang. As "perturbações contrarrevolucionárias" provocadas pelo movimento estudantil ao qual o secretário-geral do PC testemunhou sua simpatia levaram a sua deposição.

Acusado de "falta política grave", Zhao Ziyang abandonou suas funções e ficou em residência vigiada. Quando morreu, em janeiro de 2005, a direção do PC recusou reavaliar o papel desempenhado durante os acontecimentos de 1989 pelo líder caído em desgraça.

Françoise Kreissler

➢ PARTIDO COMUNISTA, 4 DE JUNHO DE 1989 (ACONTECIMENTOS DE), REFORMAS E ABERTURA, REPÚBLICA POPULAR

ZHOU ENLAI

Zhou Enlai, nascido em 1898 e falecido em 1976, participou da fundação do ramo europeu do Partido Comunista (PC) chinês, em 1922, em Paris, e depois pertenceu sem interrupção à direção do PC de 1927 até 1976.

Primeiro-ministro de 1949 até sua morte e ministro dos Negócios Estrangeiros até 1958, Zhou não inspirou, contudo, nem a política externa, apesar de seus reconhecidos talentos de diplomata, nem a política interna da China Popular.

Contentou-se em administrar sob a férula de Mao Tsé-tung, raramente se permitindo qualquer desvio. Um deles, a oposição ao "primeiro Salto", de 1956, valeu-lhe acerbas críticas de Mao Tsé-tung, em 1958.

Mais tarde, seu alinhamento com a facção maoísta durante a Revolução Cultural não o impediu de se tornar alvo da campanha anticonfucionista, desencadeada em 1973.

A colaboração de um presidente fantasista e autoritário obrigou frequentemente esse primeiro-ministro acomodatício a vergar a coluna. Sempre ativo, Zhou Enlai foi o indispensável segundo, nada mais, exceto em ocasiões muito raras.

Durante a Revolução Cultural, manteve como pôde a atividade governativa e ajudou o Exército a conter a anarquia.

No fim da vida lançou o *slogan* das quatro modernizações, retomado por Deng Xiaoping após a revolução chinesa ter ficado livre de seu pai fundador.

Lucien Bianco

➤ MAO TSÉ-TUNG, PARTIDO COMUNISTA, QUATRO MODERNIZAÇÕES (AS), REPÚBLICA POPULAR, REVOLUÇÃO CULTURAL

ZHU RONGJI

Nascido em Changsha, Hunan, em 1º de outubro de 1928, membro do Partido Comunista (PC) desde outubro de 1949, e diplomado em engenharia elétrica pela Universidade Qinghua, em 1951, Zhu Rongji foi primeiro-ministro entre março de 1998 e março de 2003.

Após ter sido primeiro-ministro da Comissão de Estado da Economia, entre 1983 e 1987, aquele de quem Deng Xiaoping dizia que "tinha as suas próprias ideias, ousava tomar decisões e tinha competência em economia", foi presidente da Câmara de Xangai em 1987. Ali se fez notar pela sua energia na modernização das infraestruturas da cidade (telecomunicações e rede de transportes) e na criação do Pudong, um distrito vasto, escolhido para se tornar o modelo da alta tecnologia e das finanças.

Vice-primeiro-ministro encarregado da economia, a partir de 1993, foi também dirigente do Banco Popular da China.

Chamado o "czar da economia" pelos observadores ocidentais e de arquiteto da transição chinesa após o desaparecimento de Deng Xiaoping, Zhu Rongji ficou associado ao grande crescimento dos anos 1990 e à tentativa de criação de um sistema de proteção social, exigido pela reestruturação das empresas estatais.

Foi também apreciado pelo seu papel durante a crise financeira asiática e por ter negociado a entrada da China na Organização Mundial do Comércio, em dezembro de 2001.

Oscilando entre a imperiosa necessidade da transição para a economia de mercado e o fascínio por um governo autoritário, Zhu Rongj quis ser o "primeiro-ministro do povo" e adotou posições inflexíveis sobre a corrupção, o que não impediu que seus filhos, financistas hábeis, obtivessem contratos lucrativos.

Foi durante o seu ministério que estourou o escândalo do contrabando em Xiamen, em que estava implicada toda a organização local do PC.

Sua estratégia reformadora foi, no entanto, questionada pela nova direção chinesa, a partir de 2003.

Embora Zhou continue a ser popular no exterior, seu prestígio já não é tão elevado na China desde o fim de seu mandato. É criticado, sobretudo, por ter permitido o descontrole dos empréstimos não produtivos, que paralisaram o sistema bancário; por ter financiado o crescimento graças a déficits orçamentais recordes e por ter aprovado projetos de infraestrutura e programas de criação de emprego cuja viabilidade a longo prazo está sujeita a caução.

Entre as queixas, figura igualmente a pouca atenção concedida aos problemas dos camponeses pobres das regiões centrais e ocidentais, tendo sido privilegiados pelas suas medidas econômicas os residentes urbanos da faixa costeira.

Desaprovando implicitamente a política de Zhu Rongji, Wen Jiaobao (nascido em 1942), que era, no entanto, seu protegido, ficou preocupado com as disparidades sociais crescentes e dedicou-se, a partir de 2005, a promover a ideia de uma "sociedade harmoniosa".

François Gipouloux

> MERCADO (TRANSIÇÃO PARA A ECONOMIA DE), ORGANIZAÇÃO MUNDIAL DO COMÉRCIO (A CHINA E A), PUDONG, XANGAI

ZHUANG

Com uma população de mais de 16 milhões de indivíduos, os zhuang, repartidos principalmente pelo oeste da Região Autônoma de Guangxi, junto à fronteira sino-vietnamita, pelo Yunnan e pelo noroeste de Guangdong, são a nacionalidade minoritária mais numerosa.

Produto da política das nacionalidades, aplicada desde os anos 1950, a "nacionalidade zhuang" reúne no mesmo conjunto étnico oficial a maioria das populações de língua tai de Guangxi (butu, buzhuang, buyue, buyi, bunong, buban, budai etc.).

Em março de 1958, a criação da Região Autônoma Zhuang de Guangxi alargou a área de autonomia administrativa dos zhuang, primeiramente circunscrita a uma prefeitura autônoma na parte ocidental, ao conjunto desta província, cuja metade oriental, adjacente a Guangdong, tinha uma população de maioria han, principalmente de línguas cantonesa e hakka.

A região autônoma tem atualmente 12 nacionalidades: 62% de han, 34% de zhuang, cerca de 2,5% de yao e cerca de 1% de miao. O resto da população reparte-se por minorias com menor expressão (dong, mulao, maonan, hui, jing, yi, shui e gelao).

A representação oficial dos zhuang, considerados como "autóctones de Guangxi", em relação aos han, de origem alógena, e a outras minorias (muçulmanos hui, jing vietnamitas, miao e yi) esforça-se por dar uma imagem unificada dessa nacionalidade, com a seleção de práticas e de atributos culturais que sirvam de marcadores comuns de identidade, como o dialeto de wuming, elevado a língua padrão.

Essa representação não escapa ao processo de folclorização que tende a fixar as culturas das populações minoritárias num quadro estreito de tradições imutáveis.

Os zhuang evocam inevitavelmente práticas dos cantos alternados, as habitações sobre estacas, que tendem a desaparecer, substituídas pelas habitações no solo dos han, e a "festa do terceiro dia do terceiro mês".

A intensificação das disparidades econômicas entre o oeste e o leste de Guangxi, principalmente devido ao impacto da estratégia de desenvolvimento do final dos anos 1980, que favoreceu as planícies orientais e costeiras han, fomentou a unidade política dos zhuang.

Instrumentalizada com objetivos econômicos, a nacionalidade foi mobilizada para uma maior autonomia administrativa, suscetível de apoiar o desenvolvimento econômico das regiões interiores.

Apesar dos esforços das elites intelectuais, nos anos 1990, para a promoção da cultura zhuang, a integração econômica e política dessa nacionalidade minoritária na nação chinesa cimenta, igualmente, a integração cultural dos zhuang na China dos han.

Apesar do número significativo de publicações em língua zhuang (mais de 120 títulos publicados entre 1984 e 1989), essa língua local não tem nenhuma utilidade em um desenvolvimento econômico que se apoia, sobretudo, na educação em mandarim e na utilização de um dialeto han (mandarim e cantonês). Tem, atualmente, o valor de símbolo de identidade da nacionalidade zhuang.

Béatrice David

> DAI, HAN, MIAO, NACIONALIDADES, REGIÕES FRONTEIRIÇAS, YAO

ZONAS ECONÔMICAS ESPECIAIS

Foram criadas quatro zonas econômicas especiais no Sul da China, em 1980: Shenzhen, Zhuhai e Shantou, na província de Guangdong, e Xiamen, na de Fujian. Foi acrescentada uma quinta com Hainan, em 1988.

O Estado pretendeu fazer dessas zonas, mais do que outro espaço costeiro, os lugares simbólicos da abertura chinesa.

Contudo, a ambiguidade, tanto de sua função política como da econômica, fragilizou-as. A própria origem da ideia de "zona econômica especial" permanece vaga.

Uma primeira explicação fala da vontade de Wu Nansheng, secretário do Partido Comunista da província de Guangdong, de criar em Shantou uma zona franca similar às de Taiwan. Outros invocam Ye Fei, então ministro dos Transportes, que teria pretendido encorajar o ramo de Hong Kong da companhia de navegação China Merchants a instalar-se em Zhekou.

A interpretação mais corrente sublinha a contiguidade dessas zonas com os os territórios reinvindicados pelo regime de Pequim: Hong Kong, Macau e Taiwan.

As zonas econômicas especiais deveriam fazer frente a seus vizinhos capitalistas, graças à atração dos capitais estrangeiros e das tecnologias avançadas, mostrar a capacidade da China comunista de se inserir no sistema da economia mundial e, finalmente, dar segurança às populações chinesas dos territórios convidados a regressar à China.

De fato, as zonas econômicas especiais foram antes de mais nada laboratórios das reformas circunscritas a territórios limitados e dispostos ao longo da costa meridional, nas províncias tradicionalmente abertas ao exterior e suficientemente periféricas para não colocarem em dúvida o próprio país.

Clãs ideológicos opostos no seio do Partido Comunista lutaram constantemente a favor e contra o prosseguimento dessa experiência. Em 1992, Deng Xiaoping visitou Zhenzen e reafirmou o seu papel piloto na política de reformas e de abertura.

Lugares de experiências, as zonas econômicas especiais se tornaram efetivamente canais privilegiados de comunicação entre a China e a economia mundial.

Nos anos 1990, perderam sua condição de exceção e passaram a se integrar nas lógicas regionais. Integraram-se a seus anteriores mentores capitalistas, em função de sua complementaridade econômica e urbana.

Assim, muitos são os originários de Hong Kong que residem hoje em Shenzhen e vão trabalhar todos os dias na região de administração especial de Hong Kong.

Thierry Sanjuan

➢ ABERTURA (LUGARES DE), HONG KONG, MACAU, REFORMAS E ABERTURA, TAIWAN

ÍNDICE REMISSIVO

A

A Cheng, 427
abertura, 9, 18, 21, 37, 59, 60, 106, 119, 125, 135, 309, 404
acupuntura (*zhenjiu*), 23
adivinhação, 24
administração territorial, 26
adoção, 28
advogado, 30
Afeganistão, 176, 230, 269, 488
África, 31
Agência Xinhua, 266
agricultura, 32
água (*shui*), 34
águas territoriais, 36
Aids, 39
Air China, 471
Airbus, 479
Álcool (*jiu*), 41
aldeões (comitês de)(*cunnin weiyuanhui*), 43
aldeias administrativas (*xingzhengcun*), 41
alimentação, 44
alimentar (*yang*), 205
almanaque (*lishu*), 46
ambiente, 47
América Latina, 49
analfabetismo, 51
Anhui, 44, 64, 103, 168, 170, 257
Ano-Novo (ou Festa da Primavera), 52
antepassados (culto dos), 53
Antropologia (*renleixue*), 55
Anyang, 59
armas, 67, 143, 213, 229, 329, 353, 431, 478
arqueologia, 58
arquitetura, 61
arroz, 63
arrozais, 64
arte contemporânea, 65
artes marciais (*wushu*), 67
Asean (Associação das Nações do Sudeste Asiático), 15, 38, 64, 443
Ásia central, 68
Assembleia Nacional Popular, 70
assembleia popular, 183, 202, 240
aumento da longevidade (*yangsheng*), 304
automobilístico (setor), 72
autossuficiência, 32, 100, 121, 270, 371, 401
avaliação (*kaohe*), 396

B

baihua ☞ estilo vernáculo
baijiu (vinho branco), 41
bairro (*shiqu*), 27
balança de pagamentos, 74
bancos, 75
Banco da China, 75, 77, 139
bandeiras (*qi*), 295, 315
Bando dos Quatro, 153, 422
baochan daohu ☞ contrato de produção com uma família
baochan daozu ☞ contrato de produção com um grupo
baogan daohu ☞ contrato de exploração com uma família
barragem das Três Gargantas, 11, 27, 35, 49, 252, 472
Beifa ☞ Expedição do Norte

beifang guanhua ☞ mandarim
Beihai, 22
benke (curso universitário longo), 181
bicicleta, 77
blog, 78
Bohai (golfo de), 22, 37, 243
bolsa, 79
budismo, 81
Bund, 201, 392
burocracia, 82

C

cai (prato), 99
calamidades naturais, 85
calendário agrário lunissolar (*nongli*), 223
caligrafia (*shufa*), 86
campo de reabilitação pelo trabalho (*laodong gaizao ou laogai*), 167, 383
campo de reeducação pelo trabalho (*laodong jiaoyang ou laojiao*), 89
camponeses, 87
Cantão, 91, 110, 124, 169, 267, 308, 372, 424
cantão (*xiang*), 27, 160
cantonês (dialeto) (*yue*), 91
cantoneses, 91
caraoquê, 287, 380
Carrefour, 173
carvão, 93
casamento, 94
casas muradas de pátio quadrado (*siheyuan*), 429
catolicismo, 95
cazaques, 68, 278, 381, 408, 487
Cazaquistão, 68, 230, 488
CCTV (China Central Television, *Zhongguo zhongyang dianshitai*), 266, 455
Cem Flores, 96
cemitério, 102
censura, 78, 97, 116, 132
centros comerciais, 97
cereais, 99
cerimônias fúnebres, 101
chá, 103

Changchun, 333, 408
changjia ☞ licenças (prolongadas)
Changjiang ☞ Yang-Tsé
Chaozhou, 22, 106, 406
Chen Kaige, 117, 133
Chen Shui-bian, 326, 423
Chen Yun, 404
chengshi ☞ cidade
Chiang Ching-kuo, 423, 448
Chiang Kai-shek, 103
China Mobile, 335
China National Petroleum Corporation, 339, 371
China Resources, 246
China Unicom, 335, 339
Chinatowns, 105
chineses do exterior (*huaqiao*), 106
Chongqing, 27, 104, 109, 168, 202, 338, 472, 489
chongyang ☞ festa dos mortos (em outubro)
chunjie ☞ Festa da Primavera (ou Ano-Novo)
Cidade Proibida, 108
Cidades, 109
Cidades e as zonas rurais, 111
ciências e técnicas, 113
cinema, 115
circulação urbana, 117
CITIC (China International Trust and Investment Corporation), 246
civilização, 44, 47, 60, 126, 145, 202, 205, 218, 229, 243, 251
clã patronímico (*xing*), 288
classe média, 9, 73, 129, 173, 212, 485
código civil (*minfadian*), 162
Coloane, 294
comércio, 10, 21, 32, 50, 59, 70, 88, 103, 105, 121, 172, 211, 232, 237, 269, 276
comércio exterior, 118
comércio interno, 32,
comércio interprovincial, 121
Comissão Militar Central, 150, 206, 258, 282, 359
Comitê Central, 116, 132, 240, 282, 360, 401, 404, 421
compatriota (*tongbao*), 220, 320
comunas populares (*renmin gongshe*), 122
comunismo, 123

concorrência, 32, 38, 65, 73, 77, 80, 82, 99, 114, 121, 139, 178, 189, 245, 267, 291, 331, 340, 385, 403, 470
Conferência Consultiva Política do Povo Chinês, 361
confucionismo, 125
Conselho de Segurança, 31, 330, 345, 447, 458
Conselho dos Assuntos de Estado (*guowuyuan*), 239
constituição (*xianfa*), 127
consumo, 129
contestação, 130,
contrato de exploração com uma família (*baogan daohu*), 156
contrato de produção com um grupo (*baochan daozu*), 156
contrato de produção com uma família (*baochan daohu*), 156
contrato integral (*da baogan*), 156
controle de câmbios, 144
controle político e censura, 132
cooperativas rurais de crédito (*nongcun xinyong hezuoshe*), 133
Coreia do Norte, 135
Coreia do Sul, 38, 120, 126, 135, 143, 217, 224, 245, 335, 375
cores, 137
corrupção, 138
crédito, 75, 133, 174, 186, 191, 343, 466
crescimento, 140
crianças não registradas (*hei haizi*), 226
criminalidade, 141
crise asiática, 143
cristianismo, 95, 146, 444, 462
Cuba, 49
culto, 14, 53, 124, 205, 217, 288, 299, 300, 311, 355, 367, 417, 491
cultura, 145
cunmin weiyuanhui ☞ aldeões (comitês de)

D

da baogan ☞ contrato integral
Dai, 147

dalai-lama, 152, 315, 463, 465
Dalian, 22, 169, 333, 372
dança popular, 148
danwei ☞ unidade de trabalho
dazibao, *382*
defesa, 149
democracia e movimento democrático, 151
Deng Xiaoping, 152
descentralização, 154
descolectivização, 155
desemprego (*shiye*), 157
desigualdade de rendimentos, 158
destino (cálculo do) (*suanming*), 24
DFM (Dongfen Motor Corp), 72
dialeto, 160
diáspora, 22, 105, 249, 256, 297, 311, 320, 424, 429, 444, 457, 476
difang zhengfu ☞ governo local
dijishi (municipalidade ao nível da prefeitura), 27
direito, 161
direito de propriedade, 163
direito do trabalho, 165
direitos aduaneiros, 33, 347
direitos humanos, 166
disparidades regionais, 168
dissidentes (*yiyi fenzi*), 170
distribuição, 172
distrito (*xian*), 27
dívida externa, 74, 144
divisas, 74, 80, 208, 492
divórcio, 173
dizhu ☞ proprietário fundiário
droga, 175
duanwujie ☞ festa de meados do verão

E

economia de mercado, 9, 24, 27, 80, 98, 113, 125, 189, 193, 227, 233, 267, 309, 358, 385, 389, 403, 423, 441, 479, 484, 495
economia socialista de mercado, 177
editorial (setor), 178
educação, 180

eleições, 182
elites, 183
Emei, 67, 367
emigrante, 175
emprego, 185
empresas coletivas, 187
empresas de capital estrangeiro, 187
empresas estatais, 189
empresas individuais (*getihu*), 191
empresas privadas, 190
empresas rurais ou empresas de vilas e cantões (*xiangzhen qiye, township village interprises*), 192
energia e recursos naturais, 194
epidemias, 195,
escrita, 197
escultura, 61, 460
espaço (conquista do), 199
espaços públicos, 201
esportes, 203
Estado, 205
Estado de direito socialista, 128, 155, 161, 177, 282, 405
Estados Unidos, 206
estatísticas, 208
estilo vernáculo (*baihua*), 297
estratificação social, 210
etnia, 295, 324, 461, 491
etnologia (*minzuxue*), 56
Europa, 37, 45, 51, 62, 66, 73, 98, 107, 120, 146, 164, 228, 309, 313, 321, 339, 375, 406, 411, 434, 463, 478
exame (*kaoshi*), 396
exército, 212
Exército Popular de Libertação, 326, 359
Expedição do Norte (*Beifa*), 104, 160
exposição universal, 109, 265, 486

fan (cereais cozidos), 99
farmacopeia, 221
fatong (unidade do sistema das leis), 127
fauna, 222
FAW (First Auto Works), 72
Federação Panchinesa das Mulheres, 318, 350
Federação Panchinesa dos Sindicatos, 165, 350
Fei Xiaotong, 56, 441
feng shui ☞ geomancia
festa da primavera (*chunjie* ou Ano-Novo), 52, 223, 286
festa das lanternas, 44
festa de meados do verão (*duanwujie*), 224
festa do trabalho, 286, 459
festa dos mortos (em outubro) ☞ *chongyang*
festa nacional, 53, 167, 223, 286, 459
festas sazonais, 223
filho único, 225
Filipinas, 64, 107, 143, 406
fiscalidade, 227
flora, 228
Fórmula 1, 486
França, 229
fronteiras, 230
Fujian, 21, 26, 45, 55, 65, 103, 106, 142, 160, 168, 248, 298, 312, 320, 335, 405, 446, 498
funcionários, 30, 82, 108, 134, 148, 163, 183, 211, 225, 240, 253, 278, 296, 383, 395, 433, 464
fundador (*shizu*), 54
fundiário (setor), 232
fuqiang ☞ rico e poderoso
Fuzhou, 22, 320, 406

F

face (*mianzi*), 215
falsificação, 216
falungong, 218
família, 219

G

Gabinetes das Cartas e Visitas (*xinfang bangongshi*), 235
gaige yu kaifang ☞ reformas e abertura
ganbu ☞ quadro

Gansu, 90, 168, 170, 176, 200, 243, 338, 463
Gao Xingjian, 133, 429, 453
gastronomia, 237
Geely, 72
General Motors, 72
geomancia (*feng shui*), 238
geti jingji zuzhi (organização individual privada), 165
getihu ☞ empresas individuais
ginseng, 41, 307
gongde (serviços meritórios), 101
Gorbachev, Mikhail, 151, 398, 430
governo, 239
governo local (*difang zhengfu*), 240
gramática, 241
Grande Canal, 251
Grande Muralha, 242
Grande Salto Adiante, 243
grandes grupos, 245
gripe aviária, 474
Guangdong, 21, 64, 91, 106, 131, 142, 160, 168, 248, 256, 270, 282, 312, 335, 405, 424, 444, 474, 490, 493, 496, 498
Guangxi, 22, 27, 56, 91, 160, 168, 311, 325, 407, 490, 496
guanhua ☞ mandarim
guanxi ☞ relações interpessoais
guanxi wang ☞ redes de relações
guardas vermelhos (*hongweibing*), 421
Guerra da Coreia, 135, 206
Guerra do Golfo, 149, 213
Guerra Fria, 104, 206, 208, 229, 256, 345, 446
guerras do ópio, 175, 311
Guizhou, 159, 168, 170, 193, 275, 292, 297, 299, 311, 338, 490
Guowuyuan ☞ Conselho dos Assuntos do Estado
Guoyu ☞ língua nacional

H

habitação, 247
hackers (*heike*), 275
Haier, 246, 335

Hainan, 22, 27, 37, 106, 160, 168, 406, 498
hakka (*kejia*), 248
han, 249
Han Shaogong, 427
Harbin, 333, 377, 389, 408
Hebei, 22, 85, 168, 367, 411
hei haizi ☞ crianças não registradas
heike ☞ hackers
Heilogjiang, 270
Henan, 39, 59, 67, 122, 168, 196, 258, 274, 292, 370, 493
heping tongyi ☞ reunificação pacífica
hidráulica, 251
high-tech ☞ novas tecnologias
história, 253
Ho, Edmundo, 294
Ho, Stanley, 295
Hokkien, 106, 161, 321
homossexualidade, 254
Hong Kong, 255
hongweibing ☞ guardas vermelhos
Hu Jintao, 257
Hu Yaobang, 360, 398, 404, 419, 493
Hua Guofeng, 153, 401, 404, 493
Huanghe ☞ rio Amarelo
huangjin zhou ☞ semanas de ouro
huangjiu ☞ vinho amarelo
Huangpu, 392, 485
huaqiao ☞ Chineses do exterior
Huaren (Chineses), 250, 296
Huawei, 335, 369
Hubei, 60, 103, 168, 292, 335, 344
hui, 258
hukou ☞ registro de residência
Hunan, 45, 60, 64, 103, 160, 168, 298, 304, 311, 456, 490, 495
hutong ☞ ruelas

I

I Ching (*Yijing*), 26
IBM, 246, 335, 339, 393
ideologia, 260
imigração han, 315, 488
imigrantes, 261

imobiliário (setor), 264
impostos ☞ fiscalidade
imprensa, 266
Índia, 268
Indonésia, 107, 143, 311, 406, 443
indústria e política de industrialização, 269
informalidade, 271
infraestruturas, 265, 273, 334, 338, 342, 370, 371, 496
internet, 274
investimento direto estrangeiro, 276
investimentos, 15, 31, 74, 76, 100, 105, 110, 141, 160, 164, 188, 227, 232, 244, 265, 276, 312, 320, 338, 342, 346, 358, 369, 371, 405, 408, 411, 424, 471, 474, 479, 488, 492
Irã, 330, 353
irrigação, 32, 35, 48, 99, 251
Islamismo, 278

J

Jao (civilizar), 205
Japão, 280
jardim (*yuanlin*), 357
jardim público (*gongyuan*), 358
jesuítas, 95, 113, 304
Jia Pingwa, 428
Jia Zhangke, 117, 133
Jiang Jieshi ☞ Chiang Kai-shek
Jiang Zemin, 281
Jiangsu, 11, 22, 60, 64, 160, 168, 193, 281, 335, 474
Jiangxi, 60, 124, 160, 168, 170, 248, 292, 298, 359, 490
jiedao ☞ quarteirão
jiefang ☞ libertação
Jilin, 27, 106, 135, 168, 218, 332, 377, 407
Jing Yong, 429
jiu ☞ álcool
jiujue (pedido de resolução), 237
jogo, 283
Jogos Olímpicos, 283
jovens instruídos, 282, 427
jumin weiyuanhui ☞ residentes (comitês de)
justiça, 284

K

Kang Youwei, 93, 113, 128
kaohe (avaliação), 396
kaoshi (exame), 396
kejia ☞ hakka
konggao jiefa (acusar e denunciar), 236
Kowloon, 255
kung fu, 67
kunnan ren (pessoa em situação difícil), 341
Kuomintang (Guomindang), 104, 124, 126, 128, 205, 292, 296, 298, 304, 359, 361, 423, 444, 446, 459

L

laodong gaizao ☞ campo de reabilitação pelo trabalho
laodong jiaoyang ☞ campo de reeducação pelo trabalho
laogai ☞ campo de reabilitação pelo trabalho
laojia ☞ região natal
laojiao ☞ campo de reeducação pelo trabalho
Laos, 176, 230, 311, 409, 490
laowugong ☞ operários prestadores de serviços
lazer, 286
Lee Teng-hui, 326, 423, 448, 478
Lenovo, 246, 335
Li Hongzhi, 218
Li Peng, 398, 419, 493
Liang Qichao, 61, 92, 128, 296, 324
Liang Sicheng, 61, 62
Lianyungang, 22
Liaodong, 22
Liaoning, 22, 27, 60, 106, 159, 168, 313, 332, 335, 407, 411
liberalização (*jiefang*), 449
licenças prolongadas (*changjia*), 286
lifa fa ☞ norma jurídica
Liga da Juventude Comunista, 257, 350
lilong ☞ pátios

Lin Biao, 127, 300, 359, 374, 421
lingdao ganbu ☞ quadros dirigentes
língua comum (*putonghua*), 160, 296
língua nacional (*guoyu*), 296, 447
linhagem, 288
lishu ☞ almanaque
literatura, 59, 61, 82, 133, 146, 179, 231, 357, 416, 427
litoral, 11, 22, 112, 168, 170, 256, 270, 332, 339, 411, 486, 490
litu bu lixiang ☞ deixar a terra sem abandonar as zonas rurais
Liu Qing, 151, 171
Liu Shaoqi, 153, 421
local, 289
Longa Marcha, 292
logtang ☞ pátios
Lushan, 244

M

Macau, 294
majongue, 244
Malásia, 107, 143, 161, 406
Manchúria, 474
Manchus, 295
mandarim (*beifang guanhau* ou *guanhua*), 296
Manzhouli, 333
Mao Tsé-tung, 298
Mao Zedong sixiang ☞ pensamento de Mao Tsé-tung
mão de obra, 32, 88, 91, 106, 111, 120, 122, 141, 165, 185, 187, 192, 244, 256, 270, 311, 342, 373, 405, 424, 437, 469, 479
maoísmo, 300
maotai (álcool de sorgo), 41
Matsu, 37, 207
Mawangdui, 221, 304
mediação social, 301
medicina ocidental (*xiyi*), 303
medicina tradicional chinesa (*zhongyi*), 306
megalópoles, 307
meios de comunicação social, 14, 146, 161, 221, 257, 266, 296, 454, 461

Meixian, 406
mercado, transição para a economia de, 309
mesquita (*qingzhensi*), 278
mianzi ☞ face
miao, 310
Microsoft, 79, 217
migrações internacionais e diáspora, 311
migrações internas, 313
milícia, 122, 150
min (dialeto de Fujian Meridional), 106, 160
minfadian (código civil), 162
minoria, 107, 254, 305, 351
minoritário, 32, 77
minzhudang ☞ partidos democráticos
minzu ☞ nacionalidade
Mo Yan, 427
Mongóis, 315
Mongólia interior, 27, 93, 168, 170, 200, 251, 315, 325, 331, 332, 407, 410, 493
mortos, 26, 54, 101, 223, 272, 280, 301, 328, 399, 446
Mosso, 316
Motorola, 334
movimento democrático, 65, 151, 167, 171, 213, 359, 398, 405, 458
movimentos de capitais, 80, 144
mulher, 317
mundo chinês, 320
mundo rural, 13, 111, 138, 373
municipalidade, 43, 102, 135, 202, 267, 283, 308, 365, 393, 396, 430
música e política, 322
Mianmar (antiga Birmânia), 39, 63, 107, 176, 389, 409

N

nacionalidades (*minzu*), 324
nacionalidade minoritária (*shaoshu minzu*), 250
nacionalismo, 325
Nanquim (massacre de), 328
Nantong, 22
não proliferação (a China e a política de), 329

Needham, Joseph, 114
Ningbo, 22
Ningxia, 27, 168, 170, 258, 325
Nixon, Richard, 50, 207, 300
Nokia, 334
nomadismo, 331
nongcun xinyong hezuoshe ☞ cooperativas rurais de crédito
nongli ☞ calendário agrário lunissolar
nongmingong ☞ operários-camponeses
nordeste, 332
norma jurídica (*lifa fa*), 163
noroeste, 48, 124, 176, 258, 324, 486
novas tecnologias, 334
novos territórios, 255
nuclear, 114, 135, 149, 195, 214, 220, 268, 329, 375, 431, 458

O

obesidade, 337
Ocidente, 10, 24, 56, 60, 68, 145, 205, 217, 219, 243, 268, 320, 328, 340, 352, 362, 405, 417, 424, 435, 444, 454, 472
Oeste, 21, 33, 45, 70, 85, 103, 109, 117, 137, 159, 168, 170, 188, 193, 228, 251, 258, 294, 316, 338, 393, 406, 410, 474, 484, 485, 488, 489, 496
oeste (projeto de desenvolvimento do) (*xibu kaifa*), 338
ópera, 340
operários, 341
operários prestadores de serviço (*laowugong*), 261
operários-camponeses (*nongmingong*), 261
orçamento, 342
ordenamento do território, 251, 490
Organismos geneticamente modificados, 343
Organização das Nações Unidas, 345
Organização de Cooperação de Xangai, 15, 69, 376, 432
Organização Mundial do Comércio, 346
organizações de camponeses, 348
organizações de massa, 350
Organização não governamental, 351
Oriente Médio, 352

P

Pamir, 69, 487
Paquistão, 76, 230, 268, 330, 488
Paracels, 38,
parentesco, 354
parques e jardins, 357
Partido Comunista, 358
partidos democráticos (*minzhudang*), 361
pátios (*lilong ou longtang*), 362
patrimônio, 362
Patten, Chris, 256
pena de morte, 364
Peng Dehuai, 244
pensamento de Mao Tsé-tung (*Mao Zedong sixiang*), 206, 260, 299, 300
Pequim, 365
peregrinações, 367
Pesquisa e desenvolvimento, 368
Petrochina, 371
petróleo, 371
pintura, 61, 86, 217
pinyin, 198, 297
piping jianyi (criticar e denunciar), 236
po sijiu (destruição dos quatro velhos), 363
pobreza, 372
poliandria, 462
polícia armada, 150, 213
política demográfica, 373
política externa, 375
poluição, 376
população, 378
poupança, 74, 76, 129, 141, 143, 274
prática recreativa, 379
precedente histórico, 380
preços, 33, 67, 73, 93, 100, 120, 130, 139, 156, 158, 172, 177, 195, 200, 209, 217, 238, 265, 309, 372
Primavera de Pequim, 382
prisões locais (*laogai*), 383
privatizações, 385
produto interno bruto, 34, 49, 76, 80, 111, 114, 121, 129, 139, 140, 142, 159, 168, 172,

180, 204, 216, 265, 271, 286, 335, 342, 369, 401, 437, 448, 458, 471, 473, 489
propriedade intelectual, 72, 115, 347
proprietários fundiários (*dizhu*), 211, 232, 299, 404, 482, 493
prostituição, 387
proteção social, 389
protecionismo, 121, 142, 155
protestantismo, 391
províncias (*sheng*), 27
Pudong, 392
putonghua ☞ língua comum

Q

qi ☞ bandeiras
qi ☞ respiração
qi gong, 67, 218, 303, 306, 380, 394, 436
Qin Shihuang, 86, 205, 381
Qingdao, 22, 41, 284
Qinghai, 27, 168, 170, 315, 331, 338, 460, 463
Qinghua, 61, 184, 257, 495
qingming ☞ festa dos mortos (em abril)
qingzhensi ☞ mesquita
Qinhuangdao, 22, 284
quadro (*ganbu*), 184, 395
quadros de funcionários, 395
quan fa (boxe de mãos nuas), 67
quarteirão (gabinetes de), 396
4 de junho de 1989 (acontecimentos de), 398
4 de maio de 1919 (movimento de), 399
quatro modernizações (*si ge xiandaihua*), 401
Quemoy, 37, 207
Quirguistão, 68, 230, 488
Quirguizes, 331, 487
quji bixiong (busca da sorte e a conjuração do nefasto), 24

R

rádio, 116, 454
raviólis (*jiaozi*), 44
recursos naturais, 31, 47, 194, 246, 333, 339
red chips, 80, 246

redes (*guanxi wang*), 402
reforma (sistema de), 413
reforma agrária, 403
reformas, 10, 13, 18, 21, 27, 37, 44, 58, 67, 79, 91, 109, 111, 117, 121, 128, 129, 132, 134, 136, 140, 145, 148, 149, 151, 153, 154, 156, 158, 163, 166, 169, 177, 184, 185, 187, 189, 198, 205, 211, 212, 258, 260, 265, 270, 282, 290, 296, 302, 308, 310, 315, 320, 333, 341, 342, 345, 347, 351, 359, 361, 372, 374, 380, 385, 387, 389, 396, 398, 403, 404, 413, 415, 418, 440, 449, 458, 473, 480, 486, 498
reformas e abertura (*gaige yu kaifang*), 404
região autônoma *(zizhiqu)*, 27
regiões de emigração, 405
região natal (*laojia*), 289, 290
regiões de administraçao especial (*tebie xingzhengqu*), 27
regiões fronteiriças, 407
regiões industriais (as velhas), 410
registro de residência (*hukou*), 412
relações interpessoais (*guanxi*), 415
religião (*zongjiao*), 416
Ren Wanding, 151, 171
renleixue ☞ antropologia
rennin gongshe ☞ comunas populares
renminbi ☞ yuan
República da China (*Zhonghua minguo*), 445
República Popular, 417
residentes (comitês de) (*jumin weiyuanhui*), 420
reunificação pacífica (*heping tongyi*), 449
Revolução Cultural, 421
revoluções, 423
rico e poderoso (*fuqiang*), 261, 419
rio Amarelo (*Huanghe*), 35, 48, 85, 252, 377
rio das Pérolas (delta do), 424
rito, 25, 52, 137, 259, 278, 356
rock, 425
romance, 426
ruelas, 429
Rússia, 430

S

SAIC (Shanghai Automobile Industry Corp), 72, 270

Samsung, 334
Sanmenxia, 49
sanminzhuyi (triplo demismo), 445
Sanxingdui, 60,
Sars (Síndrome aguda respiratória severa), 25, 40, 196, 223, 370, 420, 474
saúde, 433
seda, 435
Segurança Pública, 89, 90, 167, 176, 383
segurança social, 58, 165, 235, 342, 389, 414, 433, 468, 480, 483
seguros, 188, 256, 276, 347, 437, 467
seitas, 436
semanas de ouro (*huangjin zhou*), 53, 286
Senkaku, 38
serviços, 437
serviços públicos (*shiye danwei*), 13, 289, 342, 352, 395, 483
sexualidade, 438
Shaanxi, 168, 170, 176, 243, 292, 338, 359, 368, 410
shan (montanha), 357, 487
Shandong, 22, 41, 44, 168, 313, 335, 400, 411
shanshui chengshi (cidade de montanhas e de águas), 358
Shantou, 406, 476, 498
Shanxi, 93, 168, 170, 270, 410, 412, 425
shaojiu (vinho queimado), 41
Shaolin, 67
shaoshu minzu ☞ nacionalidade minoritária
Shaoxing, 41
Shell, 339
sheng ☞ províncias
shensu (testemunho contra uma sanção política, administrativa ou jurídica), 236
Shenyang, 171, 333, 389, 408, 411
Shenzhen, 21, 79, 80, 143, 262, 267, 342, 425, 498, 499
shikumen (porta de uma casa rural tradicional), 362
shiqu ☞ bairro
shiye ☞ desemprego
shiye danwei ☞ serviços públicos
shufa ☞ caligrafia
shui ☞ água

Sichuan, 27, 45, 60, 64, 103, 152, 168, 170, 292, 297, 311, 338, 460, 463, 489, 493
sifa jieshi (explicação judiciária), 129
siheyuan ☞ casas muradas de pátio quadrado
sindicatos, 440
sinização, 251, 316, 391, 409, 461, 465
Sishuang banna, 147, 325
sistemas de responsabilidade (*zeren zhidu*), 156
sociabilidade, 148, 203, 416
Sociologia, 441
Spratly, 38,
suanming ☞ destino (cálculo do)
sudeste, 34, 56, 60, 106, 161, 297, 407
sudeste da Ásia, 442
sudoeste, 15, 22, 48, 56, 103, 152, 160, 170, 222, 249, 251, 296, 324
Suifenhe, 333
Sun Yat-sen, 444
superstição, 55, 218, 239, 306, 457
Supremo Tribunal Popular, 129, 162 284, 365

T

tai, 324, 354, 497
tai chi chuan, 67, 287, 380
taiconauta, 200, 243
taikongren ☞ taiconauta
Tailândia, 39, 107, 144, 176, 311, 406, 490
Taipa, 294
Taiwan, 446
Taiwan (A República Popular da China e), 449
Tadjiques, 68, 278
Tadjiquistão, 68, 230, 488
Tangshan, 484
tao (Caminho), 452
taoísmo, 450
teatro, 452
teatro de sombras, 453
tebie xingzhengpu ☞ regiões de administração especial
televisão, 454

templos, 456
teochiu, 106, 161, 406
Terceiro Mundo, 458
terrorismo, 69, 167
têxteis, 119, 120, 212, 271
Tiananmen (praça de), 458
Tianjin, 22, 27, 168, 219, 252, 284, 313, 335, 366, 372, 377, 484
tibetanos, 460
Tibete, 463
Tongbao ☞ compatriota
Tongji, 26, 62, 364, 483
tontinas, 466
township village enterprises ☞ empresas rurais não agrícolas
Toyota, 72
trabalho, 468
transferências das águas do sul para o norte, 252
transportes, 470
Três Gargantas (barragem das), 472
três representações (*san ge daibiao*), 473
tríades, 142, 143
Triângulo de Ouro, 142, 176
TRIP (*Trade Related Aspects of Intellectual Property*), 217, 347
Tsang, Donald, 257
túmulo, 54, 92, 102, 238, 304
Tung Chee-hwa, 257
Turcomenistão, 68, 70
turismo, 473

U

uigures, 476
um país, dois sistemas (*yi guo liang zhi*), 477
Unesco, 67, 224, 294, 367
União Europeia, 478
unidade de trabalho (*danwei*), 479
universidade, 55, 294, 314, 318, 466
urbanismo, 482
URSS (União das Repúblicas Socialistas Soviéticas), 68, 104, 200, 230, 245, 270, 299, 309, 398, 405, 430

Urumqi, 70, 340, 377, 408
Uzbequistão, 68

V

vermelho, 137
Vietnã, 38, 39, 63, 229, 230, 311, 389, 406, 434, 490
vila (*zhen*), 27
vinho amarelo (*huangjiu*), 41
Volkswagen, 72

W

Wal-Mart, 173
Wang Anyi, 428
Wang Meng, 427
Wang Sho, 428
Wang Zenqi, 427
Wei Jingsheng, 151, 171, 382
Wen Jiabao, 69
Wenzhou, 22, 106, 193, 308, 406
wu (dialeto da região de Xangai), 106, 160
Wu, Harry, 152
Wuchang, 104
Wudang, 67
Wuhan, 97, 201, 489
wulong (chá semifermentado), 103
wushu (artes marciais), 67

X

Xangai, 485
Xi'an, 338
xiagang gongren ou *xiagang* (trabalhador desempregado, mas que é parcialmente auxiliado, 469
Xiamen, 22, 55, 65, 142, 320, 406, 496
xian ☞ distrito

xianfa ☞ constituição
xiang ☞ cantão
xiang (dialeto de Hunan), 27, 160
xiangming (fisionomia), 26
xiangzhen qiye ☞ empresas rurais ou empresas de vilas e cantões
xianjishi (municipalidade ao nível do distrito), 27
xiaokang shehui (sociedade próspera), 260
xibu kaifa ☞ oeste (Projeto de Desenvolvimento do)
xiejiao (heterodoxia), 417
Xin Tiandi, 487
xinfang bangongshi ☞ Gabinetes das Cartas e Visitas
xing (clã patronímico), 288
xingzhengcun ☞ aldeias administrativas
Xinjiang, 487
xiyi medicina ocidental, 303

Y

Yamaha, 216, 217
Yan'an, 292
yang (alimentar), 205
yang (claro), 451
Yang Liwei, 200
yangge (dança), 52, 148, 380
yangsheng ☞ aumentar a longevidade
Yang-Tsé, 489
Yantai, 22
yao, 490
Yasukuni, 280, 326, 328
yi guo liang zhi ☞ um país, dois sistemas
yibian dao (inclinação só para um lado), 206
Yijing ☞ I Ching
yin (escuro), 451
yiyi fenzi (dissidentes), 170

Yu Hua, 427,
yuan (ou renminbi), 491
Yuan Shikai, 104, 126, 445
yuanlin ☞ jardim
yue ☞ cantonês (dialeto)
Yunnan, 56, 103, 147, 168, 170, 176, 196, 225, 258, 297, 311, 316, 324, 338, 354, 407

Z

zeren zhidu ☞ sistema de responsabilidade
Zhang Yimou, 116, 133
Zhao Ziyang, 493
Zhejiang, 11, 22, 60, 64, 103, 106, 159, 168, 193, 312, 335, 405
zhen ☞ vila
zhenjiu ☞ acupuntura
zhixiashi (municipalidade de nível provincial), 27
Zhongguo zhongyang dianshitai ☞ CCTV
Zhonghua minguo ☞ República da China
zhonghua minzu (nação chinesa), 53, 250, 324
Zhonghua renmin gongheguo ☞ República Popular da China
Zhongnanhai, 109, 219
zhongyang (centro), 27
zhongyi medicina tradicional chinesa, 303, 306
Zhou Enlai, 494
Zhu Rongji, 495
Zhuang, 496
Zhuhai, 21, 294, 424, 498
zizhiqu ☞ região autônoma
zonas econômicas especiais, 498
zonas rurais ☞ mundo rural
zongjiao ☞ religião
zuanke (curso universitário curto), 181

BIBLIOGRAFIA E SITES DA INTERNET

História e Cultura

BERGÈRE, Marie-Claire. *La Chine de 1949 à nos jours.* Paris: Armand Colin, 2000.
BLUNDEN, Caroline, e ELVIN, Mark. *Cultural Atlas of China.* Abingdon: Checkmark Books (1983), reed. 1998.
BONNIN, Michel. *Génération perdue. Le mouvement des jeunes instruits à la campagne en Chine.* 1968-1980. Paris: EHESS, 2004.
CHENG, Anne. *Histoire de la pensée chinoise.* Paris: Seuil, 1997.
GERNET, Jacques. *Le Monde chinois.* Paris: Armand Colin, 1972.
LARIVIÈRE, Jean-Pierre (org.). *La Chine e les chinois de la diaspora.* Paris, CNED-SEDES, 1999.
ROUX, Alain. *La Chine au XXe siècle.* Paris: Armand Colin (1998), 2006.

Geografia

DOULET, Jean-François, e Geneviève GERVAIS-LAMBONY (orgs.). *La Chine et les chinois de la diaspora.* Paris: Atlande, 2000.
GENTELLE, Pierre. *Chine et "diaspora".* Paris: Ellipses, 2000.
_____. *Chine. Un continent... et au-delà?* Paris: Belin, 2001.
GENTELLE, Pierre e GAMBLIN, André. *Chine et "chinois" outre-mer à l'orée du XXIe siècle.* Paris: SEDES, 1999.
LARIVIÈRE, Jean-Pierre e MARCHAND, Jean-Pierre; *Géographie de la Chine.* Paris: A. Colin, 1999.
SANJUAN, Thierry. *La Chine. Territoire et société.* Paris: Hachete, 2000.
TROLLIET, Pierre. *Géographie de La Chine.* Paris: PUF, 1993, reed. 2000.

População

ATTANÉ, Isabelle (org.). *La Chine au Seuil du XXIᵉ siècle. Questions de populations, questions de société*. Paris: INED, 2002.
BLAYO, Yves. *Des Politiques démographiques chinoises*. Paris: INED-PUF, 1997.

Língua

ALLETON, Viviane. *Grammaire du chinois*. Paris: PUF, 1973, reed. 1996.
_____. *L'Écriture chinoise*. Paris: PUF, 1970, reed.2002.
BOTTERO, Françoise e DJAMOURI, Redouane (orgs.). *Écriture chinoise. Données et représentations*. Paris: EHESS, 2006.
CHAPPEL, Hilary (org.). *Chinese Grammar, Synchronic and Diachronic Perspectives*. Oxford, Oxford University Press, 2001.

Antropologia

ALLÈS, Élisabeth. *Musulmans de Chine. Une anthropologie des hui du Henan*. Paris: EHESS, 2000.
BLANC, Marie-Ève, HUSSON, Laurence e MICOLLIER, Évelyne (orgs.), *Societés asiatiques face au sida*. Paris: L'Harmattan, 2000.
BULAG, Uradyn B. *The Mongols at China's Edge. History and the Politics of National Unit*. Lanham, Rowman and Littlefield Publishers, 2002.
CAPDEVILLE-ZENG, Catharine. *Rites et rock à Pékin. Tradition et modernité de la musique rock dans la société chinoise*. Paris: Les Indes savants, 2001.
CHARBONNIER, Jean. *Histoire des chrétiens de Chine*. Paris: Les Indes savants, 2002.
EVANS, Harriet. *Women and Sexuality in China. Dominant Discourses of Female Sexuality and Gender since 1949*. Cambridge, Polity Press, 1997.
GLADNEY, Dru C. *Muslim Chinese. Ethnic Nationalism in the Peoples's Republic*. Cambridge, Harvard University Press, 1991, reed. 1999.
GOOSSAERT, Vincent; *Dans les Temples de Chine. Histoire des cultes, vie des communautés*. Paris: Albin Michel, 2000.
HARRELL, Stevan. *Ways of Being Ethnic in Southwest China*. Seattle, University of Washington Press, 2001.
HERROU, Adeline. *La Vie entre soi. Les moines taoïstes aujourd'hui en Chine*. Nanterre, Société d'ethnologie, 2005.

JUN, Jing. *The Temple of Memories. History, Power and Morality in a Chinese Village*. Stanford, Stanford University Press, 1996.
MACKERRAS, Colin. *China's Ethnic Minorities and Globalization*. Londres, Routledge-Curzon, 2003.
PALMER, David A. *La Fièvre du qigong, Guérison, religion et politique en Chine 1949-1999*. Paris: EHESS, 2005.
PAPINEAU, Élisabeth. *Le Jeu dans la Chine contemporaine. Mah-jong, jeu de go et autres loisirs*. Paris: L'Harmattan, 2000.
ROSSADI, Moris (org.). *Governing China's Multiethnic Frontiers*. Seattle, University of Washington Press, 2004.
SANJUAN, Thierry (org.). "*Les marges culturelles du territoire chinois*". *Géographie et cultures* nº 34, 2000.
STARR, Frederic (org.). *Xinjiang*. Nova Yorque, M. E. Sharpe, 2004.
TRÉBINJAC, Sabine. *Le Pouvoir en chantant. L'art de fabriquer une musique chinoise*. (Tomo 1), Paris: Société d'ethnologie, 2000.
YAN, Yunxiang. *The Flow of Gifts, Reciprocity and Social Networks in a Chinese Village*. Stanford, Stanford University Press, 1996.
ZHOU, Huashan. *Histoires de "camarades". Les homosexuels en Chine*. Paris: Paris-Méditerranée, 1997.

Ciências e Técnicas

BROOK, Timothy e BLUE, Gregory (orgs.). *China and Historical Capitalism. Genealogies of Sinological Knowledge*. Cambridge, Cambridge University Press, 1999.
BRUUN, Ole. *Fengshui in China. Geomantic Divination between State Orthodoxy and Popular Religion*. Honolulu, University of Hawaii Press, 2003.
ELVIN, Mark. *The Retreat of the Elephants. An Environmental History of China*. Yale, Yale University Press, 2004.
FÈVRE, Francine e MÉTAILIÉ, Georges. *Dictionnaire Ricci des plantes de Chine*. Paris: Cerf, 2005.
JUN, Jing (org.). *Feeding China's Little Emperors. Food, Children, and Social Change*. Stanford, Stanford University Press, 2000.
NEEDHAM, Joseph (org.). *Science and Civilization in China*. Cambridge, Cambridge University Press, 1954-2004, 25 volumes publicados, outros em preparação.
OBRINGER, Frédéric. *Fengshui, l art d habiter la terre. Une poétique de l espace et du temps*. Arles, Phillippe Picquier, 2001.
SCHEID, Volker. *Chinese Medicine in Contemporary China*. Durham, Duke University Press, 2002.
SMIL, Vaclav. *China s Past, China's Future, Energy, Food, Environment*. Nova York e Londres, Routledge Curzon, 2004.
UNSCHULD, Paul U. (org.). *Médicines chinoises*. Montpellier, Indigènes editions, 2001.

Economia

"*La Chine après Deng*", *Revue tiers-monde*, nº 147, 1996.
"La Chine dans l'conomie mondiale", *Économie internationale*, nº 92, 2002.
"Le devenir financier de la Chine", *Revue d'économie financière*, nº 77, 2004.
BHATTASALI, Deepak; LI, Shantong e MARTIN, Will (orgs.). *China and the WTO. Accession, Policy Reform and Poverty reduction Strategy*. Washington e Oxford, World Bank and Oxford University Press, 2004.
CABRILLAC, Bruno. *Économie de la Chine*. Paris: PUF, 1997, reed. 2003.
China Statistical Yearbook. Pequim, Bureau national des statistiques, série annuelle.
China. Promoting Growth with Equity. Washington, World Bank Institute Development Studies, 2001.
DAHLMAN, Carl J. e AUBERT, Jean-Éric. *China and the Knowledge Economy. Seizing the 21st Century*. Washington, World Bank Institute Development Studies, 2001.
GIPOULOUX, François. *La Chine au XXIe siècle. Une nouvelle superpuissance?*. Paris: Armand Colin, 2005.
Governance in China, China in the Global Economy. Paris: OCDE, 2005.
HUANG, Yasheng. *Selling China. Foreign Direct Investment during the Reform Era*. Nova York, Cambridge University Press, 2003.
La Chine dans l'économie mondiale. Les enjeux de politique économique intérieure. Paris: OCDE, 2002.
LARDY, Nicholas R. *China's Unfinished Economic Revolution*. Washington, Brookings Institution Press, 1998.
_____. *Integrating China in the World Economy*. Washington, Brookings Institution Press, 2002.
LEMOINE, Françoise. *L'Économie de la Chine*. Paris: La Découverte, 1986, reed. 2006.
LINGE, G.H.R. (org.). *China's New Spatial Economy. Heading towards 2020*. Oxford, Oxford University Press, 1997.
MADDISON, Angus. *L'Économie chinoise. Une perspective historique*. Paris: OCDE, 1998.
NAUGHTON, Barry. *Growing out of the Plan. Chinese Economic Reform 1978-1993*. Cambridge, Cambridge University Press, 1996.
OECD Economic Surveys. China, Paris OCDE, 2005.
OI, Jean C. e G. WALDER, Andrew (orgs.). *Property Rights and Economic Reform in China*, Stanford, Stanford University Press, 1999.
OI, Jean C. *Rural China Takes off. The Institutional Foundations of Economic Reform*. Berkeley, University of California Press, 1999.

Administração e Política

BALME, Stéphanie. *Entre soi. L'élite du pouvoir dans la Chine contemporaine*. Paris: Fayard, 2004.

BÉJA, Jean-Philippe. *À la recherché d'une ombre chinoise. Le mouvement pour la démocracie em Chine*. 1919-2004, Paris: Seuil, 2004.

CABESTAN, Jean-Pierre. *Le système politique de Taiwan*. Paris: PUF, 1999.

CHEN, Yan e HOLZMAN, Marie (orgs.). *Écrits édifiants et curieux sur la Chine du XXIe siècle. Voyage à travers la pensée chinoise contemporaine*. Paris: L'Aube, 2004.

CHEN, Yan. *L'Éveil de la Chine. Les bouleversements intellectuels après Mao, 1976-2002*. Paris: L'Aube, 2003.

DOMENACH, Jean-Luc e RICHER, Philppe. *La Chine*. Paris: Seuil, 1997.

DOMENACH, Jean-Luc. *Où va la Chine?*, Paris: Fayard, 2002.

HOLZMAN, Marie e DEBORD, Bernard. Wei Jingsheng, *Chinois inflexible*. Paris: Bleu de Chine, 2005.

KUHN, Philip A. *Les Origines de l'État chinois moderne*. Paris: EHESS, 1999.

LAU, Sanching. *Dix ans dans le camps chinois. Témoignage 1981-1991*. Paris: Dagorno-Lézard, 2002.

MENGIN, Françoise e ROCCA, Jean-Louis. *Politics in China, Moving Frontiers*. Nova York, Palgrave Macmillan, 2002.

POULPIQUET, Valérie de. *Le Territoire chinois*. Paris: LGDJ, 1998.

RUAN, Ming. *Deng Xiaoping. Chronique d'un empire*, 1978-1997. Alers, Picquier, 1998.

WILMOTS, André. *Gestion politique et centres du pouvoir en République populaire de Chine.*, Paris: L'Harmattan, 2001.

ZHANG, Liang et alii. *Les Archives de Tian'anmen,*. Paris: Éditions du Félin, 2004.

ZHANG, Lun. *La vie intellectuelle en Chine depuis la mort de Mao*. Paris: Fayard, 2003.

Sociedade

CAI Chongguo et alii. *Où va la Chine? Dix ans après la répression de Tian'anmen, vingt ans après le lancement de réformes économiques*. Paris: Le Félin, 2000.

DESPEUX, Catherine e NGUYEN TRI, Christine (orgs.). *Éducation et instruction en Chine, L'éducation élémentaire* Tome I, Paris: Peeters Leuven, 2003.

DIAMANT, Neil J., LUBMAN, Stanley e O'BRIEN, Kevin (orgs.). *Engaging the Law in China. State, Society and Possibilities for Justice*. Stanford, Stanford University Press, 2005.

EYRAUD, Corinne. *L'Entreprise d'État chinoise. De l' "institution sociale totale" vers l'entité économique?.* Paris: L'Harmattan, 1999.

FABRE, Guilhem. *Chine. Crises et mutation,*. Paris: L'Harmattan, 2002.

MICHAUD, Yves (org.). *La Chine aujoud'hui.*, Paris: Odile Jacob, 2003.

STOECKLIN, Daniel, *Enfants des rues en Chine. Une exploration sociologique*. Paris: Karthala, 2000.

THIREAU, Isabelle (org.). "*Le retour du marchand dans la Chine rurale*", *Études rurales*. nº 161-162, 2002.

THIREAU, Isabelle, e Hansheng WANG (orgs.), *Disputes au village chinois. Formes du juste et compositions locales des espaces normatifs,* Paris: Maison des sciences de l'homme, 2001.

YAN, Yunxiang. *Private Life under Socialism. Love, Intimacy and Family Change in a Chinese Village, 1949-1999.* Stanford, Stanford University Press, 2003.

Cidades

FRESNAIS, Jocelyne. *La Protection du patrimoine en Republique populaire de Chine, 1949-1999.* Paris: CTHS, 2000.

IKELS, Charlotte. *The Return of the God of Wealth. The Transition to a Market Economy in Urban China.* Stanford, Stanford University Press, 1996.

SANJUAN, Thierry (org.). *Les Grands Hôtels en Asie. Modernité, dynamiques urbaines et sociabilité.* Paris: Publications de la Sorbonne, 2003.

YUSUF, S. e WU, Weiping. *The Dynamics of Urban Growth in Three Chinese Cities.* Nova York, Oxford University Press, 1997.

ZHANG, Liang. *La Naissance du concept de patrimoine en Chine (XIX-XXe siècles).* Paris: Recherches-Ipraus, 2003.

Regiões

BERGÈRE, Marie-Claire. *Histoire de Shanghai.* Paris: Fayard, 2002.

BLONDEAU, Anne-Marie e BUFFETRILLE, Katia. *Le Tibet est-il chinois*? Paris: Albin Michel, 2002.

CHAIGNE, Christine, PAIX, Catherine e ZHENG, Chantal (orgs.). *Taiwan. Enquête sur une identité.* Paris: Karthala, 2000.

CHENG, Ying. *Les Paysans de Mancang. Chronique d'un village taïwanais.* INRA-Karthala, 2003.

DOULET, Jean-François e FLONNEAU, Mathieu. *Paris – Pékin. Civiliser l'automobile.* Paris: Descartes et Cie, 2003.

DUFOUR, Jean-François. *Hong Kong. Enjeux d'une transition historique.* Paris: Le Monde Éditions, 1997.

FERHAT-DANA, Samia. *Le Dangwai et la démocratie à Taiwan. Une lutte pour la reconnaissance de l'entité politique taïwanaise, 1949-1986.* Paris: L'Harmattan, 1998.

GED, Françoise. *Shanghai.* Paris: Institut français d'architecture, 2000.

GEOFFROY, Claude. *Le mouvement indépendantiste taïwanais. Ses origins et son development depuis 1945.* Paris: L'Harmattan, 1997.

GOLDSTEIN, Melvyn C., SHERAP, Dawei e SIEBENSCHUH, William R. *A Tibetan Revolutionary. The Political Life and Times of Bapa Phüntso Wangy.* Berkeley, Universisty of California Press, 2004.
GOODMAN, David S.G. (org.). *China's Provinces in Reform. Class, Community and Political Culture,.* Londres, Routledge, 1997.
HENRIOT, Christian e ZHENG, Zu'an. *Atlas de Shangai. Espaces et representations de 1849 à nos jours.* Paris: Éditions Du CNRS, 1999.
HOOK, Brian (org.). *Peking and Tianjin. Towards a Millenial Megalopolis.* Hong Kong, Oxford University Press, 1998.
_____. *Shangai and the Yangtze Delta. A City Reborn.* Hong Kong, Oxford University Press, 1998.
HSIEH, Hsiao-min et alii. *China. A Provincial Atlas.* Londres, MacMillan, 1996.
LI, Linda Chenla. *Centre and Provinces. China 1978-1993. Power as Non-zero-sum.* Nova York, Columbia University Press, 1997.
LIN, George C.S. *Red Capitalism in South China. Growth Development of the Pearl River Delta.* Vancouver, University of British Columbia Press, 1997.
LOUBES, Jean-Paul. *Architecture et urbanisme de Turfan. Une oasis du Turkestan chinois.* Paris: L'Harmattan, 1998.
RUDELSON, J.-J. *Oasis Identitis. Uyghur Nationalism along China's Silk Road.* Nova York, Columbia University Press, 1997.
SANJUAN, Thierry. *À l'Ombre de Hong Kong. Le delta de la rivière des Perles.* Paris: L'Harmattan, 1997.
YEUNG, Yue-man e CHU, David Kim-yu (orgs.)., *Guangdong. Survey of a Province Undergoing Rapid Change, Hong Kong.* The Chinese University Press, 1994, reed. 1998.
YEUNG, Yue-man e SHEN, Jianfa (orgs.). *Developing China's West. A Critical Path to Balanced National Development.* Hong Kong, The Chinese University Press, 2004.
YEUNG, Yue-man e SUNG, Yun-wing (orgs.). *Shanghai. Transformation and Modernization under China's Open Policy.* Hong Kong, The Chinese University Press, 1996.
ZHU, Guobin. *Le Statut de Hong Kong, Autonomie ou intégration.* Aix-Marseille, Presses Universitaires d'Aix-Marseille, 2003.

Geopolítica

BOURBEAU, Philippe. *La Chine et la diaspora chinoise. L'Extrême-Orient russe convoité.* Paris: L'Harmattan, 2002.
BRISSET, Jean-Vincent. *La Chine, une puissance encerclée?* Paris: IRIS, 2002.
CABESTAN, Jean-Pierre. *Chine-Taiwan. La guerre est-elle conceivable? La sécurité extérieure de Taiwan face à la menace de la Chine populaire.* Paris: Économica, 2003.
CABESTAN, Jean-Pierre e VERMANDER, Benoit. *La Chine en quête de ses frontières. La confrontation Chine-Taiwan.* Paris: Presses de Sciences-Po, 2005.

CHEMILLER-GENDREAU, Monique. *La Souveraineté sur les archipels Paracels e Spratleys*. Paris: L'Harmattan, 1996.

CHOUKROUNE, Leila. *La Chine et le maintien de la paix et de la sécurité internationales. Une relation complexe et multiforme entre dépendance, souveraineté et multilatéralisme*. Paris: L'Harmattan, 1999.

COUÉ, Philippe. *Cosmonautes de Chine*. Paris: L'Harmattan, 2002.

DENÉCÉ, Éric. *Géostratégie de la mer de Chine méridionale et des bassins maritimes adjacents*. Paris: L'Harmattan, 2000.

DUFOUR, Jean-François. *Géopolitique de la Chine*. Bruxelles, Complexe, 1999.

FOUQUOIRE-BRILLET, Élisabeth. *La Chine et le nucléaire*. Paris: PUF, 1999.

GUILLERM, Alain. *Le Maître de la mer et le maître de la terre: Chine – USA, XXIe siècle*. Paris: Spm, 2002.

LASSERRE, Frédéric. *Le Dragon et la mer. Stratégies géopolitiques chinoises en mer de Chine du Sud*. Paris: L'Harmattan, 1996.

MENGIN, Françoise,. *Trajectoires chinoises. Taiwan, Hong Kong et Pékin*. Paris: Karthala, 1998.

Diáspora

BERJEAUT, Julien., *Chinois à Calcutta. Les tigres du Bengale*. Paris: L'Harmmatan, 1999.

LEVER-TRACY, Constance et alii. *The Chinese Diáspora and Mainland China*. Londres, MacMillan, 1996, reed. 1998.

MA MUNG, Emmanuel, *La Diaspora Chinoise. Géographie d´une migration.*, Paris: Ophrys, 2000.

PAN, Lynn (org.). *The Encyclopaedia of the Chinese Overseas*. Singapura, Chinese Heritage Centre, Nanyang Technological University, 1998.

TROLLIET, Pierre. *La Diaspora chinoise*. Paris: PUF,1994, reed. 1999.

Revistas

China and World Economy, Academia das Ciências Sociais da China, Pequim.
China Economic Review, The Chinese Economist Society, Elsevier, New York.
China Information, Leiden University, Leyde.
Journal of Contemporary China, University of Denver, Denver (Colorado).
Perspectives chinoises, Centre d´études français sur la Chine contemporaine, Hong Kong.
The China Journal, Australian National University, Canberra.
The China Quarterly, University of London, Londres.
The China Review, The Chinese University of Hong Kong, Hong Kong.

Sites da internet

Antenne Pekin, Pequim: *http://www.antenne-pekin.com/*
Asia Centre, Paris: *http://www.centreasia.org/*
Centre d'études et de recherches internacionales, Paris: *http://www.ceri-ciencespo.com/*
Centre d'études français sur la Chine, Hong Kong: *http://www.cefc.com.hk*
Centre d´études prospectives et d'informations internationales, Paris: *http://www.cepii.fr/*
Centre d´études sur la Chine moderne et contemporaine, Paris: *http://cecmc.ehess.fr/*
Chine Arte, Paris: *http://arte-tv.com/fr/histoire-societe/archives/Chine/490206.html*
Institut français de relations internationales, Paris: *http://www.ifri.org/frontDispatcher/*
Internet Guide for Chine Studies, Heidelberg: *http://sun.sino.uni-heidelberg.de/igcs/*
Librairie Le Phénix: *http://www.librairielephenix.fr/*
Pôle de recherche pour l'organisation et la diffusion de l'information géographique, Paris: *http://anastasie.univ-paris1.fr/umr/*
Universities Service Center for China Studies, Hong Kong: *http://www.usc.cuhk.edu.hk/uscen.asp/*

ÍNDICE

Sumário, 5
Lista dos Autores, 7
Prefácio: A China Contemporânea, 9
Cronologia, 17

A

Abertura (Lugares de), 21
Acupuntura, 23
Adivinhação, 24
Administração Territorial, 26
Adoção, 28
Advogado, 30
África (A China e a), 31
Agricultura, 32
Água, 34
Águas Territoriais, 36
Aids, 39
Álcool, 41
Aldeias Administrativas, 41
Aldeões (Comitês de), 43
Alimentação, 44
Almanaque, 46
Ambiente, 47
América Latina (A China e a), 49
Analfabetismo, 51
Ano-Novo, 52
Antepassados (Culto dos), 53
Antropologia, 55
Aposentadoria (Sistema de), 57
Arqueologia, 58
Arqueologia e Poder Local, 60
Arquitetura, 61
Arroz, 63

Arrozais, 64
Arte Contemporânea, 65
Artes Marciais, 67
Ásia Central (A China e a), 68
Assembleia Nacional Popular, 70
Automobilístico (Setor), 72

B

Balança de Pagamentos, 74
Bancos, 75
Bicicleta, 77
Blog, 78
Bolsa, 79
Budismo, 81
Burocracia, 82

C

Calamidades Naturais, 85
Caligrafia, 86
Camponeses, 87
Campos de Reeducação pelo Trabalho, 89
Cantoneses, 91
Carvão, 93
Casamento, 94
Catolicismo, 95
Cem Flores, 96
Centros Comerciais, 97
Cereais, 99
Cerimônias Fúnebres, 101

Chá, 103
Chiang Kai-shek, 103
Chinatowns, 105
Chineses do Exterior, 106
Cidade Proibida, 108
Cidades, 109
Cidades e as Zonas Rurais (As), 111
Ciências e Técnicas, 113
Cinema, 115
Circulação Urbana, 117
Comércio Externo, 118
Comércio Interprovincial, 121
Comunas Populares, 122
Comunismo, 123
Confucionismo, 125
Constituição, 127
Consumo, 129
Contestação, 130
Controle Político e Censura, 132
Cooperativas Rurais de Crédito, 133
Coreia do Norte (A China e a), 135
Cores, 137
Corrupção, 138
Crescimento, 140
Criminalidade, 141
Crise Asiática (A China e a), 143
Cultura, 145

D

Dai, 147
Dança Popular, 148
Defesa, 149
Democracia e Movimento Democrático, 151
Deng Xiaoping, 152
Descentralização, 154
Descoletivização, 155
Desemprego, 157
Desigualdade de Rendimentos, 158
Dialeto, 160
Direito, 161
Direito de Propriedade, 163
Direito de Trabalho, 165
Direitos Humanos, 166

Disparidades Regionais, 168
Dissidentes, 170
Distribuição, 172
Divórcio, 173
Droga, 175

E

Economia Socialista de Mercado, 177
Editorial (Setor), 178
Educação, 180
Eleições, 182
Elites, 183
Emprego, 185
Empresas Coletivas, 187
Empresas de Capital Estrangeiro, 187
Empresas Estatais, 189
Empresas Privadas, 190
Empresas Rurais, 192
Energia e Recursos Naturais, 194
Epidemias, 195
Escrita, 197
Espaço (Conquista do), 199
Espaços Públicos, 201
Esportes, 203
Estado, 205
Estados Unidos (A China e os), 206
Estatísticas, 208
Estratificação Social, 210
Exército, 212

F

Face, 215
Falsificação, 216
Falungong, 218
Família, 219
Farmacopeia, 221
Fauna, 222
Festas Sazonais, 223
Filho Único, 225

Fiscalidade, 227
Flora, 228
França (A China e a), 229
Fronteiras, 230
Fundiário (Setor), 232

G

Gabinetes das Cartas e Visitas, 235
Gastronomia, 237
Geomancia, 238
Governo, 239
Gramática, 241
Grande Muralha, 242
Grande Salto Adiante, 243
Grandes Grupos, 245

H

Habitação, 247
Hakka, 248
Han, 249
Hidráulica, 251
História, 253
Homossexualidade, 254
Hong Kong, 255
Hu Jintao, 257
Hui, 258

I

Ideologia, 260
Imigrantes, 261
Imobiliário (Setor), 264
Imprensa, 266
Índia (A China e a), 268
Indústria e Política de Industrialização, 269
Informalidade, 271
Internet, 274

Investimento Direto Estrangeiro, 276
Islamismo, 278

J

Japão (A China e o), 280
Jiang Zemin, 281
Jogo, 283
Jogos Olímpicos, 283
Justiça, 284

L

Lazer, 286
Linhagem, 288
Local, 289
Longa Marcha, 292

M

Macau, 294
Manchus, 295
Mandarim, 296
Mao Tsé-tung, 298
Maoísmo, 300
Mediação Social, 301
Medicina, 303
Medicina Tradicional, 306
Megalópoles, 307
Mercado (Transição para a Economia de), 309
Miao, 310
Migrações Internacionais e Diáspora, 311
Migrações Internas, 313
Mongóis, 315
Mosso, 316
Mulher, 317
Mundo Chinês, 320
Música e Política, 322

N

Nacionalidades, 324
Nacionalismo, 325
Nanquim (Massacre de), 328
Não Proliferação (A China e a Política de), 329
Nomadismo, 331
Nordeste, 332
Novas Tecnologias, 334

O

Obesidade, 337
Oeste (Projeto de Desenvolvimento do), 338
Ópera, 340
Operários, 341
Orçamento, 342
Organismos Geneticamente Modificados, 343
Organização das Nações Unidas (A China e a), 345
Organização Mundial do Comércio (A China e a), 346
Organizações de Camponeses, 348
Organizações de Massa, 350
Organizações não Governamentais, 351
Oriente Médio (A China e o), 352

P

Parentesco, 354
Parques e Jardins, 357
Partido Comunista, 358
Partidos Democráticos, 361
Pátios, 362
Patrimônio, 362
Pena de Morte, 364
Pequim, 365
Peregrinações, 367
Pesquisa e Desenvolvimento, 368
Petróleo, 371
Pobreza, 372

Política Demográfica, 373
Política Externa, 375
Poluição, 376
População, 378
Prática Recreativa, 379
Precedente Histórico, 380
Primavera de Pequim (Movimento da), 382
Prisões locais e *Laogai*, 383
Privatizações, 385
Prostituição, 387
Proteção Social, 389
Protestantismo, 391
Pudong, 392

Q

Qi Gong, 394
Quadros e Funcionários, 395
Quarteirão (Gabinetes de), 396
4 de junho de 1989 (Acontecimento de), 398
4 de maio de 1919 (Movimento de), 399
Quatro Modernizações (As), 401

R

Redes, 402
Reforma Agrária, 403
Reformas e Abertura, 404
Regiões de Emigração, 405
Regiões Fronteiriças, 407
Regiões Industriais (As Velhas), 410
Registro de Residência, 412
Relações Interpessoais, 415
Religião, 416
República Popular, 417
Residentes (Comitês de), 420
Revolução Cultural, 421
Revoluções, 423
Rio das Pérolas (Delta do), 424
Rock, 425
Romance, 426

Ruelas, 429
Rússia (A China e a), 430

S

Saúde, 433
Seda, 435
Seitas, 436
Serviços, 437
Sexualidade, 438
Sindicatos, 440
Sociologia, 441
Sudeste da Ásia (A China e o), 442
Sun Yat-sen, 444

T

Taiwan, 446
Taiwan (A República Popular da China e), 449
Taoísmo, 450
Teatro, 452
Teatro de Sombras, 453
Televisão, 454
Templos, 456
Terceiro Mundo (A China e o), 458
Tiananmen (Praça de), 458
Tibetanos, 460
Tibete, 463
Tontinas, 466
Trabalho, 468
Transportes, 470
Três Gargantas (Barragem das), 472
Três Representações, 473
Turismo, 473

U

Uigures, 476
Um País, Dois Sistemas, 477

União Europeia (A China e a), 478
Unidades de Trabalho, 479
Urbanismo, 482

X

Xangai, 485
Xinjiang, 487

Y

Yang-Tsé, 489
Yao, 490
Yuan, 491

Z

Zhao Ziyang, 493
Zhou Enlai, 494
Zhu Rongji, 495
Zhuang, 496
Zonas Econômicas Especiais, 498

Mapa de Pequim,
Principais Grupos Linguísticos e Dialetais da China,
As Etapas da Abertura Chinesa,
Ordenamento do Território Chinês,
Disparidades Regionais do Desenvolvimento Econômico Chinês,
A China e a Globalização,
A China, Potência Regional,
As Comunidades Chinesas no Mundo,
Mapa de Xangai,

Índice Remissivo,
Bibliografia e Sites da Internet,

PEQUIM

Map labels:

- Para Badaling (a Grande Muralha)
- Para Chengde
- Para o aeroporto
- Palácio de Verão
- Zhongguancun (Investigação e altas tecnologias)
- Parque Olímpico
- Templo da Terra
- Estação de trens de Pequim-Este
- Estação de trens de Pequim-Norte
- Quarteirão de Sanlitun (Setor das embaixadas)
- Cidade Proibida
- Templo da Lua
- Templo do Sol
- Av. Chang'an
- Palácio Imperial
- Novo quarteirão de negócios
- Estação de trens de Pequim-Oeste
- Praça de Tiananmen
- Estação de trens Central
- Templo do Céu
- Para Tongxian
- Estação de trens de Pequim-Sul
- Para Shijiazhuang
- Para Dazing
- Para Tianjin

Legenda

- Limite da Cidade Proibida
- Zona construída antes de 1949
- Zona construída depois de 1949
- Sítio no centro da cidade
- Templo, monumento
- Universidade
- Pólo secundário
- Linha de metrô
- Linha férrea
- Estação de trens
- Autoestrada
- Via rápida
- Circulares (de 1 a 5)

1. Shishahai (setor de ruelas preservadas)
2. Rua Wangfujing
3. Zongnanhai
4. Grande Teatro Nacional

0   10 km

Cartografia: Aurélie Boissière, 2006

PRINCIPAIS GRUPOS LINGUÍSTICOS E DIALETAIS

PRINCIPAIS GRUPOS LINGUÍSTICOS
- Han
- Turco
- Mongol
- Tibetano
- Tai
- Coreano
- Miao-Yao
- Birmanês
- Zona desértica ou muito pouco povoada

ÁREAS DIALETAIS DO HAN
- *GAN* Principal grupo dialetal
- Limite de área dialetal em zona Han

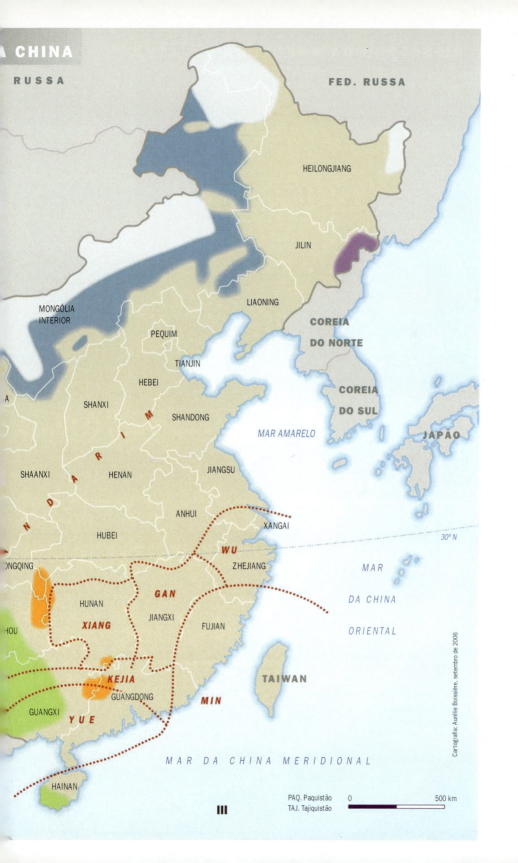

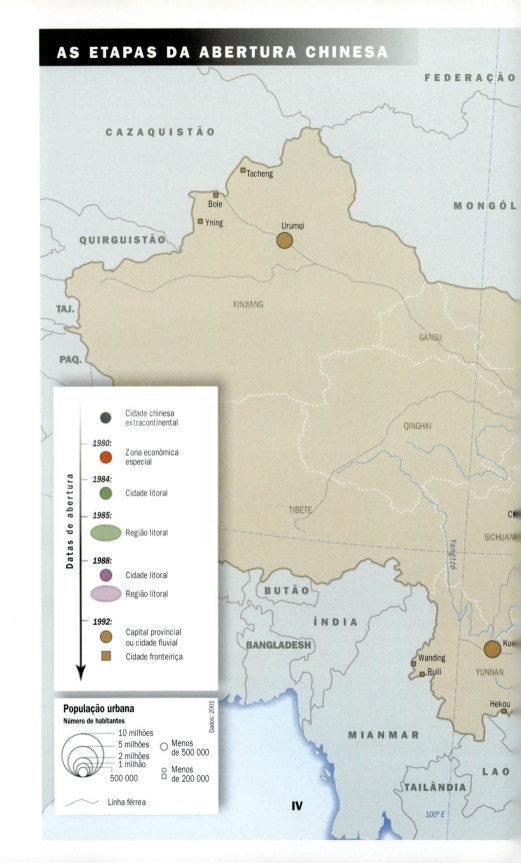

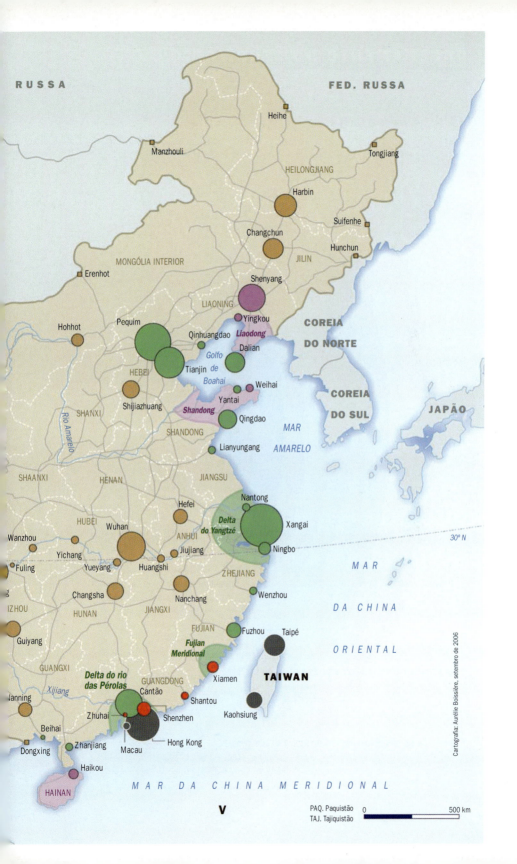

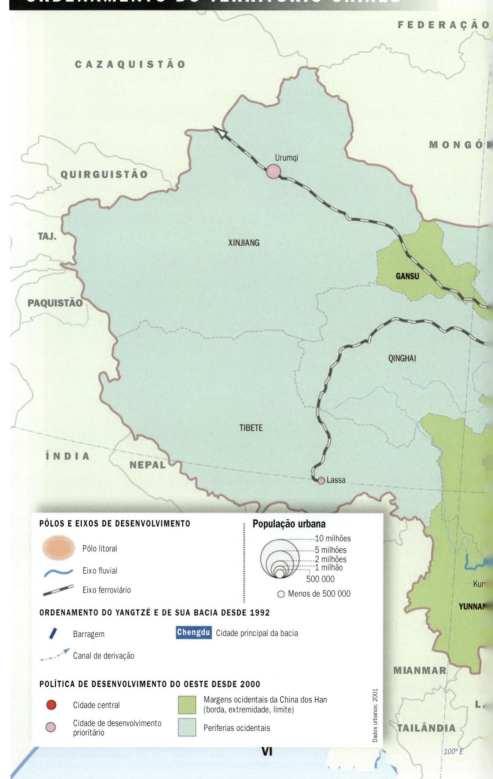

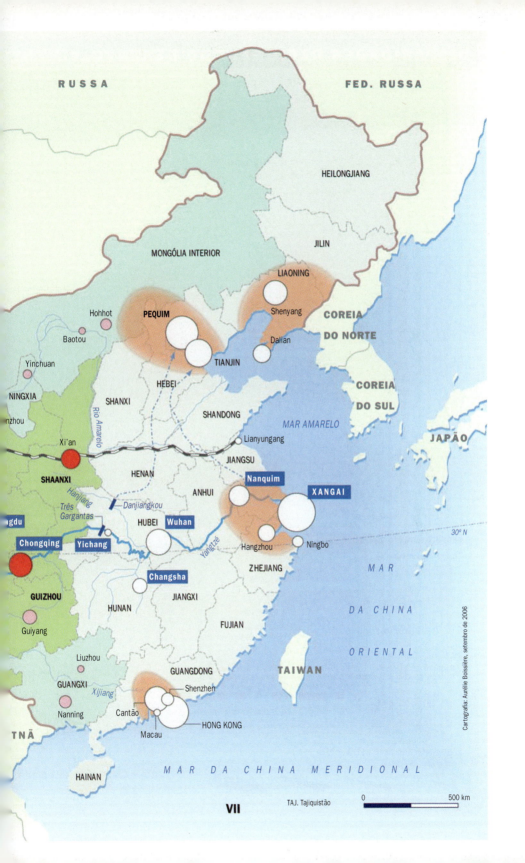

DISPARIDADES REGIONAIS DO DESENVOLVIMENTO

PRODUTO INTERNO BRUTO

Em milhares de yuans
- Mais de 1000
- De 601 a 1000
- De 301 a 600 ← Média 527
- De 100 a 300
- Menos de 100

Por habitante (em yuans)

Média da China 13 170

COMÉRCIO EXTERNO

Soma das exportações e das importações (em bilhões de dólares)
- 400
- 200
- 100
- 50
- 20

○ Volume inferior a 8 bilhões de dólares

INVESTIMENTO DIRETO ESTRANGEIRO (em bilhões de dólares)

1 — 3 — 6 — 11

Fonte: Dados de 2004, *China Statistical Yearbook*, 2005.

VIII

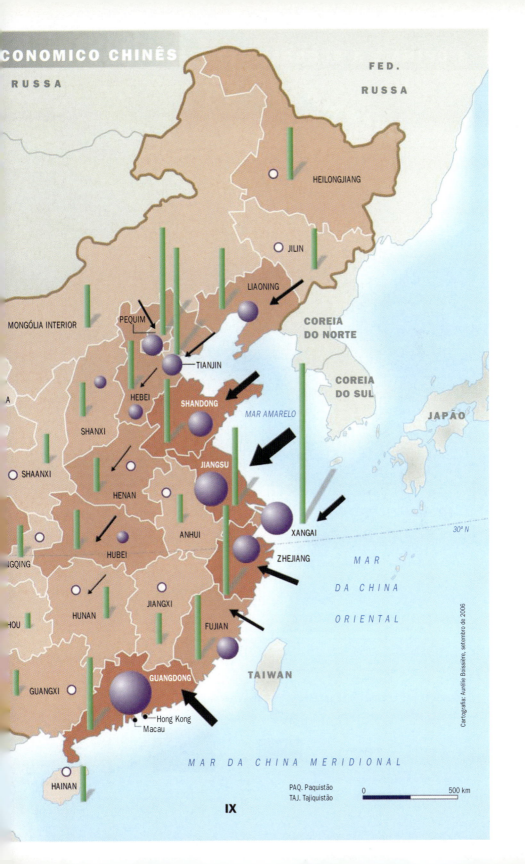

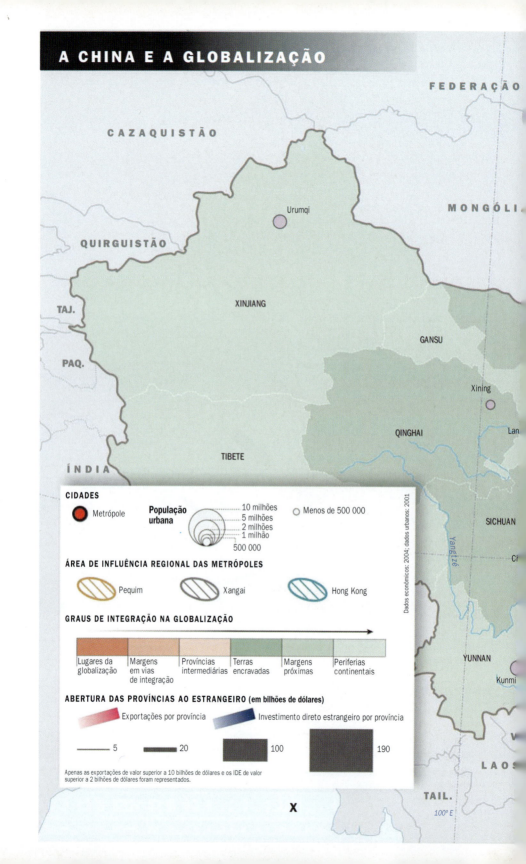

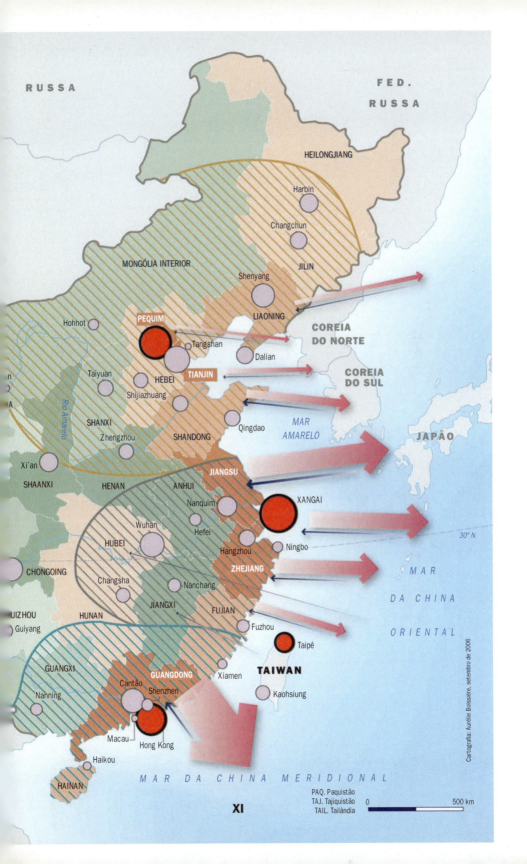

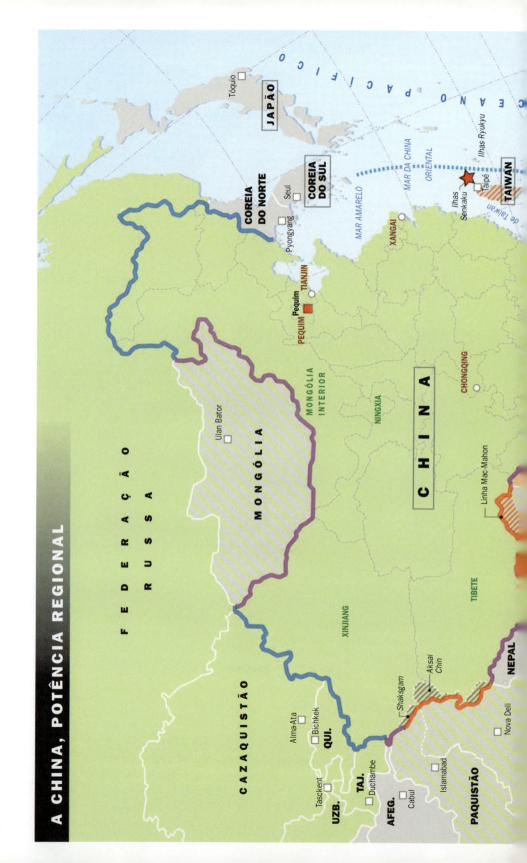

AS COMUNIDADES CHINESAS NO MUNDO

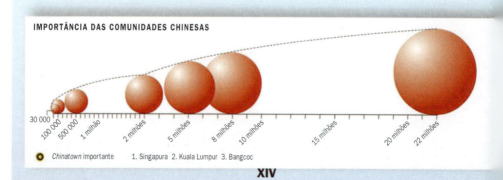

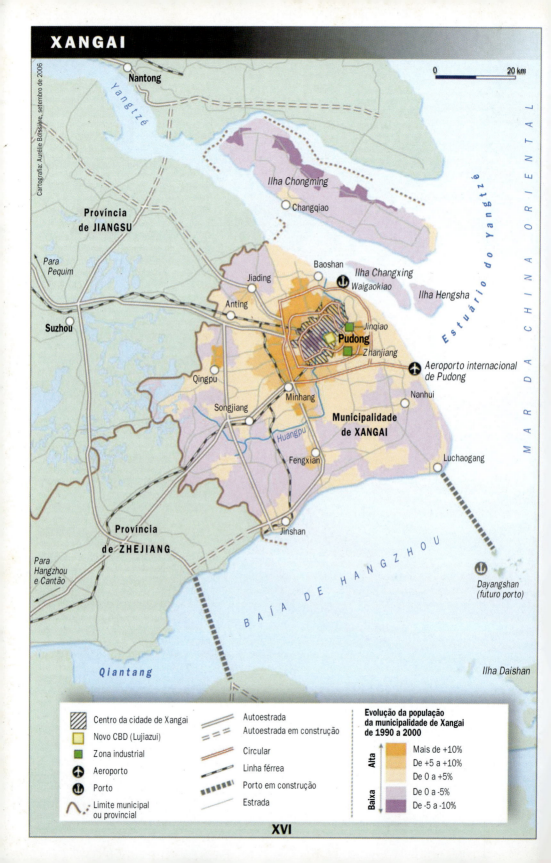